U0456145

讀史方輿紀要

（六）

〔清〕顧祖禹　撰

團結出版社

目 录

读史方舆纪要卷六十八

四川三 保宁府 顺庆府

○保宁府，东至夔州府达州五百六十里，南至顺庆府三百里，西北至龙安府五百十里，西南至潼川州三百十五里，北至陕西沔县六百三十里，东北至汉中府千里。自府治至布政司七百里，至江南江宁府五千九百里，至京师一万三百里。

《禹贡》梁州之域。春秋为巴国地。秦惠王灭巴，置巴郡。汉亦为巴郡地，汉巴郡治江州县。后汉因之。建安中，刘璋置巴西郡。《华阳国志》：初平元年，安汉赵颖建议分巴为三郡，欲得巴旧名，以垫江以上为巴郡，治安汉，江州以下为永宁郡，朐䏰以下为固陵郡。建安六年，鱼复蹇胤争巴名，刘璋乃改永宁为巴郡，固陵为巴东郡，前巴郡为巴西郡，于是有三巴之称。宋白曰：建安六年，改巴郡为巴西，始自安汉移治阆中。安汉，今见顺庆府。垫江，见合州。晋亦曰巴西郡，寻为李雄所据。永和中，收复。宋曰北巴西郡。齐因之。梁置南梁、北巴州及北巴郡。天监四年，巴西降魏，既而复入于梁。十六年，巴州叛降魏。魏亦置巴州，以统诸獠。后复属于梁。西魏改为隆州，又改郡为盘龙郡。隋郡废州存。大业初，又改州为巴西郡。唐武德初，复为隆州。先天初，改曰阆州。避玄宗讳也。天宝初，曰阆中郡。乾元初，复曰阆州。五代唐因之，兼置保宁军。《五代史》：天成四年，置保宁军，领阆、果二州。长兴初，董璋叛，陷阆州，军废。三年，知祥并东川，复置保宁节度，兼领果、蓬、渠、开四州。宋仍曰阆州亦曰阆中郡。乾德四年，改军号曰安德军。元初，立东川路。至元十三年，升为保宁府。二十年，曰保宁路，后复为府。至正二十年，为明玉珍所据。明洪武四年，仍为保宁府，领州二、县八。今仍旧。

府包络群山，峣峋艰险，为两川之屏蔽。自古未有两川有事，巴西不先受其患者。盖巴蜀之口，府实绾之。东道之安危，即西方之存亡也。故汉中失，则蜀之大势十去其六，剑阁危，则蜀之大势十去其九矣。梁天监四年，巴西入于魏。邢峦表言：巴西、南郑相距千四百里，去州迢递，恒多扰动。昔在南之日，以其统绾势难，曾立巴溪，镇静蛮獠。梁州藉利，因而表罢。齐高帝建元二年，分梁州立巴州。武帝永明二年，巴州复罢。巴西广袤千里，户逾四万，若于彼立州，镇摄华、獠，则大帖民情。从垫江以还，今重庆府合州，即垫江也。不劳征伐，自为国有。魏主不从。既而梁人复得之。盖阆中之地，居三巴上游，北接梁、洋，西控梓、益。故杜佑曰：阆州居蜀汉之半，又当东道要冲，备御不可不切。然广元一邑，实当蜀口，前界关表，谓阳平关。后据剑北。自南北朝以来，建郡设州，以为咽喉要路。秦蜀有事，此其必争之所。唐光启中，王建为利州刺史，周庠说建曰，葭萌四战之地，难以久安，阆州地辟人富，攻之易下。建袭据阆州，后遂为并蜀之本。宋以利州名路，而阆州属焉。西方多事，必绸缪于利、阆之间，盖自利州而趋剑阁，由剑阁而道绵、汉，势若建瓴焉。自府境而言，利州首险也，剑州次险

也，所以保阆中者于此，所以保巴蜀者亦于此。保宁非全蜀重地
欤？

○阆中县，附郭。秦县。汉属巴郡，以阆水纡曲绕县三面而名。晋
宋以后，皆为巴西郡治。隋改县曰阆内。唐复为阆中县，阆州治焉。宋元
因之。今编户十里。

阆中城，府东二十里。秦筑。亦谓之张仪城。县旧治此。后汉建安
五年，刘璋以张鲁据汉中，以庞羲为巴郡太守，屯阆中以御鲁。即此。自唐
以后，皆为阆中县治。明洪武七年，徙县治于府治西南，其故城谓之白沙
镇，亦曰白沙坝。《城邑考》：郡旧为土城，在嘉陵江北，对峙锦屏山。相
传汉建安六年，刘璋创筑。元时增修。伪夏明玉珍移城而西，仍为土城。
明洪武四年，即旧城增拓，内外俱甃以石，为门四，周九里有奇。

隆城，在府东北。魏正始中，立巴州，又立隆城镇。宋白曰：取其
连冈地势高隆而名。熙平中，又尝改隆城镇为南梁州。时巴州叛降魏也。
《西魏典略》：此州旧有隆城，坚险，故又谓之南隆。州治即故阆中城。

西水废县，府西四十里。本阆中县地。梁置掌天郡。西魏改曰金
迁。后周又置西水县。隋开皇初，郡废，县属隆州。唐因之。宋属阆州。
元并入南部县。○晋安废县，在府西北六十里。梁置金匮郡，寻改金迁
郡。隋废郡入晋城。唐武德中，改置晋安县。宋初，仍属阆州。熙宁四年，
省为晋安镇，属西水县。《郡志》：废县在南部县北九十里，元至元末
废。似误。又小宁废州，亦在府界。《元志》云：保宁府路，初领新得、小
宁二州，后并入阆中县。近《志》：巴州西百里有小宁城。

锦屏山，府南三里。嘉陵江南岸，两峰连亘，壁立如屏，四时花木，
错杂如锦，与郡治对峙，因名。一名阆中山，亦曰宝鞍山。山之西曰印斗
山，西南曰金耳山，其东三里曰南岩，一名大象山，又名台星岩，俗谓之读
书岩，以宋陈尧叟兄弟读书于此而名。其相连者，曰漱玉岩。○盘龙山，

在府东三里。宛如盘龙，后魏以此名郡。唐贞观中，侯气者言山有王气，因凿断山脉，俗谓之锯山。咸通中，尝移阆中县治于此山侧。又有东岩，在城东五里，即盘龙之别阜。

缴盖山，府北五里。中高四下，其状如盖。相传为府之主山。其相连者，曰北岩。又北二里曰玉台山。○灵山，在府东十里，一峰峭拔，界嘉陵、宋江之间。唐天宝中，赐名仙穴山。上有圣池。又府东南二十里，有青崖山。

文成山，府东三十里。峰峦耸列，林木葱蒨，一峰突出，上有汉张道陵玄都台。又府东南四十里，有赐绯山。山势环拱，草木蓊蔚，为郡之胜。又东南三十里，曰恭思山，极高峻。刘昫曰：唐武德元年置辨丹、恭思二县，属隆州。七年，俱省入阆中县。思恭县盖置于山下。○大方山，在府东北百里。山顶四方如坪，其对峙者曰小方山，顶亦方平。又有凤栖山，与小方并峙。

重锦山，府东百三十里。两峰对峙，秀丽若锦。又东二十里，曰天目山。上有二洞，一曰天目，一曰天溪。相传葛洪修炼处。《志》云：府东六十里，有灵城岩。岩最深邃，泉石奇胜。又掌天山，在西水县界，以高耸名。梁以此名郡。《志》云：山在南部县北八十五里，亦曰掌山。

嘉陵江，在城南二里。自陕西宁羌州而南入府境，历广元、昭化、剑州、苍溪诸境，至府西，折而东南，经南部县入顺庆府界，亦曰汉水，亦曰阆水，亦曰渝水，亦曰巴水，皆嘉陵之异名也。范晔曰：阆中有渝水，夹水居者，谓之巴渝蛮。善战斗，喜歌舞，亦谓之板楯蛮，以常挟楯为战具也。有七姓，曰罗、朴、督、鄂、度、夕、龚，皆为渠帅。自秦世立功，复其租赋，其余户岁入賨钱，口四十。其渠长为賨侯。高祖为汉王时，发此蛮以定三秦。后因制巴渝舞。后汉永初以后，每助郡讨破羌寇，所向有功。光和二年，板楯蛮叛，五年，复定。建安二十年，曹操取汉中，张鲁欲降，其功曹阎圃劝鲁依度护，赴朴胡。鲁因奔南山，入巴。度护、賨侯之名。朴胡，即七姓蛮之一也。盖皆依嘉陵为险。余详见陕西大川嘉陵江。

老溪，在府西。东流合嘉陵江。宋淳化五年，蜀贼李顺作乱，宦者王继，恩率师复绵州，遣别将曹习破贼于阆溪，复阆、巴、蓬、剑等州。是也。今堙。○南池，在府城南。东西四里，南北八里。《汉志》阆州南有彭道将池，西南有彭道鱼池。此即彭道将池也。自汉以来，堰大斗、小斗之水溉田，里人赖之。唐时堰坏，遂成平陆。

锯山关，在府东北蟠龙山后，为汉、沔要冲之路。又玉台山下有滴水关。○南津关，在城南，临嘉陵江，有南津渡口，为戍守处。今关下有锦屏浮桥。又梁山关，在府东灵山下。府东南二十里又有和溪关，路通巴蜀。《志》云：阆州境有唐清、金子、章溪等堡，凡六十有二，俱有民兵守把。

锦屏驿。旧在城西澄清门外，今移于城东富春门外。又隆山马驿，在府西南四十里。《志》云：府北十五里，旧有双山驿。明初置，后省。又府南百里有富村马驿，府北百四十里有栢林递运所。正德十年，废紫石水驿，设所于此。○耀池镇，在府南六十里。旧置税课局于此，今废。又水会渡，在府北八十里。又北六十里，有白沙渡，皆嘉陵江津济处也。

○苍溪县，府北四十里，西北至剑州百八十里。秦阆中县地。晋分置苍溪县，属巴西郡。刘宋省。萧齐改置汉昌县，仍属巴西郡。梁因之。隋开皇末，复改曰苍溪，属隆州。唐属阆州。今城周二里有奇，编户六里。

苍溪故县，在今县西南。晋太康中，置县治此。刘宋省。齐为汉昌县治。隋复旧。

奉国城，在县东南。梁置奉国县，为白马郡治。隋开皇初，郡废，县属隆州。唐武德七年，改属西平州。贞观初，复属隆州，寻属阆州。宋因之。元至元中，并入苍溪。《志》云，奉国旧县，在府东百里。又有义阳废县，在县东，亦梁置，为义阳郡治。隋开皇初，郡、县俱废。○岐坪废县，在县北八十里。晋置岐坪县，属巴西郡。宋废。隋复置，属利州。唐初因之。武德七年，置南平州于此。贞观二年，州废，还属利州。开元二十三年，改属阆州。宝历初，废。天复中，王建表置。宋初，仍属阆州。熙宁四年，省为岐坪镇，属奉国县。

大获城，在县东大获山上。因石岩为之，中通四门，周十里。宋绍定中，都统孙臣、王坚所筑。后安抚杨大渊亦尝于此聚兵。淳祐三年，兵乱，制置使余玠筑此城，为阆州治，而以苍溪县为倚郭。后蒙古取雅州，至阆之大获山，降其城，即此。

大获山，县东三十里。有大小二峰，小峰上有石井，出泉不竭，大峰上有池，广数亩，谓之天池。宋江环绕其下，石城四周，即宋余玠所筑以护蜀口者。○小锦屏山，在县治南。临江高峙，奇秀与阆中之锦屏山相似，因名。又县治东有笔架、白鹤诸山，皆耸秀。

云台山，县东南三十五里。高四百丈，上方百里，有鱼池，宜五谷。山峰峻削插天，一名天柱。有洞四，曰麻姑、芙蓉、平仙、峻仙，池二，曰浴丹、玉鱼，岩二，曰松根、蟠桃，盖山之幽胜者。又紫阳山，在县东三十五里。一峰屹峙，高入青云。○方山，在县东八十五里，远望如几案之状。《志》云：古方州城也。未知所据。

嘉陵江，在县治东南。自剑州流经县境，而入阆中县界。○宋江，在县东。源出陕西汉中府南废廉水县界，流至此，下流入嘉陵江。又曲肘川，在县治东一里。源出县北十里之玉女山，东南流入嘉陵江，曲折如肘，因名。

八字关。县北八十里。有巡司戍守。又铁山关，在县西五十里。今废。《志》云：县有隆山关、大白垭关、庙垭关、茶店垭关、吊儿嘴关等五堡，俱有民兵戍守。又苍溪驿，在县西。水道所经也。又西六十里有高桥水驿，县北二十里又有槐树马驿。

　　○**南部县**，府南七十里。南至顺庆府二百二十里，西至潼川州盐亭县二百七十里，东至蓬州仪陇县百三十里。汉巴郡充国县地。后汉末，为南充国县地。晋属巴西郡。宋齐因之。梁天监二年，置南部县，以县居郡南而名。西魏于县置新安郡。后周郡废。隋属隆州。唐属阆州。宋因之。明洪武十年，并入阆中县。十四年，复置。今城周二里有奇，编户九里。

　　新井废县，县东北四十里。汉充国县地。晋安帝尝置新安县，为新巴郡治。宋齐因之。后废。唐武德初，析南部、晋安二县地，置新井县，以其界内有盐井而名，属阆州。宋因之。元并入南部县。《郡志》：新井城，在府东七十五里。又《寰宇记》云：新井东北二十八里，有汉充国故城。○新政废县，在县东南五十里。汉充国县地。唐武德四年，分南部、相如二县置新城县，寻改曰新政，属隆州。宋属阆州。元省入南部郡。《志》云：新政城，在府东南百三十里。

　　南山，县治南一里，县之主山也。蜿蜒苍翠，环绕县治。汉末，张鲁奔南山，入巴中，或以为即此山也。一名跨鳌山。《志》云：宋端平以来，厄于兵，县无定治，宝祐中，移县治此。今县城南门曰跨鳌门，因山以名也。又灵云岩，在县治北二里。有石洞深阔，亦曰灵云洞。○小盘龙山，在县南二十里。似阆之盘龙而小，其相近者曰龙灵山。面嘉陵，背西江，山势如龙，因名也。又有龙楼山，在县西南五十里。峰顶峭拔，众山拱揖，有洴溪环绕其下。

　　禹迹山，县东三十里。俗传禹治水时尝经此。山顶平衍，有小石泉。又离堆山，在县东南五十里。蜀有三离堆，此其一也。唐颜真卿《磨崖记》谓此山下入嘉陵江，直上数百丈，形胜缩戢，上峥嵘而下洄伏，不与众山相连属，因曰离堆。

兰登山，县西四十里。三面峻拔，俯临西江，下有洞。相传汉严君平隐于此。又长坪山，在县西百五十里。相传昔人尝聚兵御寇于此。○思依山，在县北百五十里，中有东西二观，岩洞奇胜。

嘉陵江，在县治东南。《志》云：山自阆中县逶迤而来，过县左，南折，从跨鳌山下而东，又南入顺庆府界。○西水河，在县南三十里。自龙安府经剑州及梓潼县流入界。又有溲水河，在县南五十里，流入西水河，下流至蓬州合于嘉陵江，俗亦谓之西江。《志》云：县东三里有安溪。溪深，产鱼。又县治西半里有状元溪，以宋马涓登第而名。二溪皆嘉陵之溢流也。

思依堡。在县西。《志》云：县境之堡，凡百十有八，兵乱时，居民聚守处也。○盘龙水驿，在县东二十五里，今属广安州。又柳边马驿，在县西百二十里。《志》云：县东百里有长宁旧茶驿，县北二十五里有保宁茶盐场。今皆废。

○广元县，府北三百五十里。西南至剑州百九十里，东北至陕西宁羌州二百里。秦葭萌县地。汉属广汉郡。后汉因之。蜀汉曰汉寿县，属梓潼郡。晋太康初，改曰晋寿县。太元中，又析置兴安县，属晋寿郡。宋齐因之。梁为晋寿郡治。西魏因之。隋开皇初，郡废。十八年，改县曰绵谷，为利州治。大业初，改州为义城郡。唐复为利州，亦曰益昌郡。宋仍为利州治。端平后，以兵乱废。宝祐初，蒙古复置绵谷县，为利州治。至元十四年，改为广元路。明洪武七年，改为广元府。是年，改府为州，以州治绵谷县省入。十四年，又改州为县。城周九里，编户三里。

晋寿城，在县东。蜀汉析葭萌县地，置汉寿县。《三国志》：延熙中，费祎屯汉寿。景曜二年，姜维议使诸围敛兵退守，于是令督汉中胡济却住汉寿。晋改曰晋寿县。永兴以后，李雄据蜀，使其将李凤屯晋寿，屡窥汉中。太元十五年，置晋寿郡。宋元嘉十年，仇池氏王杨难当寇梁州，进攻葭萌，获晋寿太守范延朗。十八年，难当拔葭萌，进围涪城。既而复入于宋。梁天监四年，魏将邢峦取汉中诸城戍，晋寿降于魏，置益州治焉。十四年，晋寿复来降。明年，复入于魏。大同元年，益州刺史鄱阳王范、南梁州刺史樊文炽合兵围晋寿，魏益州刺史傅敬和来降，寻改曰黎州。西魏复曰益州，亦曰西益州，世号小益州。废帝三年，改曰利州。宇文周末，益州总管王谦举兵应尉迟迥讨杨坚，遣将攻利州，堰嘉陵水灌之。利州总管豆卢勣固守，不能克。隋初，州治兴安县，寻改县曰绵谷，为义城郡治。唐初，仍曰利州，置总管府，寻改曰都督府。天宝初，曰益昌郡。乾元初，复故。乾宁四年，移感义军治此，改曰昭武军。后唐同光三年，伐蜀取凤州。蜀人谋扼利州以拒唐。宋仍曰利州。景祐四年，改军名曰宁武。淳祐十二年，蒙古将汪德臣城沔州，又城利州。沔、利既城，且耕且守，蜀土遂不可复。《志》云：州控蜀之吭，四集之国也。《城邑考》：利州城，元初堕废。明洪武三十一年，设利州卫，始筑城。东面山，西临溪，南北则凿池为险，有门五，城周四里有奇。

葭萌城，在县西北，古苴国也。《史记》：苴、蜀相攻，秦使张仪、司马错取蜀。《华阳国志》：周显王时，蜀王封其弟葭萌于汉中，号曰苴侯，命之邑曰葭萌。苴侯与巴王为好，巴、蜀仇也，蜀王怒，伐苴。苴侯奔巴，求救于秦。秦遣张仪伐蜀，灭之，并灭巴。是也。秦置葭萌县，汉因之。先主初入蜀，屯于葭萌。既而西袭成都，留霍峻守葭萌。刘璋将扶禁等帅兵由阆水上攻围峻，为峻所败。晋省入晋寿县。永宁二年，李特攻围成都。河间王颙自关中遣兵讨特，特子荡败颙将衙博于阳沔，又攻败博于葭萌，尽降其众。盖即葭萌旧城也。后魏复置葭萌县。梁天监十四年，魏葭萌民任令宗杀晋寿太守，以城来降，益州刺史萧恢遣巴西、梓潼二郡太守将兵迎之，败魏兵于葭萌，屠十余城，进围武兴，寻复败还。既而改县曰晋安，兼置新巴郡。隋开皇初，郡废。十八年，复曰葭萌县。大业初，属义城郡。唐、宋俱属利州。元初并入昭化县。

　　嘉川城，县东北五十里。汉葭萌县地。刘宋置兴乐县，为宋熙郡治。齐魏因之。梁改县曰嘉川。隋初，郡废，县属利州。唐贞观二年，县改属静州。十七年，仍属利州。永泰元年，改属集州。宋乾德三年，王全斌伐蜀，别将史进德等败蜀兵于三泉砦，遂至嘉川，进击金山砦，又破小漫天砦，是也。寻亦属利州。元并入绵谷县。三泉砦，见陕西沔县。《郡志》：嘉川城，在今县东百里，地名嘉川乡。〇华阳废县，在县北。刘宋置，并置华阳郡，本寄治梁州。萧齐因之。梁移于此，兼置华州。西魏俱废。

　　胤山城，在县东南。本萌葭地。西魏置义城县，属利州。隋因之。义宁二年，改曰义清。唐武德七年，置西平州于此。贞观二年，州废，县仍属利州。天宝初，改曰胤山。宋初，改为平蜀县。熙宁四年，省入嘉川。

　　乌奴山，县西二里。嘉陵江岸，峭壁如削，高不可上。晋、宋间有氐李乌奴者，据此作乱，因名有乌奴城。齐永泰初，尝置东晋寿郡于此。一名乌龙山。又《天台山志》云：在县西二十里，其北为九陇山，环拱九十九峰，如剑戟之排列，亦谓之九峰山。天台当其南，峭崖苍郁，盘道萦回，独木危桥，委曲而上，至巅乃即平陆，若天台然，因名。《志》云：九陇山有汉王寨，相传汉高曾驻跸于此。〇石燕山，在县西北八十里，山极高峻，梯格乃能上，獠人恃此为险。

　　潭毒山，县北九十里。上有潭毒关，下瞰大江，路皆滑石，登涉颇艰，为蜀口之险要。下有深潭，相传潭下渊岸，有一铁索，见则兵动。宋绍兴二年，金人陷兴元，刘子羽退守三泉，以潭毒山形斗拔，其上宽平有水，乃筑壁垒，方成而敌至，距营十数里，子羽据胡床、坐垒口，敌引去。〇金山，在县北三里。孟蜀置金山砦于此。又凤凰山，在县东。盘旋起伏，势若翱翔。其巅曰宝峰。县东十里，又有雪山，峰峦叠出，称为秀丽。

大漫天岭，县东北三十五里，峻出云表。又北为小漫天岭，二岭相连。一名薰本山，蜀道之险也。后唐清泰初，山南西道帅张虔钊及武定帅孙汉韶以二镇降蜀，知祥遣军屯利州及大漫天以迎之。宋乾德中，王全斌伐蜀，蜀人于此置大小漫天二寨。全斌别将史进德夺其小漫天寨，至深渡。蜀人依江列阵以待。宋师击之，夺其桥。蜀人退保大漫天寨。复击破之，追至利州城北。是也。

朝天岭，县北六十里。山势崔巍，路径险绝，有朝天驿。自汉中府褒城县至此，凡四百四十里，自驿而南，则由保宁府潼川州而达成都，自驿而西，则由剑门绵汉而达成都，盖衿束之地也。○七盘岭，在县北百七十里，与陕西宁羌州接界。一名五盘岭，自昔为秦蜀分界处，有七盘关。《志》云：县东北二百五十里，有乾龙洞，极高大，深入数里。

嘉陵江，县西一里。自宁羌州流入界，又西南入昭化县境。后汉建安十九年，刘璋使其将扶禁等由阆水上攻霍峻于葭萌。后周大象二年，益州总管王谦举兵应尉迟迥，遣将攻利州，堰江水灌之，即嘉陵江也。唐光启三年，王建自葭萌袭阆州，沿嘉陵江而下。胡氏曰：嘉陵水东南过葭萌，又东南至阆中也。今有明月峡，在县北八十里，一名朝天峡。又有九井滩，在县北百八十里，一名空舫滩。相传旧有巨石伏水底，为舟楫害。宋淳熙中，始平其险，皆江流所经也。

潜水，在县北八十里。源出县北百三十余里之木寨山，经神宣驿，又南二十里经龙洞口，至朝天驿北，穿穴而出，入嘉陵江。或以此为《禹贡》之潜水，似误。

深渡，在县北大小二漫天之间，即嘉陵江也。后唐同光三年，王衍将游秦州，至利州，闻唐兵将至，命王宗昱等逆战。时从驾兵自绵、汉至深渡，千里不绝，皆恣愤不欲前。宋乾德三年，王全斌伐蜀，别将崔彦进破小漫天寨，至深渡，与全斌会击蜀兵，破之，夺其桥。是也。

潭毒关，在县北潭毒山下。旧为蜀口要地，详见潭毒山。又七盘关，在县北七盘岭上。朝天关，在县北朝天岭上。〇望云关，在县北五十五里，山势高耸，与云霞相望。又二郎关，在县南五里。相传昔有赵昱二郎者屯兵于此。

百丈关，县东百六十里。关旁有河，深百丈，亦曰百丈关渡，道出巴州。洪武中，与七盘、二郎诸关皆有兵戍守。正德五年，有五色云见此。明末，贼犯百丈关，遂掠广元，盖与汉中接界。《郡志》：县境有焦坝等堡凡三十有七。

龙门阁，县北十里，嘉陵东岸。其地有千佛崖，先是，悬崖架木作栈而行。石岩蜿蜒，其形若门。后凿石为佛像，渐成通衢。明洪武二十四年，景川侯曹震相视开凿，叠石为岸，益为坦途。《栈道记》：自城北至大安军界营桥阁，共万五千三百六十一间，惟石阑、龙门称绝险云。石阑桥，盖在龙门之北。〇石柜阁，《郡志》云：在县北二十五里。又县北四十里有飞仙阁，下浸碧潭，悬栈而行，若飞仙然。

石亭戍，在县西北。《水经注》：汉水自武兴城东南流，径关城北，又西径石亭戍，又径晋寿城西。梁天监四年，魏将邢峦取汉中诸城戍，晋寿太守王景胤据石亭，峦遣将李义珍击走之。因置石亭县，寻废。汉水，西汉水也，与武兴关城分见陕西沔县、略阳县。〇罗川戍，在废嘉川县东南。宋王全斌伐蜀，既至嘉川，会蜀人断阁道，未得入。全斌议取罗川路入，别将康延泽曰，罗川路险，军士难进，不如修阁道，取大路。全斌从之。

筹笔驿，在县北八十里。诸葛武侯出师运筹于此。唐、宋皆因旧名。即今朝天驿也。《志》云：驿有朝天古渡，即潜水所经。又县北四十里有望喜驿，唐名也，今曰沙河马驿。又县西二里有高桥水驿，亦曰嘉陵驿，今曰问津水马驿，在县西门外。○神宣马驿，在县北百三十里。正德十年，并置递运所于此。《志》云：此为秦蜀之要冲、西南朝贡之通道。又九井水驿，在府北百八十里。

　　○**昭化县**。府西北四百里。西北至陕西文县三百四十里，西南至剑州百十里。汉葭萌县地，刘宋置益昌县，属白水郡。齐、梁因之。刘昫曰：后魏曰京兆县。后周仍曰益昌。隋属利州。唐因之。五代唐同光三年，得其地，改曰益光。宋初，复曰益昌。开宝五年，改曰昭化，仍属利州。元属广元路。明洪武十四年，改今属。旧有石城，周三里有奇，今圮。编户二里。

　　景谷废县，县西百里。汉广汉郡之白水县地。晋属梓潼郡。孝武分属晋寿郡。安帝又置白水郡。宋、齐因之。《齐纪》：建元初，置沙州于此。梁天监十五年，张齐自武兴还保白水。既而数出白水侵魏葭萌，魏将傅竖眼遣将强虬攻取白水，即此城也。寻复入于梁，置北益州于此，兼置平兴郡，以氐酋杨法琛为刺史。大宝初，法琛据黎州，益州刺史武陵王纪遣将杨乾运击平之，废北益州，焚平兴而归。西魏置沙州。后周大象二年，沙州氐帅杨永安叛，达奚儒讨平之。即此沙州也。李吉甫曰：杨难当克葭萌，分白水置平兴县。齐建元初，魏葭萌戍主杨广香请降，以为沙州刺史，治此。梁益州刺史萧纪亦于此置沙州。既而为氐酋杨法琛所据。纪将杨乾运攻之，法琛退保鱼石洞，乾运焚平兴而还。即此。《隋志》：开皇初，平兴郡废，改白水县曰平兴。十八年，又改曰景谷，属利州。唐武德四年，以利州之景谷、龙州之方维，置沙州，治景谷。贞观元年，州废，还属利州。宝历初，废，寻复置。光启中，复废。今为白水镇，有故城，周回五里。俗亦谓之沙州城。或云，城西有景谷路，达文州。魏邓艾自阴平景谷步道悬车束马入蜀，径江油、广汉，是也。隋因以名县。

　　东洛城，县西北四十里。东晋时置戍于此。宋元嘉十八年，氐王杨难当谋据蜀，遣其党符冲出东洛，以御梁州。梁天监十四年，魏人侵蜀，诏任大洪入晋寿。会魏军北还，大洪破魏东洛、除口二戍，进围关城，为魏将傅竖眼所败而还。西魏置东洛郡，并置县为郡治。后周省入平兴郡。关城，白水关城也，与除口戍俱见陕西宁羌州。〇鱼盘城，亦在县西北。齐、梁间置鱼石洞戍于此。西魏置鱼盘县。隋大业初，省入景谷。唐置鱼老镇。或曰，即此城也。

白坝城，县西北百三十里。《唐志》景谷县西有石门关，西北有白坝、鱼老二镇城。蜀人谓平川为坝。唐大历中，吐蕃入寇，分道自扶、文过方维、白坝。建中初，吐蕃及南诏复分道寇西川。诏东川出兵，自江油趋白坝，与山南兵合击破之，是也。方维，见龙安府。

人头山，县西四十里。山巅突出，宛若人头。后唐长兴初，王弘贽攻剑门，道出于此。又牛头山，在县西十五里，亦以形似名。〇九曲山，在县西南百五十里。山势盘回九曲，与剑门相峙。又龙门山，在县西南百九十里，一名葱岭。有石穴，高数十丈，如门。一云，九曲山在县西九十里。又西五十里即龙门山。

长宁山，县西南九十里。上平下险。其上有池，清澈不竭。宋王智于此筑城据守。后王昭因其遗址立寨，驻兵保障。《宋史》：宝祐六年，蒙古入蜀，宋人戍守长宁山，蒙古自剑州进围长宁山，败宋兵，进攻鹅顶堡，降其城堡。盖在长宁山南。或曰，顶，当作项。今剑州南二十里有鹅项岭。《郡志》：长宁山，在县西南二百六十里。似误。又五龙山，在县西南百二十里。一峰峨然，四岭拱揖，因名。县西南二百里，又有鹤鸣山。峰峦环叠，山势雄伟。《元和志》：景谷县西南二十五里有白马山，孔明造木牛流马处。

九里山，县北二十里。盘曲嵯峨，约高九里。又大高山，在县北百二十里。山势高耸，路狭难行，为众山之冠。

白卫岭，县西南五十里，与剑门山相接。唐玄宗幸蜀时登此。后唐长兴初，孟知祥、董璋谋据两川，命石敬瑭讨之。敬瑭入散关，前锋将王弘贽引兵自白卫岭、人头山后，过小剑路，出汉源驿，还击剑门，克之。即此。○梅树岭，在县东南四十里。丛林深箐，中多猛兽，有梅树关。《志》云：县北十八里有走马岭，西北六十里有张公岭，县南百五十里有避风岭。

嘉陵江，县东三里。自广元县西南流入境，清水、白水二江皆流合焉。又南入剑州界。《志》云：县南二里有石龙滩，七十里有白花蛇滩，以岸旁石如龙蛇也，县南百五十里又有散灌滩，以水流散漫也，皆嘉陵江所经。○清水江，在县西北二十里。自青川千户所东流入县境，至县北合白水江，又东南流，合嘉陵江。其水清涟滢碧，因名。

白水江，县北二十里。自陕西文县东流，经龙安府青川所，历剑州境，而入县界。东南流，至县东三里，合嘉陵江。宋末，蒙古渡嘉陵江，至白水，造浮桥以济，进次剑门。是也。《水经注》：白水出临洮西南西倾山，东南流至葭萌县北，因谓之葭萌水。水有津关，即所谓白水关也。白水关，见陕西宁羌州。

泥溪河，县西四十里。下流入嘉陵江，往来通道也。五代梁乾化元年，岐兵围蜀安远军，蜀主王建自泥溪如利州。后唐同光末，平蜀北还，李继岌至泥溪，后军李绍琛自剑州拥军而西，自称西川节度。安远军，见陕西沔县。○射箭河，在县西三十里。或云清水江之支流也。水流湍急，舟行如箭，因名。下流入于嘉陵江。《志》云：县北三十里有黄龙沟，下流合于清水江，有灌溉之利。

桔柏津，县东三里。即嘉陵、白水二江合流处。地多桔柏，因名。《志》云：嘉陵江渡处有益昌驿，驿有古柏，土人谓之桔柏。唐大顺二年，王瑰出镇黔中，至桔柏津，宦者杨光复恶之，使其假子山南西道帅杨守亮覆诸江中。后唐同光三年，伐蜀，蜀兵大败于三泉。时蜀主在利州，遂西走，断桔柏津浮梁。唐前锋将李绍琛至利州，修浮梁以渡。明年军还，绍琛以兵叛，遂断桔柏津浮梁，以绝还军之道。宋乾德三年伐蜀，败蜀兵于大漫天砦，追至利州城北。蜀将王昭远渡桔柏江，焚浮梁，退保剑门，王师遂入利州。是也。亦曰桔柏潭。

白水关，县北二百五十里，与陕西宁羌州接界。今详见宁羌州。又岚碛关，在县南百二十里。今为栢林马驿。又县治南有渡口关，今废。○梅树关，在梅树岭，正德中建。《志》云：县北五十里旧有汉王寨，相传汉高驻兵处。又县境有曲回等堡，凡二十有四。

马鸣关，县北百里。汉建安二十二年，先主规取汉中，屯阳平关。夏侯渊、徐晃等与之相拒。先主遣陈武等十余营，绝马鸣关道。徐晃击破之。曹操曰：此阁过汉中之阴平，乃咽喉之要路。阴平，当即阳平矣，见陕西宁羌州。又牛头山阁，在县西北，皆阁道之险者。

龙滩驿。县西五里，水驿也。今县南一里有龙滩渡驿，因以名。又龙潭马驿，在县东七十里。县南百八十里又有施店马驿。○马头渡，在县北三里。又县北十五里有赵销渡县，南五十里有濒口渡，皆往来通道。

附见：

利州卫。在广元县治东。洪武三十一年建，旧领中、左、前、后四所。宣德四年，前所调松潘本卫，惟领三所。又保宁守御千户所，在府治南。洪武四年建，直隶都司。

○剑州，府西北三百二十里。南至潼川州三百六十里，西南至成都府绵州二百九十四里，西至龙安府二百九十里。

春秋、战国时蜀地。秦属蜀郡。汉属广汉郡。后汉因之。三国汉属梓潼郡。晋因之。宋置南安郡。齐因之。梁置南梁州，后改为安州。西魏改为始州，兼置普安郡。隋初，郡废，仍曰始州。炀帝又改为普安郡。唐初，仍曰始州。先天二年，改为剑州。天宝初，曰普安郡。乾元初，复曰剑州。五代因之。宋仍为剑州。亦曰普安郡。隆兴二年，以孝宗潜邸，升普安军节度。绍熙初，升为隆庆府。元复为剑州属广元路。明洪武初，州废，《志》云：初以其地并入梓潼，属广元州。寻复置。十四年，以州治普安县省入。编户三里。领县一。今仍曰剑州。

　　州凭高据险，界山为门，蜀境之巨防也。秦之强也，栈道千里，通于蜀、汉。刘禹锡曰：驿路起右扶风，抵剑阁，千一百里。诸葛武侯治蜀，设险备焉。晋殷仲堪曰：剑阁之隘，蜀之关键。是也。详见前名山剑门。梁天监四年，魏将王足侵梁，入剑阁。邢峦表言：蜀之所恃，惟在剑阁。今既克南安，已夺其险，据彼境内，三分已一。自南安向涪，方轨无碍矣。涪，谓绵州也。及西魏取蜀，自安州始也。唐元和初，刘辟以西川叛。山南西道帅严砺先遣军拔剑州，而高崇文之军，遂鼓行入蜀。后唐长兴元年，孟知祥、董璋谋据两川，唐军来伐，克剑门，入剑州，以大军不继，还保剑门。知祥闻剑州陷，大惧，遣其将李肇等赴之。戒之曰，尔倍道兼行，先据剑州，北军无能为也。会别将庞福诚等屯来苏村，相谓曰，使北军更得剑州，则二蜀势危矣。遂引步兵间道趋剑州，袭败官军于北山下，官军还保剑门。知祥闻之，喜曰：吾始谓北军克剑门，径据剑州，坚守其城，或引兵直趋梓州，董公必弃阆州奔还。时璋克阆州而据之。我军失援，亦须解遂州之围。时知祥遣军围遂州与阆州相形援。如此，则内外受敌，两川震动，势可忧危。今乃焚毁剑州，运粮东归剑门，顿兵不进，吾事济矣。宋郭忱曰：州前瞰巨涧，后倚层峦。又云：州边山而立，一径陂陀，中贯大溪，州治已在平山，内外居民，悉在山上，形势险固，御敌之要地也。

普安废县，今州治。汉梓潼县地。齐置南安县，为南安郡治。梁为安州治。西魏改曰普安。隋、唐以来因之，皆为州治。明初，省。《志》云：明初，州治列栅为障。成化中，始甃石为城。正德十三年，增筑。周四里有奇，门四。

剑阁城，州东北五十二里，当小剑山之北。祝穆云：剑门，汉广汉郡葭萌县地。蜀先主以霍峻为梓潼太守，始置剑阁县。晋因之，后废。桓温入蜀，亦于晋寿置剑阁县，属梁州。或谓即小剑故城也。刘宋初，复废。唐圣历二年，分普安、永归、阴平三县地，于方期驿城置剑门县，属剑州，即故剑阁县矣。宋亦曰剑门县。乾德四年，诏隶剑门关。熙宁五年，复隶剑州。元至元二十年，并入普安县。旧《志》：县东北去昭化县五十里。

黄安废县，州西南百四十里。本梓潼县地，萧齐侨置华阳县，属南安郡。梁改县曰梁安。西魏改曰黄安，又置黄原郡治焉。开皇初，郡废，县属始州。唐属剑州。唐末，改为普成县。宋因之。元省。○武连废县，在州西八十五里，亦梓潼县地。刘宋置武都郡及下辨县于此。齐因之。梁改曰武功县，置辅剑郡。西魏改郡曰安都，县曰武连。隋初郡废，县属始州。唐属剑州。宋因之。元废。

永归废，州东南六十里。萧齐侨置白水县，属南安郡。西魏改曰永归。隋属始州。唐属剑州。宋初，省。今为永归坝。○临津废县，在州南二百二十里。萧齐置相原县，属南安郡。隋开皇七年，改曰临津县，属始州。唐属剑州。宋省为镇，入普安县。今为香城坝，有龙爪废驿。《寰宇记》：临津县有掌天山。盖与阆中之废西水县接界。

大剑山，州北二十五里。其东北三十里曰小剑山。刘昫曰：大剑山

有剑阁，由阁道三十里至小剑，皆绝险。剑山东西凡二百三十一里。《志》
云：大小剑山，峰峦联络，延亘如城。下有隘路，谓之剑门关。大剑路颇
平，小剑则石上架阁，尤险峻。有大小剑水出于山下。《胜览》云：大剑
绝顶，有玉女台，峭壁千仞，下瞰古道，行人如蚁。北崖有仙女观，观后
有仙女桥，其岩壑洞穴，幽胜不一处也。详见名山剑门。

　　汉阳山，州北二里。峰峦高耸，州之主山也。亦谓之北山。或谓之
故垒山，有姜维拒钟会故垒。又治西有普翠山，治东二里曰卧龙山，亦曰
九龙山。又有鹤鸣山，俱谓之南山，环绕州治。南北二山之间，有大涧，
石桥跨其上。后唐长兴初，孟知祥将庞福诚拒官军于剑州，乘夜袭败官
军于北山。官军退保剑门，继而知祥遣军分屯南山，东川亦遣兵戍守。石
敬瑭寻自剑门进屯北山。知祥将赵廷隐陈于牙城后山，别将李肇等陈于
后桥。敬瑭自北山进击州城，败却。又遣骑兵冲石桥，复不能进，败还剑
门。二年，再攻剑州，屯兵于北山。战不利，复还。剑门即汉阳山也。

　　龙飞山，州西百里。本名龙须山，梁普通六年，益州刺史萧渊猷遣
将樊文炽等围魏小剑，魏将淳于诞等赴救。时文炽置栅于龙须山上，以
防归路。诞募壮士夜登山，烧其栅。梁军望见归路绝，皆恼惧。诞乘而击
之，文炽大败。即此山也。○跨鹤山，在州西南废黄安县治东。一名驾鹤
山，旧置柳溪驿于此。《志》云：州西十五里有把寨山。

　　五子山，州西北五十里。峰峦奇秀，清溪萦流。一名五华山。又州
北七十里有巾子山。山亦高峻，顶有积石特起，如巾帻然，因名。○龙
岩，在州治西。又州北七十里亦有龙岩。蜿蜒如龙盘洞穴，可坐百人。
《郡志》：龙岩在剑门山北，洞穴斜入，甚深邃。崖有悬泉，随穴下流，
潜通嘉陵江。《雪斋小说》：唐王建为盗，朝廷捕之急，逃于剑门巨石穴
中，即此岩也。

　　汉源坡，在州东三十里。旧置驿于坡上，曰汉源驿。后唐长兴初，

石敬瑭讨孟知祥、董璋，前锋将王弘贽自白卫岭从小剑路出汉源驿，倒入剑门，攻破之。宋乾德三年，王全斌伐蜀，由阁道攻剑门，而令别将由来苏径道至青缰店，出剑关南二十里。蜀将王昭远留偏将守剑关，而自引兵陈汉源坡以拒青缰之兵，为宋军所败，即此。今有汉源桥。

嘉陵江，州东七十里。自昭化县流入州界，又东南入苍溪县境。《志》云：嘉陵江中有挂溪、紫石、陶魁、壶歌、虎跃、漩口及射箭诸滩，奔流而南注。

涪江，在州西南。自龙安府江油县流入州界，又南入绵州彰明县境。州西南百二十里有汉王滩，即涪江所经也。今详见大川涪水。○黄沙江，在州北百五十里，即白水江也。自青川所流入州界，经黄沙坝，因名。又折而东至昭化县，入嘉陵江。《郡志》云：州北百四十里曰白沙渡，即白水江津济处，接昭化县境，两岸有白沙如雪，因名。

小潼水，州西百二十里。其地有津曰小潼津，源出废武连县北八十里，流经梓潼县，又东南入于嘉陵江。或曰，此即南部县西水河之上源。

大剑溪，在州北。出大剑山，由剑门关流出，北折为渔子溪。又北至大仓岭，入黄沙江。又小剑溪，在大剑溪北。源出小剑山，东过凉水沟瀑布崖至两溪口，合于大剑溪。《志》云：州北八十里有水会渡，亦曰水回渡，即二剑水回合处。○闻溪，在州城东。源出五子、把寨二山，合流经此，又东入嘉陵江。又石白溪，在州西十五里。《志》云：溪东流至漩口，入嘉陵江。又州西有水溪，一名拓溪，在黄安废县东，下流入于西水河。

剑门关，在大剑山上。刘先主以阁道至险，始置阁尉。历代皆为戍守处。唐始置关。又有大剑戍、小剑镇。五代唐长兴初，董璋遣兵扼剑门，又于其北置永定关。或曰，永定关，即今小剑关也。在小剑山下有隘路，俗亦谓之后门关。宋初，伐蜀，克剑门县，以县隶剑门关，关都监得专奏事，所以重设险也。明洪武末，设利州卫，关废。正德十三年，复修关门，建公馆。嘉靖二十一年，重立关，以百户守之。余详见名山剑门。○石砀关，在州北八十里，故设险处也。今废。

深坑戍，在州北。梁天监四年，魏取汉中诸城戍，巴西亦附于魏。梁将孔陵等将兵戍深坑，鲁方达戍南安，任僧褒戍石同，以拒魏。魏邢峦遣将王足击破之。遂入剑阁，克梓潼。南安，今州治，魏兵破深坑、石同，入剑阁，然后破南安也。或曰，石同当作石门。

苦竹隘，《志》云：在小剑山顶。四际断崖，前临巨壑，孤门控据，一夫可守。宋置戍于此。宝祐五年，蒙古来攻，六年蒙古主渡白水，次剑门，拔苦竹隘，进围长宁山，即此。一作苦竹寨。○芦塘寨，在大剑山顶，险不可登。《志》云：后唐董璋筑七寨，扼剑门，此其一也。

木马寨，州东南九十里有木马岭，置寨其上，以为守御。后唐长兴初，石敬瑭前锋拔剑州，董璋自阆州帅兵屯木马寨，即此。○研石寨，在州北三十五里。宋淳化五年，贼李顺陷成都，攻剑州。诏王继恩讨之。由小剑门路入研石寨，拔剑门，破贼五千余众于柳池驿。贼望风遁。进克绵、巴、阆三州。柳池驿，即跨鹤山之柳溪驿也。今为柳池铺。

来苏砦，州东南七十里。后唐长兴初，石敬瑭拔剑门，孟知祥将庞福诚等屯阆州北来苏村，由间道入剑州守之。宋乾德三年，王全斌伐蜀，至益昌得降卒言，命史延德分兵趋来苏，而自帅大军由阁道攻剑关。延德至来苏，造浮桥于江上。时蜀人于江西岸置栅，见桥成即弃栅而遁。延德西出青疆达官道夹攻剑门，克之。《九域志》蓬州仪陇县有来苏镇，去剑门甚远。非是。

紫石驿。州东六十里。陆道所经。今革。又州东南八十里有虎跳水驿。○石桥，在州治北。庞福诚入剑州，后唐兵自北山来攻，福诚趋石桥击却之。又赵廷隐遣兵据石桥,石敬瑭攻之,败却。

○梓潼县,州西南二百二十里。东至府城二百五十里,西南至绵州百三十里。汉县,属广汉郡。后汉因之。《志》云:县元鼎元年置,以倚梓林而枕潼水,因名。建安二十二年,刘备分置梓潼郡。晋为梓潼郡治。永嘉三年,天水人訇琦等杀成太尉李离等,以梓潼降罗尚于巴郡。四年,成将张宝复取梓潼。永和三年,复归晋,孝武移郡治涪城,以梓潼属之。宋、齐皆属梓潼郡。梁天监四年,陷于后魏,寻复入梁。西魏改县曰安寿,寻又置潼川郡。隋初郡废。大业初,改县曰梓潼,属普安郡。唐属剑州。宋、元因之。今土城周三里有奇,编户二里。

安寿废县,县南三十里。《志》云:西魏置潼川郡,移梓潼县于郡南三十里,曰安寿县。隋废郡,复移县于旧治,改名梓潼云。

长卿山,县治西南二里。旧名神山。唐玄宗幸蜀,以山有司马相如读书窟,因改名焉。又县治东五里有凤凰山。峰峦起伏,若凤凰然。○葛山,在县西南二十里。相传武侯伐魏,驻军于此。一名卧龙山。又雁门山,在县南三十里。有东西两峰,对立如门。《志》云:县东南二十里又有兜鍪山。自武连废县逶迤而来,至是崛起一峰,如兜鍪然。

五妇山,县北十二里。《华阳国志》:秦惠王遗蜀美女五人,蜀王遣五丁迎之,至此俱化为石,因名。有五妇水,亦名梓潼水。又七曲山,在县北十五里。山腹有路,盘转七曲,西北有百顷坝,一望平衍,极为膏腴。《志》云:县北三十里有盘龙山,逶迤曲折,势若盘龙。又县北百二十里有马阁山。《志》云:因邓艾所经而名。

潼江,县西四里。即梓潼水也。源出马阁山,南流入潼川州盐亭县境,下流入于涪江。又小潼水,在县东北。自剑州流入界,注于阆中县之嘉陵江。

香泉,县北百里。平地涌出,周回八十步。又灵泉,在县东百十里。

世传唐僖宗幸蜀,至此饮焉,因赐今名。又县东二十里有马跑泉。相传唐明皇幸蜀过此,三军渴甚,马跑泉涌,因名。

白垭堡,在县东。又东曰圌山堡。《志》云:县境之堡,凡二十有二。○上亭驿,在县北二十里。唐置,即玄宗过此闻铃声处也。一名琅玡驿。又演兵坝,在县东二十里。相传姚苌寇蜀,尝演兵于此。

阳沔戍。在县北。晋永宁二年,李特围成都,时河间王颙镇关中,遣督护衙博讨特,军于梓潼,特使其子荡袭败博兵于阳沔,即此。

○巴州,府东三百五十里。东至夔州府达州三百里,南至顺庆府蓬州二百十里,北至陕西汉中府四百六十里。

古巴国,《山海经注》:太皞四世孙后昭,是为巴之始祖。秦为巴郡地,两汉因之。蜀汉属巴西郡。晋初因之。东晋后荒废。《志》云:李特擅蜀,此地为巴氏所据,不置郡县。宋末始于巴岭之南置归化郡。齐时为荒郡。梁置归化、木门二郡,兼置巴州。《志》云:后魏得其地,置大谷郡,寻复入于梁,郡复故。西魏因之。隋郡废,仍曰巴州。大业初,改曰清化郡。唐复曰巴州。天宝初,亦曰清化郡。乾元初,复故。宋仍曰巴州亦曰清化郡。元因之。明洪武四年,仍为巴州。九年,以州治化成县省入,又改州为县。正德九年,复升为州编户二十六里,领县二。今因之。

州北走兴元,西达阆、利,江山环峙,僻而实险。说者谓州居三巴之中,有中巴之号,土田沃衍,民物繁阜。有事于利、夔之间,州其衿要之地矣。

汉昌城,今州治。汉宕渠县地。后汉永元中,分宕渠北界置汉昌县,仍属巴郡。建安五年,巴郡守庞羲召汉昌賨民为兵,为刘璋,即此。后分属巴西郡。蜀汉及晋因之。东晋后荒废。萧梁置梁广县,为归化郡治。后周改县曰化成。隋因之,为巴州治。唐、宋皆仍旧。杜佑曰:化成县,后汉汉昌城,梁曰大谷。是也。明初省。《城邑考》:州旧有土城。明成化中,始甃以砖石。正德中,复修城浚濠。嘉靖十八年以后,屡次营缮。今城周四里有奇,门四。

其章废县,州东八十里。梁置县,属归化郡。宋白曰,县东八里有其章山,因名。隋仍为其章县,属巴州。唐因之。宝历初,废。大中元年,复置。刘昫曰:其章亦曰奇章。大和中,牛僧孺为相,封奇章公,是也。宋初亦曰其章县,仍属巴州。熙宁五年,废为镇,属曾口县。○曾口废县,在州东南四十里。亦梁置。隋属巴州。唐因之。刘昫曰,县治戴公山,神龙初,移治曾溪,是也。宋亦属巴州。元因之。元末废。

恩阳废县,州西三十五里。梁置义阳县。隋开皇末,改曰恩阳,属巴州。唐因之。贞观十七年,废。万岁通天初,复置。宋因之。元至元二十年,并入化成县。○清化废县,在州西六十里。梁置伏彊县,并置木门郡治焉。后周因之。隋开皇初,郡废,县属巴州。七年,改县曰清化。唐因之。刘昫曰:武德初,于清化县界木门故地置静州,领清化、大牟、地平三县。六年,移静州于地平县,又割利州之嘉川,皆隶静州。贞观十七年,废静州,以清化县属巴州,是也。宋乾德五年,改属集州。熙宁五年,集州废,省县为清化镇,属化成县。又大牟废县,在州北百里。唐武德初,析清化县地置,以县东三里有大牟山也。初属静州,州废,属巴州,后又属集州。宋初废。

始宁城,州东百三十里。《志》云:后汉桓帝分宕渠之东置宣汉县。梁分宣汉置始宁县,并置遂宁郡。隋开皇初,郡废,县属巴州。唐因之。宋乾德四年,县废。○七盘废县,在州西南五十里。唐久视元年置,属巴州。宋初因之。熙宁三年,省为镇,入恩阳县。

王望山,州北三里。岩径极险,为郡之胜。《志》云:山本名黄牛山。唐天宝中，有王望者字子蒙，隐于此，因改今名。亦名王蒙山。又云：玄宗幸蜀，尝登此山，北望京阙，故名。似误。○南龛山，在州南一里。悬崖绝壁，多奇胜。又州东四里有东龛山，又有西北二龛山，皆去州八里。

平梁城山，州西二十五里。上平坦，四围石壁如城。又有古寺、龙泉二水，四时不竭。宋淳祐中，都统张实筑城于此，取平定梁州之义，曰平梁城，山因以名。

小巴山，州东北二百九十里。其北有大巴山，与此绵延相接，亦曰大巴岭、小巴岭。《志》云：大巴、小巴，世所称九十里巴山也。由小巴而北至大巴，险逾剑阁云。○石门，在州北三十里。左右皆峭壁，环围三里许。

巴江，州东一里。源出大巴山，至州东南分为三流，而中央横贯，势若巴字，流二十里，合清水江，又南入顺庆府蓬州境，下流至合州入嘉陵江，亦名为字江。唐李远诗：巴江学字流。是也。王氏曰：巴江发源小巴岭云。○清水江，在州西九十里。《志》云：源出广元南境通平镇，历废清化县，又东经废恩阳县，至州南合于巴江。

明水，州北百里。自南江县流入境，下流合于巴江。又鹿溪，在州西五十里，与处溪相对。又西百里有深渡溪。皆东流入于巴江。

米仓关，在州北。《志》云：关旧置于小巴山绝顶，今徙于大巴山之麓。嘉靖八年，重修，有米仓关巡司。《郡志》：大小巴山之间有巴峪关，嘉靖中置。又马度关，在州东三百里。其相近又有长乐关，亦嘉靖中置。

黄城关，在州东南万山中。崭岩四绝，箐莽结曲，郁为贼薮。嘉靖中，议者以黄城关界巴、达二州间，达州既筑龙船关戍守，其东偏、西偏即巴州长乐、太平二乡之冲，不可不为障塞。因相视云城、漏明二区，皆属要隘，可拓垒壁。又相距才十里，柝闻燧及，声援甚便，因关梁其上，与龙船鼎峙为犄角云。

浪楼溪隘口。州，东百八十里。又州南二百里有茶坝市隘口。旧皆有兵戍守。○石城旧堡，在州东南七十里。又雪峰山堡，在州东十五里。《志》云：州旧堡十有一。又有鹰嘴、高眉等十堡，俱正德以后新置。又清水驿，旧在州南三里，唐置。今废。

○**通江县**，州东北百五十里。东南至达州百六十里，北至汉中府四百三十里。汉宕渠县地。后汉为汉昌县地。梁为始宁县地。西魏分置诺水县。隋复废入始宁。唐武德八年，复分置诺水县，并置壁州治焉。天宝初，改县曰通江，又改州为始宁郡。乾元初，州复故。宋初因之。熙宁五年，以壁州省入，县改属巴州。元省入曾口县。至正四年，复置。今城周不及四里，编户六里。

壁州城，即今县治。唐武德中置。后唐长兴三年，孟知祥据西川，其党赵享良议遣昭武将高彦俦攻取壁州，以绝山南转入山后州之路，不果。昭武治利州。巴、蓬、果诸州，皆山后州也。宋州省。《志》云：县东九十里有通江废县。《元志》云：宋置上下通江县，皆属巴州。至元二十年，二县俱并入曾口。考《宋志》，无二通江县。或宋末兵乱，移县而东也。今余址犹存。

广纳城，县南六十里。唐武德三年，割始宁、归仁二县地置，县属壁州，以广纳溪为名。宝历初，省。大中初，复置。宋省。又归仁城，在县西南七十里。梁置平州县于此，后周改曰同昌。隋开皇中，改曰归仁县，属巴州。唐武德二年，改属万州。贞观初，还属巴州。宋乾德四年，省。

白石废县，县东北百里。西魏置，以白石水为名。隋属巴州。唐武德初，改隶集州。八年，又改属壁州。宋省。又东巴废县，在县南。唐开元二十三年，析始宁县地置太平县，属壁州。天宝初，改为东巴县，宋省。

符阳废县，县北百四十里。梁置符阳县，以在符水之阳而名。西魏置其章郡于此。隋初，郡废，县属巴州。《志》云：隋牛弘封奇章郡公，用旧郡名也。唐武德初，改属集州。八年，属壁州。贞观八年，还隶集州。长安三年，复属壁州。景云二年，又隶集州。永泰初，仍隶壁州。宋废入通江县。

得汉城山，县东百二十里。万山中掘起崖堑，峭绝千仞。上设城郭，有三门。出泉，冬夏不竭。独西南二径凌险，转折而上，有一夫当关之势。顶平数里，可以耕艺。相传汉高据此以通饷馈。宋淳祐中，余玠临视形势，命统制张实因险筑垒，储粮建邑，为恢复旧疆之规。今其上石壁如城，中平，尚可屯数百人也。《郡志》：得汉城东二十里山顶上有石城，周三里，相传三国时筑，谓之擂鼓城。

歌籁山，县东六里。杜佑曰：广纳县东七里有歌籁山，上有城，极险峻。又壁山，在县治西一里。下有渃水，即宕水也。水石相激，声如呼诺。元魏因置渃水县。唐又以山名州。又秋锦山，在县治南，隔江。山脉与壁山相连，一名翠屏山。

三花山，在县东北七里。又有方山，在县北十五里。突出众山，其形如斗。又六峰山，在县东北八十里。《志》云：县东六十里有大钟山，突起万山中，如覆钟然。○铜山，在县南十五里，旧产铜。《志》云：县南百五十里有包台山。突兀一方，高出众岭，登之可以远眺。

渃水，在县治西。源出陕西南郑县之青石关，经众山中，流入县界，南流而东折，注于达州之渠江，亦曰宕水，亦曰诺水。○大险溪，在县东百里。又有小险溪，下流俱入于渠江。《志》云：县西九十里有清浴溪，下流合于巴江。

壕坝关，县东北二百里。有巡司戍守，并立副巡司。《会典》：二司自州改属。又竹浴关在县东百里，白杨关在县东三百四十里，旧为戍守处。《志》云：县东北有羊卷山关，嘉靖中增置，亦设巡司。

马鞍寨。县东七十里。又县东四十里有花石寨，西八十里有船头寨。又羊谷口隘，在县东北二十里，皆为守御处。《志》云：县境有梨树等堡，凡五十有一。

○南江县，州北二百里。西北至广元县二百三十里。汉宕渠县地。后汉汉昌县地。梁难江县地，寻立东巴州。后周改置集州，又置平桑郡。隋开皇初，郡废。大业初，州废，县属汉川郡。唐武德初，仍置集州。天宝初，改曰符阳郡。乾元初，复故。宋仍曰集州。熙宁五年，州废，县属巴州。元至元二十年，县省。明初因之。正德九年，改置今县。城周二里有奇，编户二里。

集州城，即今县治。后周分故难江县，别置难江县为集州治。隋州省。唐复置，仍治难江县。宋州废，而县如故。《志》云：县南有平桑城，唐武德初置县。贞观初，废。二年，复置。六年，又废。又长池废县，在县西南。《隋志》：后周置曲细县，属巴州。隋开皇末，改曰长池。唐初，改属集州。贞观六年，废。

盘道废县，县西南百里。《隋志》：梁置难江县。西魏改为盘道。隋属巴州。唐因之。宋乾德四年，废。又地平废县，在县西北百里，本葭萌县地，唐武德元年，分置狄平县。二年，改为地平，寻移静州治此，州废，县属集州。永泰初，改曰通平。宝历元年，废。

龙来山，县东三里。下有大虚洞，空旷幽深，可藏千人。相传古邑人避兵处。《志》云：县南三里有孤云山，其相连者，曰两角山，两峰并耸。王子绍云：孤云、两角，去天一握。相传萧何追韩信至此，一名韩山。

小巫山，县东北五十里。上有十二峰，下有龙洞，即巴山之群峰也。相近又有莲花峰，峰峦四面层秀。有石洞，亦曰莲花洞，高空百余

丈，内容千人，外临深渊，邑人尝避兵于此。一名红鲤洞，相传溪中有红
鲤云。○船山，在县东北二十里。四山随拥，咸若海潮，乘风飘泊，而此
山宛如巨舟。自北而东，下有井。旧名五女山。又蜡烛山，在县北六十里，
峰峦耸拔云表。县北百五十里又有味坡山，地产茶，味极佳。

大巴山，县北二百里。高耸千寻，岩径极险，春夏积雪不消，与汉
中诸山相连，为巴、汉巨镇、梁州中土也。一名巴岭山。亦见汉中府。又小
巴山，在县北百里，其险次于大巴，而高峻积雪相似。又米仓山，在县北
八十里。详见汉中府之米仓道。○龙耳山，在县西二百里。孤峰特出，石
壁峭拔，上有甘泉。

巴江，在县南。《志》云：南城下有几水，古名难江水。源出巴、汉
间，自东北汛激而来，循公山之麓，纡回而下，汇于巴水，如几然。又南
江，源出米仓山，亦自县治前而南与巴江合，盖二水即巴江上流也。公
山，一名白鹿山，在县治南一里。

南屯河，县东二十余里。源出巴山，经两河口，入巴江。又韩溪，出
孤云山下，碧含溪，在县北三里，下流皆入巴水。

琉璃关，县东十里。关口有石磴，巉岩为险。又樗林关，在县东八十
里。两山夹峙，缘崖为道。又梧桐关，与樗林关对峙。相传关壮缪尝戍此。

诸葛寨。县西百里。高五十余丈，四壁峻拔，惟一面有鸟道可上，
顶有泉，四时不竭。相传孔明曾驻兵于此，可容万人。又柏林堡，在县
北五十里。两河口堡，在县南百八十里。《志》云：县境之堡，凡二十有
六。○莎鼻渡，在县西。《剑州志》：剑门山，东连莎鼻，西接绵州，凡
二百三十一里。盖指此也。

○顺庆府，东至重庆府忠州五百六十里，南至重庆府合州三百二十
里，西至潼川州三百五十里，北至保宁府三百里。自府治至布政司六百
里，至江南江宁府五千六百五十里，至京师八千八百二十五里。

《禹贡》梁州地。春秋时为巴国地。秦属巴郡。两汉因之。晋属巴西郡。宋、齐仍旧。梁置宕渠郡治安汉县。西魏因之。隋初,郡废,改属隆州。大业初,属巴西郡。唐初,亦属隆州。武德四年,析置果州。天宝初,改南充郡。乾元初,复故。大历六年,更名充州。十年,还曰果州。五代时为前后蜀所据。周显德五年,后蜀置永宁军节度,兼领通州。宋仍曰果州亦曰南充郡。宝庆三年,升顺庆府。以宁宗潜邸也。元初曰东川府。《元志》:中统初,立征南都元帅府。至元四年。置东川路统军司,寻改为东川府。至元十五年,复为顺庆府。二十年,升为路。明复为顺庆府,领州二、县八。今因之。

府江山襟带,民物阜繁,居三巴之间,为要膂之地。旧《图经》:果州田畴沃衍,川泽流通,饶五谷,多盐利,西上成都,东下夔峡,资储常取给焉。若其形势,则北控剑阁,南临垫江,指臂相依,走集甚易,驭之得其道,可以雄视四维也。

○南充县,附郭。汉巴郡充国县地。后汉末,析置南充国县,仍属巴郡。晋属巴西郡。宋曰南国县,齐因之。隋改置南充县于此,属隆州。唐初于县立果州。宋宝庆初,为顺庆府治。今编户十一里。

充国城,府北三十五里,汉县。刘昫曰:后汉永元二年,分阆中置充国县。疑已废而复置也。《巴记》:初平四年,复分置南充国县。盖治此。晋、宋皆属巴西郡,后县徙而北。梁改置南部县。南充国遂废。隋开皇十八年,始改安汉县曰南充,属隆州,即今治也。自唐以后,皆为州郡治。宋淳祐三年,余玠徙府治于清居山。元初因之,寻还今治。《城邑考》:旧郡城在今城北北津渡。明洪武初,徙城于此。成化初,复增拓之,甃以砖石。自是相继增修。有门四,城周七里有奇。

安汉城,府南三十五里。汉县,属巴郡。后汉因之。《巴记》:初平六年，赵廞分巴为三郡，以巴郡治安汉，建安六年，改巴郡为巴西郡。是也。晋属巴西郡。宋、齐因之。梁徙置宕渠郡于此。隋开皇初，郡废。十八年，改县曰南充，移于今治。又宕渠城，在府北四十里，一名石苟坝城。《五代志》：西魏平蜀，于南充县北三十七里石苟坝置南宕渠郡，隋废。

　　流溪废县，府西南五十里。唐开耀初，析南充县置，以在流溪水侧而名，属果州。宋因之。熙宁七年，省为流溪镇，属南充县。绍兴二十七年，复置。元至元二十年，并入西充县。○徽州城，在府东南。或云，王建所置。五代唐长兴初，董璋以东川叛，引兵陷徽州。胡氏曰：州名不见于诸志，大约在遂、合、果三州之间。

　　果山，府治西。层峦秀起，唐以此名州。其相接者曰金泉山，一名灵泉山。又有宝台山，与灵泉并峙，山顶高平，因以台名。○朱凤山，在府南十里。高百七十余丈，周二十里，蜿蜒盘礴，为城南之胜。又鹤鸣山，在府东十里。栖乐山，在府西十里。清泉山，在府北十里。稍西曰舞凤山。皆环峙近郊，而清泉尤为高耸。

　　清居山，府南三十五里。山势高耸，其上宽平，嘉陵水绕其下。宋淳祐中，兵乱，余玠帅蜀，筑清居城，徙府治于此。宝祐六年，为蒙古所陷。景定初，蒙古置征南都元帅府，亦治此山之龙笮坝。《志》云：山凭高据深，形胜甲于一郡。○大方山，在府西二十里。其并峙者，曰小方山。千峰百岭，周回缭绕，称为名胜。又府西百里有大耽山，其并峙者，曰小耽山，以隋隐者杨耽居此而名。

　　嘉陵江，府治东。自蓬州流入境，环绕府治，引流而南，下流至重庆府合州，与渠江合。详见前大川嘉陵江。

　　流溪水，府西八十里。源出潼川州遂宁县界，平流三十里，无滩险，东南入嘉陵江。唐流溪县以此名。又曲水，在府西四十里。源出府西北琉璃镇，盘回九折，流入嘉陵江。〇清水溪，在府城东，居民藉以灌溉。又大斗溪，在府东八十里。源出岳池县老君山，溪旁有大石如斗，因名。下流俱合于嘉陵江。

昆井，府西六十里。《志》云：昆井，大井也，即古盐井云。又府境州县俱有盐井，产盐甚众。

北津镇。府北五里。郡城旧置于此，今有北津渡巡司。又嘉陵驿，在今府治东。

〇**西充县**，府西七十五里。西至潼川州盐亭县百二十五里。汉充国县地。晋析置西充国县，属巴西郡。宋、齐因之。梁置木兰郡治焉。西魏废郡，改县曰晋城，属宕渠郡。隋属隆州。大业末，废。唐武德四年，复置西充县，属果州。今城周七里，编户八里。

西充山，县治东一里。治西一里有孝廉山，与此并峙。又化凤山，在治东。其相接者，曰亚夫山，与县城相倚。又凤台山，在县治西，顶方如台，因名。〇双图山，在县东十里。两峰相对，宛如画图。

南岷山，县南十五里。上有九井、十三峰。元至正间，群盗作乱，主簿马蒙古夕率民筑堡垒于此，邑赖以全。〇回龙山，在县北三十里。耸翠嵯峨，萦回盘绕。又有琼珠山，在县西北四十里。山峰蜿蜒，若琼珠相连。

西溪水，在县治西。回环曲折，流合南充县之曲水，注于嘉陵江。或曰，西溪即流溪之支流矣。

〇**蓬州**，府东北百四十里。东至夔州府达州四百二十里，西北至保宁府二百里，北至保宁府巴州二百十里。

秦巴郡地，两汉因之。晋属巴西郡。宋、齐因之。梁置伏虞郡。后周置蓬州。治安固县。隋初，郡废州存。大业初，州废，并其地入清化、宕渠、巴西三郡。唐武德七年，割巴、隆、渠三州地置蓬州。初治安固县，寻徙大寅县。天宝初，曰咸安郡。至德二载，改曰蓬山郡。乾元初，复为蓬州。宋因之。亦曰咸安郡。元至元二十年，升为蓬州路，寻复为蓬州。徙治相如。明因之，以州治相如县省入。编户七里。领县二。今因之。

州南屏果、渝，北控利、阆，山川奇秀，雄峙东陲。

相如废县，今州治。本汉安汉县地，属巴郡。梁置相如县，梓潼郡治焉。后魏郡废。刘昫曰：县南二十里有汉司马相如故宅，县因以名。隋亦为相如县，属隆州。唐武德四年，改属果州。宋因之。宝祐六年，改属蓬州。元徙蓬州治焉。明初，省县入州。《城邑考》：州旧无城，天顺中，始筑城立栅。弘治中，始甃以砖石。今城周四里，有门四。

安固废县，州东北百五十里。本汉宕渠县地。晋李势时为獠所据。齐梁始置安固县，属伏虞郡。其地亦名恒陵。《北周书》：恒陵所在险固，方数百里，群獠居之。天和三年，恒陵獠叛。遣赵文表讨之。獠中先有二路，一平一险。文表阳称从宽路进，出不意引兵从险路入。獠相率出降。事平，遂置蓬州，治安固县，以文表为刺史。隋大业初，州废，县属巴州。唐武德元年，仍属蓬州。天宝初，更名良山。宝历初，省入蓬池县。大中间，复置良山县。宋熙宁五年，废。建炎三年，复置，仍属蓬州。元至元二十年，并入营山县。

咸安废县，州东南百里。亦汉宕渠县地。梁置绥安县。隋开皇末，改今名，属渠州。唐武德七年，改属蓬州。至德二载，改为蓬山县。宋仍属蓬州。熙宁三年，省为蓬山镇，属营山县。

凤凰山，州治南一里。隔嘉陵江，其山一峰突起，两峰相接，状若凤凰飞舞。又五马山，在州北五里。其山五峰高耸，势如奔马。

云山，州东南二十里。四围壁立，其上平广。宋淳祐初兵乱，移州治于山上，藉以保固。元人复还旧治。又北山，在州东八十里。《志》云：蓬州之主山也。○三合山，在州西五十里。三峰并起，围环相合，因名。

嘉陵江，在州西。自保宁府南部县流入界，经州治南，复折而西南，入南充县境。

巴江，在州东北。自保宁府巴州流入境，又东南流经营山县，至渠县界，而合于渠江。

龙溪驿。《志》云：旧在州治南。景泰中，移于城西水浒，后改属大竹县。

○**营山县**，州东南六十里。南至广安州百四十里。汉宕渠县地。梁相如县地。唐武德四年，析相如县地置朗池县，属果州。宝应元年，改属蓬州。宝历初省。开成二年，复置。宋初因之，仍属蓬州。大中祥符五年，改曰营山。元因之。今城周二里有奇，编户二里。

云凤山，在县治北。山势高寯，因名。治西又有太白山。○芙蓉山，在县东北八里。峰峦丛秀，若芙蓉。又衮山，在县西十五里，石壁峭立，上有凤凰台。

大蓬山，县东北七十里。与小蓬山相对峙，相距二里许。唐以山名州。一名绥山。《志》云：蓬山有朝阳洞，空阔可容数百人，久塞。万历中，重开。

巴江。在县东。自蓬州界流经此，入渠县境，县东六十里有七曲汇，水流萦回七曲，两岸崖石悬绝，飞湍喷沫，若烟雾腾涌。盖即巴江矣。○蓝溪，在县西十里。下流合于嘉陵江。

○**仪陇县**，州北百八十里。西至南部县百三十里。汉阆中县地。梁置仪陇县，又置隆城郡。隋郡废，以县属隆州。唐初因之。武德三年，于县置方州。八年，州废，还属蓬州。刘昫曰：州旧治金城山。开元二十三年，徙治平溪。是也。宋仍属蓬州。今城周三里有奇，编户七里。

蓬池城，县南三十里。亦汉阆中地。梁置大寅县，属隆城郡。隋属隆州。刘昫曰：梁时县治斗子山，后移治斗坛口。唐武德初，仍属隆州。七年，改属蓬州。开元二十九年，徙州治焉。广德元年，更名蓬池县，寻省。开成初，复置。宋亦为蓬州治。元移州治相如县，而以蓬池省入仪陇。《郡志》：蓬池故城，在今州东六十里。又云：县东北十里有良山城。似皆误。

伏虞城，县东六十里。梁置宣汉县于此，并置伏虞郡。西魏因之。隋开皇初，郡废，县属巴州。十八年，改县曰伏虞。唐武德七年，改属蓬州。刘昫曰：旧治长乐山，长安三年，移治罗获水。宋因之。元至元二十年，省入仪陇县。

金城山，在县治北。众山环向，如雉堞然。石壁高八十丈，周回五里，惟西南有径可通，上有数石如贮米囊，故亦名金粟山。杜佑曰：山本名隆城，梁置县在山上，凭险为理，因曰隆城郡。唐方州亦治此，后县移治平溪。唐天宝中，何滔尝举义兵讨贼，营于金城。是也。〇石城山，在县北三十里。四壁峭立如城。其相近曰九龙山，上有九峰，状若龙翔。又铁山，在县北四十里，山色如铁。

仪陇山，县西三十里。冈蛮回曲，为境内之望，梁因以名县。《志》云：山下有仪陇县废址，疑即梁所置。〇伏虞山，在县东五十里。山纡回峻阻，为一方险要，梁因以名郡。又观陇山，在县东十五里。登其巅可尽境内之胜，因名。

巴江，县东五十五里。自巴州流入境，又南流入蓬州界。〇鳌水，在县西北三十里。水中有石如鳌，因名。西南流入于嘉陵江。

流江溪。县南三十里。源出仪陇山，东南流，达渠县界，入于渠江。又平溪，在县东十里，下流入于巴江。

〇广安州，府东二百十里。东至重庆府忠州三百四十里，西南至重庆府合州三百里，北至蓬州二百里。

秦巴郡地，两汉因之。晋属巴郡及巴西郡，宋、齐因之。梁置渠州治流江，隋因之。唐为渠、果、合三州地。宋开宝二年，分置广安军。咸淳二年，改宁西军。元至元十五年，军废。二十年，升为广安府。前朝洪武四年，改为广安州，以州治渠江县省入。编户十一里。领县四。今因之。

州山川回环，形势奇胜。宋何行中《驻泊记》曰：广安军南连巴徼，北接通川，复岭东横，清江西下，林深箐密，岩穴幽邃，介于果、合、渠三州之间，亦要会之处也。

渠江废县，州治北五里。汉巴郡宕渠县地。梁置始安县。后魏属流江郡。隋属渠州。开皇十八年，改曰賨城县。唐武德初，复曰始安县，仍属渠州。天宝初，改曰渠江县。宋开宝二年，移治于合州境内之浓洄镇，为广安军附郭县。元为广安府治。明初省。《城邑考》：州旧无城，树木为栅，依山甃石为墙。成化以后，相继修筑，甃以砖石。今城周六里，门四。

丰乐废县，在州西北。唐武德初，分始安县置，仍属渠州。八年，省。○大良城，在州东北六十里。本曰大良平。宋淳祐三年，制置使余玠城大良平为广安军治所。其地石崖四绝，天然险固。宝祐末，陷于蒙古。景定初，复取之。咸淳二年，改军为宁西。元至元中，始还旧治。《郡志》：州北八十里有大、小梁城。似误。又云，州北十里有虎啸城。建置未详。

秀屏山，在州治西。层崖峭壁，草木丛茂，宛如屏障。又州治东有白鹤山，州治南二里有猊峰山。《图经》所云西倚秀屏，南接猊峰者也。○子仙山，在州西二十五里。山高秀，即秀屏山来脉也。《志》云：汉车骑将军冯绲之子得仙于此，因名。一名望子山。

富灵山，州东南七十五里。山峻峭，多产药物。又州东六十里有縠成山，亦高峻，以能兴云雨润五谷而名。

渠江，州东北五里。源出达州太平县之万顷池，流经渠县东，与蓬州之巴江合。又南流经此，谓之篆水。《志》云：江中滩石纵横，湍流奔激，有三十六滩之称，至此石碛平坦，波纹萦洄如篆也。又南流而为洄水。一名清洄，亦以渠水下注，波纹萦洄而名。又西南流至合州，注于嘉陵江。

西溪水，在州治西。一名浓水。水色常浊，故曰浓。发源州北百二十里蓬州之绵坝，分为二流，至橡树坝，二溪相合。又经龙扶速山下龙栖滩，有环水流合焉，至城南五里，东折入渠江，合于洄水。州治故名浓洄镇，以此。《志》云：州东有洄水渡，旧名龙门渡。又州北有罗洪渡，州西有黄瓦渡，即渠江及西溪之津要也。

盘龙驿。在州南。本属南部县。嘉靖三十六年，移置于此。

〇岳池县，州西六十里。西南至合州定远县百三十里。本南充及相如二县地。唐万岁通天二年，析置岳池县，属果州。宋属广安军。今城周三里有奇，编户十五里。县今省。

新明废县，县南二十里。刘昫曰：本石镜县地，唐武德三年，析置新明县，属合州。旧治在今县南七十里。宋开宝二年，改属广安军。六年，移治单溪镇，即今治也。元省入岳池县。又和溪废县，在县西二十里。本名和溪镇，宋开禧三年，省镇为县，属广安军。元并入岳池。

翔凤山，在县治北。山有三峰，如凤之翔举。又龙穴山，在县北五里。嵯峨高秀，山半岩石中有穴，回绕如龙。又县西十里有大龙山，其山蜿蜒盘曲。又西五里曰虎头山，以巉岩险峻而名。〇蝇山，在县北二十里。山最高大，俗名禹山。其并峙曰姜山，俗传姜维屯兵处。又北十里曰羊山，峰峦环峙，称为奇秀。

速山，县东四十里。《唐志》云：岳池有龙扶速山，潆水出焉。是也。《郡志》：县东三十里有鋄山，与岳门山相连，分峙三十六峰。

嘉陵江，县西七十里。自南充县流入界，又南入合州定远县境。

岳池水，在县东。下流合于潆水。《寰宇记》：县东三十里有岳安山，岳池水出焉。刘煦曰：县旧治思岳池，开元二十年，移今治。疑即此池也。又县东五里有将军池，相传诸葛武侯尝驻军于此。○灵溪水，在县西南，流入定远县境，注于嘉陵江。

平滩驿。在县西七十里嘉陵江滨。西北至府城六十里。旧置驿于此，驿南有平滩桥。《舆程记》：自驿至顺庆府嘉陵驿，凡百三十里。恐误。

○渠县，州北百二十里。西北至蓬州百二十里，东南至忠州垫江县百二十里。汉巴郡宕渠县地。后汉建安中，先主尝分置宕渠郡，寻省入巴西郡。晋仍属巴西郡，后复置宕渠郡。宋曰南宕渠郡，齐因之。梁废，为渠州治。大业初，为宕渠郡治。唐初，复曰渠州。天宝初，曰潾山郡。乾元初，复为渠州。宋因之，亦曰潾山郡。元仍曰渠州。明初，以州治流江县省入，又改州为县。城周四里有奇，编户十一里。

流江废县，今县治。西魏所置县也。刘昫曰：梁置渠州，后周改为北宕渠郡，又改流江郡，仍于郡内置流江县，自隋以后，皆为州郡治。明初省。《志》云：流江故城在县北十里。似误。

宕渠城，县东北七十里。汉置县，属巴郡。后汉因之。应劭曰：石过水为宕，水所蓄为渠，故县以是名。刘先主尝分巴郡之宕渠、宣汉、汉昌三县置宕渠郡。晋省入巴西郡。惠帝复分巴西置宕渠郡。永嘉三年，巴西陷于李雄，谯登举兵攻宕渠，杀其巴西太守马脱。宋白曰：宕渠城，汉车骑将军冯绲增修，俗亦名车骑城。晋义熙二年，刘裕遣毛修之等讨谯纵，至宕渠，军中作乱，修之奔还白帝，宋为南宕渠郡治。萧齐因之。梁

于安汉县置宕渠郡，流江置北宕渠郡，而改故宕渠县置竟阳郡。隋开皇
初，郡废，县属渠州。唐武德初，县改属蓬州。刘昫曰：县旧治长乐山。
长安三年，移治罗獲水。是也。宝历初，省入蓬山县。大中初，复置，仍属
蓬州。五代因之。宋初，复废入蓬山县。

宾城废县，在县北。刘昫曰：唐武德初，改宾城为始安，又分置
宾城及义兴县属蓬州。八年，俱省入流江。《郡志》：宾城废县，在大
竹县北。似误。

八濛山，县东北七里。八峰起伏，其下平旷十余里，江水环之不匝
者一里，常有烟雾蒙其上。后汉建安二十年，张郃自汉中进军宕渠之蒙头
荡石，与张飞相拒五十余日。飞率精兵万余人，从他道邀郃军交战，山道
狭，前后不得救，飞遂破郃，巴土乃安。山下有勒石云，汉将张飞大破贼
首张郃于八濛，飞所自题也。《隋志》：通川宕渠，其地接连汉中，是矣。

宕渠山，县东五十里。一名大青山，又名花果园。其山崇峻，险不
可涯，东西有二石门，延连相接，可以出入，山洞长狭，如沟渠然。○礼
仪山，在县东六十里。上有城址，宋宝祐三年，尝徙渠州治礼仪山，以
拒蒙古。是也。

龙骧山，在县治北。峰峦突起，势若龙骧。又玉蟾山，在县治西一
里。山峦耸翠，形如满月，因名。

渠江，在县治北。自达州流入界，至县东北三会镇，巴江合焉。又
经宕渠山下，会潜水，至县北会于渝水，南入广安州界。《志》云：县南
三里江中有铜鱼洲，其下有石碛，状如黄鱼，亦名铜鱼碛。○渝水，在
县北十里，即仪陇县界之流江溪，入县境，东流而入于渠江。又潜水，
在县东五十里宕渠山侧。《水经注》：宕渠有大穴，潜水出焉，通罡山
下，而南入于江。是也。又白水溪，在县东三十里。源出县东北白
水洞，下流入渠江。

卫渠关，在龙骧山西。正德中，县令甘泽建以御寇盗，邑赖以全。

○**邻水县**，州东南百二十里。西南至合州二百里，东至忠州酆都县百八十里。本宕渠县地。梁置县，并置邻州治焉。后魏改置邻山郡。隋开皇初，郡废，县属渠州。义宁元年，改属潾州。唐武德三年，还属渠州。宝历初，省入邻山县，后复置。宋因之。元至元二十年，省入大竹县。成化二年，复置。城周七里，编户十七里。

潾山城，县东南五十里。梁邻水县地。唐武德初，分置潾山县，并置潾州治焉。八年，州废，县属渠州。五代初，王建复置潾州于此。宋初州废，仍属渠州。元至元二十年，并入大竹县。今为潾山镇。

盐泉废县，在县南。本邻水县地，唐武德初，析置盐泉县，属潾州。八年，州废，县省入潾山县。

邻山，县东四十里。《志》云：此山出铁，邻次相比，故名。《华阳国志》宕渠有铁官，以此。刘昫曰：潾山以重垒潾比为名。又五华山，在县东六十里。上有五峰，秀色如华。又龙虎山，在县南六十里。巉岩耸峙，如龙虎之相持。其相近者曰龙潭峡，四山连夹，下有龙潭。

昆楼山，在县治北。山岩叠峙，势如楼观。《宋志》：乾道四年，移县治于昆楼镇。谓此。

渠江。在县北。自广安州流入境，经县西合诸山溪之水，南流入合州界。○邻水，在县治东，自大竹县境流入界，中有大石碛，缘流十余丈，下流合大洪溪，经酆都县境，入于岷江。或曰，邻水源出邻山也。又龙穴水亦在县东，源出大竹县界金盘山，流至大洪溪，合于邻水。

○**大竹县**，州东北百六十里。东至夔州府新宁县二百二十里。汉宕渠县地。唐久视元年，析宕渠之东界置大竹县，以地产大竹而名，属蓬州。至德二载，改属潾山郡。宝历元年，省入潾山县。五代时，复置。宋景祐三年，省入流江县。绍兴三年，复置大竹县。元仍属渠州。明初，改今属。城周二里有奇，编户十七里。

荣城，在县东仙门里。四围险峻，高阜宽平，宋末保此以御蒙古。《郡志》：县北七十里有古賨城，或以为秦汉间旧城，非隋唐之賨县也。

九盘山，县西十里。其山高峻，盘旋九折，行者惮之。〇黄城山，在县东八十里。绝顶宽平，四围石壁苍然，望之如城，宋所筑荣城盖在此。或曰：荣，本作黄，传讹也。

仙门山，县东百里。一名金盘山，峰峦高耸，岩石奇胜。又七碑山，在县东南百余里，山有大石凡七，耸立如碑，因名。

东流溪，县东七十里。源出蓬州营山县东二十里狮子山，流经县界，下流注于渠江。

龙溪驿。在县东。嘉靖三十六年增置。自蓬州改属。

附见：

广安守御千户所。在州治东，直隶都司。

读史方舆纪要卷六十九

四川四 夔州府 重庆府

○夔州府，东至湖广归州三百三十里，南至湖广施州卫五百里，西至重庆府忠州七百里，北至陕西平利县八百四十里。自府治至布政司一千九百里，至南京三千五百三十里，至京师六千九百八十里。

《禹贡》荆、梁二州之域。春秋为庸国地，后属巴国。战国时属楚。秦属巴郡。汉因之。后汉末，置固陵郡，又改为巴东郡。三国汉因之。《晋志》：献帝初平元年，刘璋分巴郡立永宁郡。建安六年，改永宁为巴东郡。二十一年，先主分巴东立固陵郡。章武元年，又改固陵为巴东郡，前巴东郡为巴郡。晋仍曰巴东郡。刘宋泰始五年，置三巴校尉，领巴东等郡。萧齐兼置巴州，寻省。梁置信州。皆治白帝城。后周因之。刘昫曰：巴东，周改永安郡。隋废郡，仍曰信州。《隋志》：后周置信州总管府。大业初，始废。大业初，复曰巴东郡。唐武德初，仍曰信州。二年，改为夔州，高祖母，独孤信女也。讳信，改为夔州，寻置总管府，又改为都督府。天宝初，曰云安郡。乾元初复故。刘禹锡曰：至德初，云安郡统峡中五郡军事。乾元以后，始降为江陵支郡。五代时，亦曰夔州。王建初置镇江军治此，兼领忠、万二州。既而移治忠州。

梁乾化四年，仍治夔州。后唐天成三年，升为宁江军节度。孟蜀因之，仍治夔州。宋因之。夔州路治此，亦曰云安郡宁江军节度。南渡后，并置都督府于此。元曰夔州路。明洪武四年，仍曰夔州。九年，州改隶重庆卫。十四年，升为府，领州一、县十二。今仍旧。

府控带二川，限隔五溪，据荆、楚之上游，为巴蜀之喉吭。《史记》：楚肃王四年，周安王二十五年。为扞关以拒蜀。《班志》鱼复县有江关，《后志》鱼复有扞关。盖即以江关为扞关也。《华阳国志》：巴楚相攻伐，故置江关、阳关。阳关，见重庆府涪州。扞关，见湖广长阳县。公孙述使将军侯丹开白水关，见汉中府宁羌州。北守南郑，任满下江州，今重庆府巴县。东据捍关。田戎出江关，拔巫及彝道、彝陵，据荆门、虎牙。见湖广重险。建武十一年，岑彭大破田戎于荆门，率诸军长驱入江关。江关，蜀之东门也。入江关，则已过三峡之险，夺全蜀之口矣。公孙述之败亡，始于失江关也。建安十九年，先主攻雒未下，雒，今汉州。诸葛武侯与张飞、赵云自荆州将兵溯流，克巴东，至江州。章武三年，先主败于彝陵，退屯白帝。其后吴将全琮来袭，不能克。终蜀汉之世，恒以白帝为重镇。张氏曰：武侯治蜀，东屯白帝以备吴，南屯夜郎以备蛮，北屯汉中以备魏。是也。魏景曜六年取蜀，遂使王濬守巴郡，谋以袭吴。晋咸宁五年，濬帅楼船之师，东下白帝，于是丹阳、西陵，所在崩溃。永和三年，桓温西讨李势。义熙九年，刘裕使朱龄石平谯纵，皆由白帝而上。刘宋泰始二年，以三峡蛮獠岁为抄暴，因立三巴校尉府于白帝，兼领荆州之巴东、建平，益州之巴西、梓潼郡以镇之。历齐、梁之季，荆、益相持，辄以巴东为襟要。隋开皇八年伐陈，分遣杨素出永安，下三峡。陈人上流之师，悉为所败。唐武德四年，李孝恭、李靖军出夔州，而萧铣丧亡。五季初，王建扼夔门，与荆南相距。其后孟蜀继之，亦以夔为东面之防。宋乾德二年伐蜀，分遣刘光义等由归州进克夔州，尽平峡中地。迨蒙古入蜀，往往欲从夔州逸出，东瞰荆、湖。明初，伪夏据蜀，亦固守瞿塘，汤和，廖永忠百计攻之乃下。盖夔州凭高据深，实水陆之津要。丁谓曰：夔城，所以坚完两川，间隔三楚。王氏应麟曰：夔州者，西南四道之咽喉，吴楚万里之襟带也。

〇奉节县，附郭。秦置鱼复县，属巴郡。汉因之，江关都尉治焉。后汉亦曰鱼复县。章武元年，先主改固陵郡为巴东郡，治鱼复。是也。二年，又改县曰永安。晋太康初，复曰鱼复。宋齐因之。皆为巴东郡治。梁并置信州治此。西魏改县曰人复。隋因之，亦为信州治。唐初亦曰人复县，夔州治焉。贞观二十三年，改曰奉节县。宋因之。明洪武九年，省县入州。十四年，复置。编户四里。

鱼复城，《志》云：旧治在赤甲山上。春秋时，庸国之鱼邑也。《左传》文十六年，楚侵庸，七遇皆北，惟裨、鯈、鱼人实逐之。裨、鯈二邑，与鱼近也。《水经注》：江水东经鱼复县故城南，城故鱼国。秦置鱼复县，汉因之，公孙述移于城之东南白帝山上。在今县城东五里。《元和志》：白帝山，州城所据，与赤甲山接。初，公孙述据蜀，殿前井有白龙出，自称白帝，因更鱼复城为白帝城。先主征吴，败还，至白帝，改为永安。今卧龙山下有永安故宫。白帝城周回七里，西南二面，因江为池，东临瀼溪，即以为隍，唯北一面山差逶迤，羊肠数转，然后得上。吴朱绩密书结蜀，使为兼并之虑，蜀遣阎宇将兵五千增白帝守。是也。晋元兴三年，益州刺史毛璩以桓玄篡逆，帅众屯白帝以讨之。义熙初，谯纵据蜀，置巴州于白帝。二年,益州刺史司马荣期击谯明子于白帝,破之。宋泰始二年,益州刺史萧惠开遣将费欣寿东下,应晋安王子勋于寻阳。至巴东,巴东人任叔儿据白帝,击欣寿,斩之。五年,分荆、益二州置三巴校尉,治白帝。梁大宝初,益州刺史武陵王纪使世子圆照将兵援台城,受湘东王节度,军至巴水,绎授以信州刺史,令屯白帝。承圣二年,纪将兵出峡,败死。明年,西魏将李迁哲南略地,时蛮酋向五子王据白帝,迁哲击走之。宇文泰因以迁哲镇白帝。《北史》:周天和元年,陆腾平信州诸蛮,州旧治白帝,腾更于刘备故宫城南八阵滩,北临江岸筑城,移置信州。唐时仍治白帝城。自宋以后,益徙而西。董钺曰:州旧治瞿峡口,景德中,始徙今治。距峡口才八里。熙宁十年,始城其地。陆游《入蜀记》:夔州在山麓沙上,所谓鱼复永安宫也。宫今为学基,州治在宫西北。景德中,转运使丁谓、薛颜所徙,比白帝颇平旷,然失关险,无复雄桀矣。《城邑考》:郡城,宋熙宁中筑。元初毁。明初,树栅为城。成化十年,始筑城浚池。正德初,又复营缮。有门五,城周八里有奇。

　　水逻城,在府东境。后周天和元年,信州蛮冉令贤等据巴峡反,攻陷白帝,于江南据险要置十城,自帅精锐固守水逻。水逻城在江北。周将陆腾进讨,议先取江南,剪其毛羽,然后进攻水逻。乃遣别将王亮率众渡江,拔其八城,因分道攻水逻,路经石壁城。其城险峻,四面壁立,惟有一小路,缘梯而上,蛮蜑以为峭绝,非兵众所行,腾被甲先登,遂克之。水逻侧有石胜城,亦是险要。令贤使其兄龙真据之,腾诱之来降,袭取其城,引兵向水逻,蛮众大溃,斩获无算。别将司马裔又下其二十余城,尽俘党类,因为京观于水逻城侧。

　　石墨城,在府东北境。冉令贤党向五子王据此,其子宝胜据双城。陆腾既平水逻,招之不从。因遣王亮屯牢坪,以图石墨。司马裔引兵图双城。腾虑双城孤峭,攻未可拔,贼若委城遁散,又难追讨,乃令诸军周回立栅,遏其走路。贼大骇,遂纵兵击之,悉平其党。胡氏曰:今归州巴东县北临江有铁枪头，长数丈，经数百年不损，目曰向王枪。疑即诸向所据处。又双城，亦见湖广巴东县。

〇白帝山，府东十三里。峡中视之，孤特峭险，比缘马岭，接赤甲山。其平处南北相去八十五丈，东西十丈。故巴东郡治此，即白帝城也，四面峭绝，惟马岭差逶迤可上。晋益州刺史鲍陋镇此，为谯道福所围，城中无泉，乃南开水门，凿石为函道，设机取之。水门之西即滟滪堆也。〇赤甲山，在府东北十五里。不生草木，土石皆赤，如人袒胛。本名赤岬山。《淮南子》注：岬，山胁也。或曰：以汉时尝取巴人为赤甲军，故名。上有石城，《类要》云：即鱼复县故址也。一云公孙述所筑。

白盐山，府东十七里。崖壁高峻，色若白盐。《水经注》：白盐崖高可千余丈，俯临神渊。是也。明初伐蜀，汤和分军出赤甲、白盐两山间，遂克夔州。又胜己山，在府东九里。峰峦叠秀，巍然独出众山之上，因名。宋乾道中，郡守王十朋锡以今名。又府东十余里有羊角山，下临大江。〇卧龙山，在府治东北五里，以有武侯祠而名。郡人以为游赏之胜，上有义泉，相传武侯所凿。《志》云：府北十五里有长松岭，上多古松，因名。

麦子山，府北二百余里。山延袤四百余里，东抵湖广之房、竹，北接陕西之平利，西南则与奉、云、开、万等县相连，内有红线崖、筛罗崖等处，原存古寨，可容数十万人，上有壤田，可资饷给。正德、嘉靖间，群贼皆啸聚于此，副使张俭曾议设堡编夫，以严把守，寻复废弛。

瞿唐峡，府东三里。两岩对峙，中贯一江。滟滪堆正当其口，为楚蜀之门户。又有南乡峡，在府西十五里。余详见重险瞿唐关。

大江，在府城南。自重庆府忠州流入万县界，又东经云阳县南，过府境，又东入巫山县界。自瞿唐而下谓之峡江，夏秋水泛，两岩扼束，数百里间，滩如竹节，波涛汹涌，舟楫惊骇。李埴曰：江出岷山，行二千余里，合蜀众流，毕出瞿唐之口。山疏而嵘崒，水激而奔汛，天下瑰玮绝特

之观，至是殚矣。又《峡程记》：蜀中二百八十江，会于峡间，次于荆门，
都四百五十滩，称为至险。其在夔州府城西者，曰虎须滩。杜甫所云，瞿
唐漫天虎须怒。府东三里又有龙脊滩，江中有石长百丈，状若龙脊，夏没
冬见。余见大川岷江及川渎异同。

大瀼水，在府城东。自达州万顷池发源，经此流入大江。又东瀼
水，在府东十里。《舆地纪胜》：公孙述于东瀼水滨垦稻田，因号东屯。
东屯稻田，水畦延袤，可得百许顷。前带清溪，后枕崇冈，树林葱蒨，气
象深秀，去白帝故城五里，稻米为蜀第一。郡给诸官俸廪，以高下为差。
《夔门志》：东屯诸处，宜瓜畴芋区，瀼西亦然。《入蜀记》：山间之流
通江者，土人皆谓之曰瀼。

汤溪，府西百里。《水经注》：江水自朐䏰县东径下瞿滩，左则汤
溪水注之，谓之汤口。后周陆腾讨冉令贤，军于汤口，遣军渡江，拔令贤
江南八城。是也。○龙洞溪，在府西九十里，下通大江。《志》云：溪上产
灵寿木。又府东南六里旧有鱼复陂，县以此名。

青苗陂，在瞿唐东。蓄水溉田，民赖其利。又有天池，浸可千顷。
《志》云：在奉节、巫山两县间。○盐泉，在府南。《荆州图副》：八阵图
下东南三里有一碛，东西百步，南北四十步，碛上有盐泉井五口，以木为
桶，昔尝取盐，即时沙壅，冬出夏没云。

永安宫，在卧龙山下。一云今府学宫是其地。先主征吴败还，至白
帝，改鱼复为永安而居之，后人因名其处曰永安宫。王十朋曰：永安宫，今
为郡仓，据爽垲，状如屏。宫之北有水曰清瀼，泻出两山间，东入于江，
又东过滟滪入于峡。峡口有山，束立群峰外，白盐也。

江关，《括地志》：在鱼复县南二十里。巴楚相攻时置。章怀太子
贤曰：旧关在赤甲城，后移在江南岸，对白帝故城基，即今瞿唐关之南
岸矣。《后汉·岑彭传》：公孙述遣将乘枋箄下江关，即此也。亦谓之扞

关。《后汉志》：鱼复县有捍关。《舆地广记》：赤甲城有古扞关。盖扞关即江关之通称矣。李垍曰：蜀之为境，北以剑门为根，东以鱼复为首，此二物者，蜀之嗛喉扃闑也。战国时，楚建扞关于此。汉置江关都尉。后汉省尉而关如故。《名胜志》：江关，今谓之下关城。王氏曰：古之江关，即今之瞿唐关，又谓之铁琐关，大都以守峡口之险。今俱详见重险瞿唐关。

百牢关，府东十里。王氏曰：关盖古名，后人所增置，魏辛毗诗：夔州百牢门，兵马不可越。唐杜甫诗：巴中之东巴东山，江水开辟流其间，白帝高为三峡镇，夔州险过百牢关。则百牢以喻夔险耳，非实有是关也，况辛毗时未有夔州之名乎。又石门关，在府东北六十里。《志》云：旧名鬼门关。盖亦传讹也。○凤凰关，在府西五里，又府西二十里有阁溪关，三十里有铁山关，府东北二里又有吕公关，东十里有石龙关，俱唐宋以后增置。

三钩镇，《寰宇记》：在城东三里。旧时铁锁断江浮梁御敌处也。镇居数溪之会，故曰三钩。唐武德二年废。或云，镇在瞿唐峡口，即所谓铁锁关也。○西津口，在府西，或曰大江渡口也。宋淳化四年，蜀中贼李顺余党寇夔州，白继赟败之于西津口。即此。今府西南有水磨渡，府东十里有东瀼渡，六十里有小江渡。

永宁驿，府西三里，水驿也。又西六十里曰安平水驿，一百二十里曰南沱水驿，接云阳县界，又府东南八十里有龙塘水驿，二百七十里有马口水驿，俱为往来津要。

八阵碛。在府城南。《元和志》：在奉节县西七里。《寰宇记》：在县西南七里。《夔州图副》云：永安宫南一里渚下平碛上，周回四百一十八丈，中有诸葛武侯八阵图，聚细石为之，各高五尺，广十围，历然棋布，纵横相当，中间相去九尺，正中开南北巷，悉广五尺，凡六十四聚。或为人散乱，及为夏水所没，冬水退，复依然如故。《水经》：江水东经诸葛亮图垒南。《荆州记》：鱼复县西，聚细石为垒，方可数百步，垒西聚石为八行，行八聚，聚间相去二丈，因曰八阵。既成，自今行师，庶不覆败。八阵及垒，皆图兵势行藏之权也。薛氏曰：图之可见者三，一在沔阳之高平旧垒，一在新都之八阵乡，一在鱼复永安宫南江滩水上。蔡氏谓广都亦有之，则八阵凡四。然广都土垒，已残破不可考。世传风后《握机文》，则《鱼复图》之注；马隆《八阵赞》，又《握机文》之注。又汉时都肆已有孙吴六十四阵。窦宪常勒八阵击匈奴。晋马隆用八阵以复凉州。陈颧持白虎幡，以武侯遗法教五营士。后魏柔然犯塞，刁雍上表，采诸葛八阵之法，为平地御寇之方。李靖对太宗言，六花阵法，本于八阵。是则武侯之前，既有八阵，后亦未尝亡也。严从曰：武侯所习，风后《五图》。桓温云是常山蛇势，徒安言耳。常山蛇者，孙子所谓率然盖高直陈也。杜牧曰：数起于五而终于八。武侯以石纵横八行，布为方阵，奇正之法，皆生于此。又八阵图后有二十四聚，作两层，每层十二聚。洪氏曰：八阵魁六十有四，重易之卦也；却月魁二十有四，作易之画也。画起于圆而神，故却月之形圆；卦定于方以知，故八卦之体方。方居前而画居后，卦自画始，方自圆生也。壁门直衷曲折翼其旁，阴阳二物也。握奇则虚，一人之象也。

　　○巫山县，府东百三十里。东至湖广巴东县百六十里。楚之巫郡也。秦昭襄王三十年，蜀守张若取巫郡，寻改置巫县，属南郡。汉因之。后汉建安中，先主改属宜都郡。二十四年，孙权分宜都、巫、秭归为固陵郡。章武元年，先主遣吴班、冯习等破权将李异等于巫，进兵秭归，寻败还。孙休改置建平郡，治信陵。魏灭蜀，亦置建平都尉治巫。晋咸宁元年，改都尉为郡，仍治巫。宋、齐亦曰建平郡。隋废郡，改县曰巫山，属信州。大业初，属巴东郡。唐属夔州。宋因之。今城周二里有奇，编户三里。

巫城，在县东北。《水经注》：城缘山为墉，周十二里一百十步，东西北三面皆傍深谷，南临大江。是也。隋移县于今治。〇南陵城，在县南大江南岸，北对阳台山。晋南渡后，置县，属建平郡。刘宋初，废。今县南大江渡口犹曰南陵渡。又江阴城，在县西六十里。《志》云：后周天和初，置县。建德中，废。

巫山，县东三十里。亦曰巫峡。有十二峰，蜀人谓之东峡，以在蜀境东也。晋咸和中，凉张骏欲通使建康，假道于成李雄，雄欲使盗覆其使者张淳于东峡，不果。余详见名山巫山。

阳台山，在县治北，高百丈。《志》云：上有云阳台遗址。又县东北四里有女观山。《志》云：女观山西畔小山顶有楚故离宫遗址，俗名细腰宫，三面皆荒山，惟南望江山最为奇丽。又驱熊山，在县东二里，下有石滩，四季湍急如熊声。

寒山，县东五十里。垂崖千层，绝壑万丈，其势高寒。《荆州记》：寒山九阪最为险峻。陆游云：县隔江有南陵山，极高大，有路如线，盘屈至绝顶，谓之一百八盘。盖施州正路也。旧南陵县以此名。

千丈山，县东北百里。山极秀异，高于众山。又飞鸟山，在县西南六十里。山高插云，鸟飞不能越，因名。又有乌飞岩，在县西南四十里，与燕子坡相对。《水经注》：乌飞水自沙渠县南，北径巫县，注于江，谓之乌飞口。沙渠今湖广施州卫。〇琵琶峡，在县治西，夹江两岸相对，亦曰琵琶峰。

大江，在县南。自奉节县流入界，又东入湖广巴东县界。江行峡中，最为险厄。县东旧有新崩滩。《水经注》：江水历峡东，径新崩滩。此山汉和帝永元十三年崩。晋太元二年，又崩。当崩之日，水逆流百余里，涌起数十丈。今颓崖所余，比之诸岭，尚为竦桀。东下十余里，即大巫山。范成大云：神女庙东二十里至东奔滩，高浪大涡，巨艑掀舞，不当一叶也。东奔，即新崩之讹矣。

大宁河，在县治东。其上流即大宁县之马连溪也，经大昌县流入境。下流入大江。《水经注》谓之巫溪。又县东南百五十里有万流溪，自湖广施州卫界流经此，合于大江。〇清溪，在县东十里。陆游曰：县有清水洞，极深幽，即此溪矣。又城北有茹溪，俗谓之小溪。

跳石镇，在县西北。唐雷万春为县之跳石人，亦曰跳石乡。〇三会砦，在县东。宋乾德三年，刘光义等伐蜀，收复三会、巫山等寨，拔夔州，即此。

高唐驿。在县治西水驿也。《舆程记》：江行自高唐驿而东，九十里至万流驿，入湖广归州境，又七十里，即巴东县矣。〇巴中驿，在县东八十里。《志》云：巫山陆路至巴东百八十里，鸟道崎岖，行者苦之。万历三年，改小桥公馆，建巴中驿，巴、巫二郡之民始免疲困。

〇**大昌县**，府东北二百里。东北至湖广竹山县二百七十里。汉巫县地。晋置泰昌县，属建平郡。宋、齐因之。后周以宇文泰讳，改曰大昌，置永昌郡，寻废。隋县属信州。唐属夔州。宋端拱初，改属大宁监。元至元二十年，并入大宁州。明洪武十四年，复置。今县城周不及二里，编户二里。县今省。

北井废县，县东南二十五里。晋泰始初置，属巴东郡。五年，改属建平郡。宋齐因之。后周天和中，省入大昌县。又大昌废城，在县西。《北宋志》：县旧在大宁监南六十里，嘉定八年，移治水口，即今县也。

金头山，县东北四十里。山势高耸，冬月积雪不消。又县西南三里有聚奎山，亦高峻。〇九水坪，在县东百二十里。《志》云：其下水流环汇，因名。

大宁河，在县南。自大宁县流入境，亦谓之昌溪。又东南流入巫山县界。

千顷池，县西三十六里。波澜浩渺，分为三道，一道东流，经县西，为井源；一道西流，为云阳县汤溪；一道南流，为奉节县西瀼水。又县南二十里有石柱潭，从岩岫间涌出，相传为龙湫。

当阳镇。在县西四十里。有巡司戍守。

○大宁县，府东北三百二十里。北至湖广竹谿县三百五十里。本大昌县地。宋开宝六年，以县之盐井地置大宁监。元至元二十年，升为大宁州。明洪武九年，降为县。城周二里有奇，编户三里。县今省。

大宁城，县北八里。宋盐监初置于此。丁谓《夔州移城记》：乾德中，伐蜀，师分剑、巫而入。时滟滪堆高，楼船难进，步骑自襄州西山裹粮兼行，林麓无际，洞壑相接，不知道路之所从，得蜀民诣王师献书，由大宁路直趣夔州。平蜀之师，实取道于此。后移监于今治。○永昌城，在县东南。《志》云：后周所置永昌郡盖治此。又永安城，在县治西。或曰，东晋置永宁县，属建平郡。刘宋初，废。即此城也。后讹为永安。

凤山，县治东。一名东山。木石苍翠，景物幽绝。又石钟山，在县东北十五里，与二仙山相望。上有大石如钟，因名。《志》云：二仙山在县东北十七里盐泉侧，山高百余丈，上下皆峭壁，有二仙洞，一名王子洞，深不可测，洞前有池，虽旱不竭。○石柱山，在县北二十里，一峰削成，与县东剪刀峰、道士峰相连，皆为奇胜。《志》云：县治东有道士峰，与东桂峰相近。又东南五里曰朝阳峰，北八里曰剪刀峰，以两峰对峙，形如剪刀也。

宝源山，县北二十五里。气象盘蔚，大宁诸山，此独雄峻。山半有石穴，出泉如瀑，即盐泉也。○绣墩山，在县东北四十里。山形如墩，顶平旁峻，惟一径可通，昔人尝避兵其上。

马连溪，县西五里。源自达州万顷池，流经县治西，历大昌县，入巫山县界，注岷江，即大宁河之上源也。溪中有大悲口。《志》云：大悲口在县治西，溪心两巨石对峙，上广下狭，旁有乞灵祠。谚云：船过大悲口，盐始为吾有。亦名南渊。

　　袁溪镇。县东北二十里。有巡司戍守。又县北二十里有大宁盐课司，掌盐税。〇四十八渡，在县东二百三十里。水流曲折，为行旅之阻，道出湖广房山县。

　　〇云阳县，府西百七十里。西南至万县二百五十七里。汉朐䏰县地，属巴郡。晋属巴东郡。宋齐因之。后周改为云安县。隋属信州。唐属夔州。宋开宝六年，置云安军治焉。宋末，军废。元至元十五年，复隶云安军。二十年，升云阳州，以云安县省入。明洪武七年，改州为县。城周八里有奇，编户九里。

　　朐䏰城，县西四十里。汉县。后汉兴平元年，刘璋遣赵韪击刘表，屯朐忍是也。晋改曰朐䏰县，属巴东郡。阚骃曰：朐，音蠢；䏰，音闰；朐䏰，丘蚓也。土地下湿，多朐䏰虫也。颜师古曰：朐，音劬。章怀太子贤曰：云安西万户故城，即汉之朐䏰县。后周改置云安县，朐䏰并入焉。《志》云：旧城，宋为万户驿，今名万户坝。

　　云安监城，县西北三十里。刘昫曰：云安多有盐利，自汉以来，皆置官司之。唐末置云安监。五代唐长兴初，时云安、大昌、南浦皆有盐官，属东川。孟知祥请割云安十三监隶西川，以盐直赡宁江军屯兵。时西川分兵屯夔州，以拒荆南也。明年，知祥将李仁罕陷万州及云安监。宋亦置监于此，属云安军。熙宁四年，以云安监户口析置安义县。八年，户还隶云安县，复为监。元并入云安军。明置云安盐课司，即故监城矣。

　　飞凤山，在县南大江南岸，与县对峙。以形似名。又石城山，在县治北二里。〇汉成山，在县北十五里。《志》以为仙真栖止之宅。

　　马岭山，县北二十九里，与三牛山相对。汉初扶嘉言：三牛对马岭，不出贵人出盐井。今三牛山去马岭十里，皆近盐井。又马鞍山，在县北三十里，亦与三牛山相连。〇上下岩，在县西百里，其下岩亦名燕子岩。

大江，县治南。自万县流入界，江中有碛，矫如游龙，亦谓之龙脊。又东入奉节县界。《志》云：大江经万户驿，旁有横石滩，上有横梁候馆。又有宝子塔，在治东大江中。古人凿石为塔，以为行舟之则。谚云，水浸宝塔脚，下舟休要错，即此。〇小江，在县西六十里。源出新宁县界，流经开县，合清江入县境，又西南注于大江。亦谓之开江。对大江而言，谓之小江。

汤溪，在县东，接奉节县界。常璩曰：水源出县北六百余里上庸县界，南流历县，翼带盐井一百所，巴川资以自给。粒大者方寸，中央隆起，形如张伞，因名伞子盐。有不成者，形亦必方，异于常盐。王隐《晋书·地道记》：入汤口四十三里，有石煮以为盐，大者如升，小者如拳。煮之，水竭盐成。盖蜀火井之伦，水火相得乃佳矣。汤溪下与檀溪水合，上承巴渠水，巴渠南历檀井溪，檀井入汤水，汤水又南入于江，所谓汤口也。〇东瀼，在县东北，流入云安场，下流入江。以水在县东而名，非奉节之东瀼也。

天师泉，县治西二里。每五月江水涨浊，一水自岩窦间溢出，甘洁清冽，一邑用之不竭，尽九月而止。又瀑布泉，在县南飞凤山之麓，下流入江。

五溪镇。在县西北。有巡司。旧《志》云：县北三十里有铁礐巡司，西北三十里则云安盐课司也。〇巴阳水驿，在县西二十里。又有五峰水驿，旧县南。《舆程记》：自巴阳驿至五峰驿，水道凡九十里。五峰驿西有橘官堂故址。《汉志》朐忍有橘官。《元和志》云安县有橘官。此即其治所也。又百里而接于夔州之南沱驿。

〇**万县**，府西四百五十里。西南至忠州二百六十里，北至开县二百三十二里。汉朐忍县地。三国汉建兴八年，置南浦县，属巴东郡。

沈约曰：时益州牧阎宇表改羊渠立县，是南浦本名羊渠，蜀前此所置县也。晋仍属巴东郡。宋、齐因之。后周置安乡郡治焉，寻改县曰安乡，郡曰万川。隋开皇初，郡废。十八年，改县曰南浦，属信州。大业初，属巴东郡。唐武德初，仍属信州。二年，置南浦州。八年，州废，以南浦县属夔州。是年，复立浦州。贞观八年，改为万州。天宝元年，曰南浦郡。乾元初，复故。宋因之，亦曰南浦郡。元至元二十年，以南浦县省入州。明洪武七年，改州为县。今城周五里，编户四里。

南浦城，今县治。三国汉置县于此。刘昫曰：后魏分朐䏰县置鱼泉县。后周改为万川。今本志不载也。唐宋皆为州郡治。元省。今县城成化末筑，正德初增修。

武宁废县，县西百二十里。汉巴郡临江县地。晋、宋以后因之。后周析置源阳县，并置南州及南都郡治焉，寻改郡曰怀德，县曰武宁。隋开皇初，州郡俱废，县属临州。唐属万州。刘昫曰：县治即巴子故城也。宋仍属万州。元因之。明初省。今武宁巡司置于此。

都历山，在县治北。一峰突出众山之上，岿嶷为平阜，气象融结，为县之主山。又南山在县治南，下瞰大江。《图经》云：面揖南山，背负都历，是也。○天城山，在县西五里。四面峭立如堵，惟西北一径可登，又名天生城。相传汉昭烈尝驻兵于此，常璩所云小石城也。《纪胜》云：天城山三面峻壁，惟山后长延一脊，容径尺许，累石为门，俗亦谓之天子城，以昭烈名也。又县西三里有西山，上有太白岩，以李白名，岩下有池，为登临之胜。

羊飞山，县西南五十里。《蜀鉴》云：三国时有羊渠县。盖置于山下。又人存山，在县西四十里，一名万户山。又县西十里有鱼存山，下广上锐，崖面有石，形如双鱼。又县北八里有狮子山。《志》云：山形如狻猊，四面险绝，惟鼻尖可登。○木枥山，在县西百里。相传洪水时，惟此山木枥不动,因名。又西百二十里有黄芦山,与忠州接界。

岑公岩,在县南大江南岸。盘结如华。盖左为方池,有泉涌出岩际,盛夏注水如帘,隋末有岑道愿者隐此,因名。又县治西有古练岩,东二里有下岩,皆幽胜。○黄金岛,在县南三里,近江南岸,屹立江心,高数丈,土人淘金于此。

大江,县治南。自忠州东北流入界,经县治南,又东北入云阳县界。县西六十里有湖滩,水势险急,春夏泛溢,江面如湖。宋嘉熙中,蒙古渡湖滩,施、夔震动,即此。又有峨眉、盘龙诸碛,皆在县西江中。

苎溪,县西五里。自梁山县流入界,春夏涨潦,则并舟为筏,济往来者。溪之上流有天生桥,巨石成桥,长与溪等,平阔如履平地,溪流出其下,下流注于大江。○彭溪,在县东八十里。《水经注》:彭溪经胸朐县西六十里,南入于江,谓之彭溪口。即今开江之下流也。旧设小彭驿于此。

北集渠,在县东。《水经注》:源出高梁山,径新浦县西,又南百里入胸朐县,南入于江,谓之北集渠口,别名班口,又曰分水口。又有南集渠,出涪陵界,谓之于阳溪。至县南,北流注江,曰南集渠口,亦曰于阳溪口。

西柳关,在县西。北宋宝祐元年,蒙古渡汉江,寇万州,入西柳关,荆湖将高达拒却之。关今废。

集贤驿。在县东五里,水驿也。又周溪水驿,在县东五十里。瀼涂水驿,在县西北百里。《舆程记》:自忠州水程东行,九十里至漕溪驿,又六十里至瀼途驿,又六十里至集贤驿,又六十里即周溪驿也。旧《志》以漕溪为巴郡、巴东之界。今属忠州。○分水公馆,在县西百里。《志》云:弘治末建。又递运所,在县东二十里。县治东又有盐厂,商贾辏集处也。

○**开县**,府西北四百七十里。西北至达州二百七十里,西南至梁山县百五十三里。汉朐䏰县地。后汉建安末,析置汉丰县。三国汉,属巴东郡。晋废,后复置,仍属巴东郡。宋齐因之。梁仍曰汉丰县。西魏改曰永宁。隋开皇末,又改县曰盛山。大业初,属巴东郡。义宁二年,析置万州于此。唐武德初,改为开州。天宝初,曰盛山郡。乾元初,又为开州。广德元年,又改县曰开江县。宋仍为开州治,亦曰盛山郡。元省县入州。前朝洪武六年,改州为县。今城周二里,编户七里。

开江城,今县治。《地志》:后汉末,刘璋所置汉丰县也。《通典》曰:先主所置。隋曰盛山,唐曰开江,自唐以后皆为州郡治。元省开江县,明又改州为县。今县城,成化二十二年修筑,周三里。

清水废县,县东六十五里。汉朐䏰县地。刘宋置巴渠县,并置巴渠郡治焉。齐、梁因之。后周改县曰万世县,亦曰万世郡。隋开皇初,郡废,县属开州。大业初,改属通川郡。唐初仍属开州。贞观二十三年,改曰万岁县。宝历初,省,寻复置。宋初改县曰清水,仍属开州。元省。○新浦城,在县西南四十里。本汉丰县地。刘宋析置新浦县,属巴东郡。齐梁因之。后周置周安郡于此。隋开皇初,郡废,县属开州。大业中,属巴东郡。唐属开州。宋庆历四年,并入开江县。

西流废县,县西北百五十里。《隋志》:后魏置汉兴县。西魏改曰西流,兼置开州及万安、江会二郡。后周省江会郡。隋开皇初,并废万安郡,而开州如故。大业初,州废,县属通川郡。唐武德初,改属开州。贞观初,省入盛山县。

盛山,县北三里。突兀高耸,为县主山,隋以此名县。又县治东有神仙山,东北五里有熊耳山,皆秀耸。《志》云:县南隔江有瑞贤山,群峰秀矗,俗呼州面山。○九陇山,在县西二十里。九峰连嶂,势相起伏。其相近又有九折山,山形九折,俗名观音山。《志》云:县南二十里有射洪山,上有旧城址。

石门山，县北百里。山有石穴，名盘头洞。洞有水，出嘉鱼。又鲤城山在县西百余里。四面悬绝，东面有城，城间有浦，多生鲤，因名。又有常渠水，流经山下。○崖飞山，《志》云：在县东北百四十里。崖势高悬，如飞鸟然。

开江，县南一里。《志》云：源出新宁县之雾山坎，流入县界，合于清江，又东南入云阳县境，即《水经注》所谓彭溪也。○清江，在县东北四十里。源出达州万顷池，流入县界，经县治东合于开江，谓之叠江。《水经注》：清水至汉丰县东，而西注彭溪，谓之清水口。是也。

垫江，县南四十里。源出梁山县之高梁山，春夏泛涨，人多垫溺，流经渠口浦，入于开江，亦谓之浊水。○三潮溪，在县东北五十里温汤井侧。《志》云：井有三水，曰杉木，曰柏木，曰龙马，皆开渝盐课。溪水经其旁，一日三潮，冬温夏凉，颇为神异。又白水溪，在废清水县西南，下流亦注于开江。

虎爪关。县北三里。又县北五十里有金练关，百里有高桥关。○茅坡关，在县西九十里，又西三十里有豆山关，旧皆为戍守处。

○梁山县，府西六百里。东北至开县百五十三里，西南至忠州垫江县百六十里。汉朐忍县地。西魏置梁山县，属万川郡。隋属信州。唐属万州。宋开宝二年，置梁山军，以县属焉。元祐初，还属万州，寻复故。元至元二十年，升为梁山州。明洪武七年，省州入梁山县。今城周五里有奇，编户十里。

高梁城，在县西。《宋志》：开宝二年，以万州否氏屯田务置梁山军同下州，亦曰高梁郡，因割梁山县隶焉。熙宁五年，又析忠州桂溪地益军。元初亦曰梁山军，寻升为州，皆治此。明初省入县。《志》云：县西有万川城。西魏取蜀，尝置万川郡于此。万川，今见万县。《志》误也。

高梁山，县北二十里。《寰宇记》：山东尾跨江，西首剑阁，凡数千里。山长岭峻,其峰崔嵬,蜀中望之,如长云垂天,登者穷日乃至其顶。俯视众山,泯若平原矣。明正德中,贼方四等作乱,西攻重庆府之江津县,官兵击败之,追至高梁山,贼据险拒战。官军分六哨,由大垭、小垭、月垭关并进,直冲其巢,六面皆合,贼大败,溃走。又都梁山,在县北十五里,亦曰高都山。旧有高都驿,乃天宝中进荔枝之路。山壤腴而黄,民以种姜为业。○福利山,在县西北五十里,俗名狐狸山。正德中,抚臣林俊以其丰腴改今名。又西北二十里曰小碧山,孤峰峭直,色碧如玉。

峰门山,县东十五里。山有两崖对峙如门,顶有寒泉。又蟠龙山,在县东三十里。孤崎秀杰,突出众山之上,下有二石洞,洞有二石龙,首尾相蟠,旁有喷雾岩,洞中之泉下注,喷薄如雾。○七城山,在县西三十里。山有七峰,壁立如城。又县西百里有白云山,奇峰突出,势如卓笔,一名笔山。又西二十里有瓦城山,一名石瓦山。山顶坦平,居民耕其上。《志》云:县南百里有柏枝山,下有丙穴,出嘉鱼。

桂溪,县西南三十里。自忠州垫江县流入界,两岸多桂,因名。下流经万县境,入于大江。又蟠龙溪,在县南三十里。源出蟠龙山,下流合于桂溪。

牛头寨,在县西二十里赤牛山上。亦名赤牛城。宋淳祐二年筑,周三百六十步,敌楼百四十三座,四隅有门,盖戍守之处。

峡石市。县东五十里。其北有书院峡,市因以名。峡中又有夫子崖、子贡坝,皆传讹也。《志》云:县有太平驿。嘉靖三十六年,自定远改属此。

○新宁县,府西北六百四十里。西至广安州大竹县二百二十里,北至达州百八十里。汉宕渠县地。梁置新安县,并置新安郡。西魏郡、县俱改曰新宁。隋初郡废,并县入三江县。唐武德二年,复置新宁县,属通州。大和三年,改属开州。明年,还属通州。宋属达州。元因之。明洪武四年，省入梁山县。十四年，复置县，改今属。城周二里有奇，编户七里。县今省。

三冈废县，县西北五十里。梁置，属新安郡。西魏属新宁郡。隋属通州。唐因之。宝历元年，废。大中五年，复置。宋属达州。熙宁三年，省入新宁县。又新宁废城，在县西南十七里，故县治此。唐贞观八年，移治賨城，即今治也。賨，或作淙，误。

七峰山，县北五里。一峰突起，分为七枝，秀列如戟。《志》云：县治西有屏山，迤逦近城，平顶方麓，为邑巨镇，俗名卧牛山。近《志》：开江之源，盖出于此。○峨城山，在县西三十里。相传汉樊哙尝筑城驻兵于上，遗址犹存。

鸡足山，县东二十里。逶迤绵亘，麓分五支，如鸡距然。亦曰鸡山。《唐志》：鸡山接蓬、果二州界。大中五年，蓬、果群盗依阻鸡山，寇掠三川，果州刺史王贽弘讨平之。三川，谓东、西两川及山南西道也。其相连者曰八面山。山形秀整，望之八面皆方，因名。○五诰山，在县南五十里。五峰相连，如诰轴然。又南有百节山，峰峦绵延，分为百节。《志》云：县南五十里又有联珠峡，以众山夹峙而名。又县西四十里有七里峡，境内诸水多出于此。

开江。在县东。县境山溪诸水，多汇流于此。又东入开县界，谓之开江。《志》云：今县治西有澄清河，即开江之上游也。

○建始县，府南五百里。西南至湖广施州卫二百十里。汉巫县地。晋泰始初，置建始县，属建平郡。太康初省，寻复置。刘宋初，废。齐、梁时复置。后周置业州及军屯郡。隋开皇初，郡废。大业初，州废，县属清江郡。义宁二年，复置业州。唐初因之。贞观八年，州废，县属施州。宋、元因之。明初改今属。城周三里有奇，编户五里。

连珠山，县西十里。五峰相连，如贯珠然。又县西五十里有石乳山。山石层叠，多生石乳。《志》云：县在万山中，多产麸金，而产于石乳山者为最。○禄山，在县东二十里。《志》云：山多禽兽，洞蛮恃为廪禄，因名。又东十里有州基山，相传业州旧基也。

清江，县南一百五十里。自施州卫东北流经县界，又东北出湖广宜都县界，入大江县境，诸小川皆流合焉。

野厢关。县南百三十里。旧为戍守处。《志》云：县西有石乳关，县东南又有建阳关。○连天寨，在县境。宋置，今废。又县有枝陇驿，今革。

附见：

瞿唐卫。在府治东北。明洪武四年，建瞿唐守御千户所。十二年，改为卫，属湖广都司。

○达州，府西北八百里。西至顺庆府蓬州四百二十里，西北至保宁府巴州三百里，东北至陕西兴安州一千一百里，北至陕西洋县四百三十里。

古巴国地。秦属巴郡。两汉因之。晋蜀巴西郡。宋属巴渠郡。齐因之。梁置东关郡，兼置万州。杜佑曰：以州内地万余顷而名。西魏改曰通州。以居四达之路而名。隋初，郡废，仍曰通州。大业初，曰通川郡。唐初，复为通州。三年，置总管府。七年，改都督府。贞观五年，府废。天宝初，曰通川郡。乾元初，复故。宋乾德三年，改为达州。亦曰通川郡。元因之。明洪武九年，以州治通川县省入，又改州为县。正德九年，复升为州。编户十三里。领县二。今仍为达州。

州联络金、房，翼带汉、沔，西出渠、阆，东下夔、巫，地形四通，土田饶沃，峡右之名郡，沔南之奥区也。

　　通川废县，今州治。汉宕渠县地。后汉为宣汉县地。刘宋置始兴县，属巴渠郡。齐因之。梁曰石城县，置东关郡，兼置万州治焉。西魏为通州治。隋初郡废，又改县曰通川。唐、宋以后，皆为州郡治。明初省。《一统志》云：通川故县在州西二十里，后移今治。似误。《城邑考》：州旧有土城，成化初，始甃砖石。正德初，增修。城周四里有奇，门五。

　　石鼓废县，州东北百五十里。或曰，刘宋所置始安县也，属巴渠郡。齐因之。梁曰石鼓县。西魏置迁州治焉。后周废州，置临清郡。隋开皇初，郡废，县属通州。唐因之。宝历初省。大中元年，复置。宋初因之。熙宁七年省。又阆英废县，《志》云：在废石鼓县西二十里。《新唐书》：天宝九载置，属通川郡。宋乾德三年省。〇巴渠废县，《志》云：在州东二百三十八里。《新唐书》：永泰元年，析石鼓县置巴渠县，属通州。大和三年，改隶开州。明年，复旧。宋属达州。元省。

　　永穆废县，州西百里。汉宕渠县地。梁置永康县，并置万荣郡。后周因之。天和初，郡民反，攻围郡城，遏绝山路。辛昂募兵讨平之。隋开皇初，郡废，县属巴州。十八年，改曰永穆。唐武德二年，置万州于此。贞观初，州废，县属通州。宋因之，改为永睦县。元省。〇太平废县，在县西南。刘昫曰：唐武德初，割永穆县地，置太平、恒丰二县，属万州。贞观初，州废，二县皆省入永穆。又思来废县，在州北。唐武德二年，析通川县置，属通州。贞观元年，复废。

　　凤凰山，州西北五里。高耸舒展，形如飞凤，掩映城郭，有梧桐坪、宝芝洞诸胜。又翠屏山在州治南，亦名真武山，以上有真武庙也。又州西北五里有龙爪山，圆耸悬绝，如龙擎珠。

　　石城山，州西三十里。四面峭绝，惟西南一径可登。梁石城县以此名。或谓之铁山，以石色如铁也。《志》云：州西二十里又有铁山。又铜钵山，亦在州西三十里，石壁圆峙，三面封固，惟南一径可通。《志》云：

州西四十里有金华山,与石城山相接,亦境内之名山也。○北岩,在州西
五里。岩壁耸峭,下有平池。又州西北五里有垂虹岩,以水自岩而下,如
垂虹也。又龙洞,在州东南五十里。高数丈,内有重门复洞,相传龙窟其
中。

渠江,州东三十五里。源出太平县之万顷池,西南流入州界,经废
石鼓县而南,合群川之水,经州西南入广安州渠县界,会于巴江。有南昌
滩,在州南江中。○明月潭,在州东七里;又有黑潭,在州之安居镇,俱
有灌溉之利。

铁山关。州西三十里。以铁山而名。旧为戍守处。○龙船关,在州
西北。《志》云:州境山溪绵亘,其西北尤为险僻。正德中,为盗贼渊薮。
嘉靖初,以次讨平。因即其险阻增置龙船诸关,与巴州黄城诸关相为形
援。

○东乡县,州东百二十里。汉宣汉县地。刘宋属巴渠郡。梁置东
乡县。西魏置石州治此。后周废州,置三巴郡。隋开皇初,郡废,县属通
州。唐武德三年,置南石州。八年,州废,仍属通州。宋属达州。元省。明
正德九年,复置。今县城周二里有奇,编户五里。

宣汉废县,县东北八十里。《巴汉记》:后汉桓帝分宕渠东界,置
宣汉县,仍属巴郡。晋初省。惠帝复置,属宕渠郡。刘宋属巴渠郡。齐梁
因之。西魏置井州及永昌郡。隋开皇三年,郡废。五年,州废,县属通
州。唐武德初,置南井州。贞观初,州废,仍属通州。刘昫曰:县旧治和昌
城,贞观元年徙治新安城,诸城皆萧梁时所置也。宋仍曰宣汉县。乾德
五年,废。○下蒲废县,在县西,刘宋置,属巴渠郡。齐梁因之。后周废。
唐武德三年,析东乡县,置下蒲、昌乐二县,属南石州。八年,省昌乐入石
鼓,下蒲入东乡。昌乐废县盖在下蒲西北。

东关废县,县东百里。刘宋置,属巴渠郡。齐梁因之。后周废。唐

武德元年，析宣汉县地，置东关县，属南井州。贞观初，仍省入宣汉县。

印石山，在县治西，以山形方整而名。又西有鼓楼山，峰峦层叠，形如鼓楼。

长乐河，在县南。其源为白龙、赤甲二泉，会而为河，下流达于渠江。

深溪关。《志》云：在县东北八百里。路出陕西兴安州。又高桥关在县东四百里。石门关在县东十五里。又县西北二百里有马渡关，北六百里有盐场关。

○**太平县**，州东北二百里。本东乡县地。正德十年，割东乡之太平里置县。旧土城周二里有奇，今圮。编户二里。

明通废县，县东北二百里。五代时为通明巡院。宋初因之。绍兴中，改置通明县，属达州。元废。今为明通巡司。

天马山，在县治东。山势高骞，如天马然。又县北有峡口山，相近者曰城口山。○八台山，在县北百里，山有八峰，顶皆高平。

高眉山，县南百五十里。山高而长，两峰相对，状若列眉。《志》云：县东百十里有银盘山，又县西三百里有三盘山，皆以形似名。○三条岭，在县治北二里，县北十里又有火岩岭。《志》云：县东北旧明通乡有明通井，峡内有十穴，皆产嘉鱼。

后江，县北二百里。《志》云：源出陕西兴安州万山中，下流汇于万顷池。

万顷池，县东北八十里。相传为楚春申君故居。旁有平田万顷，邻邑之水多源于此。《通释》：万顷池洒流有四，三入于夔，一入于渠。是也。○龙潭，《名胜志》：在县东七里，群峰环拱，有七十二浦、四十八渚，汇而为潭，广逾百亩，其深叵测。

蓝津关。在县东北。《志》云：县境又有吊累关、铁炉关。

〇重庆府，东至夔州府一千一百里，南至遵义府六百九十里，西南至泸州五百七十里，北至顺庆府四百八十里。自府治至布政司九百里，至江南江宁府六千五百里，至京师八千七百里。

《禹贡》梁州之域。周为巴子国。秦灭巴，置巴郡。《巴记》：周慎王五年，秦惠王遣张仪、司马错伐蜀，灭之。仪贪巴之富，因取巴垫江以归，置巴郡，城江州。两汉因之。《晋志》：初平元年，刘璋分巴为永宁郡，治江州。建安六年，改永宁为巴东郡。章武元年，改巴东仍为巴郡。晋亦为巴郡。宋、齐仍旧。梁置楚州。西魏改为巴州。后周又改楚州。隋开皇初，废郡，改州曰渝州。大业初，复曰巴郡。唐初，复曰渝州。天宝初，曰南平郡。乾元初，复为渝州。宋初因之。亦曰巴郡。崇宁元年，改曰恭州。淳熙中，升为重庆府。以光宗潜邸也。元置重庆路。至正末，明玉珍都于此。明初，复为重庆府，领州三，县十七。今因之。

府会川蜀之众水，控瞿唐之上游，临驭蛮僰，地形险要。春秋时，巴人据此，常与强楚争衡。秦得其地，而谋楚之道愈多矣。公孙述之据蜀也，遣将从阆中下江州，东据扞关，光武使岑彭讨述，自江州而进。先主初入蜀，亦自江州而北。建安十九年，诸葛武侯等由巴东至江州，破巴郡，乃分遣赵云从外水定江阳、犍为，张飞定巴西、德阳。盖由江州道涪江，自合州上绵州者，谓之内水；由江州道大江，自泸、戎上蜀郡者，谓之外水。内、外二水，府扼其冲，从来由江道伐蜀者，未尝不急图江州。江州，咽侯重地也。晋桓温讨李势，朱龄石平谯纵，路皆由此。后唐长兴二年，孟知祥遣将张武为峡路招讨等使，武引军至渝州，渝州降，遂进取泸州，又分军取黔、涪。宋淳祐初，余玠帅蜀，兼知重庆府，时巴蜀残破，玠多方拮据，力谋完复，西南半壁，倚以无恐。彭大雅代之，急城重庆，以御利、阆，蔽夔、峡，为蜀之根柢。狡悍如蒙古，旦夕不能以得志也，岂非地有所必争欤！孙氏曰：重庆三面临江，春水泛涨，一望弥漫，不可卒渡，其出入必经之要道，惟佛图关至二郎关一路耳。万历中，永宁奢崇明作乱，据重庆，分兵扼夔州江口，陷遵义、泸州，截川西栈道，全蜀震动。识者谓但守佛图关，贼立可饥死。既而贼纵横四出，直逼成都，官军扼之，引还重庆，诸军齐进，夺其佛图关，而重庆遂下。盖佛图关者，又重庆之噤要也。

○巴县，附郭。古巴子国都也。秦置江州，以巴郡治焉。汉以后因之。齐梁间改曰巴县。隋唐以后因之。皆为州郡治。编户九十二里。

江州城，在府治西。相传秦张仪所筑，置县于此。汉因之。后汉初，公孙述据蜀，遣将从阆中下江州是也。建武十一年，岑彭讨述，述将田戎败保江州。彭至城下，以城固粮多，难卒拔，留冯骏守之，即此。建安六年，赵韪叛刘璋，围成都，败走江州，被杀。十六年，先主入蜀，至巴郡，由江州而北。十九年，诸葛武侯等至江州，破巴郡。章武二年，东伐孙权，张飞自阆中发兵会江州，遇害。建兴四年，丞相亮欲出军汉中，李严当知后事，自永安移屯江州，因筑大城，即今郡城也。庚仲雍曰，江州县对二水口，右则涪内水，左则蜀外水。《巴志》：汉世郡治巴水，北有甘橘宫，今北府城是；后徙南城，在江南，今南平城是。《城邑考》：今郡城堑崖为垒，环江为池，相传即李严故址。有门十七，九开八闭，俗以为九宫八卦之象。今城周十六里有奇。

万寿废县，府西南九十里。唐江津县地。武德三年，分置万春县，属渝州。明年，改为万寿县。宋乾德五年废。又东阳城，《志》云：在府西百里，萧齐置东阳郡，治巴阳县。梁因之。后周废。今亦名东阳镇。○多功城，在府西四十里。《志》云：宋淳祐中筑，以拒蒙古。

南平废县，府东南二百三十里。本巴县地。唐贞观四年，分巴县南界置，并置南平州，领南平、清谷、周泉、昆川、和山、白溪、瀛山七县。八年，改州曰霸州。十三年，州废，以清谷等县俱省入南平，属渝州。宋初仍曰南平县。雍熙中废。《郡志》：霸州城在府东南二百六十五里。《旧唐书》：南平州本置于南平县南也。○古滩城，《志》云：在府东八十里岷江岸，相传巴子于此置津立城。

涂山，府东八里，岷江南岸。山之址有石中分，名曰龙门，其下有水，与江通。古《巴郡志》：山高七里，周围二十里，尾接石洞峡，峡东西约长二里许。刘先主置关于此山之上，禹庙及涂后祠在焉。杜预曰：巴国有涂山，禹娶于涂山是矣。山足又有古黄葛树，下有黄葛渡。郦道元云：江水东经黄葛峡。即此。

昆娄山，府东北七十里，据渠合之境。山高十里，林壑深翠，一名塔平山。又方山，在府东北三十里，一名凝脂山，以常有云气若凝脂也。相传尧时洪水不没，亦名浮山。○石狮垭山，在县北九十里，二山峭峙，四壁绝险，中盘小径，分渝合之界。

瀛山，府南百二十里。崖壁峭拔，有四十八面之险，四时青翠，宛若蓬瀛。唐贞观中尝于山下置瀛山县。又南平山，在府南百五十里，一名青山。○逾越山，在府西七十里。其峰峻拔，高出众山，因名。又寨山，在府西九十里。上有古寨，兵乱时，昔人保聚于此。

明月峡，府东四十里。《志》云：治东江浒有广阳坝，亦曰广阳洲，洲东七里水南有堆石，俗名遮夫堆，堆石东二里即明月峡，峡前南岸，壁高四十丈，有圆孔如满月状。《华阳国志》：郡东有广德屿，有明月峡。

《峡程记》：明月、仙山、广溪，所谓巴有三峡也。

铜锣峡，府东二十里。悬崖临江，下有圆石如铜锣之状。明初平蜀，廖永忠引舟师至铜锣峡，明昇出降处也。○温泉峡，在府西南百六十里。温泉自悬崖下涌出，四时腾沸如汤。又鱼鹿峡，在府西北百二十里，涪水自中流出，有石状如鱼鹿，因名。《志》云：府西三里又有洪岩洞，瀑布悬流。一名滴水岩。

岷江，在府城南。自泸州流入境，历壁山，江津县，而东北流，又东经长寿县及涪州、忠州境，而入夔州府界。远近群川，多流会焉，滩峡曲折，波流浩瀚，为郡境之巨防。详大川岷江及川渎异同。

涪江，在府城西北。自潼川州东南流，经合州城南，而嘉陵水、渠水合焉，又东南流，径府城北，又东而入于岷江。杜佑曰：巴江在府城东北，阆水与白水合流，曲折三回如巴字，故有三巴之称。盖即涪水合大江处矣。万历中，奢崇明陷重庆，攻合州。石砫宣抚女官秦良玉进营城下，遣兵袭两江，烧其船以阻贼泛舟东下。二江，即涪、岷二江也。

丹溪，府东南二十八里。从群山中流出，水色如丹。又交龙溪，在府东北二百八十里。皆流合于岷江。○新井，在巴县治南。《志》云：郡依险置城，高亢无水。萧梁时，地忽自开成井，方六丈，深三十六丈。后涸。唐刺史皇甫珣于县南凿石六丈得泉，号为新井。

佛图关，府西十里。《志》云：李严城江州，欲凿城后山，知汶江通水入巴江而未果。今佛图关左右顾巴、岷二江，是严欲凿处，斧迹犹存。其西南又有二郎关，皆府之要津也。万历中，奢崇明作乱，据重庆，自城西通远门城濠，至二郎关，连营十有七。官军力攻，夺其佛图、二郎两关，进逼重庆，克之。

铜锣关，府东二十里。据铜锣峡之险。又石洞关，在涂山石洞峡口。相传先主所置。又城南隔江有南坪关。万历中，奢崇明陷重庆，分兵四出，进攻合州，石砫宣抚女官秦良玉讨之，卷甲疾趋，潜渡重庆，营于南平关，扼贼归路。是也。

扶桑坝，在府东。宋景炎三年，元将不花等攻重庆，守将张珏与战于扶桑坝。元兵从后合击，珏溃走，城遂陷。○大洪江镇，在府东百里，亦曰大洪江壁山镇，有巡司戍守。

朝天驿。府治东三里。《志》云：府南六十里有鱼洞水驿。万历元年，改鱼洞为土闸坝。府南百二十里，有铜罐溪水驿。又府东九十里有木洞水驿，北九十里有土沱水驿。隆庆六年，移土沱驿于铁山公馆。○白市铺马驿，在府西七十里。又百节马驿。在府东南六十里。

○江津县，府南百八十里。西南至壁山县八十里，南至綦江县五十里。汉江州县地。萧齐自郡内移治僰溪口，为今治。西魏改曰江阳县，置七门郡治焉。隋开皇初，郡废，县属渝州。十八年，改县曰江津。唐仍属渝州。宋因之。今城周九里有奇，编户三十八里。

江阳城，在县西，地名僰口。有七门滩，西魏因置七门郡。旧《志》：滩在县西七十里，有大石横江中凡七处，望之如门，郡因以名。宋乾德五年，移县治马骏镇，即今治也。今县治北一里即马骏山镇，盖因以名。

鼎山，在县治南，有三峰鼎峙。《志》云：宋尝置鼎山县。今正史不载。又治北隔江一里有石佛山，与马骏山相连，又县西北十五里有华盖山，皆高耸。

龙登，山县东百里。上有虎跳岭，双峰并峙，顶有井泉，四围石壁崭岩，有二路可升。正德八年，盗起，义兵屯此，为一方保障。○珞黄山，在县东六十里，下有珞黄镇。《巴中记》谓之东穷峡。

大江，在县治北。自壁山县流入界，又东北入巴县境。旧《志》：江经县治西有石门，曰龙门峡，亦曰龙门滩，流入巴县界，接东阳镇。

棘溪，县东南三十里。本名夜郎溪。源出遵义府，自南川县流经綦江县入县界，又西北注于大江，亦名南溪。唐《四夷县道记》：自江津路南，循棘溪水路往南平州。是也。又乐城溪，在县西三十里，流入大江，有乐城滩。

合小坪，在县南。正德中，贼方四等攻江津，官军击败之，追至此。又山坪在县西南。正德中，贼曹甫反，据江津，抚臣林俊攻败之，又败之于山坪、伏子岸诸处，尽歼其众。

茅坝驿。在县东。《唐志》：江津县有茅坝驿，蜀人谓平川为坝。唐乾宁三年，荆南将许存为万州刺史，不容于大帅，成汭遣兵袭之，存走屯于茅坝，降于王建，即此。今废。○棘溪水驿，在县治西。又西六十里有石羊水驿。百二十里有石门水驿，万历九年，改石门曰白沙驿。百八十里有汉东水驿。又白渡水驿，在县南百二十里。嘉靖中，石门、白渡二驿废，余仍旧。

○壁山县，府西南百八十里。西北至永川县七十里。本巴县地。唐至德二载，析巴县及江津、万寿县地置壁山县，属渝州。宋因之。元至元二十二年，省入巴县。明成化十九年，复置。城不及四里，编户十二里。县今省。

壁山，县西南十五里。一名巴山，亦曰重壁山。四面高峻，中央平田，周围约二百余里。唐天宝中，诸州逃户多投此营种。川中有一孤山，西北两面皆险绝，东南稍平，因名重壁。《郡志》：山亦名茅莱山。○缙云山，在县北二十里。茂林高峰，势若飞凤，一名凤凰山，有泉出焉，温凉各异。《志》云：县北三里又有龙梭山，拥蔽县后，南十里有龙玙山，倚障县南。

大江，在县治南。自泸州合江县流入界，又东入江津县境。○涪江，在县北六十里。自合州而南，绕流经此，东入巴县界。

来凤驿。县东南五十里马驿也。东去府城百五十里。旧属巴县,成化以后,改今属。《志》云:县境有壁巡司。今革。

○永川县,府西南二百十里。南至泸州合江县二百里。本壁山县地。唐乾元二年,分置永川县,属昌州。宋因之。元省入大足县。明初,复置,改今属。城北为石垒,南临溪树木栅,周五里有奇。编户二十五里。

铁山,县东二十里。旧有铁山铺,今为铁山镇,以山石如铁色而名。隆庆六年,移巴县土沱水驿于此。其相近者,有同心山,以与石笋、二郎两山相连也。○龙洞山,在县西北二十里,一名英山,上有龙湫。

侯溪,在县北。《志》云:县北枕侯溪,波流阔远,县因以名。○松子滩,在县南百里。源出龙洞山,别流东注,下入大江。

东皋驿。县东十里。

○荣昌县,府西南三百十里。西北至成都府内江县百二十里,西南至叙州府隆昌县百十里。本内江县地,唐乾元二年,析置昌元县,并置昌州治此。大历六年,州废,县属资州。十年,复置昌州治此。光启初,州徙治大足县属焉。宋仍属昌州。元改为昌宁县,寻废。明初复置,改曰荣昌。城周不及六里,编户二十一里。

昌元城,在县西南。县旧治此,宋咸平四年,移治罗市,即今治也。

宝盖山,县南一里。为邑中之胜。《志》云:县西三十里有磁窑山,一名老雅山。又县东十五里有葛仙山,县南三十里有马面山,县北百里有铜鼓山,皆高耸。

雒江,在县西北,亦谓之中江。自内江县流入境,又东南流入叙州府富顺县界。今治北二里有观音滩,稍东为小滩。小滩下四里为马滩,水流湍急,势如奔马,皆雒江所经也。

峰高驿。在治东,马驿也。又县西百十里旧有隆桥马驿。今为叙州府隆昌县。

〇**大足县**，府西二百八十里。东北至合州二百八十里，西至潼川州安岳县百七十五里。本合州巴川县地。唐乾元二年，置大足县，属昌州。光启初，移昌州治此。宋因之。元废州，并废县入合州。明初复置。今城周不及五里，编户三十七里。县今省。

静南废县，在县东南。唐乾元中置，属昌州。五代初，废入大足县。

石龙冈山，县西十里。其山回环耸秀，冈脊折纹，若龙鳞然。又县西三里有三华山，三峰屹立，因名。《志》云：县东三里有北山，唐时州城置于山上。又有白塔山在县北三里。

回万山，县东三十里。山势高耸，诸山回顾。又东三十里有双山，以两峰并峙也。其相近者曰牛口山，亦高耸。〇玉口山，在县东南三十五里，有老君洞，宏敞可容百余人。

赤水溪，县东六十里。源出安岳县界，流入县境，又东入于涪江。《图经》：县东临赤水，西枕营山，北倚长岩，最为险固。营山即石龙冈山矣。又宝珠溪在县南四十里。《志》云：唐贞观中，渔人郭福得大珠于此，因名。

米粮关。县东二十五里。又县北三十里有化龙关。〇永昌寨，在县西北。唐乾宁二年，昌州守韦君靖所建。静南令胡密作碑以纪其事，略云：景福元年，韦公卜筑，当镇之西北，维沿冈建寨，上摩掩霭，下抗平原，蠢似长云，崒如断岸，岩巘重叠，磴道崎岖，一夫荷戈，万人失据，峥嵘一十二峰，周回二十八里云。

〇**安居县**，府西北二百里。东南至合州铜梁县七十里，西至潼川州安岳县九十里。汉资中县地。后周置柔刚县，并置安居郡治焉。隋开皇初，郡废，县属普州。十三年，改曰安居县。大业初，属资阳郡。唐武德二年,仍属普州。大历二年,改隶遂州,寻复故。宋仍属普州。元废入铜梁县。明成化十七年,析铜梁、遂宁二县地复置。今县城周不及四里,编户十三里。县今省。

崇龛废县,在县西。刘昫曰:后周置隆龛城。隋为隆龛县,寻废。唐武德三年,复置龙龛县,属普州,旧治整濑川。久视元年,移治波罗川。先天元年,改曰崇龛县,仍属普州。宋乾德五年废。《唐志》:县西三里有龙龛山,后周因以名城。

凤凰山,在县东。《志》云:县理在波罗川东里许,又东去为凤凰山,山顶巨石平正,曰凤凰台。其西南对峙者,曰龙归山。山形盘旋如龙,亦一方之胜也。正南曰龙门山,有两峰壁立如门。○柔刚山,刘昫曰:在县东二十步,旧县治此。天授二年,移理张栅。《郡志》:今县治东有飞凤山,当即柔刚山,又讹为凤凰山也。

安居谿。在县东。亦名琼江。平滩一带,流入涪江。相传曾有琼花浮水面而出。又兜溪,在县西北三里,以水流回曲而名,下流合于安居溪。或谓之波罗川,恐误。

○綦江县,府南二百里。北至江津县五十里。本曰綦市,宋属南平军。元置綦江长官司,属播州。明玉珍据蜀,始置县。明初因之。县旧为土城,周不及三里,今圮。编户四里。

石笋山,县西二十里。又县北二十里有牛冈山,皆以形似名。○龙登山,在县西七十里。山势如龙,一名石磴山。又朽石垭山,在县南百二十里,山多碎石,有虚岩峭壁之胜。

綦江,在县南,即夜郎溪也。自南川县流入,亦曰南江,至县,色如苍帛,因名綦江。亦曰东溪。万历中,杨应龙作乱,分兵犯南川、江津、綦江诸县,官军与战于东溪,贼少却。是也。西北流入江津县,谓之僰溪。《志》云:县东有珍珠滩,又有码脑滩,北三十里又有砂溪滩,西北三十里又有白渡滩,皆綦江所经矣。近《志》:珍珠、白渡二滩,皆在县西二十里。似误。

三溪,在县南,流合綦江,有三溪渡。杨应龙作乱时,以此为播界,应龙陷綦江,退屯三溪,即此。

三舍溪。关在县治南。又南为綦市关,皆有事时戍守处也。○东溪马驿,在县南六十里,有东溪巡司。嘉靖中,移赶水镇。县西南百二十里又有安稳马驿,旧有寨亦曰安稳寨。杨应龙作乱,綦江募兵扼安稳以拒之。既而应龙来犯,分兵屯赶水镇、猫儿冈诸隘,县寻为所陷。

○**南川县**,府东南三百十里。南至遵义府真安州百五十里。本汉江州县及涪陵县地。唐武德二年,开南蛮置南州,治隆阳县。三年,改为僰州。明年,复为南州。先天初,改县曰南川。天宝初,又改州为南川郡。乾元初,复故。宋皇祐五年,州废,仍曰南川县,属恭州。熙宁七年,改隶南平军。八年,废入隆化县。元丰中复置。元至元二十三年,废南平军入南川县,属重庆路。明因之。旧有土城,今圮。树木为栅,编户四里。

南州城,今县治。唐置州治隆阳县,后改曰南川。宋州省而县如故。熙宁八年,熊本击渝州南川叛獠,进营铜佛坝,破其党南川酋木斗,举溱州地五百里来归,为四寨,九堡,建铜佛坝为南平军。《志》云:即板楯七蛮故地也。山高谷深,熊本因建为军治,在南川南七十里,因割南川县属焉。元废。《一统志》:綦江县南九十里,即废南平军。似误。

隆化废县,县东南百三十里。本汉涪陵县地。唐贞观十一年,置隆化县,属涪州。先天初,更名宾化县。宋初复为隆化县,仍属涪州。熙宁八年,改隶南平军。元省入南川县。

三溪废县,在县东。唐贞观五年置县,属南州。祝穆曰:县有僰溪、东溪、葛溪,合流于县之西北,唐因置三溪县,其所理名为石城,甚险峻。宋废。○丹溪废县,《志》云:在县东南三十里。唐武德二年置,属南州。《寰宇记》: 南平西四里有赤水, 亦曰丹水, 唐置丹溪县以此, 其水流合于僰溪。刘昫曰: 唐初, 置南州, 领隆阳、扶化、隆巫、丹溪、灵水、南川六县。贞观十一年, 省扶化、龙巫、灵水三县, 寻又并丹溪、南川二县入隆阳。又当山废县, 亦在县东南。唐贞观五年置当山、岚山、归德、汶溪四县, 属南州。八年, 皆省。

九盘山, 县东十二里。峰峦高远, 九折而上。县东六十里又有九递山, 亦高峻, 其绝壁色白如银。上有水, 潴而为池。又最高山, 在县东南九十里。形势耸拔, 千仞干霄, 俯视众山, 皆如培塿。○熊井山, 在县南三里。上有井水, 清而味咸。又来游山, 在县西七里。山临道旁, 行者多憩息于此。

狼猱山, 在县西。一名獏崖。山中人巢树而居, 风俗迥别, 谓之狼猱乡。旧产茶, 黄黑色, 渝人重之。

南江, 县西四里。发源彝獠之界, 自遵义府流入境, 众流会合, 经县西, 又北至三溪口, 始通舟楫。行三十里, 至綦市, 谓之綦江。又西北流至江津县, 入大江, 谓之南江口, 即僰溪之上源也。《志》云: 县北五十里有龙床滩, 即南江所经。谚云: 龙床如拭, 济舟必吉; 龙床仿佛, 济舟必没。舟人每以为验。

四十八渡水, 县东三十里。两山壁立, 一水回环其中, 凡四十八渡, 有门穴如户牖然。又流金水, 在旧龙化县南五里。水色如金, 泥之沉下者, 与硫黄无异, 俗传水之发源乃硫黄所出处也。又奉恩溪, 在县西十余里, 其下流皆入于南江。

马颈关, 在县界。又有雀子冈关。正德中, 贼方四等攻南川、马颈、雀子冈等关, 又攻东乡、永澄诸处。其地盖相近云。○东乡坝, 在县南。万历中, 杨应龙作乱, 以此为播州界。又东有永澄堡。

鹿洞堡。县南四十里。又南三十里为溱溪堡, 亦曰溱溪寨, 其相近有吹角坝，盖与古溱州相近。《宋志》：南川境内有荣懿、开边、通安、安稳、归平等寨。又隆化境内有七渡水砦，大观四年，寨废。〇白锦堡，在县南八十里，南去遵义府三百里。《一统志》：昔杨光荣子孙世守其地，宋端平中，尝移置播州于此。播州旧《志》云：堡在司东二十里。

〇长寿县，府东三百三十里，东南至涪州百十里。汉江州、枳二县地。唐武德二年，置乐温县，属南潾州。九年，改属涪州。宋因之。元至元二十年，省入涪州。明玉珍时，改置长寿县，仍属涪州。明洪武六年，改今属。县旧有土城，今圮。编户二十七里。

永安废县，在县南。唐武德二年置，属涪州。开元二十二年，省入乐温县。又温山废县在县西。唐初置，属南潾州，寻改属涪州。宋初因之。熙宁三年，省为温山镇，属乐温县。

乐温山，县西南四十八里。山下有乐温滩，大江所经也。地气常温，禾稼早熟，因名。《志》云：此山人多耆考，亦名长寿山。《郡志》：长寿山在县东北七十里。〇三峰山，在县西十里，有三峰高耸。又县治西一里有凤山，其形似凤也。一名白虎山。

漏明寨山，县北四十里。山皆石壁，中有洞，石光穿漏，如屋室然。又北八十里有云阳山，山高耸。旧有云台观在其上。

大江，县南六里。自巴县流入界，又东入涪州境。《志》云：县南江中有龙舌滩，水落石出，状如龙舌。其西六里曰三江滩，水分二支，三滩相接。县东六里又有不语滩，俗传舟行过此，闻人语声，则江流溃涌。

桃花溪，在县治东。上有桃花洞，或谓之龙溪。又县西北七十里有玉溪。杜佑曰：乐温县有容溪，下流皆注于江。

龙溪驿。在县南，水驿也。《会典》：旧属巴县，嘉靖十三年，改今属。又县北二十里有黔南驿。

〇黔江县，府东八百三十里。东至湖广施州卫二百六十里。汉临江、涪陵二县地,属巴郡。晋以后为黔阳县地,属武陵郡。宋、齐因之。
隋开皇初,置石城县,属庸州。大业初,改属巴东郡。唐武德初,改属黔
州。天宝初,改曰黔江县。宋因之,仍属黔州。元属绍庆府。明初,改今
属。县旧有城,周不及二里。编户二里。

石城废县,《志》云:在县东南二十里。隋县治此,今县治。汉建安
中,刘璋分涪陵所置丹兴县也。晋太康初,县省。隋改置石城县。

八面山,县西二里。山分八面,上有池,周回百顷,四时不竭。又县
南三里有三台山,三峰并峙。县东二里又有狼山,山多狼。〇酉阳山,在
县东五里,以地近酉阳境而名。又县西九十里有武陵山,唐天宝中,以县
地旧属武陵郡,因赐今名。

栅山,县西三十五里。两山壁立若门,中宽衍,有平陆数顷,可以耕
屯。〇大歌罗山,在县东百九十里。旧置歌罗驿于此。又小歌罗山,在县
东北五十二里。其相近有黄连大垭、黄连小垭二山,皆纡回绵亘。又有羽
人山,在县东四百三十里,一名神仙山,以山径幽深而名。《志》云:县境
有青岩,又有二十五岩,俱藏蜂产蜜,居人取以为利。

黔江,县南七十里。《胜览》云:自思州之上费溪发源,经五十八节
名滩,至黔州境,分流入县界,为施州江,入湖广施州卫,谓之清江。是
也。旧《志》:源出蛮中南流,名柘林溪,经天池、洛浦,名黔黎溪,南至
金洞、唐崖,入黔江县,名黔江,下流会思州水德江。误。

四十八渡水,县西二十里。源出栅山,曲折流四十八弯,滩碛鳞
比,舟楫不通。又西三十里峭壁中有水柜,人迹不到,曰柜子岩。《志》
云:县境有大木溪,又有七十八溪,皆灌溉田禾,民以为利。

石胜关,县东五十里。又老鹰关在县东南七十里。《志》云:县与
施州卫散毛宣抚司接境。正德以后,施州诸土司往往与川蜀诸土蛮表里
奸宄。嘉靖十年,于黔江千户所散毛宣抚司中界,设立老鹰等三关、五

堡，以控扼之。

白石寨。在县境。《宋志》：县有白石、双洪、鹿角、白水、石柱、高望、茆田、石门、虎眼、木栅等寨，凡二十有七，皆置兵以控驭蛮獠。

附见：

重庆卫。在府治西。洪武六年建，领左右中前后五千户所，隶四川都司。○黔江守御千户所，在县治东。洪武十一年建，隶重庆卫。

○合州，府北百五十里。东北至顺庆府广安州三百里，北至顺庆府三百二十里，西北至潼川州遂宁县三百三十里。

古巴国。秦属巴郡。两汉因之。晋、宋亦属巴郡。齐改置东宕渠郡。杜佑曰：刘宋置东宕渠郡。今《沈志》不载。《齐志》梁州有东宕渠荒郡，益州有东宕渠獠郡。梁曰宕渠郡。西魏改曰垫江郡，兼置合州。以涪、汉二水合流而名。隋开皇初废郡。十八年，改合州曰涪州。大业初，又改州为涪陵郡。唐初复为合州。天宝初，曰巴川郡。乾元初，复旧。宋仍曰合州。亦曰巴川郡。元因之。明仍曰合州，以州治石照县省入。编户四十一里。领县二。今因之。

州枕二江之口，当众水之凑，凭高据深，屹为险要。岑彭之讨公孙述也，留将守江州，而自引兵乘利直指垫江。先主诣刘璋，取道垫江入涪。自是有事于蜀者，从内水即涪江。必出垫江。垫江实控扼之所矣。胡氏曰：李雄、谯纵取蜀，东不能过垫江，以苻秦兵力之盛，取梁、益如反掌，垫江以东，不能有也。北魏邢峦图蜀，所规者亦止垫江以西。盖地利足恃矣。宋自绍定失蜀，彭大雅城渝为制府，支持西蜀且四十年。渝之所恃者，亦在垫江也。

石照废县，今州治。《华阳国志》曰：巴子尝治此。秦灭巴，置垫江县，属巴郡。两汉因之。垫，颜师古曰，读若叠。建安六年，改属巴西郡。三国汉建兴十五年，还属巴郡。晋宋因之。齐置东宕渠郡。梁曰宕渠郡，治垫江。敬帝初时，益州境内皆属西魏，惟前梁州刺史谯淹屯于东遂宁不附。魏宇文贵攻之，淹徙屯垫江，寻为魏将贺若敦等所败没。西魏改宕渠郡曰垫江，因改县曰石镜县。隋唐以来，皆为州郡治。宋乾德三年，改为石照县，仍属合州。淳祐三年，徙州治钓鱼山，县亦徙治焉。景炎三年，州将王立以城降元。元至元二十二年，州县复还故治。明初省。今州城，明天顺中，因旧址修筑。万历三年，增修，门十一，城周十六里有奇。

赤水废县，州西北百三十里。本垫江县地。隋开皇八年置赤水县，属合州。唐因之。宋熙宁四年，省入铜梁县。七年，复置，仍属合州。元至元二十年，并入石照县。又巴川城在州南七十五里。唐开元二十三年，析石镜、铜梁二县地，置巴川县，属合州。宋因之。元省入铜梁县。

汉初废县，州西北百九十里。汉垫江县地。萧齐置汉初县，属宕渠郡。梁置新兴郡治焉。西魏改郡曰清居。隋郡废，县属合州。唐仍曰汉初县。宋因之，皆属合州。宝祐中，兵乱，县废。《志》云：州南五里有巴子故城，东北又有什邡侯城。相传汉初雍齿尝筑城于此。

钓鱼山，州东十二里。涪江在其南，嘉陵江径其北，东西南三面皆据江，峭壁悬岩。山南有大石，平如砥。山上有天池，周五百余步，大旱不涸。宋淳祐三年，余玠帅蜀，兼知重庆府，时蜀已为蒙古所残破，玠力谋完复。冉璞谓玠曰：为今日守蜀计，其在徙合州城乎？蜀口形胜之地，莫如钓鱼山，请徙诸此。若任得其人，积粟以守之，胜于十万师远矣。玠从之。遂城钓鱼以备内水。又于利、闻诸州皆因山为垒，棋布星列，为诸郡治所。凡筑十余城，而蜀始可守。《志》云：今山在州治东，隔江五里，屹然形胜。

铜梁山，州南五里。东西连亘二十余里，巅平整，环合诸峰，此为独秀。有石梁横亘，色如铜，《蜀都赋》所云外负铜梁者是也。又州东五里有学士山，山耸秀而圆润。○龙多山，在州西北百里。涪江经其下，山远且高，逶迤如龙蟠。《志》曰：铜梁、龙多，州境之大山也。

寨山，州西二十里，峭壁如削。昔人避乱，保聚于此。又青石山，在州西二百二十里，涪水之南。李膺《益州记》：昔巴蜀争界，久而不决，汉高八年，一朝密雾，山为之裂，自上及下，破处直若引绳，于是州界始判。○斜崖山，在州东北八十里。岩石奇胜，岩下有洞，内有龙湫。

马骝山，州东北百五十里。宋咸淳九年，叛将刘整献计于蒙古，欲自青居进筑马骝、虎头二山，扼三江口，以图合州。蒙古遣统军合刺筑之。合州将张珏闻之，乃张疑兵于嘉渠口，潜师渡平阳滩，火其资粮器械，越寨七十里，焚船场，由是马骝城筑卒不就。既而珏言于朝，请城马骝、虎头二山，或先城其一，以据险要。不果。○北岩，在州北五里，亦曰北崖，又名濮岩。或以为古濮国，即所谓巴、卢、彭、濮者也。

嘉陵江，州北五里。自顺庆府流入州界，经州治东北，而渠江合焉，谓之嘉渠口，亦谓之渠口。又经州东南，而涪江合焉，并流至府城北，亦谓之渝水。《志》云：嘉陵水上源曰西汉水，至阆中曰阆水，至渝州曰渝水。又有鸡爪滩，在州东北江中。宋开庆元年，蒙古主蒙哥攻合州，引兵自鸡爪滩直抵城下，力攻不能克。是也。余详大川嘉陵江。

涪江，在州城南。自潼川州遂宁县入州界，至州东南，而嘉陵江合渠江来会焉。亦曰三江口。并流至府城东，而合于岷江，所谓内水也。详见大川涪水。

宕渠江，亦曰渠江。自顺庆府广安州西南流经州界，至州治东北而合于嘉陵江，曰渠口。详见大川渠水。

合阳驿。在州治东。水驿也。舟楫往来，此为必经之地。

○铜梁县，州西南九十里。西至大足县百里。本垫江县地，唐长安三年，析置铜梁县，属合州。今县城周五里有奇，编户四十一里。

铜梁城，旧在县西北。刘昫曰：县初治奴仑山南，开元三年，移治于武金坑。王象之曰：旧治在县北列宿坝，后移治涪江南岸，宋又移治于东溪坝。盖迁徙不一也。元时始移今治。

六赢山，县西三十五里。唐合州刺史赵延之集义兵于此，六战六赢，因名。又龙透山，在县西三十里。山壁绝峭，中有穴，望之通明。县西南十里又有钟山。有池，大旱不涸。○巴岳山，在县南十五里，岩洞幽胜。

新开山，县东六十里。山有道直走巴县。《志》云：县东七十里有南峰，高五里，为峡山之胜。两山复出对峙，中广十里，涂左有穴，谓之仙洞。深五里，水伏流其中，出为大涧。又中峰，在县东南九十里。山环如盘，周二十里。民居如画，有泉冬夏不减，俗名天池。

涪江。在县北境。自潼川州遂宁县流入界，又东接定远县境，至合州会于嘉陵江。○马滩河，在县南五十里。源出大足县界，东流经合滩，有楼滩河来会焉，经县南，而东注于涪江。又巴川河，在县治南，水流曲折如巴字。又有东淮远洞河，在县北四十里，小安溪，在县北二十里，皆东流入于涪江。

○定远县，州北百五十里。东北至广安州岳池县百三十里。宋石镜县地，名女箐平。开禧间，尝置和溪县，寻废。元至元四年，置武胜军，行和溪安抚司事，寻改为定远州。二十四年，降为县，属合州。明因之。今县城周七里，编户十四里。

平曲城，在县西。后汉初，公孙述置城于此，贮兵积粟以御汉，建武十一年，岑彭自垫江而进，攻破平曲，收其米数十万石，既又命臧宫溯涪水上平曲，拒延岑于广汉。平曲，盖在涪水滨，以波平水曲为名也。或曰，平曲在射洪县东界。郦道元云：即潼川州之平阳乡。误。○定远故城，在县北。《志》云：旧治女箐平，涪江涨溢城坏。嘉靖三十年，移治江岸南十里，地名庙儿坝，筑城环之。即今治也。

武胜山，县治东一里。旧名飞龙峰。蒙古主蒙哥攻钓鱼城，屯兵于此，因改今名。又焦石山，在县北四十里。山高耸，石色焦赤。又县南六十里有麻油山，土黑而润，因名。

嘉陵江，旧在县治南，今在县北十里。自顺庆府南流入县境，又南入合州界，注于渠江。○涪江，在县西南。自铜梁县流入县界，又东南流至合州，合于嘉陵江。

花石溪，县东三十里，下流合于嘉陵江。又苦竹溪，在县南二十里，两岸多苦竹。又盐滩溪，在县南十五里，旧有盐泉，其下流皆注于涪江。

太平驿。在县治南。《舆程记》：自驿至岳池县之平滩驿，凡百六十里。

○**忠州**，府东六百四十里。东至夔州府万县二百六十里，南至涪州彭水县五百九十里，西北至顺庆府广安州三百四十里。

古巴国地。秦属巴郡。两汉因之。后汉末，属永宁郡。《晋志》：汉献帝初平六年，以临江县属永宁郡。晋仍属巴郡。宋齐因之。梁置临江郡。西魏废帝二年，兼置临州。隋开皇初，郡废。大业初，州废，属巴东郡。义宁初，复置宁州。唐初因之。贞观八年，改曰忠州。以巴臣蔓子及巴郡守严颜并著忠烈而名。天宝初，曰南宾郡。乾元初，复曰忠州。五代因之。唐末，王建移镇江军于此，兼领夔、万二州，朱梁乾化四年，军还治夔州。宋仍曰忠州亦曰南宾郡。咸淳初，升为咸淳府。以度宗潜邸也。元复曰忠州。明因之，以州治临江县省入。编户七里。领县二。今仍旧。

州东通巴峡,西达涪、渝,山险水深,介乎往来之冲,居然形要。万历中,奢崇明陷重庆,石砫主女官秦良玉趣援,留兵守忠州,以为犄角之势。兼令夔州设兵防瞿唐,为上下声援云。

临江废县,今州治。汉县,属巴郡。王莽改曰监江。后汉复曰临江县。晋、宋皆属巴郡。梁为临江郡治。西魏为临州治。隋大业中,属巴东郡。唐为忠州治。宋以后因之。明初省。今州城,洪武中,调长沙卫官军修筑,甃以砖石,为门五,城周四里有奇。

龙渠废县,州东南百八十里。《宋志》:南渡后增置,属忠州。元初省。○石城,在县东。《水经》:江水又东得黄华水口,左径石城南。《寰宇记》:石城在临江县东百里岷江北岸。李雄之乱,巴西郡尝寄理于此。其城四面悬绝,亦谓之巴子城,又或谓之临江城,汉县盖治此云。

屏风山,在州城南,隔江一里。一名翠屏山。一名夏祠山,以上有禹庙也。亦曰南山。又引藤山,在州南四里。山出引藤,可以吸酒。又州东南六十里有倚天山,山高耸,势若倚天。

涂山,州东南八十里。亦曰方斗山,以形似名也。山有龙洞,亦曰蟠龙洞。《华阳记》:临江县有盐官,在监、涂二溪,一郡所仰。今涂溪发源蟠龙洞,来经涂井,在州东八十里。

大江,在州城南。自涪州流经酆都县南,又东入州界。今州东五十里有黄华洲,亦曰皇华洲,江浦周回可二十里。又州西二里有石梁,亘三十余丈,横截江中,俗呼倒须滩。《水经注》:江水径虎须滩,滩水广大,夏断行旅。即此滩也。《郡志》:州东二里江中有猴子滩,西三十里有白马滩,皆以形似名。州东三十里又有折鱼滩,石觜入江,水势冲激,鱼不能上,往往折回。舟行至此,水涨则平,水落则凶。

鸣玉溪,州西北十里。上有悬崖瀑布,高五十余丈,潭洞幽邃,古木苍然。亦名西溪。流经州治西二里，入于岷江。

临江镇。州西一里。有巡司戍守。又州东一里有云根递运所。《志》云：州旧有云根水驿，在治南。嘉靖中革。〇花林水驿，在州西八十里。又有曹溪水驿，在州东百二十里。皆江行者必经之道。

〇酆都县，州西二百里。西南至涪州百四十里，西至广安州邻水县百八十里。汉巴郡枳县地。和帝永元二年，分置平都县。三国汉并入临江县。隋义宁二年，分临江，置丰都县，属临州。唐属忠州。乾宁二年，荆南帅成汭与其将许存溯江略地，黔中帅王建肇弃黔州，收余众保丰都，汭将赵武自黔中数攻丰都，建肇不能守，降于王建。又后唐长兴初，孟知祥将朱偓侵涪州，武泰帅杨汉宾弃黔南奔忠州，偓追至丰都，还取涪州。是也。宋初废。绍兴元年复置，仍属忠州。元因之。明初，改丰曰酆。今县城周三里有奇，编户四里。

南宾废县，县东北七十里。《唐志》：武德二年，析万州之武宁县地置，属临州，寻属忠州。宋、元因之。明初，省入酆都县。

平都山，县东北三里。《道书》七十二福地之一也。汉以此名县。下有丰民洲，洲临江。今亦名酆都山。又白鹿山，在县北一里，与平都山峰峦相接。又金盘山，在县北三十里，岩石回环，如金盘然。〇鸡公觜山，在县东北三十里。又东北二十里有石龟山，山皆临江为险。

尖峰山，县东五十里。山峰矗起，如卓剑然。亦曰尖锋山。又大峰门山，在县东七十里。峰顶二石并峙，如门之辟。又周城山，在县南七十里，石壁四周，俨若城壁。

大江，县城南。自涪州流入境。县西南二里有矾石滩，又西有观音滩，皆江流所经也。〇南宾河，在县治南二里。又县西三里有石板溪，其下石平如板，县东二里有龙停溪，中有龙潭。《邑志》：县治西南有葫芦溪，治东有粮溪，下流俱入于大江。

沙子关。县南二百里。有巡司戍守。嘉靖二十七年，添土副巡司。又
鄨陵驿，在县东北三里，水驿也。东去忠州之花林驿百十里。

〇垫江县，州西北二百八十里。东北至夔州府梁山县百六十里，西
北至广安州梁县百二十里。汉临江县地。西魏分置垫江县，属容山郡。后
周改为魏安县。隋开皇初，郡废，县属渠州。十八年，复改县曰垫江。唐
武德初，属潾州。九年，改属临州，寻属忠州。宋因之。元至元中，省入丰
都县。至正末，明玉珍复置县。明因之。今县城周七里，编户十二里。

桂溪废县，县东六十里。本临江县地，唐武德二年析置清水县，属
临州。天宝初，改为桂溪县。宋初仍属忠州。熙宁五年，省入垫江县。〇
容山废县，在县西南。《隋志》：西魏置容山县，并置容山郡治焉。隋开皇
初，郡县俱废。

将军崖山，县东南十里。山形陡峻，因名。《志》云：有二石柱，形
若将军也。又壁斗山，在县北三十里，峰岩环列，如北斗然。又曲尾山，
在县东南六十里，冈陇延衺，如兽环尾。《志》云：县东北二十里又有峰
顶山，亦高耸。

高滩溪，县东南五十里。其水险恶，自达州界流入县境，下流入长
寿县，达龙溪，注于大江。〇桂溪，在县东。溪旁多桂，下流入梁山县界。
《志》云：县东三十里有三河口，有三水相合，亦入梁山县，合于桂溪。

白渡驿。在县治东，马驿也。道出广安、达州之界。白渡水驿，见
江津县。

附见：

忠州守御千户所。在州治东。洪武十二年建，隶湖广瞿唐卫。

〇涪州，府东三百四十里。东至忠州三百五十里，西北至顺庆府广
安州渠县二百七十里。

春秋巴国地。秦属巴郡。两汉因之。蜀汉置涪陵郡,《华阳国志》:汉建安中,涪陵令谢本以涪陵广大,白州牧刘璋分置丹兴、汉葭二县以为郡,璋乃分涪陵,立永宁、丹兴、汉葭,合四县,置巴东属国都尉,理涪陵。蜀先主改为郡。宋白曰:先主以地控涪江,于此立郡,领汉平、汉葭二县。丹兴,见黔江县。晋因之。宋、齐亦曰涪陵郡。隋初郡废,属渝州。大业初,属巴郡。唐武德初,置涪州。刘昫曰:于涪州涪陵镇置。天宝初,曰涪陵郡。乾元初,复曰涪州。宋因之亦曰涪陵郡。元至元二十年,以州治涪陵县省入。明仍曰涪州。编户十里。领县二。今因之。

州南通武陵,西接牂牁,地势险远,人兼獠蜑。《华阳国志》曰:涪陵,巴之南鄙也。从枳县入,溯涪水,秦司马错由之取楚黔中地。此涪水,盖指黔江。今自州以南,山川回环,几及千里。唐、宋时,尝以黔州控扼形要即今彭水县,往往置镇设兵,以兼总羁縻州郡。唐以黔州为都督府,督思、辰、施、播等州,兼领羁縻数十州。宋亦置军镇,领羁縻州至五十有六。明初以黔并入于涪,州之险实倍于前代。《四裔考》云:武隆一县,为州之要地。牂牁、黔、楚,指臂东西,北枕巴江,南通贵竹,三面皆界于土司。所谓酉阳之咽喉,砬主之项背,而真州则尤胸腹之患也。南蛮有事,全蜀之患,武隆实先当之。《志》云:武隆难先全蜀,险扼诸蛮。然则州之形胜,益可知矣。

废枳县,今州治。汉县,属巴郡。胡三省曰:汉之涪陵,今彭水县也;今之涪陵,乃汉枳县也。《史记》:苏代曰:楚得枳而国亡。即此。汉因置枳县。后汉因之。晋亦属巴郡。宋、齐仍旧。后周废。贾耽《四裔县道记》:涪陵故城,在蜀江南,涪江西,其涪江南自黔中来。由城之西溯蜀江十五里，有鸡鸣峡，上有枳城，即汉枳县。李雄据蜀后，枳县荒废。
桓温定蜀，别立枳县于今郡东北十里。周武帝保定四年，涪陵首领田思
鹤归化，于故枳城立涪陵镇。隋开皇十三年，移汉平县于镇城，仍改汉平
为涪陵县，因镇为名。唐涪州治涪陵，实汉之枳县。《寰宇记》：枳县城
在巴县北百十五里。误也。《城邑考》：州城，明初因旧址修筑。成化初，
甃以石。有门五，城周四里。

汉平废县，州东百二十里。汉枳县地。三国汉建兴中置县，属涪陵
郡。晋因之。宋、齐仍旧。后周涪陵郡治焉。隋开皇初，废郡，仍移县于涪
陵镇。十三年，改为涪陵县，即今州治也。胡氏曰，汉平故城在罗浮山北，
岷江之南，白水入江处侧近云。

汉复城，州南九十里。蜀先主置县，属涪陵郡。晋徙涪陵郡治此。
宋、齐因之。后周移郡治汉平，县省入焉。〇汉葭废县，在州东百里。后
汉建安中，刘璋置汉葭县，属巴郡。三国汉改属涪陵郡。晋、宋因之。后
周废。

铁柜山，州北五里。横亘江北，与州治相望，俯临长江，屹立如
柜。相传诸葛武侯曾屯兵于此，旧城犹存。一名石瓮碛。山下为北岩山，
即程伊川先生注《易》之所。〇龟山，在州东北。《志》云：山一名三台
山，在黔江东岸。宋咸淳三年，尝移州治于三台山。即此。

五花山，州西二十里。五山排列，宛然如花。又合掌山在州西北
五十里。二山对合如掌，下有毛家泉，一日三潮。

黄草峡，在州西。唐大历四年，泸州刺史杨子琳作乱，沿江东下。
涪州守捉使王守仙伏兵黄草峡，为子琳所擒。《水经注》：涪州西有黄
葛峡，山高险绝，无人居。即黄草峡也。杜甫诗：黄草峡西船不归。注亦
曰，峡在涪州西。

大江，在州城北。自长寿县流入界，至城东涪陵江水合焉，又东北

入酆都县境。

涪陵江，在州城东。《志》云：自思州境流入黔州界，分流为施州江，其正流经彭水、武隆二县，凡五百余里，与蜀江会于州之东。以来自黔中，亦名黔江。其水渊澄清彻，可鉴毛发，盖即乌江下流矣。庾中雍云：别江出自武陵。《水经》：延江水从鄨县东屈北流，至巴郡涪陵县，注更始水。郦道元曰：更始水即延江枝分之始。盖皆涪陵江矣。

横石滩，在州西大江中。本名黄石滩。《后汉纪》：建武十一年，岑彭等讨公孙述，破述将侯丹于黄石。章怀太子贤曰：即黄石滩也。杜佑曰：今谓之横石滩，亦谓之石梁。《水经注》：江水自涪陵东出百里，而届于黄石。今黄石在涪陵西。据《岑彭传》：长驱入江关，至江州，留冯骏攻围，自引兵直指垫江。述别遣侯丹拒黄石，彭乃自垫江还江州，溯都江而上，袭击侯丹，大破之。则黄石应在江津、壁山以上，不在涪州明矣。姑存以俟考。○铜柱滩，在涪陵江口，最峻急。昔人维舟于此，见水底有铜柱，因名。下有沙洲，水落则露，一名锦绣洲。又有百牵滩，在州东五十里大江中，以舟行至此，牵挽为艰也。《志》云：州治北有歇神滩。相传张桓侯被刺，其首曾漂泊于此。又州东十里有群猪滩，水落见群石如猪。

阳关，在州城西。《华阳国志》巴子所置三关之一也。汉时恒有都尉守之。蜀汉延熙中，车骑将军邓芝以江州都督治阳关。是也。《水经注》：江水东径阳关巴子梁。巴子梁即横石滩矣。《括地志》：涪州之阳关，夔州鱼复县之江关，峡州巴山县之捍关，此三关也。○清溪关，在州东南，亦曰清溪镇。唐开成三年，牂牁蛮寇涪州之清溪镇，镇兵击却之，即此。

安西砦，在州西。宋末张珏守重庆，城陷，顺流走至涪，元人以舟师邀之，遂被执，至安西死之。又白马砦，在州南，宋置，旁有白马盐场。大观四年,寨废。

蔺市。在州西六十里。宋开庆元年,蒙古主蒙哥攻合州,命其将纽璘造浮桥于涪州之蔺市,以杜援兵。吕文德攻浮梁,力战得入重庆。是也。今为蔺市水驿。《志》云:州治南四里有马援坝,为伏波征武陵蛮时驻兵处。盖传讹也。○涪陵驿,在州治东滨江,水驿也。又东六十里至东青水驿,又东北八十里至酆都县之酆陵驿。

○武隆县,州东南百七十里。东至黔江县二百三十里。汉涪陵、枳二县地,属巴郡。唐武德二年,析置武龙县,属涪州。宋因之。宣和初,改为枳县。绍兴元年,复故。元仍曰武龙。明初,改龙为隆,仍属涪州。县无城,编户二里。县今省。

信宁废县,县西百里。刘昫曰:隋置信安县,以境内有信安山而名。唐武德二年,改曰信宁,属义州。贞观十一年,州废,来属黔州。宋因之。嘉祐八年,省入彭水县。今属县界有巡司戍守。

龙桥山,县东五十里。逶迤如龙,下有空洞,一名武龙山,唐以此名县。○七龛山,在县北二里。山高大,上有七穴。又青云山,在县东北五里。县北三十里又有钻天山。皆以高耸得名也。

黔江,在县治南。自彭水县东北流入境,又折而西北流入涪州界。县西三十里有白马滩,西五里有石床滩,皆以形似名。又有关滩,在县东五里。两山排列,中多巨石,江经其间,飞湍激怒,声震如雷。旧《志》:县前江中有蜀江门滩,即关滩矣。今有关滩公馆。○龙宝潭,在县东北七十里。林箐幽绝,入可十里,平沙旷野,自为一境。

信宁镇。即县西废信宁县,有巡司戍守。又县东百五十里有郁山盐课司。

○彭水县,州东南三百四十里。北至忠州五百九十里,东北至湖广施州卫六百里。汉涪陵县地,属巴郡。晋属涪陵郡。永嘉以后,没于蛮獠。后周武帝保定四年，得其地，置羁縻奉州，寻改黔州。隋开皇十三年，置彭水县，为黔州治。大业初，改州为黔安郡。唐武德初，复曰黔州。四年，置都督府于此。十一年，罢都督府。先天二年，复为都督府。天宝初，曰黔中郡，兼督羁縻五十州。十五载，又置黔中节度使。乾元初，复为黔州都督府如故。大历以后，又改节度为团练、观察等使。元和三年，复为节度使。光启三年，曰武泰军节度。天复三年，王建移军于涪州，黔州属焉。宋仍曰黔州，亦曰黔中郡。武泰军领羁縻州四十九，绍兴以后，领五十六州。绍定元年，升为绍庆府。元因之。皆治彭水县。明初，省府存县，改属涪州。县无城，编户八里。

废黔州，即今县治。本汉之涪陵县也。《华阳国志》：涪陵，巴之南鄙。汉兴，置涪陵县，常为都尉理。山险水滩，人多獽蜑。蜀汉置涪陵郡于此。延熙十一年，涪陵大姓徐巨反，邓芝讨平之。晋仍属涪陵郡。《太康地记》：涪陵在江之东。是也。永嘉以后，没于蛮獠。后周保定四年，蛮帅首领田思鹤归化，因以涪陵地置奉州，寻改为黔州。说者遂以黔州为秦之黔中，非也。胡三省曰：汉涪陵地大而远，唐之夷、费、思、播及黔府五州，悉涪陵地。晋季多故，涪陵陷于蛮獠。延至西魏，《图记》不传。后周始置奉州，授蛮帅田思鹤，寻曰黔州。隋人因之。大业中，又改黔安郡。因周、隋州、郡，遂与秦、汉黔中郡交互难辨。今湖广之辰、奖、锦、叙、溪、澧、朗、施八州，是秦汉黔中地，与涪陵隔越峻岭。岭之东，有沅江，与诸溪并会，而东注于洞庭湖。岭之西，有巴江水，亦名涪陵江，自牂牁北历播、费、思、黔等州，北注岷江。以山川言之，涪陵与黔中炳然自分也。唐、宋皆置都督节度于此，至明降为属州之邑，盖因革不同矣。又《读书杂记》：杜氏《通典》云：黔州治彭水县，即秦之黔中、汉之武陵地。权载之《观察使厅壁记》有云：黔州地近荆楚，候如巴蜀，五溪襟带，蛮蜑聚落。《寰宇记》曰：刘先主于五溪蛮地置黔安郡，即今黔州。《一统志》则云：自孙吴至梁，皆为黔阳地。皆未考黔州之为涪陵也。今黔中节镇,详州域形势。

盈川废县,在县西南。刘昫曰:唐武德二年,分彭水地于巴江西置盈隆县,属黔州。先天元年,避太子讳,改曰盈川。天宝初,改曰洋水。宋因之。嘉祐八年,省入彭水县。又都濡废县在县南。唐贞观二十年,分盈隆县,置都濡县,属黔州。宋因之。嘉祐八年,亦省入彭水县。

洪杜废县,在县东。刘昫曰:唐武德二年,分彭水置洪杜县,治洪杜溪,属黔州。麟德二年,移治龚湍。宋仍属黔州。嘉祐八年,废为洪杜砦,属彭水县。○万宁废县,在县南境。本涪陵地,刘璋分立永宁县。蜀先主改曰万宁。晋因之,属涪陵郡。《太康地志》:万宁,在涪陵郡南,水道九百里。胡三省曰:今费州是其地。费州,见贵州思南府。

老鹰砦山,在县治东。山形若鹰。宋元丰间,屯兵于此,以御蛮寇。又壶头山在治西二里,亦高耸,以形似名。《志》云:县治东又有甘山,峰岭奇秀,泉石清幽。○摩围山,在县西隔江二里。道家以为洞天福地,上有石泉,下有五龙室。蛮人呼天为围,以山高极天,因名。又十二盘山,在县西二十里,山高险,盘折十二始至其巅。

独勇寨山,县东二十里。山险峻,昔人避乱居此,蛮獠不敢攻。又歌罗山,在县东北四十九里。回旋起伏,如歌罗然。蛮獠多倚阻于此。县东二百四十里又有伏牛山,左右皆有盐井。○恶崖,在县西八里。高峻险恶,有小径路出思州。《志》云:县北五十里有侧坡,崎岖险侧,有小路可通夔州。县东百七十里又有梅子坡,路通湖广之散毛、盘顺、思南诸土司,为襟要处。

涪陵江,在县城西。亦曰黔江,亦曰巴江。自贵州思南府流入境,东北入武隆县界。《志》云:县北有木梭滩、上新滩、鹿角滩、石蛇滩,黔江经此,水势最险,舟行必出所载,然后可行。又有曲尺、下岩、下新、替蛇、土脑五滩,水势略平,舟过此入武隆境,始为安流。

　　水德江，在县东南。其上源即乌江也。自贵州思南府流入界，入于涪陵江。

　　界山寨。在县境。《宋志》彭水县有洪杜、小洞、界山、难溪四寨。○安定洞，在县东南，接湖广施州卫界。《宋志》施州南六百八十里至安定洞。嘉祐三年，诏以施州蛮向永胜所领州为安定州，即安定洞矣。其相近者，又有安远洞，亦曰安远州。宋天圣二年，诏安远等州蛮道远，听以方物留施州。盖皆宋时羁縻蛮酋屯聚处。

读史方舆纪要卷七十

四川五 遵义府 叙州府

○遵义府，东至贵州偏桥卫界四百八十里，南至贵州养龙坑长官司界九十里，西至泸州合江县界九百里，北至重庆府六百九十里。自府治至布政司千七百里，至江南江宁府六千六百五十里，至京师九千七百里。

《禹贡》梁州之域。秦为巴郡地。汉初为夜郎侯国。武帝平西南夷，置牂牁郡。后汉因之。晋仍为牂牁郡地。宋、齐因之。《齐志》：曰南牂牁郡。隋开皇初，置牁州。大业初，曰牂牁郡。唐初，没于蛮。贞观九年，始置郎州。以本夜郎地而名。十一年，废。十三年，复置，改曰播州。景龙四年，以州为都督府。先天二年，罢。天宝初，曰播川郡。乾元初，复为播州。大中末，没于南诏。咸通初，收复。太原人杨端收复，遂世有其土。宋为羁縻蛮地。大观二年，复建播州。南平蛮人杨文贵献地，因置州，亦曰乐源郡。宣和三年，州废。端平三年，复置。《宋志》：宣和中，州废为城，隶南平军。端平中，复以白锦堡为播州。堡，见重庆府南川县。《通考》：先是置军曰遵义，寻废为播川县，隶南平军，又改县为寨，隶珍州。嘉熙三年，置播州安抚司。元曰播州军民安抚司。《元史》：至元十三年，杨汉英以播州降元，元仍授为安抚司。二十八年，汉英言：所授安抚职任隶顺元宣慰司，其所管地于四川行省为近，乞改为军民宣抚司，直隶四川。从之。因授汉英为绍庆、珍州、南平等处沿边宣慰司，行播州军民宣抚司。于是播州亦兼宣慰宣抚之称。前朝洪武四年归附，亦曰播州宣抚司。六年，升为宣慰司。万历二十七年，改为遵义府，领州一、县四。今因之。

府重山复岭，陟涧深林，土地旷远，延袤千里。战国时，楚威王使庄蹻将兵循江上略巴、黔中以西，即其地也。汉元鼎中，欲平南越，唐蒙上书曰：浮舸牂牁，出其不意，此制越一奇也。说者谓牂牁去越，道颇迂远。今其地介川、湖、贵竹之间，西北则堑山为关，东南则附江为池，蒙茸镵削，居然险奥，川、黔有事，此亦棋劫之所矣。万历中，杨应龙作乱，竭三省之兵力，然后克之，《平播考》：万历中，应龙叛，诏川抚李化龙督兵讨之。化龙督川帅刘綎进綦江，吴广进合江，麻孔英进南川，黔帅董元镇进乌江，曹希彬进永宁，李应祥进平越，湖帅陈璘进湄潭，朱鹤龄进沙溪，八路并进，自正月至六月，始克平。岂非以地势险远，负嵎难犯欤？

○遵义县，附郭。汉牂牁郡，故且兰县地。后汉因之。晋置万寿县，为牂牁郡治。宋、齐仍旧。隋置牂牁县，州郡皆治此。唐贞观九年，改置恭水县，为郎州治，州废，县亦省。十三年，复置恭水县，为播州治。十四年，改曰罗蒙县。十六年，又改遵义县。《通典》：州治播川县，兼领遵义等县。今新、旧《唐书》皆无播川县也。宋大观中，始建播川县为州治。宣和三年，州县俱废，以播川城隶南平军，寻置遵义寨，属乐源县。开禧三年，升为遵义军。嘉定十一年，复为寨。端平二年，复置州于白锦堡，不领县。嘉熙中，迁置穆家川。元因之，置播州军民安抚司。明洪武九年，置播州长官司于郭内，授土酋王慈子孙世守，党于杨氏。万历二十七年，播平，一城为墟，旋于白田坝置今县，为府治，编户□里。

且兰废县，在府南。汉初南夷且兰侯邑。武帝平南夷，置故且兰县为牂牁郡治。颜师古曰：牂牁，系船杙也。《华阳国志》：楚顷襄王时，遣庄蹻从沅水伐夜郎，军至且兰，椓船于岸而步战，既灭夜郎，以且兰有椓船牂牁处，乃改其名为牂牁。汉武又因以名郡。后汉亦为故且兰县。晋曰且兰，仍属牂牁郡。宋、齐仍旧。隋改置牂牁县。唐为遵义县地。今郡治即故且兰地云。○遵义废县，在府东北百里。唐遵义县地。宋大观三年，析播州地别置遵义军及遵义县。宣和三年，俱废，置遵义寨，改隶珍州。开禧三年，复升为军。嘉定十一年，仍降为寨。元初，废入播州。

带水废县，府西北四十里。隋牂牁县地。唐贞观九年，析置牁盈县，属郎州，旋废。十四年复置，改为带水县，属播州。咸通以后废。宋大观中，亦置带水县。宣和三年，废为带水城，属南平军。《地记》：府东南有镡封废县。本汉牂牁郡属县也。后汉因之。晋废。《汉志》注：温水出于此，东至广郁入郁。广郁，今广西浔州府贵县。

养马城，府北五十里。杨氏据播时所筑城也。万历中，川帅刘綎讨杨应龙，入娄山关，屯白石口。贼党攻围綎，綎击败之，追至养马城，与南川、永宁诸路之师会，连破龙爪、海云诸险囤，压海龙囤而垒，是也。

大楼山，府北百里。上有关曰太平关，亦曰楼山关，亦曰娄关。万历中，讨杨应龙，川师至重庆，分道而进，俱刻期抵楼山关。刘綎自綦江进战九盘，入娄关。关为贼前门，万峰插天，中通一线，官军从间道攀藤，鱼贯毁栅而入，进屯白石口。贼遣其党抄后山夺关，四面合围。綎奋击破走之。九盘隘，在大楼北三十里。

龙岩山，府北四十里。冈峦盘曲，怪石俦岩。其东曰定军山。唐咸通中，杨端击南诏，驻军于此，因名。又龙盘山，在龙岩山西，以首尾盘曲而名。《志》云：府北二里又有龙山，相传为郡之主山也。府东一里曰凤山，形如凤鬻。又东一里曰湘山，以俯临湘江而名。又有锦屏山，在府西南二里，茂林修竹，如锦屏然。〇碧云峰，在府治西，四峰并峙，中一峰迥出，青碧如云，下有碧水。

楠木峒，府北二百四十里。其南为山阳峒及简台峒，名曰三峒。由綦江东溪入播，三峒素称奇险。万历中，刘綖讨杨应龙，由綦江而进。贼力保三峒，以拒官军。綖直前奋击，贼不能支，遂克三峒，播于是不可守。

湘江，在府治东。亦曰穆家川。《四裔传》：宋迁遵义军于穆家川。是也。源出龙岩山，流经湘山南，东流与乌江合。又仁江，在府东南五十里，自永安驿山涧中流出，合于湘江，而注乌江。又洪江，在府东四十里，源出大楼山，合仁江入乌江。

乌江，府东七十里。源出水西蛮界，绕府南与湘、洪、仁三江合，经贵州思南府入彭水县界，为涪陵江。或谓之邠水，或谓之胡江。今详贵州大川乌江。

落闽水，府西南四十里。源出水烟里，东流入乌江。又乐安水，在府东七十里。源出筋竹平里山涧中，转流入乌江，舟楫济此无险，因名。〇彝牢水，在府北。《志》云：彝牢水西自带水县来，东流经城北一里，又屈曲南流，入废胡刀县界。其带水源出旧县西大山，东流经带水县城北，又东流至废胡刀县界，注胡江水。胡江，即乌江矣。胡刀，见下仁怀县。

九接滩，在府东乌江中。万历中，永宁奢崇明作乱，其子寅据遵义，官军讨之，战于九接滩，复追败之于南城外锣钢渡，遂复遵义是也。

乌江关，在府西南乌江旁，洪武中建。又东有河渡关。万历中，杨应龙败官军于乌江，旋趋河渡，贵州震动。既而黔帅童元振复克乌江关，又克河渡关是也。又黑水关，在府西九十里，路出泸州。○老君关，在府西南。万历中，贵州帅童元振率水西兵讨杨应龙，自乌江进攻，破老君关。应龙揣其必当深入，令部兵诡服水西衣甲混入营中，内外合发，官军大启，进至乌江，断浮桥，官军溺死无算。关盖在乌江北。

　　三度关，府东八十里，有上度、中度、下度三关。万历中，贵州帅李应祥讨杨应龙，自平越进兵，攻四牌、乾溪、旋水、天邦、三百落等寨，尽克之。长驱直抵疆界河，屯袁家渡，得降贼为乡导，潜出小溪，直抵黄滩关。乘胜追至西平、张王坝及三渡关。关系楚兵出入咽喉，应祥悉拔之。由是湖帅陈璘自眉潭直抵上渡关，以扼播州，而应龙之势愈蹙。黄滩关，见贵州瓮安县。○桑木关，在府东北二里。万历中，川帅讨杨应龙，别将麻孔英自南川进破桑木关是也。又太平关，在大楼山上。

　　落濛关，府西三十里。万历中，水西安疆臣讨杨应龙，由西路沙溪、马站、石壁、花毛田而进，夺落濛关，至大水田焚桃溪庄，逼近播州，贼势遂窘。○崖门关，府西北五十里。万历中，川师讨杨应龙，别将吴广自合江进兵入崖门关，营水牛塘，进屯江水口是也。

　　海龙囤，府北三十里。四面斗绝，后有侧径，仅容一线。杨应龙倚为天险，于囤前筑九关，以拒官军。万历二十七年，官军克播州，进围海龙囤。囤前陡绝，飞越难至，诸将以劲兵壁其间，而并力攻囤后。别将徐成夺据凤凰嘴，贼奔土城，官军毁城而入，贼进据月城，因纵火焚其土城、月城二楼，四面奋击，遂克之。

　　沙溪囤，府南九十里，与贵州接界。杨应龙叛，遣其子朝栋守沙溪，缉麻山，防永宁、贵州之师。既而安疆臣由西路入拔沙溪囤。是也。缉麻山，在沙溪西南。○青蛇囤，在府东。万历中，湖广帅陈璘自湄潭进攻播州，破青蛇囤，即此。《志》曰：杨应龙反时，增修各囤险隘，府西南有水烟、天旺诸屯，接贵州界者，又有洪头、高坪、新村诸屯，府北则有松坎、大阡、都坝诸屯，皆为拒守处。

白石口隘，在府北。万历中，刘綎自楼山关进营白石口、松垭地方，杨应龙自河渡突至，官军大挫。次日复战，贼败走。追奔至冠子山。冠子山，或曰在府北十余里。○岩头寨，在府西南百里，入水西境内。万历末，讨水西贼鲁钦，克岩头寨，乘胜深入，至织金堡败绩。织金堡今见水西。

官坝，在府东北。杨应龙叛屯官坝，声言窥蜀，酉阳宣抚司冉御龙进攻官坝，斩关直上。贼方攻婺川，闻败遁还。婺川见贵州思南府。○张王坝在府东南百里。黔帅李应祥败杨应龙之兵，屯张王坝。既而刘綎之兵自白石口入，应祥自张王坝入，吴广自江水口入，陈璘自上度关入，安疆臣等自大水田入，共破播州是也。

湘川驿。府东二里湘江上。旧《志》云：自是而东南，有仁水、湄潭、乌江、沙溪、昌田等驿，相去各六十里。又播川驿，在府西六十里。自是而西北，有永安、橦梓、松坎等驿，亦相去六十里。橦，一作桐。

○**桐梓县**，府西北百八十里。汉夜郎县地，属牂牁郡。后汉因之。晋初仍属牂牁郡。永嘉五年，宁州刺史王逊分置夜郎郡，治夜郎。宋、齐因之。隋并入牂牁县。唐贞观十六年，开山峒复置夜郎县，珍州治焉。天宝初，曰夜郎郡。乾元初，复曰珍州。元和初，州废，县属溱州。唐末，没于夷。宋大观二年，复置夜郎县，属溱州。宣和三年废。明初，置桐梓驿于此。万历二十七年，平杨应龙，置今县，属遵义府。编户十里。

夜郎城，县东二十里。《志》云：汉县置于此，牂牁郡都尉治焉。其东北有且同亭。成帝河平中，夜郎王兴等叛，牂牁太守陈立出行县，至兴国且同亭，兴从邑君数十人见立，立责兴，斩之，即此。又谈指城，在县西南。汉县，亦属牂牁郡。始元初，牂牁谈指、同并二十四邑皆反，即此。

后汉亦曰谈拓县，诸志亦作谈指。晋仍属牂牁郡。永嘉以后，属夜郎郡。宋、齐因之。后废。

废平彝县，在县西北。汉置县，属牂牁郡。后汉因之。蜀汉建兴初，南中未定，使李恢为庲降都督，治平彝。三年，武侯南征，恢按道以向建宁，及南中既定，马忠为督，乃自平彝进治建宁。建宁，今云南曲靖府。裴松之曰：庲降，去蜀三千余里，时未有宁州，置此职以总摄之。晋为平彝县，属牂牁郡。永嘉五年，宁州刺史王逊表请分立平彝郡。建兴三年，郡守雷炤叛，降于成。咸安初，桓温以父嫌名，改曰平蛮。宋、齐因之。梁末，郡废。

废鳖县，在县北。汉置县，属牂牁郡。《志》云：县有不狼山，鳖水所出，东入沅。鳖，音鷩。县以水名也。后汉因之。晋永嘉中，改属平彝郡。《华阳志》：平彝县有安乐水。又云：犍为符县治安乐，水会南通，平彝、鳖县、符县，今泸州合江县也。又符县有温水，南至鳖入黚，黚水亦南至鳖入江。又汉阳县汉水，东至鳖入延黚水，即今黔江水，亦名延江水，即涪陵江上流也。刘宋时，县属平蛮郡。齐因之。梁末，废。

柜岩，县东北百里。高百丈，广半之，中有石穴，穴前巨石如柜，因名。旧《志》云：岩在播州北三百里。

斋郎水。在县东。旧《志》云：在播州北百里。源出蒿芰里楚米坡，过县北，经小溪里，入泸州合江县界，会于蜀江。宋时有苗斋郎者居水旁，因名。亦曰斋郎江。

○真安州，府东北二百里。北至重庆府南川县百五十里，东至贵州思南府三百七十里。

汉牂牁郡地，晋宋以后因之。隋亦为牂牁郡地。唐贞观十六年，置珍州。刘昫曰：珍州治夜郎县，本置于旧播川城，以县界有隆珍山，故曰珍州。元和初，废入溱州。宋大观二年，复置珍州。亦曰乐源郡。时涪州守庞恭孙诱属夷内附置。时又置承州。元为珍州、思宁等处长官司。隶播州宣抚司。明玉珍窃据,讳珍,改为真州。明洪武十七年,改为真州长官司。土官郑瑚世有其地。万历二十七年,改置真安州。编户口里,领县二。今因之。

州介巴、黔之间,控蛮、僰之要,山溪环亘,物产饶给。西南有事,州实当其冲。

废珍州,州西南四十里。唐珍州治此。新、旧《唐书》:州俱治夜郎县。《通典》:州治营德县。考《唐志》不载营德县。或以废州即营德县地也。《寰宇记》:宋乾德四年,珍州首领田迁请改州名,诏改高州,继以岭南有高州,改西高州,皆为羁縻地。大观中,复置珍州,移于今治。《四夷考》:明玉珍时,其将江中立筑旧州城以守,州将郑昌孙据石城扼之,今南山寨是也。明兵至,昌孙执中立以献,因得世有其地。其判官有骆姓者,即宋大观中献地立州者也。万历中,废司置州,始莅以王官云。

乐源废县,州西七十里。刘昫曰:唐贞观十六年,开山峒置。又有丽皋废县,在州西二十里,亦是时所置,俱属珍州。元和初,州废,改属溱州,后没于蛮。宋大观中,复置乐源县,属珍州。元废。

荣懿废县,在州东南。汉夜郎县地。刘昫曰:唐贞观十六年,置荣懿县,为溱州治。天宝初,曰溱溪郡。乾元初,复故。咸通以后,没于蛮。宋初为羁縻溱州,仍治荣懿县。熙宁七年,招纳降附,置荣懿寨,隶恭州,寻隶南平军。大观二年,复置溱州,改荣懿寨为溱溪县。宣和二年,州废,又改溱溪县为寨,隶南平军。元废。《志》云:播州北二十五里有废溱州。恐误。○乐来废县,在州东。唐贞观中置县,属溱州。咸亨初,废入荣懿县。

罗蒙山,州南六十里。罗蒙,唐遵义县旧名也。《志》云:此山之高, 远瞰罗蒙。又松山在州东南六十里, 曰东松山。其在州西南六十里者, 曰西松山, 山多松, 因名。又有豹子山, 在州西八里, 山恒产豹。

芙蓉江, 州南百里。自乌江分流, 东经故思义寨, 环流出州东北境, 又北入彭水县界, 注于涪陵江。〇三江, 在州南五十里, 一名明溪。源出州西境羊毛坡, 东南流, 合于虎溪, 州境诸溪, 悉流合焉, 下流注于芙蓉江。

虎溪, 州西南七十里。源出遵义北委家岭, 径旧珍州城, 下流入于三江。又思溪在州西七十里。源出重庆府南川县界, 流入州境, 东南流, 入于三江。州西南八十里又有虹转山, 贯珠溪出焉, 东北流, 盘旋屈曲, 亦注于三江。

南山寨。州西南七十里。亦谓之石城, 即郑昌孙屯据处也。又思义寨, 在州东南九十里。《志》云: 唐初为思义县, 属夷州。贞观初, 属务州, 后废。旧称珍州五堡, 曰丽皋, 曰思义, 皆因故县置, 曰白崖, 曰安定, 曰寿山, 则择险置戍处也。万历中, 官军征播, 皆屯驻于此。

〇绥阳县, 州东南二百五十里。刘昫曰: 汉牂牁郡地。隋招慰徽外夷, 置绥阳县, 属明阳郡, 盖羁縻夷郡也。唐武德三年, 复置绥阳县, 属义州。贞观十一年, 改属夷州, 寻为州治。天宝初, 曰义泉郡。乾元初, 复曰夷州。宋为羁縻蛮地。大观三年, 酋长献其地, 改置承州, 仍治绥阳县。宣和三年, 州废, 以县属珍州。咸淳末, 废入珍州。明初因之。万历二十七年复置今县, 编户十里。

都上废县, 县西南二十五里。刘昫曰: 隋末置。唐武德初, 属黔州。贞观四年, 改置夷州于此。十一年, 州移治绥阳, 县仍属焉。唐末, 没于蛮。宋大观三年, 复置都上县, 属承州。宣和三年废。〇义泉废县, 在县西南百里。《新唐书》: 隋置, 本隶明阳郡。唐武德二年, 以信安、义泉、绥阳三县置义州。五年, 改曰智州。十一年, 曰牢州, 自信安徙治义泉。十六年,州废,县属彝州。宋为羁縻蛮地。大观中,复置义泉县。宣和中废。《志》云,信安废县在义泉县南。唐武德初置,贞观中,废入义泉。

宁彝废县,县东二百里。本绥阳县地。唐武德四年析置宁夷县,并置彝州治焉。六年,州废,县属务州。贞观四年,改务州为思州,县仍属焉。开元二十五年,改属彝州。宋为羁縻蛮地。大观三年,仍置宁彝县,属承州。宣和三年废。《寰宇记》:县西北百里有旧明阳郡城,隋所置郡也,理明阳县。唐武德四年,明阳县隶彝州。六年改隶务州。贞观中省。○高富废县,在县东北百十里。唐武德四年置县,属彝州。六年,改属务州。贞观十年,属黔州。十一年,又改属彝州,寻省。

洋川废县,县西北百里。唐武德二年置县,属义州。贞观十六年,改属彝州。宋初为羁縻蛮地。大观中,复置洋川县,属承州。宣和三年省。又宜林废县在县南境。唐武德初,置县,寻属牢州。贞观十六年,与州俱省。《通典》:彝州所领五县,宜林与焉。新、旧《唐书》有宁彝,无宜林也。○鸡翁废县,在县东南。唐武德四年置县,属彝州。六年废。贞观六年,又置鸡翁县。永徽中省。

波利山,县北二十里。又县北十里有碧霄洞,悬石嶙峋,最为奇胜。

涪江水。县东十八里,即乌江别名也。流经贵州思南府界,北入涪州彭水县境。○安微水,在县南八里,一名孤微水。东流入于涪江。

○仁怀县,州南百里。唐芙蓉县地,属播州。宋大观中,为琅川县地,寻废为琅川城,属南平军。端平中,复属播州。元废。前朝万历二十七年,改置今县,编户□里。

芙蓉废县,在县南。唐贞观五年置,寻隶牢州。二十年,改隶播州。咸通中废。又琊川废县,在县东南,亦贞观中置,隶牢州。十六年,改属播州。开元二十六年,省入芙蓉县。宋大观中,更置播州,兼领琅川县,即琊川也。宣和三年,降为琅川城,隶南平军,寻亦废。

胡刀废县,《志》云:在县西南五十里。唐贞观九年,置释燕县,属郎州。十一年,州废,县亦省。十四年复置,改为胡刀县,以县南一里有胡刀水,东流合于乌江也。县属播州。开元二十六年废。○舍月废县,《志》云:在县东南九十里。唐贞观九年,置高山县,属郎州,旋废。十三年复置,改曰舍月,以境内舍月山为名。又胡江废县,在县东南四十里,亦贞观九年置,属郎州,旋废。十四年,改置胡江县,以界内胡江水为名。又罗为废县,在县西南二百里。贞观九年,置邪施县,属郎州,旋废。十四年,改置罗为县,以县南罗为水为名。县俱属播州。显庆三年,悉并入遵义县。

舍月山,《志》云,在县南,山高耸,唐以此名县。又罗为山,在废罗为县西百里,罗为水出焉,东流经罗为县,南入胡江水,其下流注于乌江。

仁水。县西南一里。或曰,即之溪上源也。曲折流入泸州合江县界,而注于大江。又芙蓉水,在县东南三里,东南流,合于湘江,亦曰芙蓉江。唐以此名县。

○叙州府,东至泸州三百五十里,南至故镇雄军民府五百五十里,西至马湖府四百十五里,西北至嘉定州四百五十里,东北至重庆府千一百里。自府治至布政司一千二百里,至江南江宁府六千三十五里,至京师九千二百五十里。

《禹贡》梁州之域,后为蛮地。《志》云:春秋战国时,皆为僰侯国。汉建元六年,开西南彝,置犍为郡治僰道县。后汉因之徙治武阳。晋亦曰犍为郡。宋、齐仍旧齐时仍治僰道。梁置六同郡及戎州。隋初郡废州存。大业初,复曰犍为郡。唐武德初,复曰戎州。贞观四年,置都督府于此。天宝初,曰南溪郡。乾元初,复为戎州。

刘昫曰：州初督羁縻十七州。天宝初，督三十六州、一百三十七县，并荒梗无户口。后又增督至九十二州。宋初因之。亦曰南溪郡。《宋志》：戎州领羁縻州三十。政和四年，改曰叙州。取西戎即叙之义。元升叙州路。《元志》：至元十三年，立安抚司，寻罢，复为叙州。十八年，升为路，叙南等处蛮彝宣抚司治焉。明洪武六年，改为叙州府，领县十。今因之。

府负山滨江，地势险阻。蜀中有事，取道外水，此其必出之途也。且自府以南，蛮獠环错，通接滇、黔，尤为冲要。秦时破滇，通五尺道。汉开蜀故徼，使唐蒙发蜀卒治道，自僰道抵牂牁。蜀汉时，武侯南征，亦尝取途于此。隋史万岁入南中，路经石门。唐韦皋亦由此以通南诏。宋白曰：戎州西南取曲、协州及南宁州安宁盐井路，至南诏所居羊苴咩城，二千三百里。唐贞元九年，南诏异牟寻遣使，一出戎州，一出黔州，一出安南诣韦皋。是也。今西南不靖，我出我车，自叙而南，远近蛮部，皆将环伏而听命矣。岂非藩屏重地欤？

○宜宾县，附郭。汉置僰道县，为犍为郡治。后汉徙郡治武阳，县仍属焉。晋、宋因之。萧齐复为郡治。梁置戎州，亦治此。后周改为外江县。隋开皇初因之。大业初，复改僰道县，为犍为郡治。唐初，戎州治南溪。贞观中，还治僰道。宋因之。熙宁四年，省宜宾县入僰道。政和四年，改僰道为宜宾县，为叙州治。今编户二十八里。

僰道城，《图经》：故城址有三。汉武帝时，治中方乡，在今府西南接庆符县界，即元光五年发巴卒治道处。唐太宗时，徙于蜀江之右三江口，即今治也。武宗会昌中，大水，徙城于蜀江北岸，今谓之旧州城。宋咸淳三年，蒙古入蜀，安抚郭汉杰移郡城治登高山，寻以城降元。元至元十三年，毁山城，复徙治三江口。今因之。《城邑考》：郡城，唐贞元中韦皋所建。会昌中为江水荡啮，城废。元时，循复旧址筑城，至正末，城毁，明玉珍将杨琮立栅以守。明朝洪武中，复因旧址增拓，砌以砖石。有门六，城周六里有奇。

郁鄢废县，在府西南。汉县，属犍为郡。后汉省。诸葛武侯南征，置郁鄢。晋曰郁鄢县，改属建宁郡。宋、齐因之。梁废。隋大业中，置郁鄢县于此，属犍为郡。唐武德二年省。三年复置，属戎州。天宝初，改为义宾县。宋初因之。太平兴国初，避讳改曰宜宾。熙宁四年，省为宜宾镇。《志》云：今府西北百六十里有郁鄢滩。疑近旧县治。〇宣化废县，在府西百八十里。唐义宾县地。宋太平兴国初，改置宣化县，属戎州。熙宁四年，省为镇。宣和初，复升为县。元属叙州路。元贞二年，置万户府，领军屯田。明初省。今为宣化驿。

朱提废县，在府西南。汉县，属犍为郡。苏林曰：朱提读曰铢时。应劭曰：朱提山在其西南也。后汉初，犍为南部都尉治此。永初元年，改为犍为属国都尉。建安二十年，又改为朱提郡。晋宋因之。齐曰南朱提郡，后没于蛮。唐武德初，复置朱提县，属戎州，寻属南通州。贞观四年，废入抚彝县。〇堂琅废县，《志》云：在故朱提县西南二百里。汉置，属犍为郡。后汉省。《南中志》：朱提县有堂狼山，多毒草，盛夏之月，飞鸟过之，不能得去。县盖置于山下，蜀汉复立堂琅县，属朱提郡。晋因之。大宁二年，成李骧等攻宁州，刺史王逊遣将姚岳拒之，败骧于螳螂，追至泸水而还，即堂琅县矣。宋仍曰堂琅县。齐属南朱提郡，后废。《水经注》：自堂琅县西北行，上高山，羊肠绳曲八十余里，或攀木而升，或牵索而上，缘陟者若将阶天。又有牛叩头、马搏颡坂。其艰险如此。

开边废县，府西南百六十里。汉僰道县地。隋开皇六年，置开边县，以开拓边境为名，属戎州。大业初，属犍为郡。唐仍属戎州。《新唐书》：戎州旧领石门县。贞观四年，以石门、开边、朱提三县置南通州。五年，析置盐泉县隶焉。八年，改曰贤州。是年，州废，以石门、朱提、盐泉三县置抚彝县及开边县，隶戎州。又云：自开边县西南行，七十里至曲州，又四百八十里至石门镇，又一千二百五十里至拓东城，即南诏置拓东节度处。《寰宇记》：开边县界诸山自嘉州来，每峰相接，高低隐伏，奔走三峡，石状难名。宋初县废，今为开边乡地。拓东，今见云南昆明县。○奋戎城，在府南。《唐志》戎州有奋戎城，乾符二年置。

废协州，府西南四百九十二里，隋开皇中所置羁縻州也。大业初，废入开边县。唐武德初，开南中复置，本在今云南曲靖府界东北，去府八百余里，治东安县，兼领西安、湖津二县。天宝末，云南残破，因移置于此。又废恭州，亦隋所置羁縻州也。大业中，与协州俱废。唐武德初，开南中复置。东北去府九百余里，治安上县。七年，改为朱提县。八年，又改州为曲州，兼领唐兴县。天宝末，移治于开边县西南百二十七里。又废悦州在府南二百七十里，领甘泉等六县，亦天宝中自南中移治此。《新唐书》：诸蛮州自南宁州以下，属于戎州都督者，凡九十有二，皆无城邑，椎髻皮服，惟来集于都督府，则衣冠如华人焉。宋时所属羁縻诸州，自协州以下，凡三十余州而已。乐史曰：羁縻州邑，虽有名额，皆散在山峒，不常厥居也。南宁州与恭、协诸州，今俱见曲靖府。○废殷州，在府境，唐开元中所移置州也。《唐志》：咸亨三年，昆明蛮十四姓内附，置殷、敦、总三州，寻废。开元十五年，分戎州复置。后又废。贞元二年，节度使韦皋复表置，隶戎州都督府，后改隶黔州。胡氏曰：爨蛮西有昆明蛮，亦曰昆弥蛮。以西洱河为境，即叶榆河也。去长安九千里，后移于戎州境内。殷州在戎州之西北，敦州在南，总州在西南，远者不过五百里，近者三百里。

登高山，府治东二里。大江东岸，险固可凭。宋咸淳中，移郡治此，遗址犹存。又七星山，在府治东。七峰圆秀，状若连珠。其相接者，曰小梁山。《寰宇记》：郡有大黎山、小黎山，四时常雨，霖淫不止，俗呼大漏天、小漏天，即此也。○仙侣山，在府治西北。竹木耸翠，山腰有清泉一，石洞四。其北曰翠屏山，以山色常青也。又西北曰赤崖山，崖岸壁立，下瞰大江，色若绮霞。治西五里又有天仓山，相传前代屯兵处，其北有天仓滩，近大江。

朱提山，府西五十里。连绵高耸，上侵霄汉，旧尝产银，诸葛武侯所谓汉嘉金、朱提银也。或曰，故朱提县以此名。○可峰山，在府西北七十里，峻险难越。一名梯云岭。又彝牢山，在府西北百四十里，山高旷，夷人尝会聚于此。土语乐为牢也。

石城山，府西南百里。山高峻，环列如城，又有石夹立如门。《志》云：汉武使唐蒙凿石以通南中，迄于建宁二千余里，山道广丈余，深三四丈，堑凿之迹犹存。隋史万岁南征经此，赋诗云石城门峻谁开辟是也。唐贞元九年，韦皋遣崔佐时由石门趋云南南诏，复通石门者，即史万岁南征路也。自天宝中，鲜于仲通下兵南溪，道遂闭，至是蛮径北谷近吐蕃，皋治复之。又贞元十七年，韦皋遣威戎军使崔尧臣引兵出石门南路攻吐蕃，即此也。

朝阳崖，府西北二十里。一名赤崖。《水经注》：僰道江中有崖，阻险不可穿凿，李冰积薪烧之，故其处悬崖犹有赤、白、玄、黄五色。或曰，公孙述以岑彭来伐，使侯丹将兵拒黄石，即此。既而彭自平曲分兵浮江下还江州，溯都江而上，袭击侯丹，大破之，因晨夜兼行二千余里，径拔武阳是也。平曲，见合州定远县。武阳，见眉州彭山县。按：涪州横石滩，在江州之东，而朝阳崖至武阳，不及千里，或者总计彭自江州至武阳之道云。

大江，在城东。一名都江。自嘉定州犍为县流入境，经宣化故城，又东流绕府城北，而东南出，合于马湖江。《志》云：府城北两岸有大石

屹立，昔人置铁絙横绝其处，控扼蛮寇，名曰锁江。《汉纪》：河平三年，
犍为山崩，壅江水逆流。疑即此处。今为济渡处，亦曰锁江津，又东流入
南溪县界。详见大川岷江及川渎异同。

马湖江，在府城南。一名泸水。一名金沙江。自马湖府流入界，经
城西南一里，有蛮口津，蛮人津渡处也。又东合于大江。欧阳忞曰：马湖
之上源即若水。是也。详见大川泸水。

石门江，府西南百三十里。俗呼横江，又名小江。自乌蒙蛮部流经
府界，又北与马湖江合，又东北会于蜀江，所谓三江口也。江中有滩，其
水常若钟鸣，名曰钟滩。

黑水，在府东南十五里。自西南夷界流经南广洞，又北入于江。一
名南广溪。《汉书》注：黑水出南广汾关山，北至僰道入江。或以为即庆
符县之南广水，误也。

马鸣溪，府西十九里，俗名龙马溪。源出庆符县西，会马湖江达
于大江。昔土人郑氏牧马溪上，产龙驹，因名。又越溪，在府西北百二十
里，自嘉定州荣县流入界，有石梁横截溪水，冒越而过，流入大江。又城
北二里有苏溪，又北八里有涪溪，以苏轼、黄庭坚而名。下流皆入大江。

天池，府西二十里。一名滇池。又名波凌池。《志》云：池长五十
里，阔七里，风起则波浪凌山。秦惠王破滇池，始通五尺道，即此也。池
畔有石如梁，横亘南北，往来者由之。

摸索关，府南三百里，当蛮彝溪口。蛮有摩些种，洪武初，禁私茶
不得入蛮境，俗呼为摩些关，语讹为摸索也。又落捍关，在府南五百里，
又有闹造关在府西南五百里，皆捍御蛮獠之所。〇石门镇，在府西南。或
云，镇置于石城山下。《新唐书》戎州有石门、龙腾、和戎、马湖、移风、
伊禄、义宾、可封、泥溪、开边、平寇等十一镇，是也。

横江镇。府西南八十里，有巡司戍守。又宣化镇巡司，即宣化故县

也，宣化水马驿并置于此。《志》云：府城南有姜维屯，群峰环秀，一峰突立如笔，高千仞，其顶平正。相传姜维曾屯兵于此。○汶川驿，在府治东北，水驿也。又牛口水驿在府西北六十里，真溪水驿在府西北百二十里，又西北六十里即宣化水驿矣。嘉靖中，改宣化驿为来节马驿。《志》云：府西北二百四十里为月波水驿，自是而西北六十里，至嘉定州犍为县之下坝驿，皆江行所经之道也。

○**南溪县**，府东南百二十里。东至泸州江安县百二十里。汉犍为郡南广县地。后汉因之。晋属朱提郡，寻置南广郡治。宋、齐因之。梁改置六同郡治焉。隋开皇初，郡废。仁寿初，改县曰南溪，属戎州。《新唐志》：戎州本治南溪，贞观中，徙僰道。长庆中，复治南溪。宋南溪县仍属叙州。乾德中，移治奋戎城，今府境废城也。寻复旧。今县城周三里有奇，编户十九里。

南广城，在县治南。汉县也。《蜀志》：后主延熙中，立南广郡，以常竺为太守。晋废，以县属朱提郡。怀帝复分置南广郡，治南广县。宋齐因之，后废。梁改置南广县于此。《元和志》：后周于南广废县置南武戍，隋改龙源戍，盖以控御诸蛮也。又旧《志》：县西南七十里有废戎州。唐武德初，戎州治南谿，盖尝置城于此。

龙腾山，县东二里。下瞰大江，其北有石横空，长四丈许，俗呼为龙桥。○平盖山，县西十五里。其地有三山、九陇，惟此山一峰特出，顶圆而平，故名。一名牛心山，又名玛瑙山。

云台山，县北八十里。耸秀干云，俯视众山，悬崖石壁，有石磴萦纡而上。○可卢山，在县南五十里。山多筇竹。《蜀志补遗》云：古宜宾县也。本名可无山，讹为可卢。

大江，县东三里。自宜宾县流入境，径县北，又东入泸州江安县界。县西三十里有石笋滩，江涨时险甚，穷冬水落，岸有石笋，长数丈。又县东三里有九龙滩，石碛凡九，皆状如龙头。又东七里有铜鼓滩，旧时滩涛极险，后忽有石碛障水，高数丈，势稍平，皆江流所经也。

青衣江，县南十五里。《志》云：蜀中以青衣名江者凡三，一在汉嘉，即大渡河所经。《汉书》公孙述僭据，青衣人不宾，是也。一在青神，以蚕丛氏衣青而教民农事，人皆神之也。此则以古有青衣国与叙州邻慕义来宾而名。又北入于大江，亦谓之龙腾溪。

九盘溪，县西北四十里，其水盘曲入于江。又县西六十里有僰溪，相传武侯南征，僰彝于此归服，一名服溪。又名福溪。《志》云：治西北旧有覆溪，唐改为福溪。即此溪矣。○鱼符津，在县西北五十里，亦曰鱼凫津。津南有鸳鸯圻，以唐人张真妻王氏自沉于江求夫尸而名。《志》皆以为桓温讨李势，势将笮坚拒温处。误。

龙腾驿。治西二里青衣江口，水驿也。又李庄水驿，在县西七十里。或曰，南溪县旧治于此。又西至宜宾县之汶川驿六十里，皆江行所经。

○庆符县，府南百二十里。西南至高县九十里。汉南广县地。唐南溪县地。宋叙州徼外地也。政和三年，置庆符县，并置祥州治焉。宣和三年，州废，县属叙州。今城周三里有奇，编户六里。

汉阳废县，在县西南。汉县，属犍为郡，郡都尉治此。后汉永初元年，改属犍为属国。蜀汉属朱提郡。晋宋因之。齐属南朱提郡，后废。○抚彝废县，《志》云：在县西。唐贞观八年，置县，属戎州。天宝初，废入义宾县。

来附废县，县西北十五里。宋政和三年置，属祥州。宣和三年，并入庆符县。今为来复铺，讹附为复也。○归顺废县，在县北四十里。本郁鄢县地，唐圣历二年，以生獠户析置归顺县，属戎州。宋省入僰道县。又废支江县，在县东南。唐羁縻定州属县也。宋亦为羁縻定州地。元为豕峨彝地。至元十三年，置四十六囤蛮彝千户所领之。明初废。

迎祥山，县东二十里。宋置祥州以此。又县南十五里有兴庆山，县因以名也。《志》云：县治南有石门山，下瞰石门江，即故石门道也。唐石门路有羁縻协、靖等十二州，领县三十七。盖控扼南蛮之要隘矣。○汉阳山，在县北八十里，相传诸葛武侯南征，驻军此山。或云，故汉阳县盖治此山之侧。又七星山在县北百二十里。七峰连秀，状若七星。

石门江，在县西南。自蛮界流经此，又北入宜宾县境。县北四十里有荔枝滩，即石门江所经也。○南广水，在县东南。旧《志》：源出吕郜蛮部，径冢峨彝界，历县东北，至南广镇，南去县百三十里入于江。或以为即黑水云。

靖边堡。县东五里。明宣德中建，有叙南卫官军戍守。又石门寨在县南。《宋志》：县有柔远、乐从、清平、石门、怀远等五寨，靖康初，废柔远、乐从二寨入怀远。元俱废。

○富顺县，府东北百八十里。西北至嘉定州威远县百三十里。汉犍为郡之江阳县地。后周析置富世县，并置洛源郡治焉。隋开皇初，废郡，县属泸州。唐初因之。贞观二十二年，改为富义县。宋乾德四年，升为富义监。太平兴国元年，讳义，改曰富顺监。治平初，置富顺县属焉。熙宁初，县省。嘉熙元年，蜀乱，监废，寻复置。元至元十三年，置富顺监安抚司。二十年，升为富顺州，属叙州路。明初，降州为县。旧有城滨江，周三里有奇，今多倾圮。编户九十二里。

虎头城，县西南六十里虎头山上。其山高六十余丈，蹲踞江边，状若虎头。宋咸淳元年，徙富顺监于山上，因山为城，不假修筑，足以御寇。元复还今治。○来凤废县，在县东。唐武德初置，属泸州。九年，并入富世县。

凌云山，县治西。大江前横，一峰突兀。其相接者，曰马脑山。西北诸山惟此最高。有二岩，曰中岩、北岩，皆奇胜。又西有养秀山，一峰耸秀。一名积草山。〇劝农山，在县治南，岩洞殊胜，前接圣灯山，山之西有石峰峭拔。又龙山，在县治北一里，山势蟠回，如卧龙然。

兜子山，县西南三十五里。耸拔高峻，有巨石若兜轮之形，因名。又西南三十里有虎头山，虎头城在其上。

大江，县南六十里。江中有海螺堆，山峙江中，形若海螺也。西南接宜宾县界，东南接泸州江安县界。

金川，县治东。一名中江，亦曰中水，即雒江也。自成都府内江县来，径重庆府荣昌县西入县界，自县西绕而东，至隆昌县界，至泸州入大江。《志》云：中水中流，有石堆高出水面，分布两层，前三后七，世传为三台七曜石。又云雒水经金堂峡，故曰金川。亦谓之釜川，以其盘绕县治，形若釜然。〇荣溪，在县西二十里。发源成都府仁寿县，过嘉定州荣县，合金川入于蜀江。又有鳌溪，在县治东五里，亦合于金川。

西湖，在县治西。方广二顷，水洁鱼美，菱、芡、蒲、荷，充牣其中。又百支池，在县西北四十里，灌溉田亩，支派不一，故名。

盐井，在县治南。刘昫曰：县界有富世盐井，井深二百五十尺，以达盐泉，俗呼玉女泉，以其井出盐最多，人获厚利，故曰富世。《郡国志》：剑南盐井，富顺为最大。旧日为额八百余斤，今日为额千五百余斤。宋置富井监，专掌盐税。今有富义盐课司在治南，新罗盐课司及税课局在县西。

赵化镇，县东五十里，有巡司。《志》云：县东九十里有柳沟公馆，宋置。县西八十里又有通邮马驿，陆走成都之道也。〇西畴，在县西南。《纪胜》云：由城南绝江而上，西行六七里，广六十亩，万松森列，嘉树离立，为李氏西畴。

〇**长宁县，**府东南二百七十里。东北至泸州二百六十三里。汉犍为郡汉阳、江阳二县地。隋为泸州泸川县地。唐置羁縻长宁州。宋亦为羁縻州。熙宁八年，内附，始置淯井监，属泸州。政和四年，建为长宁军。元因之，改属马湖路。明初，降为县，改今属。城周五里有奇，编户十七里。

安宁废县，在县东南。本蛮地，唐置婆员县，属长宁州。宋初蛮名婆娑寨。熙宁七年，改置安彝寨。大观四年废。政和六年，复置。嘉定四年，升为安宁县，属长宁军。元废。又废武宁县在县东，蛮名小溪口。宋熙宁七年置寨。十年，改曰武宁寨。元丰四年废。五年，复置。政和四年，建长宁军，以武宁为倚郭。五年，晏州叛彝卜漏攻长宁军武宁县，官军却之。宣和二年，废县为堡。四年，复为寨。元废。

新定废县，在县西北。《唐志》：久视元年，置羁縻淯州，治新定县，兼领淯川、固城、居牢等县。宋时亦为羁縻淯州。后废。

宝屏山，县治北一里。环列如屏，县之主山也。一名登云山。又金龟山，在县治南一里。四面平广，中突一峰。一名松子山。又笔架山，在治西五里，壁立万仞，三峰如削。又有牛心山，在县治东，山形峄嶵，如牛心然。〇龙翔山，在县北四十里，山形蜿蜒如龙。一名龙峨山。

虞公峡，在县治东。昔有石闭塞水道，不通舟楫。宋嘉定间，虞抗孙来知军事，开凿大石，舟楫始通。《名胜志》：峡在县东十五里武宁溪上。〇燕崖，在县治北三里，列石数百，巉岩高耸。又小离堆，在城北，溪中有怪石如离堆，因名。

淯溪，在县东。《志》云：县治东有东溪，发源县东白崖山，县治西有西溪，发源县南二十里之越王山，合流而为淯溪。又有泠溪，亦在县治西，出笔架山，下流会于西溪，而合东溪。三溪流合处，亦名三江口。下流为武宁溪，东北流入泸州江安县界，注于大江。

清溪，县东七十里。其地有泾滩，山顶出泉，悬流为瀑布，高数丈，下有深潭，流为清溪。又东合于淯溪。又砚石溪，出县东牛心山北，梅岭溪，出县东梅岭，与梅洞溪合，皆流汇于湝溪。○介湖，在县西城下，今废为田。又享德池，在县东五里松山下，源泉涌出，潴为池。又嘉鱼泉，出县东一里马鞍山下，与享德池水俱流合于东溪。

湝井，在县治北。泉有二脉，一咸一淡，取以煎盐，塞其一，则皆不流。又谓之雌雄井。宋置湝井监，以收盐利。祥符六年，泸戎蛮酋斗望寇湝井监，夺盐井。转运使寇瑊合两路兵至江安，诱溪、蓝十一州长吏及八姓乌蛮首领进讨，缘湝井溪与斗望斗，凡十一战，大破之。贼多坠崖死。七年，更城湝井监，浚三濠以环之。今城即其遗址。《会典》县有盐水坝巡司。

梅洞堡，在县东五十里。宋政和五年，置梅峒寨。元废。前朝因旧址设堡于此，并置梅洞巡司。又城西堡在县西三里，俱有泸州卫官军戍守。又县治东有东溪公馆。

宁远砦，县东七十里，宋置。本名三江寨。庆历四年，叛彝犯三江砦，寻复来攻，官军击走之。皇祐二年，改曰宁远砦。宣和二年，降为堡。四年，复为寨。又清平砦，在县西北。政和二年置，属祥州。州废，改隶长宁军。又石笋堡，在县南。宋政和五年，置梅赖堡，后改今名。元时俱废。《志》云：县治东有烽火台，在马鞍山上。

○**高县**，府西南百五十里。西北至马湖府二百里。本夜郎属境。唐置羁縻高州，隶泸州都督府。宋因之。熙宁八年，内属，隶于长宁军。元亦置高州，属叙州路。明改州为县。今城周二里，编户十七里。

柯己废县，在县南，唐所置羁縻县也。《新唐书》：久视初，置高州，领柯己、移甫、徙西三县。宋设长宁军，附近十州族姓皆效顺，高州其一也。《元志》云：至元十五年，云南行省遣官招谕诸蛮内附。十七年，仍置高州，其蛮人皆散居村囤，无县邑乡镇，其故县不可得而考矣。旧《志》：唐高州故址，在今县南百二十里，元移州治怀远砦。明初，复移今治。景泰初,始创筑县城。成化二年,增修,邑始有定址云。

宋水废县,在县西。《新唐书》:羁縻宋州领县四,柯龙、柯支、宋水、卢吾也,属泸州都督府。宋因之。今县有宋水州县,盖因以名。

阁梯山,县南七里。峭壁如阁,有路盘旋如梯。又连珠山在县治北一里,以九山错峙如连珠也。又马鞍山,在县治西一里,俗呼朝天山。又西一里有远眺山,蛮人出没,登此可以远眺。《志》云:县西五十里有滕山,山多雾雨。

清泠溪,在县治东。出珙县九砦,流入县界,又东北经庆符、南溪县境,注于大江。溪多石,舟楫难行,昔人凿去险阻,方可通筏。一名复宁溪。又宋水,在县西五十里,水流屈曲,东合清泠溪。

安边堡。在县城北。《志》云:其地当兴、拱、筠三县之要道。永乐中置堡于此,以为控御,叙南卫官军戍守。又江口镇在县南四十里,有巡司戍守。

○筠连县,府西南二百五十里。南至镇雄军民府三百二十里。本夜郎属境,唐置羁縻筠、连二州,属戎州都督府。宋因之。元并为筠连州,属永宁路。明初降州为县,改今属。城周二里有奇,编户四里。

腾川废县,在县南。唐为羁縻唐川县,属筠州,寻废。元置腾川县,属筠连州。明初废。又盐水废县,在县境。《唐志》:筠州所领有盐水、云山等八县,连州所领有当为、都宁等六县,后俱废。《名胜志》:今县南通芒部,西控乌蒙,四山皆竹,一色相连,县名筠连,盖以此也。

亭台山,县南二十五里。山形壁立,状如亭台。又南五里为黄牛山,山高耸,亦以形似名。《志》云:县东五里有蛮彝山,山多岩穴,蛮彝依阻其中,因名。

定川溪,在县治西北,乱流自山而下,汇积成溪。其下流入石门江,注于大江。又县西南有孔雀溪。《志》云:旧有孔雀巡司土舍主之,唐武后时,开拓边境置。

县西堡。县西二十五里。明初置,亦叙南卫官军戍守。又三岔镇在县东南,有巡司戍守。县南又有三土巡司,正德中置。

〇珙县,府南三百三十里。东南至贵州普市所二百二十里。本蛮地。唐仪凤二年,开山洞置巩州。先天初,降为羁縻州,隶泸州都督府。天宝初,亦曰因忠郡,寻复故。宋因之。熙宁八年,内附。政和中,属长宁军。元亦为羁縻蛮部。明玉珍时,改为珙州。明初,降州为县。城周五里,编户九里。

哆楼废县,在县西南。《唐志》:巩州所领有哆楼、都檀等五县。后废。

废纳州,在县南。《唐志》:仪凤二年,开山洞置纳州,领罗围、播罗等八县。先天二年,降为羁縻州,属泸州都督府。天宝初,亦曰都宁郡,寻复故。宋因之。又废萨州在县西,亦唐仪凤二年招生獠置,领黄池、播陵二县,寻降为羁縻州,隶泸州都督府。天宝初,曰黄池郡,寻复故。宋初因之。熙宁八年内附。政和中,隶长宁军。后俱废。萨,或作薛,误也。《名胜志》:元上下罗计长官司,即纳州、萨州之地。

芙蓉山,县北三十里。有九十九峰,环错耸秀,状若芙蓉。又南有二峰突起,亦曰小芙蓉。〇冠帽山,在县北一里,峰峦巍峨,形若冠冕。又北二里曰麒麟山,蹲踞如角端然。《志》云:县南三十里有落浦洞,甚深邃。

珙溪,在县治南。多石,不通舟楫,民以筒车引水灌田,利泽甚广。又鱼孔洞溪在县治西一里,水从洞口出,鱼亦从中来,因名。下流合于珙溪。

上罗计堡,县南六十里,景泰初置。又下罗计堡在县西五十里,洪武中置。俱有官兵戍守。《志》云:上下罗计堡即元上下罗计长官司也。自古为夜郎地。宋置长宁军,巩、萨等十州族姓俱效顺,各授官羁服之,为西蜀后户屏蔽。其后分姓析居，遂有上下罗计之分。元至元十三年，蛮彝部宣抚昝顺率蛮酋归附，因置上下罗计长官司分授之。二十二年，上罗计部蛮多叛，寻击平之。其民人散居村箐，无县邑乡镇。明初改置下罗计堡，调叙南卫兵戍守，以控扼蛮獠。景泰初，群蛮叛服不一，因复设上罗计堡，增置官兵戍守。正德十一年，抚臣马昊讨都掌叛蛮，屯驻于此。○罗星渡堡，在县南八十里。元至元中，亦尝设罗星长官司于此，后废。洪武中设堡，并调叙南卫官军戍守。又底东堡，在县南三十里，亦洪武中置，有官军戍守。

盐水镇。县南百二十里。《志》云：明初置盐水坝巡司于此。万历初，改为歇马堡巡司。《会典》：盐水巡司在长宁县。又县北有洞门巡司，明初置，万历初，移于建武所城内。○都宁驿，在县南八十里，万历初增置。

○**兴文县**，府东南三百四十里。东北至永宁宣抚司二百三十里。本蛮地。唐仪凤二年招生獠置晏州。先天初，降为羁縻州，隶泸州都督府。天宝初，曰罗阳郡，寻复故。宋亦为羁縻晏州。熙宁八年内附。政和四年，隶长宁军。元至元十七年，设大坝都总管，以授蛮酋。二十二年，升为戎州，隶马湖路。明初降为县。万历四年，改今名。城周不及二里，编户十二里。

思晏废县，在县境。《唐志》：晏州领思峨、柯阴、新宾、思晏等县七，后俱废。或云，今县西南有晏峰，思晏县旧置于山下。《元志》：戎州本西南蛮种，号大坝都掌，分族十有九，唐时恢拓蛮徼，设羁縻十四州五十六县，晏州其一也。宋时亦尝内附。元虽置戎州，而叛服不常。州治在林箐间，所领俱村囤，无县邑乡镇。○哆刚废县，在县东南，亦唐所置羁縻七县之一也。后为多刚寨，为都掌蛮屯据处，盖以故县名。

甘泉废县，在县北。唐置羁縻悦州，领甘泉、临川、悦水等六县，属戎州都督府。宋仍为羁縻州，改隶泸州都督，后废。旧《志》：废悦州，在府南二百十七里。

凌霄城，县东百二十里。宋置，属长宁军。明初属戎县，都掌蛮依为巢穴。成化四年，枢臣程信督兵讨叛蛮，别将李矿破凌霄城。城三面峭壁不可登，其南则深箐，连亘数十里。贼缒藤架木而巢其上，矿循南崖而北，梯岩架壑以进，贼不意官军蹑其后。后山高，自高攻下，贼多坠崖死，遂破之。隆庆中，蛮复据险叛。万历初，抚臣曾省吾复督兵进讨，帅臣刘显攻凌霄城，遣别将先下落豹诸寨，遂拔凌霄。时贼据九丝城为巢穴，凌霄，九丝门户也，最高险，以落豹、恶虎坎两寨为羽翼。官军破凌霄城，贼势始蹙。事平，诏改凌霄曰拱极城。

九丝城，在县东南。山箐峻深，至为阻隘。自宋元以来，常为都掌蛮依阻之地。前朝隆庆中，蛮叛据为巢穴，四出焚掠。万历初，官兵进讨，蛮固守鸡冠岭及九丝大城两地，雄峻相望，几四十里，其间陇坂盘折，崖壁对峙，中阻长谷、军人谷，两阵夹攻，无得脱者。又有内官、钓猴诸寨相形援。既而官兵攻九丝，一由黑帽山入其西，一由印坝山入其南，一由得㝱麦易口入其东北，一由榖爆洞入其北。九丝山形盘礴，上修广，可容万灶，而四面峭仄壁立，真蛮中天险。其旁有凤头山，贼据守其顶，官军袭夺之，为营以逼贼，寻破九丝城。贼平，诏改九丝城为平蛮城，仍置官兵戍守。《志》云：九丝城壁立万仞，周围三十余里，上有九岗四水极广，可以播种，仅通一径鸟道。又去城十五里有左榜山，今立头、腰、尾三墩堡。

南寿山，县南五里。山高大。宋时蛮酋卜漏据山为寨，一豆一蛮，数有五斗，故名五斗彝。山其依阻处也。旁有炮架山，即赵遹征蛮遗址。〇摩旗山，在县东五里。山峻耸，形如展旗。

晏峰，县西南五里。峰峦峭拔，唐以山名州。又丹霞箐，在县南二十里。山多林木，霞彩照映，其色如丹。又恶虎坎，在县东南五十里。山高道险，宿草荒塞，故名。万历初，官军击败蛮贼于此。

水车河，县北十里。源出山都乡，流经泸州江安县入大江。居人以竹为轮，高二三丈，斜列以筒，汲水而上，可溉田畴，号曰筒车。

李子关，在县东南百余里。成化四年，攻都掌种大坝叛蛮，督臣程信驻永宁，命一军由戎县进，一军由芒布进，一军由普市水脑洞进。又以贵州帅毛荣为左哨，由李子关进，别将宰用为右哨，由渡船铺进。又分遣罗秉忠等由金鹅池进。毛荣进至李子关，伐木开路，叠石成桥，诸将又攻破其落崖、落魏及铁炉、勇墦等寨。贼登高倚险，力拒我师。诸军力攻，贼不能支，遁入深箐。我军乘风纵火，焚其屋庐，蓄聚殆尽。各路军复破其龙背、豹尾等百余寨。前后共焚贼寨七百五十六处。贼党平，于渡船铺置泸州卫。金鹅池，见永宁宣抚司。

昔乖寨，在县东。蛮寨也。相近有昧漏寨，又有大穴塘、天井洞诸寨，皆都掌叛蛮保聚处。宣德二年，招抚昔乖等寨叛蛮。景泰初，复叛，官兵进讨，破其箐前、昔乖等寨。成化三年大征，官军分五路，同时俱进，焚破诸蛮寨，又进破大穴塘及昔乖、昧漏、天井洞诸寨，蛮贼以次就平。是也。

石头大寨，在县西南。亦都掌蛮寨也。正德十年，蛮部葛魁种普法恶等作乱，诏抚臣马昊等讨之。昊遣兵分道，东从珙县，西从筠连，南自乌蒙、东川进讨，攻取老虎、牡猪、岩底等寨。既而西路军围石头大寨，恃险无备，为贼所败。官军寻复破其落崖川、山洞、猫儿崖、鸡爪山等寨，又攻青山寨不下。崖旁有碓丘坡，高峻略与寨比，乃营其上以逼贼，寻克其峰崖寨及磨底等寨，又擒贼渠于大井坝，贼党悉平。

都都砦，在县东南。亦蛮据险处。《志》云：寨为九丝左臂，险比凌霄，而广袤过之。万历初，官兵克凌霄城，进攻都都砦。寨旁有蓝壖坡及洪崖等险，又有阿儿等寨为唇齿。官兵进夺其蓝壖坡及阿儿砦，又会兵攻破其高砦、平砦、董木等坝，又仰攻洪崖，至绝巘，寻拔都都砦，进兵搜两河、印坝诸处，斩获甚众。事平，诏以改都都砦曰都定砦，印坝山砦曰文印砦，仍置兵戍守。

落豹寨，在县东。亦蛮寨也。万历初，大帅刘显讨都掌蛮，袭破其落豹寨，取其恶戾坎，遂进克凌霄城。于是分兵攻落亥寨，一军军蓝墈坡袭洪崖，一军军董木坝相犄角，尽收都都砦部落。是也。

鸡冠岭砦，在县南。亦都掌蛮依阻处也。其相近又有内官、钓猴诸寨。万历中，官军克九丝城，拔其旁寨十三，又克其鸡冠砦，平旁寨十六，追至后山钓猴崖。崖崄巉不可登，官兵造敌楼，发鸟铳击之，贼不能支，于是尽克其附崖十三寨，又进破其牡猪寨，追获贼渠于贵州境上大盘山，都掌悉平。前后共下寨栅六十有奇，拓地四百里。诏改钓猴山砦曰降蛮，鸡冠砦曰金鸡，而内官砦曰武宁砦。其地广衍，旁皆沃壤，遂均田授畎，即其列雄为城，设官兵屯戍，诏名为建武所。是也。

轮缚大囤。在县东南。宋政和四年，晏州蛮卜漏反，破梅岭砦，梓州转运使赵遹倍道趋泸州，时贼据轮缚大囤，其山崛起数百仞，林箐深密，垒石为城，树栅以守，军不能进，遹用奇计，以火猱攻囤，遂克之，辟地千余里。《志》云：即今南寿山也。梅岭寨，见泸州江安县。〇两河口镇，在县东北，有巡司，万历初增置。

〇隆昌县，府东北二百六十里。东北至重庆府荣昌县百十里，东南至泸州百二十里。本荣昌县之隆桥驿，介泸州、富顺之间，旷远多盗。隆庆元年，抚臣谭纶奏割泸、富、荣犬牙地置县，命名隆昌，编户二十里。

玉蟾山，县南四十里。盘旋耸峙，如蟾蜍偃仰，南眺雒江，回环如带，为登临之胜。《志》云：山东南去泸州八十里。〇金鹅洞，在县西里许，亦曰换鹅洞。在孤山峭壁间，有溪水东来，绕城西折，环山之趾，下为县崖，壁立千尺，飞流如练，称为奇胜。

雒江，在县西南。亦曰金川。自富顺县流入界，又东南至泸州北，入于大江。县境山溪诸流，皆附雒江而注大江。

隆桥驿。在县治东。明初置。《志》云：县址故属荣昌，而为隆桥驿之地，故以隆昌为名。

附见：

叙南卫。在府治东。洪武四年建守御千户所。十年升为卫，隶四川都司。

建武守御千户所，府南四百二十里。东北至泸州卫九十里，东至永宁宣抚太平长官司八十里，西至珙县百五十里，南至镇雄府安静长官司八十里，北至长宁县百五十里。古僰国地。唐、宋以来，为羁縻晏州地。宋政和间，蛮卜笼谋叛，先据五斗坝，后据九丝天险，号九丝山都掌。元至元间归附，为水都四乡，山都六乡，隶于戎州。明初为戎县地，其水都则阳顺阴逆，山都则猖獗日甚，先后凡十有二征，俱弗克。万历元年，剿平山都，水都震惧，悉归编户，拓地五百余里。于是择山都六乡适中处建所城，设将领。所治，即内官砦也。寨址坐西向东，前对印坝山，后坐鸡冠岭，左扼九丝城，右挹都都砦，实为雄胜。前有大河，因为城濠。城开四门，周七里有奇，环四山而连云贵，襟三水而接叙泸，屹然雄峙矣。万历二十三年，松潘多事，将领多奔命于西北，而建武之守备弛。

得胜营。在所西北。《经略志》：建武道路可以通行者，西则由歇马汉村，达黑帽尖山，入得胜营；东则由长宁，达蛮哑口，至毛坝营；北则由得挖口，达鱼井坎，至文印山。外有南广水路一道，自庆符直达所城，中间有趯、木二滩，亦当开浚，径通舟楫。陆路至叙州，经庆符、高县至珙县，计程速则三日，缓则四五日。若自南广间道，从穴口、汉阳、薄刀岭、罗洗场、龙湾镇，日半可以径透珙县，因于罗洗场适中处设一公馆。令庆符于薄刀岭、汉阳坝二处添设递铺，则往来便矣。

读史方舆纪要卷七十一

四川六 潼川州 眉州 邛州

○潼川州，东至顺庆府三百五十里，东南至重庆府九百里，西至成都府汉州二百二十里，西南至成都府简州百八十里，西北至成都府绵州百三十里，北至保宁府剑州三百六十里，东北至保宁府三百十五里。自州治至布政司三百六十五里，至江南江宁府七千二百六十五里，至京师一万二百六十五里。

《禹贡》梁州地，后为蜀国地。秦属蜀郡。汉属广汉郡。后汉因之。晋仍属广汉郡。宋置新城郡。齐因之。梁末置新州。梁武陵王纪置。西魏改置昌城郡。隋初，郡废。开皇末，改州曰梓州。大业初，曰新城郡。唐初，复曰梓州。天宝初，曰梓潼郡。乾元初，复为梓州。先是，至德初，分置剑南、东川节度，其后分合不一。详见州域形势。五代因之。朱梁乾化四年，王建改东川节度曰武德军。宋仍曰梓州。亦曰梓潼郡。《宋志》：乾德四年，改军号曰静戎军。太平兴国中，改曰静安军。端拱二年，曰东川节度。元丰三年，复曰剑南东川节度，本路安抚司治此。重和初，升为潼川府。元因之。明初，仍曰潼川府。洪武九年，降为州，以州治郪县省入编户六里，直隶布政司，领县七。

今仍曰潼川州。

州左带涪水，右挟中江，居水陆要冲，为剑南都会。后汉初，讨公孙述，述使其将延岑悉兵拒广汉及资中，岑彭使臧宫将降卒五万从涪水上平曲拒之。平曲，见合州定远县。或曰在州境。先主之入蜀也，诸葛武侯等分定州郡，略地至郪。刘裕伐谯纵，遣刘敬宣从垫江今合州转战至黄虎。纵悉众拒之，不能克也。既而遣朱龄石从外水取成都，而以别将从中水取广汉，中水，即绵水。广汉，今汉州。以疑兵从内水向黄虎。内水，即涪水。州实据涪水之上游，从来有事蜀中者，用奇用正，不一其法。自唐季分两川，东川与西川常为争衡之地。顾彦晖败灭于前，董璋覆亡于后。二子皆庸才，故不足以有为耳。地居成都肘腋间，恒足以制西川之命。《志》云：州有盐水铜山之富，农桑果食之饶，山川绵衍，人物阜繁。州之形胜，甲于西南，有自来矣。

废郪县，今州治。汉县，属广汉郡。后汉因之。晋省。刘宋复置。元嘉十年，贼程道养等兵败，逃入郪山。郪山，即郪县山也。寻分置北伍城县为新城郡治。萧齐因之。梁始置新州，并郪县入武城县。西魏又改曰昌城，并置昌城郡。隋郡废，寻为梓州治。大业初，改伍城曰郪县，为新城郡治。唐仍为梓州治。宋、元因之。明初省。宋白曰：故郪城在县南九十里，临江，一名郪王城，盖以郪江名也。一云，汉郪县在今州西百里，梁移今治。《城邑考》：州城，唐、宋以来故址，状若蛇盘，与西川龟城对峙。明天顺、成化中，修筑，皆甃以石。又于城外凿池，阔四丈，引西溪九曲水注于中。嘉靖初，湮废，复加疏浚，仍于城东筑堤三十余丈，以御水害。城为门四，周九里有奇。

涪城废县，州西北五十里。汉涪县地，属广汉郡。晋、宋因之。萧梁侨置始平县及始平郡。西魏改郡曰涪城。后周又改曰安城郡。隋开皇初,郡废,改县曰安城。十六年,又改为涪城,县属绵州。刘昫曰:东晋置始平郡,后魏改涪城郡及潼县,隋改潼县为涪城也。唐仍属绵州。大历十三年,改属梓州。中和四年,东川帅杨师立拒命,举兵屯涪城,西川帅陈敬瑄遣高仁厚拒破之,即此。宋仍属梓州。元至元二十年,并入郪县。《志》云:县在绵州东南四十里,盖境相接也。

黄虎城,在州北,涪水所经。晋时李氏据蜀,尝置戍守于此。其后谯纵叛,亦置戍焉。义熙四年,刘裕使刘敬宣讨纵,溯涪江而上,至黄虎,去成都五百里。纵遣谯道福悉众拒险,相持六十余日,不得进而还。胡氏云:黄虎近涪城。或曰,当在今遂宁县西北。○废富国监,在州南九十里。本郪县新井盐场,宋置监领之,后废。《宋志》:梓州所领县皆有盐井,而最多者,涪城则二十七盐井,郪县则三十四盐井,盖置监领盐税也。或云,监盖五代时所置。今有华池盐课司,在州西三十里。

牛头山,州治西南二里。形如伏牛,俯临城郭,上有浮图。州西三里又有龙顶山,蜿蜒于牛头山之后。又长平山,在州城北,冈陇延袤而平广,因名。○东山,在州东四里,涪江之左,修阜如长城,下顾州郭,有苏公泉及石塔诸胜。《志》云:州西五里有三台山,突起三级,状若层台。

五层山,州北五十里。一名天柱山,有重冈五层。又北十里曰马头山,山势昂起,形若马首。又香积山,在州西北五十里,北枕涪江。○灵台山,在州南百里,山形如台,高耸云汉。又望川山,在州南百二十里,天晴日霁,登绝顶遥望西川。

涪江,在州城北。自绵州罗江县流经州城西北,又东南流经州城东,历射洪县及遂宁县,至重庆府合州,而合于嘉陵江。唐时曾以涪江逼近郪城,横溢为患,乃凿江东壖地别为新江,东北注,使水道与城相远。至宋渐堙。往往修筑长堤,以防冲啮。庆元中,暴溢为患,提刑王勋度水所向，依江堰伐石为堤，由是横流不至西啮城址，谓之王公堤。至今以时修筑。余详大川涪江。

郪江，在州城西南。源自中江县铜官山流至废飞乌县，会众流绕牛头山下，又东南经射洪县，至遂宁县界，而合于涪江。其合处谓之郪口。○桃花水，在州东三十里流入涪江。又州城西有西溪，流入郪江。

张杷寨，在州南。《九域志》：郪县有张杷镇。唐中和四年，高仁厚讨东川帅杨师立，围鹿头关。师立将郑君雄出兵掩击，军中惊，别将杨茂言走至张杷而还，仁厚斩之。或以为即此张杷也。又乾宁四年，王建攻梓州军于张杷砦。即此。○楸林寨，在州北。唐乾宁二年，王建攻东川，顾彦晖拔其楸林砦是也。今为秋林马驿。

平阳乡。在州西北。后汉岑彭讨公孙述，分遣臧宫溯涪水而上，宫破延岑于沈水，乘胜逆北至平阳乡。王元举众降，遂拔绵竹。郦道元曰：平阳乡盖在故绵竹境内。今由州境抵故绵竹，不过百余里。○皇华驿，在州治南。马驿也。又州西六十里有建宁马驿，州北六十里为秋林马驿。又板桥，在州东南，道出遂宁。

○射洪县，州南六十里。西北至中江县百七十里，西南至成都府金堂县百八十里。汉广汉、郪二县地。西魏置射江县。后周改曰射洪，属昌城郡。隋属梓州。唐、宋因之。今城周三里，编户三里。

广汉废县，县东南百里。汉县，属广汉郡。《华阳国志》：高帝置广汉郡，本治广汉县之绳乡，后移治涪。是也。后汉因之。建武十一年，岑彭等伐公孙述，述悉兵广汉、资中以拒汉，即此广汉矣。三国汉尝析置东广汉郡于此。晋为广汉郡治。永和中，改属遂宁郡。《水经》：涪水自涪县，又南至小广魏，与梓潼水合。郦道元注：小广魏，即广汉县也。宋、齐因之。西魏废。

德阳废县，县东南三十里。本后汉析阴平县置，在今龙安府东。晋太康中，移治于此，仍属广汉郡。永宁元年，李特攻广汉，太守辛冉溃围奔德阳，时广汉仍治雒也。大安元年，诏以张微为广汉太守，军德阳，复为特所败，特因置德阳郡，使其党骞硕守之。二年，诏荆州刺史宗岱，建平太守孙阜帅水军救罗尚于成都，阜为前锋，进逼德阳，特遣李荡等拒之。永和中，郡废，改属遂宁郡。宋、齐因之。西魏并入射洪县。

通泉废县，县东北七十里。萧梁时置县，并置西宕渠郡治焉。西魏改郡县俱曰涌泉。隋郡废，县复曰通泉，属梓州。唐、宋因之。元至元二十年，省入射洪县。又废光汉县，在废通泉县境。梁置，属西宕渠郡。隋初，废入通泉县。《一统志》：通泉城在潼川州东百三十里。

金华山，县北二里。上拂霄汉，下瞰涪江。又县东七里有武东山，亦高秀，以武水经其西而名。武水即郪水也。又玉屏山，在县南十五里。一名白崖山。远望悬崖，皎如白雪，岩阜逶迤，宛类玉屏，亦曰悬岩山。

独坐山，县东南二十里。射江、涪江，左右合流，此山卓然孤立，因名。○通泉山，《寰宇记》云：在通泉县西北二十里，东临涪江，绝壁二百余丈，水从山顶涌出，下注涪水，西魏因以涌泉名郡县。

涪江，县东北七里。自州境流入，经独坐山下，合于射江，又东南入遂宁县界。又郪江，在县北。自州境流入，经武东山下，又东南入遂宁县界。

射江，县东南十五里。源出剑州界，历潼川东境，至独坐山下合于涪江。《益州记》：娄偻滩东六里有射江，西魏因置县，土人讹江为洪，后周从俗，改县为射洪云。○大弥江，在县东。源出剑州，经盐亭县流入境。又有小弥江，在县北，下流皆注于涪江。

沈水，县东南八十里。后汉建武十一年，岑彭等讨公孙述，别将臧宫从涪水上平曲，述将延岑盛兵沈水以拒，宫击破之，斩溺万余，逐北至平阳乡。《水经注》：沈水出广汉县，下入涪水。《寰宇记》：通泉县北有沈水,即臧宫破延岑处。○可波水,在县东,流入盐泉县界,合梓潼水。又盐井,在县界。《宋志》:射洪县有盐井。又通泉县有三铁冶。

九井驿。在县西。马驿也。嘉靖中,自广元改今属。

○**中江县,**州西百二十里。北至绵州罗江县六十里,西北至汉州百里。汉郪县地。三国汉析置伍城县,属广汉郡,寻废。晋咸宁四年,复置,仍属广汉郡。太康六年废。七年复置。宋齐因之。后周置玄武郡治焉。隋开皇初,郡废,改县曰玄武,属益州。仁寿初,增置凯州。大业初,州废,仍属蜀郡。唐武德初,属益州。三年,改属梓州。宋因之。大中祥符五年,改曰中江县。今城周七里,编户五里。

伍城废县,县治南三里。《华阳国志》:汉时立仓于此,发五万人,尉部主之。晋咸宁四年,因立五城县,亦曰伍城,属广汉郡。宁康二年,时符秦置宁州于垫江,以姚苌为刺史,晋将竺瑶等败之,苌退屯五城。太元七年,桓冲遣将杨亮等攻蜀,拔伍城,进攻涪城。符秦遣张蚝等救却之。隋改曰玄武县。唐元和初,刘辟以西川叛,高崇文讨之,败其众于玄武。乾宁四年,王建攻东川,凤翔帅李茂贞遣军来救,建败茂贞将李继徽等于玄武。是也。《九域志》:玄武县在梓州西九十里。

飞乌废县,在县东南。旧《志》云:古郪王城也,在梓州西南百三十里。隋开皇中,置飞乌县于此,属新州,寻属梓州,以飞乌山为名也。唐仍属梓州。乾宁二年,王建攻东川,其将王宗侃略地至飞乌,为东川帅顾彦晖所擒。宋属潼川府。元初废入中江县。○铜山废县,在县西南九十里。本飞乌县地。唐贞观二十三年,置铸钱监。调露初,改置铜山县,并析郪县地益之,属梓州。宋因之。元至元二年,并入中江县。

玄武山,在县城东南。涧中石多龙蛇状,因名。圣水泉出焉。《九州要记》:山一名朱雀山,一名宜君山,又名大雄山。《华阳国志》:玄武山亦名三嵎山,其山六屈三起。又天柱山,在城西南,山峦孤秀如柱。

《志》云：县东南三里有烽火山，诸葛武侯置烽火处也。又城东北有五城山，或曰晋以此名县。

覆舟山，县西南三十里。高五里，山腹有风穴，人往视，则风起，甚至折木。《益州记》：覆船山中十五里有七里坂，一名羊肠坂，屈曲壁立，艰于升陟。又《十道录》：山亦名泊山。尧时洪水，州人泊舟于此，覆于树下，山因以名。

铜官山，县西南九十八里，产铜。《志》以为卓王孙、邓通冶铸之所。又县南九十五里有赖应山，产铜及空青。〇可蒙山，在县西南百二十里，产铜。又县南百三十里有私熔山，产铜矿，唐因置铜山县。

会军山，县东南百六十里。汉昭烈入蜀，遣诸葛武侯、张飞略地至此，百姓以牛酒犒师，因名。〇飞乌山，在县南百七十里，峻削如飞乌之状。《寰宇记》：大飞乌山高二里，周回二里，小飞乌山高一里，周回二里，两山相向，隋因以名县。

中江，在城东南。有二源：一为南江，来自旧神泉县，经县城西南；一为东江，来自废涪城县，经城东北。至玄武山下合流，又东南会于郪江。旧谓之五城水，其合处为五城水口。东晋义熙初，毛璩讨桓振，使参军谯纵等出涪水，至五城水口，纵遂作乱。《志》云：中江，一名玄武江。唐太和五年，玄武江涨高二丈，溢入梓州罗城是也。旧神泉县，见成都府安县。

郪江，县东南十五里。源出铜官山下赤岸溪，东北流，会中江水，东入州界。一名武水，以中江有玄武江之名也。又有小郪江，出县南莲池乡，东流六十里，入郪江。故有大郪水、小郪水之称。〇盐井，在县界。《宋志》：县有盐井。又飞乌县有五盐井，铜山有铜冶，是也。

五城驿。县治北。又县西五十里有古店马驿。

〇**盐亭县**，州东百里。东至保宁府南部县百七十里，东南至顺庆府西充县百二十五里。汉广汉县地。梁置盐亭县。西魏置盐亭郡。隋开皇初，郡废，县属新州，寻属梓州。唐、宋因之。今城周六里，编户三里。

　　永泰废县，县东南三十里。本盐亭县地。唐武德四年，析置永泰县，又分剑州之黄安、阆州之西水二县地益之，属梓州。宋因之。熙宁五年，省为镇，属盐亭县。绍兴中，复为永泰县，属潼川府。元初，复省入盐亭县。《志》云：废城在州东百三十里。《名胜志》云：在县东北八十里。恐误。○东关废县，在县南四十里。宋乾德四年置县，属梓州。元至元二十年，并入盐亭县。《名胜志》：废城在县东百里，今名东关市。

　　高渠废县，县西十六里。西魏置高渠县，属盐亭郡。隋开皇初，属新州，寻属梓州。大业初废。《志》云：县西北二十六里有故宕渠郡城，萧梁时废，盖即高渠之讹矣。○略城，在县西南。晋末，益州刺史毛璩东讨桓振于江陵，至略城，会谯纵作乱，奔还成都。《晋书》：略城去成都四百里。

　　负戴山，在县城西。自剑门南来，起伏四百余里，自此屹然蹲峙。上有飞龙泉，味甘美，南流入梓潼水。《寰宇记》：负戴山，一名高山，有龙拏虎踞之胜，下瞰梓潼水。○董叔山，在县城东九十步，高一里，西临盐亭水，孤峰绝岛，峭壁千仞，旧名潺亭山。隋开皇四年，县令董叔封有德政，时游宴于此，后人因号曰董叔山，亦曰董政山。《十道记》：董政山，原名凤凰山。

　　金紫山，县北十五里。相传以唐邑人严震、严砺俱贵显而名。一名紫金山。宋宝祐二年，西川帅佘晦城紫金山。山，蜀之要地也。蒙古将汪德臣袭取之。○龙固山，在县西北六十里。山高四里，四面悬绝，可以固守。

　　女徒山，县东北七十里。昔有女徒千人行役，路逢贼，乃于山顶置栅御之，因名。又鼓楼山，在县东百二十里，山有三层，高五十余丈。

《志》云：前蜀时，尝营鼓楼，置烽火于此。

梓潼水，在县治南。亦曰潼江。自剑州梓潼县南流入县界，又西南流注于涪江。《志》云：县南有白马河，与梓潼水会流而注于涪水。○盐亭水，在县城东，亦谓之弥江。自剑州南境流入县界，又南流，达射洪县界，而注于涪水。

鹅溪，县西北八十里。自绵州界流入，地产绢，所谓鹅溪绢也。又有麟溪，在县西，下流皆入于梓潼水。○杨溪，在县东南。自顺庆府西充县流入境，合于盐亭水。

盐井，在县东。《宋志》：县有盐井六。又县与射洪县旧皆产铁，其利属于官。

云溪驿。在县治西。马驿也。又西六十里有富村马驿。

○**遂宁县，**州东南二百四十里。东北至顺庆府百七十里，东南至重庆府合州三百三十里。汉广汉县地。后汉因之。晋为德阳县地，仍属广汉郡。永和以后，于德阳东南界置遂宁郡。宋仍曰遂宁郡。齐亦曰东遂宁郡。梁因之，郡治小溪县。西魏改县曰方义。后周又改郡曰石山，兼置遂州。隋开皇初，郡废，仍曰遂州。仁寿初，置总管府。大业初，府废，又改州为遂宁郡。唐武德初，复为遂州。二年，仍置总管府。贞观初，府罢。十年，复置都督府。十七年，又罢。天宝初，改为遂宁郡。乾元初，复故。天祐二年，王建请置武信军，孟氏因之。宋仍为遂州，亦曰遂宁郡武信军节度。太平兴国初，复改方义县曰小溪。政和五年，升州为遂宁府。宣和五年，又升为都督府，以潜邸所在也。元初因之。至元二十二年，降为遂宁州。明初因之，以州治小溪县并入。洪武九年，改为县。今城周十里，编户十七里。

方义废县，在县治南。晋德阳县地。齐分置小汉县。梁曰小溪，为郡治。西魏改小溪曰方义。自隋以后，州郡皆治此。或曰：小溪，即小汉之

讹也。广汉县，旧属广汉郡，谓之小广汉。省文为小汉，如沛郡之沛县为
小沛，桂阳郡之桂阳县为小桂也。梁时，误汉为溪耳。未知然否。宋复改
方义县曰小溪。刘仪凤曰：遂州平原沃野，贯以涪江，气象宽舒，为东蜀
之都会。元人降府为州。明初，又以小溪县省入，降州为县。今城相传后
唐天成中武信节度使夏鲁奇筑。明天顺、正德中，皆因故址增修，甃以砖
石，环城为池。嘉靖中，又复营治。有门四。

　　青石废县，县西北五十里。东晋置晋兴县，寻属遂宁郡。宋齐因
之。西魏改曰始兴县，寻又改曰青石，置怀化郡治焉。隋初郡废，县属遂
州。唐因之。宋熙宁六年，省入遂宁县。七年复置，仍属遂州。元至元
十九年，省入小溪县。《一统志》：青石故城，在今州北五十里。误。又遂
宁废县在县西七十里。唐景龙元年，以故广汉县地置遂宁县，仍属遂州。
宋因之。元至元十九年，省入小溪县。

　　长乐山，在县治西，形如蟠龙，顶平如砥。其相接者，曰宝台山，顶
平如台。又梵云山在县西南二里。《寰宇记》：山三面悬绝，东临涪江，
西枕落星池。○玉堂山，在县北十五里，峰峦耸秀，气象雄峙，县之主山
也。又县东北二十里有鹤鸣山，亦高秀。

　　灵泉山，县东十里。数峰壁立，有泉自岩滴下，流注不竭。宋宝祐
六年，蒙古将纽璘侵蜀，入成都，蜀帅蒲择之命其将杨大渊等守剑门及
灵泉山，自将兵复成都，纽璘大败大渊等于此。又铜盘山，在县东五十
里。壁立四绝，人莫能上。《志》云：县西五十里有石城山，以四面如城而
名。

　　广山，县北二十里。山极孤峭，斗入江心，涪江郪水会其下，下有龙
潭，相传山常动摇，以龙潜其中也。又伞子山，在县北十五里。山形圆耸
如伞，环山之民以植蔗凝糖为业。○隆龛山，在县南百四十里。其东有废
隆龛县，今入重庆府安居县界，盖境相接也。

涪江，在县城南。自射洪县流入境，至城西南复折而东，又东南入合州铜梁县界。县东有箭滩渡，即涪江津济处也。宋宝祐六年，蒙古纽璘入蜀，将趣成都，蜀帅蒲泽之遣刘整据遂宁江箭滩渡，以断东路，璘至不能渡，既而整败走，璘遂长驱入成都。

郪江，在县北。亦自射洪县流入境，至广山下合于涪江，谓之郪口。宋元嘉十三年，遣将萧汪之将兵讨贼程道养，军至郪口，贼党帛氏奴请降，道养兵败，还入郪山。

赤溪，县北十五里。自蓬溪县流入界，经县治东流入涪江。又倒流溪，在县西十五里，水流旋绕，北入涪江，即乐至县胜水河之下流也。○涌泉，在县西北玉垒镇，镇之曲有泉涌出，灌溉垒旁之田。

倒流镇。在县西南，以近倒流溪而名。万历中，永宁贼奢崇明作乱，据重庆，侵掠城邑，西逼成都。官军赴援，复安岳、乐至县，与贼战于倒流镇、石桥、永济铺，皆克之。贼寻逸去。《志》云：安岳县东十里有石桥铺，乐至县东十里有永兴铺。永清盖永兴之讹矣。○广福镇，在县西百里，有盐课司。

○蓬溪县，州东南二百二十里。东北至顺庆府西充县九十里。汉广汉县地。唐初，为方义县地。永淳初，析置唐兴县。长寿二年，改为武丰。神龙初，复故。景龙二年，分唐兴置唐安县。先天二年，废唐安移唐兴治焉。天宝初，改为蓬溪县，属遂州。宋元因之。明初，改今属。城周四里，编户六里。

长江废县，县西百十里。汉广汉县地。晋永嘉中，李雄置巴兴县。东晋置遂宁郡，治巴兴。宋齐皆因之。梁始改治小溪。西魏改县曰长江，属怀化郡。隋属遂州。唐因之。刘昫曰：旧治灵鹫山，上元二年，徙治白桃川也。宋仍属遂州。元至元十九年，省入蓬溪县。《一统志》：长江故城在今州北三十里。误。○唐兴故城，在县东北三十里。唐永淳初，置县于此，后移今治，改曰蓬溪。

赤城山，县东一里。中峰蔚然，左右环拱，上有高台五层，山皆赤土。又蓬莱山，在县治西，县因以名。

青石山，县南百七十里。山出青石最佳，可为钟磬。《益州记》：青石岭有九折，亦名九节岭，九岭溪水出焉。山下有九节镇，其东麓入合州界。又风门山亦在县南百七十里，四面峻绝，常有清风，因名。○龙多山，在县南二百二十里，山绵亘深远，下有放生池，相传武后常令放生于此，其南亦接合州界。

伏龙山，县西二百里。其山盘曲，形如伏龙，下有火井。《异物记》：山下地洼若池，以火引之，有声隐隐出地中，少顷炎炽，夏月积雨停水，则焰生水上，水为之沸，而寒如故。冬月水涸，则土上有焰，观者至焚衣裾。

明月山，县西二百二十里。两峰对峙，下临涪水，相映而明。一名鼓楼山，以登其巅可望数百里也。其下有明月池。五代唐天成中，孟知祥、董璋连兵十万侵遂州，突次明月池，武信军节度使夏鲁奇力不敌，乃坚壁清野，退守州城，知祥等自明月池进攻，陷之。

蓬溪，县城北。源出蓬莱山，东流绕赤城山下，又西南流入遂宁县界，入于涪江。○珠玉溪，在县西北七十里，昔时溪旁有珠玉村。又凤凰川，在县北百二十里，以旁有凤凰山而名。其下流皆东入顺庆府界，注于流溪，而达嘉陵江。

朝天驿。在县西。马驿也。《志》云：嘉靖中，自广元改今属。

○安岳县，州南三百八十里。南至成都府内江县九十里，东至重庆府大足县百七十五里。汉为资中、牛鞞、垫江三县地。后周置安岳县，并置普州治焉。隋初因之。大业初，州废，县属资阳郡。唐武德二年，复置普州，治安岳县。天宝初，曰安岳郡。乾元初，复曰普州。宋仍为普州治，亦曰安岳郡。宝祐以后，州县俱废。元末，复置安岳县。或曰，明玉珍置，属遂州。明洪武四年，复置普州。九年，省州入县。城周三里有奇，编户十九里。县今省。

废普州，今县治。刘昫曰：梁置普慈郡。后周改曰普州。隋州废。唐复置。宋亦曰普州。《宋志》：端平三年兵乱，淳祐三年，据险置治。宝祐以后，州废。是也。明初亦置州于此。县初无城，今城，成化初筑，寻圮。正德七年改筑，甃石为固云。

普康废县，县南五十里。汉犍为郡资中县地。后周置永康县，属普慈郡。隋开皇初，属普州。十八年，改县曰隆康。大业初，属资阳郡。刘昫曰：本名永唐，隋改曰永康，移治伏强城，寻又改曰隆康也。唐先天初，讳隆，改曰普康，仍属普州。宋因之。熙宁五年，废入安岳县。○石羊城，《志》云：在县东百二十里。元置县。明初，废为石羊镇。未知所据。一云，石羊城在乐至县南。

铁峰山，县治北，高耸壁立。一名凤凰山。山之后曰大云山，亦高峻。杜佑曰：安岳郡城因山为址，四面险固，谓此也。○云居山，在县东南十里，岩壑深秀。县北二十里又有鳌鱼山，亦高广，以形似名。

岳阳溪，在县治西。一名青竹溪，绕县治东南流入大足县界，合于赤水溪。宋时太守彭乘尝临溪凿石为曲水。一名翰林滩，以乘尝官翰林也。又大安溪，在县北八十里，下流东注于涪江。

龙台镇，在县境。唐所置也。天复初，王建遣龙台镇使王宗侃讨妖贼杜从法等于昌、普、合三州，平之。或云，镇盖王建所置。

茗山镇。县西七十里。故普慈县地，与乐至县接界，旁有茗山，因以为名。宋嘉定十一年，汉中叛将张福转掠巴蜀，入普州，屯于州之茗山。安丙自果州趋遂宁，会诸军合围，绝其樵汲之路。福穷请降。

○乐至县，州西南三百九十里。西至简州九十里，东至安岳县百二十里。汉犍为郡牛鞞县地。隋为普慈县地。唐武德二年，析置乐至县，属普州。宋因之。宝祐中废。明成化二年，复置。今县隶潼川州。正德十年，改隶简州。嘉靖九年，还隶潼川州。今城周五里，编户七里。

普慈废县，县东北三十五里。后周置多业县，并置普慈郡治焉。隋开皇初，郡废，县属普州。十三年，改县曰普慈。大业初，县属资阳郡。唐仍属普州。宋乾德五年，废入乐至县。《郡志》：普慈废县在安岳西北百里，境相接也。

大娑婆山，县治南一里。又治北一里有小娑婆山，山高险，皆可屯兵。《志》云：县治北又有镇山，治南又有印山，与大小娑婆山相接。○七盘山，在县南四十五里，冈峦曲折，凡有七盘，因名。又金马山在县西北十里，亦高耸。

胜水河。县东六十里。一名倒流河。北流入遂宁县界，入于涪江，亦曰倒流溪。○放生溪，在县西十里，西流入简州界，注于雁水。

○眉州，东至成都府仁寿县八十里，南至嘉定州百七十里，西至邛州百六十里，北至成都府崇庆州二百里。自州治至布政司百八十里，至南京六千九百七十里，至京师一万四百一十里。

《禹贡》梁州之域。秦蜀郡地。汉犍为郡地。后汉因之。晋、宋仍属犍为郡。齐析置齐通郡。《地记》：齐建武三年，置齐通左郡于犍为郡南安县之西界。梁因之，兼置青州。西魏改曰眉州。以峨眉山名也。后周复曰青州，寻改嘉州。隋开皇初，废郡存州。大业二年，又改州曰眉州。三年，废州，属眉山郡。唐武德二年，复置眉州。天宝初，曰通义郡。乾元初，复曰眉州。宋因之。亦曰通义郡。元仍曰眉州，属嘉定路，而以州治眉山县省入。明洪武九年，降州为眉县。十三年，复为州，编户二十一里。直隶布政司，领县三。今仍曰眉州。

　　州迫近江浒，密迩成都。吴汉之攻公孙述也，战于武阳、南安之间。桓温之平李势也，战于合水、彭模之上。朱龄石之讨谯纵也，亦战于彭模以北。盖自外水而指成都，不得眉州，未足以制成都之肘腋也。眉州举而成都在掌中矣。且江山清秀，土田腴衍。《志》称为岷峨奥区，允矣。

　　眉山废县，今州治。汉武阳县地。晋宋因之。齐建武中，析置齐通县，为齐通郡治。梁置青州治焉。隋开皇初，郡废，改齐通曰广通。仁寿初，又改曰通义，嘉州治焉。大业初，为眉州治，寻废州，改属眉山郡。刘昫曰：后周改齐通曰安洛，寻曰广通。《隋志》不载也。唐复置眉州于此。宋太平兴国初，改县曰眉山县。元至元二十年，并县入州。明初，降州为眉县，属嘉定州，寻复曰眉州。《城邑考》：州城，五代时摄守山行章筑。宋淳化五年，乱贼李顺攻围半年，不能下，俗谓之卧牛城，以其坦而难攻也。又沿城多芙蓉，亦谓之芙蓉城。岁久，城濠颓塞。明成化十七年，因旧址修筑。正德中，复缮城浚濠，甃石为固。有门四，城周八里有奇。

　　裴城，《志》云：在州治东。相传昔有裴姓者夜筑此城，天明而毕。又州治东北二里有洛城，相传后汉时筑，三国时废。皆未知所据。

　　峨眉山，州西南二百里。绵亘深远，蟠踞嘉、眉二州，并为形胜。详见前名山峨眉。

　　蟆颐山，州东七里。自象耳山连峰壁立，西瞰玻璃江，五十余里至此，磅礴蹲踞，形类蟆颐。上有淘丹井，山腹有穴，曰龙洞。大江流至山下，曰蟆颐津。唐田令孜沉左拾遗孟昭图于此。又白虎山，在州东北八里，其山壁立，西临导江。一名白兽山，下有白虎潭。〇醴泉山，在州西八里，环绕州城，山半有八角井，清甘如醴。又州西北九里有快活山，平地突起，高百余丈。

盘龙山，州北四十里。状若盘龙。一名走马山。下有腊鱼堰水。《志》云：州西北十里有回龙冈，自盘龙山南来，或起或伏，至此冈阜高出，遇双河口水，折而西旋，状若回龙云。〇七龟山，在州西北二十里。南北两山对峙，延亘十余里，中平坦，有七山罗列前后。又笔架山，在州西二十五里。有三峰峙立，山之阴为泸崩沟。又州西四十里有息台山，在东馆镇之北，亦雄峻。

大旺山，州东南五十里。自段颐山南趋，或起或伏，至此，峰峦屹立，回拱州城。又连鳌山，在州西南九十里，山势连续，其形如鳌。又石佛山，在州西南二十五里，下有尔家川，地膏腴，宜种植。

大江，州东六里。自成都府新津县流入彭山县境，其华阳、双流之支江，亦流合焉，流经蟆颐山下，山在江之东岸，江流至此，莹若玻璃，因名玻璃江。亦曰蟆颐津。又南流入青神县界。《志》云：州东四里有玉津，即玻璃江渡口也。余详大川岷江及川渎异同。

松江，在州城东南。自蜀江分派，西南流绕州城，与醴泉江合，复入蜀江。江中有哭王滩，孟昶降宋入朝，国人哭送之于此，因名。〇醴泉江，在州西八里。其上流曰双河，源出蟠龙山，分流自山东者，曰腊鱼堰水，自山西者，曰柏栖椿堰水，至州西北十里而合流，名双河口。又东南流，为醴泉江，绕州城，与松江合入蜀江。

思濛江，州南五十里。其上流即青衣江也。自丹棱县东南流入州界，过乡，至青神县境，下流入蜀江。详见大川青衣水。〇金流江，在州西南八十里。源出丹棱县，东南流经州境金流乡，至青神县南而入青衣江，以其峻急难渡，亦名难江。又有多棱川在州西南七十里，亦自丹棱县流入，南接青神县界，下流入金流江。

环湖，在州治西。旧有沼，州人为矼梁塞之，宋魏了翁为守，特疏凿之，名曰环湖。又龙潭在州西南十余里。源自笔架山泸崩沟，东流而入醴泉江。又有白龙池，在州西南八十里。四山环绕，中为池，其水久旱不竭，久雨不溢。

蟆颐堰，州东七里。唐开元中，益州刺史章仇兼琼开，障蜀江水溉眉山、青神田亩七万二千有奇。宋嘉定间，魏了翁来守是州，又畚武阳石垒堤，其利视昔尤博。

鱼耶镇。《志》云：在州东两河口，有巡司。又东馆镇在州西七十五里。○眉州驿，在州东七里。水驿也。又州东南三十里有石佛水驿。《志》云：州东玻璃江滨有江都馆，旧名共饮亭，宋邑宰胡文靖建，为迎劳宾客之所。嘉定间，魏了翁来为州，更拓之，改曰江都馆。

○**彭山县**，州北四十里。北至成都府双流县九十里。秦置武阳县，属蜀郡。汉属犍为郡。后汉为犍为郡治。晋、宋因之。齐仍属犍为郡。梁改犍为县，置江州。西魏改县曰隆山。后周省州置隆山郡。隋开皇初，郡废，县属陵州。唐初因之。贞观元年，省入通义县。二年复置，属眉州。先天初，改曰彭山县。宋、元因之。洪武九年省，十三年复置。编户五里有奇。县今省。

武阳城，县东十里。相传蜀国故城也。秦惠王使张仪伐蜀，开明拒战不胜，退走武阳，即此。秦因置武阳县。汉因之。后汉建武十一年，岑彭破公孙述将侯丹于黄石，晨夜兼行二千余里，径拔武阳。是也。晋仍曰武阳县，兼置西江阳郡治此。萧齐因之。萧梁改县曰犍为，因置江州，今亦谓之江州城。周省江阳郡。隋初，省江阳县。又《郡志》：县西北五里有犍为城。汉昭帝时，犍为郡自僰道移治武阳。萧齐时，郡还治僰道。因名故郡治曰犍为城。或曰，萧梁时，犍为县盖治此。今县唐贞观初所改置。

绵水废县，县东南十余里。刘宋置绵水县，属江阳郡。萧齐因之。

《志》云：后周改为白水县。隋废。

鼎鼻山，县东北二里。山形曲如鼎鼻。刘昫曰：西魏改犍为县曰隆山，以界内有鼎鼻山，地形隆起故也。《广记》曰：今县南十余里之打鼻山，乃故鼎鼻山，县东北之鼎鼻山是其支峰耳。《地志》：打鼻山，山形孤起，东临江水。俗云：昔周鼎沦于此，或见其鼻，故名鼎鼻。晋义熙中，刘裕遣朱龄石伐谯纵，纵将谯小苟塞打鼻山以御之，即此。《益州记》：山上有城，亦名鼎鼻。鼎鼻、打鼻音相近也。大江过山下有滩，朱龄石伐蜀时立寨于此。《括地志》：鼎鼻山北有龙洲，东接导江水。○平盖山，在县治北，下临系龙潭。潭在县西北四里，有系龙桥。又金华山，在县东六里。又县东北六里有盘石山。皆近郊之胜也。

彭亡山，县东十里。《郡国志》：周末彭祖家于此而亡，因名。后汉岑彭击公孙述，至武阳营所，问山名彭亡而恶之，改曰平无。欲徙，会日暮而止。是夜果为刺客所杀。山亦名彭女山，亦曰平模山，亦曰彭模山。桓温伐李势，至彭模，直指成都，留参军孙盛等守辎重于此。李势将李福等来攻，盛击走之。既而温平蜀，命益州刺史周抚镇彭模。义熙九年，朱龄石伐谯纵，自外水至平模，去成都二百里。纵遣其党侯炜等屯平模，夹岸筑城以拒，龄石攻拔其北城，南城亦溃，遂趣成都。是也。《水经注》：江水自武阳东至彭亡聚，谓之平模水，亦曰外水。彭亡聚，盖在山下。

象耳山，县东北二十五里。山形耸秀，连峰接岭，南至蟆颐山。下有宝砚、磨铖二溪，龙池、蟹泉诸胜。又崌崍山，在县东北十二里，导江水在其南。○天社山，在县北。《华阳国志》：武阳去成都百五十里，渡大江，昔人作大桥，曰汉安桥，广一里半。每夏秋水盛断绝，岁岁修理，百姓苦之。建安二十一年，太守李严乃凿天社山，寻江通车道，省桥梁，吏民悦之。即此。

北平山，县西北三十里，上有天柱峰。《志》云：县东北二十五里有石仓，在半山石壁间，岩窦如蜂房，相传窦中尝出米，谓之石仓米洞。

大江，县东北二里。又成都府之内外江，俱自双流县流入焉，合流而南，亦名武阳江。《志》云：县东北二里有龙爪滩在江中。又有鼓楼滩在县南十余里，江流峻急，声如击鼓，因名。○赤水，在县东北二十八里，自成都府仁寿县流入境，注于大江。汉建安末，黄龙尝见于此。一名黄龙溪。

馨堰，县西南二十里。拥江水为六堰开、六水门，灌郡下田。相传亦李冰故址也。后汉初，公孙述僭位，犍为不屈，述攻之。功曹朱遵拒战于六水门，先埋其车轮于桥侧，以示死守。今县北二十里有埋轮桥。

通济堰，县西北四十里。有大堰一，小堰十。自成都新津口引渠南下，灌溉彭山、眉山、沿江之田，凡百二十里，计田千六百顷。唐开元中，益州刺史章仇兼琼所开。五代时，张琳复自新津修觉山浚故址，至州西南合于松江，其利尤博。

鱼凫津，县东北二里。或曰，即鱼涪津也。《后汉志》：南安县北有鱼涪津，广数百步，临大江。建武十二年，吴汉破公孙述将魏党等于鱼涪津，遂围武阳。晋惠帝永康元年，赵廞据益州以叛，遣兵袭杀西彝校尉陈总于南安鱼涪津。旧《志》：津在嘉定州夹江县界。○沙头津，在县北，亦大江津济处也。晋永和三年，桓温自平模直指成都，李势将昝坚与温异道，还自沙头津济。比至，温已军于成都陌，其众遂溃。《志》云：津在县北二十里。

武阳驿。在县治东。水驿也。隆庆二年，自眉州改今属。或曰，驿旧置于龙爪滩旁，亦名龙爪驿。

○丹棱县，州西八十里。西南至嘉定州洪雅县六十里，西北至邛州蒲江县百五十里。汉南安县地。后周置齐乐县，属齐通郡。隋开皇中，改曰丹棱县，属嘉州。唐属眉州。宋因之。元省。洪武十三年，复置。今城周不及三里，编户四里。

齐乐城，县东北二十里。刘昫曰：萧齐置齐乐郡。今《齐志》不载。《州志》云：齐曰南乐县，后周改为齐乐。亦误。县盖后周时置，本治此，隋唐间迁于今治。

赤崖山，县北二十里。高耸赤色，如鸟斿之状，拱翼县治。又北五里曰簸箕山，山圆而大，以形似名。又三箐山在县东北三十里，接彭山县界。○龙鹄山，在县北十五里，山高耸。宋李焘父子读书于此。一名龙鹤山。

飘然山，县西五里，山幽胜。又县东南二十二里有金釜山，下临平羌江。

青衣水，县东南十七里。一名平羌江。源出雅州芦山县之卢山，经洪雅县北流入县境。又东南流经州南，历青神县东而入嘉定州夹江县界。○雍沕水，在县南二十里，下流合青衣水。《州志》：蛮语药曰雍，浆曰沕，是水可以愈疾而甘美如浆也。又彝郎川，在县东二十里，土地平旷，宜耕稼。本名彝朗，讹为郎。

栅头镇。县南四十里。镇有九龙洞，其中幽胜，上有峰峦。《志》云：镇当嘉、眉、雅往来之冲，人物阜繁，商旅辏集，甲于西南。

○青神县，州南八十里。西南至嘉定州夹江县六十里，东至成都府井研县百里。汉南安县地。西魏置青衣县，盖取蚕丛氏青衣以劝农桑为名。后周为青神县，并置青神郡。隋初罢郡，以县属嘉州。唐属眉州。宋、元因之。明洪武九年省，十三年复置。城周五里有奇，编户四里。县今省。

青衣城，在县东南。刘昫曰：青神县临青衣江，魏因以青衣名县。本治思濛水口，唐武德八年，移于今治。《州志》：梁青州城在今县南五里，后周改为青神郡。误。

熊耳山，县治西。《蜀志》：望帝以褒斜为前门，熊耳、灵关为后户。《水经注》：江水又东南径南安县，西有熊耳峡，连山竞险，接岭争高。河平中，山崩地震，江水逆流，悬塈有滩，名垒坻。亦曰盐塈，李冰所平也。《华阳国志》：青衣有沫水，触山胁为湎崖，水脉漂疾，破害舟船，历代患之。李冰发卒凿平湎崖，通正水道。《汉书·沟洫志》：李冰凿离隼，避沫水之患。即此。隼，古堆字。《寰宇记》：古老言诸葛武侯凿山开道，即熊耳峡东古道云。沫水即青衣水之异名矣。〇伍渡山，在县东十里。水径山下，绕流屈曲，渡处凡五，因名。

上岩，县东北五里。又五里为中岩，上有唤鱼潭、罗汉洞，岩之半有三石笋，青衣水经其下。又下岩，在丹棱县东南二十五里。《一统志》：县东五里有慈姥岩，下临青衣水，亦曰慈姥矶。

大江，县东二十里。自州境南流至此，又南入嘉定州界。县东南旧有松栢滩，昔多覆舟之患，相传宋天禧中，县令张逸为文祷江神，不越月而滩徙五里。

青衣水，县东五里。自丹棱县流经州界，入县境。晋永和三年，桓温伐蜀，军至青衣，即此处也。又南入嘉定州夹江县界。或曰，县境之青衣水以青衣教民事而名，非即雅州之青衣江。似误。〇鱼蛇水，在县南二十里。源出成都府仁寿县界之木梓山，流经县境，入大江，以水中有鱼似蛇，因名。一名鱼鲫江。

芙蓉溪，在县东南，流入大江，夹岸多芙蓉，因名。又东为五渡溪，在伍渡山下，亦流入大江。〇青神渠，在县西。《唐志》：大和中，荣县夷人张武等百余家请田于青神，凿山酾渠，溉田二百余顷。

筰关。在县南境。汉唐蒙通夜郎，从巴蜀筰关入。《郡国志》：唐蒙破西南夷路，始于此邑。盖汉建元中，未开西南夷，县与夷接界云。〇犁头湾巡司，在县境。青神驿，在县东三里，水驿也。又县东南六十里有峰门水驿，接嘉定州界。《舆程记》：峰门驿，又南五十里至嘉定州之平羌驿。

〇邛州，东至眉州百六十里，东南至嘉定州四百二十里，西南至雅州二百里，北至成都府崇庆州百十里。自州治至布政司三百十里，至江南江宁府七千一百三十里，至京师一万五千七十里。

《禹贡》梁州地。秦属蜀郡。两汉因之。或曰，蜀汉时，属汉嘉郡。晋仍属蜀郡。永和以后，属晋原郡。宋、齐因之。梁置临邛郡，兼置邛州。西魏因之。隋开皇初，郡废。大业初，州废，改属临邛郡。《隋志》：大业初，改雅州为临邛郡，治严道县，临邛县属焉。唐武德初，复置邛州。治依政县。显庆三年，移州治于临邛。天宝初，改临邛郡。乾元初，复故。咸通九年，置定边节度治邛州，寻省。文德初，复置永平节度。大顺中，又省。五代时，王建亦尝置永平军于此。宋仍曰邛州亦曰临邛郡。元至元十四年，立安抚司行邛州事，寻复为州，并临邛县入焉，属嘉定路。明洪武九年，降州为县。成化十九年，复升为州。编户十里。直隶布政司，领县二。今亦曰邛州。

州屏蔽川蜀，控扼西番，邛崃、零关，近资羽翼之势，清溪、大渡，遥为肩背之形，使任得其人，未始不可以靖西山之烽火，戢南诏之戈矛也。说者谓唐置定边军，而西川益以多事，州不足为缓急之藉也。岂笃论哉？

临邛废县，今州治。秦置县，属蜀郡。汉因之。王莽改蜀郡太守为导江卒正，治临邛，公孙述因以篡窃者也。后汉仍属蜀郡。章武三年，汉嘉太守黄元叛，烧临邛城，即此。晋仍属蜀郡。永嘉中，李雄分立汉原郡，临邛县属焉。永和中，属晋原郡。宋齐仍旧。梁置临邛郡。刘昫曰：西魏移临邛县于故县西置郡。隋罢郡，移治于今所。唐因之。初属邛州，显庆三年，始为州治。宝应元年，又置镇南军于城内。宋仍为邛州治。元至元二十一年，省县入州。《城邑考》：州旧无城，成化中，始筑土城。正德六年，甃以石。有门四，城周八里。

依政废县，州东七十里。汉临邛县地。西魏置依政县，改置邛州于此。隋初因之。大业初州废，县属临邛郡。唐初，复置邛州治焉，寻移治临邛。宋仍属邛州。元至元二十一年省。刘昫曰：依政故城，本秦之蒲阳县，汉为临邛县，后魏析置依政县，为蒲阳郡治。隋改为临邛郡治。似未核也。旧《志》：依政故城在州东北三十里。又公孙述城在州南十里。《志》云：即汉时临邛县治也，公孙述为导江卒正时治此。《华阳国志》：秦张仪城临邛，周围六里，高五尺，其址与成都郫同一云。临邛故城，在州南五里，盖西魏时临邛县治也。

火井废县，州西南八十里。刘昫曰：后周置火井镇。隋改为火井县，属临邛郡。唐属邛州。宋因之。《宋志》：开宝三年，移县治平乐镇。至道三年复旧。元省。《一统志》：火井城，在大邑县东四十五里。误。又《州志》：在州东南八十里。按：火井，今在州西南八十里，其东北有相台山，以袁天纲为火井令，登山相视县治而名。《州志》盖误以西南为东南也。《新唐书》火井县有镇兵，有盐。《宋志》邛州有惠民监铸铁钱，建炎二年废。

古城山，州西七里。亦谓之古石山。《华阳国志》：临邛有古石山，山出石矿，大如蒜子，火烧合之，成流支铁，甚刚，因置铁官。有铁祖庙，汉文帝以赐邓通，通假民卓王孙，岁取千匹，故王孙货累巨万亿，邓通钱亦遍天下。《寰宇记》：铁山铸钱，即此山也。《州志》云：山在州南十里，山有五面，对拱州治。○铜官山，旧《志》：在州东南八里。《史记》：卓氏之先，赵人。秦破赵，迁卓氏。夫妻推辇而出，曰，吾闻岷山之下沃野，下有蹲鸱。乃求远迁，致之临邛，即山铸钱。即此山也。汉文帝常以此山赐邓通。今州南五里有卓王孙宅基，方十里，耕者往往得古钱。《州志》云：山在州治东南二里。

七盘山，州西八十里。有石径自趾至巅，委曲七盘。其相近者，曰马崖山，以崖石如马形也。〇白鹤山，在州西八里。旧名四明山，一名群羊山。魏华父曰：白鹤林麓苍翠，江流萦纡，蔚为是州之望。又盘陀山，在州西十里。山高峻绝，顶宽平。《志》云：县南八里有邛崃山，汉张骞奉使西域得高节竹，植于邛山，故名。自沉黎千里至州，环抱为镇。

相台山，州西八十里，即火井令袁天纲登山相视县治处。山之西南，即火井也。《华阳国志》：火井有二，一燥一水，取井水，以井火煮之，一斛水得五斛盐，家火煮之，不过二三斗耳。民欲其火，先以家火投之，顷许如雷声，火焰出，通耀数十里，以竹筒盛其光藏之，可拽行终日不灭。《博物志》：临邛火井，诸葛丞相往视之后，火转盛。《蜀都赋》：火井沉荧于幽泉。是矣。其井深二三丈，以竹木投取火。后人以火烛投井中，火即灭绝，不复然。隋、唐间，于其地置火井县云。

邛水，州南五里，俗呼南河。源出雅州邛崃山，流入州界，与山溪诸水合，东流至崇庆州新津县境，而入大江。郦道元曰：邛水南入青衣江。似误。又牙江，在州东四十里，源出大邑县凤凰山，东南流至州东，合于邛水。其合处有石如象牙，因名。

斜江，县东七十里。源出大邑县鹤鸣山东，斜曲流径废安仁县，又东南流，至州东，亦入于邛水。《志》云：县东六十里有泉水河，平地涌出，流合斜江，入于邛水。〇糟水，在州西，源亦出大邑县凤凰山，流至州西南，合于邛水。《志》曰：糟水发源处，亦曰糟坝。又有布濮水，在州西八十里，源出獠界，流合于糟水。

东湖池，州治东一里。《志》云：孟昶所凿。又有西湖池，在州西十里白鹤山之左。○盐井。《元史》：邛州有二盐井，宋名金凤、芳池。天历初，地震，盐水涌溢，州民侯坤愿作什器煮盐，而输课于官。诏四川盐运司主之。今废。

夹关，在州西南。两山夹立，耸崎如门。自关以西则土汉接壤，蛮獠错杂处也。昔尝置兵于此，为戍守重地。

火井镇。州南二十五里，有巡司戍守。《志》云：司本置于故火井县，后移于此。○石盘戍，在州西百里。相传诸葛武侯征羌，驻军于此。俗呼望军顶，与獠界相接。又白鹤驿，在州治东一里。

○大邑县，州北六十里。北至成都府灌县九十里，东至崇庆州百三十里。本蜀郡晋原县地。唐咸亨二年，析置大邑县，属邛州。今城周八里，编户七里。

安仁废县，县南三十里。《九域志》云：在邛州东北三十八里。是也。唐武德三年，析临邛县置，属邛州。贞观十七年废。咸亨初复置。宋仍属邛州。元初，并入大邑县。

鹤鸣山，县西北三十里。形如覆瓮，上有二十四洞，应二十四气，七十二穴，应七十二候。又东西二溪，出其两腋。山之东南，又有石峰，名曰天柱，三面悬绝，其形如城，亦曰天城。又有青霞嶂、环玉潭，皆称佳胜，盖川西之名山也。今亦见崇庆州。

凤凰山，县西八十里。山形如凤，有虎劈泉、骑鲸柏诸胜。又雾山，在县北五十里，山多云雾。《名胜志》：县有静惠山，一名东山，上有土城，相传蜀汉赵云所筑。盖云尝防羌于此。

糒水，在县西。出凤凰山下，流入州界。又有牙江，在县东，亦流入州界，俱注于邛水。又牡丹池，在鹤鸣山牡丹坪上，水极清洁。

延贡砦。在县东南二十里。《志》云：在安仁废县北。是也。唐中和二年，高仁厚降阡能之众于此。胡氏曰：自成都双流县西南出新穿口，又西至新津县，又西至延贡砦，相去皆不过四五十里。《宋志》安仁县有延贡砦。〇思安砦，在县西。宋置，为戍守处。元废。

〇蒲江县，州西南百里。东南至眉川丹棱县百五十里，西至雅州名山县百二十里。本临邛县地。西魏置广定县，并置蒲原郡治焉。隋开皇初郡废，县属邛州。仁寿初，改县曰蒲江县。大业初，属临邛郡。唐武德初，仍属邛州。大和四年，改隶嶲州，寻复故。宋仍属邛州。元至元二十一年省。洪武十三年，复置。今城周三里有奇，编户五里。

蒲江旧城，县治北一里。蒲，《隋志》作蒲。《志》云：西魏置蒲口镇，并置蒲阳郡，寻改县曰广定。恐未可据。今县城，天顺间筑。正德中，重修。盖移治于旧县之南。

临溪废县，县北五十里。本临邛县地，西魏析置临溪县，属蒲原郡。隋属邛州。唐因之。宋仍属邛州。熙宁五年，废为临溪镇，属临邛县。明改属今县，仍曰临溪镇。

长秋山，县东二十里，山高耸。一名主簿山，以昔有主簿王兴者得仙于此而名。《寰宇记》谓之小可慕山。又九仙山，在县西三十里，山有九峰，如列屏然。〇金釜山，在县南八里。下有盐井，亦以金釜为名。《宋志》县有盐井监及盐井寨，以此。又有白鹤山，在县北三里，山亦耸秀。

蒲水，县治南。发源雅州名山县界，亦谓之蒲江。汉宣帝地节中，穿蒲江盐井，并置铁官，是也。蒲水流合邛水，出新津县而入大江。

铁溪河，县北二十里。其上流为百丈河。自雅州名山县流入界，合蒲水，又东北注于邛水。故邛水亦兼铁溪河之名。《唐志》临溪县有铁官，盖溪旁山中旧产铁也。下流入崇庆州新津县界，注于大江。

双路镇。县西六十里，有巡司。宋《九域志》蒲江县西有合水镇，为戍守要地。又县南十五里旧有莫佛镇。今废。

读史方舆纪要卷七十二

四川七 嘉定州 泸州 雅州

○嘉定州，东至成都府内江县三百六十里，东南至叙州府四百五十里，西至雅州二百三十里，北至眉州百七十里。自州治至布政司三百六十里，至南京六千七百七十里，至京师九千八百四十五里。

《禹贡》梁州地。汉为犍为郡地。后汉因之。晋仍属犍为郡。宋、齐因之。梁属齐通郡。后周析置平羌郡。隋开皇初，郡废，属嘉州。时州治广通县。广通，今眉州治也。或曰，隋移嘉州治此。大业二年，又改眉州。大业三年，改置眉山郡于此。唐复为嘉州。天宝曰犍为郡。乾元初，仍曰嘉州。《旧唐书》：是年剑南节度使卢元裕请升州为中都督府，寻罢。宋因之。亦曰犍为郡。庆元二年，升嘉定府。以宁宗潜邸也。开禧初，又赐军号曰嘉庆节度。元曰嘉定府路。明洪武四年，复为嘉定府。九年，降为州，以州治龙游县省入，编户十里。直隶布政司，领县六。今仍曰嘉定州。

州倚三峨而带二江，唐杜佑曰：州在大江、青衣二水之会。宋鲜于绰曰：州背负三峨，襟带二江。山川之胜，为蜀冠冕，且北去成都不过五驿，东指江阳，易于一苇，从来由外水而指成都、犍为、武阳,其必争之道也。宋牟子才言,嘉定为镇西之根本,以州据黎、雅上游也。然津途便利,密迩叙、泸,讵非成都之噤吭乎?

龙游废县,今州治。汉南安县地,属犍为郡。后周置峨眉县,平羌郡治焉。隋初郡废,县属嘉州。开皇九年,改县曰青衣。平陈日,有龙见水中,随军而进,十年,因改曰龙游。大业初,为眉山郡治。唐为嘉州治。宋因之。宣和初,改曰嘉祥县,寻复故。明初省。《城邑考》:州城,宋开禧中故址,西北依山,东南临江,江水啮城,城辄坏。明正统中,障以木栅。成化中,复捍以石堤。正德中,于城东南两面掘地甃石,深厚皆八尺余,高倍之,复编柏为栅以附石,始称坚完。嘉靖二年,复改筑西北一隅,又于水城增崇雉堞。自是皆以时修葺。城周十二里有奇。

平羌废县,州北四十里。后周置平羌县,属平羌郡。《志》云:本汉时平羌戍也。后周保定间,因故址置县。隋因之,属嘉州。大业初,属眉山郡。唐仍属嘉州。宋初因之。熙宁五年,废为平羌镇,属龙游县。《一统志》:平羌故城在州南十八里。似误。○废丰远监,在州界。《宋志》嘉州有丰远监,掌铸铁钱。元废。

九顶山,州治东一里隔江。山有九峰,曰凤集、曰栖鸾、曰灵宝、曰就日、曰丹霞、曰祝融、曰拥翠、曰望云、曰兑说。山下有凌云寺,唐开元间,僧海通者,于渎江、沫水、蒙水之会,悍流怒浪之滨,凿山为弥勒大像,高三百六十尺,建七层阁覆之。咸通十年,南诏蛮陷犍为,掠陵、荣二州,既而大集于凌云寺,与嘉州对岸。州刺史杨庆恭等勒兵拒之,蛮潜遣奇兵自东津济,夹击官军,官军溃,遂陷嘉州。《志》云:寺在州城东南。又乌尤山,在九顶山之东。旧名乌牛,突出水中,作犀牛状。黄庭坚改为乌尤,亦名乌龙山,俗仍呼为乌牛山。明初,明玉珍据重庆,元将完者都将攻之,屯嘉定之大佛寺,明玉珍遣兵劫乌牛山寨,捣嘉定,是也。大佛寺,见犍为县。山之左又有马鞍山,《唐志》:嘉州有二十四镇兵,一曰马鞍镇，盖置于此。一云在州南八里。又有圣冈山，在州治东南，山冈与凌云寺相连，因名。一名东山。

高标山，州治西半里。一名高望山。巍然高峙，万象在前，旧有层楼，江山千里，一目可尽。其相接者有杨雄山，有洞深邃，相传子云所居。《志》云：在治西一里。又城西门外有古像山，有石镌佛像，如凌云大佛而略小。俗云，初作此为式也。又茶山，在州西二里，产茶。

三龟山，州治东。以形似名。中间一峰，循其趾而上，弯环有九洞。宋德祐初，元将汪德臣攻嘉定，守将昝万寿战败，籍境内三龟、九顶、紫云诸城以降，即此。紫云城见犍为县。又州治南有洛都山，俗名龟子山。郭璞所云将州对洛都者也。

青衣山，在州东南大江中。屹然迥秀，崖壁苍峭，周广七里，长波四匝。又九龙山，在州东二里，俯临大江。○锦江山，在州北四十里，大江自成都环流至此，登山下瞰，萦绕如带。又白崖山，在州北八十里，山有清风、白云、朝霞三洞，称佳胜。

大江，在州城东，俗名通江。自眉州流入界，又南经乌尤山下，为三江会流处。中有洲，曰黑水尾，旧为茶商批验之所。又东南流入犍为县界。《志》云：大江经州东，青水、沫水从西南来注之，谓之合水。晋永和三年，桓温讨李势，循外水西上，势遣李福拒温，自山阳趋合水。山阳，峨眉山阳也。又唐咸通十年，南诏陷犍为，薄嘉州，刺史杨忞与蛮夹江而军，蛮阴自上游济，背击王师，忞走。嘉州陷，江盖州之襟要也。余详大川岷江及川渎异同。

阳江，州西南九十里，亦曰阳山江。阳，一作羊。即大渡河也。源出雅州羌界，下流自越嶲卫境流入州界，径峨眉县南，至州西，又东径州城南入大江。《通典》谓之青衣江，以与青衣水合流也。或谓之峨水，以峨眉山水流入也。自蜀以西之水，交会于此。详见大川大渡河。

青衣江，州西十五里。其上流自青神县流入夹江县界，至此会于阳江，而东入大江。《图经》：青衣、沫水合流处，有观音滩，自滩而上，曰鱼村、曰浮桥口，路出雅州之道也。《郡志》：州境有渎江，发源成都府温江县，径双流县界，又径眉州丹棱县、青神县，入州境，至州城东而入大江。盖即青衣水讹为渎江耳。详见大川青衣水。

泥溪河，州东北五里。源出平羌县山谷中，每岁泛涨，水色甚浑，泥凝于岸，因曰泥溪。西南流会于大江。又临江溪在州西二十里，源出三峨山，流合青衣江而入大江。《志》云：州治北有竹公溪，又平羌县界有三溪，今皆湮。〇明月湖，旧在州治南，今为平陆。又西湖，在城西，方广十里。

吕公堤，在城东。《志》云：州城三江门当二水之会，岸被水啮，易于决圮。宋守吕由诚筑堤，连延不断，以御冲波，郡人德之，号曰吕公堤。

平羌关，在州西北。《唐志》平羌县有平羌关。《州志》云：白崖山南有临江关，今废，即平羌之讹也。又嘉禾关，亦在州北。又有紫石关，当嘉、眉两州分界处，山石皆赤，因名。二关皆近代所增置。〇嘉庆关，在州城东大江东岸。《志》云：凌云寺之西即嘉庆关。

二石阙，在州西南旧市镇。《郡国志》：龙游县有二石阙，汉武使唐蒙下夜郎置。《舆地碑目》云：旧市镇石阙上有唐李德裕领重兵过此九字。晏殊《类要》误作二石关，近《志》皆从之。宜辩。又《州志》云：关在州东。亦误。

凌云驿。州治东。水驿也。又州北四十里有平羌水驿，即故平羌县，皆大江所经也。《志》云：州东南四十里有金石井巡司，万历中革。

〇峨眉县，州西八十里。西北至洪雅县八十里。汉南安县地。后周为峨眉县地。隋开皇九年，改峨眉曰青衣。十三年，复置峨眉县于此，属嘉州。大业中，属眉山郡。唐仍属嘉州。宋因之。今城周八里，编户六里。

绥山废县，县西四十里。刘昫曰：本名荣乐城，隋招致生獠置县于此，因山为名也。唐属嘉州。宋乾德四年，省入峨眉县。

罗目废县，县西南九十里。唐麟德二年，开生獠置县，并置沐州治焉。上元三年，州废，县亦省。仪凤三年复置，属嘉州。刘昫曰：县初治峨眉县界内陀和城，如意初，移于今治，距旧县三十余里。宋乾德四年，废为罗目寨，属峨眉县。

三峨山，《志》云：大峨山在县西百里，所谓峨眉山也。中峨山在县南二十里。一名覆蓬山，一名绥山。小峨山在县南三十里。一名铧刃山。三山相连，谓之三峨。详见前名山峨眉。

龙门山，县西十里。两崖峭峙，仰观青天，仅露一罅，岩壑奇胜，不一而足。又罗蒙山在县南三十里，一名罗目山，亦高广。二山盖即峨眉之别阜。

阳江，县西南百里，即大渡河也。自越巂界流入境，经废罗目县南罗目江流入焉，亦谓之峨水。又东入州界。

罗目江，在县西。出峨眉山麓，右溪自小天池以东，左溪自黄茅平以北，至罗目废县之上，合二溪之委为江。水石甚奇险，下流入于阳江。《寰宇记》：罗目县西南五里有小铜梁，盖在罗目江之上。○符文水，在县西三十里。出峨眉山洞中，北则白水，南则黑水，过双飞桥下而汇流为一，下流亦注于阳江。

彝惜水，县东南五十里。又天津水，在县西南百五十里。皆出越巂界，东北流入县境，注于阳江。○秦水，在县西南二十里，亦出峨眉山麓，下流汇于阳江。《志》云：秦惠王克蜀，移秦人万家以实之，秦人思秦之泾水，遂于此水侧置戍，谓之泾口。唐天宝六载，改曰秦水。《名胜志》: 今夹江县治名泾上。泾水疑在其地。又种玉溪, 在县西十里, 出龙门山, 亦曰龙门溪, 流合于秦水。

土地关, 县西南四十里。《边略》: 县地西南二边, 邻松坪、木瓜、大小赤口等处, 自县三十里至高桥, 又十里至土地关, 二十里至龙池场, 二十里至大围关, 五里至铁索桥, 五里至射箭下坪, 三里至射箭上坪, 此县之旧界也。坪外八里至黑龙溪, 四里至虎皮冈, 始分两岐, 右路由上马胜溪至金口厂, 为邛部司新附之民, 名归化乡, 有阳化堡设焉。由金口厂二十里至楠木园, 五十里至天池, 八十里至万家石, 三十里至松坪, 则黎州境内矣。左路由下马胜溪至古金寺, 渡中镇河, 有中镇巡简戍之。又十七里而至太平墩。墩有两岐, 右路过阳村行百里, 乃至猡猲。猡猲, 亦新附蛮种也。左路上蛮鬼冈, 冈势险峻, 树木丛杂, 入冬徂春, 烟雾不收, 雨雪层积, 即蛮人亦鲜踪迹。又十五里至空木, 即永宁墩。八里乃至栖鸡坪, 今筑平彝堡处, 城池候馆咸备焉。由栖鸡五里至泠溪, 二十里至热水河, 十里至四百囤, 又二十五里而主西河, 设有镇远墩, 过墩四十里为杀马溪, 悬崖峭壁, 中逼河流, 人过此者, 两头牵索, 缘索而步, 至下山处, 名为溜马漕。又五十里则木瓜彝种巢穴也。栖鸡, 一作茜鸡。

靖彝堡。在县西南。《志》云: 万历初, 猓夷猖獗, 增设此堡以备之。又中镇亦在县西南, 临中镇河, 明初置巡司于此。又陀和镇在县西南, 后周时置戍于此。唐仪凤中, 为罗目县治, 寻改置陀和镇兵于此。宋废。○峨眉驿, 在县西南。唐置峨眉镇于此, 寻改为驿。明初, 傅友德于大渡河造船, 以达建昌, 曹震言: 建昌驿道经大渡河, 多瘴疬。峨眉至建昌有古驿道, 平易可行, 乞以时开通, 移温江至建昌, 各驿马置峨眉新驿为便。从之。寻废。

○夹江县, 州西北八十里。东北至青神县六十里。本龙游、平羌二县地, 隋开皇三年, 析置夹江县, 属嘉州。唐、宋因之。今城周五里有奇，编户十五里。

南安废县，县西北二十五里。汉县，高帝封功臣宣虎为侯邑。武帝时，属犍为郡。后汉因之。自晋以后，皆属犍为郡。梁属齐通郡。后周属平羌郡，寻废。今为南安镇，亦曰南安乡。○夹江旧城，刘昫曰：本夹江废戍也，在今县北八十里，地名泾上，隋于此置夹江县，唐武德初，移于今治。

万松山，县东北三十里。山有三峰，中峰尤为峻耸，环山皆松也。其南曰天马山，山势高骞，一名马鞍山。相近者曰伏龟山，冈峦绵亘，盘曲有九。又有葛藤山，以形如葛藤也。滨江又有帘钩山。《志》云：以两山夹江，状若帘钩而名。自天马以下俱在县东三十里。○丈人山，在县东十里，亦曰九盘山。上有石，峭拔如人立，俗谓之丈人峰。相近者曰虎履山，上多虎迹，因名。

平羌山，县西十五里。山高广，下瞰平羌江。后周以此山名县。又凤凰山在县南十里，冈峦攒列，飞矗若凤。又县西三里有云吟山，亦耸秀。○千佛崖，在县西八里，数峰崭然，崖石峭拔，崖旁多镌佛像，因名。西岩瀑布悬流，响震林壑。

青衣水，县西十九里。自眉州青神县流经县界。洪雅川亦自县西流合焉，因有夹江之名。或曰，非也。大江经县东，青衣经县西，故云夹江。旧《志》：青衣水经南安故城，亦谓之南安峡口。蜀汉章武三年，汉嘉太守黄元叛，杨洪度其必乘水东下，敕诸将陈曶等于南安峡口邀遮，果得元。是也。青衣水又东南流，至州城西而入于阳江。

洪雅川，县西三十里。自洪雅县流入界，东西曲流百三十里，与青衣水合，亦谓之雅江。○至川溪，在县西三十五里。源出峨眉山麓，流入县界，合青衣水而注大江。又龙鼻溪，在县西南十五里，其地有龙鼻山溪流绕其下，因名。又飞水溪，在县西十里，状如素练，一名瀑布泉，皆东流注于大江。《志》云：江西去县三十里也。又天水溪，亦在县西。有天生桥，在依凤冈东，其桥天成，涧水出其下，流而为溪，灌田千顷。

向君堤，在县西南，延袤数里。《志》云：蒙江啮岸，县令向君捍之，锸沙汀中，得白金一箧，资以就堤，亦名白金堤。蒙江即青水江也。

弱澨镇。在县东南。有弱澨渡，盖青衣水渡口。《后汉志》县有鱼涪津。《蜀都赋》注：津在县北三十里。或以为即今武阳县之鱼符津也。

〇洪雅县，州西北百三十里。东北至眉州丹棱县六十里。汉南安县地。后周为齐乐县之洪雅镇。隋开皇十三年，改置县，属嘉州。唐武德初，置犍州治此。贞观初，州废，改属眉州。开元七年，复置义州于此。明年，州废，仍属眉州。宋初因之。淳化四年，改隶嘉州。元至元二十年，废入夹江县。明成化十八年，复置。今城周六里有奇，县编户三里。

南安废县，在县东南。贾耽曰：后周废南安县，隋义宁初，改置南安县于废县西，属嘉州。唐武德二年，改属眉州。五年，省入洪雅县。开元八年，复以獠户置南安、平乡二县，属义州。明年，州废，二县俱并入洪雅。是也。《州志》：县西四十五里有洪雅故县。县初置于此，后移今治。

九胜山，县北一里。九峰屹立，近如屏阑，远如户闼，为县之胜。又八面山在县南三十里。峰峦高峻，黛色参差，八面如一，因名。又县东南二十五里有金釜山。冈陇回环，草木丛郁。一名主簿山。下有金釜渡，洪雅水所经也。或以为即丹棱县之金釜山。恐误。

竹箐山，县西三十里。上多竹，蒙茸茂密。昔人以石砌梯磴，盘折而上。宋尝置关于其巅，设巡简司，后废。嘉靖中，复设竹箐山巡司。又云占山在县西七十里，高出诸峰之上，四时云气笼罩尝半县。西百里又有阿吒山，岩石雄峻，其东岩瀑布千仞，响撼山谷。《志》云：县西又有思经山，与雅州分界，其北有废严道县址。

雪坡，在县南，即峨眉山麓也。胡氏以为雪岭之坡。今夹江县西有雪岭，一名宝子山，坡盖在其西。唐咸通十年，南诏入寇，与官军相持于大渡河，蛮密分兵开道逾雪坡，奄至沐源川，渡江陷犍为。沐源川，今在犍为县界。

青衣水，县西北七十里。自雅州名山县东南流入县界，又东南入眉州丹棱县境，亦曰平羌江，下流入夹江县。○洪雅川，在县西七十里。一云源出阿吒山，绕流县界，而入夹江县境，县以此名。唐武德九年，益州将郭行方击破眉州叛獠于洪雅川。是也。

花溪。县西六十里。其上流为雅州之周公水，流入县界，东北流入青衣水。又有龙溪，在县西南六十里，分流为二，左流为大龙溪，右流为小龙溪，盘曲围抱，如游龙然。下流皆注于洪雅川。

○犍为县，州南百里。东南至叙州府三百里。汉南安县地。后周置武阳县。隋初改名属戎州。唐初因之。上元初，改属嘉州。宋、元因之。今城周二里有奇，编户八里。

沉犀城，县南十五里。《志》云：后周保定初，置沉胥郡治此。隋开皇初废。或曰，即故犍为县治。《宋志》大中祥符四年，徙县于惩非镇，即今治云。○紫云城，在县东南十五里。亦曰子云城，相传杨子云曾居此。宋宝祐中兵乱，筑城置戍于此。德祐初，昝万寿以紫云城降元。是也。今其地为水月市。

玉津废县，县西北三十九里。《志》云：隋大业中置。唐初属嘉州。宋乾德四年，浸入犍为。

犍为山，县南十五里。相传汉以此名县。又南五里曰沉犀山，近大江亦曰沉犀滩。沉犀城以此名。○四望山，在县东北百里，山高耸，可以四望。

大江，在县城东。自嘉定州南流经此，又东南入叙州府宜宾县界。

唐咸通十年，南诏攻黎州，分兵东出，诡服汉衣，济江袭陷犍为，遂焚掠陵、荣二州间。《州志》：县北十里有蟆颐滩，大江所经也。湍流峻急，为行舟患。近凿而平之，公私便利。

沐源川，县西南百里。自马湖府沐川长官司流入界，经县南入于大江。今县南有清水溪，源出马湖界，流入境，下流至孝女渡入江，曰清溪口，即故沐源川矣。唐咸通中，南诏蛮自雪坡奄至沐源川，寻陷犍为，即此。又四望溪，在县东北百里，发源三江镇，下流入岷江。○汉水，《志》云：在县东北百八十里。汉成帝时，得古磬十六枚于水滨，名宝磬川。其下流东入资江。

鸳鸯碛，在县东北，临大江。晋永和三年，桓温伐蜀，李势将昝坚拒温，至合水，诸将欲设伏于江南，以待晋兵，坚不从，引兵自江北鸳鸯碛渡向犍为，温军至青衣，从彭模直指成都，坚至犍为，知与温异道，还自沙头津济，军遂溃。合水，今州东阳江合大江之口也。彭模及沙头津，俱见眉州彭山县。

沐源镇，在县西南，以近沐源川而名。唐嘉川二十四镇兵之一也。乾符初，高骈筑沐源川城，盖即故镇筑以御蛮寇。《新唐书》县又有犍为、牛、庄牛径等镇。

石马滩镇，县北四十里，有巡司。又县东北百里有四望溪口巡司。其相近者，又有永通盐课司。又税课局，在县西十里。○沉犀驿，在县治南。水驿也。又南四十里为下坝驿。又六十里接叙州府境之月波驿，县北五十里又有三圣驿，又北六十里达于凌云驿。

大佛寺。县东南四十里，唐所建。元末完者都以明玉珍据重庆，屯兵大佛寺，将攻之，明玉珍遣兵捣嘉定，遂攻破大佛寺。

○荣县，州东二百里。西北至成都府井研县百五十里。汉南安县地。隋大牢县地，属资州。唐武德初，置荣州，治大牢。贞观初，析置旭川县。永徽二年，移州治焉。天宝初，曰和义郡。乾元初，复曰荣州。继又增置威远军于城内。宋因之，亦曰和义郡。治平四年，改旭川县曰荣德。绍熙中，又升州为绍熙府，以光宗潜邸也。端平以后，废徙不一。元亦曰荣州，以州治荣德县省入。明初因之。洪武九年，降州为县。今城周五里有奇，编户七里。

大牢废县，县西南五十里。宋白曰：萧齐置南安郡，治南安县，即此地也。后周废。隋置大牢镇。开皇十三年，改置县，属资州。仁寿初，山獠作乱，以卫文昇为资州刺史，到官，獠方攻大牢镇，文昇单骑谕降之，即此。唐初，析置荣州，寻治大牢。永徽中，州移治旭川，大牢属焉。天宝初，改曰应灵郡。宋仍属荣州。明初省。○罗水废县，在县南，唐初置。《新唐书》：景龙二年，省云州及罗水、云川、湖连三县入大牢，其地皆与大牢相接也。

公井废县，县东三十五里。刘昫曰：唐武德元年，割资州之大牢、威远二县地，于公井镇置荣州，以界内荣德山为名。是年，改镇为公井县。六年，州移治大牢，公井属焉。宋初因之。熙宁四年，省为公井镇，入荣德县。《宋志》公井有盐场一，端平三年废。

资官废县，县西南百二十里。本南安县地，晋义熙十年，置冶官县，属犍为郡。宋齐因之。后周省。隋末复置，改曰资官。唐武德初，属嘉州。六年，改属荣州，县有盐有铁，故曰资官也。宋仍属荣州。元省。《邑志》：县治西一里有荣王城，宋宝庆初筑，以封弟与芮，周一里有奇。元末隳。

凤鸣山，县治西北。《志》云：自县治北至县治西南之浮图崖有五山相连，亦曰五山。

荣德山，县东北四十一里。唐因以名州。《志》云：山在群山中，峭拔突起，高五百余丈。有小径至山顶，以木为梯，上有石室二十四，相传皆仙真幽栖之所。一名老君山。又有荣隐山，在县北三十里，亦幽胜。一名石筠山。又荣黎山，在县东十五里，上有龙池，县有三荣之名以此。

荣川，在县东，亦曰荣溪。自成都府仁寿县界流入，又东南与双溪合流，东南入叙州府富顺县，合金川，注于大江。《志》云：荣川亦名遁水。又有东川，在县北，亦自仁寿县山谷中出，东南流经城下，会于荣川。○双溪，在县北。其水一自西来，流浊；一自东来，流清。二水相合，流经城下，会荣川东川而入富顺县界。

新罗镇。县南八十里，有盐课司。或曰，司盖与富顺县接界。

○**威远县**，州东三百里。东南至叙州府富顺县百三十里。亦汉南安县地，隋开皇初置，属资州。唐初，改属荣州。宋因之。元省，后复置。明洪武四年，省入荣县。九年，复置，改今属。城周二里有奇，编户四里。县今省。

和义废县，在县东南百里。隋末置。唐初属泸州。贞观八年，改属荣州。宋乾德五年，并入威远县。又至如废县亦在县东南。唐贞观初，置婆日、至如二县，属荣州。二年，又割泸州之隆越县来属。八年，俱并入威远县。

中峰山，县北百里。山峰高耸，与资县分界。又两母山，在县西北百三十里。二峰并耸，皆有石崖下垂，望之如乳。又佛顶山，在县西北三十里，悬崖百尺，上镌佛像，因名。《志》云：县东十五里有葛仙山，亦高秀。

献宝溪。县西北七十里。《志》云：溪源一出仁寿县界罗泉山下，一出两母山，合流而东南入富顺县界，注于金川。又有中溪，在县南，下流合于荣县之荣川。○龙会河，在县东，曲流如盘龙，合于献宝溪。又硫黄川，在县北四十里，溪自山壑中来，旁有一窍，硫黄随泉而出。

○**泸州**，东北至重庆府五百七十里，南至永宁宣抚司三百四十里，西至叙州府三百五十里，北至重庆府合州五百五十里，西北至嘉定州六百五十里。自州治至布政司一千五百五十里，至江南江宁府五千六百八十五里，至京师九千二百里。

《禹贡》梁州地。春秋时巴国地。汉属犍为郡，后汉因之。建安十八年，析置江阳郡。三国汉及晋因之。宋、齐仍曰江阳郡。按沈约《志》：江阳郡，晋安帝时乱，失本土，乃侨置于武阳。宋时，始复旧土，因为东江阳郡。《萧齐志》亦曰东江阳郡。梁兼置泸州。隋郡废州存。仁寿中，置总管府。大业初，府废。大业初，改曰泸川郡。唐初复为泸州。武德初，置总管府，寻曰都督府。刘昫曰：州督羁縻十州，天宝初，督十四州。天宝初，曰泸川郡。乾元初复故。宋仍曰泸州。亦曰泸川郡。宣和元年，赐军额曰泸川节度。乾道六年，移潼川路安抚司于此。《宋志》：泸州领羁縻州十八。景定初，没于蒙古，寻复取之，改曰江安州。元仍曰泸州，以州治泸川县省入，隶重庆路。明初改直隶布政使司，仍曰泸州，编户七十里。领县三。今仍旧。

州西连僰道，东接巴、渝，地兼彝汉，江带梓、夔，控制边隅，最为重地。今自州而北，一军出中水，可以径达广汉。自州而东，江水兼众水之流，浩瀚洋溢，吴楚百石大舟可方行而至。自州以西，水陆兼济，不十日可抵成都，泸州惊则两川尽城守矣。宋绍定中，魏了翁知泸州，时泸为大藩，控边面二千余里。了翁乃修武备，治城郭，为捍御之计。既而叛将刘整以州降蒙古，教之侵宋，泸州失而蜀益不可为，宋之亡亦日迫矣。泸实当东西腰膂之地，谋蜀者所当先也。

泸川废县，今州治。汉置江阳县，属巴郡。景帝六年，封赵相苏嘉

为侯邑。武帝改属犍为郡。后汉因之。建安中，为江阳郡治。三国时，诸
葛武侯尝屯兵于此。晋仍为江阳郡治。宋、齐因之。梁为泸州治。或曰州
治马湖江口，误也。隋泸州亦治此。大业初，改县曰泸川，仍为郡治。唐
因之。宋淳祐三年，徙治于江南岸神臂山，谓之铁泸城。元还旧治。至
元二十年，省县入州。《城邑考》：州旧为土城，宋政和间旧址也，元毁。
明初，因故址修筑，甃石为固。弘治初，增修。嘉靖中，又复营治。隆庆三
年，复增拓之。有门四，城周七里有奇。

泾南废县，州西南四十五里，在泾水之南。唐贞观八年，析泸川县
置泾南县，属泸州，寻复省入泸川县。

九支城，州西南百余里。本南广蛮地，宋大观二年内附，因置纯
州，领九支、安溪二县。宣和二年，州废，改县为九支城，属泸州。《州
志》：九支城在州西五十里。似误。○武都城，在州西南境，亦南广蛮
地。宋大观三年内附，建滋州，领承流、仁怀两县。宣和三年，废州为武
都城，以仁怀为堡，承流县并入焉。元初废。

思峨废州，亦在州西南境。唐天授二年所置羁縻州也，领多溪、洛
溪二县，属泸州都督府。宋因之。熙宁八年内附。政和中，属长宁军。又
羁縻顺州，亦在州境。唐载初二年置，领曲水、顺山等五县，属泸州都督
府。宋因之。后俱废。今州有思峨洞，或云州盖因洞而名。

神臂山，州东八十里，亦曰神臂崖。北临江渚，险固可凭。宋淳熙
三年，余玠迁州城于山上，所谓铁泸城也。○方山，在州西南三十五里。
《志》云：山分八面，有九十九峰，下瞰江流，深窅无际，顶有巅池，周围
一里，唐时尝改名曰回峰山。又《水经注》：绵水至江阳县方山下入江，
谓之绵水口。绵水即资江也，南去方山犹十余里，盖径山北东入江耳。

宝山，在州城西。初名堡子山，宋陈损之易今名。两江合流，下瞰
城郭，为郡之胜。一名泸峰山。又三华山，在治北一里，有三峰耸秀。州

东三里曰归子山，下临江滨。○南寿山，在州南十里，初名博望山，宋政和中，晏州叛彝平定，守臣绘图以进，诏改今名。又州南五里有瑞鹿山，亦高秀。

思峨洞，州西南二百里。初入稍隘，已乃宏广，相传为故思峨州地也。又龙女洞，在州东北二十里。崖壁高峻，有二洞，甚幽邃，人不能到。又州南十里南田镇有飞云洞，亦幽胜。

泸江，在州城东，即大江也。自叙州府南溪县流径江安纳溪县，过州城南，又东北出而会雒江。今州治东隅即为江浒。夏潦水涨，两江环合，弥漫浩渺，如大海然，州人谓之海观。并流而东入合江县境。《志》云：泸江中有大石阙，亦曰黄龙堆。春水涨则堆没阙平，水涸时常为舟楫患。余详大川大江及川渎异同。

资江，在州城北，即中江也。自叙州府荣昌县东南流，至州城东，合于泸江。《水经注》：江阳县枕带双流，据江、雒会。是矣。详见前大川雒水。

支江，州城西北，大江分流也。自叙州府南谿县鸳鸯圻而东，入州界，经安夷镇，又东入于资江。又有赤水，自隆昌县界流入州境。合于支江。○九曲溪，在州东北十里。蜿蜒九曲，可通小舟，引流灌溉，为利甚博。又有澄溪，在州治南。源出宝山下，流常澄洁，下流俱入于大江。

龙透关，州南七里。相传诸葛武侯所立。又州南二十里有鞅道砦。《志》云：东汉征南蛮，尝屯军于此。○博望砦，在州南十里。宋政和七年置，亦曰南寿砦，以寨在南寿山下也。又绥远寨，在州西南。宋大观中置，隶滋州。宣和三年，改隶泸州。宋末俱废。

板桥堡，在州西南。相近有政和堡。俱宋政和初置。《宋志》：州境有羊羝寨，治平四年废。又有白芳砦。皇祐初，知益州田况发白芳子弟讨叛彝，是也。元丰二年废。又有大硐寨，元丰三年废。○石门堡，在州境，宋李焘知泸州，首葺石门堡，以扼夷人，是也。或曰，即今州南石棚镇。

石棚镇。州南二十里，有巡司。又有李市镇巡司，在州北百里。○泸川水驿，在州治东。又东六十里有黄舣水驿。又立市马驿在州治北，盖州当水陆津涂也。

○纳谿县，州西南四十里。西南至叙州府长宁县二百二十里。本泸川县地，宋为纳谿堡。皇祐二年，增置军寨巡简。绍定五年，升为纳谿县，属泸州。旧有土城，今废。城址不及三里，编户三里。

旧县城，县北十里。元大德中，移县于江北，以避水害，即此城也。至大初，复还今治。今亦谓之旧县坝。

楼子山，县治东一里。层峰叠嶂，俨若楼阁。又县东四里有掇旂山，相传武侯树旂于此，以誓蛮人。又舞凤山，在县西南十五里。山势起伏，横开如凤舞。

大江，在县城北。自江安县流入界，又东南出泸州城南。《舆程记》：自县至州江道凡七十里。盖水流盘曲也。又有掇旗滩，在县东二里江滨，相传亦以武侯名。

纳溪，县治西。县境大川也。永宁宣抚及泸州卫以北之水，汇流经江门峡口大洲，而北至县西门入于大江。亦谓之纳江。旧《志》云：源出阿永蕃部，即永宁属彝也。今县有纳溪河口巡司。

倒马关，县南百三十里。明初置，路通云南、交趾，因倒马坎为名。又石虎关，在县南百五十里。明初置，通云、贵之道，关前有石如虎，因名。○保子砦，《志》云：在县西十里，相传武侯南征，尝驻兵于此。

江门砦。在县西南。宋元丰四年，置江门砦，属乐共城。后城废，寨属纳溪县。今为江门堡，南去永宁一百三十五里。江门水马驿亦置于此。《舆程记》：由江门水道而北，径峡口水驿至纳溪县，共二百四十里。是也。○大洲堡，在县南百四十里，亦宋元丰中置，属乐共城。今为大洲水驿，又改大洲驿为通邮驿，属江安县。《舆程记》：县南七十里至渠坝驿，又七十里至大洲水驿，又南六十五里为峡口水驿，与永宁接界。《州志》：渠坝驿在泸州治南，大洲驿在江安县治东。似皆误。

○**江安县**，州西南百二十里。西至叙州府南溪县百二十里。汉江阳县地，后汉置汉安县，属犍为郡。晋属江阳郡。刘宋为东江阳郡治。齐、梁因之。隋开皇初，仍曰汉安县，属泸州。十八年，改县曰江安。唐仍属泸州。宋因之。今城周六里，编户二十里。

绵水废县，在县西绵水溪口汶江中洲上。晋太元中置县，属江阳郡。刘宋属东江阳郡。齐梁因之。隋仍曰绵水县，属泸州。唐仍旧。宋乾德五年，废入江安县。○施阳废县，在县西。唐贞观初，以夷獠户置施阳县，又置思隶、思逢二县，属泸州。八年，省施阳县入江安。十三年，又省思隶、思逢入焉。又废南井监，《志》云：在县东北，宋南渡后置监。有凤凰山，山有雁塔，元初监废。今为南井铺。

柯阴废县，在县西南。唐羁縻晏州所领县也。宋熙宁七年，熊本降泸彝柯阴酋不下，本合晏州十九姓之众，发黔南军讨败之于黄葛下，追奔深入，柯阴乞降，本受之。以其酋箇恕知归徕州，于是淯井、长宁乌蛮、罗氏鬼主诸蛮，皆愿内附。黄葛，或曰山名也，在县南归徕州，即柯阴县改置。

乐共城，在县南百里小龟山上。宋元丰四年置城于此，后并入江安县。《宋史》：元丰元年，命韩存宝经制泸州纳溪蛮，存宝破其后城。二年，罗苟蛮叛犯纳豁，议者言罗苟不加诛，则乌蛮观望，为害不细。存宝檄归徕酋乞弟击平之。既而乞弟率兵至江安城下责赏，寻益桀骜，官军击之，败没。四年，改命林广讨之。广败乞弟于纳豁，破乐共城，进至斗满村，又次落婆囤。乞弟遁，广率兵深入，自发纳江即入丛箐，无日不雨雪，士卒死者不可胜计。过老人山，山形剑立，度黑崖，历鸦飞不到山，进抵归徕州，竟不得乞弟，师还，筑乐共等城为戍守。政和五年，晏州彝卜漏反，攻乐共城，官军拒却之，是也。纳江，即纳溪。

汉阳山，县南四里。孤高突起，为南境之望。又县南四十里有照山，峰峦岩壑，为一邑之胜。○连天山，在县南七十里。回旋曲折，高耸连天。又南三十里即小龟山矣，乐共城旧置于山上。

大江，在县北。自南溪县流入境，又东接纳溪县界。《志》云：县西旧有三江碛，控江为险，宋嘉熙三年，筑城于此，以御蒙古。或曰，三江碛即绵水口也。

绵水，在县治西。源出连天山，北流经废绵水县，入于大江，谓之绵水口。或曰，绵水合于淯溪诸水，同入大江也。○淯溪，在县南。源出叙州府长宁县，流入县界，入大江。又安乐溪，宋邓绾云：在县东北。自合江县南境上接蛮界，西北流至县境，入江。一云，即纳溪分流也。时未建纳溪县，故云自合江境流入耳。○泾滩，在县南三十里。滩上有山插天，瀑布悬流，侧有卧石，下流会于绵水。

安远寨，县南七十里。世传诸葛武侯征蛮，于此屯驻。《宋志》：元丰三年废平彝堡，于罗池改筑安远寨，属泸州。后废入江安县。又有西宁等寨，亦元丰中置，后废。

梅岭堡，县西南百二十里，相传亦诸葛武侯屯兵处。又南有镇溪寨，《宋志》：元丰四年，置乐共城，领江门寨、镇溪堡、梅岭堡、大洲堡。是也。政和中，晏州蛮卜漏反，攻破梅岭砦，寻讨平之。元废。江门、大洲，见上纳溪县。○席帽溪砦，亦在县境。《宋史》：元丰五年，林广入归徕州，师还，筑乐共、江门、梅岭及席帽溪等寨，西达淯井，东到纳溪，皆控制要害。是也。寨旋废。

江安驿。在县西，水驿也。《舆程记》：自南溪县之龙腾驿，东

六十里至江安驿，又六十五里为董霸驿，自此而东六十里即纳溪县之纳
谿驿。《会典》有通邮驿，即纳溪之大洲驿改今属。

〇合江县，州东百二十里。东北至重庆府江津县二百七十里。汉
犍为郡符县地，后汉为符节县。晋仍曰符县，属江阳郡，县寻废。永和
中，改置安乐县。宋齐因之。梁时亦曰安乐戍。后周置合江县，属泸州。
隋因之。今城周不及二里，编户七里。

废符县，在县南。汉置县于此。《水经注》：汉建元六年，以唐蒙
为中郎将，从万人出巴符关，即此。元鼎二年，始置符县。后周时，置合江
县于今治。隋以后因之。宋嘉熙三年，兵乱，移县治于榕山。四年，又移
县治于安乐山，皆筑城为守。元复还今治。明天顺中，始筑土城。成化中，
甃以石。弘治正德中，皆增葺之。

安溪废县，县西南百里。本蛮地，宋大观中，置纯州，并置安溪县
隶焉。又南为美利城，亦属纯州。宣和二年，州废，县及美利城皆降为
寨，属合江县。元俱废。

榕山，县南五里。山高秀，上有芙蓉池，即宋嘉熙中筑城处也。俗
亦名容子山。其相近者，曰月台山，孤峰突立，之溪环绕其麓，如新月然。
〇安乐山，在县西五里。三峰奇秀，中有八洞及泉石诸胜，亦宋嘉熙中筑
城处。《志》云：唐天宝中，尝改山名曰合江山。俗亦谓之笔架山。

大江，在县北，自州东流入县界。县西北二十里有白龙滩，即大江
所经也。至县治东有之溪流合焉，因谓之合江。又东北入重庆府江津县
界。

之溪，在县治西南。一名小溪。源出遵义府仁怀县境，环绕如之
字，径县南十里之丁山及安乐山之麓，复绕流而东北出，合于大江。

遥坝砦，在县南。宋大观中置，属合江县。宣和二年废。四年复置。
《志》云，县境又有安溪、小溪、青山等寨，皆宋皇祐以后置。元初俱废。

冈门镇。在县南。路通遵义。万历中，杨应龙之乱，合江募兵扼冈门以拒之，是也。〇牛脑水驿，在县治北。县西六十里又有神山水驿，西去泸州黄舣水驿六十里。又史霸驿，在县东六十里。又东七十里为汉东驿，即江津县界也。

附见：

泸州卫。州西南二百九十里。《志》云：卫地东西广二十里，南北袤九十里，东至永宁卫界，西至九姓长官司界，各十里，南至太平长官司界五十里，北至纳溪县界四十里。洪武二十五年，陕西长安卫军征云南还，命驻守州城，改为泸州卫，分立左右中前后五所隶焉。正统中，调前所于利州卫，后所于青川所。成化四年，都掌种大坝蛮叛，事平，因迁卫于宋江渡。其地本名渡船铺，增置官军，并调重庆卫前所充之，即今卫也。卫城即成化初筑，甃以石，周四里有奇，有门四。弘治间，复于东城外筑土城，周一里有奇，控制蕃落，为西南之要害。

腰营山，卫北二十里。明初命将南征，师出州境，尝屯驻于此。又有仙洞，在卫治南半里，深一里，中有池，水常不竭。

宋江，在卫治东。《志》云：源出大坝儿北洞，即今叙州府兴文县界也。又悦江，在卫东北，源出兴文县之渚武箐。《志》云：以流经废羁縻悦州而名。又有思晏江，在卫西四里，源亦出兴文县界，以径故羁縻思晏县而名。皆北流径江门驿，至纳谿而注于大江。

洞扫堡，卫南三十里。本蛮寨。成化四年，官军攻都掌蛮，破其洞扫、海纳、龙背、豹尾等寨，事平，改为堡，属泸州卫。又定远堡，在卫南五十里，太平堡，在卫南九十里，水峡堡，在卫东南一百里，亦曰水流崖堡，俱成化四年所置也。〇江门堡，在卫北五十里，即纳溪县之江门砦也。又大洲堡，在卫北百三十里，即纳溪县之大洲驿。渠坝堡，在卫西北百八十里，即纳溪县之渠坝驿也。又三层堡，在卫西北百六十里。俱成化四年置，俱分拨卫兵戍守。

泸州驿。卫西五里，马驿也。又有来节驿，亦在卫境。或云，本在州北，近隆昌县之玉蟾山，万历初，移于此。

○雅州，东至嘉定州二百三十里，西南至黎州所二百四十里，西至天全六番招讨司百里，北至邛州二百里，东北至眉州二百四十里。自州治至布政司四百五十里，至江南江宁府七千七百里，至京师一万一千二百里。

《禹贡》梁州地。秦属蜀郡。汉为蜀郡西部。汉延光初，置蜀郡属国。三国汉改汉嘉郡。晋因之。宋属晋原郡。齐梁仍旧。西魏置蒙山郡。隋开皇初，郡废，属邛州。仁寿四年，置雅州。大业初，改曰临邛郡。唐初，复为雅州。开元三年，置都督府于此，督羁縻十九州。天宝以后，多至五十七州。刘昫曰：羁縻州并生獠、生羌，但有州名，无属县，亦无实土。天宝初，曰卢山郡。乾元初，复曰雅州。督羁縻州如故。五代因之。《五代史》：王建时以雅州为永平军。一云，后唐清泰初，孟知祥置。误。宋仍曰雅州。亦曰卢山郡。《宋志》：雅州领羁縻州，凡四十有四。元亦为雅州。初属嘉定路，寻属吐蕃等处宣慰司。明初，仍曰雅州，以州治严道县省入，今编户四里。直隶布政司，领县三。今因之。

州襟带西川，咽喉彝落。唐韦皋、李德裕由此以挞伐吐蕃，鞭弭南诏，所谓邛崃、大度之险也。《寰宇记》：州西和川路，去吐蕃大渡河五日程，从大渡西郭至吐蕃松城四日程，羌蛮混杂，连山接野，鸟路沿空，不知里数。今州之西微迫近番戎，山高谷深，天险陡绝，灵关、碉门、始阳，向称三路，而碉门要害尤为巨防也。

严道废县，今州治。秦县，属蜀郡。《华阳国志》云：始皇灭楚，徙严王之族以实其地，因名严道。后往往徙罪人于此。汉文帝六年，诏徙淮南厉王长于严道邛邮，即此。县亦属蜀郡。后汉延光初，属蜀郡属国。三国汉属汉嘉郡。晋因之。宋省入汉嘉县。杜佑曰：永嘉以后，李雄据蜀，此地芜废。是也。齐亦为汉嘉县地。梁因之。西魏置始阳县，并置蒙山郡治焉。隋开皇十三年，改县曰蒙山，寻为雅州治。大业初，复曰严道县。自是州郡皆治此。洪武四年，省县入州。《城邑考》：州城，明初因旧址修筑，累石为固，有门四，城周五里。

徙阳废县，在州西。汉县，属蜀郡。徙，音斯。或曰，徙榆蛮也。亦曰斯榆。《汉纪》：元狩中，发使者出駹、出冉、出徙、出邛僰，指求身毒。即此徙也。又《西南彝传》：自嶲以东北，君长以十数，徙、筰、都，最大。又《西域传》：建元中，司马相如使西彝，邛、筰、冉、駹、斯榆之君，皆请为内臣。元鼎中，始置徙县，即斯榆地也。后汉改属蜀郡属国都尉。晋曰徙阳县，属汉嘉郡。太宁初，越嶲、斯叟攻成将任回，斯叟即徙之遗种也。宋属晋原郡。齐因之。后废。

蒙阳废县，在州西北。《新唐书》：唐初析州界，置蒙阳、长松、灵关、阳启、嘉良、大利六县，属雅州。武德六年，俱省入严道县。

罗岩废州，州西四百八十里。《寰宇记》：雅州管和川路、夏阳路羁縻州，凡四十有六，罗岩其首也。诸州去雅州近者四百余里，远者六百余里。和川路有罗岩以上三十七州，夏阳路有让川州以下九州。《宋史》：雅州西山蛮有部落四十六。是也。〇会野废县，《通典》云：在州西北五百七十里。贞元中，吐蕃会野首领高万唐等来降。又有东西二嘉梁州，在州西五百六十余里。贞元中，其首领亦来降。又欠马、白坡等州，亦在州西五百余里。宋时诸州仍在四十六州之列。按：《新唐志》雅州羁縻有欠马州，而无白坡，唯黎州羁縻有栢坡州。

晏山城，在州西界，唐置。《新唐书》：雅州有和川、始阳、灵关、安国四镇。又有晏山、边临、统塞、集重、伐谋、制胜、龙游、尼阳等八城，盖皆置兵以控扼蛮部处。○逋租城，在州西徼外。又西北境有木波城。唐贞元中，韦皋使雅州将路惟明趋吐蕃逋租、偏松等城，既而皋败吐蕃于雅州，克木波城。是也。又有鬼龙城及业城，俱唐时吐蕃所置，近雅州西界。

蔡山，州东五里。《禹贡》：蔡、蒙旅平。即此蔡山也。岩峦高耸，为州之望。州东十里有地，名旅平，即大禹旅祭处。俗呼为落平。又诸葛武侯祀周公于蔡山，今亦名周公山。○雅安山，在州治西，由沉黎而来。一名月心山。州旧治山上，宋大中祥符间，州守何昌言以地多岚瘴，徙治于山麓。

严道山，州南五里。本名鹿角山，唐天宝六载，改今名。又悬空山，在州南二十里，层峦耸翠，称为奇胜。○金鸡山，在州北二十里，上有金鸡关。又北十里有凤飞山，峰峦起伏，如凤飞然。又翠屏山，在州西二十里，山峰环列，因名。

万胜冈，在州治西，山势起伏，环绕州治。相传诸葛武侯擒孟获，还师至此，冈下人聚观之，因名。

青衣江，州西六十里。源出卢山，东南流至州境，合沫水，经名山县南，又东入嘉定州洪雅县界。详见大川青衣江。

平羌江，在州城北。源出徼外，流入境，绕州城西北郭，下流合于青衣江，故青衣亦兼平羌之名。旧传羌彝入寇，诸葛武侯击平之于水上，故曰平羌。又长滨江，在州东南二里，一名邛水。其源自邛崃山潴涌而出，绕城东北，入于平羌江。

沫水，州西五十里。源亦出卢山，东流至此，会于青衣江，故青衣江又有沫水之称。又有周公水，在州东四里。源出荣经县瓦屋山，流经周公山，因名。下流入嘉定州洪雅县界，即花溪也。《志》云：周公山下有麒麟渡，即周公水津济处。相传麒麟尝游此。

和水，州西南四十里。源出蕃界，流入境，合于平羌江。《禹贡》和夷底绩，唐有和川路，皆以此水名。

金鸡关，在州北金鸡山上，一名山鸡栋关。又金沙关，在州东北二十里。○雅安驿，在州治东，马驿也。《志》云：州城内旧有茶场，宋熙宁中置，城南又有阜民司，明洪武九年置，收买番马，后罢为民居。今州治北有税课司。

绳桥。在州西北平羌江上，所谓多功路之绳桥也。旧名高桥，以绳架栈，下瞰峡江，为险要处。《志》云：州西北一里曰清源桥，东北十里曰龙门桥，三十五里曰道远坝桥，五十里曰鱼喜河桥，州西七里曰铜头河桥，其近多功路者，曰大绳桥，皆索桥也。

○名山县，州东北四十里。东至邛州蒲江县百二十里。汉蜀郡青衣县地。后汉为汉嘉县地。晋以后因之。西魏置蒙山县，属蒙山郡。隋初，属邛州。开皇十三年，改始阳县曰蒙山，因改县曰名山，寻属雅州。唐、宋、元因之。明洪武十年，省入州。十三年，复为县。土城，周二里，编户三里。

汉嘉废县，在县西。本青衣羌地。汉高六年，置青衣县，属蜀郡。十一年，废梁王彭越为庶人，传处蜀青衣，是也。武帝天汉四年，废沉黎郡，分置西部都尉治青衣。后汉延光元年，置蜀郡，属国都尉。阳嘉二年，改青衣曰汉嘉。三国汉为汉嘉郡治。章武二年，汉嘉太守黄元以汉嘉叛，寻讨平之。晋仍为汉嘉郡治，寻废。宋以县属晋原郡。萧齐因之，后废。《水经注》：汉嘉县，故青衣羌国。《竹书纪年》：梁惠成王十年，瑕阳人自秦道岷山青衣水来归，汉武置西部都尉主青衣。公孙述有蜀，青衣不服，世祖嘉之，建武十九年尝置青衣郡云。

百丈废县，县东北六十里。刘昫曰：在临邛县南百二十里。唐初，置百丈镇，以百丈山为名。贞观八年，改置县，属雅州。宋初因之。熙宁五年，省入名山县。元祐二年复置。元因之。明初废。今为百丈驿，有百丈桥。又废土城邑，《志》云：在县东北三十四里，周七十二丈。相传武侯征蛮时所筑，遗址犹存。

蒙山，县西十五里。山有五峰，前一峰最高，曰上清峰，有甘露井。《禹贡》：蔡、蒙旅平。此即蒙山也。《水经注》：青衣水出于蒙山，宋人谓梁州之山，西山皆岷，北山皆嶓，南山皆蒙，峨眉在《禹贡》则蒙山之首云。○莲花山，在县北十五里，山有五峰，耸列如莲花。

百丈山，县东北六十里。上有穴，圆百尺，深百丈，唐以此名县。又泉池山，《寰宇记》云：在百丈县东四十里。其山四面悬绝，上有泉池。《邑志》云：百丈县近南五里有铜鼓山，为汉唐戍守之地。○鸡栋山，在县西南十七里，一名鸡鸣山。王象之曰：鸡鸣山，即古之名山，因为名山戍。隋以此名县，盖即州北之金鸡山矣。

大嵫山，县东四十里。南接河罗戍，北入邛州，高七十里，上耸天际。《寰宇记》：县西又有罗绳山，自蒙山西北入芦山县界，东北接邛州火井县界，皆山之高大者。

青衣江，在县南。自州界流入，又东南流径嘉定州洪雅县，北入眉州丹棱县境。亦谓之邛崃水，又名平羌水。○百丈河，在县东北六十里。源出莲花山，径百丈废县东，下流入邛州蒲江县界，为铁溪河。一名千尺潭，以水源远而深也。

鸡栋关。县西南鸡栋山上，即金鸡关也。《唐志》名山县有鸡栋关。○百丈马驿，在县东北，即故百丈县治。

○荣经县，州西南百二十里。南至黎州所百三十里。本严道县，后废。唐武德三年，改置荣经县，属雅州。宋因之。元末，省入严道县，设巡司焉。明洪武十三年，复置今县。土城周三里，编户二里。

旄牛废县，在县西。汉县，属蜀郡。后汉延光初，改属蜀郡属国。二年，旄牛夷反，益州刺史张乔讨平之。是也。三国汉属汉嘉郡。晋因之。宋属沉黎郡。萧齐仍旧，后废。俗亦谓之牛头城。○邓通城，在县东三十里。相传汉文帝赐通严道铜山，铸钱于此。旁有饿死坑，亦以通名。又古城，在县西五里。相传诸葛武侯征南时，屯兵处也。唐李德裕增筑之，置兵戍守。

御侮城，在县西。唐大和中李德裕帅西川，作仗义城，以制大度、清溪关之阻；作御侮城，以控荣经犄角之势；作柔远城，以扼西山吐蕃，复邛崃关，又于雅州筑伐谋、制胜等八城。是也。仗义城，今见黎州所。○静寇城，在县西境。唐乾符二年，于雅州置金汤军，并置静寇军，是也。《新唐书》：静寇军，故延贡地。

邛崃山，县东四十里。一名邛筰山，亦曰邛䜺山。山峻阻，凝冰夏结，冬则剧寒，产竹，高节而中实，所谓邛竹杖也。有九折坂，亦曰邛崃坂。李吉甫曰：邛崃山自沉黎直走千里，至临邛，环抱为镇山云。详附见前重险临关。

铜山，县东北三十里。山产铜，相传即汉文帝赐邓通铸钱处。萧齐永明八年，议更钱法，益州行事刘悛上言：蒙山下有严道铜山，旧铸钱处，可以经略，不果。宋初平蜀，其故将全师雄等复版，讨平之。余党据铜山，推谢行本为主，复击败之，即此。○自由山，在县东二十里。《志》云：山深远，连亘黎州界，上出群山之表。又有孟山，亦在县东二十里，俗传孔明擒孟获处，其下有七纵桥。盖传讹也。

大关山，县西八十里。山极险隘，当西南彝要路。或曰，山即邛崃之西麓，邛崃关置于此，因名。又晒经山，在县北二十里。山高峻，俗传唐三藏晒经处。○瓦屋山，在县南百二十里。山多灵异，上有雷洞。又石狗山，在县南六十里，以石形似狗而名。《寰宇记》：县东西皆连接，大山岩峦，阻绝不辨疆界。

鸡止崖，县西二十五里。本名栖止，其崖西临险路，由大关山而东，至此，方坦平。肩担背负者，悉栖止于此，因名。《寰宇记》谓之鸡心山，传讹也。又大相公岭，在县西百里，相传诸葛南征时经此，因名。《志》云：大相公岭有虚阁险崖，明洪武二十四年，景川侯曹震尝修治之，以通行旅。

荣经水，在城东。荣水出大相公岭，流至城北，经水出瓦屋山，流经城南，会流而东北入于平羌江。隋时置荣经口戍，唐因置县。○菩萨溪，在县南六十里，源出瓦屋山，东北流入州界，注于平羌江。

邛崃关，县西八十里，今曰大关。隋大业十年置，为控扼番戎之要隘。详附见重险临关。○天险关，在县东北四十里，据邛崃九折坂之险，至为要害。又紫眼关，在县西北三十里，昔有紫眼番人流寓于此，因名。《土彝考》：紫眼彝编氓殆半里，其地紫眼关与西番相接，广可四十里，袤百里。自瓮溪、飞水，小路直透冷碛番，皆为紫眼关地。又飞水关，亦在县西北，路出西番。

碉门砦，县西北百五十里，即和川镇、雅州西通蛮路也。元至元初，置碉门等处安抚司于此。二年，安抚司高保四言：碉门旧有城邑。中统初，为宋所废，众依山为栅，去碉门半舍，欲复戍故城，便于守御，敕秦蜀行省相度行止。明初，亦设碉门百户所，有石城足以控御，盖州之灵关、碉门、始阳，皆通番之道，而碉门最为要害。两山壁立，一水中通，特设禁门以限中外。碉门以外，即天全境，所谓万里乾河，直达碉门者也。○蛮宿川，在县西境，亦唐时招纳吐蕃之道。又有夏阳路，俱近天全招讨司界。

雄边寨，在县西北。中有讲武堂，宋淳熙间，创屯营于此。○太平堡，在县西北二十五里。又有黄土堡，在县西五十里，俱明初置，属大渡河千户所官军戍守。大渡河所，今见黎州所。

箐口驿。县东三十里。县南三十里又有新店驿。○大通桥，在县西三十里。洪武五年，因征云南，置为筰桥，往建昌、云南之要路也。

○卢山县，州西北百里，东至名山县九十里。本严道县地。隋初，置卢山镇。仁寿末，改为卢山县，属雅州。唐宋因之。元末，省入严道，设巡检司。明初，复置今县。县土城周五里，编户三里。

大渡废县，县西北五十里。唐仪凤二年，析卢山县置，属雅州。长安二年，复省入卢山县。又故灵关道，在县西北六十里。汉置，属越巂郡。后汉因之。晋废。即今临关也。○姜维城，在县治南。《志》云：姜维置城于此，以拒西羌，隋开复此地，即故城置县。又开明城，在县西七里，相传蜀王开明所筑。

卢山，县东九里。接黎州所界，隋以此名县。或谓之卢奴山。其相接者，曰始阳山，俗呼为罗绳山，在县东十里，西魏以此置始阳县。《寰宇记》：卢山高八里，束道控川，横亘入邛州大井县界，青衣水出焉。○百步山，在县北四十里，路接蛮界，仅百步许，险隘难行。

灵山，县西北五十里。峰峦竦峻，林木深阻，为蜀西之襟要。刘昫曰：县西北六十里有卢山，下有硖口，开三丈，长二百步，俗呼为卢关。关外即生獠，盖即灵山矣。又龙头山，在县西南。绵亘四十里，绕县前后，夭矫如龙，连接番部，实为要害。又有崖钵山，在县西百里。上耸云汉，莫测其高，崖上有石，其状如钵，因名。

大渡河，县北四十里。从生羌界流入境，邛、雅西道往来者，必渡此水。又南入黎州界。详见大川大渡河。○青衣江，在县东南，源出卢山，流入州界。详见大川青衣水。

龙门河，县东北五十里。有二源，一自邛州界九子山西流，一自徼外东流，经冷砧河，南流会于金鸡峡口，过鱼喜河、八步关、青源河，南流入于青衣江。○浮图水，在县西北五里，亦从生羌界来，中有孤崖如浮图，因名。流合于大渡河。

圣水，县东十里。连筒引之，行里许，伏流二三里，复涌出分为五，因以圣名。又老君溪，在县南六十里，相传以老聃曾经此而名。下流皆入青衣水。

石波堰，县东三里。源出始阳山，用木槽接水溉田。又涌泉，在县东北五里，泉水涌出，为居民灌溉之利。○三江渡，在县南十里，路通天全六番。《志》云：三江渡水注多功峡，入平羌江。又多功河，上有飞仙阁，为木栈道，即古漏阁也。

临关，县西北六十里。本曰灵关，亦称零关。正统初，改今名。有巡司戍守。详见前重险临关。○八步关，在县东北五十里。

飞仙关。县南五十里。亦曰飞仙阁，即古漏阁也。《梁益记》：大小漏天在雅州西北，山谷高深，沈晦多雨，而黎州常多风，故谓黎风雅雨。宋宇文普《新路赋》：惟天下之至险，有严道之漏阁焉。孤峰上绝于青天，湍波下走于长川。断崖横壁立之岸，飞流溅千丈之泉。盖谓此。

附见：

雅州守御千户所。在州治南。洪武四年建，直隶四川都司。

读史方舆纪要卷七十三

四川八 龙安府 马湖府

〇龙安府，东北至陕西沔县五百里，南至成都府绵州三百五十里，西北至松潘卫三百三十里，北至陕西文县三百三十里，东至保宁府剑州二百九十里，西南至成都府茂州三百二十里。自府治至布政司四百八十里，至江南江宁府八千八百里，至京师一万二千二百四十里。

《禹贡》梁州之境。周秦时为氐、羌地。汉属广汉郡。三国汉属阴平郡。晋以后因之。梁普通间，没于氐。《志》云：普通三年，为土豪杨杰、李龙迁所据。西魏得之，置江油郡，治江油县。兼置龙州。隋初郡废。大业初，又改州为平武郡。义宁初，改曰龙门郡。寻曰西龙门郡。唐曰龙门州。武德初，仍曰西龙门州。贞观初，始去西字。天宝初，曰江油郡。至德二载，改应灵郡。乾元初，复为龙州。宋初因之。亦曰江油郡。政和五年，改曰政州。绍兴初，复曰龙州。元因之，属广元路。《志》云：元升龙州为元帅府，寻改为宣慰司。今正史皆不载。明洪武七年，仍为龙州。二十三年，改龙州军民千户所，寻复故。宣德七年，又改为宣抚司。隶布政司。嘉靖四十五年，升为龙安府，领县三。今仍旧。

府控扼氐、羌，山川重阻，峭壁云栈，连属百里，真四塞之地也。说者谓松潘介在生番粮援之道，恃龙安以无恐。龙安者，南重成都之防，北壮松潘之势，故改建郡县，不可缓也。自魏邓艾伐蜀，而阴平遂为取蜀之捷径。艾之伐蜀也，自阴平行无人之地七百里，凿山通道，作桥阁，山谷高深，至为险难。艾以毡自裹缚而下，将士攀木缘崖，鱼贯而进，先登至江油，而蜀人胆丧矣。后唐长兴二年，石敬瑭等攻两川，前军克剑门，西川帅孟知祥急遣军争剑门，而命别将李筠将兵趋龙州，守要害，盖剑门拒守，又恐奇兵自阴平故道而入也。既而官军果分道趣文州，将袭龙州，为西川兵所败。明洪武四年，伐蜀，傅友德亦自阶、文而进，克青川杲阳，下江油，遂趋绵州。《修造记》：龙安路通秦、阶，严稽出入，直与剑阁为比。盖自蜀入秦之道，东则剑阁，西则阴平，剑阁之防，显而易知，阴平之道，僻而易忽。故出奇制胜者，往往托足于此焉。详陕西阶州阴平道。

〇平武县，附郭。汉广汉郡刚氐道地。蜀汉析置广武县，属阴平郡。晋太康初，改曰平广县，寻又改为平武县，仍属阴平郡。宋元嘉二十七年，以故氐王杨文德为辅国将军，使引兵自汉中西入，摇动沔、陇，遂取魏阴平、平武，是也。齐梁仍曰平武县。西魏改置江油县，并置江油郡治焉，寻又为龙州治。隋以后因之。宋端平三年，兵乱，宝祐六年，徙州治今县东之雍村坝，县亦徙治焉。元以江油县省入龙州，又徙州治武都镇。明洪武中，又徙州治乐平镇，即今治也。嘉靖四十三年，土司薛兆乾作乱，事平，改为府。万历十九年，始置今县，为附郭，编户二里。

龙州城，在今府东。祝穆曰：龙州城，梁李龙迁所筑，去江油东北三里，盖即隋唐州城也。宋宝祐以后，州益迁而东，其故城皆土筑，旋圮。明洪武七年，土官知州薛文胜创设州城于青川所。二十二年，知州薛继贤奏移今治，周以木栅。宣德五年，知州薛忠义奏筑砖城。嘉靖十三年，宣抚薛俊卿又复营筑。四十五年，改为府城。今城周五里有奇。

平武城，府西三十里。《隋志》：梁末，李文智自立为藩王，以平武为国都。西魏复为县，而别置江油县，龙州治焉。隋亦曰平武县，仍属龙州。唐贞观八年，省入江油。近《志》：西魏废帝二年定蜀，置龙安县，寻改曰平武。似误。

方维城，府东北百二十里。西魏置秦兴县，为建兴郡治。隋废郡，改县曰方维，属龙州。唐武德四年，改属沙州。贞观初，州废，又省县为方维镇，属景谷县。贞元初，南诏、吐蕃合兵入寇，分道趋扶文，掠方维、白坝，即此。白坝，见昭化县。

德阳城，府东二百里。本汉梓潼县地。后汉改置德阳县，属广汉郡。《华阳国志》：德阳有剑阁道三十里，至险。盖与剑门相近也。建安十九年，先主军涪，张飞自江州而上，定巴西、德阳。邓艾从阴平邪径经汉德阳亭，至江油，出剑阁西百里，皆谓此。晋徙德阳而南，因谓此为汉德阳。

阴平城，府东百五十里，东南至剑州百六十里。宋白曰：文州为古阴平，魏晋之阴平郡及阴平县治也。永嘉末，太守王鉴以郡降李雄，晋人悉流移于蜀、汉，其氐羌并属杨茂搜，于是有南阴平郡，属益州。宋永初以后，晋人流寓于蜀者，于益州立南北二阴平郡，寓于汉中者，亦于梁州立南北二阴平郡。剑州之阴平，即宋所置北阴平郡也。宋文帝元嘉九年，益州流民许穆之诈称司马飞龙，招合蜀人，攻杀巴兴令，逐阴平太守。刺史刘道济遣军击斩之。或以为此汉州苌杨之南阴平。梁天监十四年，魏人侵蜀，诏任大洪自阴平入魏，晋寿招诱氐羌，绝魏运路。十五年，将军王光昭与魏战于阴平，败还，即此阴平也。又大宝末，萧纪将杨乾运攻叛氐杨法琛，拔剑阁，进据南阴平，对古阴平而言，因谓此为南阴平耳。《隋志》：宋置北阴平郡，治阴平县。后魏置龙州于此。西魏改郡曰阴平，而徙龙州治江油。后周尝改郡曰静龙郡。隋郡废，县属始州。唐属剑州。宋因之。端平以后兵乱，县废。旧《志》：阴平城，南去梓潼县六十里。似误。

药丛山，府南十里。多产药材，因名。或讹为落丛山，俗名乐从山。又马头山，在府西南五里，以形似名。○火风山，在府北十里。山势峭险，其麓即箭楼山，拥抱府城。一名旗山。又崆峒山，在府西北十里，山谷深险，直接蕃界，似平凉之崆峒。又化豹山，在府东北十五里，山势高耸，林木丰茂，限隔蕃塞。

九龙山，府东五十里。其地峻险，前距铁蛇关，抵蕃地，一山九岭，叠耸如龙。又羊盘山，在府东北六十里，石径九曲，如羊肠然。又箐青山，在府东南六十里，重峰叠嶂，树木森郁。

马盘山，府东南百二十里。高三千三百丈，其形似马，盘旋而上，重峦叠嶂，行者难之。后魏马盘县以此名。○牛心山，在府东百五十里，山秀拔，形如牛心。西魏李虎葬此。唐武后时，凿断山巂。玄宗幸蜀，修复之。回銮后，升龙州为都督府，赐名灵应郡。《唐志》云：山在江油县西一里。长庆四年，龙州刺史尉迟锐上言：山有掘断处，请加补塞。于是役数万人于绝险之地，东川为之疲弊。

马阁山，在废阴平县北六十里。峻峭峥嵘，极为艰险。邓艾军行至此，路不得通，乃悬车束马，造作栈阁，始通江油，山因以名。《旧唐书》：阴平北有十八陇山，其山有陇十八，或以为即马阁山。又左担山，《志》云：在府东百八十里。邓艾伐蜀，路经江油，因山高江险，修凿栈阁，以通担负，今七里阁是也。胡氏曰：自文州青塘岭至龙州一百五十里，自此而南者，右肩不得易所负，谓之左担路，邓艾伐蜀之道也。祝穆云：左担路上涪水崖壁，有阁道六，曰青崖、曰蟆颐、曰石回、曰七里、曰东阁、曰石城，又有二阁不在左担之数，曰猿臂、曰黄林，皆阁道之险者。○两垭山，在府东北七十里。山岭分峙，两垭路通青川、广昭等处。

弩牙山，府东南百六十五里，状如弩牙。相传邓艾伐蜀屯军于此。又东南五里曰石门山，两崖相对如门，与氐羌分界处。左思《蜀都赋》：缘以剑阁，阻以石门。梁大宝中，氐酋杨法琛据黎州附魏，益州刺史武陵王纪遣杨乾运讨之，拔剑阁，法琛退保石门。《舆地纪胜》龙州江油县东百里有石门戍，《唐志》利州景谷县西有石门关，即此石门也。

涪江，府西北二百里。源出松潘卫小分水岭，经小河所而东，至府城西，又历城南而东，下入江油县境，盘纡萦带，为郡境之险。详见大川涪水。○青漪江，《志》云：源出落丛山，下流至绵州彰明县，合于涪江。

青川溪，府东百二十里。源出西蕃界，经青川所，下流合白水，入嘉陵江。又醒醐水，源出府东清潭岭，接青川溪，流入嘉陵江。《图经》云：清水出啼胡山，阔五丈，东流入利州界。其水清美，亦云啼胡水，《志》作醒醐，美其名也。○大溪河，在府西北二十五里。《志》云：源出白马路西番界，流至此，入于涪水。又府境有木瓜官渡、古城、高村、大印等河，皆源出蕃界，下流入于涪江。《志》云：废阴平县西四十里有扬帆水，下流入梓潼县界，合于潼水，泛涨奔注，势若扬帆云。

利人渠，在废阴平县西北二里，引马阁山水入县溉田。唐龙朔二年，县令刘凤仪开，宝应中废，后复开。景福二年，又废。

胡空关，府西北四十里，永乐中置。又羊昌关，在府西北十五里，其地有羊昌山，山崖层叠，通铁蛇官道。○铁蛇关，在府东十里，为番彝出入之冲。又有黄杨、和平、大鱼等关，与胡空诸关共为六关，俱永乐中置,为府境之要险。

涪水关,府西北涪水上。《唐志》江油县有涪水关,即此。又龙门关,亦在府西,隆庆中置。○芍药戍,在府南九十里,唐置。本名攫溪戍,永徽中,改今名。

兴文阁,在府东南二十里海棠铺。山路盘束,下临急湍,置阁其上,以通行旅。又南岩阁,在府东六十五里,正德初修凿,平坦可行。《阴平修路记》:龙安栈阁,在治东者凡八,曰石城、曰佛崖、曰麻园、曰蟆颐、曰黄林、曰三店原、曰七里、曰飞仙;在东南者凡三,曰石回、曰兴文、曰猿臂;在东北者凡二,曰秦陇、曰东阁;在府东者凡九,曰金鼓、曰芭蕉、曰楮株、曰卢崖、曰天井、曰桑坪、曰兜索、曰木蕊、曰飞泉;在西北者凡十五,曰金匮、曰桐油、曰隆奉、曰胡空、曰黄梗、曰刘邺、曰鹅顶、曰禅峰、曰石门、曰仙女、曰马桑、曰溪坝、曰黑水、曰罗汉、曰羊肠。《志》云:邓艾伐蜀,置秦、陇等阁道一十二处。明洪武十一年,开设松潘卫,又置飞仙等阁道二十五处。

溪子驿,在府西。《志》云:府东百二十里有古城驿,百七十里有武平驿,二百里有小溪驿。又水进驿,在府西北九十里,又府西二百里有小河驿。《会典》:县有明月所巡司。○永济桥,在府西北二十五里,路接小河所。明洪武中,土官薛文胜以篾缆架桥。永乐初,薛忠义造铁索六条,长十五丈,架板为桥,名曰垂虹。俗名铁索桥。详见小河所铁龙堡下。又天生桥,在府西北九十里,通羊洞寨,河水奔险,中有三巨石如柱,居民架木为桥。

白马寨,府北三百里,番寨也。《志》云:白马番北通阶文,西抵潭腊。其生番号黑人,延袤数百里,碉房不计,有名色可举者凡十八寨,多不过四五百人,少可百人而已。嘉靖元年,白马跳梁,用兵五千,分五路,一由松潘小河所之铁龙堡,一由松潘东路之三舍堡,一由府西北之黄杨关，一由青川所之北雄关，一会兵陕西，由阶文而进，蛮畏慑听命。今为府境属彝。

　　白草寨。府西南四百里，亦曰白草坝，番寨也。《志》云：白草番东抵石泉县，约七十里，西抵南路生番，南抵茂州番，北抵平武界，凡十八寨。部曲素强，恃险阻，往来剽夺为患。成化十四年，抚臣张瓒督兵剿白草坝及西坡、禅宛诸大寨生番，皆顺命，寻复叛。嘉靖十三年，抚臣宋沧遣兵击平坝底、白草等寨，诸蛮献侵地二千余里。未几复叛。十五年，大征，用兵三万七千，一由龙州，一由坝底，斩获甚多，事平，增置双溪、大鱼、永平、莫边诸堡，革抚赏，断盐茶。万历七年，坝底、河西、风村等十一寨，永平、河东、白草等十七寨，相率来降，许为编氓。自走马岭一带分十村，由平一至平十村，又西射溪沟一带分八村，由一化至八化村，村立一长，以统率之。又有风村岭等十八寨，尚承旧名，亦同时归顺者。〇木爪番寨，在府西北二百里，近小河所。境土迫促，种类不繁，虽有五寨，约男女不过二三百人。嘉靖二十三年，导白草番为乱，事平，止许岁至小河领赏，不得过府西大鱼关。

　　〇**江油县**，府东南百三十里，东北至剑州二百五十里，东南至梓潼县百里。汉为刚氐道地。蜀汉置江油戍。邓艾至阴平，欲与诸葛绪自江油趣成都是也。晋、宋为平武县地，属北阴平郡。西魏为江油县地，龙州治焉。宋末屡经迁改。元至元十二年，并入龙州。至正中，尝迁县于兴教镇，属广元路，即今治也。明洪武十年，并入梓潼县。十四年，复置，属剑州。嘉靖四十五年，改今属。城周二里有奇，编户二里。

　　江油城，《志》云：在县西北。今县所辖之乡，曰武都、曰雍村，皆故龙州治也。一云，今青川所之明月关，即故县治。似误。元末移治于此。《防险说》：江油虽在腹里，实龙安粮道之咽喉也。今有石城，明天顺六年创筑，成化、正德、嘉靖、万历以来，相继增修。

窦圌山，县北十里。两峰耸立，山麓纡回，南接彰明县界。杜光庭云：山西接长冈，乃通车马，东临峭壁，陡绝一隅。自西壁至东峰，石笋如圌，两崖中断，相去百余丈，跻攀绝险，人所不到。○大匡山，在县西三十里，高耸盘纡，亦接彰明县界。其南二十里有点灯山，即彰明之小匡山也。一名读书台，以李白得名。

天柱山，县北五里。山小而峻，形如立柱。一名天池山，以山顶有池也。又名石人山，天宝六载，敕改为灵液山。○太华山，在县南十里，三峰奇秀，有似西岳，亦南接彰明县界。

涪水，县北一里。自平武县界流入，又东入剑州境。○汇溪，在县西十五里，源出县西二十五里之百汇洞，细流十里，合于雍村河。又龙潭溪，在县北，源出窦圌山，下流俱合于涪水。

马啼关，县西二十里。又县境旧有鬼门关，两山险迫，暴风从中出。○平渡驿，旧在县北五十里，接龙安府界，亦曰西平驿。

○石泉县，府西南二百十五里。南至成都府二百九十里。本汉蜀郡汶江道地。晋属汶山郡。后周为汶山县地，属汶州。隋初，属会州。唐贞观八年，分汶山县地，置石泉县，属茂州。宋初因之。熙宁九年，改属绵州。政和七年，于县置石泉军。宣和三年，仍属绵州。七年，复置军。元废军，以县属安州。明初属成都府。嘉靖四十五年，改今属。有石城，周二里有奇，编户三里。

北川城，县西三十里。本汶山县地。后周置北川县，属北部郡。隋属会州。唐属茂州。永徽二年，省入石泉县。

威蕃城，县西三十里。唐之威蕃栅也，亦曰威蕃亭。《唐书·王涯传》：吐蕃有两道，一由龙安、青川，一由绵州、威蕃栅，抵栖鸡城，皆番之险要。宋神宗时，静州蛮攻茂州，窒陇东道，以孤石泉。成都守孙羲叟经画事宜，以石泉为邑，介绵、茂之间，道里阔远，缓急不相应，非扼其冲要不足捍外患,于是请改石泉为军。德阳人张上行言于羲叟曰:去石泉三十里,威蕃亭地名栅底,即唐之威蕃栅也,宜先筑堡寨以御其来,然后建军调兵以图之。于是城其地。栖鸡、陇东道,俱见茂州。

石纽山,县治南一里。《帝王世纪》:禹生于石纽。谯周曰:禹生于汶山广柔之石纽,其地为刳儿坪。陈寿曰:禹生汶山石纽,至今番人不敢牧其地。宋祁曰:汶川县有石纽山,《志》以为即此山云。又凤凰山,在县治北二里,其下有二水合流,形如飞凤。○三面山,在县北六十里,上有龙湫。

湔水,县西一里。源亦出玉垒山,分流入县界,经县界十里,复东南出,合于新都之湔水。○安昌水,在县东南,源出三面山,合诸山溪之水,东流入安县界,又经绵州西,而入于涪水。亦曰龙安水。《志》云:县南一里有甘泉,水甘冽,县因以名。

松岭关,县西北七十里。杜佑曰:在龙安县西北七十里。开元二十八年,关废。今仍为守御处。龙安,见前安县。○石板关,在县西六十里。又有上雄关,在县西北,旧皆为戍守处。

坝底堡,县西北四十里,与茂州接界。成化以后,为戍守要地,其地东抵通宁堡,西连白草番,南距石泉,北通青片。由坝底而南十五里,即石板关,东十五里有石泉堡,又东五里为白印堡,俱坝底将领分兵屯戍。○永平堡,在县东二十里。《志》云:堡设在山崖,形势陡拔,控制白草诸番隘口。由永平而西三里,为奠边关,关南里许为火草坪,坪北十五里为万安堡,万安东二十里为嘉定堡,俱属永平偏将屯守。

大印堡,在县东北。《边略》:堡设在山阜,巍然天险,亦白草番出没要路也。堡西二十里为茆堆堡,又西五里为山茅堡,山茅东三十里为徐塘堡,徐塘北三十里为伏羌堡,伏羌北六十里为大方关,俱属大印将领驻守。《志》云:大方相近者,有观子、徐坪、平通三堡,而诸堡中徐塘又为控扼之要。

复土堡，县西北十里。堡南十里为青冈堡，二堡之间有青泗口，路通坝底，为河东、河西、白草、青片诸番出入处。○莫酒哑堡，亦在县西，其相近又有平番、赤土诸堡，皆控扼白草番之处。嘉靖二十四年，白草等一十八寨番蛮聚众于羊角、白泥一带，劫掠攻陷平番、莫酒二关，截占漩平，以阻石泉兵粮之路。抚臣张时彻督偏帅何卿剿平之。《志》云：旧有马坪口巡司，今革。

宝珠寨。县北百二十里。《志》云：宝珠古寨口与县西北百五十里之赤珠古寨口，俱为番蛮出入要口。昔时立此二寨，以限隔之，今故址犹在。○漩平桥，在县东二十里，县之津要也。又有上下索桥，在县东十五里。

附见：

青川守御千户所。府东百二十里。汉刚氐道地。后魏置马盘县，兼置马盘郡。隋初郡废，县属龙州。唐因之。天宝初，改为青川县。宋仍隶龙州。端平以后，兵乱，县废。元初复置。至元二十二年，省入龙州。明洪武四年，置守御千户所，隶四川都司。其地当白草番之后路，东抵白水、阳平关，接陕西宁羌州界，西通白马路转古城驿，而抵龙安，南至树园堡，丛林密箐，多盗贼，北通青塘岭，直达阶文，秦蜀间襟要处也。嘉靖四十五年，改属龙安府。所城洪武四年筑，周二里。

大雄山，所北十里。山形峻峭，夐出群山。又飞龙山，在所东三十里，其相近者，曰东山。○丁平山，在所北一里。《志》云：元平章丁世珍击番蛮，尝屯兵于此，因名。

白水江，所东三十四里。自陕西文县流入境，又东过剑州界，至昭化县入嘉陵江。魏邓艾伐蜀，作浮桥于江上。明初，傅友德伐蜀，渡白水江，即此。○青川溪，在所南。又呆阳河在所西北，亦自文县界流入。下流俱入于嘉陵江。

明月关，所东五里，有巡司戍守。《会典》：关属平武县。又杲阳关，在所南。明初，傅友德伐蜀，下文州，进拔青川、杲阳。是也。

北雄关。在所北，接陕西文县界。相近又有控彝关，稍南为瓦舍坝。控彝关，盖万历中增设。《一统志》：所界自北雄关以下，并杲阳、迪平、白水、二牟、明月、马转、清平、胡空、叶棠、三路口，共十一关。

〇马湖府，东至叙州府四百十五里，西至建昌行都司越巂卫六百十里，南至乌蒙府界百四十里，北至嘉定州犍为县界二百里。自府治至布政司千一百里，至江南江宁府六千一百六十里，至京师九千三百三十里。

《禹贡》梁州之境，后为彝、獠所居。或曰，府境即古僰侯国，汉唐蒙凿石开道处也。汉属犍为、越巂二郡。晋没于蛮。《华阳国志》：越巂郡有马湖县，水通僰道入江，晋省。《水经》：若水自三绛又径马湖县，谓之马湖江，又左合卑水，又东北至朱提。后因之。唐为羁縻蛮州地，属戎州都督府。《志》云：唐为驯、骋、浪、滈四州地，总名马湖部。宋仍为蛮地。元至元十三年内附，寻置马湖路。明洪武四年，改为马湖府。土官总管安济归附，因使世守其地。五传至安鳌而叛，弘治九年讨平之，改土官为流官，编户二十五里。领县一、长官司三。今仍旧。

府倚山控江，屏翼泸、叙，唇齿嘉、眉。隋开皇十七年，以南蛮叛，命史万岁南征。自越巂进兵，经马湖番山而进。唐乾符二年，高骈帅西川，修复邛崃关、大渡河诸城栅。邛崃关，见前重险。大渡河，见前大川。又筑城于戎州马湖镇号平彝军。及沐源川，皆蛮入蜀要路也。各置兵数千戍之，自是蛮不复入寇。宋末，蒙古入蜀，往往取道马湖。盖府为西南之要地矣。

○屏山县，附郭。元末置泥溪长官司。明初，蛮酋王邦彦来归，命世守其地。万历十七年，改置今县，编户三里。

马湖城，在府西。唐乾符初，高骈筑马湖镇城，号平彝军，或以为即此城也。宋时蛮酋皆屯据湖内。元初置马湖路，迁于彝部溪口，濒马湖南岸创府治。然其民皆散居山箐，无县邑乡镇。至正中，复置泥溪长官司。或曰，明玉珍所置也。明初，改路为府，复移今治。隆庆初，始甃石为城，有门五，城周二里有奇。

废浪川州，在府西南，本蛮地。《志》云：唐尝置羁縻长乐浪州于此。开元十九年，南蛮大酋长乐浪州刺史杨盛显为边患，诏内常侍高守信为南道招慰处置使讨之，拔其九城，即此。后废。贞元十三年，荆南帅韦皋表置浪川州，领郎浪、河渡等五县，属戎州都督府。又府西有废驯州，领驯禄、天池等五县；废骋州，领斛木、罗相等二县，皆唐所置羁縻州，领于戎州都督府。宋因之。《宋志》浪川、驯骋等州，皆在马湖江岸。○废滴州，在府南，亦唐所置羁縻州也，领拱平等三县。又废柯连州，亦在府南，领柯连等三县，皆属戎州都督府。宋因之。《宋志》：在石门路。胡氏曰：即马湖南境也。元初俱废。

宝屏山，府东十里，山如屏障，县以此名。又赤崖山，在府东北三里。○镜山，在府西三十五里，山下有水，澄清如镜。

雷番山，府西三百八十里。隋史万岁征西南夷时，道经此。山中草有毒，经过头畜必笼其口，行人亦必缄默，若或高声，虽冬月必有雷霆之应。

马湖江，在府南，即金沙江也。自乌蒙府流入府界，经蛮彝长官司南，又东流径府城南，至叙州府界，流合于大江。宋庆元二年，地震马湖界，山崩八十里，江水不通。宝祐中，蒙古将纽璘侵蜀，自成都入马湖，既而复渡马湖江入蜀，是也。今府西十五里有结发滩，江流经此，滩水萦回，状如结发。府西四十五里又有铁锁滩，夹江两岸，石壁峭立，每夏秋水涨，舟楫不通，用锁悬于江之北岸，舟行至此，数人攀援崖上，拽舟而过，故名。《志》云：府西四十里又有鸡肝石滩峻险，俱在马湖江中。又有鸡公滩，在府东二里，崖势耸立，如鸡公然。余详大川泸水。

马湖，府西百七十里。湖在山顶，长二十里，广七里余，中有土山，可居四百余人，亦谓之龙湖。《志》云：龙湖四围皆峻崖，去大江止二里，水与江同消长，日夕作潮。相传昔曾有龙马见于此。

泥溪，府西二里。源出叙州府宜宾县，流入马湖江。又三公溪，在府西五里，黄龙溪在府西四十里，金鱼溪，在府南三里。又有悔泥溪，在府东十五里，源出宝屏山，皆流注于马湖江。○盐井涡，在府北四里，其水咸卤，可以煎盐。

新乡镇，府北二百里沐川司境内，本名赖因乡。《志》云：镇东去犍为县二百里，西至建昌都司千二百里，南接大凉山五百里。万历十六年，于此建城垣，设安边同知驻焉。又于烟草峰设守备司，以资弹压。北有水池，为后营，南有大河坝，为前营，中有两河，为中营，以成犄角之势，盖于诸蛮所出没处扼其吭而守之也。其水池一带则界老鹰山，大河坝一带则界大凉山，雷坡、黄郎等处则界分水岭，为西陲障蔽。

泥溪驿。府东一里。又东六十里有罗东驿。又龙华驿在府西百里，本名蛮彝驿，万历中改今名。《志》云：县有悔泥溪、宁戎二巡司。

○平彝长官司，府东南四十五里。元至正间置。明初因之。长官王氏世守其地。编户一里。

隆马崖山，司西北二里，山形峻耸。又书楼山在司东百二十里，以岩石层叠而名。

大纹溪。司治南。又司东十里有小纹溪，二溪俱出乌蒙府界，流入境，水流洄漩，宛如罗纹，俱流注于马湖江。向设罗东驿。又桧溪在司东二里。又大龙涡，在司南二十里，流汇纹溪，入马湖江。

〇蛮夷长官司，府西百四十里。元至正间置。明初因之。长官文氏世守其地。编户二里。

大鹿山，司东南二十里。山谷深邃，多麋鹿。又小悍山，在司西北百里，山崖斗峻，水流急悍，因名。

马湖江，司治南。自乌蒙府流入境，又东入屏山县界。

什葛溪，司西二里，源出小悍山。又大鹿溪在司东二十里，出大鹿山，二溪俱流入马湖江。《志云》：司东二十里有水海，相传旧有龙生海中，当即马湖矣。

桧溪堡。在司南。《志》云：司境有四山，龙源、青冈、黄郎、麻坡等处诸蛮，与建昌乌蒙、沙骂连接。万历中，设桧溪、烟溪等堡及龙源巡司，以为守备之御。

〇沐川长官司，府西五百二十里。元至正中置。明初因之。长官悦氏世守其地。编户二里。

神木山，司西二十里。旧名黄种溪山。永乐四年，伐楠木于此，一夕自移数里，因改今名，而祀其山神。又南现山，在治南半里，山高峻，为南境之望。永乐五年，建神木祠于山上。又治北有彝都山，亦高耸。

青孤山，司东十里，山多林木，望之郁然，突出群山之上。又龙源山在司西北六十里，山顶有潭，深不可测。

沐川，司北百里。源出彝都山，曲折流至嘉定州犍为县界，入于蜀江，即沐源川矣。唐咸通十年，南诏寇巂州，既而分兵四出，掩至沐源川，寻渡江，陷犍为。乾符初，高骈筑沐源川城，以扼蛮险，皆以此川为名也。《志》云：川旁有峰崖竦立，如人新沐，故曰沐川。

芭蕉溪。司东四十里，源出隆马山。又黄种溪在司西二十里，源出神木山。下流皆入于马湖江。《志》云：旧有蛮彝土官驿。

○镇雄军民府南至乌撒军民府二百十里，西南至乌蒙军民府二百四十里，北至叙州府珙县界二百二十里。自府治至布政司一千五百八十里，至南京六千七十里，至京师九千二百三十里。

《禹贡》梁州南裔，代为蛮彝所居。宋时蛮名芒布部《志》云：故名屈流大雄甸，其后乌蛮之裔阿统与其子芒布居此，因名芒布部。熙宁以后，为羁縻蛮地，寻置西南番部都大巡简使于此。元至元中，置芒布路，隶乌撒乌蒙宣慰司。明初，改为芒部府，属云南布政司。洪武十六年，升为芒部军民府，改隶四川布政司。土官陇氏世守其地，广袤五百十五里。嘉靖三年，改为镇雄军民府。编户一里。《土彝考》：时土官陇慰嫡子寿继职，庶子政弑寿窃据，官军进讨，事平，改今名，设流官。七年，蛮酋普奴等叛，寻以事宜改命寿子胜世袭本土，而流官复罢。领长官司四。府今省。

府山川险扼，地势崎岖，控御群番，屏障内地。成化中，程信言：永宁抵江门、永宁北百里江门水驿是也。戎县，今叙州府兴文县。川、贵、云南水陆喷喉之会也，普市、芒布，又川、贵、云南肘腋腹背之所也。

芒布城，府西南七里。《志》云：府旧无城。明洪武中，颍川侯傅友德调指挥郑祥驻兵芒布，因筑土为城。后班师还，城废。今名旧土城。又今府治地名纳冲在旧府治西北七里。成化中，旧治毁于火，因迁今治。旧治本洪武中所建也。

乌通山，府北五里。蛮语首曰乌，立曰通，谓此山巍然独峙，如人翘首而特立。又绰纽山，在府东二十里。蛮语清气曰绰纽，谓此山清气郁然可爱。○硌砌雄山，在府西百八十里。蛮语石曰硌，鹿曰砌，凉曰雄，谓此山之石类鹿而又高耸清凉也。又乐安山,在府北二百二十里。山有数峰,路径曲折,乃芒布、叙州之界山。

白水江,府西北二百八十里。其上源曰八羌河、却佐溪、黄水溪、勿食料溪,会流于此,北入叙州府界,合石门等江,而注于大江。

纳冲河,府东十里。源出乌通山麓,过府治东南流,入苴斗河。又白鸟河在府东北二十里。源出白鸟地界,南流入乌撒府境之七星关河。○苴斗河,在府南二十四里。其地有六丈山,箐河源出焉,经阿赫关,合纳冲河,而入七星关河。又八羌河,在府西八十里。源出乌撒,下流入乌蒙界。又托诺河,在府西南二百五十里,流入乌蒙界。蛮语松曰托,沙石曰诺,以此河畔有松树及沙石,故名。

却佐溪,府西百五十里,下流入白水江。又勿食料溪在府北百八十里,源出乐安山,西流入白水江。又黄水溪,在府东北二百四十里,下流入勿食料溪。○沱泊溪,在府治西,源出山涧,下流入纳冲河。《志》云:府北百八十里有盐泉二,其水俱可以煮盐。

阿赫关。府南一十五里,乃芒部、乌撒地界。明洪武二十一年建,有官军戍守。

○怀德长官司。府西百五十里,本却佐砦。嘉靖三年,抚臣王轨讨平陇氏之乱,增置四长官司,怀德其一也。

○威信长官司。在府南。本毋响寨,嘉靖三年,改置是司。

○归化长官司。在府西南。本夷良寨,亦嘉靖三年改置。

○安静长官司。在府西北。本落角寨,嘉靖三年改置。

○乌蒙军民府,东至乌撒军民府界二十五里,西至建昌卫界四百九十里,南至东川军民府界百五十里,东北至叙州府界六百三十里。自府治至布政司千三百里,至江南江宁府六千六百三十五里,至京师九千八百二里。

《禹贡》梁州荒裔，历代为蛮獠所据，后为乌蒙部。《志》云：故名窦地甸，唐时乌蛮仲牟由之裔，有阿统者始居此，其十一世孙乌蒙始强，因号乌蒙部。宋封阿杓为乌蒙王。元初归附。元至元间，置乌蒙路，隶乌撒乌蒙等处宣慰司。明初，改为乌蒙府。以土酋阿普效顺，使世其职。地东西广五百十五里，南北衷七百六十里。洪武十六年，改乌蒙军民府，编户一里。隶四川布政司。府今省。

府下临滇、黔，俯视巴、蜀，地高山险，屹然屏障，亦西南要地也。

乌蒙城，府东二十里。《志》云：府旧无城，元初，遣兵戍守于此，因筑土城，寻废。洪武中，土官阿普即元总管府旧址建立府治。又有小乌蒙在府治北七十里，四围皆山，中央平坦，蛮人耕种于此，号为杰纪。

铁炉山，在府治东，山形如炉。又我未山，在府东二十五里，有五峰横列。蛮语五为我，横为未也。○朴窝山，在府东南三十里，其山四望平坦。蛮语谓平坦为朴窝云。

博特山，府东南五十里，有两峰对峙。蛮语相对为博特。又撒途山，在府东北八十里，其山悬崖陡峻。蛮语陡峻为撒途。○凉山，在府西百里，高广百余里，绝顶颇平，风气甚肃。蛮酋每夏于此避暑。府西百三十里又有雪山，其巅冬有积雪，春半方消。又界堆山，在府北六百三十里，与叙州府为界。

金沙江，府西南二百九十里。其上流自会川卫界会泸水，流经东川府界，又东北入府境，复东北出，经马湖府为马湖江。元至顺初，云南诸王秃坚等举兵，乌蒙土官禄余应之，秃坚败禄余，据金沙江自固，寻击平之。今详见大川泸水。

撒由河，府西南十里。源出凉山之麓，北流与龙洞河合。○龙洞河，在府东北三十里。源出小山石洞中，灌溉田亩。俗谓石洞为龙洞。《志》云：府北六百里有土獠蛮江，即撒由、龙洞二河下流也。两山夹水五百余里，中多巨石，湍流峻急，如万马之奔。舟行滩石中，甚险侧，经三十余滩而始出峡，至叙州府合于大江。

　　罗佐关。府北二百五十五里，下有罗佐桥。又索桥在府西南百三十里，即金沙江渡处。

　　○乌撒军民府，东至贵州毕节卫界二百五十里，西至乌蒙军民府百九十里，南至云南霑益州界九十五里，北至镇雄军民府二百十里。自府治至布政司千八百五十里，至江南江宁府六千三百一十里，至京师九千四百八十里。

　　《禹贡》梁州荒裔，代为蛮獠所居，后为乌撒部，《志》云：故名巴凡兀姑，后为巴的甸，乌蛮居之。唐时乌蛮之裔乌些者居此，至阿蒙始得巴的甸。其东西又有芒布、阿晟二部，皆他酋所居。宋时，乌些之后曰析怒者，始并其地，号乌撒部。元初归附。元至元中，置乌撒路招讨司，寻改为军民总管府，又改军民宣抚司，后升乌撒乌蒙等处宣慰司。明洪武十四年，改为乌撒府，隶云南布政司。时大酋那者来归，置府授之。今土官安氏，其裔也。地广四百四十里，袤二百五十里。十六年，改乌撒军民府，编户一里。隶四川布政司，府今省。

　　府介诸蛮之中，据高临险，地形冲要。《土彝考》：府有盐池、银矿之饶，其民习奸利，往往侵掠邻境。今自贵州毕节卫而西，凡二百六十里而至乌撒，由乌撒至云南霑益州治不过二百四十里。乌撒惊而滇黔俱不得安矣。天启初，其酋安效良者，党于水西。议者谓欲攻水西，先制乌撒，使滇兵出霑益，遏其应援，而分屯天生桥见下、寻甸云南寻甸军民府。等处，以防其飞逸，然后可专意于水西。既而滇兵下乌撒，水西形援益孤，用兵于西南，府岂非必争之地哉！

乌撒城，今府治。洪武十四年，傅友德平乌撒，筑城，甃以石，有门四，城周七里有奇。

大隐山，府东南三里，林峦高秀。又东山在府城东，下有龙泉。府南九十里又有龙山，蜿蜒起伏，官路经其上。《志》云：府北二里有凤岭，一名瞭高山，山势绝高，可以瞭远。

翠屏山，府东北二十里，山峦秀拔。又乌门山，在府东北百四十里，两崖相对如门。○千丈崖，在府西南七十里，下临可渡河。又石洞，在府东南百七十里，有门可入，中容百人。一名华盖洞。又有赤冈，在府东北五十里。

盘江，府西百五十里。出乱山中，流径府南九十五里，谓之可渡河。明初，傅友德征云南，驻师于此。郑晓曰：今乌撒南八十里有普德归驿，门对可渡河堰，河之南，霑益境，河之北乌撒境也。询之候吏，云：河源在卫西百里，注壑而出，盘江实导流于此。今其上有可渡桥。详见贵州大川盘江及川渎异同。

七渡河，府西三十里。其水萦曲山谷间，人渡者凡七处。府西南百十里又有九十九渡水，南八十里又有桃花溪，皆流合于可渡河。○养马川，在府东百四十里，蛮人牧马于此。一名野马川。又北海子，在府北二里，源出东山之龙泉，蛮人筑二坝以积水，渐成陂泽，恃为城隍。其环城东南而西者，谓之南海子。广袤百里，中可耕。又有龙潭湾，在府东南八里群山中，其深莫测。《元志》云：乌撒山崖险厄，襟带二湖，羊肠小径，十倍蜀道。二湖即南北海子也。又乌撒之地多雨少晴，潦泽常溢。《志》谓其上值天井之宿。谚云：乌撒天，常披毡，三日不雨是神仙。皆实录也。

七星关，府东南百七十里。有七星山，置关其上，有七星关巡司，与贵州毕节卫接界。今详见贵州重险。

老鸦关，府东二百里，入毕节卫界，有毕节官军戍守。又石驼关，在府治东，有石如驼立关下，因名。《志》云：府西百里又有分水岭关。○赵班镇，在府西百里，有赵班巡司，府东南二百二十里又有可渡河巡司。又黑章递运所，在府东百十九里，与府治东之乌撒递运所俱明初置。

在城驿，府东南十五里。《志》云：府西一里有乌撒驿，南一里为乌撒站。又瓦甸站，在府东南六十里，又六十里为黑章站，又六十里接毕节卫之周泥站。元至顺初，川兵击云南叛者，因进击乌蒙酋禄余，分道自永宁、青山并进，陈周泥驿。是也。又普德归站，在府南九十里。《会典》作昔德归驿。○侻唐驿，在府南百二十里。又霑益站，在府南百八十里，南至云南霑益州六十里，滇蜀通道也。

天生桥。府东北百里，石梁横截，拱架如桥。而府东八十里众山中，亦有桥曰天生桥，俱为府境控扼之处。

附见：

乌撒卫。在府治南。洪武十五年置，属云南都司。永乐十二年，改隶贵州都司。

守御七星关后千户所。在府东南。洪武二十一年置于七星关，属乌撒卫。永乐十二年，改隶贵州毕节卫。

○东川军民府，东至乌撒军民府界百二十里，西至建昌行都司会川卫界二百五十里，南至云南寻甸军民府界百十里，北至乌蒙军民府界百五十里。自府治至布政司千四百里，至江南江宁府六千六百三十四里，至京师九千七百九十里。

《禹贡》梁州南裔，代为蛮獠所据。唐时属于南诏，伪置东川郡。既而蛮复据其地，曰閟畔部。《志》云：故名东川甸，乌蛮仲牟由之裔罗弹得之, 改曰那札那彝, 属于南诏蒙世隆, 置东川郡。后乌蛮阁畔强盛, 自号阁畔部。元初置万户侯。至元中, 改阁畔部军民总管, 寻为东川府, 隶乌撒乌蒙等处宣慰司。明洪武十四年, 仍为东川府, 乌蛮禄设姑归附, 令世守其地。东西广四百二十里, 南北袤二百七十里。隶云南布政司。十六年, 改为军民府, 编户一里。隶四川布政司。府今省。

府山川环峙, 道路险巇, 介滇、黔之间, 分川、贵之险, 部族富强, 甲于他种。

东川城, 即府治。《志》云: 府旧无城, 洪武初, 建治于马鞍山后, 寻移治于万额山南, 伐木为栅, 以卫府治云。

万额山, 府治北二里。其形上阔而下锐, 如猪首然。又府治东有石鼓山。山有大石, 如卧牛状, 叩之有声, 蛮人呼为石鼓。又府治南有白婆山。山顶有泉, 四时无盈缩。又有马鞍山, 在府西南十里, 旧府治在其北。

绛云弄山, 府西南二百里, 接云南禄劝州界。一名乌蒙山, 讹曰乌龙山, 亦名云屏山。高峻百里, 有十二峰, 北临金沙江, 南诏封为东岳者也。今详见云南。○七雄山, 在府东北百二十里, 石崖陡峻。又纳雄山, 在府西五十里, 亦高广。

金沙江, 府西百五十里。其地有金沙渡, 蛮人凿大木为槽以济, 即金沙江津口也。一名纳彝江, 又名黑水。自会川卫流入界, 入济虑部, 又东北历乌蒙府, 至马湖府境, 而为马湖江。今详见大川泸水及云南大川金沙江。

牛栏江, 府东南百二十里。源出云南故寻甸军民府, 至府北境而合于金沙江。江之下流, 江阔水急, 彝人用藤索横江, 贯以木筒, 过者缚于筒上，用游索往来相牵以渡，谓之索桥。今在府北百二十里。○壁谷川，在府西南百三十里，源出寻甸界白泽河，西流入金沙江。

啮齿化溪。府东南百里。西流至绛云弄山，北入金沙江。又府西南有麦则彝溪，源出南山涧中，西北流入托渠溪。又惠沙溪，在府东北百里，流入东川甸中，汇而为泽，亦流入托渠溪，俱注于金沙江。○海子，在府治南，长二十里。又龙泉，在府东，出石鼓山下，有溉田之利。府西南三十里又有汤池，自石窦中出，热如沸汤。

○**永宁宣抚司，**东至遵义府界二百五十里，西至泸州江安县界百五十里，南至镇雄府界四百里，北至泸州合江县界百六十里。自司治至布政司千八百里，至江南江宁府五千六百十里，至京师八千七百八十里。

《禹贡》梁州南境。秦为蜀郡地。汉为犍为郡地。晋以后，没于蛮。唐为羁縻蔺州。《志》云：元和初置，宋乾德二年废。今《唐志》不载。宋为泸州南境，《志》云：宋为江安、合江二县地。元置永宁路领筠连州及腾川县。《志》云宋置，误也。寻改军民宣抚司。明玉珍时，增置永宁镇边都元帅府，而宣抚司如故。明初，改为永宁长官司。酋长禄照归附，因置司授之，俾世守其地。广四百五十里，袤五百六十里。洪武八年，仍升宣抚司，编户七里。隶四川布政司，领长官司二。今设永宁营。

司山川峻险，水陆交通。唐天宝中，由东路伐南诏，起泸州，溯永宁，走赤水，达曲靖，此即今日自川入滇之道矣。元置邮传而道益通利。天启二年，土酋奢崇明作乱，袭据重庆，又陷遵义、泸州诸处，势甚张，官军四集，乃克平之。既而水西安邦彦作乱，官军讨之，未克。督臣闵梦得言：贵州抵大方路险，贼惟恃毕节一路外通，用兵宜从永宁始，自永宁而普市，而摩泥，而赤水，百五十里皆坦途，赤水有城郭可凭而守，宜结营于此，渐进渐逼，四十里为白岩，六十里为层台，又六十里为毕节，毕节至大方不及六十里，贼必并力来御，须以重兵扼之，断其四走之路，然后遵义、贵阳克期并进，贼可平也。既而朱燮元代督五省之兵，五省，川、湖、云、贵、广西也。进讨水西，扼各路要害，贼以锐师趋永宁，先犯赤水，燮元使永宁将诱贼深入，而以他道兵捣其虚，贼遂溃坏。盖永宁北接叙、泸，南通云、贵，界壤相错，咽喉所系也。

废蔺州，司东百八十里。《志》云：唐置州于此，其旁有地名唐朝坝。元置永宁路，在今治西八十里，所谓马口崖镇其北，鱼漕溪横其南者也。寻又迁界首，在今治西。明洪武四年，筑永宁卫城。十五年，土官禄照营司治于蛮彝千户所故址。旧城有门七，周八里有奇。

米利城，司北八十里。《志》云：其地有大田，饶米谷，无水旱忧。盖昔时蛮所置城也。

海漫山，司城北。《志》云：山延袤八十余里，如海水之汗漫。又青龙山，在司南二里，以山形环绕而名。司治西南又有西珠山，以山形圆润而名也。又有土保山，在司治南，相传蛮人土保者昔居于此。○红崖山，在司东北十里，山高耸，多赤石，为北面之胜。《志》云：司西北五十里有乌降山，秀拔霄汉，林木蓊郁。又西北六十里为匹绢山，以山顶飞瀑，下垂如匹绢也。

狮子山，在司东南。天启初，永宁逋贼奢崇明借兵水西，安邦彦遣兵过赤水河，到狮子山。山盖在赤水河北也。

青山，在司西南，亦曰青山崖。元至顺初，云南诸王秃坚等作乱，乌蒙酋禄余附之，四川军进击，一自永宁，一自青山而进。是也。明天启初，奢崇明据永宁为乱，抚臣朱燮元讨之，阳列营于纳溪，而潜自长宁会兵进讨,首攻麻塘坎、观音庵、青山崖、天蓬洞等处,乘雾夺险而入,败崇明之子奢寅于土地坎,追至老君营、凉伞铺,尽烧贼营,复败贼于横山、八甲青岗坪等处,直抵城下,一鼓拔之。麻塘坎诸处,盖皆贼据险立营,备官军西入处也。箐口岭,在司东六十里,有箐口关。又马口崖,在司西南。华崖,在司西百六十里,又西二十里为梅子坎。

永宁河,在司城西南。亦曰水东河,亦曰界首河。源出落郎连山洞中,盖司东南蛮境也。有三源北流,经司南合为一,复绕流而东北至江门峡,入泸州纳溪县界,又北入于川江。明洪武二十四年,景川侯曹震开通川贵河道,谓水之险恶者,莫甚于永宁。其滩一百九十有五处,至险有名者八十二,即此水也。《志》云:司南十里有甘溪,西北五十五里有铜鼓溪,皆流入永宁河。

赤水河,司东南百里,源出镇雄府界水脑洞,流径赤水卫,又东北合于永宁江。明初,郭英等出永宁,败贼于赤水河,是也。天启初,永宁贼借兵水西,水西将曾仲英驻兵赤水河,谋分兵一自镇雄而东,乘永宁之后,一自普市而北,攻永宁之前,即此。

罗付大河,在司东,接遵义府界,其下流东南出,入于乌江。天启初,奢崇明及其子寅作乱,官军克遵义,追败奢寅于罗付大河口。是也。又有陶公滩,在司东南,或曰,即罗付大河所经。天启初,永宁贼党符国祯营于司东之三寨,官军自遵义击之,分军进陶公滩以牵贼,而以精兵夜经三寨抵贼巢,为贼所败。〇芝麻塘,在司东南,天启三年,水西贼安邦彦及永宁逋贼奢崇明窥遵义及永宁,官兵合长纳两路击之,败贼于芝麻塘,贼从青山遁去。

天生池,司西北六十里,四面山绕,水积于中,不假穿凿,故名。又灵湫泉,在司西五十里,有山洞,深二丈许,泉出其中,四时不竭。

鱼涪关,司东三里。洪武四年建,有兵戍守。又箐口关,在司东箐口岭上。○镇远关，在司西。又司西三十里有青冈关。又西二十里至贵州普安所之猫儿关。又梯口关，在司北九十里。大斗坎口关，在司北百里。又三块石关，在司西北六十里。西北百里又有江门关，即江门水驿也，道出泸州纳谿县。又云山关，在司南百二十里。又界首茶课司，在城西北二里，洪武四年建。

永宁驿。司城北。又西北乌降山，下有永安水驿。又北五十里，即江门水驿。又三十五里，为峡口水驿，所谓江门峡也。或谓之石夹口，永乐中，少监谢安采木于此，二十年，乃还。《会典》：司有永宁土官驿丞，又有赤水、普市、摩泥、阿永、永安五驿。

○九姓长官司，宣抚司西南百二十里。元初立夷民罗氏党九人为总把。至元初，改为九姓党蛮彝长官司。明洪武四年，改置是司。编户五里。

通江溪，司南十五里。源出贵州界，流入境，东北出，会于江门峡。一名落卜姑溪。又鱼槽溪，在司东五十里马口崖下，西北流，会于通江溪。

金鹅池。司西南五十里。成化三年，都掌蛮为乱，议者欲分兵三路，南路从金鹅池进攻大坝，中路从戎县进攻箐前，北路从高县进攻都掌，是也。既而督臣程信分遣别将罗秉忠等由金鹅池进捣都掌云。

○太平长官司，宣抚司西南二百五十里，地名大坝。北连都掌，南迫芒布，西接乌蒙，东抵永宁，延袤二百余里。元置大坝军民府，授土酋得兰纽等。明初废，后诸夷附于都掌，屡为寇乱。成化初，议于都掌箐前大坝三处设三长官司，不果。四年，讨都掌夷，克之，改大坝为太平川，设太平长官司。编户二里。

附见：

永宁卫。司治西南。洪武四年建，属贵州都司。又赤水卫，在司东南百四十里；普市守御千户所，在九姓长官司东百二十里，俱属贵州都司。今见贵州。

○黎州守御千户所，东北至雅州二百四十里，南至四川行都司越巂卫二百六十里，西至杂道长官司百五十里，北至雅州荣经县百三十里。自所治至布政司六百九十里，至江南江宁府七千九百九十里，至京师一万一千一百四十里。

古西南夷筰都地。《史记》：秦惠文王后十四年，蜀相壮杀蜀侯，并丹、犁二国来降秦。又武王元年，伐丹、犁。孔氏曰：丹、犁二戎，在姚府管内，唐初置丹州、犁州。或曰，俱在黎州境内。汉武帝元鼎六年，定西南夷，以为沉黎郡。天汉四年，并入蜀郡。时置两部都尉：一治旄牛，主外羌；一治青衣，主汉民，并隶蜀郡。后汉延光初，改属蜀郡属国都尉。三国时，属汉嘉郡。晋初因之。永嘉以后，李雄据蜀，析置沉黎郡。永和中，蜀平，郡废，寻复置。宋、齐因之。《齐志》作沉黎獠郡，荒塞，无县邑户口。后周置黎州，寻废。隋初属邛州。仁寿末，置登州于此。大业初州废，属临邛郡。唐武德初，属雅州，寻复置登州。九年，州废，还属雅州。贞观二年，改属巂州。大足二年，析巂、雅二州地，置黎州。神龙三年，州废。开元四年，复置。亦为下都督府。督羁縻二十三州，后增至五十四州。天宝初，曰洪源郡。时又置洪源军于城内。《志》云：寻又改汉源郡。今《唐志》不载。乾元初，复故。宋仍曰黎州。亦曰汉源郡，所领羁縻州并如唐旧。元因之，属吐蕃等处宣慰司。明洪武八年，以州治汉源县省入，改为黎州长官司。十一年，升安抚司，土酋马氏世守其地，广二百十里，袤百十里。属四川布政司。万历二十四年，降为千户所，《土彝考》：万历十九年，黎州世袭安抚副使马祥卒，无后，部族作乱，参将吴文杰剿平之。二十四年，改为黎州土千户所，仍择马氏后世其职。直隶四川都司。今置黎州守御所。

司南控六诏，西接吐蕃，凭深据险，为蜀西门。李吉甫曰：黎州之地，关沫、若而徼牂牁，居越巂、邛、蜀之中，最为冲要。樊柔直曰：全蜀五十余州，恃为噤喉者，沉黎其最也。

汉源废县，今所治。故沉黎地。《志》云：沉黎故城在所南四十余里，本筰都国。《茂陵书》：沉黎郡治筰都。是也。郡旋废，以其地属旄牛县。后汉因之。晋永嘉中，李雄复置沉黎郡。永和中，郡废，寻复置。宋沉黎郡治城阳县。萧齐以后，县废。后周置沉黎县，为黎州治，既而州县俱废。隋开皇初，复置沉黎县。仁寿末，为登州治。大业初，州废，县属临邛郡。唐初，省沉黎入汉源县，属雅州，寻为登州治。武德九年，还属雅州。贞观二年，改属巂州。永徽五年，复属雅州。大足元年，置黎州，治汉源县。神龙三年，州废，仍属雅州。开元三年，复为黎州治。宋元因之。明初省。《元和志》：古黎州城在大渡河外，自唐以来，徙治大渡河内，而水源在城外。韦皋始筑今城，东西南三面临绝涧，惟北面稍平，地多井泉，与诸城镇戍烽火相通，为西南之险要。今所治西北隅大渡河千户所城，即韦皋所筑土城也。明初因故址修筑，甃以砖石。既而土安抚司马芍德复营筑司城。今亦谓之沉黎城，周二里有奇。

黎州城，《志》云：在所东北圣钟山下。唐大足初，置黎州于此。贞元中，始移今治。又汉源故城，《志》云：在所南三十里。隋大业初，置汉源县，属临邛郡。唐徙治于黎州郭内，而以故县为汉源镇。

旄牛城，在所南。汉县，初属沉黎郡，后属蜀郡。范晔曰：天汉四年，省沉黎郡属蜀郡，为西部，立两都尉，一居旄牛，主徼外彝。是也。后汉因之。延光初，改属蜀郡属国。二年，旄牛彝反，益州刺史张乔讨平之，后渐荒废。《三国·蜀·张嶷传》曰：越巂郡旧有道径旄牛彝中，至成都，既平且近。自旄牛道绝，已百余年。延熙中，巂厚赂其帅狼路，开通旧道，奏封狼路为旄牛蘇毗王。晋属汉嘉郡。宋属沉黎郡。萧齐后废。《华阳国志》曰：旄，地名，在邛崃山表。《水经注》曰：汉沉黎郡，以蜀郡西部置，治旄牛道。《名胜志》曰：通望郡有古旄牛城，俗呼为牛头城。又旄牛县有鲜水，出徼外。

通望城，所东南九十里。汉旄牛县地。《新唐书》云，台登县地也。武德元年，析置阳山县，属雅州，旋属登州。州废，还属雅州。贞观二年，改属巂州。大足初，割属黎州。神龙二年，还属巂州。开元中，复来属。天宝初，改曰通望县。宋初，仍属黎州。庆历二年，省入汉源县。《寰宇记》：阳山县，隋大业二年置，唐曰通望，在大渡河北十五里。○飞越废县，在所西北七十里。唐仪凤二年，分汉源县地，于飞越水置县，属雅州。大足初，属黎州。神龙三年，还属雅州。开元中，复来属。宋初因之，寻省。《志》云：飞越城西又有飞越山，山下有唐时所筑之三碉城，后讹为三交城。

大渡城，所北百里。唐仪凤二年，置大渡县，属雅州。大足初，改属黎州。明年，省入飞越县。乾符二年，高骈帅西川，筑大渡城，列险戍守，以拒吐蕃，或以为即此城也。宋为大渡镇，属汉源县，后废。《志》云：司北十五里有王建城，地名木瓜园，蜀王建时筑，后人因以名城。

琉璃城，在所南境，大渡河南。唐大和五年，李德裕筑，以蛮界琉璃溪为名。《志》云：琉璃溪，在司西南四百里，接蛮羌界。又潘仓城，在司东，亦唐大和中筑。五代梁乾化四年，南诏寇黎州，蜀将王宗范等击之，出邛崃关，败南诏兵于潘仓嶂，又败之于山口城，又破其武侯岭十三寨，又败之于大渡河。路振《九国志》：潘仓，在邛崃关南；山口城，又在潘仓南；武侯岭，即武侯城旁之山矣。

武侯城，在所东南。相传诸葛武侯筑濠堑，故垒存焉。唐大和中，李德裕复增筑之，为戍守处。《纪胜》云：武侯城在旧黎州城外三里。又有武侯战场，今为安靖寨。○铜山城，在所东百八十里。又定番城，在所东南二百二十里，唐韦皋所筑。贞元四年，吐蕃分兵寇铜山，五年，皋遣将刘彰彩出铜山道，吴鸣鹤出清溪关道，邓英俊出定蕃栅道，逼台登城，与蕃部两林王苴那时大破吐蕃青海、蜡城二节度军于北谷，进拔于葱栅。北谷，即台登北谷也，见行都司。

仗义城，所南九十里。唐李德裕筑此，以制大渡、清溪之险。又有大定城，在大度河南。《唐志》：自青溪关南径大定城一百一十里而至台登也。○要冲城，旧《志》云：在所南百里，临大渡河。唐贞元中，韦皋所筑，俗呼炒米寨，亦曰炒米城。或曰在今越巂卫西三十里，恐误。《新唐书》：黎州有定番、飞越、和孤三镇兵，又有武侯、廓清、铜山、肃宁、大定、要冲、潘仓、三碉、仗义、琉璃、和孤十一城，皆大和五年李德裕修筑，以夺蛮险之处。

废叶州，在所西南，黎州所领羁縻州也。唐武后长寿元年，遣张元遇迎吐蕃降酋曷苏等于大渡水西，曷苏事觉，为吐蕃所擒，其别部酋昝插率羌蛮内附，元遇即其部置叶州授之，仍于大渡西山勒石纪功，是也。寻改为米川州。

邛崃山，所北五里。邛人入蜀，必度此山，故名。亦名邛筰山。盖山接荣经县界矣。其道至险，有长岭、弄栋、八渡之难，杨母阁路之峻。杨母阁者，杨氏妇始造阁其上也。又登高山，在所西五里，峰峦高耸，俯瞰城中通衢，官舍民居，一一可数。上有一小阜，曰望州坡。○圣钟山，在所东北五里，昔尝掘地得钟，因名。旧黎州城在其下，或曰，山近武侯城，一名武侯山。

大田山，所西南三十里。下有大井水田。万历二十四年，改立黎州土千户所于司南大田坝。坝盖在山之东麓。又宝盖山，在所东南二十里，山

形如盖，俗名凉伞山。又司南三十里有盘陀山，以山势盘回而名。○试剑
山，在所南八十里，崭然高耸，上列三峰。中峰又析为二，状如剑削。又
避瘴山，在所南九十里，近大渡河，山侧有二峒，一空阔高燥，一有水出
其中，土人名为干湿洞。夏秋之交，境多岚瘴，飞鸢群集其中，至立冬前
后，瘴已乃飞去，土人避瘴于此，出入每以鸢为候。又通望山，在大渡河
南三十里，与众山相连，入嶲州界，唐以此山名县。

冲天山，所东八十里。险绝无路，仅通樵采。古碑云：沉黎界上，
山林参天，岚雾晦日，谓此山也。又和尚山，在所东百里，山峰矗立，盘
纡十余曲方至其巅。其相接者，曰狮子山，亦高耸。○朝阳山，在所北百
里。《志》云：隋唐时尝置朝阳县于山下，城址犹存。今正史不载。又飞水
山，在所东北二百五十里，与荣经县接界，险恶不通人迹。

飞越山，所西北百余里，山高险，两面与羌戎接界，为沉黎西境之
要害。唐飞越县以此名。又画崖山，在所西北二百五十里，山势险峻，不
通人迹，山外即生蕃界。○笋笆山，在所西北五十余里，曰前笆，又行数
十里曰后笆山。多笋，又多林木，樵苏者以为衣食之源，号曰钱笆。宋绍
兴间，尝立笆租以赡学，岁收笆钱八十千。又白崖山，在所西北二十里，山
险峻，有风穴，亦名风穴山。山北有仙人洞，称幽胜。又雅山崖，《郡国
志》云：在汉源县，即离山崖也。秦时蜀守李冰所凿。离，古雅字。雅州之
名盖取于此。

大渡河，所南九十里。源出徼外，经雅州芦山县北，而入州境，自州
西折而东南入建昌行都司界。《寰宇记》：大渡河自吐蕃经雅州诸部落，
至黎州东而入通望县界，为黎州南边要害。《九国志》：黎州三面阻大渡
河，南至大渡河百里，东南百二十里，西南三百里。是也。详见前大川大
渡河。

汉水，所南二十里，一名流沙河，源出飞越山。《寰宇记》：汉水在

汉源县西百二十里，从和孤镇山谷中径飞越县界，至通望县，合大渡河。不通舟船，每至春冬，有瘴气中人为疟。又罗目溪，在通望县北，其水流径山谷中，入嘉定州峨眉县界。

两涧水，在所西。《志》云：所东西各有涧，至登高山下合为一。汉源之田仰此以灌溉。○渥洼池，在蛮部中，产良马，其前后之田皆膏腴也。

清溪关，在所南大渡河外。唐时为控御南蛮之重地。或云，即清溪镇也。唐末侨置宁州于此，去黔州二十九日行。《洪源志》：关去嶲州七百二十里。似误。详见前重险清溪关。

黑崖关，所西二十里。洪武十六年置。《志》云：司西一路为黑崖关所辖，有黎州上七枝等蛮，又一路自椒子冈、冷碛寨，直抵长河，则为大西天，乌思藏进贡路，诸关堡皆大渡河官军戍守。其间东西峻岭，中流一河，有大坝、筒车等五姓蛮结茆以居，贸贩茶利，资为捷径，赋税未尝敢后也。

松坪寨，司东南百八十里，安抚土舍马氏所居也。《九州志》：黎州石楼之地，多长松，不生杂木，即松坪寨矣。自炒米城抵松坪寨，连接峨眉县，凡三百六十里，皆高山峻坂，密树深箐。熟夷下七枝，名曰落凶、曰吽哄、曰沙置、曰俺立、曰母姑、曰阿辉、曰他他，皆隶松坪马氏。

安靖寨，在所西，相传即诸葛武侯战场也。亦曰安静砦。相近又有白水寨及大、小坝等寨，俱宋置。乾道九年，青羌、吐蕃奴儿结等侵掠安静寨，至大小坝。淳熙二年，白水寨将王文才复诱之盗边，州守陆東之诛文才而祸熄。是也。○砂坪砦，在所东南，接峨眉、犍为之界，苗寨也。宋乾道中，砂坪番高志良为乱，犯雅州碉门。明嘉靖末，木瓜番作乱，出砂坪，嘉定、峨眉、犍为皆震扰，即此。

鋼金堡，在司西。《唐书》：黎、邛二州西百里有三王蛮，谓之浅蛮。盖筰都彝白马氏之遗种，有杨、刘、郝三姓，为雄长称王，部落叠甃而居，号曰䌷金。后又有赵、王二族，共为五部，皆去黎州百余里，限以飞越岭，其居叠石为䌷，积糗粮器甲于其上。朱梁乾化五年，蜀王建以杨、刘、郝三王潜通南诏为诇导，斩之，毁䌷金堡。自是南诏不敢犯边。史炤曰：䌷，大也，多也，音丁幺反。胡氏曰：黎雅西南皆大山长谷，所在深远，蛮居其中。刘、郝、杨三王部落，居皆近汉界，谓之浅蛮。○消瘴堡，在司南，与避瘴山相近。《志》云：司南抵大渡河，旧有文武、消瘴、香树、黑石、流沙等堡，为戍守处。

沉黎驿，所治北二里，明初置。《志》云：所南百四十里旧有河南驿。又南百二十里有镇西驿，入建昌越巂卫界。又大渡河巡司，在所南九十里。

鬻马场，在司南，亦名买马务。旧又有茶马务，唐时剑南则市马于文黎、珍、叙等州，号川马。王建亦于汶、黎、雅、茂等州市胡马。宋韩亿知益州，移永康鬻马场于黎州，以灌、茂地接西川番部，岁来互市，觇我虚实也。今市马者多由成都中江县转贩入黎、雅云。又《宋志》有博易务，在废飞越县。

○**大渡河守御千户所**，在黎州所治西北隅，洪武十五年建。今亦置大渡河守御所。

○**天全六番招讨使司**，东至雅州界百里，南至雅州荥经县界六十里，西至西番长河西宣慰司界一百四十里，北至董卜韩胡宣慰司界百五十里。自司治至布政司五百五十里，至南京七千八百四十里，至京师一万一千二百九十里。

古西南夷地，汉属蜀郡西部。梁、陈时，为蛮獠所据。唐、宋时，皆为羁縻之域，隶于雅州。元置碉门、鱼通、黎、雅、长河西、宁远等处宣抚司，属吐蕃等处宣慰司，后改六番招讨司，一云，初名六安，后改六番。又分置天全招讨司。明初，合为天全六番招讨使司，土酋高国英来归，世守其地，广一百九十里，袤二百十里，所辖部落曰马村、苏村、金村、杨村、陇东村、西碉村，是为六番也。隶四川都司。

司襟带黎、雅，控扼蛮獠，为西蜀之屏蔽，通南诏之嗌喉。雅州向以三路为要害，此所云始阳路也。《胜览》云：司为魏始阳县地。

天全城，今司治。汉徙县。西魏始阳县地。元分六番，置天全招讨司。明洪武初，并二司为一，寻甃石为城，有四门，周四里。

禁山，司西二里。两崖对峙，高峻险绝，中有飞流，四时不竭，古谓之禁门关。又龙头山，在司北二里，又北二里为云顶山，皆峭耸。○泥山，在司东三里。四时积雨，山多泥泞。一名梅岭，以尝有梅生其上也。又金凤山，在司东北二里，山形耸峙，因名。

多功山，司东五十里。昔禹凿此山以通峡水，用功甚多，故名。又女城山，在司东百四十里。相传宋元间，杨招讨家女将守此，垒石为城，遗址尚存。又东七十里有镇西山，《志》云：三国汉时，姜维曾驻师于此也。又卧龙山，在司东二十里，相传孔明南征尝屯军于此。○旍纛山，在司东南二十里，状若旌旗。又东南六十里有玄空山，卓立天半，清雅绝伦。

玉堡山，司南五里。亦曰玉垒山，以积雪如玉也。其相近者又有白崖山，矗立如雪，亦名雪山。《图经》：自长河西至董卜砦二百余里，皆绕雪山而行。雪山垂尽，有山曰大铁围山，盖西境高寒，山常积雪，故多以雪山为名。

和水，司南四十里。《胜览》云：源出蛮界，羁縻罗岩州是也。东流经司境，又东入雅州界，合于平羌江。○硫黄溪，在司东三十里，溪水作硫黄气，浸灌瘠田，禾苗特盛。

禁门关，司治西禁山下。又紫石关在司西百里，仙人关，在司西六十里，俱雅州千户所官兵戍守。

碉门砦，在司东，与雅州接界。有守御千户所。洪武中，百户盛茂，垒石为城，险固可守，属雅州千户。又西有柘木场，亦要口也。明初重茶市，洪武五年，命左都督徐增寿曰，碉门距河西口，道路狭隘，跋沙艰难，市马数少，闻自碉门出柘木场，径抵长河西口，通杂道长官司，道路平坦，尔宜橄所司，开拓以便往来。是也。余详见雅州荣经县。〇冷碛寨，在司西南。《志》云：司有冷碛等十八寨，为三十三种番人出入之路。

剑山屯。在司西南。唐贞元中，韦皋分兵侵扰吐番，攻下羊溪等三城，取剑山屯。既而吐蕃大发兵，欲出西山、剑山，收巂州以绝南诏。是也。〇安桥，在司西三十五里，以竹索为之。路通番界，亦曰龙安桥。又太平驿，在司治西，明永乐八年设。

〇**松潘卫**，东南至龙安府三百三十里，南至叠溪所一百八十里，北至陕西洮州卫界八百六十里，西至吐蕃草地界四百八十里。自司治至布政司七百六十里，至江南江宁府八千二十五里，至京师一万一千四百七十里。

古氐、羌地。秦汉时，亦为羌、戎地。刘昫曰：松州，历代生羌之地。汉时招慰之，置护羌校尉，别无州县。后魏时，白水羌像舒活据此地。**后周置龙涸郡，兼置扶州。**治嘉城县。《后周本纪》：天和元年，吐谷浑龙涸王莫昌率部落内附，以其地为扶州。是也。**隋郡废州存。**《隋志》：后周置扶州总管府。开皇初，府废。三年，郡废。七年，改邓州曰扶州，而嘉诚之扶州废。邓州见陕西文县。大业初，属同昌、汶山二郡。**唐武德初，置松州。**贞观二年，置都督府，督羁縻二十五州，其后多至百有四州，皆生羌部落，或臣或否，无县邑户口。天宝初，曰交川郡。乾元初，复为松州。广德初，陷于吐蕃。宋仍为吐蕃地。元时内附，属吐蕃等处宣慰司。明洪武十一年，置松州、潘州二卫，寻并为松潘卫。二十年，改松潘等处军民指挥使司，有左、右、中、前、四千户所，俱在治内，编户二十五里。隶四川都司。嘉靖四十二年，改松潘卫，领千户所一、长官司十七、安抚司四。今因之。

卫控制番戎，山川险峻，川蜀之襟带，而亦关陇之藩篱也。《形胜志》：卫东连龙安，南接威、茂，西尽吐蕃，西北则与洮、岷连壤，直接虏界，盖四面皆险也。说者谓松潘为西陲重地，深入番境，东南两路，仅通一线，故置关设堡，绸缪联络，为虑切焉。然自宣德以后，患多在蛮族。万历二十四年以来，患又在北部矣。说者又谓松潘蜀西之门户也，漳腊又松潘之咽喉也。高屯堡居漳、松之间，为适中要地，宜添设戍守，以犄角漳腊，屏卫松潘。然势且日蹙矣。夫松潘旧界，广六百七十里，袤千六十里。今乃龊龊于三十里之漳腊乎？噫！无具甚矣。《边略》云：松、茂之俗，大抵相似。自松达茂，不三百里，路循江岸，彝碉棋布，山岩如蜂房然。明初，以戎俗尚异端，故于松潘复立番僧二人为国师，曰商巴、曰绰领，二人为禅师，曰黎巴、曰完卜。商巴事道，黎巴事佛，皆受银印，分建寺、观于诸寨落，化导番族。宣德二年，渐倡诱其属攻围城堡，遣兵攻剿，不克。三年，复征之，犹弗靖。八年，益调兵进讨。十三年，抚臣寇深议伐之。景泰二年，复议讨之，患稍息。天顺五年，复炽，入龙州石泉等处。成化十一年，势益张。十三年，抚臣张赞督官兵攻灭掇坪、懦弱、白羊岭、鹅饮溪、大白、饮马池、通林等二十一寨，又攻破木瓜、竹头坪等寨。于是商巴等二十六族降。十四年，佥事林壁进攻黄头、复水诸寨，别将复攻西坡、禅宛等寨，又分兵为五哨：一从靖彝岗，一从擂鼓坪，合攻西坡；一从回子嘴，一从荞坝，合攻列四柯；一直攻双桥儿寨，又分精兵，一从牛尾巴山口，一从双桥儿山岭，进攻树底砦；一从麻答山口，一从山岭，进攻麻苔砦；一从永镇堡山岗，一从禅定山口，进攻禅定砦；一攻挖撒寨，前后杀获甚众。会神将谢琳等穷追牛尾巴山贼被杀，我军夺气，蛮亦困惫，乃输款。弘治中，蛮复纵，官军失陷，南路梗阻。正德二年，官兵又杀其绰领等国师，雪郎、三出诸番怨恨，嗣后本寺、小宛卜等屡屡围杀官军，松城之外，不敢昼牧。十一年，别将张杰等整兵击贼，贼稍敛。嘉靖初，乌都、鹅鸽、鹅儿、鸡公、刁农五寨番蛮，纠合黑虎等寨八百余番，攻围长安等堡，阻绝南路，势甚猖獗。十二年，抚臣朱廷立等调官兵协剿，乌都等十一寨次第皆平，又屠遮花砦，于是黑虎等寨亦送款，自是寇患稍息。万历初，河东羌为乱。十四年，讨降之。时河西恃长江之阻，颇逆我文告，至是亦震詟请命。王廷相曰：松、茂诸番，居止皆依山险，垒石为室，高者十余丈，谓之碉房。天气多寒，土地冈卤，不生谷粟麻菽。番性勇鸷嗜利，往往侵夺内地，使民失业。荏兹土者，非以德怀之，以计困之，患未易弭也。

嘉诚废县，今卫治。三国汉时，为平康县地，属汶山郡。晋因之。后没于羌，寻为吐谷浑所据。后周天和初，得其地，置嘉诚县，龙涸郡及扶州治焉。隋仍曰嘉诚县，属扶州。大业初，属汶山郡。唐武德初，改置松州治焉。广德以后，废于吐蕃。刘昫曰：嘉城本生羌地，后魏时，白水羌舒彭遣使朝贡，乃拜龙骧将军、甘松县子，始置甘松县，魏乱而绝。后周复招慰之，于此置龙涸防。天和六年，改置扶州。隋改甘松为嘉诚县。或曰：刘昫误也。甘松盖在陕西岷州境。《城邑考》：今卫城，明洪武十七年筑，即隋唐嘉诚县地也。甃石为城，有濠环之，门五，城周七里有奇。

龙鹄城，在卫东。《志》云：龙涸本名龙鹄。后魏太和九年，宕昌王梁弥博为吐谷浑所逼，奔仇池。仇池镇将穆亮帅骑三万军于龙鹄，击走吐谷浑，改立梁弥承而还。后周龙涸防盖置于此。杜佑曰：龙涸城为吐谷浑之南界，去成都千余里。是也。宕昌，见陕西岷州卫。仇池，见陕西成县。

平康废县，在卫西南。蜀汉时，置平康县，属汶山郡。延熙九年，汶山平康彝反，姜维讨平之，是也。晋因为平康县，亦属汶山郡，后废。后周复置。隋因之，属会州，寻属汶山郡。唐初废。垂拱元年，复置平康县，属当州。天宝初，改属松州，后废。○交川废县，在卫南。本嘉诚县地，隋开皇初，析置交川县，属会州，寻属汶山郡。《隋志》：县有关官。是也。唐仍为交川县，属松州。后废。《寰宇记》云：交川县亦后周天和中置。误。

废潘州，《志》云：故潘州在卫北七百五十里。汉武逐诸羌渡河湟居塞外，筑此城置护羌校尉御之。唐广德初，松州以北皆陷于吐蕃。宋崇宁三年，秦凤招纳司言，阶州生蕃纳土，得邦、潘、叠三州。潘州盖属吐蕃首领潘罗支，故名。又分潘州为上下中三州。元属吐蕃宣慰司。明初本设松州、潘州二卫，后并为松潘卫。今阿失寨，盖上潘州也。班班簇，即下潘州地也。中潘州界其间，其地愈北，山愈平。旧漳腊之设，在下潘州。《边略》：中潘州去卫二百五十里而远。

废崌州，在卫西北。唐贞观中，党项部细封、拓跋等氏相继来降，以其地置崌、奉、岩、远等州。又轨州亦在卫西境，贞观三年置。《唐史》：党项，汉西羌别种，魏晋后微甚，周灭宕昌邓至，而党项始强。其地古析支也，东距松州，西距叶护，南春桑、迷桑等羌，北吐谷浑，山谷崎岖，亘三千里，姓别为部。太宗置松州都督府，督羁縻崌、懿、麟、雅等二十五州。是也。○废麟州，在卫西。唐贞观五年置，以处生羌。又废剑州，唐永徽五年，羌酋冻就内附，以其地置剑州，俱属松州都督府。

废霸州，卫西南二百五十里，唐贞观中置。十二年，霸州山獠反，杀其刺史向邵陵，州废。仪凤初复置，属松州都督府，寻复废。天宝初，招附生羌，置静戎郡，治信安县。乾元初，改为霸州。贞元中，剑南节度使韦皋招纳降蛮，处之于维、保、霸等州。是也。又废柘州，亦在卫西南。《通典》：柘州东至静州三十里，南至维州三百里。本生羌地，显庆元年置。天宝初，改为蓬山郡，领柘县及乔、珠二县。又有废拱州，显庆中以生羌钵南伏浪恐部置，与柘州俱属松州都督府。静州，见叠溪所。○废阔州，在卫西境，相近者又有废诺州，俱唐贞观五年置，以处党项及降羌，属松州都督府。十二年，吐蕃破党项、白兰诸羌，屯松州西境，寻进攻松州，败州兵。阔州、诺州二部遂叛归吐蕃，寻复内属。

雪栏山，卫东三十里。山势蟠蜒，四时积雪，其色如银，俗呼宝顶山。亦名雪岭，巉崖路险，有雪栏关。又风洞山，在卫东五十里。山高险，行数里始至其巅，上有风洞，深不可测。《志》云：洞多恶风，每午辄大作，作则灰沙蔽天，人马俱辟易，寒气袭人，触之多死，否则喘息旬日始止。盖山岚郁结之气所发。

红花山，卫南十五里，有屯田，名红花屯，岷江所经也。又牛心山，在卫东南十五里，峰峦圆秀，若牛心然。又东四十里为火焰山，山无草木，色如赭。○金蓬山，在卫东南五里。《志》云：羌人金蓬者昔居此山。

甘松岭，卫西北三百里。亦曰甘松山，一名松桑岭，土人谓之松子岭。后魏有甘松县，唐置松州，皆以此山名。《新唐书》：开元十九年，吐蕃请互市于甘松岭，宰相裴光庭曰：甘松岭，中国之阻，不如许赤岭。是也。今大江经其下。杜佑曰：甘松岭乃江水发源处。似误。赤岭，见陕西西宁卫。

大分水岭，卫北二百三十里。其山高峻，水分二流，或以为大江导源处也。又小分水岭，在卫北九十里。其山平坦，有龙潭，其水亦分二流。○羊峒，在卫北，接陕西洮州界。《志》云：松潘东通任昌、蜡梅，北接羊峒、洮州，任昌、蜡梅，盖番族也。

野狐峡，在卫西境。唐贞观八年，别将李道彦分道击突厥，至阔水，党项酋长拓跋赤辞等屯野狐峡拒之。道彦不得进，为其所败，退保松州。

岷江，在卫西。《江源记》：岷江发源于临洮木塔山，山顶分东西流，由甘松岭八百里至漳腊西，其水渐大，复径镰刀湾，达松潘，于下水关入红花屯，达叠溪界。《一统志》：司西北六十里有潘州河，即岷江矣。河东、河西诸蛮，盖以江为界云。余见大川岷江及川渎异同。

涪江，在卫东。发源小分水岭，东南流入小河所界，又东南入龙安府。《汉志》注：涪水出刚氐道徼外，南至垫江入汉。是也。详见大川涪江。

阔水，在卫西北。唐贞观八年，李道彦分道伐吐谷浑，经党项中，至阔水，出不意袭败之。党项忿怒，拒道彦于野狐峡，道彦败还松州。十二年，命侯君集等分道伐吐蕃，将军牛进达出阔水道，即此。胡氏曰：阔水在故党项中，羁縻阔州以此名。今亦见陕西西宁卫。○响水泉，在卫北六十里，泉流湍急有声，居民资以灌溉。

望山关，卫东十里。又东二十里曰雪栏关，在雪栏山上。又二十里曰风洞关，在风洞山上，皆峻险。《志》云：风洞关北有盐井墩，即古盐川废县。似误。○黑松林关，在司东七十里，地多黑松，因名。一名松林堡。又东十里曰伏羌堡，其相近者曰红岩堡，亦曰红崖关，皆东路设险处也。

三舍关，卫东九十里，东至小河所，此为适中之地。关东十里为镇远堡，又东二十里为小关子堡，又东十里为松垭堡，又东十里为三路堡，又东八里为师家堡，又东十里为四望堡，堡东二里即小河所也。《志》

曰：三舍关有偏将驻守，所辖上至望山，下至四望，共十三关堡。四岩绝壑，一线仅通，羊肠鸟径，峭磴危湍，险巇万状。附近有水牛、毛公、羊洞诸番，不时窥伺。嘉靖中，何卿镇松潘，节制东南，大修长安、马路、师家、永平等堡，于善地增修御寇、靖虏诸墩，以扼险要。长安堡，见茂州境内，即长宁堡。马路堡，见叠溪所。

　　西宁关，卫南三十里。其北八里曰熊桢屯堡，亦曰熊溪屯，南路关堡之首也。有铁炉沟诸彝在界内。万历中，河西商巴导土鞑伏于铁炉沟以牵制我，事觉扑擒之。关南八里有小屯堡，共为形援。又东胜堡，在卫东南三十五里。《志》曰：红花屯下七里为雄溪屯，雄溪左十三里即东胜堡。○安化关，在卫南四十五里。其北七里为云屯堡，南十里曰镇革堡，又南七里曰新塘关，又七里曰艾蒿堡。《志》云：卫南七十里有新镇关，其北十五里曰百胜堡，其南十余里曰龙韬堡，皆南境之襟要也。

　　归化关，卫南百里。《志》云：唐尝置羁縻归化县，属霸州，关盖因以名。地形险要，有龙溪等寨，大小横梁，为诸番出没处。自卫城南至叠溪之永镇堡，此为适中之路。关南二十里为北定关，嘉靖七年守将边轮与横梁、竖儿等番战，败没于此。《边略》：松潘至茂州三百里，山嘴险恶，一蛮掷石，百人不能过。其路随河曲折，蛮下山抢掠为易，当有以削平而制御之。

　　浦江关，卫南百五十里。有别拓、大小耳别等寨在界内。《寰宇记》：归化县有大聋山、小聋山，在霸州西北十里，号符坚城。又于小龙山上村置牙利县，或即大小耳故迹矣。关南四里曰平番堡。弘治中，科臣张文言：松潘南路浦江关，地势稍平，介松叠之间，极为要害，若聚兵屯粮，筑城固守，三面联络，什伍相保，卒然有警，松叠声援可立应也。

　　平彝关，卫南百七十里，即平彝堡也。其地宽平，可容千骑，为四十八寨饮盟歃血之地，即黄沙坝矣。又南六里为金瓶堡，又南七里为镇平关，又南七里为镇番堡，又南十里为靖彝堡，又南十里为平定堡。自平定堡至叠溪所之永镇堡止八里，亦松茂接界处也。《志》曰：万历十四年，于平彝堡建城堡，增将领，所辖上至西宁，下至平定，共十七关堡。其附近诸番有河东大姓，属牛毛土官管辖，河西小姓属羊毛土官管辖，所谓牛脑、羊脑也。蛮寨以数十计，其最强者为乌都等寨，亦属茂州，北境与松潘相出入云。

流沙关，卫西北十四里，虏骑经由地也。万历二十八年以后，遇秋防，尝以重兵驻此。《四裔考》：松潘西至流沙关，相连天竺，西南达红土坡，生番多系北虏出没，地势辽绝，非可限越云。

虹桥关，卫北三十一里。又北去漳腊堡七里，为卫境之北隘。有落虹桥，长二十丈，饷道必经之地也。关南七里曰谭厢屯堡，又南七里为塘舍屯堡，又南六里为羊裕屯堡，堡南六里即卫城也。《志》云：虹桥西北十五里为绝塞墩，北界黄山尖、杀鹿塘、黄胜草场等处，路通洮、岷。宣德三年，蛮族作乱，陈怀奉诏趣救，由此道入解松围。今为番部间阻，下潘州白利等番，或由阿玉岭，或由铁门墩，出抵寒盼、祈命诸寨，贸易茶斤，稍失防范，衅端辄起，且阻绝长沟，救援难及。议者欲于墩前石砌，联城一座，直抵河下，以通水道，又依山据壕，绝其乘高来犯云。

漳腊堡，卫北三十八里。旧治于下潘州，在司北七百余里。景泰中，抚臣罗绮记曰：漳腊，潘州城故址也。下有岩穴，空洞幽邃，广可容列骑，旁有玻璃泉，冬夏渊然不涸，其土地膏腴，山川秀丽。自唐盛时所开拓，而旋入于吐蕃。洪武十一年始建置屯堡，且耕且守，边人安堵。宣德二年，为氐羌窃据。景泰六年，复收其地。盖自是以后，益徙而南。今且抚松州之背矣。《边略》：漳腊有隘口，可通北虏。嘉靖十一年，寇贼深入为害，抚臣宋沧议于漳腊后山岭建靖虏墩，西小高岭建御寇墩，设兵戍守。二十年，复展修城堡，增置官军，并筑边墙一万三千五百三十丈。又于大坝建立一堡，修筑城垣，于西山平坝，更修一墩，以防虏骑侵扰。万历六年，备兵使者杨一桂，以漳腊所属镇虏、绝塞、谭廊等十七屯堡，去松辽远，支粮不便，议于漳腊旧基修建新仓，改运关支，卒伍称便。二十八年，虏骑突自寒盼、黄胜草场，分道驰入围漳腊，守将张良贤破之，又追破之于思答弄，敌遁去。《志》云：漳腊一镇、五隘、九屯、一十八墩堡，延袤二百余里，襟带山河，杂居番族。其最切者，有寒盼口、上中潘州、上下羊洞等隘口。自漳腊北去，辽廓幽远，一望无际，万骑可从容矣。思答弄地在堡西北。

高屯堡，卫西北二十里，北去虹桥关八里。又南八里为谷粟屯堡。《志》曰：高屯堡在虹桥之内，御寇之下，谭廊之西，乃适中要地，松城之藩屏也。万历三十七年，尝议城此，与漳腊为犄角云。

镇虏堡，在漳腊北十五里。其后为天险墩，前为观化墩，东於襄台，西制虏台，声势相望，直北则为敌贡坝，旧掘品字赚坑数百，以防敌人侵扰。北去三里为城墙岩，东临河畔，西抵山麓，掘壕宽深丈许，长六百余丈。河西为川盼沟，壕堑之制亦如之。越沟二十里，登阿玉岭之巅，可瞵黄胜草场，场之东有阿玉口，凡二十里透岭。出川盼，则东西南北，惟所驰驱。议者欲于天险、观化二墩，充广宽拓，石砌墙垣一周，外掘濠堑，以防冲突，庶几扼其吭。万历二十八年，敌骑围漳腊，攻镇虏，守将杜世仁御之，又攻制虏台，复败却。《志》曰：镇虏堡北二十里之柏木桥即塞外矣。

水草坪，在卫东。又卫东境有猪儿嘴诸险。正德初，抚臣刘洪言：松潘天寒地瘠，物产不多，负贩者以险远难致，东路自江油县入山口七百余里，如猪儿嘴、野猪山等处甚险，然俱可开通偏桥，如七里阁、黑旋窝、泥儿湾等处甚危，然有可改河移之彼岸者，有可用石叠为堤者，又新开一路至水草坪，与旧路接，当立一墩，宜相度修改，非惟粮运便益，而物价亦稍减矣。

赤磨镇，在卫东北。唐武德七年，扶州刺史蒋善合击吐谷浑于松州赤磨镇，败之，即此。○古松驿，在卫治南。又归化驿，在卫南百里。镇平驿，在卫南百七十里。三舍驿，在卫东百四十里。《志》云：卫东九十里有松林堡站，又东八十里有三路堡站。

人荒寨。在卫东南，番寨也。万历六年，备兵使者杨一桂言：松潘诸番最桀骜者，无如丢骨、人荒、没舌三寨，屡为边患，议先剿之。既而三寨蛮谋劫军饷，纠众伏于安化关之凝水沟，突伤官军。别将曹希彬等击却之，复追败之于安贯顶。未几蛮众复炽，官军御之于安贯顶及黄草岭诸处，皆败之，乘夜进攻，焚其丢骨、人荒、小寨。七年，丢骨寨蛮突犯，裨将李承芳等奋击，群番溃走，官军进击其敛坎，焚河西大小碉房五十余座，追至河东，番皆震慑，呷竹、林洞等四十八寺寨首领，俱率其众降，三寨始戢。

○**小河守御千户所**，卫东百九十里。古曰涪阳。宣德四年，调成都前卫后所于此，为小河千户所，增置城堡，又添调官兵，更番戍守。编户一里。今设小河营。

师家山，所北二十里。一名文山，宋时有师、文二大姓居此，山麓有文山关。又有师家铺，与龙安府接界。

涪水，所北二里。自卫境流入，又东流入龙安府界，其水浅隘，故有小河之称。

叶堂堡，所东南十六里。《志》曰：小河以东，凡七堡，惟叶堂为要隘，有官军屯戍，东通白马、毛公，西逼竹头、野猪、白草诸寨，其西北六里曰峰岩堡。○马营堡，在叶堂东四里，又东七里为水进堡，又东八里为镇彝堡，又东十里为乾坤堡，皆有兵戍守。

铁龙堡。所东七十六里。有两山对峙，峭壁万仞，二水会流，深不

读史方舆纪要

可测。上为铁索桥，索凡六条，各长一十五丈，引于河之西岸，系以铁柱，中道板荡，行者戒心焉。嘉靖间，龙州宣抚薛兆乾作乱，斩铁桥以拒官兵，旬日，松州米贵如金矣。《志》曰：铁龙堡至龙安府不过二十五里。〇小河驿，在所治北。所东十里有水浸驿，又东十里有溪子站。

占藏先结簇长官司。

蜡匝簇长官司。

白马路簇长官司。

山洞簇长官司。

阿昔洞簇长官司。

北定簇长官司。

麦匝簇长官司。

者多簇长官司。

牟力结簇长官司。

班班簇长官司。

祈命簇长官司。

勒都簇长官司。

包藏簇长官司。

阿昔簇长官司，以上俱洪武十四年置。

思曩儿簇长官司，洪武二十六年置。

阿用簇长官司，宣德十年置。

潘斡峕长官司，正统初置。

八郎安抚司，永乐十年置。

麻儿札安抚司，永乐十五年置。

阿角寨安抚司。

芒儿者安抚司，俱正统初置。

〇叠溪守御军民千户所，东至龙安府石泉县八十里，南至成都
府茂州百二十里，北至松潘卫一百八十里，西至黑水生蕃界六十里。
自所治至布政司五百八十里，至江南江宁府七千八百二十里，至京师
一万一千二百七十里。

古氐、羌地。汉属蜀郡。后汉因之。晋属汶山郡。宋、齐亦为
汶山郡地。后周置翼针郡。隋开皇初，郡废，属翼州。大业初，州
废，改属汶山郡。唐武德初，复置翼州。咸亨三年，置都督府。上元
二年，府罢。天宝初，曰临翼郡。乾元初，仍曰翼州，后没于羌戎。
明洪武十一年，平定西羌，以古翼州置叠溪右千户所，隶茂州卫。
二十五年，改叠溪守御军民千户所，编户一里。隶四川都指挥使司，
领长官司二。今设叠溪营。

所北瞰松潘，西控维州，制御生番，良为要地。唐之中叶，吐
蕃据此，屡为西川之祸。韦皋镇蜀，于西山南北，分道出师，翼州
其必争之地也。明初，虽收其地，而迫近诸番，东西不过六十五
里，南北不过九十五里，盖视汉唐之旧封地，利有未尽廓者矣。使
赫然芟除，建为雄镇，北接洮、岷，南连威、茂，西北之藩卫，不
且益壮欤？《边略》云：松、茂所以隔绝吐蕃，叠则松、茂脉络也。大抵
吐蕃入寇，必道松、茂，由松、茂而东，必经灌口，灌口失守，则长驱入蜀
矣。叠州与松、茂，盖灌口之障蔽也！

蚕陵废县，所西百三十里。汉县，属蜀郡。后汉因之，元初元年，
蜀郡彝寇蚕陵。延熹二年，复来寇。晋亦为蚕陵县，属汶山郡，其后荒

弃。后周改置翼针县为郡治。隋郡废,县属翼州。大业初,属汶山郡。唐武德初,属翼州。六年,移州治焉。咸亨三年,州侨治悉州之悉唐县。上元二年,还治翼针。天宝初,改曰卫山县。刘昫曰:汉蚕陵城在蚕陵山下,隋时翼针县治七顷城。唐贞观十七年,移治七里溪。唐末县废。《志》云:今所西五里,即唐废卫山县治。

翼水废县,所西南九十里。本蚕陵县地。后周置龙水县,并置清江郡治焉。隋开皇初,郡废,改县曰清江。十八年,又改县曰翼水,属会州。唐属翼州,后废。太子贤曰:翼水县西有汉蚕陵故城。○鸡川废县,在所西南百里,有栖鸡川。唐先天二年置县,属翼州。又昭德废县,亦在所西。刘昫曰:显庆中,置识臼县,属悉州。天宝元年,改属翼州,更名昭德。五载,分鸡川、昭德二县,置真符县,并置昭德郡治焉。乾元初,改为真州,以州治真符县为名,寻废。

峨和废县,所西北六十里。本蚕陵地。唐武德初,析置峨和县,属翼州。贞元十年,韦皋败吐蕃,克峨和城,既又遣将出峨和、薄松州。是也。○左封废县,在所西百九十里。后周置广年县,并置广年、左封二郡,又置翼州治焉。隋开皇初,郡俱废,县属翼州。仁寿初,改县曰左封。大业初,属汶山郡。唐武德初,隶翼州。三年省。贞观四年,复置。二十一年,改隶当州。刘昫曰:县在当州东南四十里。显庆初,改属悉州。咸亨初,移州治焉。仪凤二年,羌叛,悉州寄治当州城内,寻还旧治。载初元年,移治匪平川,在旧治东南五十里。天宝初,改州为归诚郡。乾元初,复为悉州。唐末,州县俱废。又归诚废县,在废左封县西南。唐垂拱二年,析左封县置,属悉州。今皆为生蕃地。

废静州,所西二百六十里,南至成都府威州界百里。刘昫曰:左封县有悉唐川,显庆初,置悉唐县,并置悉州治焉。咸亨初,移州治左封于故悉唐县,置南和州。天寿二年,改为静州,仍治悉唐县。天宝初,曰静川郡。乾元初复故。又南有静居废县，天授初，以悉唐县之静川地置。其相近又有清道废县，俱属静州，后皆废。○废当州，在所西北二百七十里，本羌地。后周置通轨县，并置覃州及覃川、荣乡二郡治焉。隋开皇初，郡俱废。四年，州废，县属翼州。大业初，属汶山郡。唐初属松州。贞观二十一年，置当州治焉。刘昫曰：以地出当归也。初治利川镇，仪凤二年，移治蓬白桥。天宝初，曰江源郡。乾元初，复曰当州。杜佑曰：故通轨县在州西北二百里。《隋志》县有甘松山。是也。盖后移今治。《会要》：大历五年，当、悉、柘、静、恭五州，并徙置山陵要害地，以备吐番，而旧封不可问矣。

白岸城，在所西。唐贞元中，韦皋破吐蕃论莽热兵，进屯白岸，西山诸羌皆降。《新唐书》：翼州有峨和、白岸、都护、祚鼎四城，合江、谷堆、三谷三守捉城，陇东、益登、清溪、御蕃、吉超五镇兵。

蚕陵山，在所西北，汉因以名县。又犁牛山，在所东五里。《志》云：所之东界止此。正统中，番贼窥境，官军追之，遇伏于犁牛山，败绩。又云峰山，在所东六里，高耸凌云。○排栅山，在所南五里。洪武十一年，大军至此屯驻，立栅为营，山因以名。

汶江，所西三里，自松潘卫流经此，又南黑水流合焉。《江源记》：岷州自松潘达叠溪，至穆肃堡，黑水从南合之，入深沟，径茂州界。是也。详大川岷江及川渎异同。

翼水，所南五十里。一为汶江，自松潘界流至此，一为黑水，自生番界流至此，合流如张两翼，故州以为名。或谓之合水，亦谓之合江，唐因置合江守捉云。○七里溪，在所东七里，源出松坪寨，又城东有饮马沟，自云峰山顶悬崖而下，俱流入于汶江。

玉津泉，在城南，导流直抵城下，居民取汲甚利。又天涌池，在所治南，正统间开凿，引饮马沟水潴其中，以便居民之汲。

南桥关，所南五里。又有小关在所东五里，叠溪桥关在所西五里。《志》云：所南十五里有中桥关，又南十五里有彻底关，所北四十三里有永镇桥关，九十七里有镇平关，俱洪武十二年置，共为七关。

穆肃堡，所南五十里，江水经此，黑水流合焉。《志》所云穆肃为两河之会也。堡南与茂州接界，为控扼之所。今亦见茂州。

新桥堡，所北十里，稍南为汉关墩堡。万历十八年，郁即长官啖保者，与黑水、松坪，攻我新桥，明年伏罪。先是汉关墩附近勒骨诸小姓，属于郁即，至是改属叠溪。《志》云：新桥堡北为普安堡。正统十二年，抚臣寇深议讨松潘叛蛮，于叠溪迤北添设普安、静彝、镇番三堡。是也。又普安堡旁有葫芦崄嘴，弘治中，番贼攻围普安，守将胡澄拒战，追贼至此，死之。

太平堡，所北三十里。其附近为杨柳沟，河西强种也。万历十八年，纠合松坪、白泥、黑水三千余番，同陷新桥。十九年，讨降之。又永镇堡，在所北四十余里，有永镇桥关。其相近者又有白石坎。正统中，番贼来犯，官军拒之于此。《志》云：永镇堡附近为牛尾寨。万历八年及十二年，麻搭内犯，十四年，讨降之。又北抵松潘卫界。

马路堡，在所南。又南为小关堡，接茂州界之实大关。《志》云：新堡附近为巴猪大砦，众逾千数，性喜黜盗。嘉靖二十三年以来，屡渡河入犯，议者欲于旧关脑搭桥进兵，及马路堡后长宁、沙坝潜师绕其后，上下夹攻，可大创也。《四裔考》：叠路生番最恶，而五巴猪为尤甚，牛尾、麻搭、杨柳、麦儿次之，凡四十八寨。其地南连黑苦，西通黑水，北接松潘，加兵征之，即逃入黑水。黑水盖广饶之地，莫知纪极云。又叠溪长官郁氏所辖，有河东熟番大姓八寨及马路，小关七族，河西小姓六寨云。

麻答嘴寨。所北五十余里，本番寨也。路入松潘。正统中，抚臣寇深议讨松潘叛蛮,欲于麻答崖、青岗嘴、画佛崖、海螺洞、万江崖,沿山凿石,架木悬栈。是也。《志》云:堡南为牛尾巴,又南为杨柳沟。弘治十二年,抚臣张文言:松潘南路,国初以来增置墩堡,开设仓厫,屹为天险。自牛尾巴失利之后,蛮人乘险杀掠,饷夫戍卒,号南路为死亡城,是南路必不可不复也。此路一复,其间麻答嘴险要之处,据高设堡,添拨防军,以遏贼冲,亦规恢全蜀之策矣。○双马寨,在所西百二十里。《志》云:亦番寨也。

○叠溪长官司。所北一里。永乐四年置,领渴卓等五寨。

○郁即长官司。所西十五里。永乐四年置,领松坪等五寨。又有来远驿,在司治西。

○酉阳宣抚司,东至湖广保靖宣慰司界三百里,南至平茶洞长官司界五十里,西至重庆府彭水县界三百里,东北至湖广大田千户所界四百里。自司治至重庆府九百五十里,至布政司二千里。

古巴国地。秦属巴郡。两汉因之。诸《志》皆以为汉武陵郡之酉阳县,误。三国汉属涪陵郡。晋因之。永嘉以后,没于蛮獠。后周时,为羁縻黔州地。隋属庸州。《志》云:隋为清江郡地。唐属思州。五代时,仍没于蛮。《寰宇记》:黄巢之乱,酉阳蛮叛,驸马冉人才征之有功,留守其地。五代时,中国无主,冉氏遂据有之。宋政和六年,仍属思州,寻置酉阳州于此。元因之,冉氏仍有其地。属怀德府。明玉珍改为沿边溪洞军民宣慰司。明洪武五年,仍为酉阳州。冉如彪纳土归附,仍令世守其地。广六百里,袤七百里。七年,升为酉阳宣抚司,编户十三里。隶四川布政司。永乐十六年,改隶重庆府。

司当西南之要冲,接黔楚之边境,山川阻深,蛮獠错杂,抚循未可无策也。《四裔考》:酉阳所属有九溪十八蛮,而九江后溪西南一带，近为镇筸叛苗残破，境土日蹙。

酉阳废县，在司东。胡氏曰：三国汉时分置酉阳县于此，属涪陵郡。晋省。或以为汉武陵郡之酉阳，误也。隋为务川县地，属庸州。大业初，属巴东郡。唐仍为务川县地，属思州，后废。宋政和中，亦为务川县地。或云，宋尝置酉阳县，属务州。今《宋志》不载也。元始置酉阳州。明因之，寻为宣抚司治，司无城，其民曰犵獠、曰冉家、曰南客，分三种云。

迁陵城，在司东南，接湖广辰州府界。汉县，属武陵郡。三国时，为吴界。魏已亡蜀，遣汉葭长郭纯试守武陵太守，率涪陵民入迁陵界，屯于赤沙，诱动诸戎进攻酉阳，吴遣钟离牧讨平之。《志》曰：迁陵、酉阳两县，相去水道可四百许里，赤沙在其间，此汉之酉阳也。

酉阳山，司西北百八十里，接黔江县界。又龙山，在司东一里，旁有龙家砦。司东三十里又有火山，其山高耸，日射返照，其色如火。又司东百二十里有唐店山，司南百里有何家山，山皆高耸，以山旁居民多唐姓何姓者而名。○胡子崖，在司北百里，崖下路通司治，行者过此，有水自崖悬流，可以济渴。

三江，司东北九十里，源出酉阳山，亦曰酉水，有三小溪流合焉。又合平茶水及楠溪东注辰州大江。○楠溪，在司西二百里，其溪清浅，旁多楠木，下流合于酉水。

通达砦。司东南二百五十里。《志》云：元置通达等处五路蛮彝洞长官司于此，明初，废为通达砦。又云：司有浚宁江土人巡司。

○**石耶洞长官司**，司南七十里。本酉阳地。宋宣和间，有杨昌安者据守其地。元置石耶军民府。洪武初，其酋杨金隆归附，改立长官司，附庸酉阳。《志》云：司东至石凯子界，西至平茶司界，南至邑梅沙子凹，北至酉阳石闲囤，与镇筸苗密迩，地势称孤悬。今编户二里。

巴惯山，司治南一里。山崖多板石，土人呼板石为巴惯也。又南一里有石崖，土人呼为密那崖，崖石陡峻，中间空洞，尝有泉流。

漫溪。在司治南，源出邑梅洞，漫流东注入辰州大江。

○平茶洞长官司，东至石耶长官司界十里，西至贵州乌罗长官司界十里，南至贵州铜仁府界百里，北至酉阳宣抚司界五十里。自司治至重庆府一千一百二十里，至布政司二千一百七十里。

汉、晋以来，为蛮彝地。唐属思州。宋政和中，为羁縻平茶洞，仍隶思州。元改溶江、芝子、平茶等处长官司，隶思州安抚司。杨氏世守其地。元时杨大雷有之。明初为平茶洞长官司，洪武七年，杨抵刚归附，置司授之。广三十里，袤一百五十里，编户三里。初隶酉阳宣抚司，洪武十七年，改隶四川布政司。

岑仰山，在司治西，巍然秀拔，仰望可爱。又团山，在司治南，山势团耸，特出众山之上。又高秀山，在治北，高立千丈，丹崖翠壁，秀色如画。

白岁山，司西三十里。高耸插天，土人以山积雪则有年，故名。○诸葛洞，在司治南，石崖屹立，旁有石洞数丈。相传武侯征九溪蛮时，留宿于此。

哨溪，司治东南。发源白岁山，山水激石，有声如哨。又有满溪，在司西南十里，亦出白岁山，以水常溢不竭也。合流而东北，曰平茶水，至酉阳东南会于酉水。

龙潭，司治西。两旁山崖陡峻，潭中水深莫测。又治北石洞中有龙泉，四时不涸。○济渴井，在司治北，水清甘，夏月行者汲饮之以济渴，因名。

小平茶砦，在司南。嘉靖二十七年，大征叛苗，分兵屯平茶、地架二营，剿境内小平茶、地崩、岑沙苗、地龙庭、地龙箐五寨是也。地架堡，见贵州平头著可长官司。

通蜀桥。司治南，跨哨溪上，以路通蜀境而名。又司治东北有迎恩桥，亦跨哨溪上。

○邑梅洞长官司，东至湖广镇溪千户所界七十里，西至贵州乌罗长官司界二十里，南至贵州平头著可长官司界百里，北至酉阳宣抚司界百三十里。自司治至重庆府一千五十里，至布政司二千一百三十里。

唐思州地。元为佛乡洞长官司。明玉珍时，改为邑梅沿边溪洞军民府。明洪武五年，改为邑梅洞。八年，改置长官司，宋末杨光甫据其地，元置司授之。明初，杨金奉归附，仍令世守其地。广九十里，袤二百三十里，编户五里。隶酉阳宣抚司。永乐初，改隶重庆卫。

寿山，司西南六里。屹立层汉，四时林木郁然。又黄牛山在司东三里，山旁土地膏腴，宜于耕稼。相传昔时土官杨四舟高殿始自贵州乌罗迁此，喜而提牛相庆，因名。又韭山，在司南八里，昔有人遗韭种于山顶，长丈余，四时茂盛，民皆取以供食。○鼎硔山，在司西北五里，三山齐耸，屹如鼎峙。又擎团山，在司西北四里，四围峭壁，擎摩云汉。

凯过河。司西北二十里。源自乌罗三洋溪流出，会买寨河，东入辰州大江。旁有凯子砦，行者于此过渡。又地磴溪，在司西南十五里，溪水清澈，可鉴毛发。又司西十五里有遵岫溪，溪水屈曲，缘山西流。

○石硔宣抚司，东至重庆府黔江县二百里，西至忠州酆都县百七十里，南至涪州武隆县百七十里，北至忠州百二十里。自司治至夔州府九百四十里，至布政司二千三百五十里。

古蛮彝地。宋景定中，置硔安抚司，蛮酋马什用败蒙古兵，继又平九溪洞彝，因置司授之。元改硔军民府，寻升军民安抚使司。明玉珍窃据，亦授其酋硔安抚司。明洪武七年，得其地。八年，仍为硔宣抚司，土酋马克用归降，使世守其地，广三百七十里，袤二百九十里，编户三里。隶重庆府。嘉靖四十二年，改隶夔州。

大峰门山，司南百五十里。两崖壁立，中通人行，有故垒在焉。又鼓楼山，在司东南二百里，山高耸，其巅旧有鼓楼。又斑布山，在司西南二百二十里，色斑如布。

石凉繖山，司东北百四十里。形如张盖，或谓之石幢山。《汉志》：牂牁郡有柱蒲关。《华阳国志》郡有石潼关，硅主之名盖本此云。又万聚山，在司北百里，众山环聚回合，因名。又司西北二百四十里有马黄山，又十里为凤凰山，皆高耸。

三江溪，司东北二十里。有三水合流，北注大江。《志》云：司西北二十里有清水潭，四时澄澈。又司西四百里有龙潭，深杳无际。

支罗砦。在司西南。嘉靖中，硅宣抚司人黄俊据支罗砦，假龙潭土舍名色，霸占民田，寻以叛诛，子中复据寨叛。四十四年，诏川湖会兵夹攻，川兵进攻牛栏坪，湖兵自施州卫进，中由思南逃去，为楚军所获，川军捣其巢穴，支罗平。

读史方舆纪要卷七十四

四川九 建昌行都司 番荣附

〇四川行都指挥使司，东至乌蒙府四百九十里，西至常郎堡生吐蕃界五十里，南至云南武定府七百八十里，北至黎州所界五百里。自司治至布政司一千四百八十里，至江南江宁府八千五百里，至京师一万一千五百里。

《禹贡》梁州之域，后为西南夷所据。汉初邛都国地。元鼎六年，置越巂郡巂，音髓。治邛都县。后汉因之。晋仍曰越巂郡，治会无县。宋仍旧。仍治邛都。齐为越巂獠郡，獠一作獽。后周置西宁州，天和五年，郑洛平越巂置。寻曰严州。隋开皇六年，复为西宁州。十八年，又改为巂州。大业初，曰越巂郡。唐武德初，复曰巂州，治越巂县。三年，置总管府，寻改为中都督府，督羁縻一十六州。天宝初，亦曰越巂郡。乾元初，复为巂州。《唐纪》：至德初，没于南诏，寻入于吐蕃。贞元四年收复。大和六年，巂州徙治台登县。咸通三年，为蒙诏所据，改为建昌府。以乌、白二蛮实之。宋时羁属于大理。《元史》：南诏衰，建昌诸蛮争强不相下，分地为四，推段兴为长，其裔浸强，遂并诸酋，自为府主，大理不能制。元宪宗时降附。元得其地，置建昌路，又立罗罗斯宣慰司以统之，至元十二年置。隶四川行省，寻隶云南。明洪武中，罢宣慰司，置建昌卫，隶四川都司，又改建昌路为府，隶四川布政司。府寻废，而改建昌卫为军民指挥使司。二十七年，置行都司，是年，克元将月鲁帖木儿、贾哈剌，因设行都司于建昌。领卫六。今亦置都司，各卫所隶焉。

　　司连接滇蜀，隔阂番戎，为边陲形胜之地。汉武开西南夷，欲通身毒道，北方闭氐、筰，南方闭巂、昆明。盖自巂以西南，道阻险，群蛮纠结，易于抵拒也。其后诸葛武侯定南中，道出越巂，蛮皆顺命。宋元嘉二十七年，吐谷浑王慕利延为魏所逼，上表求入保越巂，胡氏曰：此即唐时吐蕃与云南窥蜀之路。盖自汉武开昆明之后，后人遂通此路。许之，不至。《梁史》：大同三年，武陵王纪都督益州，先是蜀乱，建宁、越巂之地，累朝不能有，及纪开越巂，通建宁，于是贡献踵至。唐武德七年，以韦仁寿为简较南宁州都督，寄治越巂。时仁寿兼领巂州。贞观二十二年，巂州都督刘伯英请讨松外诸蛮，以通西洱、天竺之道，敕将军梁建方发巴蜀诸州兵击败之，诸蛮部皆来归附，遂通西洱河，招降其部帅，此即汉所欲通道也。《新唐书》：西洱河蛮道，由郎州走三千里，由巂州千五百里。韦皋尝言：巂州为西南往来通道，捍蔽数州。贞元四年，收复巂州，屡破吐番。大和中，李德裕复经营于此，以扼南诏。《志》云：司山川清秀，土田膏腴，盖西南之雄镇也。

　　○建昌卫军民指挥使司。附郭。汉越巂郡邛都县地。晋以后因之。后周置越巂县，西宁州治焉。刘昫曰：隋分邛都所置也。大业初，为越巂郡治。唐亦为巂州治。太和五年，州徙治台登，县属焉。咸通以后，没于蛮。明洪武二十五年置卫，领千户所四，长官司三，寻置行都司治焉，编户四里。今亦置建昌卫，有中、前所。

○**建昌前卫指挥使司**，附郭。洪武二十七年增置，编户五里。新《志》云：万历三年，并入建昌卫。

越嶲废县，即司治。后周置县，以汉郡为名。自隋以后，皆因之。唐末，没于南诏。南诏改置建昌郡，领建安、永宁二州。元至元十六年，分建昌为二州，在城曰建安，东郭曰永宁，俱属建昌路。明初因之，寻废。《城邑考》：今司城，洪武中筑，甃石为固，有四门，周四里有奇。

泸沽废县，司北百二十里。汉台登县，属越嶲郡。晋因之。大宁初，李雄将李骧等寇台登，将军司马玖战死，越嶲遂降于成。咸和二年，朱提太守杨术与成将罗恒战于台登，术败死。永和以后，复属于晋。宋仍曰台登县。后周置白沙郡治焉。隋郡废，县属嶲州。唐武德初，属登州。贞观初，改属嶲州。贞元四年，韦皋大破吐蕃于台登北谷，克嶲州。五年，韦皋复遣将曹有道等出台登谷，大破吐蕃青海、蜡城二节度。十三年，吐蕃寇嶲州，刺史曹高仕大破之于台登城下。大和六年，李德裕徙州治台登，以夺蛮险。其后陷于蒙诏，以乌蛮酋守此，后渐强，自号落兰部，或称罗落，以其先为罗落蛮也。元至元初内附，寻叛。九年平之，设千户。十三年，升万户。十五年，改为泸沽县，属礼州。明初因之，县寻废。《志》云：洪武二十四年，景川侯曹震开河道，谓路之险者，莫甚于泸沽县，于是架阁凿崖，更辟新道。即此也。今有泸沽巡司。

废中县，司东四百里。《元志》：县治在住头回甸，越嶲之东境也。所居乌蛮，自别为沙麻部，以酋长所立处为中州。至元十年，内附，仍为中州。二十二年，降为县，隶建昌路。明初因之，后废。又北舍废县，在司东三百里。《志》云：元置，属建昌路。今《元志》不载。或曰，元末所增置也。明初，改为碧舍县，旋废。

遂久废县，在司西南。汉县，属越巂郡。后汉因之。元初五年，越巂以卷彝大牛种、封离等反，杀遂久令。盖境内属彝也。晋改属云南郡，后废。章怀太子贤曰：废县在今靡州界。靡州，唐西徼羁縻州也。武德七年，置西豫州。贞观三年，改靡州，后废。○可泉废县，在司西北。汉邛都县地，后周置可泉县，并置宣化郡治焉。隋初郡废，县属彝州。唐初因之。天宝元年，更名西泸县。刘昫曰：县盖萧梁时置，隋移治姜磨戍，唐武德初，移于今治，后废于南诏。

宝安废州，在司东，本越彝县地。元至元十五年，置宝安州，属建昌路。二十六年，省入建安州。○废里州，在司东三百里。《元志》云：蒙诏时，落兰部小酋阿都之裔居此，因名阿都部，后附于元。至元十年，隶乌蒙路。十八年，设千户。二十三年，升为军民总管府。二十六年，降为州，隶建昌路。明初因之，后废。又废阔州，在司东南四百里，蛮名密纳甸，乌蒙所居，其裔有名科者，因为部号，后讹为阔。元至元初降附。九年，设千户。二十六年，升为州，隶建昌路。明初因之，后废。

废泸州，司西南二十五里。唐为彝州沙野城之地，蛮名沙城睒，相传即诸葛武侯擒孟获处。误也。北近泸水，亦名热水甸。蛮酋于甸增筑一城，谓之渍笼，属建昌府。元至元十五年，改为泸州。明初因之，后废。今曰泸州堡。○武侯城，在司南三十里泸水东。相传诸葛武侯所筑，所谓五月渡泸处也。又有孟获城，在司东二里，俗传孟获所筑。又司东南二十里有善住城。《志》亦以为武侯征南时筑，皆传讹也。

废隆州，在司南，与会川卫接界。蒙氏改会川为会同、逻立、五睒，此为边府睒，后睒主杨大兰者，于睒北垲上立城，名曰大隆城。元至元十四年，改设千户。十七年，升为隆州，属建昌路。明初废。《志》云：废隆州在会川卫北二十里。误也。又废姜州，在司东南，亦近会川境，本名龙纳城，罗落蛮世居此，其后乌蛮之裔阿罗者，攻夺其城，名曰绛部，以其祖名阿坛绛也，元时内附，隶阙畔部。至元九年，隶会川路，寻属建昌路。十五年，改置姜州。姜，蛮名也。二十七年，复属阙畔部，后又属建昌。明初因之，寻废。《志》云：废姜州在会川卫东百八十里。

新安城，在司南界。唐开元中所置城也，后废。咸通五年，南诏寇嶲州，戍将颜庆请筑新安、遏戎二城，从之，旋为南诏所陷。《唐会要》：咸通六年，西川节度牛蘘于蛮界筑新安城，以遏戎寇。又有保塞城，在司西南，亦唐所置。咸通五年，西川奏保塞城使杜守连不从南诏，帅众诣黎州降，即此。《新唐书》：嶲州有宁远军，有新安、三阜、沙野、苏祁、保塞、罗山、西泸、蛇勇、遏戎九城，皆戍守要地。

泸山，司南十五里。以山之西近泸水而名。又南十里有马鞍山，两峰并耸，状如马鞍。《志》云：司西四里有吕金坂山，以昔有土酋吕金居此山之坂也。又西十里有天王山。○青山，在司北三十里，上有松林，四时苍翠。又北有鹦鹉山，近台登县界。《九州要记》：台登县有鹦鹉山、奴诺水。

螺髻山，司东南四十里。山高竦，状如螺髻。又鹿角山，在司东百十里，山峰尖削，状如鹿角。元至顺初，罗罗斯酋撒加伯等合诸蛮军攻建昌，守将跃里帖木儿等追战于木托山下，败之。或以为即鹿角山之讹也。又凉山，在司东百三十里，群峰嵯峨，四时多寒。○落腰山，在司治南二百六十里，东西高而中凹，蛮人因呼为落腰也。

泸水，司南十里。源出番界，流入境，又南流入金沙江，至废黎溪州而接马湖江。或谓之若水。《史记》：黄帝子昌意降居若水。盖在此。《通鉴注》：自嶲州西南行八百余里，渡泸水。《元史》云：泸水深广而多瘴，鲜有行者，冬夏常热，其源可燖鸡豚。今司西十里有泸川桥，亦曰泸水桥。唐贞元五年，韦皋招东蛮内属，绝吐蕃盟。东蛮断泸水桥攻吐蕃，皋亦遣精卒与蛮共破吐蕃于台登东北谷，是也。详见前大川泸水。

孙水，在司北，一名长河。源出西番界，南流径宁番卫，东流入境，会于泸水。《汉志》注：台登县有孙水，南至会无入若，行七百五十里。若水，即泸水也。

怀远河，司城南大通门外，源出东北山麓，经城南合于泸水。今城南三里有怀远桥。又宁远河在城北宁远门外，源出青山西南，合于泸水。

海子，司东十五里，其水澄澈，浩阔如海，多产嘉鱼。又热水池，在司北七十里，四时常热，流入溪河，合泸水，接金沙江。○深市井，在司南三十里，自山顶流下，如白练然。

泸沽关，司东北百里。有泸沽峡，为险厄之道。又有泸沽巡司，或曰即故台登县治也。又老君关，在泸沽关南，有栈道，至为险峻。又司东北百二十里有太平关。○甸沙关，在司东南三百七十五里，建昌、会川分界处，北接威龙州，南近米易所，东连普雄、法果诸彝。《志》云：关在会川卫北百六十里。

碉山堡，司南十里泸水上。又理经堡，在司北十里。《志》云：自礼州行四十里，历安宁、北哨、青山、理经四堡。又十里而至建昌卫。○金川堡，在司东南二百十五里。《志》云：自司北禄马驿东南行，历巴西、鹿角、凹脑、者者、黄泥、什结诸铺，至阿用驿。自阿用至白水驿百里，金川堡当适中之地。由白水三十里，至可郎铺，系威龙州地，彝猓出入之乡。又二十里有公母石，以两石相随而名。又五里即甸沙关矣。

纸房堡，司西四十里。《舆程记》：盐井卫之沙平驿，在泸河西，东十五里为纸房堡，又东十里为泸州堡。是也。《志》云：建昌卫所属有纸房、泸州等堡。又高山、沙平、德力、黄泥诸堡，皆接盐井卫界。其前卫所属，则有青山、松林、平蛮、镇彝等堡，皆分拨卫军戍守。

龙溪镇，司东四十里，有龙溪巡司。又司东南三百里有白水巡司。司南三百八十里有麻剌巡司，司北废泸沽县又有泸沽巡司。《志》云：司南百四十里旧有打冲河巡司。又泸川递运所，在司南。〇泸川驿，在司西五里，马驿也。又溪龙马驿，在司北八十里，其前有溪龙桥。

泸沽驿。司北百八十里，马驿也。元至顺初，云南诸王秃坚等作乱，罗罗斯土官撒加伯合乌蒙蛮兵攻建昌，蜀军败撒加伯于泸沽驿，即此。又北八十里曰禄马驿，东去马湖府七百里，北至邛部长官司二十里，往来通道也。又阿用马驿，在司南二百里。又南百里为白水马驿，白水巡司亦置于此。《志》云：司东四百里有龙溪索桥，东出乌蒙之道。

〇守御礼州后千户所。都司北六十里。汉置苏示县，属越巂郡。后汉因之。晋废。宋曰苏祁县，仍属越巂郡，后废。后周复置苏祗县，并置亮善郡治焉。隋开皇初郡废，县属巂州。唐曰苏祁，仍属巂州。后为吐蕃乌白蛮所窃据，号曰笼么城。元至元九年，设千户。十五年，改为礼州，属建昌路。明初，改为守御礼州后千户所，属建昌卫，编户一里。今亦置礼州守御所。

〇守御礼州中中千户所，都司北六十里。亦汉苏示县地，与后千户所同置，编户一里。今亦置礼州中所。

苏祁废县，今所治，即汉苏示县也。示，读曰祗。刘昫曰：后周开越巂，于汉故城复置苏祗县。唐因之。《新唐书》：自台登城南九十里至苏祁县，又南八十里至巂州，又经沙野二百六十里至羌浪驿，又经杨蓬岭百余里至俄准添馆。杨蓬岭北巂州境，其南南诏境也。又经箐口、会川四百三十里至河子镇城，又三十里渡泸水，又五百四十里至姚州，又南九十里至外渗荡馆，又百里至佉龙驿，与戎州往羊苴咩城路合。贞元十四年，内侍刘希昂使南诏出清溪关，由台登。苏祁，南行之道也。

泸河，在所西南，流入建昌卫界。

安宁堡。所南四十里。南至建昌卫二十里。旧为戍守处。

○守御打冲河中前千户所，都司西百四十里。唐为嶲州沙野城地，后没于蛮。元为泸州地。明初拨官军守御，后置所，属建昌卫，编户二里。

邛都废县，在所西北。汉县，为越嶲郡治。后汉因之。建武十九年，越嶲太守邛嶲王任贵谋叛汉，刘尚分兵先据邛都，掩贵诛之。是也。晋亦为邛都县，属越嶲郡。宋仍为郡治。齐时越嶲降为獠郡，县废。后周复置邛都县，属西宁州。隋属嶲州。唐初因之。上元二年，移治于会川镇。《志》云：隋分邛都，置越嶲县为郡治。唐又改邛都为越嶲县，而以隋所置越嶲县并入焉。亦似误。

打冲河，在司治西，蛮名黑惠江，又名纳彝江。源出吐蕃，流径盐井卫界，又南流径此，水势奔急，洪涛汹涌，因名打冲。下流至会川卫合金沙江，亦曰大冲河。明初讨建昌叛帅月鲁帖木儿，破之于打冲河，贼兵溃，溺者甚众。

水砦关。在所东北。明初月鲁帖木儿叛，诏蓝玉等讨之，四川都指挥使瞿能率兵破双狼砦，进破托落等砦，又破水寨关及上圌寨，进至大冲河三里所，叛兵溃溺者半。○天星砦，在所南。瞿能破贼众于大冲河，还克天星、卧漂诸寨。是也。又有截路砦，在所西南。时官军入德昌，又分兵入普济州，别将李华追托落砦余孽，进至水西，破其截路等寨。今皆废。

○守御德昌千户所，都司南百四十里。汉邛都县地。唐为越地。后没于南诏，名吾越甸。苴龙蛮居此，曰頦挻部。元至元十二年，立千户。十三年，改为德州，属德平路。二十三年，改隶德昌路。明初因之。洪武二十五年，改置今所，属建昌卫，编户一里。今亦置德昌守御所。

废德州。《志》云：在泸水西十五里。盖在所西境。

○昌州长官司。都司南二百里。汉邛都县地，唐越嶲县地，后没于南诏。乌蛮阿屈之裔居此，号曰屈部。元至元九年降附。十二年改屈部为昌州，属定昌路。二十三年，以定昌路并入德昌路，治昌州之葛鲁城。明洪武十八年，蛮酋卢尼姑归附，改路为德昌府。二十五年，府废，改昌州为长官司，仍以卢氏世守其地，隶建昌卫，编户二里。

○威龙长官司。都司东南四百十里。蛮名巴毕部。旧领小部三，曰沙涡普宗、曰乌鸡泥祖、曰娲诺龙菖蒲，皆狚鲁蛮种也。元至元十五年，合三部置威龙州，属德昌路。明洪武十八年，其酋吉撒加归附，仍为威龙州。二十五年，改为长官司，命吉氏世守其地，属建昌卫，编户一里。

○普济长官司。都司西南二百四十里。蛮名玗甸，狚鲁蛮居之，后属屈部。元至元十五年，置普济州，定昌路治焉。二十三年，废定昌路，改属德昌路。明洪武十五年，蛮酋白氏归附，仍为普济州。二十五年，改为长官司，以白氏世守其地，属建昌卫，编户一里。

○宁番卫军民指挥使司，都司城北百九十里。东至乌蒙府界四百六十里，西至盐井卫界百三十里，北至越嶲卫九十里。

汉越嶲郡地。晋、宋因之。隋唐时，皆为嶲州地，南诏隶建昌府。元末，置苏州。《志》云：取汉苏示县为名，隶建昌路。今《元志》不载。明初因之。洪武二十二年，改置苏州卫。二十七年，改宁番卫，编户三里。属行都司，领千户所一。今亦置宁番卫。

卫迫临边隘，控扼吐蕃，《志》云：今环卫而居，皆西番种也，故曰宁番。唇齿建昌，藩屏川蜀，亦西南之襟要也。

宁番城，今卫治。洪武中，置苏州卫于此，编栅为城。二十五年，改筑土城。永乐初，复甃以石，环城为濠。有门四，城周八里有奇。

南山，卫南五里。山势屹然南向，旧产白铜。《汉志》：邛都南山出铜，即此山矣。又卫南四十里有白土山。

长河，在卫东，即孙水也。自西番界流入境，南合于泸水。《史记》：司马相如定西南夷，桥孙水以通邛都。《汉志》注：孙水入若，若水入绳，绳水出徼外，东至僰道入江。盖谓泸水为若水，金沙江为绳水也。《志》云：长河一名白沙江。

温泉，卫东百四十里，或谓之温水。其水四时常温，可以疗疾，居民引流，以资灌溉。

沙陀关，卫东百七十里。其并列者曰罗罗关。又九盘关，在卫东百八十里，南接白石、泸沽峡、老君等关，皆称险绝。一夫荷锸，千骑辟易。旁有桐槽、铁厂诸蛮，习奸盗，尤为行旅之患。一云，九盘关，在卫西南五十里。○乌角关，在卫南五十里，又卫北二十里有北山关，皆为戍守处。

泸沽关，在卫南，与建昌卫接界。《志》云：宁番卫所属有泸沽关、铁厂堡、北山堡、太平关、冕山堡、巡哨堡、李子坪堡、双桥堡、白石堡、三桥关，皆分拨卫军戍守。

定番堡，在卫西。万历十五年置。《土彝考》：宁番东南东北诸蛮颇驯扰，惟西去月落、三渡水、妙竹等一十九寨，恃其险隘，常引水外生番入寇，自堡设而稍敛迹云。

苏州驿。卫治东。卫北又有龙溪马驿，接越嶲卫界。又太平桥，在卫东百二十里，或云桥在孙水上，往来通道也。

○守御冕山桥千户所，卫东一百二十五里。明初，为宁番卫之冕山堡。正统七年，改置千户所，仍属宁番卫，编户一里。今亦设冕山营。

冕山，所东三里。山高耸而方正，如冠冕然。

泸沽河，在所西。源出越嶲卫小相公岭，引流而南经所境，又东南流，至会川卫南合金沙江。或曰，泸沽河即孙水也。冕山桥，旧在其上，即汉孙水道桥之址云。○东河，在所东三里，亦出小相公岭，南流会于泸沽河。

冕山关。所北五里泸沽河滨，即孙水之浒也。《志》云：冕山所诸关堡，与建昌卫境内诸关堡，皆犬牙相错。建昌之泸沽驿，去冕山所止六里，与桐槽站同处，驿属建昌，而供帐骑乘，则宁番职也。去桐槽八里为太平关，关在孙水上，有渡军守之。十里为盐井哨，路通东山铁厂，军民杂聚冶铸之所。又云建昌之泸沽关，即泸沽峡，两山壁立，峡深百余丈，阔不盈寻，孙水流其中，淙淙有声，人行东山岭上，俯视魂摇，南北长五里，中有观音岩、老君关，栈道危峻，设泸沽巡简司于泸河东。去巡司五里为镇彝堡，过此历五十里，为平蛮、松林、深沟、龙溪、平哨诸处。又十里则建昌卫之礼州城矣。

○越嶲卫军民指挥使司，都司城东北二百八十里。东至马湖府界三百里，西至盐井卫百九十里，北至黎州所二百六十里。

汉越嶲郡地。晋宋因之。后周置邛部郡。隋废郡，属嶲州。唐因之。南诏为邛部川，属建昌府。元中统五年，立邛部川安抚招讨司。隶成都元帅府。至元十年，改属罗罗斯宣慰司。至元二十一年，改为邛部州，隶建昌路。明初因之。洪武二十二年，改为邛部军民州。二十七年，废州置卫，编户三里有半。隶行都司，领长官司一、千户所一。今亦置越嶲卫。

卫东望岷峨，西连吐蕃，控黎雅之咽喉，当南蛮之冲要，邛僰有事，卫其必争之所也。

废阑县，在卫治东。汉县，属越嶲郡。阑同兰，或作阐，误也。后汉仍属越嶲郡。晋省。宋复置兰县，属沉黎郡。萧齐以后废。后周置邛部县，并置邛部郡治焉。隋开皇初，郡废，县属嶲州。唐因之。后没于南诏，谓之邛部川。《元志》：邛部川，在宋时岁贡名马土物，封其酋为邛部王，治乌弄城。初，麽些蛮居之，后乌蛮仲由蒙之裔夺其地。元时内附，寻置邛部州。是也。今卫城，明洪武中筑。永乐初，甃石为固，有四门，周四里有奇。

卑水废城，在卫东南，近马湖江。汉置县，属越巂郡。孟康曰：卑读曰斑。晋以后因之。萧齐时废。《志》云：卫东有平乐城，晋永嘉以后，宁州刺史王逊表置平乐郡及平乐县治于此。建兴三年，平乐太守董霸以逊为治严猛，惮之，叛降于成，即此。郡旋废。后周于邛部县兼置平乐郡。隋开皇初废。○奴诺城，在卫北十七里。《寰宇记》：诸葛武侯征蛮所筑憩军之所，以奴诺川为名。《志》云：今卫北二十五里有旧城堡，亦武侯所筑。

孤山，卫西五里。又卫南二十里亦有孤山，高出众山之表。《志》云：卫南十五里有金马山。○阿露山，在卫西五十里，即大雪山也，东南与小相公岭相接。

小相公岭，卫南五十里。山势高耸，石磴崎岖，自麓至顶十五里，武侯所开也。《志》云：岭四时有雪，往来骑者徒步下山，易履再穿，险峻不可名状。又石岩洞，在卫北三十里，中可容数十人。

大渡河，在卫北，与黎州所接境，东流入嘉定州界，水势浩大，烟瘴极盛，与金沙江相似。详见大川大渡河。

鱼洞河，卫北二十里。源出吐蕃，合罗罗河入大渡河，中产大鱼，因名。○罗罗河，在卫南二十三里。有三源，皆出吐蕃界，合为一，东流入境，又东北合鱼洞河而入大渡河。又温泉，在卫东二十里，亦曰温水，引流可以溉田。

清溪关，在卫北大渡河之南。唐大和中，李德裕徙关于中城，或曰城在卫东北也。《新唐书》：自清溪关南经大定城，百十里至达仕城，西南经菁口，百二十里至永安城，城当滇、筰要冲。又南经水口，西南达木瓜岭，二百二十里至台登城。是也。今详见前重险清溪关。

晒经关，卫东北三百里有晒经山，山岭高峻，置关其上，关旁有广石，相传唐僧三藏晒经处也。又东北七里有李子坪。又东五里为火烧营。又五里为镇蛮堡，亦名大树堡，在两山峡口，北临大渡河，与河北羊脑山相望，为大小冲番往来之所。又东十里曰临河堡，在大渡河南岸，河北有羊肆崖、汉水口与此相对，堡之上通大小冲山及海脑坝、僰彝村，堡之下通鬼皮罗、黑麻溪、片马敝诸蛮，山径峻绝。通望山在其处。《寰宇记》：黎州通望军在大渡河南三十里。唐至德元年置，在通望山下，山自河南与众山相连，入巂州界。一云，晒经关在卫北百八十里。

海棠关，卫北百四十五里。《志》云：南去关十里为镇西泽，又十五里为清水堡，东通戴罗、白石、乾沟，西抵竹麻、洗马姑等番，有兵戍守。又二十里为簇叶堡，在峡内平地，于此饰厨传，以礼使臣。又十五里至梅子堡，路通蜡梅、得那补、虾蟆窝等蛮，焚劫无虚日。又二十里为利济驿，又十五里至青冈关。

青冈关，卫东北四十里。《志》云：关北通猙儿姑，南通广洪、鱼洞诸寨，越巂之门户也。又南十五里为通济堡，在巂水西岸。又南即越巂卫，卫在巂水西，广平之地，群山环绕，西通羊圈、托乌、雪山，东通普雄、大小赤口、马湖诸蛮。又剌伯关，在卫西北二十五里，亦昔时戍守处。

小相公岭关，卫南五十里。《志》云：相岭关，在小相岭绝顶。又南十里为靖边堡，在小相岭南，通宁番卫界三渡水外生番，东通桐槽、那嘈、沈喳等蛮，过此有新添、九盘、白石、登相四堡，共四十五里。又十里为双桥堡。又十里为玃猡关，旧玃猡窟穴也。过关五里为湾村。又八里有巡哨堡，地稍宽平。又十里则宁番卫之冕山关矣。

镇雄堡，在卫西南，路通普雄两河口等处。又十五里为通相堡，一名小哨。又十五里为长老坪,在小相岭北,西通羊圈、托乌,东通普雄、黑骨头诸蛮。又十里即相岭关也。

白马堡,卫东北二百九十里。又东十里即晒经关也。堡为嘈猡、铁口诸番市易处,十里至河南驿。又八里至八里堡,路通八拍桥、普马等寨。又西十里即平彝堡也,在高山峡内,路通笋坑、红水、黑麻等寨。又十二里至古隘堡,路通那历、洗马姑、乃易集、户水、八拍等寨,其南隘广不盈丈,两岸壁立千仞,峡内水流淙淙,或云,此即韦皋所置清溪关也。李德裕所置琉璃、仗义二城,俱在此处。又西二十里至平坝堡,辎轩于此设食焉。有古隘口,路通泥水、二十户等寨,与煖歹诸蛮相邻。又十里至镇远堡,东连煖歹、椒园、燕子窝诸蛮,西通洗马姑、赤利、草必落等寨。又十里为镇彝堡,在高山稍平处。又十五里即镇西所。《志》云:越嶲卫所属为青冈堡、簝叶堡、木瓜堡、镇远堡、平坝堡、苦菜堡、平彝堡、八里堡、河南堡、晒经关堡、白马堡、镇蛮堡、李子坪堡、临河堡、炒米关堡、小哨堡、长老坪堡、溜水堡、新添堡、黄泥堡、九盘堡,皆分拨卫兵戍守。

龙泉驿。卫南十五里。其地有龙泉山,下为龙泉驿。又十五里有炒米关,在高山峡内。《志》以为关即韦皋所筑要冲城。城下有龙泉水。又五里即镇雄堡。《舆程记》:邛部州龙泉驿东北六十五里,为利济驿。又北八十里为镇西驿。又东北百二十里为河南驿。自河南驿至黎州百四十里,由龙泉驿而南,凡百二十里而抵建昌之泸沽驿。○梅子岭桥,在卫南五十里,路出宁番往来通道也。

○邛部长官司,在卫治东。隋唐时,皆为邛部县地。元为邛部州地。明为越嶲卫地。先是,有土酋岭真伯者,以地来归。永乐初,因分设长官司,以岭氏世守其职,属越嶲卫,编户一里。

平彝堡。在司东,接嘉定州峨眉县界,邛部属彝也。万历十五年,时岭氏微弱，部族黑骨、普雄等酋为乱，邮传不通。大兵诛讨，斩馘千数。其东近峨眉者数百家，相率归附，因置平彝、归化二堡。其猓猡、铁口、普雄三村，于邛部属夷中，尤为桀骜云。

○镇西千户所，卫北百五十里。本越巂卫地。嘉靖中，析置。《志》云：宁越守备驻此。其城背高阜，南临深坎，西通竹麻哨、阿迷罗等寨，东通煖歹、瓜罗、米颇柯、罗回诸彝，屹然一要害。属越巂卫，编户一里。

新驿。在所东，近嘉定州峨眉县界。隆庆中，越巂指挥程昱议，将镇西千户所起，至猡猓地方旧路，开辟直抵峨眉县，至四川城，避出大渡河与相公岭之险，盖自所至省城中间，水则大渡河，每年春秋二季瘴发，行人断绝，虽有紧急，声息莫通，行者又有风涛之害；山则大相公岭，高五六十里，四时多雪，昼日晦冥，非遇哨期有百数十人，则不敢过，哨期一月三次，行者未免迟滞，其顶盘百折层叠之险，多不可名。亦有湍流，人常病涉。过此则南站两旁，皆西番巢穴，中通一线之路，虽有关堡防备，番夷出没无常，未免遭其劫掠。洪武十七年，景川侯曹震言：四川至建昌驿道，有大渡河之险。问诸父老，自眉州峨眉至建昌古有驿道，平易可行，岁久蔽塞，今已开通，以温江至建昌各驿马，移置峨眉新驿为便。今开新驿，即震所请也。且较旧路近二三百里，日日可行，原有旧迹，修葺似易云。

○盐井卫军民指挥使司，都司城西北三百里。东至宁番卫界百三十里，西至云南丽江府界五百里，西北至云南永宁府界三百里。

汉越巂郡地。晋、宋因之。萧齐以后，没于蛮獠。后周属严州。隋属巂州。南诏置香城郡。宋时，蛮名贺头甸，属大理国。元初，为落阑部。至元十四年，立盐井管民千户。十七年，改为闰盐州。二十七年，立柏兴府。隶罗罗斯宣慰司。明初因之，寻改为柏兴州。洪武二十五年，改为柏兴千户所。二十七年，改置盐井卫，编户二十四里。属行都司。领千户所一、长官司一。今亦置盐井卫。

卫迫临边陲，通道滇蜀，地饶给，多盐利，西陲之屏翰，而建昌之根底也。

定筰废县，在卫治南。汉县，属越巂郡，郡都尉治焉。文颖曰：古筰彝所居也。《华阳国志》云：摩沙彝所居。后汉仍属越巂郡。晋因之。刘宋亦为定筰县。萧齐以后废。后周置定筰镇。隋因之。唐武德二年，改置昆明县，仍属巂州。天宝末，没于吐蕃。贞元中，收复，后又没于南诏，置香城郡。大理时，曰贺头甸。后附于元，寻置闰盐州，以州西狨鹿蛮部为普乐州，俱隶德平路。至元二十七年，并普乐、闰盐二州为闰盐县，以境内有盐井也，置柏兴府治焉。明洪武中，蓝玉讨建昌叛帅月鲁帖木儿，遁入柏兴府，玉破平之。《城邑考》：今卫城，洪武中筑。二十九年，甃以石。有门四，周四里。

昆明城，在卫西南。本汉定筰县地，以南接昆明彝而名。颜师古曰：昆明，在筰州西南。汉武求身毒道，南方闭筰昆明。元封六年，复欲通大夏，遣使十余辈，皆闭昆明，乃命将郭昌击之，斩首数十万。后复遣使，竟不得通。后周为定筰镇地。唐置昆明县，盖以汉昆明地而名。天宝中，置昆明军。后吐蕃亦置城于此。贞元十一年，南诏攻吐蕃昆明城，取之，寻复没于吐蕃。十五年，吐蕃谋袭南诏，屯于昆明，又遣兵屯西贡川。十七年，韦皋遣军攻昆明城，不下。胡氏曰：昆明，在西爨西北，有盐池之利。似误。又盐城，亦在卫西南。《志》云：昆明县有盐有铁，筑城以卫之，因名。唐开元十七年，巂州都督张审素破西南蛮，拔昆明及盐城。其相近者又有诺济城，亦唐所置戍守处也。天宝末，没于吐蕃。贞元十五年，吐蕃分兵自诺济城攻巂州。十七年，韦皋使巂州将陈孝阳等，及麽些蛮、东蛮三部落主苴那时等，攻吐蕃昆明、诺济城，是也。后没于南诏。

废金县，在卫北。汉定筰县地。唐为昆明县地。后没于南诏，蛮名利窦揭勒。元至元十五年，置金州，后降为县，属柏兴府，以县境斛薁和山出金而名。明初因之，寻废。○宁远城，杜佑曰：在越嶲郡西，昆明县南。唐开元中，置宁远军，属剑南节度。

柏林山，卫南十里。多松柏，翠色参天，柏兴府之名以此。○斛薁和山，在卫西三十里，产金。又卫西北七十里有铁石山，山有砮石，烧之成铁，为剑戟甚刚利。又白耳山，在卫西二百里，山下有白耳村。

打冲河，卫东北百八十里。自吐蕃界流经打冲河，中左所，南流经此，下流至会川卫境，合金沙江。《志》云：打冲河两山壁立，水势汹涌，狼牙相拒，舟楫不通。有索桥横亘四十二丈，边陲之天险也。自旧泸州一带驼运入卫，必由索桥之险，往往患粮运难通。又有土蛮，时相仇杀，卫境军民转徙逃散，不能免矣。

双桥河，卫西五里。源出卫东三十里之凉山，绕流径此，又东北流入打冲河。又越溪河，在卫东百里，亦出凉山，会打冲河而入金沙江。又卫北五里有龙潭水，从地涌出，方圆四丈，极清洁，四时不竭。

琵琶川，在卫南。唐贞元七年，韦皋遣兵至琵琶川，讨勿邓酋长苴梦冲，大破之，遂通云南之路。时勿邓潜通吐蕃，扇诱群蛮，隔绝云南也，继又以东蛮风琶鬼主贰于吐蕃，召斩之于琵琶川，东蛮慑服。一云，川在越嶲卫北，误。

盐井，在卫治东，有黑白二井。《汉志》：定筰出盐，元因以闰盐名县。今黑盐井盐课司置于此。又有盐井递运所，在卫东百里。

双桥关，卫东八十里，亦曰双桥堡。又东十里为杭州堡。又五里为平川驿。又五里为绍兴堡。又十里为禄马堡。又十里为梅子堡，通禄马、禄曹诸寨。又东二十里即打冲河也。○土功堡，在双桥西十里。又西十里为马蝗堡。又十里为新添堡。又十里为鸳鸯堡。又十里为凉山堡。又十里为高山堡。又十里为箐口堡。又十里则卫治也。《志》云：卫西二百八十里，旧有古得关，为戍守处。

德力堡，卫东二百十里，与建昌卫接境。西去打冲河十余里，通禄马、禄曹诸蛮。又东十里曰沙坪堡，通麻科、七村、牙矿诸蛮。又二十里亦曰高山堡，通马者、马罗诸蛮。《志》云：盐井卫所属，有箐口、双桥、凉山、鸳鸯、新添、马蝗、土功、杭州、绍兴、六马、镇南、定远、镇西、新化、明远、济平、康宁等堡，皆分拨卫军戍守。

盐井驿。在卫治东。又东百里为平川驿，平川递运所亦置于此。又东六十里为河口驿，有河口递运所。《志》云：驿西去打冲河三里，以在打冲河口而名。又东六十里为沙河驿。又有沙平递运所，在卫东三百二十二里。《舆程记》：自沙平驿至建昌卫不过五十里。是也。

○打冲河守御中左千户所，卫东北百六十里，元建昌路泸州地也。洪武中，置一所，今分为五，俱属建昌卫。《土彝考》：左所土千户剌氏世其职。洪武二十五年，征月鲁帖木儿贾哈剌，土人剌他效顺，其子剌马非复入贡，授中左副千户。永乐十一年，升为正，以别于四所，地与丽江、永宁二府接。丽江土官木氏每来侵之，土地人民几失其半。又有右所土千户八氏，中所土千户剌氏，前所土千户阿氏，后所土千户卜氏，皆以明初土人归附授官。今悉为丽江所蚕食云。

打冲河，所治东。自番境流入，又南入盐井卫界。《志》云：中左所在河西，中前所在河东。盖滨河为守御也。

马剌长官司。卫南五百里。本定筰县地。元属柏兴府。永乐初，分盐井卫，置今司，仍属盐井卫。《土彝考》：马剌，一名瓦剌，土官阿氏以明初归附，世其职。其地接攘云南北胜州，称宽饶庶富，人亦驯扰。今编户一里。

○会川卫军民指挥使司，都司东南五百里。东至东川府界二百五十里，南至云南武定府界四百五十里，西南至云南姚安府界四百里。

汉越巂郡地。晋、宋因之。萧齐以后废。隋属巂州。唐因之。南诏置会川都督府，又号清宁郡。大理时，仍曰会川府。元至元十四年，置会川路。治武安州，隶罗罗斯宣慰司。明洪武中，复曰会川府，隶四川布政司，寻降为守御千户所，隶建昌卫。二十七年，改置会川卫，编户十八里。属行都司，领千户所一。今仍之。

卫西控泸水，南环金沙，据两川之间，为冲要之地。云南扰动，北窥川蜀，卫其必争之所也。

会无废县，卫治西。汉置县，属越巂郡。后汉因之。晋为越巂郡治。宋仍属越巂郡，后废。唐置会川镇，以川原并会而名。上元二年，移邛都县于会川镇，城内自是改名曰会川县。天宝中，没于南诏。贞元四年，吐蕃发云南兵寇西川，屯于泸北，既而疑云南附唐，遣兵屯会川，以塞云南趣蜀之路，云南怒引还。其后没于南诏，置会川府治焉。《城邑考》：今卫城，明洪武末，筑土城。永乐初，甃以石。有四门，城周八里。

三绛废县，在卫东南。汉县，属越巂郡。后汉因之。一作三缝，误也。《华阳国志》：三缝县，一名小会无，读曰三播。通道宁州，渡泸得青蛉县，有长谷路出其中。是也。晋时县废。青蛉，见云南姚安府。○姑复废县，在卫南，亦汉县，属越巂郡。王莽时，越巂姑复彝人大牟叛，杀掠吏人，莽遣平蛮将军马茂击之，不克。后汉永平初，姑复彝复叛，益州兵讨平之。晋亦曰姑复县，改属云南郡。沈约《志》：云南有东西二古复县，即汉姑复县地。萧齐因之。梁末废。《水经注》：若水自会无经三绛县西，又径姑复县北。是也。

和集废县，在卫西。《新唐书》：贞观八年置，属巂州。又西有昌明废县，本松外蛮地。唐贞观二十二年，开置牢州及松外、寻声、林开三县。永徽三年州废，三县皆省入昌明。天宝中，没于蛮。

会同城，在卫北，唐所置会同军也。天宝九载，鲜于仲通讨南诏，大军自南溪入，别军自会同入。至德初，阁罗凤陷越巂会同军，据清溪关。胡氏曰：军在会川县，当泸津关之要路。南溪，见叙州府。○黄土城，《一统志》云：在卫城西，建置未详。

永昌废州，卫西五里。《元志》云：故归依城即唐会川县治也。南诏初置会川都督府，寻曰会同府，又分置五睑以掌其地。元至元十四年，改置管民千户。十七年，升为永昌州，属会川路。明初因之，寻废。○武安废州，在卫南十里，蛮名龙泥城，即南诏清宁郡治也。宋时为大理高凌所据。元至元十四年，立管民千户。十七年，置武安州，会川路治焉。明初因之，寻废。

会理废州，卫东南二百里。汉三绛县地。蛮名昔陀。乌蛮阿坛绛之裔罗于则居此，亦曰绛部。其后强盛，改号蒙歪。元初隶阒畔万户。至元四年，属落兰部。十三年，改隶会川路。十五年，置会理州。二十七年，还属阒畔部，寻复故。明初废。○黎溪废州，在卫西南百五十里，蛮名黎弸，讹曰黎溪。南诏时，阁罗凤徙白蛮守此。大理时，罗罗蛮据其地。元至元九年，改置黎溪州，属会川路。明初因之，后废。正统初，黎溪蛮失的等啸聚金沙江，云南帅沐节击平之。又麻龙废州，在卫南，地名棹罗能。乌蛮之裔居此，曰麻龙城。元至元十二年，并其地入会川。十四年，立管民千户，隶会川路。十七年，升为麻龙州。二十七年，割属阒畔部，寻复故。明初废。《志》云：卫东南百里有通安废州，亦元置。今《元志》不载。

葛砣山，卫东南八里。上产石青，有四色。又土日山，在卫东南三十里，上产石碌，有三色。又密勒山，在卫东二百里，产银矿。宣德五年，置银场，遣官开采，以云南官兵充矿夫，寻罢。

玉虚沙山，卫西北四十里，山高竦，多白沙。又斜山，在卫西境，唐永徽六年，巂州道行军总管曹继叔破胡丛、显养、车鲁等蛮于斜山，拔十余城。胡氏曰：胡丛剑山招讨所，领五部落之一也。

金沙江，卫西南二百五十里。源出吐蕃，径云南丽江、鹤庆、姚安、武定之境，至卫界，又东合泸水，至废黎溪州，为马湖江。其江昔有岚瘴，隆冬人过，虽袒裼皆流汗，惟雨中及夜渡无害，夹岸皆石，江中沙土黄色，因名。详见云南大川金沙江。

泸水，卫西百五十里。自建昌南流而入金沙江，旧多瘴气，四五月间尤甚。又水流峻急，多巉石，土人以牛皮为船，方涉津涘。杜佑曰：武侯南征，五月渡泸，盖在此处。《新唐书》云：由会川渡泸水，经哀州、维州三百五十里，至姚州。姚州，今云南姚安府也。详见前大川泸水。

泸沽河，卫南八十里。自冕山所径建昌卫东境，下流至此入金沙江。《水经注》：会无县有骏马河，水出县东高山，山有天马径，厥迹存焉。民家马牧山下，或产骏驹。汉安帝永初六年，诏越巂郡置长利、高望、始昌三苑，皆马苑矣。

西贡川，在卫西徼外。唐贞元十五年，吐蕃谋袭南诏，遣兵屯西贡川，即此。《志》云：西贡川为吐蕃要地，尝置西贡川节度于此。

玄泉，在卫城东，泉色稍黑，灌溉山田，民获其利。又胜功井，在卫西北五里，自石窦中出，四时不涸。

泸津关，卫东南三十里。唐时为南蛮要路，今废。又永昌关，在卫西三十里。又西三十里有大龙关。《志》云：卫南六十里有迷郎关，一名迷水镇，旧有滇池，今堙。

甸沙关，卫北百六十里，与建昌卫分界处也。一作河沙关。关之东南二十里为麽些塘，旧麽些彝之垒也。又南十里为虎头关，又十里为虎头铺,俱威龙彝之区。又十里为周官嘴。又十里为大龙驿。又十里为寒婆营。此二十余里间,有路通麻龙、仲村、卷卜、法果诸彝,不时为患。

松坪关,卫南二百八十里,近云南境,北去金沙江可三十里。《土彝考》:卫西南三十里为箐山口,又八十里为火烧腰驿,去驿五里为五里坡。又十五里为密即关,路通红卜苴彝寨,五十里为七墩堡,路通黎溪州彝寨。黎溪驿北有荷花池,盛夏香来,可以避瘴,驿东去七墩堡十五里。又八十里为塔甲渡巡司,又四十里为松坪关。○石婆堡,在卫东南十里。又四十里为虎街堡。又四十里为姜州堡,即元所置姜州也,会盐守备驻于此。

会川驿。在卫治北。又北六十里为大龙驿,又北八十里为把松驿,又北七十里至建昌卫之白水驿。○腰驿,在卫南七十里。又南七十里为黎溪驿。《志》云:卫东南二百里有塔甲渡巡司。

○守御迷易千户所,卫西北八十里。元会川路地。明洪武十五年,置今所,隶建昌卫。二十七年,改今属。《土彝考》:初,云南景东府彝头目阿骇徙其属住种于此。洪武十六年,归附,授以世袭副千户。今土官贤氏居城外,专理巡捕,管束八百户彝而已。

附考:

董卜韩胡宣慰司,在成都府境西北,直威州保县之西。《志》云:西北生蕃有孟、董二姓十八寨,名董卜韩胡。唐时,哥邻君董卧庭求内附,处其众于维、霸等州,居小铁围山,去保县可七八日程,东抵杂谷、八棱碉,模坡河在东,如卜河在北,或谓即古之孙水也。南经雅州,以牛皮为船,既渡,则曝于岸上,侯乾复用。永乐八年,归附,授宣慰使司。贡道有三:一由杂谷、八棱碉,出保县;一由清溪口,出崇庆州;一由灵关,出雅州,近与杂谷不睦,故直抵雅安。历代朝贡不绝。

杂谷安抚司,在威州保县西二百里。《志》曰:出保县南岸行一日,又北渡沱江，至杂谷安抚司可八十里。又十里有故城，相传即无忧城也。其地有上碉下碉，前临沱水，后倚高山，东接乡姐，西接孟董，南抵达思，北抵东布。又东至八棱碉，与蒙古密迩。岁终发番兵万余，备粮械入碉防守，至次年除夕更班，保边宁谧，以杂谷为保障也。永乐中，建安抚司使世其职。又有达思蛮长官司，在杂谷西五十里，亦永乐初置。其附近有金川寺禅师及草坪、大市、龙山以西诸寨。又威州南路有打喇儿寨及只台诸番寨，皆属杂谷安抚司。〇杂道长官司，在黎州所西百五十里，领附近属夷，以时贡献。

西番乌斯藏都指挥使司，在天全六番司西七百里。本吐番种。蒙古主蒙哥取其地，于陕西河州置吐蕃宣慰司都元帅府，又于四川徼外置碉门、鱼通、黎、雅、长河西、宁远等处宣抚司。元主忽必烈时，复郡县其地，设官分职，以吐蕃僧八思巴为大宝法王、帝师领之，嗣者数世，弟子号司空、司徒、国公，佩金玉印章者，前后相望。以其地连天竺，有大西天、小西天之名。其贡道由董卜韩胡、长河西、朵甘思之境，自雅州入于中华。明洪武六年，诏吐蕃各族酋长举故有官职者，至京授职。遂置五衔门，建官赐印，俾因俗为治，以摄帝师喃咖巴藏卜为炽盛佛宝国师、元国公，南哥思丹八亦监藏等为都指挥、同知宣慰、元帅、招讨等官。自是番僧有封灌顶国师及赞善王、阐教王、护教王、阐化王、正觉大乘法王、如来大宝法王者，俱赐印章诰命，比岁或间岁赴京朝贡。今计为都指挥使司者二：曰乌思藏，曰朵甘卫；为指挥使司者一：曰陇荅卫；为宣慰使司者三：曰朵甘，曰董卜韩胡，曰长河西、鱼通、宁远；为招讨司者六：曰朵甘思，曰朵甘笼荅，曰朵甘丹，曰朵甘仓溏，曰朵甘川，曰磨儿勘；为万户府者四：曰沙儿可，曰乃竹，曰罗思端，曰列思麻；为千户所者十七：曰朵甘思，曰剌宗，曰孛里加，曰长河西，曰多八参孙，曰加八，曰兆日，曰纳竹，曰伦荅，曰果由，曰沙里可哈思的，曰孛里加思东，曰撒里土儿干，曰参卜郎，曰剌错牙，曰泄里坝，曰阔侧鲁孙。是为三十三种番彝也。余详陕西徼外西番朵甘卫。

罗罗斯土指挥使司，在建昌行都司城东一里。《土彝考》：元至正间，置罗罗、蒙庆等处宣慰司都元帅府，其酋长散居大渡河西。至顺元年，罗罗斯土官撒加伯及阿柄土官阿剌、里州土官阿荅，以兵撤毁栈道，欲据大渡河寇建昌，寻击平之。明洪武四年，罗罗斯宣慰使安普卜之孙配率众归附，授以土指挥使，带衔建昌卫，不给符印，置院于城东郭外里许，使居之。所属有四十八马站，部落为僰人、猓猡、白彝、西番、麽些、狢獠、鞑靼、回子、渔人，约九种，而猓猡最狰狞。诸种散居山谷间，北至大渡，南及金沙，东抵乌蒙，西迄盐井，延袤殆千余里，昌州、威龙、普济三长官司隶之。西彝大酋，此为称首。万历中，配六世孙忠死，无嗣，族党争乱，所辖禄马、阿用、白水、泸沽四驿，有凉山、拖郎、桐槽、热水等彝，皆以强弱为向背，于是仇杀无虚日，久之乃定。

白狗国，在成都府威州西南白狗岭北。西羌别名也，亦曰白苟。刘宋景平二年，西秦乞伏炽磐遣将吉毗等南伐白苟、车孚、崔提、旁为四国，皆降之。胡氏曰：白苟，生羌也，其地与唐东会州接。车孚等国，其地应相近。后讹为白狗。《隋书》：附国有白兰、白狗等种，风俗略同党项，或属吐谷浑，或附附国。唐武德六年，白兰、白狗羌并遣使入贡。后开元贞元中，白狗羌并入朝贡。旁有东女国者，亦羌别种也。俗以女为王，东与茂州党项接，西属三波诃，北距于阗，东南接雅州界。隔罗如蛮及白狼彝，有八十余城，王所居曰康延川，岩险四缭，中有弱水南流，亦用牛皮为船以渡。隋大业中，蜀王秀遣使招之不至。唐武德中至天宝初，朝贡不绝。其后复以男子为王。贞元九年，其王汤立悉与哥邻国王董卧庭、白狗国王罗陀忽、逋租国王弟邓吉知、南水国王侸薛尚悉曩、弱水国王董辟和、悉董国王汤悉赞、清远国王苏唐磨、咄霸国王董藐蓬，各诣西川乞内附，韦皋处其众于维、霸、保等州。哥邻等国皆散居西山，所谓西山八国也。弱水，本唐初女国之弱水部落，最弱小。悉董国，在弱水西，亦谓之弱水西悉董王。旧皆分隶边郡。中原多故，皆为吐蕃所役属。至是相率献款，悉来朝见。于是西山、松州生羌部落，相继内附。自后节度西川者，多兼西山八国使之称。

附国，在威州西北。旧《志》云：在蜀郡西北二千余里，其东部曰嘉良彝。隋大业五年，附国王遣其弟子宜林率嘉良彝朝贡。嘉良有水阔六七十丈，附国水阔一百丈，并南流，以皮为船而济。南有薄缘彝，风俗亦同。又西即东女国也。又白兰羌，与附国相近，亦西羌别名也，吐蕃谓之丁零，有胜兵万人。唐武德六年，遣使入朝。《新唐书》云：武德七年，以白兰羌地为维、恭三州。似误。今见陕西徼外西番境内白兰山。又狗冉川，亦在威州徼外，旧为西羌别种。唐开元二十九年，与白狗国共来朝贡。○槃木国，在茂州西境。后汉永平中，益州刺史朱辅威怀远彝，自汶山以西，历代未奉正朔者，白狼、槃木等百余国皆举种称臣奉贡。后诸国皆为西羌所并。

旄牛彝，在黎州所西北。《蜀纪》：周赧王三十年，秦灭蜀置守，蜀守张若因取筰及其江南地。《史记》：自越巂以东北君长，筰都最大。秦时尝为郡县，汉兴而罢。武帝平西南彝，置沉黎郡。天汉四年，更置两部都尉，一居旄牛，主徼外彝。后汉永平中，益州刺史朱辅宣示汉德，自汶山以西，白狼、槃木及楼薄等百余国皆朝贡，悉旄牛徼外彝也。永初元年，蜀郡三襄种彝与徼外污衍种反，叛攻蚕陵。延光二年，旄牛彝叛，攻零关。延熹三年，三襄夷复寇蚕陵。盖自诸葛武侯南征之后，而旄牛诸彝亦寝息云。蚕陵，今叠溪所也。

木瓜彝，在嘉定州峨眉县西南五百五十里。木瓜有二：有小木瓜，旁通西赤口，去煖歹只二日。过木瓜桥头，稍前十里为大木瓜，即今三枝降彝处所，一枝凶瓜，一枝匪瓜，一枝卜特瓜。过大木瓜五十里为利济山，极高峻，与大凉山相接。又五十里至大赤口，口外则马湖之地矣。卜特之先，分自大赤口，凡十二枝，腻乃卜特其最著者。世居西河，属马湖土官安氏钤辖。自安氏灭，诸瓜叛入邛部归岭氏。其地自西河、大小赤口、凉山、雪山等处，周围盘据，西连建越，北接嘉峨，南通马湖，蹊径四藏而八达焉。嘉靖末，诸瓜畜牧蕃盛，心怀内扰，邛部长官岭柏不能驭，及死，腻乃虐柏等叛，出凉山，会同西河匪瓜白禄，出砂坪，于是嘉峨、犍为一带邻边居民不能安枕。建昌及上下川南三道督邛部发兵至栖鸡坪截杀之，王师未集，贼潜从冷溪而渡，直捣栖鸡，官军大衄，贼锋益炽。乃议大征，分建越、马湖、中镇三路而进，直捣巢穴。瓜惶骇请降，于是岁入贡于峨眉，恢复侵占田地，自七盘子至米麻岭共四千八百六十四亩云。砂坪，见黎州所。余见前峨眉县。

白罗罗彝，在叙州府珙县南境，与镇雄府接界，相传广西流彝也。有寨数十，众数千。其属又有羿子部。彝所居皆崖壁深险，林箐丛密。景泰至成化中，屡犯戎、珙、长宁诸县，又时与都掌大坝彝相仇杀云。

乌蛮，在建昌行都司境。《唐·南蛮传》：乌蛮分七部，有邛部六姓，而勿邓、丰琶、两林三部，谓之东蛮，各有大鬼主为之长。天宝中归附，后属吐蕃。贞元三年复归款。韦皋帅西川，使两林王苴那时调伺云南，又屡结东蛮共攻吐蕃。苴那时等皆以功授王爵。《唐纪》：贞元四年，云南王异牟寻欲内附，先遣东蛮鬼主骠旁、苴梦冲、苴乌星入见，唐封骠旁为和义王、苴梦冲为怀化王、苴乌星为顺政王。未几，吐蕃复发云南兵寇西川，云南寻引去，吐蕃怒，乃分兵攻两林、骠旁及东蛮，进寇清溪关。《志》云：两林在勿邓南七十里，地虽狭，而诸部推为长，号大鬼主。勿邓在邛部之旁，丰琶在建昌城山上，亦谓之风琶。《上南志》云：今会川卫即风琶蛮地也。咸通五年，西川奏两林鬼主邀南诏蛮，败之。盖自韦皋镇西川时，招怀东蛮三部，三部尝助皋破吐蕃，及唐将吏遇之无状，东蛮遂附南诏。咸通十一年，南诏入寇，三部皆为之尽力，自是遂绝于唐。胡氏曰：东蛮跨地二千里，苴那时，勿邓鬼主也。又六姓蛮者，曰蒙、曰彝、曰讹、曰狼、曰勿邓、曰白也，皆在新安城旁。其别部曰浪稽部、卑笼部、董春乌部。咸通五年，东蛮浪稽助南诏屠嶲州，卑笼部怒南诏杀其父兄，导忠武戍兵灭浪稽，时六姓皆怀两端，惟卑笼尽心事唐，与诸蛮为仇。七年，西川节度刘潼遣将将兵助卑笼讨六姓蛮，焚其部落。时董春乌部亦附唐。十年，南诏入寇，击董春乌部，破之，遂寇嶲州。五代以降，乌蛮族类分析，大抵附属于大理。元至元中伐两林，破会川，即其地也。今境内诸土酋皆其苗裔。新安城，见上建昌卫。

松外蛮，在建昌行都司西南。《唐·南蛮传》云：在嶲州昆明县徼外。贞观二十二年，平松外蛮。先是嶲州都督刘伯英请讨松外蛮，以通西洱、天竺之道，于是遣将梁建方发巴蜀诸州兵讨破之，遂遣使诣西洱河，招降其酋帅。胡氏曰：松外诸蛮依阻山谷，亦属古南中地。盖以在松州之外而得名。或曰：今东川府界有绛云弄山，与云南禄劝州接界，一名松外龙山，即故松外蛮之地。

湖广方舆纪要序

　　湖广之形胜，在武昌乎？在襄阳乎？抑在荆州乎？曰：以天下言之，则重在襄阳；以东南言之，则重在武昌；以湖广言之，则重在荆州。何言乎重在荆州也？夫荆州者，全楚之中也。北有襄阳之蔽，西有夷陵之防，东有武昌之援。楚人都郢而强，及鄢、郢亡，而国无以立矣。故曰重在荆州也。何言乎重在武昌也？夫武昌者，东南得之而存，失之而亡者也。汉置江夏郡治沙羡。刘表镇荆州，以江汉之冲，恐为吴侵轶，于是增兵置戍，使黄祖守之。孙策破黄祖于沙羡，而霸基始立。孙权知东南形胜必在上流也，于是城夏口，都武昌。武昌则今县也，而夏口则今日之武昌也。继孙氏而起者，大都不能改孙氏之辙矣。故曰重在武昌也。何言乎重在襄阳也？夫襄阳者，天下之腰膂也。中原有之，可以并东南。东南得之，亦可以图西北者也。故曰重在襄阳也。请得而备言之。从来之善用荆州者，莫如楚。楚都于郢，而其争中原也，则在方城汉水之外，是今日襄阳以北地矣。西则以黔中巫、郡隔碍秦、雍，控扼巴蜀，非今日归州、夷陵诸境乎？东则越冥厄以迫陈、蔡，由夏州、州来、符离，以通江、淮，非今日武昌、黄、蕲之郊乎？是则全楚之形胜，莫过于荆州也。若夫用武昌者，则莫备于江东。孙氏都武昌，非不知其危险崎峣，仅恃一水之限也。以江夏迫临江、汉，形势险露，特设重镇以为外拒，而武昌退处于后，可从容而图应援耳。名为都武昌，实以保江夏也，未有江夏破而武昌可无事者。晋人伐吴，分遣一军出夏口，一军出武昌，此亦第徇吴人陪都之名，而未权其实也。东晋因之，而武昌与夏口并重。陶侃领荆州，则镇武昌。庾翼领荆州，则镇夏口。刘裕缔造之初，亦尝以江、沔未靖，移荆州治夏口。迨孝武时，则增置郢州治焉。郢州治而武昌乃归重于夏口矣。盖郢州者，所以分荆、襄之胜，而压荆、襄之口者也。自此荆、襄多事，郢州实首当其锋。沈攸之以江陵发难，不能下郢州，不旋踵而败亡。萧衍自襄阳而下，则必争郢州。王僧辩自荆州而下，则先入郢州。隋人以夏首为陈氏之要冲，唐人以鄂州为江、汉之重镇，皆昔郢州也。及南宋之衰也，襄、樊陷，两郢倾，而鄂州之防急。以伯颜之强狡，不敢轻犯鄂州者，诚畏其险也。及取鄂州，而东南遂不支矣。是上流之形胜，诚莫切于武昌也。若夫襄阳者，西晋用之，则以亡吴；蒙古用之，则以亡宋。次则西魏用之，亦以亡梁。苻坚之陷襄阳也，不知襄阳之可以覆晋也。西魏之擅襄阳也，不知亡梁之资，即覆陈之本也。间尝谓南国之周瑜，有用襄阳之志，而无其年；关壮缪有用襄阳之势，而无其智；庾翼有用襄阳之识，而无其力；桓温有用襄阳之力，而无其诚；南宋诸君子有用襄阳之言，而无其事。于岳武穆，可谓闻其语矣，见其人矣，而又废于谗贼。然则千百年来，北人以襄阳并东南者有之矣，南人未有以襄阳而清关、洛者也。要以襄阳为天下之要膂，则自若矣。客曰：予闻之，武昌，水要也；荆州，路要也；襄阳，险要也。今由子之言，益信三郡之于楚如鼎足然，殆未容以优劣视欤？余曰：三要之说，亦未尽然。子遂因之而以三郡并较也。襄阳殆非武昌、荆州比也。吴人之夏口，不能敌晋之襄阳；齐人之郢州，不能敌萧衍之襄阳；宋人之鄂州，不能敌蒙古之襄阳矣。昔人亦言荆州不足以制襄阳，而襄阳不难于并江陵也。三国争荆州，吴人不能得襄阳，引江陵之兵以攻魏，辄破于襄阳之下。梁元帝都江陵而仇襄阳，襄阳挟魏兵以来，而江陵之亡忽焉。魏人与萧詧以江陵而易其襄阳，亦谓得襄阳而江陵之存亡我制之也。五代时，高氏保江陵，赖中原多故，称臣诸国，以延岁月。宋师一逾襄阳，而国不可立矣。蒙古既陷襄阳，不攻江陵，而攻两郢也，亦以江陵不足为我难也。噫！孙氏有夏口，有江陵，而独不得襄阳，故不能越汉江尺寸地。晋人有襄阳矣，乃谓汉水之险，不及大江，甚且轻戍江北，重戍江南，何其无志于中原也！幸而是时北人无能用襄阳者耳。彼襄阳者，进之，可以图西北；退之，犹足以固东南者也。有襄阳而不守，敌人逾险而南，汉江上下，罅隙至多，出没纵横，无后顾之患矣。观宋之末造，孟珙复襄阳于破亡之余，犹足以抗衡强敌。及其一失，而宋祚随之。即谓东南以襄阳存，以襄阳亡，亦无不可也。客曰：然则国家省会之设，何以不于襄阳，而于武昌？余曰：此亦因已然之迹，未究其本耳！汉都长安，而荆州首列南郡；晋都洛阳，荆州先治襄阳，平吴之后，改治江陵。唐都长安，而十道之设，山南道则治荆州。开元改置，则山南东道治襄阳。宋都汴梁，分湖南北为两路，治江陵、长沙，后复增置京西南路,治襄阳。盖天下之形势,视建都者为推移。藩屏之疏密,视建都之向背何如耳。六朝、南宋,以中原既失,僻在东南,武昌不得不为重地。元起于北方,去东南最远。当伯颜之破襄、鄂而东也,宋人举国以争鄂州矣。伯颜于是多方以图之,既得鄂州,周览山川,以为江南要地,亟请城之,为规取江南基本。其后因之,而行省建矣。伪汉逋逃,据为窟穴,太祖克之,仍为司治。盖既已定鼎金陵,当混一之时,而未忘东南之虑。从金陵而论武昌,王述所云一有缓急,骏奔不难者也。燕都卜宅以后,亦惟成宪是遵,又何改焉?所谓因已然之迹,而未究其本者,此也。客曰:然则襄阳可以为省会乎?曰:奚为不可?自昔言枢中之地,为天下膏腴,诚引潨淯之流,通杨口之道,屯田积粟,鞠旅陈师,天下有变,随而应之。所谓上可以通关、陕,中可以向许、洛,下可以通山东者,无如襄阳。由武昌而北,非不足以叩三关,动申、蔡,然而取道纡回,不如襄阳之径且易也。客又曰:建国于东南,襄阳亦可以为省会乎?曰:东晋时,已侨置雍州于此矣。昔人谓东南可以问中原者,莫如襄阳。晋之桓温,宋之随王诞,齐之曹虎、陈显达,远之战于河、洛之间,近之争于穰、邓之际,惟其有襄阳也。西魏因萧以取襄阳,而东南之势,遂折而入于北。襄阳在东南,不后于武昌也。然酌其中,当设省会于武昌,而建帅府于襄阳,以全楚之资力,供襄阳之指挥。荆州引黔、粤之储,西陵通巴、渝之蓄,而武昌集吴、会之漕,以持襄陵之后,数千里间,呼吸可通,见敌之隙,必速乘之。吾知天下之势,且在东南矣。彼武昌者,自守或有余,攻取或不足。且夫阳逻既下,而道出武昌之东门;嘉鱼可来,而敌在武昌之南渚。汉口之重兵，吾虞其未可专恃矣。至于夷陵险要，自古所推；而施州山川环结，土田蕃衍，隋唐以来，皆为郡县，今等之于要荒矣。窃谓夷陵建郡，而以施州属之，增置属邑，南北相丽，既以通楚、蜀之援，亦以厚巴、夔之势，或亦图国者所当计及欤！

读史方舆纪要卷七十五

湖广一 封域 山川险要

《禹贡》：荆及衡阳惟荆州。荆，荆山，见襄阳府南漳县。《周礼·职方》：正南曰荆州。《尔雅》：汉南曰荆州。应劭曰：荆，强也，言其气躁劲。或取名于荆山焉。又诗人所谓蛮荆也。春秋至战国，并为楚地。其在天文，翼、轸则楚分野。秦并天下，置南郡、黔中、长沙等郡。汉武置十三州，此亦为荆州。其五溪地，自汉以后，历代开拓。后汉因之。初治武陵郡汉寿县，今常德府废县也。后治南郡，即今荆州府。三国初，分有其地。北境属魏，西境属汉，东境、南境属吴。其后，蜀汉之地为吴所并。晋亦置荆州。初治襄阳，平吴后，理南郡。东晋初，治武昌，其后迁徙不一。太元中，王忱治江陵。自后复移改。宋分置荆州、治南郡。郢州、孝建二年，分荆襄、湘江豫州之八郡，置治江夏。雍州、治襄阳。湘州。治长沙。齐并因之。梁、陈分割滋多，不可殚析。陈时自江以北，初属周，后属隋。隋炀帝亦置荆州，而不详所统。大业末，为萧铣所据。唐平之，分属山南、今安陆、荆州、襄阳、郧阳之境，俱属山南道。淮南、今黄州、德安、汉阳之境，俱属淮南道。江南今武昌、岳州、常德、长沙、衡州、永州、宝庆、辰州、郴州及施州卫等境，并属江南道。详见州域形势。下仿此。等道。开元中，又分置山南东、治襄阳，而常德府及岳州府之澧州亦隶焉。江南西、治豫章，而武昌、岳州、长沙以南皆隶焉。黔中治今四川彭水县，而辰州府、靖州及施州卫之境隶焉。诸道。后为荆南、湖南，南唐所据。宋初为湖南、治潭州。湖北，治江陵府。及京西路，今安陆、襄阳、郧阳及德安之随州，皆属京西路。又黄州府则属淮南路，后又增置京西南路。治襄阳。元始置湖广等处行中书省，治武昌。后为陈友谅所据。明初平之，仍置行省。洪武九年，改置湖广等处承宣布政使司，领府十五、直隶州二、属州十四、属县一百有八，总为里三千四百八十有奇。夏秋二税约二百二十万石有奇。而卫、所、诸司参列其中。今仍为湖广布政使司。

　　○武昌府，属州一，县九。

　　江夏县，附郭。　武昌县，　嘉鱼县，　蒲圻县，　咸宁县，　崇阳县，　通城县。

　　兴国州，

　　大冶县，　通山县。

　　○汉阳府，属县二。

　　汉阳县，附郭。　汉川县。

　　○黄州府，属州一，县八。

　　黄冈县，附郭。　麻城县，　黄陂县，　黄安县，　蕲水县，　罗田县。

　　蕲州，

　　广济县，　黄梅县。

〇承天府, 属州二, 县五。今改安陆府。

钟祥县, 附郭。　京山县,　潜江县。

荆门州,

当阳县。

沔阳州,

景陵县。

〇德安府, 属州一, 县五。

安陆县, 附郭。　云梦县,　应城县,　孝感县。

随州,

应山县。

〇岳州府, 属州一, 县七。

巴陵县, 附郭。　临湘县,　华容县,　平江县。

澧州,

安乡县,　石门县,　慈利县。永定、九溪诸卫所附见。

〇荆州府, 属州二, 县十一。

江陵县, 附郭。　公安县,　石首县,　监利县,　松滋县,　枝江县。

夷陵州,

长阳县,　宜都县,　远安县。

归州,

兴山县,　巴东县。

〇襄阳府, 属州一, 县六。

襄阳县, 附郭。　宜城县,　南漳县,　枣阳县,　穀城县， 光化县。

均州。

〇郧阳府，属县七。

郧县，附郭。 房县， 竹山县， 竹溪县， 上津县,今省。 郧西县， 保康县。

〇长沙府,属州一，县十一。

长沙县,附郭。 善化县,附郭。 湘阴县， 湘潭县， 浏阳县,醴陵县， 宁乡县， 益阳县， 湘乡县， 攸县， 安化县。

茶陵州。

〇常德府,属县四。

武陵县， 桃源县， 龙阳县， 沅江县。

〇衡州府,属州一，县八。

衡阳县,附郭。 衡山县， 耒阳县， 常宁县， 安仁县， 酃县。

桂阳州,

临武县， 蓝山县。

〇永州府,属州一，县六。

零陵县,附郭。 祁阳县， 东安县。

道州,

宁远县， 江华县， 永明县。

〇宝庆府,属州一，县四。

邵阳县,附郭。 新化县， 城步县。

武冈州,

新宁县。

〇辰州府,属州一,县六。

沅陵县,附郭。　　卢溪县,　　辰溪县,　　溆浦县。

沅州,

黔阳县,　　麻阳县。镇溪所附见。

直隶郴州,属县五。

永兴县,　　宜章县,　　兴宁县,　　桂阳县,　　桂东县。

直隶靖州,属县四。

会同县,　　通道县,　　绥宁县,　　天柱县。

〇施州军民卫。大田所及宣抚、安抚、长官诸司俱附见。

〇永顺宣慰司。南渭等羁縻州及长官司俱附见。

〇保靖宣慰司。五寨等长官司附见。

东距浔阳,

浔阳,今九江府,自黄、蕲而下,则九江为都会。

南连岭峤,

五岭之在南境者凡三:一曰骑田岭,五岭从东第二岭也。
一名腊岭,亦曰黄岑山,亦曰黄箱山,在郴州南三十六里。岭高
二十九里,周回三百八十一里。一曰都庞岭,五岭从东第三岭也。
亦名永明岭,在永州府道州永明县北五十里,连亘群山,高险殊
绝。又名揭阳岭。《一统志》:桂阳州蓝山县南九十里有黄蘗山,本名
都庞山,与广东连州分界,此为五岭之一。《水经注》:都庞岭在南平县

界。蓝山县，即故南平也。此于五岭东西之次似合。然永明在北，而江华在南，次第似亦无嫌紊，误。一曰甿渚岭，五岭从东第四岭也。亦名白芒岭，在道州江华县西。《水经注》：萌渚峤，有萌渚之水出焉。其山多锡，亦谓之锡方。自骑田岭而东，则为大庾岭，接广东南雄府、江西南安府界。自甿渚岭而西，则为临源岭，接广西桂林府界，横绝南北，不啻千里，土风迥别，寒燠顿殊。秦王翦降百越，以谪戍五万人守五岭，诚天地间之关隔矣。五岭，详见广东北界。

西据三峡，

三峡，起自四川夔州府奉节、巫山二县之东，达于归州、夷陵州之西，连山叠嶂，隐天蔽日，凡六七百里详见西陵下。

北带汉川。

汉水，亘楚地之中，曰北带，指襄阳以北而言也。自汉而北，即河南及陕西之境。

其名山，则有衡山、

衡山，在衡州府衡山县西北三十里，五岳之一也。《舜典》：五月南巡狩，至于南岳。《禹贡》：岷山之阳，至于衡山。《周礼·职方》：荆州，镇曰衡山。《史记》：秦始皇二十八年，度淮水之衡山。自汉武移南岳之名于霍山，隋文帝始复以衡山为南岳。《唐六典》：江南道名山曰衡岳。至德二载，李泌请归隐衡山，从之。今烟霞峰旁有烂柯、懒残等岩，即邺侯隐处。《名山记》：上承翼、轸，钤总万物，故名衡山。度应三衡，位直离宫，故曰南岳。其山高四千一十丈，《长沙志》作九千余丈。盘绕八百里，有七十二峰、十洞、十五岩、三十八泉、二十五溪、九池、九潭、九井。又有九穿、三漏。而峰之最大者五，曰祝融、紫盖、云密、石廪、天柱《荆州记》。又云：衡山三峰极秀，紫盖、石囷、芙蓉也。其芙蓉峰上有飞泉瀑布，下灌田亩。而祝融又为之冠，道书以为二十四福地。唐卢载所云十二峰中最高者也。峰之巅有风穴，有雷池。自紫盖峰以下，各有岩洞泉壑之胜。而天柱峰形如双柱，屹然耸拔。《九域志》：名山三百六十有八柱，此为第六柱。五峰而降，其在衡山县境者凡五十五峰，祝融、芙蓉、云密、紫盖、石廪、天柱诸峰，皆峰之大者。此外，又有碧云、香炉、石囷诸峰，共五十有五。今按：七十二峰之名，大都好事者所附会，故不详列。而在衡阳县境者凡七峰，在长沙府湘乡、湘潭、善化县境者凡十峰，共为七十二峰也。徐灵期曰：回雁为南岳之首，回雁峰，见衡阳县。岳麓为南岳之足。岳麓峰，见善化县。衡山盖跨长沙、衡州二郡之境矣。郭璞云：衡山，别名岣嵝。今岣嵝峰，见衡阳县。

九疑，

九疑山，在永州府道州宁远县南六十里。《衡郡志》云在衡州府桂阳州蓝山县西南五十里。盖山接衡、永之界也。太史公曰：舜崩于苍梧之野，葬于江南九疑。故老相传，舜尝登此。《秦纪》：始皇三十七年，行至云梦，望祀虞舜于九疑。汉武元封五年，亦望祀焉。郭璞云：其山九溪皆相似。郦道元曰：九疑山盘基苍梧之野，峰秀数郡间，罗岩九举，各道一溪，岫壑负阻，异岭同势，游者疑焉，故曰九疑。元结曰：九疑山方四百里，衡、永、郴、道四州各近一隅，九峰各道一溪，四水流灌于南海，五水北注于洞庭。孔颖达曰：九疑，即苍梧山也。胡氏曰：九疑、苍梧，盖两处合而言之。误。《檀弓》云舜葬于苍梧之野，谓此。文颖曰：九疑山，盖半在苍梧，半在洞庭。九峰，一曰朱明，《志》以为湘水源。二曰石城，泝水源。三曰石，楼巢水源。四曰娥皇，池水源。五曰舜原，亦曰华盖，瀑水源。盖九峰之中峰也；六曰女英砯，水源。《九域志》：舜陵在女英峰下，九疑之第六峰也。七曰箫韶济，水源，八曰桂林泝水源。九曰杞林。亦曰梓林，泂水源。《九疑山志》：朱明峰、箫韶峰各去舜峰西十五里；石城峰、桂林峰各去舜峰北十五里。石楼峰在舜峰东三十里，娥皇峰在舜峰西十六里，女英峰在舜峰西五十里，杞林峰去舜峰西六十里，而舜原峰正当宁远之南，有三峰鼎立，相去各五里，高接云汉，上有飞泉，蹊径险绝，人迹罕至。其下则众山环合，如列屏然。九疑为南服之望，允矣。或曰：九疑山即苍梧山。胡氏云：九疑、苍梧，盖两处合而言之。误。

大别。

大别山，在汉阳府城东北百步，汉、江西岸。江水径其南，汉水从西北来，会于大别之东南。《禹贡》：内方至于大别，又汉水至于大别，南入于江。《左传》定四年：吴师伐郢，楚子常济汉而陈，自小别至于大别小别山，见汉川县。山之左，即是沔口。《诸州图经》：隋郎茂撰。汉水东行，触大别之陂，南与江合。是也。三国初，曹魏定荆州，以文聘为江夏太守，守沔口。吴军来攻，不克。后吴人得之。嘉禾中，陆逊、诸葛瑾戍守于此。东晋初，荆州贼王贡，败陶侃将朱伺于沔口。皆在大别山下也。山亦名翼际山，又名鲁山。《志》曰：山有鲁肃守，因名。司马贞曰：大别山，土人谓之甑山。杜佑曰：鲁山，三国南北之际必争之地也。东晋元兴末，桓玄余党桓振等复据江陵。刘毅进讨,至夏口,振遣其党冯该守东岸,孟山图据鲁山城,桓仙客守偃月垒,垒在汉水北岸。水陆相援。毅自攻鲁山城,刘道规攻偃月垒,何无忌遏中流,二城皆溃,该走石城。石城,见安陆府。宋昇明初,沈攸之举兵江陵,讨萧道成,分兵出夏口,据鲁山。既而攸之攻郢城,不克。郢城,即夏口,亦曰郢州城。帅众过江,至鲁山,军遂大败。齐末,萧衍举兵襄阳,东昏侯使郢州刺史张冲守郢城,又使房僧寄守鲁山,众议欲引兵围郢。衍曰:鲁山与郢城为犄角。若悉众前进,鲁山必阻我沔路,扼我咽喉,粮运不通,自然离散矣。遂分军围郢城,自围鲁山。鲁山寻降,郢城亦下。梁大宝二年,侯景攻巴陵,不克,遁还,留其党丁和等守郢城,支化仁镇鲁山。继而王僧辨出汉口,次第攻拔之,遂引兵东下。陈天嘉初,王琳据江、郢诸州附于齐。齐人守鲁山,为郢城声援。及琳败,郢州归陈。齐人弃城走,陈因置鲁山郡守之。明年,以郡赂周,周人以为重镇。大建十二年,周司马消难以沔南地及鲁山等镇来降,寻复为周所得。光大中,华皎以湘州降周。周遣卫公直等应之,直军鲁山,使别将率步骑围陈郢州。隋末,萧铣置鄂州于鲁山。唐武德四年,其鄂州刺史雷长颍以鲁山来降,于是江表悉定。夫鲁山,江汉之锁钥也。其与郢城形援密迩。齐、梁以来,以重兵屯郢城,又于鲁山置镇,控扼要害。鲁山之险,即郢城之险也。一旦有事,未有偏受其害者。《唐六典》:淮南道名山曰大别。五代梁开平二年,荆南高季昌遣兵屯汉口,绝楚人朝贡之路。盖大别之下,偏师守之,足以横绝南北也。唐胡曾《过大别山》诗云:思量铁锁真儿戏,谁为吴王画此筹。盖山北下有锁穴也。又,元周铠《赋》云：繄大别之为山，镇南北之要冲，杜荆、鄂之形胜，俯江、汉之朝宗。时以为实录。

其大川，则有江水，

江水，自四川巫山县流入界，经巴东县及归州之北，又东至夷陵州南、宜都县北，而历枝江县、松滋县之北，又历荆州府城南，至公安县、石首县之北，又经监利县南及华容县东北，而至岳州府之北，又经临湘县北，而东北流，过嘉鱼县西，又北至汉阳府城东、武昌府城西，而会于汉水，复北折而东，历武昌府北、黄陂县南，又东历黄州府南、武昌县北，又经蕲水县及蕲州城南、兴国州之北，又东南历广济县、黄梅县之南，而东入江南直宿松县界。江之南岸，即江西德化县界矣。自西而东，回环境内者，约千八百里。自昔南北相争，沿江上下，所在皆险，盖不特楚地之襟要，又为吴会之上游也。今详见《川渎异同》。

汉水，

汉水，自陕西白河县流入界，经郧阳府城南，又历均州及光化县之北、穀城县之东，又东至襄阳府城北，折而东南，经宜城县之东，又南经承天府城西，荆门州之东，复东南出，经潜江县北及景陵县南，又东历沔阳州北及汉川县南，至汉阳府城东北大别山下，会于大江。《禹贡》荆州，江、汉朝宗于海。《诗》：滔滔江汉，南国之纪。《左传》：楚，汉水以为池。又曰：江、汉、睢、漳，楚之望也。《史记·楚世家》：昭王曰：先王受封，望不过江、汉。夫楚之初，汉非楚境也。故屈完对齐桓云：昭王之不复，君其问诸水滨。自楚武伐随，军于汉、淮之间，自是汉上之地，渐规取之矣。吴之伐楚也，与楚夹汉，而楚之祸亟焉。林氏曰：楚之失，始于亡州来、符离；其再失也，由于亡汉。晋蔡谟谓：沔水之险，不及大江，不知荆楚之有汉，犹江左之有淮，唇齿之势也。汉亡，江亦未可保矣。孙氏曰：国于东南者，保江淮，不可不知保汉；以东南而问中原者，用江淮，不可不知用汉，地势得也。《水利考》曰：汉之患多在襄、承，江之患多在荆州，九江之患，多在常、岳。盖上流既盛，下流未合，故横溢不免。洞庭合江，江合汉而滔滔顺流矣。夫禹之治水也，疏瀹决排而已。盖盛则利于疏，浅则利于瀹，壅则利于决，急则利于排，必至之理也。《周礼·稻人职》曰：稻人掌稼下地，以所蓄水，以防止水，以沟荡水，以遂均水，以列舍水，以浍写水。说者谓虽主治田，而亦治水之法也。后世阡陌既变，水流益乱，惟恃堤防以捍冲流，苟免湴溺，复因而为之利。纡回壅障，以便田作。大水时至，则尽委于壑矣。盖但知蓄止，而不知均写之宜也。诚因其故堤，增高备薄，使经流不至越轶，复视其涨塞之至急者，疏为支渠，使有所游荡，如贾让治河，所谓多穿漕渠以分杀水怒，则江、汉未必终于不治也夫。详见川渎异同。

湘水，

湘水，出广西与安县南九十里之海阳山。其初出处曰灵渠，流五里，分为二派。《志》云：有分水岭。流而南者，曰漓水；流而北者，曰湘水。漓，离也，言违湘而南。湘，相也，言有所合也。湘水东北流，经全州城南，有灌水合焉。又东北流入境，经永州府东安县南，至府城西南，去府城十里。引而北，有潇水会焉。又经祁阳县东，而入衡州府常宁县西北境，又经府城南，引而东北，有烝水会焉。又经衡山县东而北流，入长沙府湘潭县境，过县西，至府城西，环城而下，过湘阴县西，又北而达青草湖，注于洞庭湖。《地理志》：湘水过郡二，零陵、长沙也。行二千五百三十里。《水经注》：湘水出阳海山，即海阳山。北至巴丘山入江。吴、蜀分荆州，以湘水为界。长沙、江夏、桂阳以东属吴，南郡、零陵、武陵以西属蜀。湘水实贯于数郡间矣。时又置关水上，以通商旅，谓之湘关。建安二十四年，关羽得于禁降军，粮食乏绝，擅取权湘关米。权闻之，遂发兵袭羽。自其合潇水而言之，则曰潇湘；自其合烝水而言之，则曰烝湘；自其下洞庭会沅水而言之，则曰沅湘：实同一湘水也。

沅水，

沅水，出四川遵义府境。班固曰：沅水出牂牁郡故且兰县东北。是也。近《志》曰：沅水出贵州镇远府境。今考沅水本无正源，盖群川会流，至辰州府沅州界而益大，因有沅江之名。沅水过沅州城南，又径黔阳县城南，又东接靖州会同县西界，东北流，经辰溪县北、卢溪县南，又过辰州府城南，东北至常德府桃源县南，又东径常德府城南、龙阳县北，至沅江县之西南而注于洞庭湖。其地名红沾口。《地理志》：沅水东北至益阳入江，今沅江县，本长沙益阳地也。过郡二，谓牂牁、武陵也，行二千五百三十里。《楚辞》：济沅、湘以南征。《淮南子》：楚地南卷沅、湘。太史公浮沅、湘。盖楚地南境之水，莫大于沅、湘。后汉建武二十三年，武陵蛮反，遣刘尚将兵溯沅水入武溪击之，败没。武溪，见卢溪县。今辰州以西五谿诸水，皆附沅水而达于洞庭。盖水流深险，溪蛮依以为阻也。近《志》：湖北之水，常德、辰、靖曰湖北。以沅水为宗云。

资水，九江、澧水附见。

资水，出靖州绥宁县东南百里之唐糾山。班固曰：资水出都梁之路山。郦道元云：即唐斜山矣。山本在武冈州西南，旧属武冈界。武冈，汉都梁县也。资水东北流，经宝庆府武冈州北，又经府城北，邵水会焉，或谓之邵江。北流至新化县东，而入长沙府安化县境，径县西，又东北出益阳县南、宁乡县北，而入常德府沅江县西南境，注于洞庭湖。《地理志》：资水过郡二，谓零陵、长沙也。行千八百里。今其水纡曲，行多滩险。按《禹贡》言：九江孔殷。许慎曰：九江，沅、渐、潕、辰、溆、酉、澧、资、湘也。今考渐水在常德府武陵县合于沅江，潕水在沅州城西亦入沅江，《汉志》注：无水，首受故且兰，南入沅，行八百里，一作㵲水。辰水则在辰州府沅陵城东入沅江，酉水亦在沅陵城西入沅江，而溆水则在辰州府溆浦县西，亦北流入沅江。惟澧水出岳州府澧州慈利县西三十里之历山，经县北，又东径石门县南，至州城南，谓之兰江，又东经安乡县、华容县南，而入洞庭湖。《唐志》：景龙三年，澧水溢，害稼。《禹贡》所谓东至于澧，《楚辞》所称澧浦者，是也。《汉志》：澧水东至长沙下隽县入沅，过郡二，行千二百里。郡二，武陵、长沙也。今澧水惟在澧州界内，所行不过五百余里。或云：澧水自安乡东南流，会于常德府沅江县之沅水云。然则所云九江者，惟四江达于洞庭耳。近《志》曰：九江，四在湖南，潇、湘、烝、资也；五在湖北，沅、溆、渐、辰、酉也。以澧水为不在九江之数，恐误。然潇水、烝水，亦湘水支川耳。其会众川以入洞庭者，于东则湘水为宗，于西则沅水为长，而出于二水之中者，资水为雄，由此而北，庶几以澧水为君矣。

　　沮水，漳水附。

　　沮水，出郧阳府房县西南二百里之景山，东南流经襄阳府南

漳县南境，又南经荆州府夷陵州之远安县东，而入承天府荆门州
界，至当阳县北，又东南合于漳水。漳水，出南漳县南境之废临沮
县南，《山海经》：荆山，漳水出焉。《水经注》：出临沮县东荆山南。经
当阳县北，又东南与沮水合，流达县南之沱江，至荆州府枝江县，
而入大江。沮，本作睢。《左传》定四年：吴人败楚及郢，楚子出
涉睢。又哀六年，楚子所谓江、汉、睢、漳者也。后从沮，又讹为
柤读曰租。今襄阳以南沮水左右地，皆曰沮中，亦谓之柤中。后汉
建武二十三年，南郡蛮反，刘尚讨破之。杜佑曰：潳山蛮也。潳，
亦作柤，即柤中蛮矣。或曰缘沔诸山蛮也。《襄阳记》：柤中，在上
黄界，今南漳境内废县。去襄阳一百五十里。魏时夷王梅敷兄弟部
曲万余屯此，分布在中庐、宜城西山鄀、沔二谷中，中庐，见南漳县。
土地平旷，宜桑麻，有水陆良田。盖柤中者，沔南之膏腴沃壤也。
故临沮、上黄、沮阳、长宁等县，皆沮中地。《郡县志》：南漳县东北
一百八里有柤山，吴朱然、诸葛瑾从沮中乘山险道北出处也。按
《吴志》：赤乌四年，朱然围樊，诸葛瑾取柤中。又《朱然传》：赤
乌五年，征柤中。九年，复征柤中，杀掠数千人而还。或云：司马懿凿
八叠山，开路于此，停租，因名。八叠山，亦见南漳县。《魏志》：正始
四年，诸葛瑾攻沮中，司马懿曰：沮中民夷十万，隔在水南。逆救，
却之。何承天谓襄阳之屯，民居星散。司马懿谓宜徙沔南，以实
水北。曹爽不用，果亡沮中者也。又王基言：荆州有沮、漳二水，
溉灌膏腴之田以千数，安陆左右，陂池沃衍，若水陆并农，以实军
资，然后引兵诣江陵、夷陵，分据夏口，顺沮、漳、资水，浮谷而
下，吴可灭也。又景元二年，襄阳太守胡烈表言：吴将邓由、李光

等十八屯同谋归化，欲令郡兵临江迎援。诏荆州都督王基径造沮
水迎之，不果。晋隆安五年，桓玄移沮漳蛮二千余户于江南，立武
宁郡，治编县。更招集流民，立绥安郡。治长宁，俱见荆门州。玄败，
其党桓谦匿于沮中，复作乱。盖沮中水陆纡险，蛮蜑错处故也。自
唐以来，沮、漳之水皆自江陵西入江。宋淳祐中，孟珙障而东之，
复北入于汉，为三海之利。详见江陵县。

洞庭湖。

洞庭湖，在岳州府城西南一里。或谓之九江。《禹贡》：九
江孔殷。又云：过九江，至于东陵。《山海经》：洞庭乃沅、澧之交，
潇湘之渊，夏秋水涨，方九百里。许慎云：九江，即洞庭也。沅、渐、
潕、辰、溆、酉、澧、资、湘九水皆合于洞庭中，东入江，故名九
江。或谓之五渚。《战国策》：秦破荆袭郢，取洞庭五渚。又苏代
曰：乘夏水下汉，四日而至五渚。裴骃云：五渚在洞庭，沅、澧、资、
湘四水自南而入，荆江自北而过，洞庭潴其间，谓之五渚。刘伯庄曰：五
渚在宛、邓间，临汉水。《韩非子》又作五湖也。或谓之三湖。三湖
者，洞庭之南有青草湖。湖在巴陵县南七十九里，在长沙湘阴县北
百里，周回二百六十五里，自冬至春，青草弥望，水溢则与洞庭混
而为一矣。洞庭之西则有赤沙湖。湖在巴陵县西百里，在常德府
龙阳县东南三十里，周回百七十里，当夏秋水泛，则与洞庭为一，
涸时惟见赤沙弥望。而洞庭周回三百六十里，南连青草，西吞赤
沙，横亘七八百里，谓之三湖。又或谓之重湖。重湖者，一湖之内，
南名青草，北名洞庭，有沙洲间之也。祝穆曰：青草湖，一名巴丘
湖，北连洞庭，南接潇湘，东纳汨罗之水，自昔与洞庭并称，然而

巴丘实为通称矣。《后汉志》:巴丘,江南之云梦也。郭璞亦言:
云梦,巴丘湖是也。则巴丘又兼有云梦之名。旧《志》曰:巴丘湖
当沅、湘之会,表里山川,实为险固,群蛮所恃也。则洞庭即为巴
丘矣。《志》又云:洞庭,太湖也,广圆五百余里,日月若出没于其
中。吴起曰:三苗之国,左洞庭,右彭蠡。《庄子》:黄帝张咸池之
乐于洞庭之野。《楚辞》:遵吾道兮洞庭。《后汉·南蛮传》:吴起
相悼王,南并蛮越,遂有洞庭、苍梧。是也。洞庭湖中有君山,亦
名洞庭山,在岳州府西南十五里。在湖中心,方六十里。《巴陵志》:
湘君所游,故曰君山。唐武德四年,李靖攻萧铣,曰:萧铣之地南
出岭表,东距洞庭。天复二年,淮南将李神福攻杜洪于鄂州,荆
南帅成汭引舟师来救,神福遣军逆击之于君山,大破之。后唐天
成三年,吴将苗璘等将水军攻楚岳州,至君山,楚将许德勋御之,
潜军角子湖,一名漍湖,见岳州府。使别将绝吴归路,吴师还,遂击
擒之。宋崇宁四年,诏开修青草、洞庭直河。绍兴五年,岳飞讨杨
么于洞庭,伐君山木为大筏,塞诸汊港,擒么,斩之。今道出湖湘
间者,必问津于洞庭。洞庭吐纳群川,而大江西来,横亘其口。每
岁六、七月间,岷峨雪消,水暴涨,自荆江逆入洞庭,清流为之改
色。渡湖而南,则由长沙而之岭海,湖阔二百里;渡湖而西,则由
常德而道滇、黔,湖阔二百五十里;渡湖而西北,则入澧州,而取
径于荆州、常德之间,湖阔亦二百里:诚荆州之巨浸矣。

其重险,则有夏口,

夏口,在今武昌府城西,今府城,即古夏口城也。亦曰沔口,
亦曰汉口,亦曰鲁口。或以夏水名,或以汉水名,或以对鲁山岸为

名，实一处也。应劭曰：江别入沔为夏水，夏水始于分江，冬竭夏流，故名曰夏。《水经注》：夏水本江之别出，自江陵县东南，又东过华容县南，华容，见荆州府监利县。又东至江夏云杜县入于沔，今见承天府沔阳州。谓之睮口。自睮口下沔水，通兼夏名，而南至鲁山下，会于江，谓之夏汭。《春秋传》昭四年：吴伐楚，沈尹射奔命于夏汭。五年，薳射以繁扬之师，会于夏汭。杜预曰：汉水曲入江处，即夏口矣。亦谓之夏州。《左传》：宣十一年：楚复封陈，乡取一人焉以归，谓之夏州。《史记》：楚考烈王元年，秦取夏州。车胤曰：夏口城北数里，有洲名夏州。孔颖达曰：大江中洲也。李吉甫曰：鄂州，春秋时谓之夏汭。杜佑谓夏汭在江陵，误。汉为沙羡东境。后汉末，谓之夏口，亦名鲁口。刘表以黄祖为江夏太守，始于沙羡置屯，扼夏口之险。建安十三年，孙权西击黄祖，祖横两蒙冲挟守沔口，矢石雨下。权督军力战，夺沔口，诸军水陆竞进，傅其城，克之，尽俘其男女而还。未几，曹操败先主于当阳，先主渡沔，与刘琦等俱到夏口。操自江陵将顺江东下。周瑜言于孙权，请得精兵数万屯夏口，是也。吴黄武二年，城江夏，《吴志》：赤乌二年，复城沙羡，即江夏也。以安屯戍。其城西临大江，西角因矶为楼，名黄鹤楼。建兴中，以鲁肃子淑为夏口督。《括地志》：船官浦东即黄鹄山，东北对夏口城。其城孙权所筑，依山傍江，开势明远，冯墉籍阻，高观枕流。终吴之世，以为要害。嘉禾三年，分道伐魏，遣陆逊、诸葛瑾入江夏沔口，向襄阳。司马懿尝言，东关、夏口，敌之心喉，是也。吴建衡二年，孙皓使内侍何定将兵猎夏口，夏口督孙秀，素为吴王所恶，恐见图，遂奔魏。又天纪二年，夏口督孙慎略晋江夏千余家而还。晋永兴二年，陈敏谋据扬州。时刘弘镇荆州，遣陶侃屯于夏口。敏遣其弟恢寇武昌，侃败却之。永嘉四年，征南将军山简为群盗严嶷所迫，自襄阳徙屯夏口。建兴末，杜曾等作乱，败荆州兵，乘胜径造沔口，威震江沔，豫章太守周访击却之。建元元年，庾翼督荆、江诸州，图经略中原，自武昌移镇襄阳，寻还治夏口。太元二年，桓冲移镇上明，上表言：江州刺史王嗣，宜进屯夏口，据上下之中，于事为便。八年，表请桓石民戍守于此。时襄阳陷于苻秦，夏口之备弥切也。隆安二年，桓玄为江州刺史，移屯夏口，以逼江陵、襄阳。五年，玄镇江陵，表其兄伟为江州刺史，镇夏口。元兴三年，刘毅等讨桓振于江陵，自寻阳西上，至夏口，败振党孟山图、桓仙客之兵。义熙初，刘毅等克江陵，奉帝东还，刘毅、刘道规留屯夏口。毅以为夏口二州之中，地居形要，控接湘、川，边带淮、沔，请以道规镇夏口。既而毅东下，道规自林障见汉阳县徙治夏口城。其城据黄鹄矶边，江峻山险，楼橹高危，足以瞰临沔汉也。刘宋孝建元年，分荆、湘、江、豫四州之八郡江夏、竟陵、随、武陵、天门、巴陵、武昌、西阳，凡八郡。为郢州，以分上流之势，又移江夏郡及郢州并治夏口，亦谓之郢城江夏本治安陆。时江夏王义恭议使郢州治巴陵。何尚之曰：夏口在荆江之中，正对沔口，通接雍、梁，实为津要，由来旧镇，根基不易，既有见读现城，浦大容舫，于事为便。胡氏曰：守江以船舰为急，故尚之云然。从之。昇明元年，荆州刺史沈攸之举兵江陵，豫州刺史刘怀珍言于萧道成曰：夏口兵冲要地，宜得其人。道成子赜因荐柳世隆行郢州事。时赜为晋熙王燮长史，征还朝，荐世隆自代也。将行，赜谓世隆曰：攸之一旦为变，焚夏口舟舰，沿流而东，不可制也。若得攸之留攻郢城，必未能猝拔，君为其内，我为其外，破之必矣。既而攸之分遣其将孙同等次第东下，出夏口，据鲁山。攸之亦至夏口，攻郢城。世隆拒守久之，不拔。攸之帅众过江，至鲁山，军遂大溃。齐永明八年，荆州刺史巴东王子响，擅杀其长史刘寅等，敕遣卫尉胡谐之等诣江陵检捕，命平南内史张欣泰为之副。欣泰曰：彼凶狡相聚，若顿军夏口，宣示祸福，可不战擒也。谐之不从，为子响所败。永元三年，萧衍举兵襄阳，东昏侯使张冲拒守郢城，房僧寄守鲁山。衍前军至汉口，众议欲并兵围郢，分兵袭西阳武昌。衍曰：汉口不阔一里，箭道交至，房僧寄以重兵固守，与郢城为犄角，若悉众前进，僧寄必绝我军后。不若分遣诸军济江，逼郢城，我自围鲁山以通沔、汉，使郧城、竟陵之粟方舟而下，江陵、湘中之兵相继而至。兵多食足，何忧两城不拔？因筑汉口城以守鲁山。又命水军主张惠绍等游遏江中，绝郢、鲁二城信使。于是萧颖胄遣邓元起等将兵，会雍州兵于夏首。又湘州刺史杨公则亦举州众，会于夏口。久之未克，众以为疑。衍曰：汉口路通荆、雍，控引秦、梁，粮运资储，仰此气息，所以兵压汉口，连结数州。若郢州既拔，席卷沿流，西阳、武昌，自然风靡，何忧不济？攻围二百余日，鲁山、郢城相继降下，遂趣建康。梁太清三年，侯景围台城。雍州刺史岳阳王詧，遣司马刘方贵将兵出汉口，为声援。大宝二年，景袭陷江夏，因留兵守夏首，进攻巴陵，复分兵窥江陵，皆败还，乃留兵守郢城、鲁山而东。湘东王绎以王僧辨为征东将军，引兵东下，至汉口，先攻鲁山，拔之，进攻郢州，克其罗城，贼将宋子仙退据金城。僧辨四面起土山攻之，贼穷蹙，遂克郢州。既而北齐得之，遣慕容俨戍守。陈霸先遣将侯瑱攻围，六月馀不下，后以萧渊明入建康，乃归梁。陈天嘉初，王琳将孙玚据守，周将史宁来攻，设土山长梯，为必取之计，竟不能克。光大中，华皎以湘州降周，引周兵军于鲁山，复围郢州。陈将淳于量以舟师拒之于夏口。既而华皎合周、梁之师，自巴陵顺流东下，与吴明彻战于沔口，皎等大败，巴、湘遂平。隋之取陈，崔仲方以汉口、夏首为敌必争之所，是也。《晋志》：沙羡有夏口，对沔口，有津。章怀太子贤曰：汉水始欲出大江，为夏口，又为沔口。夏口实在江北。孙权于江南筑城，依山傍江，对岸则入沔津，故名以夏口，亦为沙羡县治。至唐置鄂州，而夏口之名移于江南。沔水入江之口，止谓之沔口，或谓之汉口。夏口之名，遂与汉口对立，分据江之南北矣。唐武德四年，平萧铣，命黄州总管周法明分道出夏口。六年，复命法明出夏口，讨辅公祏于丹阳。兴元初，淮西李希烈叛称帝，以夏口上流要地，使其将董傅袭鄂州，刺史李兼败却之。元和初，以淮西多事，夏口当江汉之冲，特置军府以为藩卫。乾符中，黄巢之乱，攻夏口城，止陷其外郭。五代时，夏口尤为东南重地。朱梁开平二年，荆南帅高季昌遣兵屯汉口，绝楚朝贡之路。楚王殷遣兵攻荆南，季昌乃惧而请和。宋之将亡也，夏贵以舟师扼夏口，蒙古之强，且睥睨而不敢轻进焉。薛氏曰：夏口南临大山，三方阻水，汉阳以北，限隔陂湖；敌出上蔡，则武昌、夏口当其冲。祝穆曰：夏口城依山负险，周围不过二、三里，而历代攻围，多不能破，乃知古人筑城，欲坚不欲广也。

荆门，虎牙、安蜀附见。

荆门山，在荆州府夷陵州宜都县西北五十里章怀太子贤曰：荆门在夷陵东南，宜都西北。今有故城基址在山下。大江南岸。北岸有虎牙山，与此相对。荆门上合下开，有若门然。虎牙石壁色红而有白文，类牙形。二山，楚之西塞也。江流出其间，水势峻急。郭景纯赋：虎牙桀竖以屹崒，荆门斗竦而盘薄。是矣。汉建武九年，公孙述遣田戎、任满等下江关，见四川重险瞿塘。据荆门、虎牙，横江水起浮桥、关楼，立攒柱以绝水道，结营跨山，以守陆路。十一年，岑彭等自津乡发兵会荆门，遂拔巫及夷道、夷陵，因率舟师直冲浮桥，因风纵火，桥楼崩坏，诸军竞进，遂克之。晋王濬伐吴，自西陵进克荆门、夷道。陈置荆门镇，杨素平陈，克之。唐初，萧铣遣兵戍荆门城，李孝恭、李靖自夔州东下，前锋克荆门、宜都二镇。孝恭等进主夷陵，夷陵，时属唐。是也。又荆门南有安蜀城。陈大建二年，章昭达攻后梁主萧岿于江陵，梁主与周军御之，周人于峡口南岸筑垒，名曰安蜀。昭达攻克其城，置信州治焉。信州，时属西魏，故侨置于此。后隋军来伐，陈将吕忠肃据荆门，顾觉镇安蜀城，为杨素所拔。唐初，萧铣亦戍守之。《许绍传》：江之南有安蜀城，地直夷陵、荆门、城峙其东，皆峭险。萧铣以兵戍守，绍攻克之。绍时为峡州刺史。胡氏曰：荆门、安蜀，荆州西南之要地也。

西陵、三峡附见。

西陵峡，在荆州府夷陵州西二十五里。峡长二十里，层崖万仞，三峡之一也。三峡者，一为广汉峡，即瞿唐峡也，在四川夔州府奉节县东三里。郦道元曰：江水自巴东鱼复县东，径广汉峡，为三峡之首，中有瞿唐、黄𪃹二滩，是瞿唐即广汉之异名矣。昔禹凿以通江，所谓巴东之峡也。一为巫峡。巫峡在夔州府巫山县东三十里，因山为名，首尾一百六十里。一为西陵峡也。或曰：三峡者，巫峡、归峡、西陵峡也。归峡，即今归州、空舲、马肝、白狗诸峡是矣。三峡之间，长七百里，两岸连山，略无断处，非亭午夜分，不见日月。《荆州记》：自夷陵县溯江二十里入峡口，名为西陵。《宜都记》：自黄牛滩即黄牛峡，见夷陵州。东入西陵界，至峡口百许里，山水纡曲。今自巴东历三峡下夷陵，连山叠嶂，江行其中，回旋湍激，至西陵峡口，始漫为平流，而夷陵州正当其冲。故国于东南者，必以西陵为重镇矣。汉建武十一年，岑彭破荆门，长驱入江关。吴汉留夷陵，装露桡继进。建安二十四年，孙权得荆州，以陆逊领宜都太守，屯夷陵，守峡口。蜀汉章武二年，先主东伐吴，自巫峡、建平连营至夷陵界，列数十屯。先主乃率诸将，自江南缘山截岸，军于夷道猇亭，见宜都县。吴诸将争欲击之。陆逊曰：备举军东下，锐气始盛。又乘高守险，难可卒攻。且奖厉将士，广施方略，以观其变。若此，是平原旷野，恐有颠沛交逐之忧。今缘山行军，势不得转，自当罢于木石之间，徐制其敝耳。乃上疏吴主曰：夷陵要害，国之关限，失之非损一郡，荆州可忧也。臣初嫌彼水陆俱进，今反舍船就步，处处结营，观其布置，必无他变。夫主客之数，先后之几，先主其未之解乎？陆抗之镇荆州也，亦曰：西陵，国之西门。及王濬伐吴，下巴蜀，克丹阳今归州，进克西陵，遂成破竹之势矣。宋泰始二年，晋安王子勋举兵寻阳，益州刺史萧惠开应之，遣将费欣等东下。巴东人任叔儿击杀之，遂阻守三峡，益州兵不敢进。元徽四年，荆州刺史沈攸之遣军讨巴东、建平叛蛮，会建平王景素举兵京口。攸之急追峡中军赴建康。巴东太守刘攘兵、建平太守刘道欣疑攸之有异谋，勒兵断峡，不听东下。齐东昏侯永元末，萧颖胄奉南康王宝融举兵江陵。巴西太守鲁休烈、巴东太守萧惠训不奉命，遣兵击颖胄。颖胄使刘孝庆屯峡口以拒之，为休烈所败。又梁太清三年，信州刺史萧慥信州，即今夔州府。从湘东王绎援台城，军于西峡口，淹留不进。大宝二年，陆法和谓湘东王绎，请守险以待蜀，乃引兵屯峡口。及绎袭位，萧纪自益州举兵，由外水东下，与绎相攻，军主西陵。法和筑二城于峡口两岸，运石填江，铁锁断之。纪亦筑连城，攻绝铁锁。梁主益发军援峡口，纪寻败死。陈祯明二年，遣将周罗睺屯峡口，侵隋峡州，不克。既而隋杨素伐陈，自永安即夔州府。下三峡，至流头滩，攻狼尾滩在西陵西，克之。陈将吕忠肃屯岐亭，据西陵峡，于北岸凿石，缀铁锁三条，横绝上流，以遏隋船。杨素力战，忠肃遂败走。唐武德二年，萧铣寇峡州，刺史许绍击却之。既又遣其将帅舟师上峡，规取巴蜀，绍遣军追至西陵时州治下牢戌，在西陵西南也。五代唐天成三年，以荆南高季兴拒命，遣将讨之，仍令蜀兵下峡，合军进攻。夔州刺史西方邺败荆南水军于峡中，复取夔、忠、万三州初以三州授季兴也。五代周显德五年，谋伐蜀。荆南高保融请以水军趣三峡，有诏褒美。三峡盖自楚入蜀之通道也。宋平孟蜀，明初取明氏，未尝不分遣一军，西出三峡。三峡为楚、蜀之险，西陵又为三峡之冲要，隔碍东西，号为天险，可不知所备欤？

荆江口。

荆江口，在岳州府城西北十五里。《地志》巴陵城对三江口，是也。大江自蜀东流入荆州界，出三峡，至枝江，分为诸洲，凡数十处，盘布川中，至江津戍见江陵县。而后合为一，故江津为荆南之要会。又东过石首县北，通谓之荆江。又东入岳州府界，至城陵矶，而洞庭之水会于大江，水势益盛，谓之荆江口，亦谓之西江口，亦谓之三江口。三江者，岷江为西江，澧江谓中江，湘江为南江，俱至岳州城而回合也。《水经注》：江水东至长沙下隽县北，今巴陵县，本下隽地。湘水从南来注之，江水又东，左得二夏浦，俗谓之西江口。晋隆安三年，殷仲堪镇江陵，江州刺史桓玄自夏口西上，将袭仲堪。仲堪遣殷遹帅水军拒之于西江口，为玄所败。宋元嘉三年，谢晦以荆州叛，自江陵东下，至江口，与到彦之相持。江口，即西江口。唐武德六年，洪州总管张善安叛附辅公祏，黄州总管周法明将兵击公祏，善安据夏口拒之。法明屯荆口镇，善安遣人刺杀之。荆口镇，盖置于荆江口矣。胡氏曰：当在汉阳。恐误。天复二年，淮南将李神福围杜洪于鄂州，荆南节度成汭引军赴救，未至鄂州，潭州帅马殷、朗州帅雷彦威各遣将会兵荆江口，乘虚袭江陵，陷之。朱梁乾化末，淮南将陈璋攻荆南，不克而还。荆南兵与楚兵会于荆江口，谋邀璋。璋以舟二百艘骈为一列，夜过二镇，兵遽出追之，不及。又后唐天成三年，吴军至荆江口，将会荆南兵攻岳州，为楚将许德勋所败。宋乾德元年，湖南统军使黄从志以岳州拒命，慕容延钊遣武怀节帅水军趣岳州，大破贼兵于三江口。德祐元年，蒙古入犯，岳州将高世杰扼荆江口以拒之。蒙古将阿里海涯督水军屯东岸，世杰乘夜陈于洞庭湖中，为海涯所破，岳州遂降。夫荆江口，在全楚之中，为腰膂之地，岂惟岳州之险要乎哉？

按湖广居八省中，最为闳衍，山川险固，自古称雄武焉。中原有事，盖必争之地也。是故襄阳其头颅也，黄、蕲其肘腋也，江陵其腰腹也。保商、陕者，在乎郧阳；跨两粤者，在乎郴、永；捍云、贵者，重在辰、沅。大江制东西之命，五溪为指臂之余，此全楚之大略矣。然争形要者，必在荆湖以北。吴甘宁言于孙权曰：南荆之地，山川形便，诚国之西势也。今先取夏口，鼓行而西，据楚关即捍关，见长阳县，大势弥广，即可渐规巴蜀矣。梁沈约曰：荆州居上流之重，土地广远，资实兵甲，居朝廷之半。宋高祖遗诏尝令诸子居之。盖以荆州为江左之头目也。宋李纲言：荆湖，国之上流，其地数千里，诸葛武侯谓之用武之国。今朝廷保有东南，制驭西北，当于鼎、澧、岳、鄂一带皆屯宿重兵，使与四川、襄、汉相接，乃有恢复中原之渐。赵鼎曰：荆、襄左顾川陕，右控湖湘，而下瞰京洛，三国所必争。宜以公安为行阙，而屯重兵于襄阳，运江、浙之粟，以资川、陕之兵。经营大业，计无出此。陈亮言：荆、襄东通吴会，西通巴蜀，南极湖湘，北控关洛，左右伸缩，皆足为进取之机。而吕氏祉则曰：昔楚之兴，国于鄢、郢，而守黔中、巫郡，兼江、汉之险而有之，故以区区之国，而尝与齐、晋争衡。三国而后，海内之地，分为南北。都秣陵者，必备淮甸，以犄角北寇。然国之安危，系于上流而已。盖转输之利，固系于上流；屏翰之势，又系于上流。南朝六姓，其强弱之势与兴亡之由，顾上流设施何如耳。吴纪陟之聘魏也,魏文问吴戍备几何?曰:西陵至江都五千七百里。又问道里甚远,难为固守。对曰:疆界虽远,而险要必争之地,不过数四,犹人有六尺之躯,其护风寒亦数处耳。今所谓险要必争之地者,不过江陵、武昌、襄阳、九江。九江在江西,而与武昌共系上流之险,故因其旧文并录之。江水源于岷山,下夔峡而抵荆楚,则江陵为之都会。嶓冢导漾,东流为汉。汉沔之上,则襄阳为之都会。沅、湘众水,合洞庭之波而输之于江,则武昌为之都会。豫章西江,与嶓阳之浸浩瀚吞纳而汇于溢口,则九江为之都会。守江陵可以开蜀道,守襄阳可以援川、陕,守武昌、九江可以蔽全吴。蜀、汉、吴、楚并而为一,则东南之守亦固矣。至于备御之事,先收襄、汉,则兴元之阻譬之近藩;戍荆南,则巴蜀之富还为外府。又屯武昌,而湖之南北可以安堵;屯寻阳,而江之东西可以襟带。上游之势成,而后根本建康,左右淮、浙,取资于蜀,调兵于陕,以天下之半而与敌争,庶乎可以得志矣。噫!此就吕氏时言之也。今者荆土日辟,沃野弥望,再熟之稻,方舟而下,吴会之间,引领待食。虽江自夷陵以下时有横溢之虞,汉自襄阳已南亦多溃决之患,然而富强之迹,居然未改矣。

读史方舆纪要卷七十六

湖广二 武昌府 汉阳府 黄州府

〇武昌府，东至江西九江府五百四十里，东南至江西南昌府一千里，西南至岳州府五百六十里，西至汉阳府隔江七里，东北至黄州府一百八十里，东北至黄州府蕲州四百九十里。自府治至江南江宁府一千七百十五里，至京师五千一百七十里。

《禹贡》荆州之域。春秋时属楚，谓之夏汭。秦属南郡。汉置江夏郡。《汉志》：郡治西陵。应劭曰：沔水，自江别至南郡华容为夏水，过郡入江，故曰江夏。后汉因之。建安中，黄祖始治沙羡。吴分江夏更置武昌郡。治武昌县，以为行都。晋以武昌隶江州，江夏隶荆州。晋江夏郡移治安陆县。宋又分武昌更置江夏郡，治汝南，即故沙羡也。兼置郢州。齐因之。梁分置北新州，寻又分北新置土、富、俑、泉、濠五州。而江夏郡如故。隋平陈，郡废，改置鄂州。炀帝初，改为江夏郡。唐武德四年，复置鄂州。天宝初，改江夏郡。乾元初，仍为鄂州。元和初，置鄂岳观察使治此。宝历初，又为武昌军节度，后改废不一。详州域形势。五代唐遥改武清军。南唐因之。《志》云：南唐亦置武昌军于此。《宋志》曰：宋初仍名武清军。至道二年，始改鄂州。是南唐亦曰武清也。宋仍曰鄂州。亦曰江夏郡、武昌军。元至元中,置鄂州路。大德五年,曰武昌路。明初,改为武昌府,领州一、县九。今因之。

府扼束江、汉,襟带吴、楚。春秋时,吴、楚相攻,即有事于夏汭。李吉甫曰:鄂州,春秋之夏汭也。又谓之夏州。楚考烈王元年,秦取夏州,楚之故地,几尽入于秦矣。后汉末,始谓之夏口。盖其地通接荆、峡,江、汉合流,自古以来,为兵冲要地。刘表使黄祖守此,孙策破之,霸功始立。孙权因之,筑城夏口,建都武昌,屹为重镇。及晋人南下,使王戎袭武昌,胡奋袭夏口。岂非以地居形胜欤?自东晋以后,谈形势者,未尝不以夏口、武昌为要会。武昌,今武昌县。咸康八年,庾翼都督江荆诸州,欲自武昌移镇乐乡。见松滋县。王述曰:武昌实江东镇戍之中,非但扞御上流而已。缓急赴告,骏奔不难。若移乐乡,远在西陲,一朝江渚有虞,不相接救。方岳重将,固当居要害之地,为内外形势,使阃阊之心,不知所向。乃止。宋末,刘怀珍言于萧道成曰:夏口,兵冲要地。及齐之季,张弘策谓萧懿曰:郢州控扼荆、湘,西注汉、沔。是也。详见前重险夏口。盖六朝之际,上流有事,夏口为必争之所。陈末,隋秦王俊以三十总管水陆十余万之师屯汉口。陈将周罗睺与豫州刺史荀法尚守江夏,相持逾月,卒不得进也。唐之中叶,以淮、汝多虞,荆江隔远,因立军府于此,为控御之备。自是鄂渚为雄镇。南宋初,吕氏曰:武昌,江湖之冲也。西扞郢宋之郢州,今承天府,南拒岳,西南据江陵,东南蔽九江,表里扞蔽,最为强固。又薛氏曰:武昌之地,襟带江、沔,依阻湖山。左控庐、泲,右连襄、汉,南北二涂,有如绳直。胡人南牧,尝出此以袭豫章,境壤易越也。张浚曰：鄂州城东通武昌、樊口。昔孙权欲都武昌以拒魏者，盖以渡江而西，接连川、陕，中原声援，络绎可通耳。淳祐中，史璟言：鄂渚形势之地，西可以援蜀，东可以援淮，北可以镇荆湖。咸淳中，汪立信议增置重兵于此，为上流之卫。既而蒙古破宋阳逻堡，遂渡江，议所向，或欲先取蕲、黄。阿术曰：若趣下流，退无所据，上取鄂、汉，可以万全。伯颜从之。既又以鄂城襟山带江，江南要区，亟议城之。明初克平伪汉，既下武昌，荆湖南北，无敢旅拒者。地利顾不重欤？

○**江夏县**，附郭。在府治西。汉沙羡县，属江夏郡。羡，音夷。孙吴初，为郡治，后属武昌郡，寻省。晋太康初，复置，仍属武昌郡。太元二年，省入沙阳县，寻改置汝南县。刘宋以汝南为江夏郡治。梁、陈因之。隋改置江夏县，鄂州治焉。大业初，又为江夏郡治。自是州郡皆治此。今编户六十三里。

沙羡城，在府治西南。汉县也。晋末，废入汝南县。《晋志》：沙羡有夏口。今夏口城，在城之西、黄鹄山之东北，对岸则入沔津，即沙羡旧地矣。后汉建安四年，孙策击黄祖，军至沙羡，大破祖兵。十四年，孙权筑夏口城，以程普领江夏太守，治沙羡。晋太元八年，桓冲表其兄子石民领襄城太守，戍夏口。刘宋孝建初，立郢州治此，因曰郢城。昇明元年，沈攸之举兵江陵，至夏口，以郢城弱小，不足攻。其党宗俨之劝攻之，臧寅谓：郢城兵虽少而地险，攻守势异，非旬日可拔。若不时举，挫锐损威。今顺流长驱，计日可捷。既倾根本，郢城岂能自固？攸之将从其计，会柳世隆守郢城，多方挑战，攸之改计攻城，不能克，至于丧败。姚思廉曰：郢城北门曰仓门，带江阻险，隋鄂州亦治此。又置江夏县于郭内，今郡城，相传即孙吴故址，本在黄鹄山上，唐宝历初，牛僧孺帅武昌，始改筑之。宋皇祐中，亦尝修筑。洪武四年，命江夏侯周德兴增修。嘉靖十四年，又复修治，环城为濠，西即大江也。有门九：东二门，曰大东、小东；西二门，曰竹簰、平湖；南三门：曰汉阳、保安、新南；北二门：曰望泽、草埠。嘉靖中，更大东曰宾阳，小东曰忠孝，竹簰曰文昌，新南曰中和，望泽曰望山，草埠曰武胜。城周二十里有奇。

曹公城，府东北二里。梁武起义兵，遣曹景宗筑曲水城，又使王世兴顿故曲水城以攻郢城。胡氏曰：曲水故城，盖宋、齐时郢府官僚禊之地。○万人敌城，在黄鹄山上，宋建炎间，草寇犯城，郡守命万人登其上，以强弩射却之，因名。又子城，在府治东南，上有焦度楼。宋末，沈攸之举兵，至夏口，度据城拒却之，故以名楼。

汝南城，在府西南六十里之涂口。沈约曰：晋末，汝南郡流民流寓夏口，因立为县，非实土也。沙羡县废，遂为汝南实土。《志》云：汝南，晋咸和中置。《荆湘记》：金水北岸有汝南旧城，是矣。萧梁末，西魏置戍守于此。邵陵王纶为侯景将任约所败，欲西入定州，不果。行至汝南，西魏所署汝南城主李素，纶故吏也，开门纳之。既而纶将自汝南图安陆，魏遣杨忠驰救安陆，袭陷汝南，杀纶。隋初，县废。定州，见麻城县蒙笼城。

黄鹄山，一名黄鹤山，在城西南，峭峙江口，与大别对。祝穆曰：黄鹤山，在江夏县东九里。近县西北二里，有黄鹤矶。《水经注》：黄鹄山东北对夏口城，黄鹄矶直鹦鹉州之下尾，今山起城东而达于西南隅，山形蜿蜒，俗名蛇山。山阴有费祎洞。任昉曰：荀瓌，字叔玮，昇仙于此。非费文祎也。昔因山为城，即今万人敌城及子城矣。《志》曰：黄鹤山蛇行而西，吸于江，其首隆然，黄鹤楼枕焉。其下即黄鹄矶也。又高冠山，在城东南。明初，太祖围武昌，城东有高冠山，俯瞰城中，伪汉兵屯戍于此。傅友德一鼓拔之，武昌遂下。《郡志》今县治东南五里有高观山，或曰即黄鹤山之东埵也。又凤凰山，在郡治北二里。吴黄龙初，有凤凰见此，因名。城南五里有梅亭山，太祖征楚，尝驻节其上。

洪山，府东十五里，旧名东山，岩壑秀异。唐大观中，改今名。有洪山寺。明初，伪汉将张必先引兵援武昌，至洪山。上遣常遇春乘其未集，击擒之。又夜泊山，在城南三十里。明初，太祖围武昌，其党张必先以潭、岳兵来援。至夜婆山，常遇春击败之，即夜泊山也。又南二十里为九峰山，有九峰并峙。

梁城山，在城东北十六里。《志》云：梁武帝尝筑城屯军于此。又烽火山，在府东北四十里。萧梁末，北齐清河王岳进军临江，来逼江夏。梁将侯瑱拒之，屯兵于此。烽火相应，因名。《志》云：上有烽火城。

冶唐山，府东南三十里。相传晋、宋时因山置冶处。又东南十里为八分山，有水分流如八字。旁有八分湖、八分院。《建康录》云：武昌有山无林，政可图始，不可图终，山分八字，数不及九。谓此山也。○大观山，在府东南五十里。有千岩万壑之胜，其土石赤色如金，亦名金华山。又江夏山，在府城东南六十里。山峦重叠，本名峡山。唐天宝间，改今名。

赤壁山，城东南九十里。一作赤圻，亦曰赤矶。俗以为周瑜破曹操处，误也。详见嘉鱼县。又惊矶山，在城东南九十二里。其西南俯临大江，下有石矶，波涛迅激，商旅惊骇，因名。○金城山，在城东南二百里。吴将陆焕尝屯兵于此。《南迁录》所云金城险固者也。

青山矶，府东北二十五里，滨大江。又东三十里江北岸，即黄州之阳逻镇矣。宋端平中，黄陂县侨理于此。咸淳十年，蒙古将阿术犯鄂州，由青山矶渡江。今有青山巡司。《志》云：青山对岸为五通口，水道通黄陂、孝感县。

大江，在府城西。其上流自岳州府临湘县流入嘉鱼县西境，东北流历大、小二军山，至城西而与沔水会，又北折而东，经武昌县北而入兴国州界。《志》云：大江经江夏县城西，一名夏口浦。齐永元二年，萧衍等举兵荆、雍，东昏侯使薛元嗣等将兵运粮百四十船，送郢州刺史张冲，使拒西师。元嗣等疑冲不进，屯夏口浦，闻西师将至，乃相率入郢城。梁大宝二年，侯景与湘东王绎将徐文盛相持于西阳。时绎子方诸镇江夏，以文盛军在近，不设备。景闻江夏空虚，遣其将宋子仙等帅精骑由江内趣郢州，陷之。景遂因便风中江举帆，越文盛等军入江夏。文盛等皆溃走。胡氏曰：西阳至江夏百五十余里，景盖遣兵由芦州上流渡江来袭也。《郡志》：大江经县境，凡二百九十里而入武昌县界，又二百余里而入兴国州界。西阳，见黄州府。馀详大川及川渎异同。

涂水，府南九十里。一名金水。西北流入于大江，亦曰涂口，亦名金口。张舜民曰：金口在鄂州西南六十里。今有金口镇巡司，兼设水驿于此。又南九十里至嘉鱼县之簰洲镇，江行者必经之地也。

明月湖，府治南二里。湖心有郭公堤。宋都统郭杲筑此以防泛溢。又南湖，在城南望山门外，旧名赤栏湖，通大江。又南十余里有汤孙湖，亦流入大江。又俞家湖，在县东北五里，南抵县东南四十里之郭郑湖，西通大江。○鲁湖，在府西南八十里。南接釜头湖，西抵金口垱。《郡志》：釜头湖，在县南百二十里。又府东六十里有梁子湖，亦曰东湖。湖东北距武昌县百二十里，为分界处，周百十里，春深冬涸，东西相距止二里许云。《志》云：府境诸湖皆掌于河泊所，府东四十里有严家浦河泊所，西北三里为长江罾纲局河泊所，与釜头诸湖皆有河泊所。

鹦鹉洲，在城南，跨城西大江中，尾直黄鹄矶，即黄祖害祢衡之地。梁大宝初，湘东王绎使王僧辩帅舟师袭邵陵王纶于江夏。僧辩引军至鹦鹉洲，是也。其与洲相对者，曰新淤洲。洪武中所壅积，因名。○金沙洲，在城西南江滨，旧恃此以障大江之冲啮。今洲移江溢，堤防切焉。

《志》云：城西南平湖门内有长堤，长堤外有万金堤。宋政和、绍兴间所筑也。至今赖之。

黄金浦，在鹦鹉洲下，本名黄军浦，以吴将黄盖屯军于此而名。刘宋昇明初，沈攸之举兵江陵，讨萧道成，引军至夏口，泊黄金浦，将东下，柳世隆时守郢城，遣兵于西渚挑战。西渚，即鹦鹉洲西渚也。亦曰南堂西渚。盖时建射堂于渚上。齐永元末，萧衍攻郢州，遣荆州将邓元起自夏口进据南堂西渚。胡氏曰：渚在射堂之南，江渚之东。是也。又船官浦，在黄鹄矶西，自昔为泊舟之所，有船官司之，因名。《括地志》：船官浦东对黄鹄山，是也。又有南浦，在城南三里，其水出东南五十二里之景首山，西入大江。《楚辞》：送美人兮南浦。今冬涸夏盈，商贾聚泊，一名新开港。

白杨浦，在府北。《志》云：在府治北十里，有白杨垒。齐永元末，梁武攻郢城，遣唐修屯兵于此。梁大宝二年，王僧辨攻侯景将宋子仙于郢城，贼困，且战且走，至白杨浦，擒之，即此。或以为即今府南八十里之白杨渡，非也。〇管家套，在城南五里。弘治中，郡守陈晦修凿，使水绕城南，商旅得避风涛之险。正德间，贼刘六等犯武昌，聚泊于此。今亦名陈公套。

九里顿，在城南。齐永元三年，萧衍举兵襄阳，至竟陵，前军王茂等至汉口，郢州兵拒守。衍议自围鲁山以通沔、汉，使王茂、曹景宗帅众济江，与荆州萧颖胄所遣军合，以逼郢城。茂等遂济江，军于九里顿。胡氏曰：其地去郢城九里，因名。〇西园，旧在鄂城西。又有东园，在城东四里东湖上。梁湘东王绎使王僧辨袭邵陵王纶于郢州，纶集麾下于西园，自仓门登舟，北出以避之。仓门，郢城北门也。

涂口市，府南六十里。即汝南故县治也。隋开皇中，自涂口移治于焦度楼下，改置江夏县。市西南为金口镇，有巡司及金口驿。又金口坝河泊所及金口税课局、金口批验茶引所，并置于此。

浒黄洲镇。府北三十里。为江渚登涉之所，郡北面之要隘也。亦曰白浒镇，有巡司戍守。又府南五里有鲇鱼口镇巡司。○将台驿，在府东八里。又府东南六十里为东湖马驿。又六十里为山陂马驿，路出咸宁县，陆走湖南之通道也。《志》云：府城西平湖门外为夏口水驿。又南六十里即金口驿。

○武昌县，府东北百八十里。东南至大冶县七十里，西北渡江至黄州府十里。春秋时楚封鄂王于此。秦为鄂县，属南郡。汉属江夏郡。武帝封长公主于鄂邑，是也。后汉仍属江夏郡。三国吴改武昌县，置武昌郡治焉。晋太康初，别立鄂县，并隶武昌郡。刘宋以后因之。隋废郡，又省鄂县入武昌。唐亦为武昌县，属鄂州。宋仍旧。南渡后，升为武昌军。后又更名寿昌军。元改武昌县。今县未有城，编户三十九里。

鄂城，县西南二里。本楚邑。《史记》：熊渠当周夷王时，兴兵伐庸、扬、粤，至于鄂，又封中子红为鄂王。孔氏以为南阳之鄂，误矣。时楚兵未能逾汉而北也。秦置鄂县。汉因之。吴曰武昌。《晋志》以武昌为故东鄂，又分置鄂县，盖治此。隋复合于武昌。按：孙权于黄初元年，自公安徙鄂，改曰武昌，徙鄂县于袁山东。又以其年立江夏郡，分建业之民千家以益之。明年，城武昌，又于武昌筑临钓台。至黄龙元年，权还建业，以陆逊辅太子镇焉。孙皓甘露元年，徙都，丞相陆凯言：武昌土地，危险墝塉，非王者之都。后皓还东，留滕牧守之。晋惠帝元康初，始置江州，傅宗为刺史，治武昌。东晋初，王敦领荆州，移镇武昌。后谢尚、庾亮、庾翼、陶侃、温峤、桓温并镇此。武昌，盖江表之重地矣。○吴王城，在县治东一里。本灌婴所筑，或云孙吴故宫城遗址也。中有安乐宫，宫中有太极殿，宫前有御沟，流为牧马港，即吴王饮马处。《志》曰：县有五门，各以所向为名，惟西角一门，谓之临津，北临大江。晋陶侃领江州刺史，镇武昌，种柳于此。又东门有夷市，亦侃所设也。《土俗编》云：晋西阳有豫州五水蛮，侃镇武昌，作夷市于吴城东，以为交易之所，大获其利。

黄石城，在县东二十里，仙堂山下，相传后汉末刘勋所筑。《江表传》：刘勋走入樊口，闻皖已没，及西塞，将兵救皖，为孙权所破，遂奔曹公，即此处也。《城邑考》云：县西五十里有梅城，居平川中，相传吴黄武中所筑。又西二十里有仵城，今皆废。○城塘废城，在县西七十里神人山下，白鹿矶上，隋末县令义大暄所置。县西有水塘，因名。

樊山，在县西三里。一名西山，一名樊冈，下为樊口。旧名袁山。《水经注》吴孙权徙鄂于袁山东，是也。又名来山。吴孙皓都武昌，出登来山是也。又名寿昌山，产银、铜、铁及紫石英，下有寒溪，中有磻石，山北背大江，江上有钓台，即孙权与群臣会饮处。又有万松岭，山南有九曲岭，九曲岭下为吴造岘，亦曰吴王岘。昔孙权于樊口，被风破船，凿樊岭而归。山盖缘江为险。吴、晋间有樊山戍，唐设樊山府，南唐亦置樊山砦，盖皆以山名。又郎亭山，在樊山南，山周十里，与樊山相接而中断，其间谓之退谷。唐乾宁四年，汴将朱友恭凿山开道，射以强弩，遂拔武昌，是也。又有避暑宫，在樊山寒溪上，相传孙吴所置。○虎头山，在县东三里，旧名凤穴山，吴黄龙初，有凤凰集此。又东二里曰石门山，有两石，对峙如门。

神人山，在县西七十五里，滨江。下有白鹿矶，与黄州新生矶相对。宋开庆初，忽必烈南侵，自黄州杨逻洑横桥梁，贯铁锁，至白鹿矶，进薄鄂州，围城数月，然后解去。既而兀良合台从湖南引还，作浮桥于新生矶以济师，贾似道使夏贵以舟师攻其浮桥，至白鹿矶，仅杀其馀卒百馀人。

灵溪山，县南百二十里。周五十里，中有寺观，皆以灵溪而名。又府南百三十里有三角山，山有数峰，皆奇秀。○虬山，在县南百五十里。山阴有龙穴，后人于山下筑塘，名曰虬塘。又有马碛山，在县南百八十里，周五十里。又武昌山，在县南百九十里，极险峻，孙权都鄂，易名武昌，故以名山。其相近者曰清溪山，周四十里，涌溪出焉。

西塞山，县东百三十里。《志》云：在大冶县东北九十里。盖地介两县间，状如关塞。《图经》云：山高百六十丈，周三十七里，吴、楚分界处也。既险且峻，横崿枕江，危峰对岸，长江东注，高浪飞翻。袁宏《东征赋》沿西塞之峻崿，是也。《风俗记》：山延连江侧，东望偏高，故名。后汉建安四年，孙策击破黄祖子射处也。刘宋昇明二年，柳世隆守郢城，拒沈攸之，萧赜自溢城遣军至桓敬等八军，据西塞山，为世隆声援。近山有流沂城，后汉建安四年，孙策击败庐江太守刘勋于彭泽，勋走保流沂，求救于黄祖，即此。《寰宇记》：西塞山，六朝时尝设西陵县，隋初，省入武昌。

安乐矶，县东三十里。《江表传》：孙权遣其子登出兵，次于安乐，以全琮谏而止。又黄子矶在县西三江口，相传黄巢尝结寨于此，滨江险要处也。又南冈，在县东之南湖上。晋太宁二年，王敦收郭璞，斩之于南冈，即此。

大江，在县北。自江夏县流入境，与黄州府分江为界。《志》云：江入县境，播为三江，过中洲，至双柳夹。又自峥嵘洲过碛矶，至大洲，为三江口。又径阳逻、赤壁而至樊口。又过县北，至白田洲、杨叶洲，过兰溪，至西塞山侧之散花滩。又东即兴国州界矣。

樊港，在樊山西南麓。寒溪之水，注为樊溪，亦曰袁溪，北注大江，谓之樊口。《志》云：在县西北五里。建安十三年，刘备败于当阳，用鲁肃计，自夏口进屯鄂县之樊口，是也。口北有湾，孙权尝破舟于此，名败舶湾，亦曰败舶矶。唐乾宁四年，汴将朱友恭攻淮南将翟章于黄州，章南保武昌寨，友恭为浮梁于樊港，攻拔之。盖跨江为浮梁，抵樊口以拔武昌也。宋景炎二年，张德兴等举义兵，复黄州寿昌军，元将郑鼎引鄂兵拒之。至樊口，败死。陆游曰：黄州与樊口正相对。《一统志》：县南湖泽凡九十九，同为樊口，入于江。亦曰：长港江套有河泊所。又县西南十里有螺虾港，西六里有水门港，皆湖流通江处。

南湖，县东八里。一名五丈湖。北流通江，夏则溢，冬则涸。晋陶侃镇武昌，尝作堤障之。水常不竭，鱼、蒲始繁。宋孝建初，臧质败，亡入南湖，见杀处也。今名羊栏湖，湖口亦曰五丈口。又西窒湖，在县东五十里。又县西五十里有碛矶湖，北近大江，湖口有上碛矶，横绝江流，亦江滨险要处。〇浮石湖，在县南百二十里，周八十里，中有石，常高出水面，因名。《志》云：涌溪，源出清溪山，合众流而百出，经虬山下，汇流为浮石湖。又蚌舟湖，在县西九十里。县西北百里又有炭门湖，西南百里又有马饮浆湖，又西南十五里有鸟翎湖。俱有菱、芡、蒲、鱼之利，设河泊司掌之。

峥嵘洲，县西北六十里江中。晋元兴三年，刘毅等自浔阳西上，败桓玄于峥嵘洲。《水经注》：江水东过武口，又东右得李老浦，北对峥嵘洲。胡氏曰：刘毅破桓玄处，在今黄州、寿昌军之间。今洲半属黄州，亦名得胜州。武口，见黄州府黄陂县。〇芦州，在县西三十里，与黄子矶相接。一名罗洲，亦曰逻洲，又名伍洲。《舆地志》：子胥逃楚，于江上求渡，渔父歌曰：灼灼兮侵已私，与子期兮芦之漪。既渡子胥，即覆舟而死。芦洲、伍洲，皆以此名。梁大宝三年，湘东王绎遣徐文盛讨侯景，文盛克武昌，军于芦洲，即此。《水经注》：汉邾县故城南对芦洲。又县东三里江中有节度石三，亦作接渡石。相传子胥去楚，渔父接渡于此。邾县，见黄州府。

杨叶洲，在县东。旧《志》云：陈侯瑱败周将独孤盛于此，即白田洲。又刘即泋，在县东江上。本曰流浪泋，俗讹为刘郎也。

三江口镇，县西四十里。《志》云：镇左通团风，右通七矶，三江合流，延袤广阔。明初，设巡司于此。嘉靖中革。万历二年，以盗贼出没，乃设三江口营哨守，为武昌、蕲、黄之保障。○金牛镇，在县南百二十里。其地有金牛堆，亦曰金牛冈，镇因以名。旧置公馆及巡司于此，万历初，移治县西北二十里，与三江镇相为应援。又白湖镇，在县西九十里，与江夏县接界，滨江。《志》云：县东一里有金子矶巡司，又东三十里有赤土矶巡司，今革。

华容镇，在县西五十里。旧置镇于此。唐为禅林寺。县东南六十里为武昌镇，又县有鸡鸣关。《志》曰：即孙吴之东宫门。○烂泥铺，在县西，正德中，贼刘六等聚乱处。

钓台。在县北门外大江中。孙权尝驻兵于此。又县有大、小回，乃大江回曲处。在樊口者曰大回，在钓台下者曰小回。唐元结歌曰：樊水欲东流，大江又北来。樊山当其南，此中为大回。丛石横大江，人云是钓台。水石相冲击，此中为小回。是也。

○嘉鱼县，府东南二百八十里。西南至岳州府临湘县百八十里。汉沙羡县地。晋为沙阳县地，梁又置沙州，州旋废。隋以沙阳并入蒲圻县，后于其地置鲇渎镇。唐因之。南唐改镇为场。保大中，始升为嘉鱼县。其地有鱼岳山，取南有嘉鱼之义云。县无城，编户十二里。

沙阳城，在县北。沈约曰：晋太康初，改沙羡曰沙阳，寻复曰沙羡，而改置沙阳县。刘宋元嘉中，属巴陵郡。孝建中，仍属江夏郡。齐因之。梁置沙州治焉，州寻废。隋废沙阳入蒲圻。又有吕蒙城，在县西南八十里石头口，孙权遣蒙征零陵时所筑。《郡县志》云：蒙定荆州，于此镇守。又县东北有岳公城，宋岳武穆征杨么于此，筑城屯兵。

鱼岳山，在县治西北二里。一名江岛山，下有扬子洲。《水经注》以为山在大江中，误。其西北曰灌矶山，旧临大江，水灌矶石，因名。今去江一里。又百疋山，在县北五里，山势绵延，东西二十里，如百疋练。其下临江，即练子口。《水经注》：江水又东合练口，是也。〇白面山，在县南十里，山前有白面洲。《邑志》云：旧蒲圻县置于此，南宋初蕲阳贼刘忠据白面山，韩世忠自豫章移师长沙，因讨平之，即此。或谓之蒲矶山，又蜀山，在县东北二十里。《志》云：先主会吴拒操，曾驻跸于此，因名。

九陇山，县南六十里。有九陇四合。其西南为大崖山，与九陇相峙，悬崖峭削，古洞深窅。又有石头山，在县南八十里，接蒲圻县界。〇阴山，在县东南二十里，产茶。又青林山，在县南五十里，林木常青，亦接蒲圻县界。

赤壁山，县西七十里。《元和志》：山在蒲圻县西一百二十里。时未置嘉鱼也。其北岸相对者为乌林，即周瑜焚曹操船处。《武昌志》：操自江陵追备，至巴丘，遂至赤壁，遇周瑜兵，大败，取华容道归。《图经》云：赤壁，在嘉鱼县。苏轼指黄州赤鼻山为赤壁，误矣。时刘备据樊口，进兵逆操，遇于赤壁，则赤壁当在樊口之上。又赤壁初战，操军不利，引次江北，则赤壁当在江南也。操诗曰：西望夏口，东望武昌。此地是矣。今江、汉间言赤壁者有五，汉阳、汉川、黄州、嘉鱼、江夏也。当以嘉鱼之赤壁为据。

大江，在县西北七里。自岳州府临湘县流入县境，又北入江夏县界。今城东北有通江堤，明弘治、嘉靖间筑。县北又有新堤，宋政和、乾道中筑。又有成公堤，一名长堤，元皇庆初，县令成宣筑。盖县北自鱼山驿至簰洲下夹口，地皆卑下，上流泛涨，辄与蒲圻、咸宁、江夏，均罹水患，堤防至切。明天顺以后，成公堤屡患决圮，不时修筑云。《志》曰：县北有沙阳洲，故沙阳县治也。又有龙穴洲，在沙阳洲下。刘宋景平三年，迎立文帝于江陵，黑龙跃出于此，因名。

陆水，在县西七十里。亦名隽水。出岳州府巴陵县界，径通城、崇阳、蒲圻三县，至县西，入于江。其入江处谓之陆口，亦谓之蒲圻口，俗名陆溪口。后汉建安十五年，孙权以鲁肃为汉昌太守，屯陆口。二十年，遣吕蒙等争长沙、零、桂三郡，权进住陆口，为诸军节度。二十二年，鲁肃卒，蒙代为汉昌太守，亦屯陆口。二十四年，陆逊代蒙屯陆口，规取荆州之地。后吕岱亦屯于此。蜀汉章武元年，先主东征，陆逊拒之于西陵，孙权复自将屯陆口，节度诸军，是也。《水经注》：陆水出下隽县西三山溪，入蒲圻县北，径吕蒙城西。巴陵，本下隽地也。或谓之渌溪。张舜民《郴行录》：嘉鱼县口舟行七十余里，至渌溪口。《南北对境图》：自岳州沿江东北下，过侯敬港、神林港、象湖港、新打口、石头口，得渌溪口，盖即陆口矣。汉昌，见岳州府平江县。○石头水，即县西南八十里之石头口。县境诸湖，凡五十有八，多由此注大江。《志》云：石头水自岳州临湘县界发源，历蒲圻县北，经莼薄湖，注大江。今为石头口镇，有巡司，并设水驿于此。

太平湖，县南三十里。《志》云：有河泊所，置于礶矶山下。县东八十里又有五重湖河泊所。又致思湖，在县东北八十里，黄冈湖，在县西八十里，皆有河泊所司之。又黄石潭湖，在县东二十五里。薄湖，《志》云在县西怀仁乡。又蒲圻县西北八十里，亦有薄湖。○头陀港，在县东三十里，与东南诸湖相灌注，亦设河泊所。

簰洲镇。县东北四十里，有巡司。其地回复，舟行风色不常，俗名拗簰洲。今簰洲水驿，南去县治一百五十里。又县北五里有鱼山水驿。○麻屯口，在陆口东。建安十一年，孙权击山贼麻、保二屯，平之。其地盖相近。《水经注》：江水过陆口而东，左得麻屯口，南直蒲圻洲，水北入百有余里，吴所屯也。《志》云：县东有东岭关，滨江，曰务门关。

○蒲圻县，府东南三百里。西至岳州府临湘县百七十里，东至咸宁县百四十里。汉沙羡县地。孙吴赤乌九年，分武昌为两部，自武昌至蒲圻为右部，始置蒲圻县，以湖畔多蒲，故名也。晋属长沙郡。刘宋元嘉中，改属巴陵郡。孝建初，改属江夏郡。梁属上隽郡。隋属鄂州。今县城卑小，编户三十里。

蒲圻旧城，在县北。《志》云：在今嘉鱼县白面山前。唐武德中，湖水溢，县圮，徙治凤山监，即今治也。又太平城，在县西南八十里。《志》云：孙权遣鲁肃征零陵时所筑。

蒲首山，在县西三十里。《志》曰：蒲圻之首山也。又县南二十五里有白石山，居众山中，独峯崒，距山里许有岩，名白石，泉出岩中，流为白石港。《志》云：白石山北有金紫峰，峻极万仞，为蒲邑诸峰之冠。○茗山，在县北十五里，产茶。又障山，在县北四十里，形如屏障，接嘉鱼县界。

南山，县南十里。顶方平，谓之大湖坪。其前一峰突出。南去五里为荆泉洞，洞颇深邃，门有六泉，其最名者曰荆泉。又丰财山，在县东二里，形如覆釜。山后有洞，曰迓鼓洞，洞口阔三四尺，入洞口，构梯而下，平坦如沙洲，可容千余人，盖昔人避兵处也。又行将山，在县东北七里，下有行将洞，外窄内宽，相传黄巢乱时，土人曾避兵于此。县东北三十里，又有洪口山，两山对峙，中贯洪沟，即隽水所经也。○竹山，在县西二十里，一名西泉山，产竹，下有洞，泉出其中，幽深莫测。又西十五里有吴城山，相传孙吴时尝筑城山下，故址尚存。

蒲圻河，在县治南。发源江西宁州之修水，合通城县之隽水，北流至崇阳，会桃溪水，折而东，又折而西，过荆港北，径治南，又东北流，复折而西北，至陆口入大江。《志》云：荆港即荆泉下流，北入钟潭。县境诸泉，亦多汇北，流入蒲圻河。今县北八十里有蒲圻长河河泊所。○新店河，在县西四十里。一名新溪河，发源临湘县界，入县境，经新店市，入嘉鱼之黄冈湖，至石头口注大江。《志》云：新店镇有将军滩，中有巨石，世传孙权尝磨刀其上。

蒲圻湖，在县西北七十里。一名西良湖。源出咸宁县峻水岭，流合诸溪潭水而成湖，下流由金口入江。多生蒲苇，吴因以名县。又有盘石湖，在县西三十里。又西十里为大罗湖，与龙坑、马蹄诸湖、皂潭、黄土潭诸水，互相灌注，入于新店河。县地卑下，西境为尤甚云。○龟坑港，在县西北八十里，县境之水，多由此通大江。

羊楼镇。县西南七十里，有巡司戍守。○港口水驿，在县西六十里。又县东六十里有官塘马驿。北一里曰凤山驿。

○咸宁县，府东南四百二十里。东至兴国州二百五十里。隋为江夏县南境。唐大历二年，置永安镇。杨吴曰永安场。南唐保大十三年，升为县。宋景德四年，改今名。县未有城，编户十六里。

潜山，县南二十里，形如展旗。又南三里有五轮山，上有腴田，可耕种，利甚博，一名黄茅山。又铜鼓尖山，在县南三十里，山形壁立，昔人避兵处也。○辋山，在县东四十里，山形圆曲，如车辋。其相近者又有石门山，矗立如门，行人往来其间。

莲荷岭，在县西五十里，与崇阳县分界。县南五十里有峻水岭，与通山县分界。○寓仙洞，在县南三十五里。明正德中，改名九龙洞。洞门高广，中甚深杳。

梓潭湖，在县北十五里。一名咸宁湖，为邑境泉流之汇。东北流，过斧头湖，至江夏之金口入于大江。今掌于河泊所。《志》云：县南有西河，源出峻水岭，其别源出潜山，至双汊，合流而注梓潭湖。又有官埠港，在县东十里，源出县东三十里之长岭，西入梓潭湖。又赤土港，在县东北十里，一名株树港，西南流，合于官埠港。

成山寨。在县西五里。周回十余里，可容数千人，四壁峭峻，惟一径可入。宋建炎间，民聚粮保守，贼不能窥。○铜盘堤，在县南六十里，有四门，各广二丈，蛮獠尝保聚于此。《志》云：县治西有咸宁驿，明初置。

○**崇阳县**，府南四百二十五里。西至通城县百二十里。汉长沙郡下隽县地。萧梁置上隽郡，陈置隽州。隋废，以其地入蒲圻。唐天宝二年，开山洞，置唐年县。杨吴改曰崇阳，朱梁改曰临夏，石晋改曰临江，南唐复曰唐年。宋开宝八年，仍为崇阳县。今因之。县治有小石城，城周二里有奇，编户十一里。

唐年城，在县东二里。唐县治此。朱梁初，楚将许德勋破唐将李饶等，掠上高、唐年而归，即此。上高，见江西瑞州府。

大集山，县北五里。自通城县龙窖山发脉，历方山、岩头而东，至此诸山崇聚，故县有崇阳之名。又壶头山，在县东北二十里，山如罂壶口，有溪穿入山中，名桃花洞。《志》云：后汉马援征五溪蛮，至下隽，殁于壶头滩，盖即此。恐误。又东泉山，在县东北五十里，有泉流入蒲圻，溉田甚广，中有龙岩、龙洞。○雨山，在县东四十里。山最高，跨通山县界，有五峰笋立，一名乳山。又灵女山，在县东四十五里，亦接通山县境，上有泉。又有古城，号女城，不知所自。

方山，县西五十里。四面皆平，瀑布悬流，岩壑甚胜，跨蒲圻、临湘二县界。其相近者曰岩头山，有二岩，一曰宝陀，一曰罗汉，俱极幽胜。山周百余里，亦北抵临湘县界。○白泉山，在县西北二十余里，泉流不竭。宋张咏为令，尝凿山引水以灌田。后屡修治，至今为近郭之利。

龙泉山，县西南四十里。周围百余里，山有洞，可容千百人。石渠清映，名曰鲁溪，乡人号为鲁溪岩。岩前产茶甚佳，曰龙泉茶。又茱萸山，在县西南五十里，层峦叠障，势若连云。○弩牙山，在县南四十里，以形似名，有吴城港，水绕岩下。

龙头岩，县东三十里。中有流泉，萦纡三十里，可供灌溉。又青山岩，在县南二十里，深邃莫测，有泉出石渠间。又南有紫龟岩，泉出其下，溉田数百亩。《郡志》云：紫龟岩在县西北四十里。〇回头岭，在县东二十三里，道出通山县。县东九十里有连河岭，道出咸宁县。又有田东洞，在县东三十里，甚深广。又东二十里为白羊洞，跨通山县界，深不可穷。《志》云：县西南六十里，又有赤壁，相传周瑜战处。误也。

隽水，在县西四十里，即陆水也。自通城县流入，经县北而入蒲圻县界。县境诸水，皆汇入焉。〇高视河，在县南五十里，汇山溪诸水，下流入于隽水。又太原河，在县南七十里。《志》云：出江西宁州界首山，亦汇诸山溪之水，流合高视河，出青石河而入于隽水。

崇阳洪，在县北二十五里。自通城县汇诸山溪之水，入县境，经壶头山下，亦曰崇阳港。两山相夹，水中多石，中为大洪，东西为小洪，行者不下徐州吕梁之险，下流亦合于隽水。《志》云：崇阳河源自隽水及宁州修水，合桃溪水流出至壶头山下。是也。又县西三十里有肥田港，亦曰肥田湖，其西有白泉河、龙坊河流合焉，亦注于隽水。

龙头河，县东北十五里，即龙头岩水也。又有荻洲河，在县西北十五里。许仙岩河，在县西北三十里许仙岩下。又柘亭河，在县北二十里，铁束河，在县西八十里，俱汇诸小水入于隽水。又长江湖，在县西南二十五里。县南十五里，又有戴家湖，通吴城港，入于隽水。《志》云：县东五里有小港。又东十里有白石港及罗兜湾，俱汇流入小港，合于隽水。〇石枧陂，在县东十五里，有宋时旧址。洪武间，知县元浚伐石重修。嘉靖九年，典史徐球再修，蓄水以溉田，为民利。县东二十里曰远陂，溉田千余亩。县南二十五里曰华陂，前为史家塆，亦溉田数百亩。

东关。县南六十里。其相近者曰高视山，接江西宁州界，寇盗充斥，此为扼要之所，向设官兵戍守。

〇通城县，府西南五百里。西南至岳州府平江县百六十里。汉下隽县地。唐为唐年县地。元和中，置通城镇。宋熙宁中，始升为县。绍兴中，废为镇，旋复为县。今县有土城，编户十五里。

幕阜山，县东南五十里。周回五百余里，东跨江西宁州，南跨平江县界，有水四出，东南入湘，西入洞庭，北入隽。吴太史慈为建昌都尉，拒刘表从子磐，于此置营幕，因名。○锡山，在县南七里，旧产银，曰银山。又产锡。《志》云：唐初置锡山镇，后改为通城云。又九峰山，在县南一里，山有九峰。县南三里又有南山，形如屏障。

大盘山，县东四十里。山岭萦纡广远，因名。又万峰山，在县东北二十五里。县东南三十里又有龙窖山，深谷巨壑，云气蓊郁。又东南二十里有黄龙山，山脉与幕阜相接。○虎岩山，在县西三十里，山深杳，虎穴其中。又县西十五里有白面山。

隽水，在县治北。自岳州府巴陵县流入界，经县西南，有修水自江西宁州流合焉。又东北入崇阳县界。○新安港，在县东二十里，出黄龙山，东北流，县东三十里之鲤港，县东十里之东港，俱汇流于此而入隽水。又黄沙港，在县西十里，亦合诸溪涧水，至县北十里铁束山下，入于隽水。《志》云：县东四十里，又有分水泉，亦出黄龙山，下分二流，南流入江西武宁县界，西流入于隽水。

长山寨。在县南。南唐置此，以备潭、朗。周显德二年，湖南王逵拔鄂州长山寨，是也。

○兴国州，府东南三百八十里。东至江西九江府二百里，东南至江西南昌府五百七十里，西南至江西宁州三百里，北渡江至黄州府蕲州百里。

春秋时楚地。秦属南郡。两汉属江夏郡。三国吴属武昌郡。晋以后因之。隋属鄂州。大业中，属江夏郡。唐仍旧。宋太平兴国二年，置永兴军。明年，改兴国军。元为兴国路。明初，曰兴国州。洪武九年，以州治永兴县省入，编户四十六里。领县二。今因之。

州襟山带江，土沃民萃，西连江夏，东出豫章，此为襟要。汉武帝时，淮南王安谋反，其臣伍被曰：守下雉之城，绝豫章之口。谓此也。唐天复二年，淮南将李神福击杜洪于武昌，时洪为武昌节度使。得永兴，曰永兴大县，馈饷所仰，已得鄂之半矣。宋建炎三年，金人窥洪州，取道于此。时金人入江州，既而由黄州张家渡度江，至武昌县上岸，遂入兴国军大冶县界，取山路犯江西。盖境壤相错，侵轶为易矣。

永兴废县，今州治。本汉鄂县及下雉县地。孙吴初，为武昌县地，寻析武昌县南境置阳新县，属武昌郡。晋以后因之。隋改曰富川县。开皇十八年，又改曰永兴。唐因之。宋为永兴军治，寻为兴国军治。明初省。《志》云：吴置阳新县，在今州西南五十里。六朝时皆治此，亦曰富川城，以隋改名富川也。今犹谓之阳新里，隋改置于高陵故城，在今州东南六十里。其城一名子胥城，相传子胥所筑。唐贞元初，徙治于长乐乡深湖口，即今治也。又有永兴城，在今州南闉阇山下，世传伍子胥为闉阇屯兵于此，本名闉阇城。梁、陈间，置永兴县治此。隋开皇十六年，并县入富川，寻改富川为永兴，是也。今州城明初筑。正德六年，甃以砖。十一年，复增修之。嘉靖三十三年，改营石城，周四里有奇，有门八。

下雉城，州东南百四十里。汉县，属江夏郡。后汉因之。三国吴属武昌郡。晋省。《志》云：州西南百二十里，又有奉新废县，吴置。州西北九十里，又有安昌废县，梁置。隋平陈，俱废。今史不载。

银山，州北十五里。四面皆山，多产银矿，亦名大银山。元时，曾采银于此。《志》云：州西二里有黄姑山，亦产银，旧有银场。○三角山，在州北九十里，州之名山也。又大坡山，在州东五十里，旁有石楼，崭然拔出众山，里人于此造茶，名坡山凤髓。有大坡洞。其相近者有鸡笼山，相传伍子胥曾驻兵于此。今遗址尚存。又阖闾山，在州南九十里，相传子胥屯兵处。《史记》：阖闾九年，子胥伐楚。是也。今下有阖闾城。

五龙山，州西北八十里。盘纡高耸，状如五龙。又龙角山，在州西八十里，两峰相对，本名龙耳，唐改今名。又西四十里为天尊山，高峻干云，周四十余里。又西七十里为太平山，与通山县九宫山相接。○石榴山，在州西五十里，有石榴山洞，四面险阻，人多避难于此。一名百福山。又黄土山，在州西北二百里，南接江西武宁县，东接江西瑞昌县，西与通山连境，盘回百余里。

柳峰岩，州南三十里。元末，土豪黄普福聚众避兵于此。其相近者曰太平岩，元末，杨普雄据此拒敌处也。○凤山洞，在州东北八十里。相传南唐主李煜尝屯兵于此，依山筑城。今山顶遗堞尚存。

大江，州东北六十里。江之北岸，接黄州府蕲州境，又东入江西瑞昌县界。

长河，州西十里。亦曰富水。源出通山县白羊山，流入州界，经州西七十里之三教山，四十里之白阎山，诸山溪之水，皆流入焉，经州治而东，会于富池湖，东入大江。《水利考》：州境多水，然皆汇于长河而泄于富池湖。长河自州西南六十里排布而下，水流较宽。以上则为龙港，在州西南七十里；慈口港，在州西百里；罗口港，在州西百三十里。山溪诸水，由此溢入，恒有泛涨之患，故西境之堤防常切。○山溪河，在州西八十里；又茅田河，在州西南九十里，皆汇诸山之水，注于长河。《志》云：州东南五十里，有舒婆湖，兴之巨壑也。州东南境之水皆汇入焉，而统注于长河。

富池湖，州东六十里。《志》云：自州西之西碎石至三溪，汇上流诸水，经州治南至此，众流益集潴而为湖，北注于江。《水经注》：江之右岸，富水注之。是也。今置河泊所司之。又于湖北置富池驿及富池镇巡司,为滨江往来之通道。○海口湖,在州东北六十里,州北诸山溪之水,汇流所成也,东注于大江。又沸源湖,在州西北七十里。武昌、大冶二县山溪之水,汇流于此,入大江。今皆掌于河泊所。《志》云:州境诸湖得名者凡二十余,而最大者为富池、海口、沸源三湖。

长乐堰,州北五十里。唐贞元十三年筑。明洪武中重修。民赖其惠。○朝天堤,在州西五里古龙关下。永乐间,知州樊继修筑,今亦名樊公堤。又州东北半里有恩波堤,州北二十里有良荐桥堤。

古龙关。州西北三里,旧为屯戍处。元末多事,尝驻兵于此。又黄颡口镇,在州北六十里,向置巡司戍守。

○**大冶县**,州西北百五十里。东渡江至蕲州九十里。隋武昌县地,唐为永兴县地,置大冶青山场院。南唐保大十三年,升为大冶县,属鄂州。宋属兴国军。今县无城,编户二十九里。

铁山,县北四十里。有铁矿。唐宋时,于此置炉,烧炼金铁。又北二十里为白雉山,周五十里,有芙蓉峰、狮子岭、金鸡石诸胜。山南出铜矿,晋、宋已来,俱置铜场钱监,后废。今山口墩,或谓之铜灶,其遗迹也。《一统志》:县东有围炉山,出铁,旧有铁务,今废。又县治西南有铜绿山,亦古出铜冶铸之所。县名大冶,盖以此。

西塞山,县东北九十里,连武昌县界。孙策击黄祖,刘毅攻桓玄,皆破之于此。山之右又有回山,其西为飞云三洞,称奇胜。余详见武昌县。○果城山,在县西南五十里,环绕如城,一名屏风峡山,又名黄茅尖山,山势峻峭,今有黄茅寨,守此可避寇乱。又东方山,在县北三十里,山连武昌县界,以在武昌东,故名。又凤栖山,在县东北七十里,周三十五里,亦接武昌县界。

县前河,在县南。西境诸水,皆汇流于此,潴为金湖,又东六十里入兴国州界,注于沸源湖。○磁湖,在县东四十里。湖滨有磁湖山,山之右为瑶山，旧有磁湖寨，为戍守处。又华家湖，在县东北四十里。其南为河泾、凌家湾湖，皆汇诸山溪水，流入大江。又县东三十里有张家渥，源出县东北四十里之章山，流入江。自华家湖以下，皆掌于河泊所。《志》云：县东北三十里有黄石港，淳江有黄石公矶。

散花洲，在西塞山侧，临江。相传周瑜战胜于赤壁，吴王散花劳军，亦名散花滩。又县东三十里有新生洲，以宋绍兴十九年，始有此洲也。

西塞山砦。在西塞山北，即道士洑也。《志》云：自县北二十里牛马隘山，连延为章山，自章山以至县东九十里道士洑，脉皆相接。唐曹王皋攻淮西，尝结寨于此，亦名土洑镇。向设道士洑巡司。又县东北四十里有铁山寨，又东九十里为李家港砦。○花油树堡，在县西南六十里猴儿山上，路出江西瑞昌县，为盗贼出没之冲。嘉靖中，立寨守此。隆庆四年，复增设官兵，以为防御。

○**通山县**，州西百八十里。西至崇阳县八十里，东南至江西武宁县二百八十里。唐为永兴县之新丰乡。杨吴武义中，置羊山镇。周显德六年，南唐始置通山县。《宋志》：太平兴国二年，升羊头镇为县，属兴国军。绍兴四年，废为镇。明年，复为县。今县无城，编户六里。

翠屏山，县西南一里。苍翠如屏，上有石塔，东西二泉。旧有人居，环绕如城，一名石城。又石航山，在县东二里，绵亘数十里。县南二里为石梯山，北曰罗阜山，高峻出群山之表。○大城山，在县南六十里，高峻环结如城，有四石门，可阶而登。中平衍，广数十亩。又县东六十里，有沉水山，岩谷深邃，人迹罕至。

九宫山，县东南八十里。广八十里，高四十里。相传晋安王兄弟九人避难于此，造九宫而名。一云：山自下而上，高峰九层，故名。又云：山来自南岳长沙、九江庐阜九十九峰之数，千岩万壑，崎岖盘折，奇胜非一。宋张道清住此,建钦天瑞庆宫于上。○白羊山,在县西三十里。《志》云:兴国州长河之源出于此。

新开岭,县北七里。路出岭下,险峻殊绝。宣德间,凿其巅,为兴国必由之路。又朦胧岭,在县东南二十里,险峻逶迤,道出江西武宁县道。成化间,建朦胧堡于其上。

石牛潭。县东五里,有石涧六十里,下流入于长河。又有界河,在县东六十里,亦东北注于长河。

附见:

武昌卫。在府治南。洪武中建。又有武昌左卫,在府治西南。武昌护卫,亦在府治南。洪武中,为楚府置。今亦设武昌卫,并设左卫。

○汉阳府,东至武昌府隔江七里,西北至承天府五百六十里,西南至承天府沔阳州四百里,东北至黄州府一百八十三里,西北至德安府三百二十里。自府治至布政司见上,至南京一千七百二十里,至京师五千一百七十三里。

《禹贡》:荆州之域。春秋郧国地。战国属楚。秦属南郡。两汉属江夏郡。三国初属魏,后属吴,皆为重镇。晋仍属江夏郡。初立沔阳县,为江夏郡治。后郡移治安陆。宋、齐、梁因之。并属江夏郡。后周属竟陵郡。隋属复州。大业初,属沔阳郡。唐武德四年,讨平朱粲,析置沔州。治汉阳县。天宝初,改汉阳郡。乾元初,复为沔州。建中二年,州废。四年,复置。宝历初,州废,属鄂州。周显德五年,平淮南,以汉阳县置军。宋熙宁四年,仍废为县。元祐元年,复置军。绍兴五年废。七年,复置。元至元中,升为汉阳府。明洪武初因之。九年,省入武昌。十三年,复置府,领县二。今因之。

府前枕大江,北带汉水,大别之险,古今共之。诚鄂渚之翼

蔽，而亦荆、郢之藩垣也。荆，谓荆州；郢，谓安陆。《形胜考》云：汉
阳扼束江、汉，表以大别之山，临高阻深，其势狭而险固。国家画
郡，与武昌并峙，方七里而近，左右翼蔽，以巩磐石，亦宇内所仅
见也。王氏有言：鄂州恃汉阳为蔽，汉阳失而鄂不可保。此鲁山、
夏口夹江分险而分符作牧也欤？又薛氏云：上游粮饷，由沔而达
襄、郢，由涢而入安、随，汉阳实为喉嗌云。宋知汉阳军黄《幹筑城
略》云：汉阳之地，南人得之，则恃为捍蔽。孙氏都武昌，使鲁肃守汉阳
是也。北人得之，则武昌不能自立。汉阳守臣李恕屡以舟师败鄂人是也。
故筑城不惟可以守汉阳，亦所以蔽武昌也。

　　○汉阳县，附郭。本汉安陆县地，属江夏郡。东晋于临嶂山下置沌
阳县，后废。隋开皇十七年，置汉津县，属复州。大业初，改曰汉阳，属
沔阳郡。唐初于此置沔州，后废州，以县属鄂州。五代周为汉阳军治。元
至元以后，皆为府治。《城邑考》：府城旧周六里，有八门。宋宣和三年，
水涨城坏，寻复修筑。明洪武初，平楚，驾临汉阳，筑城保障，然城垣单
薄。嘉靖三年，始议增修，内外皆用砖石包砌。周仅四里有奇，门四：东朝
宗，南南纪，西凤山，北朝元，朝元门旋塞。今编户六里。

　　鲁山城，在城东北大别山上。三国时为戍守处，因筑城于此。六朝
以来，皆为要地。亦曰鲁山镇城。隋因置汉阳县于山下。或谓今县即鲁山
城，误也。

　　沌阳城，府西六十里临嶂山下。《志》云：晋惠帝时所置也。祝穆
云：魏定荆州，屯沔阳为重镇。晋立沔阳县，江夏郡移理焉。永嘉六年，
湘州贼杜弢别将王真袭沔阳，武昌太守陶侃等击却之。建兴初，侃为荆
州刺史，屯沌口。明年，移沔江，即沔阳也。亦谓之临嶂城。《水经注》：
沔水经沌阳县北，又东径临嶂故城北，其实临嶂即沔阳也。沌阳，亦作
沔阳。临嶂，亦作临障。大兴二年，荆州贼杜曾击败州兵，径造沔口。豫

章太守周访击之，访进至沌阳，曾败遁。宋、齐皆为沌阳县，属江夏郡。梁武帝又尝置沔阳郡。中大通五年，魏荆州刺史贺拔胜寇雍州，遣军攻沔阳，拔之。后周亦为沔阳郡。隋初废。

滠阳城，府北四十里，亦安陆县地。晋惠帝时，析置滠阳县。《晋书》：张昌之乱，安陆人多附昌，惟朱伺合其乡人讨之。昌既灭，伺部曲以逆顺有嫌，求别立县，从之。分安陆东界立滠阳县，属江夏郡。建兴初，陶侃屯临嶂，杜弢将王贡袭侃，侃奔滠中。寻阳太守周访救侃，击贡，走之。滠中，即滠阳也。宋、齐皆为滠阳县，属江夏郡。萧衍举兵襄阳，克郢城，汝南民胡文超起兵于滠阳以应衍。后周时，县废。郢城、汝南，俱见前江夏县。

却月城，在府治北六里，与鲁山城相对，形如却月。后汉末，黄祖所守处。建安十三年，孙权夺沔口，攻屠其城。《水经注》：鲁山左即沔水口，沔左有偃月城。又《沔阳记》：沌阳县至沔口，水北有却月城。亦曰偃月垒。晋元兴初，桓振据江陵，遣其党孟仙图据鲁山城，桓仙客守偃月垒，是也。《元和志》：却月故城，在汉阳县北三里，周一里八十步，高六尺。又马骑城，在却月城西二里，周五里，高丈余。今长棚冈，其故址也。又府西四十五里有汉阴城，以汉阴山而名。皆当时屯兵处。○梁城，在府城东北。《南史》：梁武自襄阳趣建业，邓元起会大军于夏口，筑汉口城以守鲁山。今大别山横顶城，即其旧基。又有萧公城，在府西北五里，相传梁武筑城于此。

大别山，在府城东北，汉江之右。一名鲁山，一名翼际山。东南有事，此为重镇。今详见名山大别。○凤栖山，在郡治后，今郡城环其上。其迤西之山，亦曰鲁山。《志》云：郡城东北有吴王矶，一名禹功矶。吴、魏相持时，皆以沔口为重镇。吴守此矶以为险固，有铁门关在其旁，又有洗马洞及磨刀洞，相传以关壮缪得名。《志》云：铁门关，在今汉阳县治东北二里。

汉南山，府西二十里，汉水之南。有三峰并峙，一名三山。又汉阴山，在府西四十五里，汉水北，一名马鞍山。○湖盖山，在府西北三十里。其形如盖，南临汉水，西带太湖，因名。

临嶂山，府西六十里。层山临江，盘基数十里。晋于山下置沔阳县。宋绍兴四年，岳飞击贼曹成于汉阳，平之，移师次临嶂。咸淳中，德安府尝迁治此。今亦名城头山。山南有峰曰乌林峰，俗谓之赤壁，盖传讹也。○百人山，在府西南七十里，相传周瑜与黄盖诈曹公，大军所起处也。南滨江有百人矶，今置巡司于此。又大军山，在府西南六十里。府西南四十五里又有小军山，昔吴、魏相持，陈兵于大小两山之间，故山以大、小军名。《志》云：府西南八十里，有尉武山，相传唐武德初，尉迟恭与朱粲战处。

香炉山，府西九十里。以形似名。宋开庆初，蒙古忽必烈取道黄陂，登香炉山，俯瞰大江。《一统志》云：即此山也。又九真山，在府西南九十里，山周百里，高峻纡回。唐咸通中，改名仙潜山。《舆地纪胜》云：即五藏山也。有九泉，皆清澈。

汉水，在城北三里。自沔阳州景陵县界，东流入府境，经汉川县，南流至此，又东与大江会于大别山北，其地名汉口。《志》曰：汉水与涢水合流入江处也。山阴石上有石穴二处，谓之锁穴。孙权攻黄祖，祖横两蒙冲挟守沔口，以拼间大绁系石为矴。晋王濬伐吴，吴人于碛险要害处皆以铁锁横截之，即此穴也。晋永嘉五年，石勒渡沔，寇江夏，拔之，进屯江西。时江夏郡治安陆，江西，即汉水东矣。今城东有渡，亦曰汉阳渡。胡氏曰：汉水入江处，谓之汉曲。又即春秋之夏汭。《堤防考》：汉口北岸十里许有襄河口，旧时汉水从黄金口入排沙口，东北折抱牯牛洲，至鹅公口，又西南转北，至郭师口。对岸曰襄河口，长四十里，然后下汉口。成化初，忽于排沙口下、郭师口上，直通一道，约长十里，汉水竟从此下，而古道遂淤。襄河者，汉水自襄阳来也。余详川渎异同。

江水，在府城东南。上接潇湘洞庭诸水，入府境一百五十里，自大别山东而合于汉江，转烟波湾四十里，入黄州府界。《志》云：烟波湾，在城东北三十里，旁有里曰烟波里，今土人谓之白沙湾。元至正九年，蜀江大溢，浸汉阳城云。

沔水，在府西南三十里。源出襄水，南入大江，又东北与汉水合流。祝穆曰：三国以前，书传多称汉，不言沔。三国以后，多称沔，不言汉。先儒疑汉沔为一，然今二水源流不同，惟《书》疏引应劭云：沔水下尾与汉合，乃入江，为得其实。然考襄水在沔阳，亦即汉之支流耳。又有南沔，《志》曰：夏水入沔之后，兼流至汉阳，谓之南沔。

沌水，在府西南四十里，有沌口。《水经注》：沌水南通沔阳之太白湖，湖水东南流径沌阳县，注于江，谓之沌口。范成大曰：自石首县舟行一百七十里，至鲁家洑，自鲁家洑入沌。沌者，江旁枝流，如海之㳽，其港仅过运河，两岸皆芦荻，支港皆通小湖，故为盗区，客舟非结伴不可行。张舜民曰：自沌口至下港五十余里，下港故镇，南对金口。金口在鄂州西南，金口之下即窦家沙。江之西岸有沌口。晋永嘉末，荆州刺史王澄以杜弢等乱，弃州东下。别驾郭舒力谏，澄不从，舒因留屯沌口。建兴初，陶侃为荆州刺史，镇沌口。陈初，侯安都攻王琳，围其郢州，琳自湘州至弇口，安都乃释郢州围，留沈泰一军守汉曲，而悉众诣沌口。琳据东岸，安都据西岸，及战，为琳所败。又光大中，华皎以湘州降周，引周兵与陈将吴明彻等战于沌口，周军大败，是也。弇水，在大江南岸，其入江之口，正对北岸大军山。沌，读曰篆。《志》云：县西四十五里有直阳港，与沌水合流。又县西南二十里有永济港，南入江。

澴水，府北二十里。自德安府孝感县流入，与黄陂县接界，通大江。宋咸淳末，蒙古将伯颜陷鄂州，谋渡江。宋军分据要害，军不得进。其军将马福言，沦河口穿湖中，可从阳逻堡西沙芜口入江，伯颜乃进围汉阳，声言取汉口渡江，而乘间遣奇兵袭沙芜口，夺之。因自汉口开坝，引船入沦河，转沙芜口以达江，而以数千艘泊沦河湾口，屯骑兵于江北，招阳逻堡。盖夏口未可遽越，取间道以出不意也。沙芜口，见黄陂县。阳逻堡，见黄冈县。

澴水，府北四十一里。本涢水分流。《水经注》：澴水上承涢水于安陆县，误涢为沔也。下流东经澴阳县北，合沦、索二水，东南注于江。其入江之处，盖在黄陂县界。

太白湖，府西百里九真山之南，西南接沔阳州界。一名九真湖，一名白湖。周二百余里，春水泛溢，与杨孟池、新滩、马影、蒲潭、沌河，合而为一，冬涸始分。郡境诸湖，太白为最大。又郎官湖，在府城内，旧名南湖。李白与尚书郎张谓共泛于此，因改名焉。汇城中诸水，南达于江。正德以后，仅同沟洫，由是水无所潴，横溢为害，城屡为所圮。又太子湖，在府南十五里，相传以昭明太子得名。又府西南五十里有刀环湖，以形似名也。○桑台湖，在府西北三十里。又马影湖，在府西五十里。蒲潭湖，在府西南六十里。新潭湖，在府南百二十里。旧皆掌于河泊所。今马影湖所废，余如故。《志》云：汉阳县治南有长江河泊所，治北二十五里有三沦湖河泊所，西二十五里又有平塘湖河泊所，今皆废。

蔡店镇，府西六十里。宋末，蒙古陷鄂州，伯颜引兵至蔡店，大会诸将，刻期渡江，遣人观汉口形势。时宋将夏贵以汉、鄂舟师，分据要害，军不得达，乃由沦河间道而前，是也。明初，为蔡店巡司。正德初，郡守蔡钦改浦潭水驿为马驿，并置于此，民以为病。嘉靖二十三年，革蔡店驿，而巡司如故。《志》云：蔡店驿在府北六十里。○新滩镇，在府西南百二十里，有巡司。又有汉口镇巡司，置于府北三里之汉水南。又沌口镇巡司,置于府西南三十里之沌口,与百人矶巡司,皆为县要隘。《志》云:百人矶镇,在府南六十里,今迁置巡司于东江脑。

铁钱监。在大别山下,地名静江营。宋绍熙二年置监,元废。又牧马废监,在府西南十五里。宋乾道四年,置于龙冈嘴,元废。又城中旧有凤栖驿,城北原有临川驿,皆废。

○**汉川县**,府西北百六十里。西至沔阳州景陵县百五十里,北至德安府云梦县九十里。汉安陆县地。梁为梁安郡地。西魏改曰魏安郡,兼置江州,寻改郡曰汉川。汉,音叉。后周置甑山县。建德二年,州废。隋初,郡废,以县属复州。大业末,县废。唐武德四年,析汉阳县置汉川县,属沔州。宝历中,州废,县属鄂州。五代周改属安州。宋初曰义川县。太平兴国二年,改今名,属汉阳军。熙宁四年,废为镇,属汉阳县。元祐初,复故。绍兴五年,又废。七年,复置。元因之。今县无城,编户二十里。

甑山城,县东南十里。《晋书》:朱伺为杜曾所败,自扬口垒就王廙于甑山。甑山城,盖廙所筑,以山为名。梁置甑山县,为梁安郡治。西魏为魏安郡治,兼置江州。废帝钦二年,改曰沔州。后周天和二年,与陈人交恶,沔州刺史裴宽谋益戍兵,并迁城以避之,未果。陈将程灵洗引舟师乘水涨,奄至城下,攻拔之。寻复为周所得,州废。陈大建十二年,周司马消难以鲁山、甑山二镇来降。十四年,隋将元景山出汉口,遣别将邓孝儒攻甑山镇。陈将陆纶以舟师赴救,为所败。于是涢口、甑山、沌阳守将皆弃城走。隋初,属复州。炀帝时,属沔阳郡,后废。扬口垒,见景陵县。

汉川城,在县南四十里,汉山下。《志》云:唐武德中,置县于此。又县西北三十里大赤乡有旧县城,俗呼金鼓城。《魏志》:曹操乌林之败,鸡鸣出走,至大赤,天曙。即此。五代间,县移治此,即今刘家隔之地也。元至元二十二年,又移今治。○和公城,在县东北十七里,后周所筑。隋末，贼董道冲作乱，和操拒之于此，因名。又县南五里有梁褒城，后周宣政中所筑也。土人梁褒主之，因名。其旁有钟离城。又南十里有郝城，皆后周时所筑，以主者之姓为名。《志》云：鸡鸣城，在县西百里，相传曹操败乌林时，筑此城以驻兵，闻外军将至，伪作鸡鸣而遁。俗名张家城。

小别山，县南十里。山形如甗，亦名甗山。《左传》定四年：吴子伐楚，令尹子常济汉而陈，自小别至于大别。是也。东晋初，王廙刺荆州，为杜曾等所拒，退保甗山。竟陵内史朱伺御曾于扬口，战败，就廙于甗山，即此。

阳台山，县治南一里，下有阳台渡。《隋志》：甗山县有阳台山，俗讹曰羊蹄山。陈光大初，周沔州刺史裴宽请迁城于羊蹄山以避水，即此。治西有山曰伏龙山。又内方山，在县南六十里。或以为《禹贡》内方，误也。〇高观山，在县东南三十里，高耸可以望远。又东南五里有马城山，山下有马城铺。

汉水，县西南十里。自景陵县流入界，又东入汉阳县界。《水利考》：汉江入县境，分二流：一由张池口经县南，一由竹筒河出刘家隔。二水复合流出汉口，故境内无水患。嘉靖三十九年，汉水大溢，县北各垸堤俱溃，而竹筒河中塞十五里许，其张池口江身又复浅狭，故水多壅滞于钟祥、竟陵间，而刘家隔之舟舶不得通于汉川。隆庆中，急议开浚，故道复通。议者谓竹筒一河，上接汉流，下通汉口，真如咽喉之不可一日或塞也。

涢水，县东北三十里。源出随州大洪山，经德安府及云梦县，流入县界，过县北，至此，入于汉水，谓之涢口。晋建兴元年，陶侃为杜曾所败，将奔涢口。又侃以荆州刺史讨灭杜弢，左迁广州，其将吏郑攀、马隽等不能平，帅众徙屯涢口，是也。《水经注》：涢水过安陆县而东南流，分为二水，东通滠水，西入于沔。又《汉水记》：自汉口入二百里得涢口，有村，又三百里得涢城，即今德安府治。○白水，《志》云：在县南七十里，自沔阳州流入界，东出沌口，其支流经凤凰山为系马口，入白子河，与沌水合，今水道已塞。惟春夏水泛，可通舟楫。又《志》云：凤凰山在县南六十里，系马口在县西南二十五里。

安汉湖，县东北二十里，一名冈下湖。又县南七十里有却月湖，首尾迂直，形如却月，因名。又有沉下湖，在县西南九十里。县境诸湖凡数十，此其著者。《志》云：安汉湖、沉下湖，与县南二十五里之上零残湖，各有河泊所领之。小理潭，在县西南百里，汉水所注也。又麻埠港，在县东南五里，即汉水支流，下流仍合于汉水，夏秋泛涨，可通舟楫。

鸡鸣汊，在县西百二十里。元末，徐寿辉作乱，宽彻普化镇武昌，遣其子引舟师攻之，至鸡鸣汊，水浅舟滞。寿辉将倪文俊以火筏尽焚其舟，即此。

刘家隔，县北三十里。地当四达之冲，商泊辐辏，盗贼恒出没其间，防御孔急。宣德六年，设巡司戍守。正德十四年，设郡丞于此，掌捕盗贼。寻以邑丞代之。又税课局亦设于司西。《志》云：县旧有三汊驿。正德初，郡守蔡钦改置于此，曰刘家隔驿。自驿而东至布政司一百五十里。

同冢。县西百四十里，一名疑冢。俗传曹操败于乌林，伪作此冢。正德中，群盗丘仁等哨聚于此。盖县境当汉沔之间，湖泊辽旷，葭苇蒙密，奸宄易以藏匿，而同冢出没尤便也。○戍子圻，在县西南十五里，相传关羽驻兵处。

附见：

武昌右千户所。在府治南，又有后千户所在府治西，正统十三年，自武昌府徙置于此，仍隶武昌卫。

○黄州府，东至南直安庆府八百三十里，东北至南直寿州五百八十四里，东南至江西九江府四百二十里，西南至武昌府一百八十里，西至德安府三百里，西北至河南信阳州五百六十里，北至汝宁府光州三百五十里。自府治至布政司见上，至江南江宁府一千五百五十里，至京师四千九百九十里。

《禹贡》荆州地。春秋时为邾国，后为黄国之境，黄国，见河南光州。楚灭黄而并其地。秦属南郡。两汉属江夏郡。为西陵县、邾县地。三国魏为重镇，后属吴。晋为西阳国。宋为西阳郡。齐又分置齐安郡。北齐置衡州。刘昫曰：北齐于故西陵城西南别筑小城，置衡州，领齐安一郡。陈罢州。后周复置。隋开皇五年，改黄州。大业初，改永安郡。唐复为黄州。天宝初，改齐安郡。乾元初，复曰黄州。并治黄冈县。中和初，徙治邾城，仍曰黄冈。宋因之。《一统志》：宋又迁州治于江滨，即今府治。元为黄州路，隶河南行省。明为黄州府，改属湖广布政司，领州一、县八。今仍曰黄州府。

按府境通接淮、楚，襟带江、汉，临深负险，屹为雄镇。当春秋时，楚得其地，而陈、蔡之势蹙矣。及吴、魏相攻，互为重地。满宠豫西阳之备，而吴主彻师；陆逊重邾城之守，而魏人息志。《吴志》：赤乌八年，陆逊城邾。及东晋之初，而邾城为蛮左所据。陶侃镇武昌，议者以武昌北岸有邾城，宜分兵镇之。侃乃曰：我所以设险守御，正以长江耳。邾城隔在江北，内无所倚，外接群夷，若制驭失宜，必引敌入寇。且吴时戍此城，用三万兵，今纵有兵守，亦何益于江南？后庾亮以毛宝等守之，果败殁于石赵。说者曰：时有难易，势有缓急，非可概论也。当六朝之际，五水群蛮，薮聚于此,山川纠结,难驯易扰,江左视之,隐若一敌国云。隋、唐以来,江淮用兵,蕲、黄恒为要会。唐兴元以后,淮西多故,蕲、黄往往被兵。宋之季也,蒙古之师,多道光、蔡窥五关,而长江之险遂与敌共。盖五关者,所以遮蔽江汉,咽喉淮、汝,为南北之要冲者也。五关失而敌人乃问渡于江滨矣。叶氏曰:孙氏以江北守江,而不以江南守江,故邾城之置戍切。真氏曰:蕲、舒、黄三州之北,有大山绵亘八百里,俗呼为西山。邾城在山之南,东晋时,密迫群夷,所以不可置戍,与今不同也。薛氏曰:淮东之地,沮泽多而丘陵少,淮西山泽相半,无水隔者,独邾城白沙戍入武昌及六安、舒城走南硖二路耳。五关守,不特黄、蕲有所依蔽,而舒、鄂之间,亦有唇齿之卫矣。顾可使贼入其郊,恣荼毒焉,为东西数千里之患哉?

　　○**黄冈县**,附郭。汉邾县,属江夏郡。后汉及三国吴因之。晋初,属弋阳郡,寻属西阳国。咸康三年,豫州寄治于此。寻陷于石赵,县废。唐中和三年,迁黄州治此,附郭县亦移治,仍曰黄冈。今编户八十六里。

　　邾城,今府城也。《水经注》:楚宣王伐邾,徙其君于此,因名。项羽封吴芮为衡山王,都邾。汉为邾县。三国初属魏。吴赤乌二年,陆逊拔邾,筑城置戍,以为重镇。晋亦为邾县。咸康中,豫州寄治于此,刺史毛宝与西阳太守樊俊共镇此,为石虎将张貉所陷,自尔丘墟。城南对芦洲,今武昌县界也。唐末始为州治。今郡城,明初因旧址改筑,南去故城二里许,西近大江,东滨湖泊,常有涨溢之患。永乐、正德间,屡经修茸,周九里有奇,门四:东清淮,南一字,西清源,西北曰汉川。

　　黄冈故城,府西北百二十里。汉邾县地。萧齐置南安县,并置齐安郡治焉。北齐兼置巴州。陈大建五年,西阳太守周炅败齐将陆骞,克其巴州，是也。州寻废。后周改置弋州。隋初州郡俱废。开皇五年，置黄州。十八年，改县，曰黄冈县。大业初，为永安郡治。唐黄州亦治焉。今亦谓之旧州城。《寰宇记》以为邾城，误矣。《括地志》：邾城在州东南百二十里，临江，与武昌相对。

西陵城，在府东北百里。本楚之西陵邑。《史记》：楚顷襄王二十年，秦白起拔我西陵。或以为即此。汉置西陵县，江夏郡治焉。后汉因之，又章帝封阴堂为侯邑。晋初，属弋阳郡，后属西阳国。宋属西阳郡。萧齐为郡治。梁、陈因之。后周废。

西阳城，府东南百三十里。汉县，属江夏郡。三国魏以为重地。黄初中，吴阳言欲猎江北，豫州刺史满宠度其必袭西阳，先为之备。吴主闻之而退。晋初，弋阳郡治此。惠帝分弋阳郡为西阳国，江左改国为郡。宋元嘉末，元凶劭弑逆，江州刺史武陵王骏方讨西阳蛮，遂建义东下。昇明二年，沈攸之举兵江陵，东下夏口，遣其别将公孙方平据西阳，豫州刺史刘怀珍遣建宁太守张谟击走之。既而黄回将台军西上，至西阳，溯流而进是也。隋郡县俱废。《南史》：汉和帝永元末，巫蛮反，讨平之。徙置江夏，为西阳蛮。晋怀帝初，西阳夷始寇江夏，自是蛮祸日炽。

木兰城，府西北百五十里。萧子显《齐志》：木兰县属安蛮左郡。梁曰梁安县，置梁安郡。又置北江州，治鹿城关，后入于东魏。高齐改置湘州，后亦曰北江州。隋初，别置鹿城县，继而州县俱废，改梁安县曰木兰县，属黄州。唐省入黄冈县。○永安城，在府北十里，俗讹为女王城。楚黄歇尝都此。齐安志曰：初，春申君相楚，受淮北十二县之封，以其地介于蕲春、申、息之间，故曰春申云。梁置永安县，兼置永安郡治焉。北齐、后周因之。隋初，郡废，又以县省入鹿城。唐时，故城犹存。兴元初，江西节度曹王皋遣其将伊慎败淮西李希烈将杜少诚于永安，即此。

齐兴城，在府北。萧齐永明三年，置齐兴郡，治绥怀县。永泰初，奉朝请邓学以齐兴降魏，即此。后周废。胡氏曰：齐兴在西阳、弋阳二郡间。又《五代志》：黄冈县界旧有边城郡。梁普通二年，边城太守田守德降魏，魏置西豫州授之，盖在此。

赤鼻山，在府城西北汉川门外，屹立江滨。土石皆带赤色，下有赤鼻矶，今亦名赤壁山。苏轼以为周瑜败曹公处，非也。向有赤壁矶巡司，今革。○孔子山，在县东百里。俗传孔子自陈、蔡适楚时登此，盖传讹也。又崎山，在府东北百二十里，有大崎、小崎，两山连秀，为郡胜概。

华山，府西北百二十里，近阳逻镇，俯临江滨。其东有武矶山，亦临江，相传黄祖屯兵阳逻，蒐武其上。又龙冈山，在府北百二十里，山形蜿蜒。麻城县诸山与此分脉。其旁有木斛山，亦高峻。又五头山，在县北百八十里，有五峰高耸。

大江，在府城西。自武昌府江夏县流入黄陂县界，至赤鼻矶南过蕲水县而入蕲州界。《志》云：府西三十里有三江口，大江受汉，水势益盛，分三路而下，至此合为一。梁大宝二年，侯景西侵郢州，军至西阳，与湘东王绎将徐文盛夹江筑垒，为文盛所破。今详见武昌县。

巴河，在府东四十三里。出蕲水县之板石山，西南流注于江，为巴河口，亦曰巴口。刘宋元嘉末，沈庆之讨五水蛮，常屯此。又萧齐末，萧衍围郢城，东昏侯使军主吴子阳等救郢，进屯巴口。梁末，邵陵王纶为湘东王绎所逼，自郢州奔武昌，匿岩穴中，其长史韦质等迎纶，营巴水，稍收散卒，屯于齐昌。陈大建五年，别将黄咏攻齐昌，克其外城，齐将陆骞驰救，出自巴、蕲，为陈西阳太守周炅所败。巴、蕲，盖巴水、蕲水间也。《水经注》：巴水出雩娄县之下灵山南，历蛮中而入于江。吴时，立屯于水侧，引水溉田。北齐置巴州，盖因巴水为名。雩娄，今南直寿州霍丘县下灵山，亦曰大别山，亦曰巴山。

举水，在府西。源出麻城县龟峰山，流入境南，注于江。《水经注》：江水东过邾县南，东径白虎矶北，又东径贝矶北，又东径黎矶北，北岸有烽火洲，即举洲也，北对举口。梁大宝元年，湘东王绎遣徐文盛讨侯景，军于贝矶。景将任约守西阳，帅水军逆战，文盛大破之，进军大举口，即举水之口矣。

高岸河，在府西北。自河南光山县发源，南流至麻城县东南，入长河，注于大江。○界河，在府北。出河南光山县之白沙关，南流至双城镇，东流，河直下官渡，至感化河，通樟松湖，至团风口，达于江。《志》云：感化河在县北百五十里，自罗田县境流入。又有道观河，在县北百二十里，源出崎山，经龙冈山南，注于鲍湖。虽有灌溉之利，亦多暴涨之患。皆南注于江。

樟松湖，府北百里。府北百六十里有紫潭，上流会麻城诸水，通樟松湖，亦曰紫潭河。又团风湖在府西北五十里，府北九十里有竹根潭，与樟松湖俱达团风口，注于大江。○零残湖，在府北三十五里。又北二十五里有鲍湖。又长河湖，在府北九十里，一名旧州。长河旁有石头潭流合焉。又安仁湖在府北八十里，黄汉湖在府北百三十里，俱汇流至团风口，达大江。又漠湖，在府南四十里。府东十五里又有王九塘湖，东南三十里有沙湖，府东八十里又有马家潭，皆通巴河口，注江。境内诸河湖皆有河泊所掌之。

新生洲，在府西九十余里。亦曰新生矶。宋景定元年，蒙古忽必烈解鄂州之围而北，留张杰等作浮桥于新生矶，以待湖南兀良合台之兵，是也。其相近者即峥嵘洲，见武昌县界。○夏澳，在府城西南二里。宋夏竦守黄州，凿水入陂以藏舟，故名。又长圻澳，在府南二里。旧立馆驿，为过客游憩之所，名曰东馆。

鹿城关，在府西北，近木兰故城。魏收《志》：梁置北江州，治鹿城关。是也。今废。○大活关，在府北二百三十五里。一作大治关。魏收

《志》：梁武置湘州，治大治关，领安蛮、梁宁、永安三郡。高齐时，置戍于此，曰大活城。隋唐间为大活关，东北至河南光州二百八里，西至德安府礼山关百里。又白沙关，在府西北二百四十里，即麻城五关之一也。今详见麻城县。

齐安砦，在府北。《九域志》云：黄冈旧有齐安镇，梁大宝二年，侯景将任约与湘东王将徐文盛相持于武昌，约分军袭破定州刺史田祖龙于齐安，即此处。或曰故齐安郡治也。又有镇淮砦。宋端平二年，孟珙屯黄州卢，军民杂处，因高阜为齐安、镇淮二寨，以处诸军云。今府城西有齐安驿。又李坪驿，在府北五十里。

阳逻镇，府西一百二十里，与江夏分界。相传三国时先主约孙权拒操，旦夕使人于此逻吴兵之至，因名。宋人置堡于岸，陈船江中，以遏渡口。其地东接蕲、黄，西抵汉、沔，南渡江至鄂，北拒五关，诚要害处也。开庆元年，忽必烈渡淮，得沿江制置司榜文，云：闻北兵议取黄陂，民船系筏，由阳逻堡渡，会于鄂州。忽必烈喜，遂如其言。至黄陂，渔人献舟为导，至阳逻堡。堡南岸即江浒黄州，官军方以大舟扼江渡。董文炳曰：长江天险，宋所恃以为固，宜夺其气。直前搏战，官军大败，遂帅诸军渡江，围鄂州。又咸淳十年，伯颜以舟师攻阳逻堡，不克。谋于其党阿术曰：彼谓我必拔此方能渡江，此堡甚坚，攻之徒劳。乃命阿术夜以铁骑泛舟，直趣上流渡江，为捣虚之计。阿术遂循岸西上，逆流二十里至青山矶，遥见南岸多露沙洲，即登舟指示诸将径渡。宋军与战于中流，败却。阿术遂登沙洲，转战至鄂东门，还报伯颜。伯颜大喜，挥诸将急攻阳逻。夏贵方救阳逻，闻阿术飞渡，遂遁去。今为阳逻驿，并置阳逻镇巡司于此。又有城林铺，在阳逻东十里。《志》云：其地有大乘山土城。

团风镇。府西北五十里。亦曰团风口，滨江要地也。正德中，刘六等倡乱于阳逻驿及团风镇，今有团风镇巡司。又李坪驿，在府北五十里，即蘋草坪也。贾似道自汉阳移军黄州，至蘋草坪，获蒙古俘卒。一云：蘋草坪在府西百余里。○马栅，在府西北。梁大宝初，邵陵王纶屯于齐昌，时侯景将任约寇西阳、武昌。纶引齐兵，未至，移营马栅，距西阳八十里，任约遣骑袭纶，纶败遁。胡氏曰：西阳，即今黄州治。似误。

○**麻城县**，府西北百八十里。北至河南光山县二百里。汉邾县地。梁置信安县。隋开皇十八年，改曰麻城，属黄州。《志》云：城本石勒将麻秋所筑，因名。大业中，属永安郡。唐武德三年，于县置亭州。八年，州废，仍属黄州。元和三年，省入黄冈县，寻复置。宋因之。端平中，移治什子山。元复旧治。今城周不及二里，编户一百二十里。

北西阳城，在县西北。梁置县。陈省，改置定州。后周曰亭州。隋州废。唐初，置亭州于麻城，析置阳城县。武德八年，复省入麻城。○建宁城，在县西。宋置建宁左郡。大明八年，省为建宁左县，属西阳郡。齐、梁复为建宁郡。后魏因之，领建宁县。《隋志》：麻城有建宁、阴平、定城三郡。开皇初，与亭州俱废。

蒙龙城，在县北。梁天监十三年，司州蛮田鲁生及弟鲁贤、超秀来降，以鲁生为北司州刺史，鲁贤为北豫州刺史，超秀为定州刺史。魏收《志》：南定州治蒙龙城，领弋阳、汝阴、安定、新蔡、北建宁诸蛮郡。《水经注》：举水西北流经蒙笼城南，梁定州治。又西南径湖陂城东，梁司、豫二州治。天监十四年，超秀复以定州降魏，后复入于梁。大宝初，定州刺史田祖龙欲以州迎邵陵王纶，不果。陈大建五年，田龙升以州叛降，齐诏周炅讨平之。于是尽复江北之地。隋开皇初，州废。

赤亭城，在县东南十里。有赤亭河。宋元嘉十五年，以豫部蛮民置十八县，赤亭其一也。亦为赤亭蛮，西阳五水蛮之一。齐东昏之末，魏东豫州刺史田益宗入寇，建宁太守黄天赐与战于赤亭，败绩。○岐亭城，在县西七十里，齐、梁间为岐亭县，亦蛮县之一也。今为岐亭镇，旧与黄冈、黄陂连界。明朝嘉靖中，议设郡丞于此，防御寇盗，并伐石甃城，寻建黄安县而止。

竹敦城，在县北。梁天监三年，元魏取三关，诏遣马仙琕筑竹敦、麻阳二城。时司马悦为魏司州刺史，镇义阳，攻竹敦，拔之。胡氏曰：皆今麻城县地。

龟峰山，县东六十里。山势嵯峨，上有白黑二龙井，即举水之源也。一名龟头山。又县东北三十里有柏子山，《春秋》定四年，吴楚陈于栢举，盖合栢山、举水而名。《元和志》县东南八十里有龟头山，即春秋时之栢举也。岩石洞壑，种种奇胜。唐太宗常驻跸于此。〇飞龙山在县北三十里。山势峻耸，如雌雄并立，登之可以望远。有龙井，引流可以溉田。又有五龙山，在县东三十五里，五峰攒聚，蜿蜒如龙，中有兴福寺。

什子山，县东八十里。有数峰排列，高耸干云。宋端平间，徙县于此，因山为险也。又县东百二十里有九歇山，山势险阻，石径曲折，登者必纡回而上。《志》云：县东南十五里，又有四望山，峻险难登，自上而望，四远皆见。又县东四十三里有白额山，巉岩高耸，其上如额。

木陵山，县西北八十里。树木森密，冈陵隐蔽，邑之望山也，上有木陵关。又阴山，在县东北六十三里。萧梁时，尝侨置阴平县于山下。其上有阴平关。《志》云：县西北八十五里有三角山，以三峰峙立也。又有老君山，在县北八十里，峰峦特兀，俗以为老聃隐处。

万松岭，在县西百里。宋县令张毅夹道植松万株，立亭其中，号万松亭，适当关山往来之路。又春风岭，在县治东，自新息渡淮，道由此岭。新息，今汝宁息县。

举水，在县东。源出龟峰山，西北流又折而东南入黄冈县界，南流注于江。《水经注》：举水出龟头山，西北流经蒙龙城南，又西南径湖陵城，又东南历赤亭下，为赤亭水，南流注于江，谓之举洲，即春秋时之栢

读史方舆纪要

举云。今湮。

县前河，在县治南。源出河南光山县境之黄土关，至县东南，下流入黄冈县之长河，出团风口，入江。《水利考》：县前河汇东北二境之水，恒有暴溢之患。弘治以来，漂溺不时，议者以为开新河，固旧岸，庶几可为永利。又界河，在县北，源出光山县界虎头关，经阴山下之抵枣林，至三家湾而合县前河。又县北七十里有白塔河，县西三十三里有浮桥河，县西七十里有松溪河，流合县西南七十三里之岐亭河，皆汇于县前河。○阎家河，在县东五里，源出河南固始县石门山，下流亦入县前河。又高岸河在县南十里，又南十五里有麻溪河，皆流入县前河。

义井河，县东百里。源出固始县界，流入黄冈县之巴河，达大江。又义州河，亦在县东百里。《通志》：后周以史宁为东义州刺史，盖治此，有故城去县八十里，河因以名。下流达于巴河。○沙河，在县西百十里，源出光山县界，流入黄冈县之紫潭。又有东流河在县西百里，亦出光山县，流入界，下流注于紫潭河。《志》云：县西六十里有螺窍潭，下通黄冈县之长河，湾环如螺。又有白果泉，亦曰白果河，在县南三十里，源出罗田县，沿梅家市入县前河。

虎头关，县东北七十里，接河南商城县界。宋淳祐六年，蒙古将史权攻虎头关，拔之，进至黄州。又开庆元年，忽必烈会兵渡淮，趣大胜关，分遣张柔趣虎头关，败宋兵于沙窝，复进破守关兵，关遂陷。今有虎头关巡司。○黄土关，在县北九十里，接光山县界，形势耸峭。宋嘉定十四年，金将仆散安真侵宋，自息州军于七里镇，败宋兵于净居山，追至洪门山，夺栅而进。宋将保关不出，安真分左右军，登山巅下瞰，守关者夺气，遂溃。金人遂南入梅林关，陷麻城，抵大江，黄、蕲相继涂炭。盖关为郡境北门也。又白沙关，亦在县北九十里，西至大胜关六十里，东北至光山县百四十里，与黄土关密迩，峭险壁立，登者委折而上。萧梁置沙州，治白沙关城，领建宁、齐安二郡。正监二年，将军吴子扬与魏将元英战于白沙，败绩。其地遂入魏，魏亦置州于此。后周废州而关仍旧。宋时亦为戍守重地。一云关在黄陂县北三十里，误。

大城关，县北九十里，接河南罗山县界。宋开庆初，蒙古忽必烈入大城关，宋戍军皆溃，即此。又阴山关，在县东北阴山上，不甚高峻，而横斜盘绕，北望二十里皆见。后魏任城王澄遣长风戍主奇道显，破梁阴山戍。又宋嘉定中，金人破黄土、白沙关，亦由小径犯大城，入关内，趣阴山关，遇宋游兵，径前接战。金人疑有伏，引却。又有修善关，亦曰修善冲，在大城关旁，俱宋戍守处。

木陵关，在县西北木陵山上，北去河南光山县一百三十里。《元和志》谓之穆陵关，南北代时戍守处。梁普通中，夏侯夔攻平靖、木陵、阴山三关，克之。陈大建中，定州刺史周炅击叛将田祖龙，祖龙使其将高景安军于木陵、阴山，皆为炅所破。唐元和中，鄂岳帅李道固出木陵关讨吴元济。宋嘉定中，金人围光州，犯五关。木陵，即五关之一也。《宋史》：李埴尝奏复五关，略云：虎头关形势最险，两山千仞，一涧冲激。黄土关形势耸峭，白沙关与黄土密迩。木陵关山路峭壁，委折而上。大城关山势不甚高峻，而横斜盘绕。修善关亦在其旁。使诸关之兵据险效死，敌岂能遽入乎？明嘉靖间，道臣熊吉议曰：麻城北接光、汝，山谷盘阻，为四固之区，奸宄凭为窟穴。昔人据地设险，五关为最要。唐李道古乘五关而元济诛，宋李埴修五关而女真遁，元忽必烈、张柔入五关而鄂州震。昔人谓固江者，以淮而不以江，而守淮之要在五关也。今亦见光山县。

长岭关，县北百里，北至河南商城县百二十里。嘉靖中，盗起西山九龙湾，议建军营于此。寻革。又有铁壁关，在县西四十里，亦设险处。嘉靖中，议置戍兵，以遏群盗。今为鹅笼山巡司。又有双城镇巡司，在县北百十里。宋《九域志》：县境又有永宁镇。

黑石寨。县西北八十里，亦抵光山县界，其相近者，有康寨，下有包家庄。又台山寨，在县西百里。宋开庆初，蒙古忽必烈侵宋淮西，命董文炳取台山寨。《元史》：郑鼎从世祖南侵，初破大城关，继攻台山寨。是也。东馆驿在县东，今废。又县西三十里有中馆驿，西七十里有西馆驿。

○黄陂县，府西二百四十里。南至汉阳府九十里，西北至德安府孝感县百里。汉邾县地。后汉末，刘表以地当江、汉之口，惧吴侵轶，使黄祖于此筑城镇遏，因名黄城镇。晋、宋因之。高齐于镇置黄陂县及南司州。后周改曰黄州。隋初因之。大业初，移州治黄冈，改曰永安郡，县属焉。唐武德三年，置南司州。七年，州废，仍属黄州。宋端平中，移治鄂州青山矶。元复旧治。今城周七里有奇，编户四十六里。

黄城，今县治。陈大建五年，伐齐，克黄城，以为司州，治安昌郡，即此。后周改黄州。隋开皇初，以安昌郡省入。县西二十三里有石阳城，亦名石梵。汉建安十五年，曹操使夏侯尚、文聘围江陵，又遣聘别屯沔口，止石梵，自当一队，为江夏太守。其后孙权以五万众围聘于石阳，不克而还。石梵，盖与沔口相近也。《县志》云：在县北十五里。又吴主权嘉禾三年，陆逊自襄阳引退，潜遣别将击江夏、新市、安陆、石阳，斩获而还。沈约曰：江夏曲陵县本名石阳，晋武帝太康元年，改曰曲陵。刘宋孝建初，改属安陆郡。太始六年，并入安陆县。梁元帝都江陵，魏人来侵，梁使王琛于魏，至石梵未见魏军，以告魏兵至者为妄，即石阳也。《元和志》：石阳城，一名西城。刘昫曰：后周于古黄城西四十里独家村置黄陂县。唐初，置南司州治此。今亦曰南司州城。近《志》云南司州城在县北，误也。或曰：今县城，唐贞观初所徙。《邑志》云：县旧无城宇，唐宋以来，迁徙不一矣。

武城，在县东南。亦谓之武口城。《水经注》：武水南至武城，入

大江。吴旧屯所在，荆州界尽此。齐永元末，萧衍自襄阳攻郢城，东昏侯
使吴子阳赴救，子阳自巴口进军武口。又梁湘东王绎发兵江陵，声言援台
城，军于郢州之武城，淹留不进，即此。又有渔湖城，与武口相近，吴子
阳军武口，萧衍命军主梁天惠等屯渔湖城，唐修期等屯白阳垒，夹岸待
之，是也。又县东南十五里有冶城，相传梁武帝举兵东下，将攻郢城，修
战守之具于此。

漴口城，在县南四十里。《水经注》：江水径鲁山南，左得湖口水，
又东合漴口水。胡氏云：漴口在武口之上，对岸即夏浦。陈大建五年，郢
州刺史李综克齐漴口城。唐天复三年，杨行密遣将李神福围鄂州，州帅
杜洪求救于朱全忠，全忠遣兵屯漴口，为洪声援是也。

横山，县北二十里。山势突兀，断石为堑，横立如障。又北十里为伏
马山，高岩崔嵬，石磴萦绕，马不能进。○木兰山，县北七十里。黄冈有
木兰县，盖以此山名。又北三十里有金鼓山，丹崖壁立，秀拔云表。又北
十里为小尖山。又十里为嵯峨山，皆以高秀而名。又县东一里为鲁台山，下
有鲁台潭，其深莫测。

甘露山，县东十五里。峰峦叠出，林木郁然，相传旧有甘露降此。
又东十五里有大阳山，峰高地迥，日出照曜，因名。○大陂山，在县东北
三十里。下有大陂，溉田百顷，或谓之九十三里陂。正德中，刘六等啸聚
于此。

大江，县西南六十里。自武昌府江夏县流经县境，又东接黄冈县
界。

漴河，县西南四十里。亦曰漴口，漴水入江处也。自德安府安陆县
流入境，又经汉阳府之废漴阳城北，东南流为漴口。县北十五里有石港
河，发源县西北八十里嶂山，下流合漴河，又达沙口入江。又有县前河，
在县治南一里，上接漴河，春夏水涨，武湖、石子湖之水泛溢入焉，往往

为害。下流亦通沙河口入江。《郡志》：溇河在县西南二百里。《一统志》又云：在县东北二百里，源出河南罗山县南，流入大城潭。似误。○草埠潭河，在县东北三十里，自安陆县流入界，至三十六湾合流而达于沙口。又有龙骧河，在县南七十里。《志》云：以晋龙骧将军王濬尝屯此而名。

武湖，县东南二十五里。相传黄祖习战阅武处，亦名黄汉湖。《水经注》：武口水上承安陆之延头，南至武城入江，其入江处亦谓之武口云。宋开庆初，蒙古忽必烈侵宋，取道黄陂，登香炉山，俯瞰大江，江之北曰武湖，湖之东曰阳逻堡，遂自阳逻济师是也。香炉山，见汉阳县。○加湖，一作茄湖，在县西南。萧齐末，萧衍初举兵攻郢，王茂等军九里，败郢城兵。曹景宗遂据石桥浦，连军相续，下至加湖，既而东昏侯遣吴子阳驰救，子阳自武口进军加湖，去郢三十里，傍山带水，筑垒自固。衍使王茂等乘水涨以舟师袭加湖，大破之。胡氏曰：加湖在江夏溇阳县界，湖水自北南注于江。今湮。

石盘湖，县北七十里。发源县西北大溪岭，流经大城潭，达县前河，通沙口入江。又鸭儿湖在县南十里，石子湖在县南三十里。又有洋漫湖，其相接者曰后湖，俱在县西南六十里。下流皆达沙口入江。○大城潭，在县北八十里。县西北境诸水多汇入焉，引流而南入县前河。又石门潭，在县北三十里，岸有石壁如门，水深不测，亦汇于县前河。又团潭，在县西南五里，水至深，下通江汉，商贾市于岸北。

沙武口，县东南五十里。上连武湖，下通大江，亦曰沙口，亦曰沙洑口，又曰武口。张舜民曰：武口在阳逻洑西北十余里，距汴京才十八驿，二广、湖湘皆由此而济，盖要地也。《志》谓之沙芜口。宋咸淳十年，夏贵与蒙古战于此，败绩。伯颜遂夺沙芜口，进攻阳逻堡。《一统志》，沙芜口在黄冈西北百二十里，似误。《郡志》：县西南四十里，又有五通口及小河口，皆引流达江。○千工堰，在县北四十里，灌田三千余亩。

大胜关，县北八十里，北去河南罗山县百四十里。旧《志》云：东去白沙关五十里。宋末，忽必烈南寇，取道于此。今详见罗山县。又县有大城镇，在县北大城潭上，今有巡司。

长岐戍。在县西南。晋永兴二年，陈敏据扬州，遣其党钱端等略江州，陶侃与荆州诸将破之于长岐。长岐盖近沔水。时侃等设伏于陆，藏水军于沔水云。○延头戍，在县西，旧为安陆界。宋元嘉五年，谢晦据江陵以叛，败走，至安陆延头，为戍主光顺之所执。《水经注》：武水上通安陆之延头，杜佑以为武湖戍主执晦也。齐东昏末，元魏将田益宗议取义阳，欲直据南关，对抗延头，是也。

○**黄安县**，府西一百二十里。东北至河南光山县二百五十里。本黄冈、麻城、黄陂三县地。嘉靖四十二年，析置今县，以地僻多盗也。县治即麻城之新安姜家畈。万历初，增筑县城，周不及四里。编户二十三里。

龙集城，在县东。相传隋所置县，而《隋志》不载。按：嘉靖末，按臣唐继禄请建设县治，疏云：姜家畈其地虽属麻城，而中和乡、两河口诸处实隶黄冈、黄陂县，由畈而东曰桃花镇，乃宋、元之故县，又东为岐亭镇，则隋、唐龙集县。盖旧城与岐亭相接云。

三角山，县东十五里，三峰相连，奇秀险仄。其连接者为游仙、柴家诸山。嘉靖中，为盗贼薮聚之所。四十二年，集河南信阳之兵与郡兵合剿，始荡其巢。○五云山，在县南十五里，山有仰天窝，最为险绝。嵷龙霞举，仅通一线，登之可瞰城中虚实，为近郊之要害。又有平田千顷，可耕其中。又驷马山，在县北五里，亦险峻。又北五里为磨盘山，《志》云：县西八十里有仙居山，素称险僻，中有仙人洞。又县北九十里有老君山。嘉靖中，皆为盗贼啸聚处。

天台山，县北百里。其顶平旷，可容千家，以牛耳崖为北门，梯之乃达。宋端平、嘉熙间，襄、汉、淮西兵扰，土人结寨于此，形势峭险，四面如壁，止通一人往来。石窍泉涌，冬夏不绝。集众固守，常活十万人。寇屡来攻，卒不能克。元末兵乱，有黄杨者聚众据此，曰黄杨寨，亦盗贼渊薮也。《志》云：县北有牛头山、牢山等寨，皆与天台山相近。嘉靖四十二年，麻城人李大夏奏称：本县金场、姜家畈接壤黄冈、黄陂，边隔地近信阳光山、罗山等州县，路通牛头山、牢山等寨，地僻民顽，官难遥制，盗贼出扰，数被劫杀。乞于姜家畈建设县治，保障地方。事下有司，因设今县，是也。

东流河，在县东，即黄冈县界河之上流也。《志》云：县东里许为东流河，又东为谢家店，河俱逶迤，出团风口，此皆岐亭、桃花镇之路。县西一里为西河，又西三十里为双河，与西河合流为两河口，经黄陂之滠口入于汉江。○石门河，在县北三十五里，又有沙河，亦在县北，下流俱入于东流河。

双山关，县北百里。《志》云：关距木陵关十里，北抵光山县界，两岸万仞，一窦九折，怪石欲堕，惊涛如雷。过其下者，虽勇夫健儿未尝不逡循色变，盖诸关中之至险者。今有巡司。又石门关，在县北百二十里，又金局关，在县西北，亦曰黄陂站，接河南罗山县界。

双城镇。县北十三里，其相近者又有中和镇，皆有巡司。《会典》：中和在黄冈县。《志》云：县北五十里有吕王城，其西五里即金局关也。皆县境设险处。

○蕲水县，府东南百十里。东南至蕲州百里，东北至南直英山县百二十里。汉江夏郡轪大县地。刘宋于此立希水左县，属西阳郡。萧齐因之。梁又置永安郡。隋郡废，改县曰浠水，属蕲州。唐武德四年，改曰兰溪县。天宝初，又改为蕲水。宋、元仍旧。明初，改今属。县未有城，编户四十六里。

蕲水城，在县东三十里。宋元嘉二十五年置蕲水县，属西阳郡。齐因之。梁初，曰蕲春，后复曰蕲水。隋属蕲州。唐武德四年省入蕲春县。
○軑大县城，在县西北四十里。故弦子国，为楚所灭。汉置县。属江夏
郡。軑大，音棣。惠帝封长沙相朱仓为侯。晋初，属弋阳郡，后属西阳国。
刘宋孝武帝自此伐逆即位，改曰孝宁。齐因之，仍属西阳郡。后周废。又
郭默城，《志》云：在县东。东晋初，郭默尝据此。陈大建二年，章彦达克
周郭默城。齐《段韶传》：天保中，筑城于新蔡，立郭默戍。是也。胡氏
曰：城在蕲、黄二州之间。

神山，县西北二十里。《寰宇记》：孙权进兵赤壁时屯于此。《郡
志》：县南二十里有城山，上有土城遗址，相传孙权所筑。其西有调军
山，亦权调军处。○斗方山，在县东五十里，有岩洞泉石之胜。又东四十
里有查山，接英山县界。

三角山，县东北六十里。山有三峰，如角之竖，盘踞蕲州、罗田之
间。又华桂山，在县东北九十三里，接罗田、黄冈县界。○枚石山，在县
北，巴水出于此。又县治北有茶山，产茶。《志》云：县西南二十二里有白
荆山，与县南二十里之阇黎山对峙，县境之水多经其下。

大江，县西南四十里。自黄冈县流经县界，又东南入蕲州境。
《志》云：县南五十里有回风矶，大江所经也。又蕲水，在县东南五十
里，与蕲州接界。

浠水，在县治南。亦名南门河。源出南直英山县之英山下，流经罗
田县入县境，环绕县南，合众流，西南至南溪口入江。《志》云：县南五里
有白港河，东三十五里有倒流河，又东十里有蔡家河，又五里为白莲河，
皆流入浠水。○兰溪，在县东三里，源出县西苦竹山，其侧多兰，唐以此
名县。今县北三十五里有苦竹港，或曰即兰溪之源也。《志》云：兰溪在
县西北四十里，下流合浠水入江。

杨历湖，县西南四十里。又有沂湖，在县南七十里。皆掌于河泊所。

《志》云：县南七十里又有六圻河，县西十五里又有荷塘湖，县西四十里又有望天等湖，皆汇流于浠水。

伍洲，在县西四十里大江中。相传伍员适吴时过此，因名，即五洲也。宋元嘉末，武陵王骏讨西阳蛮，军于五洲，会元凶劢弒逆，骏自五洲建义东讨。《水经注》：江水经轪县故城南，城在山之阳，南对五洲，江中有五洲相接，故名。宋武帝建牙洲上，有紫云荫牙之瑞。

滕家河堡，县北七十里，地当罗田、黄冈、麻城之交，商旅通途也。盗贼往往出没其间。万历三年，设堡于此。增置官军戍守，为四境之防卫。

兰溪镇。县西南四十里，滨江有兰溪驿，并置巡司于此。又巴河镇在县西七十里，亦有巡司。又浠川马驿，在县南二十里，县北四十里又有巴水驿，南北陆道所经也。

〇**罗田县**，府东百四十里。东南至南直英山县七十里，北至河南固始县百九十里。汉蕲春县地。梁置县，又置义州及义城郡。隋初，州郡俱废，县属蕲州。唐武德四年，省入浠水县。宋元祐八年，升石桥镇为罗田县，咸淳中废。元复置。明初，改今属。县城周五里，编户四十九里。

罗田旧城，县西十里，隋县治此。宋移今治。《志》云：县西四十里有奉泰乡河，源出旧县朦胧山，东流为义水，梁因置义城郡，其水合兰溪入大江。

塔山，县东五里，层峦崇峻。县北里许又有尖峰山，县南里许为仙台山，又南十五里曰望江山，山高耸。黄州、大江相去百六十里，登望如在目前也。〇**凤凰山**，在县东三十里，耸秀若凤翼之飞腾。又县东四十里为蒙笼山，时有云气蒙其顶，故名。又魁山，在县东六十里，形势嵯峨，高出众山之上。

多云山，县北百五十里。四时多云，虽晴日丽空，云亦连属不绝。上有含风洞诸胜,东南接南直英山县界。〇石柱山,在县北百二十里,山高峻,屹立如柱。又独坐山,在县东北八十里,高耸干云,俯视众山,如人独坐。

岐岭,县东百三十里。《志》云:岐岭连接多云,实为天险。其上有四关,北越光、汝,南出蕲、黄,东走淮西,此为径道,备不可不豫也。

官渡河,在县南百步,亦名县前河。源出县东北百里之峨嵋山。县东有多云河,自广济县界流合焉。又有平湖河,出县北百四十里之松子山,亦流合焉。经蕲水县界,至黄冈县合巴河入大江。《通志》云:官渡河,源出黄冈县之紫潭。似误。

白莲河发,县南五十里。源出英山县,经县境合蕲水县之兰溪,入大江。又县东南五十里有石险河,下流合白莲河。〇九子河,在县北百二十里,源出多云山;又县北百三十里有竹台河,俱流入官渡河。又深水河,在县东三十里,源亦出英山,由朦胧山下湖师滩,流合官渡河。

岐岭关,在岐岭上。有中岐岭、下岐岭二关。又有栗子关,皆抵英山县界。其东北曰瓮门关,在上岐岭北,抵固始县界。又平湖关,在县西北,抵黄冈县界。《志》云:罗田有八关,一曰凤凰关,以近凤凰山而名。其相近者曰铜锣关,又东北有石门关及青苔关,又有松子关,以松子山而名也。并瓮门、平湖、栗子等为八关,然八关之中,以瓮门、青苔、松子、栗子、铜锣五关尤为要害。

光山寨,在县北。相近有周家寨、石垒寨。其在县西六十里鼓羊山者曰鼓羊寨,相近者曰熊岩寨、猴猪寨。又在县东南六十里观音山者曰观音寨,相近者曰望英寨、班竹寨。凡九寨皆依山据险,山溪僻远,盗贼恒出没其间,备不可弛也。

滕家河堡。县西七十五里,与麻城县接界。嘉靖二十二年,议设堡于此,不果。万历初,始置堡。今见蕲水县。〇多云镇,在县北百二十里,有巡司戍守，以控多云山之险而名。

〇蕲州，府东二百十里。东至江南安庆府三百里，南渡江至武昌府兴国州百里，北至南直霍丘县五百里，东南至江西九江府二百四十里，西北至河南商城县四百十五里。

《禹贡》扬州地。春秋以来楚地。秦属九江郡。汉属江夏郡。后汉因之。建安十二年，吴分置蕲春郡。晋郡废，改属弋阳郡。惠帝分属西阳郡，晋西阳郡，即吴蕲春郡。宋因之。萧齐置齐昌郡。梁因之。梁大宝初，邵陵王纶置齐州，旋废。北齐亦曰齐昌郡，兼置罗州。后周改曰蕲州。隋初，郡废州存。开皇初，置总管府。九年，府废。炀帝改州曰蕲春郡。唐武德四年，复曰蕲州。天宝初，曰蕲春郡。乾元初，复曰蕲州。宋因之。亦曰蕲春郡。元曰蕲州路。明初，改为蕲州府。洪武九年，降为州，以州治蕲春县省入，编户六十四里。改属黄州府，领县二。今因之。

州北接光、蔡，东峙灊、皖，为江左之藩篱，淮畖之屏蔽。古来言地利者，蕲口之险，与夏首、溢城相为颉颃。岂非大江上下，防遏为难，而蕲州雄峙江滨，备御尤不可不豫乎？

蕲春废县，今州治。汉置县。后汉建武三十年，封陈俊子浮为侯邑，寻复为县。吴为蕲春郡治。晋仍为蕲春县，属弋阳郡，后属西阳郡。咸安初，改为蕲阳县。梁曰蕲水。北齐为齐昌。陈大建五年，吴明彻伐齐，别将黄咏克齐昌外城，既而湛陀攻拔之。隋开皇十八年，复曰蕲春县，为州治。唐、宋因之。宋景定初，移治龙矶。元因之。明初省。《城邑考》：故罗州城在州北六十里，北齐所筑，即州旧治也。宋嘉定中，为金人所陷，寻复取之。景定四年，蒙古据白云山，州将王益迁州治麒麟山，即今治矣。四面汇江为池。明初，因旧址修筑。永乐以后，相继增修。今城周九里有奇,门六。

浔水城,在州东。《浔阳记》谓之兰池城,古浔阳也。后汉建安十四年,孙权以吕蒙领浔阳令。又吴建兴二年,诸葛恪图起田于浔阳,是也。晋建兴初,湘州贼杜弢攻荆州刺史周顗于浔水城,陶侃在武昌使将军朱伺救之,弢退保泠口。旋攻武昌,败归长沙。胡氏曰:浔水城在蕲春界。泠口,或为铜零口。《水经注》:江水自蕲春故城南,又东得铜零口。东晋后城废。今详见江西德化县。《州志》:州东北五里有吕王城,州北十里有吕王山,城以山名也。又州境有江夏城,《类要》云:晋江夏王筑,未知所据。

麒麟山,在州治北。又有凤凰山,在州治西南。俱以形似名。《宋志》:景定中,移州治龙矶,矶盖在州西一里,亦曰隆矶,以隆然耸峙于江渚也。《志》以为移麒麟山,盖与龙矶相近。○四流山,在州北。山巅迤逦,有水南流及西流者,俱入蕲水县,北流者入寿州霍丘县,东流者入安庆太湖县,故曰四流。又白云山,在州西八里,自旦及暮,常有白云缭绕,因名。蒙古侵金,尝驻军于此。

云雾山,州北七十里。山高耸,尝有云雾。又有高山,在州北六十里,山高峻。其相接者曰磨盘山,曰折山,皆高险层折。○鼓角山,在州东百五十里,亦名鼓吹山,天欲雨,先闻鼓角声。又策山,在州东北七十里,山势巍峨,石壁险峻,与南直英山连脉。又大枰山,在州东北六十里,有九十九湾,实罗州故城之祖山也。《寰宇记》云:蕲水源出于此。或讹为大浮山。又百家冶山,在州东北二十里,多产蕲竹。

三角山,州东北百二十里。峰峦秀拔,顶有三尖,上有二龙潭,盖蕲、黄北境之大山也。亦见蕲水县境。又四隘口山,在州东北二百里,下有四隘口。又州东北百五十里有小隘岭,其岭峡隘。○马下山,在州西六十里,高峻难登。相传汉高讨英布,下马过此。其相近者又有茅山,临大江，下有石矶十三处，古云九里十三矶。今有茅山镇巡司戍守。

大江，在州城南。自蕲水县流入县境，又东南过广济、黄梅二县南而入安庆府宿松县界。

蕲水，州北三十里。《寰宇记》：源出大桴山，流入赤东湖。《志》云：蕲水出州东北三角山，逶迤而来，至州西北与蕲水县接境，回曲注于大江，谓之蕲口，亦曰蕲阳口。隋开皇八年，伐陈，蕲州总管王世积以舟师出九江，破陈将纪瑱于蕲口。盖由蕲水出大江也。唐兴元初，包佶转东南财粟至蕲口，李希烈将吴少诚遏江道，不得西，蕲州刺史伊慎选士七千，列三屯奋击，败贼于永安戍，于是漕无留艰。宋置蕲口镇于此，在今州西三十里。永安戍，或曰即蕲口戍。

五水，在州北。《水经注》：蕲水出蕲春北山，首受浠水枝津，西南流历蕲山，出蛮中。其间有五水。五水者，巴水、蕲水、浠水、赤亭水、西归水也。蛮户凭阻山川，世为抄暴。宋元嘉二十九年，西阳五水群蛮反，自淮、汝至江、沔，咸被其患，沈庆之讨平之。西归水，或曰在麻城县西北。蕲山，即大桴山。五水盖尽蕲、黄北境矣。

高溪，在州东北。源出白岩山，南入蕲河，一名三十六水。又州南有钴鉧水，亦流入蕲水。○翻车水，在州东北八十里。《蕲春郡记》：九江王英布于翻车水北筑城，以示背楚归汉之意。今有翻车河城。又有西河在故罗州城西。俱流入蕲水。

赤东湖，州北十里。蕲水流注于此，其湖有九十九汊，孔道所经也。中有永安堤，今掌于河泊所。又州治东有金沙湖，亦曰东湖。○鸿宿洲，在州西二里。旧《志》：县西一里江中有隆矶。《通志》谓在州东六里，似误。隆矶西里许为鸿宿洲，秋冬鸿雁多集于此。一名金沙洲，旁有石，名新生矶。

大同镇，州北百八十里，接河南固始县界，有巡司戍守。又州西六十里有茅山镇巡司。○大阳戍，在州西北二百里。刘宋时置，明帝泰豫元年，大阳蛮酋桓诞拥沔水以北、澕叶以南八万余落降于魏，盖时为蛮左所居。

兜矛山寨。州东北十里。元末兵乱，土人立寨于此。又燕子崖寨，在州北百二十里。元至正间，红巾贼乱，江不花团聚乡兵立寨于此。《志》云：燕子崖，岩石峻峭，如燕窝然。盖与兜矛山皆因峻险置寨也。○西河驿，在州北六十二里，陆道所经也。其在州城西者，曰蕲阳水驿。

○广济县，州东六十里。南渡江至江西瑞昌县百四十里。汉蕲春县地。唐武德四年，析置永宁县，属蕲州。天宝初，改曰广济。宋因之。绍兴初，废为镇，寻复旧。嘉熙中，徙治大江中洲。元还故治。县无城，今编户五十三里。

积布山，在县南百里。下临大江，叠石森立，形如积布，亦谓之积布矶。《水经注》：江水东径积布山南，西阳、浔阳二郡界也。○多云山，在县东十五里，多云水出焉，流入罗田县界。又东冲山，在县东三十里，山高起冲霄，故名。

横冈山，县北二十里。冈阜横立，山势高峻。又鼓角山，在县北六十里，上有九斗坪，颇宽广。宋建炎初，郡守甄采集众守御于此，故寨犹存。○石洞，在县南六十里。石山中有岩穴，广三丈余，中有七洞，深二十尺，洞口有泉，曰石洞灵泉。

大江，县西南五十里。自蕲州流入境，由此益折而南。县西南之黄石矶，县南之积布矶，皆临大江。《志》云：县南有武家穴，旁临大江，其上自盘塘下抵黄梅县之杨家穴，长百九十里，堤路横亘其中，商贾辏集处也。《舆程记》：盘塘在县西三十里，对江即兴国州之富池也。《通志》：盘塘山在县南九十里，似误。

连城河，县南七十里，地名连城。其东为湖港、廖家口，有古沟，通黄梅陆路，久堙。正统中，复开之，以通两县舟楫。

武山湖，县南六十里。湖滨有武山，又有樊哙城。《志》云：樊哙城东西各一小城，相传为汉九江王英布宅。又呼东京城、西京城。又马口湖，在县西南八十里，西流入江为马口渡。《嘉熙对境图》：宋初南征，自马口济江。《舆程记》：蕲州东三十里，即马口渡。今与武山湖皆掌于河泊所。又县西有青林湖，其旁有青林山也。唐大和八年，蕲州湖水溢，即武山诸湖矣。○梅川，在县西，源出县北横冈山，流入于武山湖。

武家穴镇。县南九十里。滨江，内卑外亢，为商民聚集之所，有巡司戍守。又县西南七十里有马口镇巡司。○龙坪镇，在县东南百十里，滨江戍守，以龙坪为上游发始之处。又双城驿，在县东六十里。县城北有广济驿。

○黄梅县，州东百七十里。东至南直宿松县九十里，南至江西九江府七十里。汉寻阳县及蕲春县地。东晋置南新蔡郡及永兴县。宋、齐因之。梁末，鲁悉达纠合乡里保新蔡，因授悉达为北江州刺史，寄治新蔡。陈永定二年，为齐所取，废郡，仍为永兴县，属齐昌郡。隋开皇初，复曰新蔡，属蕲州。十八年，改县曰黄梅。唐武德四年，于县置南晋州。八年，州废，仍属蕲州。乾符五年，招讨副使曾元裕破斩王仙芝于黄梅是也。宋仍属蕲州。嘉熙间，侨治中洲。元复旧。县城周五里，今编户四十二里。

义丰城，在县南。《唐志》：武德四年，于黄梅县置南晋州，又析置义丰、长吉、塘阳、新蔡四县，州寻废，县俱省入黄梅。按《陈书》：吴明彻攻齐，下晋州，克蕲城。晋州，盖齐所创置也。○九江城，在县西南七十里。相传九江王黥布所筑。《晋书》：宁康元年，于黥布旧城置新蔡郡。即此。

漏头山，县西八里。平旷，可屯兵。宋末侨置县于中洲，即此。又黄梅山，在县西十里。山多黄梅，隋以此名县。○西山，在县西四十里，一名双峰，又名破额山。上有香炉峰、慈云塔，俗所称四祖道场也。又冯茂山，在县北三十里，顶有池，产白莲，曰白莲峰，亦曰东山，俗名五祖山。又北十里曰四祖山。

龙坪山，在县北二十里。亦名凤平山。形势峭险，可以保御。宋戚方尝置寨于此。又矿山，在县东南十五里，山出铁矿，旧置炉，今废。

蔡山，县南五十里，出大龟。《春秋传》大蔡，盖以山得名。梁末时，鲁悉达保聚于此。唐建中四年，江西节度使曹王皋败李希烈将韩霜露于黄梅，欲进拔蕲州。时希烈兵栅蔡山，险不可攻。皋声言西取蕲州，引舟师溯江而上，希烈兵循江随战，去蔡山三百余里，皋乃放舟顺流而下，急攻蔡山，拔之，进复蕲州。

大江，县南六十五里，过江即江西九江府城也。《志》云：县南七十里有太子洑，旧传梁武帝于此得子，因名。非也。宋苍梧王元徽初使王奂镇夏口，舟过寻阳。时桂阳王休范刺江州，恐为所劫留，自北岸太子洑竟去。是宋时已有此洑矣。旧有太子驿，唐改为临江驿，今亦名太子洑。又有散花洲，亦在县南六十里江北岸，相传周瑜犒士处也。

县前河，在县治南。其源有三：一出龙坪山，一出县北三十里之小溪山，一出县东北五十里之鼓角山，合流至县前，由小池口入江。又有黄梅水，源出黄梅山。独山河，源亦出鼓角山，皆流入于源感湖，亦自小池口入江。

源感湖，县东南三十里。上源诸水皆流注于此。又五阜湖，在县西百十里，中有五阜洲。《禹贡》九江纳锡大龟，世传此湖所出。又黄泥湖，在县西五十里。太白湖，在县西南四十里，其相近者曰南、北柴池湖。又有桂家寨湖，在县东南百十五里。今皆掌于河泊所。又有濯港，在县南十五里，自蕲州境流入，注于太白湖，其下流皆合县前河入江。○杨家穴，在县东南百二十里，滨大江，亦有河泊所。

新开口镇。县西南七十里。又有清江嘴镇，在县东南百里。皆有巡司，滨江戍守处也。又停前驿，在县东北四十里，为陆走宿松之道。

附见：

黄州卫。在府治东北。洪武元年建，后改为所。十二年，复为卫。又蕲州卫，在州治西，洪武十二年建。今亦设黄州、蕲州二卫。

读史方舆纪要卷七十七

湖广三　承天府　德安府　岳州府

〇承天府，东至德安府三百二十九里，东南至汉阳府五百六十里，南至岳州府六百七十里，西南至荆州府三百二十里，北至襄阳府三百十里。自府治至布政司五百七十里，至南京二千六百八十里，至京师六千一百七十五里。

《禹贡》荆州之域。春秋、战国时属楚。秦属南郡。汉为南郡、江夏二郡地。后汉因之。晋初，亦属江夏郡。惠帝元康九年，分置竟陵郡。宋、齐因之。梁置北新州。西魏改曰温州。见京山县。后周改置石城郡，兼置郢州。治长寿县。隋初，郡废州存。炀帝改州曰竟陵郡。唐武德四年，复置郢州及温州治京山县。贞观初，废郢州。以长寿县隶郢州，郢州见襄阳府宜城县。十七年，复置。刘昫曰：是年，废温州，以郢州治京山，后又移治长寿。天宝初，曰富水郡。乾元初，亦曰郢州。五代因之。宋仍曰郢州。亦曰富水郡。元改为安陆府。明洪武九年，降为州。以附郭长寿县省入。嘉靖十年，以潜邸在州，升为承天府，领州二、县五。今复为安陆府。

府肘腋荆、襄，噤喉江、沔，舟车辐集，水陆要冲。春秋时，为楚之郊郢。斗廉谓屈瑕,君次于郊郢以御四邑,是也。其在三国时,实为重地。晋初,羊祜都督荆州,吴石城守去襄阳七百余里。祜设诡计,令吴罢守。祜以孟献营虎牢而郑人惧,晏弱城东阳而莱子服,乃进据险要,开建五城,五城,大约是缘境戍守处。收膏腴之地,垦田八百余顷,石城以西,尽为晋有。吴于是日蹙矣。杜预继之,分据要害之地,通零、桂之漕,而南服底定。预开扬口,见景陵县。大兴五年,王敦作乱,自武昌东下,声言讨刘隗之罪,时甘卓镇襄阳。时卓为梁州刺史,镇襄阳。湘州刺史谯王承使主簿邓骞说卓曰:使敦克刘隗,还武昌,增石城之戍,绝荆、湘之粟,襄阳将安归乎? 盖石城者,南北运道所必经也。成帝时,庾亮欲经营河洛,请移镇石城。蔡谟议曰:自沔以西,水急岸高,鱼贯溯流,水陆异势。沔水之险,不及大江,非庙胜之算。亮不果移镇。识者谓终晋之世,卒于宴安江、沱,而不能混一中原者,重在江南而轻在江北也。逮萧梁之季,西魏将杨忠来攻,自随郡、安陆、竟陵乘胜至石头,即石城。欲进逼江陵。梁湘东王绎惧而请和,盟曰:魏以石城为封,梁以安陆为界。夫石城入魏,而荆州殆矣。唐《元和志》:郢州子城,三面墉基皆天造,正西绝壁,下临汉江。石城之名,盖始于此。宋嘉熙中,孟珙受诏收复荆、襄。珙谓必得郢,然后可以通馈饷,得荆门,然后可以出奇兵。乃指授方略,复郢州、荆门,而襄、樊在掌握矣。及蒙古陷襄、樊,宋人以沿江精锐,萃于二郢,伯颜出奇袭取,而汉江以东,皆为糜烂。石城所系,顾不重欤?

　　○钟祥县,附郭。汉竟陵县地,属江夏郡。晋置石城戍,寻为竟陵郡治。刘宋泰始六年，置苌寿县。齐因之。西魏改曰长寿。周改置石城郡，仍治此。隋为郢州治。唐初因之。贞观初，废郢州，县属郧州。八年，又属温州。十七年，仍属郢州，后又为州治。宋以后因之。明初省。嘉靖十年，复置今县，编户二十一里。

石城，在府城西北。《水经注》：沔水南经石城西。城因山为固，晋羊祜镇荆州时立。《元和志》：长寿城，本古之石城，背山临汉水，吴于此置牙门戍。晋羊祜亦置戍焉。惠帝元康九年，分江夏西部都尉置竟陵郡，治石城。建兴三年，陶侃围杜曾于石城，为曾所败。咸康五年，庾亮欲移镇石城，不果。既而石虎将夔安南寇，围石城，竟陵太守李阳拒破之。义熙十一年，刘裕攻司马休之于江陵，雍州刺史鲁宗之与其子竟陵太守鲁轨，皆举兵应休之。既而休之等北走，轨留屯石城，裕遣兵攻破之。梁大宝初，西魏将杨忠南侵，取安陆、竟陵，乘胜至石头，欲进逼江陵。梁湘东王绎惧，遣使求和，忠乃还。西魏因置石城郡。后周于长寿县置石头郡，是也。自隋、唐以来，皆为长寿县治。胡氏曰：竟陵，即古石城戍，以隋尝为竟陵郡也。明初，筑城，浚池，因为城垣。《城邑考》：今郡城上据崇丘，旁控石城，下临汉水，夹城为濠，南注于汉。子城，宋乾道、淳熙间筑，元末毁于兵燹。明初，因石城故址拓之。弘治中，复展筑北城，后屡经修筑。今城周五里有奇，门五：南阳春，东威武，东南阅武，西石城，北拱辰，制皆巍焕云。

蓝水城，在府西南。本编县之蓝口聚。东汉初，下江兵尝据此。刘宋元嘉六年，以三辅流民侨立莲勺县，属冯翊郡。齐、梁因之。西魏置汉东郡，改县为蓝水县。隋初郡废，县属郢州。大业末废。唐武德四年复置，仍属郢州。贞观初，并入长寿县。又汉东城，在府南七十里。《隋志》：后齐侨置上蔡县及齐兴郡，后周郡废。隋开皇十八年，改县曰汉东。大业末废。今名汉城。《志》云：以城滨汉水而名。相传为关羽屯兵处。

管城，府西北百里，故戍守处也。晋太元六年，苻秦荆州刺史都贵，自襄阳进兵寇竟陵。荆州刺史桓冲，使桓石虔等击却之，拔其管城。《载记》：时石虔破秦将阎振、吴仲于漖水。振、仲退保管城。《水经注》：漖水出新市东北，西南流注于沔。沔水经郡县故城南，又东，漖水注之，实曰漖口。管城盖在漖水北，接襄阳府宜城县界。○漖水城，在府西。刘宋元嘉中，侨置高陆县，亦属冯翊郡。齐、梁因之。西魏改为漖水县。隋开皇初，郡废，县属郢州。大业初，省入蓝水。又沔东郡城，在府西北，萧梁初所置荒郡也。天监四年，雍州蛮沔东太守田青喜叛降魏。胡氏曰：郡盖在襄阳东、竟陵西。

新郢城，在府西南汉江南岸。宋末，筑此为戍守重地。故郢在汉北，以石为城。新郢在汉南，横铁絙锁战舰，夹岸为守。蒙古兵围襄、樊，断粮援之道，将帅悉驻新郢及均州河口，以守津要。襄、樊既陷，伯颜遂引军趣郢，二郢之备方急，军不能前，乃由间道攻郢，克之，进薄新郢，遂拔之。

纯德山，城东北一十里。旧名松林山，兴献陵寝在焉。嘉靖十年，诏改今名。《志》曰：纯德山西南十里曰天子冈，又北三里曰九龙冈，横亘而西，即石城山也。《志》云：石城山，在府西十里。又府南半里有章山，或以为即内方山。○横木山，在府治东一里，一名武陵。《春秋》庄四年，楚武王卒于横木之下，即此。上有青泥池，一名青泥山。《三国志》：魏乐进与关羽相拒于青泥。祝穆曰：即此山也。考《乐进传》，进与羽相距于襄阳，或是襄阳之青泥河。

子母山，府北百里。有二十二峰，大小相接，环列如屏。其相近者曰窄山，山势褊窄。又有仙潭山，高数百仞，上有仙潭洞。山口复有二山对峙，曰狮子山、象山，雄踞水口，为郡城之胜。○聊屈山，在府东五十里，接京山县界。山势突起，绵亘数十里。上有白鹿池，一名卢屈山。又有界山，在府东北八十里，接随州界，其相近者曰温峡山。两山对峙如峡，温峡河出焉，流入汉江。

关门山，府西北百里。高耸巉岩，有石如屏，障塞山口，俨若关门。其上又有石凤洞，列石攒峙，如凤昂首，中容数十人。〇城子山，在府东南百四十里。上有土城，亦昔时保聚处。《郡志》：今山在京山县东二十里。又盘石岭，在府东四十里，有上盘、中盘、下盘三岭，以石路盘曲而名。又桐木岭，在府东北七十里。

汉江，在府城西。上至襄阳七百里，下至沔阳七百里。自北而来，径石城西南，至沔阳、汉阳，流入大江。《水利考》：汉江旧道，逼近石城。嘉靖初，西徙沿山湾一带，去城渐远，水患日甚。其故在丰乐一带，旧有九龙滩、龙爬港、桐木岭、金花、熨斗等湖之分泄；至石城，则旧有城北湖、池河、殷家等河之注蓄。今皆淀淤，军民官庄，争垦为业也。又自石城而下，由蔡家桥、板桥湾、上下流涟、马公洲、小河口，以达于南河，迂回三百余里，土人总名之曰红庙堤，最为要害。考蔡家桥，旧有口通二圣套入湖，又有流涟、金港二口通枝河，达赤马、野猪等湖，由青树湾入军台港，分泄汉流，以故堤得无虞。今半堙塞，不可复疏。此嘉靖二十八年以来，有诸堤尽决之患也。详见大川及川渎异同。

直河，在府北十五里。其水直入汉江，故名。俗讹为池河。府北三十里又有瓦埠河，流入直河。《志》云：池河，即《水经》所载枝水也。源出大洪山，西南流，经襄阳宜城县界。又有激水，在府北六十里，合流而西南，注于沔水。

丰乐水，府北九十里。源出大洪山，流经盘石岭，南入汉江。溉田甚广，岁赖以丰，因名。《志》云：丰乐河，为郡城津渡要口，常议设兵巡戍。嘉靖十八年，车驾南巡以及回銮，皆驻于此。又有穴河，在府南百三十里，有穴口镇。其水自汉江分流而东南，凡百余里，又东流至汉阳界，仍合汉水，入大江。又有蒿河，在府东六十里，府北六十里之洋子河流合焉。又寨子河，在府东五十里。又府东八十里有芹菜河，东北六十里有长垱河，俱流入汉江。又有殷家河，在府西北十五里，今埋。

白水，府东三十里。郦道元曰：出聊屈山，西南流入于汉水。白口驿，以白水而名也。《左传》定四年，楚昭王奔随，将涉成白，即此。《志》云：白水旧流入汉川县，入沦水。意白水不一处也。今故道已埋。○溧水，在府西北。《宋史》：咸淳十年，蒙古陷襄、樊，伯颜以大兵趣郢，至溧水，麾军径渡，溧水盖汉旁支川也。今埋。

城北湖，府北五里。流通汉江。又卢洑、长河湖，在府西南百二十里，其相近者曰赤马、野猪湖。皆汉水回合处也。今俱掌于河泊所。又龙母湖，在府南三十里，相传有龙驰骛于此，本名龙骛河，水溢则通汉江。

藤湖，在府东南。汉北诸水所溢也。蒙古伯颜袭郢，不克，获俘民言：沿江九郡精锐，皆萃于二郢，若舟师出其间，骑兵不得护岸，此危道也。不若取黄家湾堡，东有河口，由中拖船入藤湖，转而下江，仅三里。伯颜从之，郢州遂危。○泉子湖，在府东。伯颜由藤湖入汉江，趣郢城。郢州将赵文义来追，战于泉子湖。文义败绩，伯颜进至城南之沙阳，而郢城之师溃。

金港，府南一里。源出楠木山，流里许，入汉江。宋尝于此采金。今塞。又龙凤港，在府南四十里。汉江之支流也。○龙池泉，在府东三十里。溉田百顷，其相近者又有猪龙池泉。又府东九十里有双泉，俱有灌溉之利。《志》云：府南二十里有五龙堰，府北三十里有莲花堰，俱堰水灌田，各数百顷。又有洗罗陂，亦在府北三十里。府南四十里又有竹篠陂。

塘港关，府南三十五里。府西北十五里有直河关，今亦名池河关。

又府南有南津关。皆有官兵戍守。《志》云：南津关，旧有富水递运所，万历中废。

贾堑镇。在府西南。唐乾符四年，王仙芝寇荆南，时汉水浅狭，贼自贾堑渡，径至城下，攻陷罗城，焚掠而去。又黄家湾堡，在府南三十里。伯颜攻郢不克，从俘卒言，遣军袭黄家湾堡，拔之。诸军破竹席地，荡舟由藤湖入汉，是也。○郢东马驿，在府东七十里。又府北六十里有丰乐驿，在丰乐河滨。城南又有石城水驿。又南百二十里有白口水驿。《志》云：长寿县东三里旧有田城驿，北六十里有马安驿，明初，与县俱废。又石城驿，嘉靖十年，改石城水马驿。鱼料驿，嘉靖十八年，改丰乐河水马驿。

○京山县，府东百十里。东至德安府应城县百里，南至景陵县百里。汉为竟陵县地。后汉为竟陵、南新市二县地。晋因之。皆属江夏郡。惠帝时，析置新阳县，属竟陵郡。宋、齐因之。梁置北新州治焉，并置梁宁郡。西魏改州曰温州，县曰角陵。隋初，郡废。大业初，州废，改县曰京山，属安陆郡。唐初，复置温州。贞观中，改为郢州治，寻还属郢州。宋因之。宋末，移治汉滨。元复旧，属安陆府。明初，属安陆州。今县城周四里有奇，编户三十一里。

南新市城，县东北百里。楚新市邑。《秦纪》：昭襄八年，使将军芈戎攻楚，取新市。王莽时，王匡兄弟举兵于此，刘伯升收新市、平林兵讨莽，是也。光武即位，置南新市县，属江夏郡，以常山郡有新市县也。晋因之，仍属江夏郡。宋改曰新市，属竟陵郡。齐、梁因之。西魏改新市曰富水，又置富人郡治焉。隋初，废郡，县属温州。大业初，属安陆郡。唐初，仍属温州。贞观中，属郢州。宋省入京山。《志》云：唐富水县，在今县北七十里。其地平坦，可容千家，盖唐移县治此。《水经注》：新市治杜城。杜佑曰在今富水县东北，是也。《寰宇记》南新市在京山县南三十里, 误。《承天志》: 富水废县, 在京山县城北九十里, 宋乾德二年废。

盘陂城, 在县西。西魏置盘陂县, 属梁宁郡。隋初, 属温州。大业初, 废入京山县。或云: 县盖置于钟祥县盘石岭下。○三王城,《寰宇记》: 在县北九十里大阳山之麓。王莽时, 王匡、王凤、王常屯兵于此而名。

张良山, 县北八里。峰峦高峻, 草木秀美, 峭壁间有一横径, 多马迹, 俗传子房曾息兵于此。山阴有马跑泉, 相传关壮缪驻兵处。山无水, 士卒患渴, 马跑地而得泉, 至今民资灌溉之利。又胜境山, 在县北三十里, 峭特为境内之胜。又火门山, 在县北八十里, 相传光武夜举火度兵于此, 因名。

大洪山, 县北百二十里, 与随州接界。《志》云: 山周百余里, 上多奇胜。东瞩安、鄂, 西眺襄、邓, 南望江、汉, 一览可尽。山半有龙斗崖, 其北有黑龙池, 山南有白龙池, 涢、漳诸水皆源于此。今详见随州。○天门山, 在县南八十里。二石相对, 中一径通明, 若天门然。又中盘山, 在县东百五十里, 石径盘绕, 道经其中。

关王岭, 县北百里。上平如掌, 有球场及故城垒。○观音岩, 在县东二十里。顶有飞泉瀑布, 流分四派, 溉田数百顷。又仙女洞, 在县西南三十里, 岩谷竞秀, 泉脉交通, 峭壁插天, 水纤如篆, 洞有石门, 中多奇胜。

县河, 在县治南。县境西北诸水皆汇于此, 下流至景陵县蒿台湖入汉江, 夏秋涨溢, 有淹田啮城之患。嘉靖中, 因筑堤障之。《水利考》: 县去汉江差远, 水患少, 惟上接钟祥一带, 下有小河、南河、紫金潭、拖船埠等处, 直抵景陵界, 地势卑下。嘉靖三十年来, 钟祥官庄及荆州右卫之堤决, 遂冲入拖船埠等六十余处, 连岁屡筑屡决, 此唇齿之患。今有汉江堤, 在县南, 长百余里。○撞河, 在县东北八十里, 源出大洪山白龙池。俗传有白龙撞石开此河，因名。下流至汉阳府汉川县，入汉江。或曰：即富水也。《寰宇记》：富水亦出大洪山，下流入应城县界，有大小富水，亦曰大泌水。又有杨家河，亦在县东北百二十里。《志》云：源出大洪山黑龙池，下流入应城县界。

滠水，县西南八十里。源出县西七十里之磨石山，下流合县前河，通于汉江。或以为即春秋时之雍滠。《左传》定四年，吴败楚师于雍滠，三战及郢，即此水也。又县境有汉滠、漳滠、薤滠，说者以为即《禹贡》之三滠，皆与景陵接界云。今亦湮。○温汤水，在县南十五里，灌溉稻田，其收数倍。西魏因以名州。流合县河入汉江。又泗水，在县西南百八十里，南去汉江十里，水溢而汇曰泗水，亦名泗汉湖。隆庆六年，议开泗港以杀汉水，即此。又县南七十里有土墙湖，下流通于泗水。

五泉，县西五十里。泉有五穴，涌如鼎沸，灌田甚溥。《寰宇记》：五泉发源于县西北百里之横岭。又激水亦源于此云。○新罗泉，在县北七十里，旧有新罗国僧居此，因名。泉流溉田，民甚便之。《寰宇记》：县北九十里之石人山，新罗泉发源处也。又师古泉，亦在县北七十里，泉自山顶飞流，声闻四五里，灌田甚多。又珍珠泉，出县南七十里大迹山，水沸如珠，流为青水，居民筑堤潴水溉田。

曹武市，县东四十五里。曹操侵孙吴时过此。又县北五十里有武台，枕山临水，相传亦操屯兵处。○办顿市，在县西北九十里，亦名办顿村。相传汉光武曾顿宿于此，又关壮缪亦尝驻焉。一名卓刀市。

皂角镇。县东南七十里，接景陵县界。《寰宇记》：地多丘陵及皂角树。西魏因以角陵名县。《志》云：县旧有东廊驿，万历八年革。

○潜江县，府东南八十里。西南至荆州府二百七十里，南至荆州府监利县百五十里。汉竟陵县地。唐大中间，置征科巡院于白洑镇。宋初，亦曰安远镇。乾德二年，升为潜江县，属江陵府。后因之。明嘉靖十年，改今属。县城周五里有奇,编户二十三里。

潜江旧城,县西四十里豆子湖南。宋初,置县于此,寻移今治。《志》云:县本治道隆乡,以水患,迁于斗堤。是也。又余潭城,在县西七十里棠林冈,相传关壮缪守南郡时筑。

潜水,县东一里。所谓汉出为潜也。又县东二里有洛江河,流入沔阳州。县东三十里有芦洑河,即汉水分流处。《志》云:汉水自石城北三十里,分流为芦洑河,经县东南,复入于汉,故名潜江。潜水复入汉处,曰上新口、下新口。又东南自排沙渡东流,为深江。又南流为恩江。皆弘治及嘉靖中所浚以分泄汉水者也。后或通或塞,下流入沔阳州界。

太平湖,县北六十里。相近者曰郑家湖。又县西北百里曰青阳湖。又后子湖,在县东三十里,其相近者曰东白湖、西白湖。又枝江湖,在县西南十五里。其在县西南五里者曰陆家院湖,皆汉江支水汇流处也。○沱埠渊,亦在县西南五里。又县南三里曰马市潭。《志》云:江水溢出为沱。今江水自郝穴口溢入,东北径三湖、芝江湖,至县南为马市潭。潭北有沱埠渊,县东有池曰南池、北池。县北有湖曰太平,西有湖曰青阳,南有湖曰东白、西白,及陆家渊,俱沱水所注。今县治在斗堤,周广七百二十八里,皆重湖也。

高氏堤,县西北五里,五代时高氏所筑。起自荆门州绿麻山,至县南沱埠渊,延亘一百三十里,以障襄、汉二水。后屡经增筑,今县境凡有八堤,高氏堤而外,曰莫家潭,曰夜汊口,曰白洑垸,曰江汉垸,曰班家湾,曰车老垸,曰太平垸,多至六百余丈,少亦百余丈,皆冲决要口也。《水利考》:县背重湖,民往往各自为垸,南则陶湖、牛埠,北则太平、马猖,西则白洑、咸林,东则荷湖、黄汊等,凡百余垸,俱环堤而居。明初,修筑各垸堤塍。又有潭子湖、四港、甘心口各枝河,分杀水势。嘉靖三十九年,诸堤半决,枝河更多湮塞。夏秋涨溢,大为民害。隆庆二年,兴工修筑，患始杀。其马家垸决口，在景陵境，而害在潜江，备尤不可不预者也。○里社堤，在县南，有里社穴，西南通江陵之漕河。宋乾道七年，湖北漕臣李焘修潜江里社堤，是也。

白洑驿。在县北。明初置驿于此。万历九年，革。《志》云：县境要险，有班家湾、浩子口，防御最切。其拖船埠，近沔阳州界，哨守犹易。而蚌湖、芦洑头，亦为巡警处。盖其地皆接通江汉，盗贼易于出没云。

附见：

兴都留守司。在府治东。嘉靖十八年置，辖显陵，承天、沔阳三卫。○承天卫在府治西北。洪武初，置安陆卫。嘉靖三年，改为显陵卫，以护陵寝。十六年，调荆州左卫为显陵卫，置于城东北十里，环列十营，巡守护卫，而改显陵卫为承天卫。

○荆门州，府西南九十里。东南至沔阳州二百九十里，南至荆州府一百八十里，北至襄阳府二百七十里。

春秋时楚地。汉为南郡地。后汉因之。晋仍为南郡地。隆安五年，析置长宁、武宁二郡。长宁郡治长宁县，武宁郡治乐乡县。宋泰始中，改长宁郡曰永宁。齐、梁因之。西魏改置基州及章山郡，隋废，属荆州。唐武德四年，复置基州。治章山县。七年，州废，属荆州。贞元中，属江陵府。始置荆门县。五代时，高氏置荆门军，治当阳县。寻废。宋开宝五年，复置军。治长林县。熙宁六年，军废。元祐三年，复置。端平三年，移治当阳县。元至元十四年，升为荆门府。十五年，复治长林。天历初，降为州。明初，以州治长林县省入，编户六十三里。属荆州府。嘉靖十一年，改属承天府，领县一。今属安陆府。

州环列重山，萦绕大泽，西控巴峡，扼其咽喉；东连鄂、郢，为之襟带，信荆楚之门户，实襄、汉之藩垣。唐之中叶，而荆门始建。荆门县置于贞元二十一年。迄乾符五年，王仙芝寇乱荆南，襄邓帅李福驰救，败贼于荆门。明年，黄巢自江陵趣襄阳，襄阳将刘巨容等扼之于荆门，伏兵于林中，大破之。当是时，巨容无养寇之心，贼党且歼矣。然则荆门者，诚铃束之要地也。宋嘉熙之际，以荆门为次边，而城垣未备。陆九渊知军事，谓军居江、汉之间，为四集之路，南捍江陵，北援襄阳，东护随、郢之胁，西当光化、夷陵之冲。荆门固，则四邻有所恃，否则有背胁腹心之虞。由唐之湖阳湖阳，见河南南阳府唐县。以趣山，则其涉汉之处，已在荆门之胁。由邓之邓城以涉汉，邓城，见襄阳府。则其趣山之处，已在荆门之腹。自此之外，间道之可驰，汉津之可涉，陂陀不能以限马，滩濑不能以濡轨者，所在尚多。自我出奇制胜，徼敌兵之腹胁者，亦正在此。虽四山环合，易于备御，而城池缺然，将谁与守？因请于朝而城之。嘉熙中，孟珙图复襄阳，谓必得荆门，然后可以出奇兵。盖九渊实先发之矣。

长林废县，今州治。汉编县地，属南郡。东晋隆安五年，置长宁县，为长宁郡治。宋泰始中，以长宁郡名与文帝陵同，改为永宁郡，而县如故。齐、梁因之。隋郡废。开皇十八年，改长宁曰长林，属荆州。唐因之。宋为荆门军治。元为州治。明初省。今州城，因宋嘉熙中故址修筑。弘治末，圮于水，寻复增修。周六里有奇，有门四。

荆门城，州东北六十里。本长林县地。唐贞元二十一年，析置县，属江陵府。乾符五年，贼王仙芝寇荆南，山南东道帅李福驰救，至荆门，遇贼，奋击败之。时仙芝已陷江陵罗城，焚掠而去。六年，黄巢自江陵焚掠而北，襄阳将刘巨容、曹全晸等扼之于荆门，大破之，即此。唐末废。
《志》云：五代高季昌更荆门县为军，非也。盖因荆门旧名耳。又云：荆
门故城在州东南一里东山下，误。又长林城，在州西三十里。晋隆安中，
分编县地，置长林县，属武宁郡。齐、梁因之。隋开皇十一年，省入长宁。
十八年，遂改长宁为长林。《元和志》：晋置长林县，以其地有栎林长坂
云。又绥安城，在州北。晋末，桓玄置绥安郡，寻省为县。宋初，省入长
宁。

乐乡城，州北八十里。汉郢县地。晋隆安五年，桓玄以沮、漳降蛮
置武宁郡，又立乐乡县为治。宋以后因之。梁大宝二年，侯景攻巴陵，岳
阳王詧与湘东王绎为难，闻之，遣军据武宁，声言赴援江陵，寻引去。承
圣三年，王琳为广州刺史，琳意欲为雍州，镇武宁，为国御捍。盖自武宁
以北，即为襄阳界。时荆、雍之隙方深也。未几，詧引魏军袭江陵，魏军
济汉，袭武宁，克之。遂长驱向江陵，江陵下，置郢州于此。隋初，郡废。
大业初，州废，县属竟陵郡。唐武德四年，仍置郢州。八年，州废，县属
襄州。天祐三年，朱温将杨师厚击江陵，至乐乡，荆南牙将王建武迎降。
五代周并入宜城县。宋为乐乡镇，属长林县。今有乐乡镇巡司。

章山城，在州东北。本长林县地。西魏置绿麻县，兼置上黄郡。
隋开皇初，郡废，县属基州。大业初，改县曰章山。括地志，章山在长林
县东北六十里，县盖以山名。又西魏置丰乡县，并置基州及章山郡。开皇
七年，郡废。大业初，州废，皆属竟陵郡，后废。唐武德四年，于长林东北
百二十里置基州及章山县。七年，州废，以章山属郢州。州复废，改属荆
州。八年，省入长林。《一统志》：基州城，在内方山东北马良口，按嘉靖
十八年，以马良望乡益钟祥县，今盖在钟祥界内。

编县城，在州东。汉县，属南郡。后汉因之。晋、宋以后，仍属南
郡。萧梁末，废。亦谓之编都城。《都邑考》：州治东东山，顶平旷，号太

平顶，上有楚望亭，汉编县所理也。恐误。〇荆台城，在州东六十里。梁置安居县。隋开皇十八年，改曰昭丘，属荆州。大业初，改曰荆台，寻废入当阳。《志》云：州南六十里有宛城，盖南北朝时侨置县也。又有李家市城，在州东南百七十里，五代时高氏筑。

那口城，在州东南。《春秋》庄十八年传：楚武王克权，权叛，迁权于那处。及文王即位，与巴人伐申而惊其师，巴人叛楚而伐那处，取之。杜预曰：编县东南那口城，是也。《史记》：周公辅成王，封其弟季载于冉。孔氏曰：冉，亦作郍，或作那，皆读曰然，今那口也。《志》亦谓之权国城。

东山，在州治东南一里。一名东堡山。州西三里有西山，亦名西堡山。又蒙山，在州西一里，两山对峙，如峨嵋然。麓有蒙、惠二泉，旧名泉子山，一名象山。又屏风山，在州西北四里，绝顶平衍，中有二泉。宋绍兴中，州民结庐其上，为拒敌计。开禧初，郡守李直炳徙居焉。〇荆门山，在州南五里，其西又有虎牙山，相去五里。二山本在宜都县，因州名传讹也。又灵鹫山，在州北三十里，有龙洞，深五里，泉石甚胜。

内方山，州东南百八十里汉江之上。《禹贡》所云内方至于大别者也。一名章山，又名马仰山。《志》云：马仰山有二，一在州北三十五里。又有鸡头山，在州北六十里，最高。谚云：鸡头、马仰，去天一丈。鸡头相接者曰大明山，皆有泉石之胜。或以鸡头山即《括地志》所云之章山也。〇象河山，在州北七十里。上有城垒，势极险峻。下有泉，是为象河。又中城山，在废乐乡县西南。上亦有城，极险峻。又绿麻山，在州东南百三十里。宋末，吕文焕遣都统边居谊筑绿麻城，城盖在山下，俗亦名桃李山。

长坂，在州西北。李巡曰：高峰山坡曰坂。后汉建安十三年，曹操入荆州，先主将南保江陵，操以江陵有军实，恐先主据之，乃轻军到襄阳,一日夜行三百余里,追及于当阳之长坂,先主弃妻子走,使张飞将二十骑拒后。胡氏曰:长坂,在当阳县东南百二十里长林城北。《城邑考》:长林城北有栎林长城,即曹操追先主处。盖长坂起于当阳之北,而接长林之境矣。〇太子冈,以州北五十里。元文宗自潜邸归即位,尝驻此,因名。

汉水,州东九十里。自钟祥县流入境,又东南流,入潜江县界,谓之沔水。先主败于当阳长坂,济沔,与刘琦俱到夏口,即此处也。《水利考》:汉水入州境,不至冲泛者,东赖王家堤,东南赖绿麻堤以障之也。其堤防要害,全在沙洋镇一带。此镇控荆门、江陵、监利、潜江、沔阳五州县之上流。汉水自绿麻口直冲沙洋,北岸旧有堤,接连青泥湖新城镇,由沈家湾诸处至潜江界,凡二十余里,惟沙洋堤势独宽厚,军民廛居其上。嘉靖二十六年,堤决,汉水直趣江陵龙湾寺而下,分为支流者九,于是下流州县,俱被浔没。二十八年,有司修筑失宜,未几,复决。旧江身渐狭,南北相对止二十余丈。决口东西相对约三百余丈,反为正派,几不可复障而东矣。隆庆初,改筑高厚,水患始少。但此堤与红庙堤相对,虑红庙水涨,居民每欲盗决以泄水,备不可弛也。

直河,州东南百二十里。又东南三十里有平塘湖河流合焉。又南流入于三湖,东合沔。一名直渠,溉田百顷。长而且直,因名。又权水,在州北。《志》云:权水出西蒙诸山,东北流经太子冈,会流为曹将军港。唐曹全晟、刘巨容败黄巢于此,因名。下流径内方山西,又东南径古权国城,又东入于沔。又官堰河,在州北百里,其地有墙台山,河源出焉,东入汉江。

建水,州北百三十里。一名漼水。梁太清末,萧詧自襄阳攻江陵,会其将杜崱等叛袭襄阳,詧弃粮食铠仗于漼水而还。明年,西魏将杨忠救詧,乘胜至石头,将趣江陵,湘东王绎遣使说忠,忠遂停漼北。大宝二年，岳阳王詧以侯景攻巴陵，遣其将蔡大宝军武宁以规江陵。湘东王绎遣使谓曰：君忽顿武宁，即当遣劲甲顿㵽水，待时进军也。㵽水，盖襄阳江陵之襟要矣。亦名建阳河，又名杨水，亦名大漕河。流入江陵县界。

云梦泽，在州东北。旧盖与德安府之云梦相连。《汉志》注：编县有云梦官。又今州西北四十里有云梦山，或以为云梦之浸旧至于此。今湮。○藻湖，在州东北百十里，州东北百三十里有后港，合诸陂泽水，东流入焉。又有长湖，在州北百六十里。屯湖，在州东九十里。又州东马良村有马良湖，东南百里有藤湖，百七十里有乔母湖，百八十里有蒿台湖，皆流汇于汉江。

蒙惠二泉，州西二里。源出蒙山之麓，分二派，北曰蒙，南曰惠。蒙泉常寒，惠泉常温。宋知州彭乘引为三沼，合流至竹陂河入汉江。居民分引溉田，甚赖其利。《志》云：州东九十里有百顷山，有温冷二泉，溉田百顷。又州北二十里有南泉，源出灵鹫山，溉田数百顷。○盐井，在州北九十里，产盐，味苦。

东关，州北一里。宋末，设以御敌。又西堡寨，在蒙山上。元末，乡人筑以御寇。又有东寨，《志》云：在州南二百里，亦元末御寇处。

沙洋镇。州东南百四十里。亦曰新城镇。宋末，吕文焕将边居谊筑新城于此，因名。今有巡司戍守。又建阳镇，在州南九十里，有巡司，并置建阳驿于此。州西北百二十里有仙居镇，以近仙居山而名。峰岩险峻，为往来要道，置巡司䌷察。丽阳驿亦置于此。其相近者又有鱼料水驿，《舆程志》云：两驿皆在州北百二十里。由襄阳而南，此其孔道也。又有石桥驿，在州北六十里。州城北曰荆山驿。

○**当阳县**，州西百二十里。南至荆州府枝江县百八十里，西至夷陵州百五十里。汉县，属南郡。后汉因之。建安十三年，曹操下荆州，先主将其众过襄阳，南至当阳，为操所追处也。晋仍属南郡。宋齐因之。后周

置平州及漳川郡治此。后属梁。隋开皇七年，改州为玉州。九年，州郡并
废，县属荆州。唐武德四年，又置平州。六年，改为玉州。八年，州废，仍
属荆州。五代时，高氏置荆门军治此。宋属荆门军。绍兴十四年，废入长
林县。十六年，复置。洪武初，属荆州府，寻改今属。九年，省入州。十三
年，复置。今城周三里有奇，编户五里。

麦城，县东南五十里，在沮、漳二水间。《水经注》：漳水南径当阳
县，又南径麦城东。相传楚昭王所筑。三国初，关羽为吕蒙所袭，自知孤
穷，乃走麦城，是也。又有磨城，在县东四十里。《荆州记》：麦城东有
驴城，沮水西有磨城，伍子胥造此二城以攻麦城。谚云：东驴西磨，麦
城自破。

麋城，县东南六十里，地名八渠。宋白曰：春秋楚伐麋。颖容《释
例》曰：麋，当阳也。或云三国时麋芳所筑。又有权城，在县东南。春秋
时权国，楚武王克权，使斗缗尹之。斗缗以权叛，是也。又方城，在县东
南百六十里沱江东浒。《志》云：方城旁有秣马山，原隰宽衍，今方城见
江陵。

玉泉山，县西北三十里。山有泉，色白而莹，本名覆船山。三国时易
今名。隋置玉州以此。宋末，蒙古陷襄阳，张梦发请城当阳之玉泉山，是
也。又有玉阳山，在县西二里沮水之阳。○方山，在县东四十里漳水上，
层峦环列。又县东十里有许由山，山顶平旷，沮水与玉泉山水会于其前，
有泉曰洗耳溪。

紫盖山，县西南五十里。道书以为第三十三洞天也。《寰宇记》：
紫盖有南北二山，顶四垂若伞，林石皆绀色，下出彩水。又铁山，在县北
八十里，接远安县界，旧产铁，湘府曾于此山采矿。

绿林山，县东南百二十里。山深阻。王莽天凤四年，新市人王匡、
王凤等聚亡命，藏于绿林山中，数月间，至七八千人，是也。近《志》

云：山在县北六十里。〇当阳坂，在县北六十里，相传曹操追先主于此。《志》曰：县西北六十里有倒流桥，沮、漳二水合流其下，即张飞据水断桥处。恐误。

沱江，县南百二十里。大江分流处也。旁有金沙滩，地多流沙，烨烨如金。《志》云：金沙滩在县东南百二十里。《水利考》：县境之沱江，即沮、漳下流，盖水合势盛，南连大江，因有沱江之名。

沮水，在县北一里。自南漳县经远安县，东流入界，绕流县西，折而东，又南经麦城西，又南流合于漳水。〇漳水，在县北四十里，自南漳县流入境，东南流，经麦城东，又南合于沮水。《志》云：沮、漳二水合处，在县东南五十里，名合溶渡。又南流注于沱江，至枝江县界，而入大江。余详大川沮水。

熨斗陂，县东南八十里。《志》云：绿林山之水，与县东六十里圆台山之水，会为熨斗陂。又县北八十里亦有熨斗陂。宋绍兴中，郡守吴猎尝遏走马湖、熨斗陂之水，于县西北置李公匮，以限戎马。

漳河口镇。县北百里，有巡司。《志》云：县北有章乡。《水经注》：漳水经临沮县之漳乡南，吴将潘璋擒关羽于此。

附见：

荆门所。州南九十里。又州北百二十里有宜门所。二所旧隶荆州卫。嘉靖中，改属承天卫。

〇沔阳州，府南三百二十五里。东北至汉阳府四百里，南至岳州府三百五十里，西至荆州府四百四十里。

春秋、战国时楚地。秦为南郡地。汉属江夏郡。后汉因之。晋惠帝时，分属竟陵郡。梁又置沔阳郡。治沌阳县，见汉阳府。后周兼置复州。治建兴县。隋初，郡废州存。徙州治竟陵，寻复旧治。大业初，改州曰沔州，寻又改曰沔阳郡。治沔阳县。唐武德五年，又为复州。治竟陵县。贞观七年，移治沔阳。天宝初，改为竟陵郡。乾元初，复故。仍治竟陵。五代因之。《寰宇记》：晋改景陵郡。宋仍曰复州。亦曰景陵郡。熙宁六年，废属安州。元祐初，复故。治景陵县。端平中，移治沔阳镇，即今治所。元为复州路，又改为沔阳府。明洪武九年，降为州，以州治玉沙县省入编户四十二里，直隶湖广布政司。嘉靖十年，改属承天府，领县一。今属安陆府。

州襟带襄、随，腹背郢、鄂，当重湖之右，介江、汉之中，地洼而卑，水漾而潴，实川泽之区也。宋朱昂曰：州环城皆水，因河为濠。然其地在汉阳以西，规度上游，此为资本。明太祖既定武昌，曰：安陆、襄阳，南北噤喉，英雄必争之地。然今日当以沔阳为干，而安陆、襄阳为枝，固守沔阳，乃图进取，庶得其宜耳。此非辨于先后之数者哉。

玉沙废县，今州治。汉云杜县地。西魏为建兴县地。隋、唐为沔阳县地。宋初，析南境置玉沙县，属江陵府。至道二年，改隶复州。宝元二年，省沔阳县入焉。熙宁六年，州废，还隶江陵府。元祐初，复故。端平初，移州治沔阳镇。元改曰玉沙，而废旧玉沙县。明初省。《城邑考》：宋玉沙旧县，在今州西南五十里。今州城，明初因旧址修筑，周九里有奇，有门五。

建兴城，州北二里。亦曰复州城。西魏所置建兴县也。《隋志》：梁置沔阳、营阳、州城三郡。西魏省州陵、惠怀二县，改置建兴县。后周置复州治此，又省营阳、州城二郡入沔阳郡。开皇初，郡废，移复州治竟陵。仁寿三年，州还治建兴。大业初，改县曰沔阳，寻又改复州为沔阳郡。唐初，州治竟陵，寻还治此。乾元以后，仍属复州。宋因之。宝元中，省为沔阳镇,今州治在其南。《图经》谓之楚王城,俗亦名七里城。○青林城,在州东十里。又州西十里有石楼城,州东五十里,有鱼复城,建置未详。

黄蓬山,州南二百里大江之旁。其山延绵环结,上有城,亦曰却月城。城外有台,相传鲁肃曾屯兵于此。山下有湖,为黄蓬湖。元末,徐寿辉陷沔阳,陈友谅起兵于黄蓬以应之。友谅,沔阳人,其父黄蓬渔子也。又黄蓬山之支曰香山,俗名望乡山。其相近者又有石灵、松林、乌林诸小山。

江水州,南二百里。《志》云:自监利县白螺山南,又经乌林南,过茅埠口,又东过竹林湾,又东过新滩、水洪二口,又东北接汉阳府之沌口,皆府境也。旧有长官堤,起监利县境,东接汉阳,长百数十里。明渐圮。嘉靖初,复筑滨江堤,西南起龙渊,东止玉沙,万有余丈。数年,复决西流窝一带,直抵玉沙。嗣后屡筑屡决,而东南皆为水区矣。

汉水,州西北百里。自潜江县流入州境,纵横散溢,往往为害。《志》云:汉水自钟祥东播为芦洑河,入潜江东南,至上新口,径鲇鱼套诸处,达城西三里之三江口,所谓城西一里有襄河也。又自上新播于下新口,流至柳口,复东播于蒌蒿汀,至直步,夏水从西来注之。径螺子渎,又径渣潭,东北趣大阳,入于襄河。又自渣潭东南,径小阳,过张家池、坝港,入阳明湖,俱会于白湖,出沌口入江。汉水又自芦洑播于排沙,径剅河、范溉关、栗林、麻港、南湾诸处,至黄荆口,入下帐湖,东汇于白湖。又自范溉南播于刘家渡,入三江口。又自栗林口播于蒋家湾,径莲台,趣大湖口,合黄荆水流入江。今汉江支港,在州东北六十里者,亦曰中、下襄河。嘉靖初,濒汉为堤,自大、小朱家冈至沧浪南池,几万余丈。九年,汉水自拖船埠西,决入州境,湖水皆溢,西北一带,皆为巨浸。后屡塞屡圮,未为乐土也。《水利考》:州境向以富饶称,盖地介江、汉间，多湖渠，民便渔鲜；又因湖渚，环堤为垸，易于耕佃也。明成化以来，上流堤防渐溃，汉水不时涨溢，城市崩坏，陷溺甚众。正德以后，潜、沔湖渚，又渐淤为平陆，下流既壅，水无所容，安得无决圮圮之患？故曰：江溢则没东南，汉溢则没西北，江汉并溢，则茫然大壑矣。岂堤防所能御哉？余见大川汉水及川渎异同。

长夏河，州南四十里。《志》云：襄水为汉之潜，而长夏河即夏水，江之沱也。自监利县流入境，东为大马长川，过沙口，又东北过柴林河，至直埠，与汉水合。《禹贡大传》：夏水首出于江，尾入沔，亦谓之沱。郑玄、刘澄之皆以为沧浪水也。《水经注》：夏水东至云杜入沔，其处谓之睹者口。《广记》亦云：夏水入沔之口为睹者口。今睹口在阳明、太白诸湖间，盖为水所埋也。亦曰堵口，亦曰潴口。晋元帝永昌元年，王敦反，逼建康，甘卓自襄阳将袭武昌，军于潴口，即此。夏水合沔入江，故沔口又名夏口也。又《周地图记》：夏水合诸水同入汉，自汉入潜，名七里沔，州名取此。《胜览》云：七里沔，在复州，江、汉、夏三水所会处，故沔阳城亦曰七里城。《州志》：七里沔在州东一里。又云：夏水泛则合诸水于州之东北度口，下流六十里，地名沧浪，古有沧浪驿。汉水自襄河而入，江水、夏水自西南而入，并汇于此，或以为七里沔也。一说竟陵南三十里湖东有七里汛，即七里沔。○漕河，在州西南一里，江水、潜水所入也。《志》云：漕河自州西三里之三江口，东流合沧浪水，过侯埠关，入于白湖。又州治北有汊河，流入汉阳府界。又有白沙水，《志》云：在州东北一里。《水经》云：江水过下隽东，得白沙口。程缤以为即是水也，今埋。

太白湖，州东北二百里，接汉阳府界。一名九真湖，一名土湖。潜水自西北来注之，沱自南来注之，其上游西湖、李老、泗港、沙湖及直步、黄蓬、阳明诸水悉汇焉，周二百余里，为沔境之巨浸。达沌口入江。《水经注》：沌水通沔阳太白湖，是也。《水利考》：环沔皆湖也。大者凡数百里，小者亦不啻数十里，长波巨浸，诚浩渺之区矣。然其北多属竟陵，而李老为大；其西多属监利，而西湖为大；其南则黄蓬为大，其东则太白为大。诸湖皆逶迤入太白湖，故沔，众水之汇也，太白，又沔水之汇也。沔之水，潴于太白，泄于沌口，地势使然也。不然，沔其鱼矣乎？

　　白鹭湖，州东十五里。其东相接者曰鼍湖。又官港湖，在州南四十里。又南十里曰赛港湖，又南五十里曰白螺湖。○千金湖，在州南二百里，其相接者曰乌流湖，曰黄蓬湖。《志》云：黄蓬湖纳茅埠口、许家池及白螺、莲子潭诸水，达新滩而入于白湖，江溢则逆洄入汉。

　　三阳湖，州西三里。东曰朝阳，南曰南阳，北曰水阳，故曰三阳。又州北有复池湖。周武帝置复州，以湖名也。又白石湖，在州西八十里。湖中筑长堤为驿道，亘十里。○直步湖，在州东南四十里，其湖受柳口大马河及螺子渎、渣潭、李二河等水，入阳明湖。《志》云：螺子渎在州东七十里，李二河在州东南百五十里。又西湖在州东南百里，西港湖在州东南百五十里，下五湖在州东南二百八十里。

　　沙湖，州东百二十里，与太白湖相连。今有沙湖驿。又司马小阳湖在州东九十里，阳明湖在州东百七十里，皆流接大白湖。○马骨泛，在州北八十里。夏秋泛涨，渺漫若海，春冬涸，为平田。《一统志》云：马骨湖，在州东南百六十里。似误。《志》云：州之四境，湖池泛港之属凡四十有四，而太白湖最著。今皆有河泊所司之。

　　许家池，州东南百五十里。又张家池，在州东南百四十里。杨孟池，在州东北百二十里。皆江、汉支流所汇，联络灌注，以入于白湖，亦皆掌于河泊所。○刿河口，在州西北六十里。刿，与穴同。盖水流分泄处。亦曰刿河新掘口，汉水别流所经也。有河泊所，并置刿河驿于此。又拖船渡在州西九十里汉江滨。刘家渡在州北二十里。

　　范溉关，州西北四十里。《志》云：沔阳之关四：一曰荆江口关，在城西；一曰襄江口关，在城西一里；一曰侯埠关，在州东六十里，与范溉关为四也。今有侯埠驿，置于侯埠关侧。

沙镇，在州东百五十里沙湖口。有沙湖驿，并置巡司于此。《志》云：沙镇之东有邵洲脑，其地连接太白诸湖，支浦环聚，劫寇潜匿。万历中，增设官兵戍守。又茅镇，在州南百二十里茅埠口，亦设巡司于此。《志》云：州东百六十里地名尖刀嘴，北接汉川县界，有鸡公洲，嘉靖中，大盗哨聚于此，因增置官兵戍守。

汉津驿。州城东北一里。驿前有江北渡，东接汉阳，西接潜江、景陵，为一州之津要。《志》云：州有深江、刽河两驿，今俱革。

○景陵县，州北二百十里。北至京山县百里，东至汉阳府汉川县百五十里。楚竟陵邑。汉置县，属江夏郡。后汉因之，又光武封刘隆为侯邑。晋亦曰竟陵县，仍属江夏郡。晋末，分置霄城县，属竟陵郡。宋、齐因之。梁范云封为霄城侯，是也。西魏废竟陵入霄城，为竟陵郡治。后周改县曰竟陵。隋初，尝为复州治。唐时，复州治此。五代晋改县曰景陵。宋亦为复州治。端平中，还隶复州。元属沔阳府。今城周三里有奇，编户二十五里。

竟陵故城，在县西南，即楚故邑。《史记·越世家》：竟陵泽，楚之材也。孔氏曰：楚有七泽，竟陵其一。秦白起攻楚，拔郢，东至竟陵。汉置县于此。晋宋因之。惠帝以后，属竟陵郡。太安二年，荆州刺史刘弘遣陶侃攻贼张昌于竟陵，败之。宋、齐为竟陵郡治。齐永元二年，萧衍起兵襄阳，前至竟陵，命张法安守之。梁太清中，湘东王绎以王僧辨为竟陵太守，既而与雍州刺史岳阳王詧为敌，使司州刺史柳仲礼镇竟陵以图詧。詧大惧，遂请于西魏以覆江陵。西魏移郡于霄城，县废。《括地志》曰：竟陵故城在长寿县南百五十里。孙宗鉴曰：自蔡州南至信阳军，始有山路，迤逦至安陆，可两驿。至复州皆平地。南至大江，并无丘陵之阻。渡江至石首，始有浅山。谓之竟陵者，陵至此而竟；谓之石首者，石自此而首也。《汉志》：竟陵县东北有章山，古文以为内方，盖以为即荆门之内方也。

云杜城，在县东南。汉县，属江夏郡。王莽地皇二年，绿林将王匡等败莽兵于云杜，遂攻拔竟陵。后汉亦属江夏郡。东晋以后，属竟陵郡，后周废。《水经注》：沔水自竟陵，又东南经云杜县东，夏水注之。《寰宇记》：萧梁置沔阳郡，盖治云杜县。又郧城，杜预曰：在云杜东南。《汉志》郧公邑在竟陵，是也。今见安陆县。○京山城，在县北，齐、梁置京山县，后齐置建安郡治焉。西魏改郡曰光川，后周郡废。隋大业初，废京山县入竟陵，因改角陵为京山县。又云梦城，《志》云：在县西，即古云梦泽地。又县东六十里有笑城，相传宋将毕再遇与金兵对垒，夜遁，惟系羊击鼓，金兵既觉，欲追之，知已无及，一笑而已。因名。《通志》：县东九十里有直阳市城，相传为旧县治。

五华山，县东七十里。山岭连属，北接钟祥县界，上有古风城，相传伏羲之后封于此。又巾戍山，在县北七十里。《水经注》：晋时于此置巾水戍。又有龙穴山，在县东北五十里，山旁有龙穴陂，一名龙尾山。○天门山，在县西六十里。亦名火门山，相传光武行兵，举火夜度处也。俗忌火，故曰天门，盖即京山县之天门山。好事者为之说也。又青山，在县西北六十里青山湖北岸，亦与京山县接境。《志》云：湖在今县西二十五里。又诸葛岭，在县西二十里，俗传孔明屯兵处。

沔水，在县南百里。自潜江县流入境，与沔阳州接界。梁太清二年，侯景据台城，荆州刺史湘东王绎遣兵入援，又遣竟陵太守王僧辨将舟师出自汉川，载粮东下，是也。《志》云：县南今有西江水，乃襄江之一派。《水利考》：汉水入境，经诸陂泽，至县东分流，一由黑流渡，经张池、竹筒二河，分入汉川刘家隔者为正流。一由小河口，经渔新河、巾台河、牛角湾，出汉川县风门，合竹筒河者为支流，二流会合，经涢口、蔡店，并出汉口，此故道也。嘉靖二十五年已后，湖泽大半淤平，而竹筒河、牛角湾二处又复中湮。于是县多水患。大抵由青山经林里泽、急走湾、上下洲河，直冲县治，抵杨林垸灌海堰，则邑皆为壑矣。又有塔儿湾，决口虽在潜江，而景陵实当其患，皆可虑也。

回河，县东北七十五里。自府北池河分流经此，又东南入于沔水。○便河，在县南三十里。元时，郡守白景谅以自县至郡，水道迂远，乃开此河，民以为便。时掘土得石，有文曰白公沟，亦名白河。又义河，在县东一里。《志》云：县有城南河，经城南入汉，下流为义水，汉水泛溢，时有冲啮之害。

扬水，在县西南。旧自荆州府监利县流入境。《水经注》：扬水东入华容县，又东北径竟陵故城西，又北注于沔，谓之扬口。亦谓之中夏口。先主当阳之败，张飞按矛于长坂，先主以数十骑斜趣汉津，遂渡夏口。是矣。《晋书·杜预传》：旧水道惟沔、汉达江陵千数百里，北无通路，预乃开扬口，起夏水达巴陵千余里，内泻长江之险，外通零、桂之漕。建兴四年，王廙将赴荆州，留长史刘浚镇扬口垒，为贼杜曾所破。隆安二年，荆州刺史殷仲堪贼杀故雍州刺史郗恢于扬口。齐永元二年，萧衍起兵襄阳，攻郢城，次于扬口，是也。今亦为扬林口。或曰：岳州府北有杨林浦，亦扬水通江之故道。○巾水，在县北。《志》云：县东一里之义河，即巾水所经也。《水经注》：巾水出竟陵县东百九十里，西经巾城下，又西经竟陵县北，又西注扬水，谓之巾口。是也。又巾水，旧经扬林口，亦曰扬水，今自便河复入于汉。

三澨水，县南三十里。出京山县西七十里之磨石山，流入县界，东注于蒿台湖。或以为即《禹贡》之三澨也。亦名三汊口。《志》云：县河西自南河口入，南自黑流渡入，北自石家湖入，故名。汉，读曰差。一名三参水。参，去声。《县志》云：县有白云三汊水，在县东南九十里。有河泊所，东南去州一百里。

东湖，在县东。地脉逶迤为洲坻，盘旋于湖中，凡数层。又西湖，在县西里许，中有汀。又南湖，在县南十里。○上帐湖，在县南七十里。《志》云：东南去州百八十里，有河泊所。又下帐湖，在县南百七十里。又蒿台湖，在县东七十里。《水利考》：县境有四汊、蒿台等湖，即《禹贡》三澨故地也，最为低洼。嘉靖中，四汊等湖淤浅，下流复壅，沉溺不免矣。

澧马潭，县西三十五里，钟水之区也。又有葫芦三湾，在县西南五十里，皆掌于河泊所。《舆程记》：县西南六十里为渔泛洪泽口，又四十里为湖口，即监利以北诸湖泽也。渡湖三十里，登陆五十里，而至荆州府。

甘鱼陂，在县西北。《左传》昭十三年：楚公子比次于鱼陂。《战国策》：冷向曰：楚南有符离之塞，北有甘鱼之口。杜预曰：竟陵城西北有甘鱼陂。王氏曰：战国多用水攻，故楚守甘鱼之口。符离，见江南宿州。横桑口，在县东南。东晋初，荆州将吏郑攀等作乱，拒刺史王廙，众心不一，散还横桑口。《水经》：沔水受夏水，东南径云杜县，又东径左桑。昔周昭王南征不复处，庾仲雍谓本是佐丧也。又东谓之横桑，言得昭王丧处。

石渠堰，在县西北三里。其流自五华山下通巾水。唐咸通中，刺史邓元素开。又县东北有永丰堤，堤长四里。又有周公堤，自县东至县南，横长三十里。弘治中，县令周端因旧堤增筑，因名。又有便堤，在县南车箱渡，护七十余垸之田。

乾镇，县东八十里。潜、沔之间，大半汇为湖渚，复合流至乾镇，分为二流：一由张家池口，出汉川县；一由竹简河，出刘家隔，往来之要道也。今为乾镇驿，《会典》作乾滩驿，并置巡司于此。○皂角市，在县东北七十里，有皂角渡。地据高阜，当三府四县之交，居民错杂，商贾辐聚，防御最切。其相近者曰鱼泛泽，亦戍守处也。又县东二十里有板港渡，县西青山湖口有鼓角渡，县西九十里有黑流渡，县南三十里有车箱渡，皆水陆津要也。又有柳家渡，在县东北四十里。弘治十二年，改建柳家桥，公私便利。

八十冢。县东北七十里。有疑冢凡八十，地名长河，接德安府应城县界。

附见：

沔阳卫。在州治东北。洪武六年置。嘉靖十八年，改属兴部留守司。今亦设沔阳卫。

○德安府，东至黄州府三百里，南至汉阳府三百二十里，西至承天府三百二十九里，西南至承天府沔阳州三百四十里，西北至襄阳府四百九十里，北至河南信阳州二百五十一里，东北至河南光州四百三十里。自府治至布政司三百二十里，至江南江宁府二千二百里，至京师五千六百一十里。

《禹贡》荆州之域。春秋时郧子国郧，一作鄅，又作涢，俱读曰云。后属楚。秦属南郡，汉属江夏郡。后汉因之。晋亦属江夏郡。宋置安陆郡。沈约志：孝建初立。齐因之。梁置南司州。西魏改置安州。后周末，改郧州，而安陆郡如故。隋初，废郡，炀帝改郧州为安陆郡。唐武德四年，复曰安州。初置总管府，寻为大都督府。天宝初曰安陆郡。乾元初复曰安州。贞元中，置安黄节度观察使，治安州。五代梁置宣威军，后唐改安远军。晋复为州。后汉仍为安远军。周显德初，复为州。宋仍曰安州。亦曰安陆郡安远军。熙宁初，升为德安府。以旧为潜邸也。元因之。《志》云：宋端平初，徙治汉阳，元复旧治。明吴元年,改德安州。洪武九年,隶黄州府。十三年,复为德安府,领州一、县五。今仍旧。

府北控三关,谓信阳三关。南通江、汉,居襄、樊之左腋,为黄、鄂之上游,水陆流通,山川环峙。春秋时,楚人用此以得志于中原者也。三国时,为吴、魏争逐之地。吴嘉禾三年,陆逊自襄阳引退,潜遣别将击江夏新市、安陆石阳,斩获而还。时安陆已属魏,吴人遂不能得志于襄阳。晋庾翼图北伐,议移荆州镇安陆,盖顾瞻河、洛,指臂淮、汝,进可战,退可守,安陆形胜,实为利便矣!自是南北分疆,未尝不以安陆为棋劫之地。梁、陈不竞,周、隋屡出师于安陆,而东南不能支也。唐之中叶,淮西多事,安、黄每为形要。宋南渡以后,西北用兵,识者每欲于襄、邓、安、随,为北瞰京洛之计。岳飞发鄂州,道安州,进破金人于蔡州,而中原震动。陈亮谓:安、随诸处,镇抚得人,可以出奇制变。是也。胡氏曰:欲固中流,必以重兵镇安陆。薛氏云:安陆北接随、唐,东黄、南鄂,西接荆、郢,呼吸可通。明初,兵下汝宁,捷指安陆。时全楚州郡,悉为贼锋所糜烂,王师一至,无不欣欣颙望者。盖不待摧枯之力,而有风靡之势矣。此岂非古今之仅事哉?

○安陆县,附郭。汉县,属江夏郡。王莽地皇二年,绿林帅王匡等拔竟陵,转击云杜、安陆,是也。后汉亦属江夏郡。晋为江夏郡治。刘宋以后,为安陆郡治。梁为南司州治。自是州郡皆治此。明初,省入德安州,寻复置。今编户七里。

郧城,今府城。春秋时郧子国也。楚灭郧,封斗辛为郧公,邑于此。定十年,吴入郧,楚子奔郧。《史记》:楚昭王十年,吴入郧,昭王亡至云梦, 走郢。是也。《水经》: 郧水经安陆城西, 故郧国也。盖亦因涢水为名矣。晋太元八年, 符坚大举入寇, 慕容垂进拔郧城。义熙初, 桓振据江陵, 为刘毅等所败, 逃于郧川。既又自郧城袭江陵。郧城在郧川, 故有二名也。梁武帝攻鲁山, 谓郧城、竟陵之粟, 方舟而下, 郧城, 即安陆之别名矣。今郡城, 明初因故址修筑, 嘉靖中增修, 周六里有奇。

永阳城, 在府北六十里。萧齐置永阳县, 属随郡。梁因之。西魏改曰吉阳, 属安陆郡。隋初废。又桓温城, 在府东十八里紫石村, 相传温尝屯兵于此。《志》云: 县西三十里有郝甑山, 后周甑山县在其下。恐误。今见前汉川县。

章山, 府东四十里。《左传》定四年: 蔡侯、吴子、唐侯伐楚, 舍舟于淮汭, 自豫章与楚夹汉。《图经》云: 豫章即章山也。一名障山。晋太安二年, 华宏讨义阳贼张昌于江夏, 败于障山, 即此。一名立章山。或以为即内方山, 误。○陪尾山, 在府东北五十里, 小丘也。或以为《禹贡》之陪尾, 误。俗呼横山, 一名横尾山, 祝穆以为郧水所出。

石岩山, 府西八十里。山有石岩耸立。晋太安二年, 时义阳蛮张昌作乱, 聚众于安陆石岩山, 织竹为凤衣, 以五彩聚肉其旁, 以集百鸟, 诈云凤降, 因伪建元神凤, 镇南将军刘弘讨平之。《水经注》: 涢水过江夏安陆县西, 又南径石岩山北。是也。又寿山, 在府西北六十里, 北接应山县界。○白兆山, 在府西三十里, 西去大洪山一百里, 皆峦嶂联络, 有岩洞泉涧之胜。其东相峙者曰石梁山, 亦高耸, 有石如梁。

蔽山, 县北四十里。山如屏嶂, 遮蔽南北, 其阴即应山县界。又铁城山, 在县北五里, 以山石如铁而名。○黄花谷, 在府南。石晋天福五年, 安州帅李金全以州附南唐, 南唐将李承裕据其城。晋将马全节奉命讨金全, 与唐兵战于城南, 败之, 承裕南走。别将安审晖追败承裕于黄花谷, 又败之于云梦泽中, 遂获承裕而还。

涢水，在城西北。《元和志》：安州，其城三重，西枕涢水。涢水源出大洪山黑龙池，东南流过随州界，又东经应山县界，合诸溪水东南流入境。又南流至此，绕城西隅，南经云梦泽，历云梦县及应城县境而入汉阳府界。其在城西者，俗称府河，亦名石潼。《水经注》：涢水，亦名清发水。《左传》定四年：吴败楚于柏举，从之及于清发，是也。又晋太安二年，镇南将军刘弘遣牙门将皮初与张昌战于清水，斩之。亦即涢水矣。又溠水，在府西北五十里，源出应山，会于涢水。

漳水，府西南五十里，亦出大洪山，经京山、应城县界，流入境。下流合涢水。沈括曰：清浊相揉者曰漳。漳，文也。别有云梦之漳，与涢水合流，色理如螮蝀，数十里方混，其处谓之漳口。陈大建十二年，后周将元景山等败陈将樊毅于漳口，毅退保甑山镇是也。又有㴔水，在府西南九十里，亦出大洪山，东流会于漳。一云源出白兆山，达云梦县北二十里蒿子口，入于涢水。

云梦泽，府南五十里，《禹贡》曰：云土梦作乂。《周礼·职方》：荆州薮曰云梦。《尔雅·十薮》：楚有云梦。《左传》昭二年：楚王以郑伯田江南之梦。又邙夫人弃子文于梦中。定四年：楚子避吴，入于云中。《战国策》：庄辛谓楚襄王驰骋于云梦之中。《史记》：秦始皇三十七年，出游，行至云梦，望祀虞舜于九疑。又自云梦浮江，下观籍柯。汉六年，高祖伪游云梦。《河渠书》：西方则通渠汉水、云梦之野。司马相如曰：楚有七泽，其小者名云梦，方九百里。后汉和帝永元十五年，幸云梦。桓帝延熹七年，幸云梦，临汉水。祝穆曰：左氏言梦则不言云，言云则不言梦。然则云梦实二泽也。《汉阳志》云：云在江之北，梦在江之南，今巴陵、枝江、荆门、安陆之境，皆云有云梦。盖云梦本跨江南北，为泽甚广，而后世悉为邑居聚落，故地之以云梦名者非一处。而安陆之云梦，尤最著云。石晋天福五年，马全节入安州，唐兵南遁。全节遣将安审晖追之，及于云梦泽中,唐将张承业据云梦桥拒战。晋兵乃还。《一统志》:府南一里有云梦桥,今泽已堙。又府河湖,在府南八十里,有河泊所。

溾头镇,城西北二十里。亦曰潼头,淮水之别名也。杜佑曰:水所冲曰溾。梁大宝初,西魏将杨忠攻安陆,柳仲礼方进军襄阳,驰归救之。忠遣军袭败仲礼于溾头,安陆、竟陵俱降于魏。今名石涳村。○大化镇,在府北九十里,与应山县接界。石晋天福五年,安远帅李金全叛附唐,唐将李承裕入安州。梁马全节自应山进军大化镇,与唐兵战于安州城南,是也。又高窍镇,在县南三十里,向有巡司,今革。

三连戍。在府西。晋义熙十一年,雍州刺史鲁宗之以襄阳应司马休之于江陵,裕遣檀道济等将步骑出襄阳,江夏太守刘虔之将兵屯三连,立桥聚粮,以待道济。积日不至,宗之子竟陵太守鲁轨袭击虔之,杀之。即此。又诸葛寨,在城东罗陂村,旧传诸葛武侯所立。○胡亭,在府西北。晋咸康五年,石勒将夔安陷沔南,进据胡亭,寇江夏,围石城,即此。石城,见安陆府。

○**云梦县,**府南四十六里。南至汉阳府汉川县九十里,西南至应城县四十里。汉安陆县地,属江夏郡。西魏大统十六年,于云梦古城置县,因以为名。隋属郧州。唐属安州。宋因之。熙宁二年,省入安陆。元祐初,复置。绍兴中,移县于许落市,寻还故治。今编户三里。

江夏城,县北十四里。晋江夏郡初治安陆,后移夏口。此盖晋故郡治也。杜佑曰:汉江夏郡治在县东南。恐误。○楚王城,在县东。《左传》定四年:吴入郢,楚昭王奔郧城,因以名。

神山,县东北四十里。云覆其上则雨,故名。其相近者曰葛藤山。

涢水,县西二里。自安陆县流入境,一名西河,又南入汉川县界。《志》云:县南三十里有隔浦潭,涢水下流也。○云梦泽,旧《志》:在县治南六十步,今湮。

台湖，县南六十里。《志》云：水出县东三汊口，及后湖，会流至淮口入于汉。又紫云湖，在县南四十五里。杨林湖，在县南五十里。〇石羊湖，在县东南三十里。又孟家湖，在县东南十里。

兴安镇。县东十五里，旧有巡司。又许落市，在县北十四里，宋时县尝移此。县西北又有於菟乡，相传即楚令尹子文所生处。

〇应城县，府西南八十里。东南至汉阳府汉川县百十里，西至承天府京山县百里。汉安陆县地。宋置应城县，属安陆郡。齐因之。西魏置城阳郡。隋初郡废，县属郧州。大业初，改县曰应阳，属安陆郡。唐武德四年，复曰应城县，仍属安州。元和二年，省入云梦。太和二年，复置。天祐二年，又改曰应阳。五代唐复旧。宋、元因之。明洪武十年，并入云梦县。十三年，复置。今编户九里。

蒲骚城，县北三十里。《左传》桓十一年，楚屈瑕将盟贰、轸，郧人军于蒲骚，即此。《志》云：后魏尝于此置浮城县，隋废。

崎山，县西北二十五里，蜿蜒迤逦，来自京山县界。又京山，在县西北六十里，有温泉，东南流注于涢水。〇高楼山，在县东北二十里，涢水滨，以峰峦层叠而名。

涢河，在县东北三十里，与云梦县接界，县境诸水，多汇入焉。〇杨家河，在县北三十五里。上流自京山县流入境，又东入安陆县境，即漳水上源也。

西河，在县西北三十里。一名环河。源亦出大洪山，经京山县流入界。南流经城西，合诸溪水，经县南四十五里，为梅家港。又南五里为八埠口，入汉川县界，会于汉水。《志》云：县北三十里有省港水，自京山县境流入，南流至县南五里，合菱湖注于西河。又龙石河，在县西十五里，一名毛家河。亦自京山县流入县西北境，南流至县南四十里，入龙骨湖。又石子河，在县西南二十五里，一名李家河。亦自京山县流入境，至县西四十里合义河，又流经县南三十五里，合龙石河。

五龙港，县西南四十里。源出京山县界林泉山，流入境，分为二港，俱注于县西南五十里之三台湖。湖中有三土台，故名也。下流入汉川县界，入汉水。又汤池港，在县西南六十五里，源出玉女泉，入景陵县界，注汉水。《志》云：玉女泉，在县西南六十里。又县东南三十里有东港，流经县南四十里之清水湖，亦入汉水。

崎山镇。县北二十五里，以在崎山下而名。今置巡司于此。又栎林市，在县南八里。又南二里有沙陂冈。《志》云：县有沙湖驿，嘉靖中，改城北马驿。

○**孝感县**，府南百二十里。东至黄州府黄陂县百里，南至汉阳府汉川县百里。汉安陆县地。刘宋置孝昌县，以孝子董永名也，属江夏郡。齐置南义阳郡，治孝昌。梁初，以南义阳置司州，寻徙安陆。西魏于县置岳州及岳山郡。后周州郡俱废，县属郧州。隋大业初，属安陆郡。唐武德四年，置濠州。七年，州废，县属安州。五代唐改县曰孝感。宋仍属安州。明洪武九年，省入德安州，寻复置。今编户二十九里。

濠岳城，在县东。《志》云：西魏置濠岳郡于此。隋初废。唐武德四年，置濠阳县，属濠州。州废，属安州。贞观初，省入孝昌县。或曰濠阳即西魏所置郡治云。《寰宇记》：县北百里，又有义阳城。《隋志》：梁置义阳郡，西魏改为南司州，寻废。即此城云。

九峻山，县东北八十五里。一名九宗。环阜叠嶂，林麓深杳，溪涧盘曲，拟于长安九峻。其东曰黄草山，险峻孤峭。《志》云：上有镇阳城，垒石为固，周围数里，四面陡绝，一径仅通，亦昔时守御处。又有双峰山，在县东北九十里，两峰挺峙，飞瀑悬流，登之可尽江汉之胜。○凤凰山，在县东四十里。相传晋永和初，凤产九子于此，一名乳凤冈，四面皆水。

大悟山，县东北百三十里，高二百余丈，广六里，上有平畴，可耕种。其下为狮子岩，一名上界山。《方舆记》：县东北二十里，有大伍、小伍山，以重山叠嶂，遥望若行伍而名。疑即大悟之讹矣。〇三山，在县西北百三十里，三峰联峙，一名大洪山。又县北二百二十里有五峰山，以五峰并峙而名。

黄茅岭，在县北二百五十里，为县境之险阻。其相近者又有白杨岭。《险要说》：孝感之黄茅岭，与应山之高贵山、随州之栲栳山，皆与信阳三关形势联络，上接襄、邓，下连光、黄，《图经》所谓天下之中络，楚北之要害也。

澴河，县北五十里。自河南信阳州界，流经应山县北境鸡头山，为天磨河。入县境，经县北二百五十里之新店，汇清风洞水，为双河口。又南经县北二百里之太公潭，至县北百六十里为小河溪，至百二十里，有黄沙水流合焉，为两河口。又南为晏家河，经县北九十里之澴河镇，至县北五十里，分流环注。县境诸小水，皆流合焉。其下流一自县西南白龙潭入汉，一自八埠口会云梦县河之水，至县西南，注泉湖入汉。一合东山沦河，经线河至涢口入汉。一会县东南三十里之马溪河，及泸川、陡山河、蒲湖水，至黄陂县之沙口，入于江。

沦河，在县南四十里，涢水支流也。经云梦县八埠口，又东汇为沦河湖，经汉阳黄陂之境，下流入于大江。《志》云：东山沦河湖，在县东南四十里，有河泊所。〇西河，在县东十里，自县北小河溪一带，汇流至此，为龙官潭，下流入于汉水，即澴水支流矣。又泸川，在县东北七十里，下流入于澴水。

后湖，在县西北隅，溉田甚溥。又注泉湖，在县西南三十里，有河泊所。《志》云：县西十里有七里湖，有朱思湖，县西北三十五里又有白水湖。〇董家湖，在县东五里。又东为天门陂，皆以董永名也。又白陂湖，亦在县东。县东南二十里又有羊马湖。又磨陂泉，在县东北三十里，其泉涌出,灌田千顷,皆流汇于溴河。

九里关。县东北三百里,接河南信阳州界。《志》以为一名黄岘关,即古之直辕也。《通志》误以为古大隧关。又小河溪镇,在县北百二十里,地险僻。《志》云:即王莽时王常起兵处,北出新店,即应山及信阳界也。嘉靖初,鞠为盗区,因设官兵戍守于此,有巡司。又马溪河镇,在县东四十里,亦有巡司。又白云寨,在县东北百八十里白云山上。

附见:

德安守卫千户所。在府治东。洪武初建,旧属行都司。嘉靖中,改属兴都留守司。今亦置德安所。

○随州,府西北百八十里。西南至承天府四百六十里,西至襄阳府三百五十里,北至河南唐县四百里,东北至河南信阳州二百四十四里。

《禹贡》:荆、豫二州境。春秋随侯国,后属楚。秦属南阳郡。两汉因之。三国魏属义阳郡。晋初因之。太康中,分置随国。刘宋泰始五年,改为随阳郡,寻曰随郡。沈约《志》:晋置随国,初属荆州。宋孝建元年,属郢州。永光元年,度属雍州。泰始五年,还属郢。元徽五年,度属司州。自此改随阳为随郡。齐、梁因之。西魏置并州于此,寻改曰随州,而随郡如故。隋初,郡废,州曰隋州。大业初,改置汉东郡。唐武德三年,复为隋州。天宝初,亦曰汉东郡。乾元初,复旧。宋仍曰随州亦曰汉东郡。又乾德五年,升州为崇义军。太平兴国初,讳义,改曰崇信军。元因之,属德安府。明洪武初,以州治随县省入,又改州为县。十三年,复置随州,编户十八里。领县一。今因之。

州北接龟厄,东蔽汉、沔,介襄、郢、申、安之间,实为重地。《左传》曰:汉东之国,随为大。楚武王经略中原,先服随、唐,而汉阳诸姬尽灭之矣。盖楚服随、唐而蔡、郑始惧焉。自是南北多故，往往置戍守于此。说者谓：出义阳可以兼颖、汝，出南阳可以规伊、洛，而义阳、南阳之锁钥，随实司之。又其地山溪四周，关隘旁列，几于鸟道羊肠之险，洵用武者所必资也。宋失中原，长淮以外，即为敌境。议战议守，未尝不切切于随州。马氏贵与曰：随州因山为郡，岩石隘狭，道路交错，自枣阳至厉山九十九冈，有括囊之势，易入而难出云。

废随县，今州治。秦置随县，属南阳郡。汉因之。王莽地皇三年，新市将王匡等攻随，平林人陈牧等聚众应之，是也。更始初，封胡阴为随王，国于此。后汉仍属南阳郡。晋属义阳郡，寻为随国治。刘宋改县曰随阳，寻复曰随县。自是州郡皆治此。隋、唐因之。宋绍兴以后，徙治无常。元至元十三年，即黄仙洞为州县治。明初，废县入州。《城邑考》：随故城在今州南，元徙今治。今州城，明初所筑，周三里有奇。弘治十三年，增修，寻又筑堤凿濠，环城为固。嘉靖三十七年，又于郭外作砖城，以防水灾，且御盗贼，高丈余，周十里。

唐城，州西北八十五里。春秋时唐侯国，后为楚昭王所灭，其地属楚。秦为随县地。汉为上唐乡，属舂陵县。莽地皇三年，下江兵王常等破荆州兵于此。晋置溠西县，属义阳郡。宋、齐因之，置下溠戍于此。后魏正光中，侵梁，破下溠戍，亦置溠西县，并置义阳郡治焉。寻复入梁。太清末，湘东王绎与岳阳王詧相攻，西魏将杨忠自穰城救詧于襄阳，至义阳，太守马伯符以下溠城降，即溠西也。西魏因改溠西为下溠县，并置肆州于此。寻改州曰唐州。后周又以均、款、郧、归四州省入，仍曰唐州，而义阳郡如故。隋开皇初，郡废。十六年，改下溠县曰唐城，属随州。大业末废。唐开元二十六年，分枣阳县地复置唐城县，属随州。宋因之。元废。今为唐城镇。

平林城，州东北八十里。汉随县地。王莽地皇三年，关东人陈牧、廖堪起兵，号平林兵。《水经注》：漳水南经随郡平林故城西，俗谓之将陂城。晋置平林县，属义阳郡，后废。宋末，改置西平林县，属随郡。齐属东新安郡。梁置上明郡。隋初，郡废，县属隋州。唐武德八年，县废。

土山城，在州东北五十里。《梁纪》：中大同二年，遣土州刺史桓和会军趋悬瓠。《隋志》云：梁置龙巢县，土州治焉，领东西二永宁及真阳三郡。后周废三郡为齐郡，改龙巢曰左阳。隋开皇初，郡废，县属随州。十八年，改县曰真阳。大业初，改为土山县。唐初，省入随县。又土山东有石武废县，亦梁置，属真阳郡。后周属齐郡，隋属隋州。开皇十八年，改为宜城县。大业初，废入土山县。其东南又有阜陵废县，亦梁置。后周改为漳川县。隋属隋州。大业初，亦废入土山。○阙西废县，在州东二十里。宋析随县地置阙西县，属随郡。齐因之。梁置曲陵郡，西魏改溠西为下溠，因移置溠西县，兼置溠西郡于此。隋初，郡废。大业初，并废溠西县，入隋县。

顺义城，州北八十里。萧齐置北随安左郡。梁改北随郡。西魏改为南阳郡，又析置淮南郡，领厉城、顺义二县，兼置翼州，寻改为顺州。隋初，郡并废。大业初，州废，改厉城县为顺义县，以旧顺义县并入焉，属汉东郡。唐废。又安化废县，在顺义县西北，西魏置，属淮南郡。隋开皇初，属顺州。十八年，改为宁化县。大业初，亦废入顺义县。○安贵废县，在州西三十里，梁置定阳县及北郢州于此。西魏改县曰安贵，又改州为款州，寻废州为涢水郡，别置戟城郡及戟城县，郡复废，改戟城县曰横山。隋开皇初，并废涢水郡，县属随州。大业初，又以横山县并入安贵县。唐废。今为安贵镇。又有洛平废县，在州东北百五十里，西魏置。隋开皇十八年，改曰上明县。大业末废。《隋志》：上明县有鹦鹉山。今山在州东北百五十里。

光化城，在州东南三十里，本楚子城也。《左传》桓八年，楚子伐随，军于汉、淮之间。盖筑城于此，以逼随也。萧齐置安化县。西魏改新化县。后周改光化县。隋因之，属随州。唐光化县亦治此。宋熙宁中，始改置光化县于襄阳，而随州之光化县遂废。今为光化镇。○平昌城，在州西。齐建元二年，魏人入寇，司州蛮引魏兵寇平昌，平昌戍主荀元宾击破之，是也。又清腾废县，在州西南。梁置梁安县，又置崇义郡治焉。后周废郡，寻改置遂安郡。隋开皇初，郡废。七年，改县曰清腾，属郢州。大业末，县废。近《志》云：州境有崇业郡城，当即崇义矣。又云：州北百二十里有鲁王城。不知所据。

大洪山，州西百二十里。山高险，四面陡绝，上有田畴，中襟大湖，一名大湖山。湖旁有龙斗崖及泉石诸胜。《水经注》：大洪山，在随郡西南、竟陵东北，盘基所跨，广圆一百余里。溳水出于其阴，亦谓之溳山。刘宋元嘉二十一年，诸蛮作乱，溳水之蛮最强，沈庆之讨平之。宋靖康间，避寇者尝依此山立寨栅自保，贼竟不能破。又端平二年，蒙古攻洪山，宋将张顺等击破之。今亦见承天府京山县，盖境相接也。又《州志》：溳山，在州西南七十里，以溳水经其下而名。

厉山，州北四十里。相传神农起于此。神农号厉山氏，故以名山。山下有厉乡，即春秋时厉国也。《左传》僖十五年，楚人伐徐，齐师、曹师伐厉以救之，即此。唐兴元初，江西节度曹王皋遣将伊慎等围安州，李希烈遣其甥刘戒虚等赴救，皋别将李伯潜逆击之于应山，擒之。又击走希烈将康叔夜于厉乡，是也。《荆州记》：山有二穴，神农所生，谓之神农洞。其支山曰仙人山，旁有鸡头垛。又有棋盘山、塔儿山之属，环列山旁。《九域志》：自枣阳至厉乡，道路交错，号九十九冈。今冈在州西北百八十里。《寰宇记》：厉乡西有堑两重，堑中有神农宅，宅中有九井。旧《志》：厉山在州西北百八十里。○大义山，在州北百五十里，周百里。相传魏晋置义阳郡，以山名也。其北五十里又有太平山，山最峻，为东北诸山之宗。或以为胎簪山，即淮水所出，北流至桐柏云。

青林山，州东南七十里。茂林远望，蔚然而青，亦名青山。元末，徐寿辉倡乱于蕲水，随州人明玉珍集乡兵屯于青山，结栅自固，既而降于寿辉。今山北有古寨。○随州城山，在州南七里。山势横亘，如城郭然。州因以名。山南有三阜，形如瓜，一名三瓜山。州西南又有独宗山，山高峻，为涢川众山之宗。又大猿山，在州西南四十里，亦名大狐山。《志》以为即张衡《南都赋》所云天封、大狐者。又十九里山，在州南百二十里，山有寨，本名石臼山，以长亘十九里而名。

三钟山，州东北五十里。山有三堆，状若覆钟，俗名团山。王莽地皇三年，严尤、陈茂破下江兵，王常等收散卒入蒉溪，略钟、龙间，众复振，破莽荆州兵于上唐。钟，即三钟山；龙，石龙山也。盛弘之曰：永阳北有石龙山，今在应山县。蒉溪或曰亦在州北，今湮。○栲栳山，在州西北二百里。《水经注》谓之黄山，州境之大山也。跨河南唐县界，其相接者曰壤山，一名晃山。又蓬瓺山，亦在州北。正德中，官军败贼赵风子于此。或曰山在州东。

涢水，在州西。《水经注》：淮水出大洪山，东北流，折而东南，经随县西，又经随县南而东南注，下流入安陆县界。是也。又有均水，在州西四十里，出大洪山至州东南四十里，入涢水，后周有均州，盖以水名。

溠水，在州西三十里。《周礼·职方·豫州》：其浸波溠。《左传》庄四年：楚人除道梁溠，营军临随。《水经注》：溠水出随县西北黄山，南经溠西县西，又东南瀙水入焉。瀙水出桐柏山之阳，东南经溠西县，又东南流，入于溠。溠水又东南入于涢水。李吉甫曰：溠水，在随城西四十里。今溠水出栲栳山，东南流，至州北百里，有鲁城河流合焉。南流至唐城镇，又东南流至安贵镇，入涢。○瀙水，《志》云：出太平山，南流至唐城镇东，故澉西县因以名。流经州西，名扶恭河，一名浮缨河。又东南至州西北三里，为两河口，入澉。

浪水，州南四十里。出大猿山，东流至废光化县，入澉水。又石鱼河，在州城南五十里，亦出大洪山。○圣水河，在州西八十三里。武水，在州西南六十里。皆环绕州境，合于澉水。

五水关，州东北百八十三里。在五水山下，亦作仵水关。○出山店，在州西北百八十里。又州西北九十里有梅丘镇，又西北有合河店，与唐县镇俱有巡司戍守。《志》云：州北二百余里有李家坝，接壤河南，每为寇盗出没之所。隆庆中增设官兵于此，与出山店等处相为应援。万历初，议者以出山、小林、界牌三处俱离州二百余里，当河南、桐柏、信阳等州县连界之冲，为流寇必由之地，先年议委官兵戍守，而权轻力弱，请添设州佐于界牌镇，庶几可专事防捍。因移李家坝戍守于界牌镇。其地南去州二百二十里。

铁岭寨，州西八十里。又州西北二十里有青林寨，北八十里有天王险寨。正德中，刘丙擒贼于此。○麻张新寨，在州东北。明初，邓愈克随州，讨平麻张新寨及信阳珍珑寨、光州石脑山寨。盖其地皆相接也。

沔阴戍。在州西南百里。晋时置戍于此。咸康五年，庾亮议遣诸军罗布江、沔，以为伐赵之规。既而石虎将夔安等南寇，败晋军于沔阴，陷沔南。盖其地皆近沔水，因名也。胡氏曰：沔阴在沔水南。或曰：非也，在沔水东耳。○汪家店，在州西北栲栳山下，其相近者又有道人林诸处，皆有径道，可达河南唐县，为寇贼突犯之所。

○应山县，州东百三十里。南至府城百八十里，北至河南信阳州二百有五里。汉为随县地。梁置永阳县及应州。隋大业初，废州，改为应山县，属安陆郡。唐武德四年，复置应州。七年，州废，县属安州。宋初因之。嘉定中，改属随州。元因之。明洪武九年，省入随县。十三年，复置,属随州。今编户十里。

吉阳城,县东南九十里。萧、梁置平阳县,侨置汝南郡治焉。西魏改郡为董城,改县曰京池。后周武成初,置澴州治此。寻州郡俱废,县属郧州。隋大业初,改县曰吉阳,属安陆郡。唐仍属安州。宋开宝中,省入应山县。○平靖城,在县北五十里,西魏置平靖县,又置平靖郡。隋开皇初,郡废,县属应州。大业初,废入应山县。《志》云:县东七里有云公城,又县东百里大城山下有古城,亦曰大城。建置未详。

宋安城,在县东北。刘宋分义阳郡立东随左郡。大明八年,省为宋安县。齐亦置宋安左郡,属司州。后魏南司州有宋安郡,治乐宁县。武阳关在其境,兼领东随县。隋开皇九年,改东随曰礼山,寻以乐宁县省入,仍属义阳郡。唐武德四年,析应山县置礼山县,属应州。八年,废州,以礼山县仍并入应山。

应台山,在县治东南。亦曰应山县,因以名。其形方平,一名印台。又石龙山,在县北三十里,蜿蜒如龙。又北十里曰兴安山,有古寨,一名兜鍪山,旁接百雁山。又高贵山,在县北六十里,一名大龟山,西接平靖关。《志》云:山与随州之栲栳山、孝感之黄茅岭,险峻相埒,为郡境之要害。

吉山,县东南五十里。有南吉、北吉二山,亦名吉阳山,故吉阳县盖在其南。又孔山,在县东三十里,上有风洞,一名洞山,下有孔山坡。正德中,贼赵燧走死于此。又东三十里曰覆手山,一峰五涧,状如覆手。○礼山,在县东八十里。梁礼山县盖置于山下。又东二十里为大城山。

四望山,县西北百里。山高耸,登望则四远皆见,因名。唐建中二年,山南东道梁崇义拒命,发兵攻江陵,至四望山,大败而还,即此。又县西北四十里有铁城山,四望如铁,山北有寨。○花山,在县北百里,与信阳州接界。其北二十里曰仰天洼,四高中坦,中有平田二百亩。又县东北七十五里有龙爬山，其相接者为牛心山，上皆有寨。又县东北八十里有松子山，地名新店，与孝感县接界，亦戍守处也。

寿山，县西南五十里。山之南接安陆县界。又蔽山，在县南五十五里，亦与安陆县接界。《志》云：县西六十里有将军山，在马坪港北。又西南有峰子山，上有古寨，溠水经其下，合溳水。〇塔儿冈，在县北三里。又有望城冈，在县东五里。嘉靖中，县令王朝璲议云：城外四山环绕，塔儿冈、杨通冈、应台山等处尤高平近县，登之可窥城中虚实。是也。

白泉河，在县东三十里。自孔山悬流而下，流入于溾水。又汶水，在县城西北，源出高贵山，南流经此，又绕城南而东。县东三里又有东河，一名方家河，流合焉。又东南合于白泉河。〇汉东河，在县西四十里。又有大洪河，在县西南三十里。县西南六十里有马坪港，其上流皆汇诸山溪之水，下流合为溠水，入安陆县界，注于溳水。《志》云：县有竹港，水出寿山下，经县西南七十里仓头渡，溳水，入安陆县界。

天井涧，县东二十里。深一丈，广八尺，两山夹峙，泉流其中，冬夏不涸，流合汶水。涧北旧有平康寨，宋人避兵于此，贼不能犯。

平靖关，县北六十里，即古黾厄也。西北去信阳州九十里。又百雁关，在县北九十里，即古直辕也，亦曰黄岘关，亦曰九里关，北去信阳州九十里。又武阳关，在县东北百三十里，即古大隧也，亦曰礼山关，西北至信阳州百五十里。即所谓义阳三关也。明正德中，流寇入境，三关皆为要地。嘉靖中，增设官兵，置镇于平靖关南，与信阳官兵协守，为保障之计。《志》云：武阳关，一名行者坡，亦谓之行者关。嘉靖中，县令王朝璲言：县东崇山峻岭，武胜关、黄土关、土门冲、草市冲、九女岩等处隘口，皆盗贼出没之处，行者关尤为要害。比年流贼劫略，皆由行者关入。假令贼先据此，下瞰邑城，势若建瓴矣。请增设官兵巡司于此控御，庶为得策云。盖诸关寨皆险固，而行者尤要也。详见河南重险黾厄三关。

黄土关，县北百里，东北至信阳州六十里。又武胜关，在县东百二十里。〇凤见关，在县东北二十里。《志》云：常有凤见此，因名。又恨这关，在县北九十里，亦与信阳接界，有巡司。

黄陵寨。县东二十五里，其相近者曰平康寨。又锅底寨，在县北四十里，其相接者曰兴安寨，于诸寨中最为险峻。又牛心寨，在县东北四十里，其相接者曰鸦狐寨。又县东北八十里，有婆婆寨，相传昔时女人聚众避兵处。又有铁城、龙爬等寨，俱见上。〇广水店，在县东三十里，其相近者又有二郎畈。又井子镇，在县西五十五里，皆正德中官兵败贼处。又有太平镇，在县东二十五里。

附见：

随州守卫千所。在州治东，隶安陆卫。洪武初，分守于此。

〇岳州府，东北至武昌府五百六十里，东南至江西袁州府六百五十里，南至长沙府三百八十五里，西南至常德府四百五十里，西至辰州府八百七十里，西北至荆州府四百七十里，北至承天府沔阳州三百五十里。自府治至布政司见上，至江南江宁府二千二百二十五里，至京师五千六百七十里。

《禹贡》荆州地。杜佑曰：今长沙、衡阳皆古三苗国地。春秋、战国时属。楚春秋时，亦为麋、罗二国地。秦为长沙郡地。汉属长沙国。后汉属长沙郡。三国吴为重镇。晋仍属长沙郡。《宋志》：晋元康末，分置建昌郡。咸康初，并入长沙。东晋时巴陵亦为重镇。宋元嘉十六年，分长沙置巴陵郡，属湘州。齐因之。梁兼置巴州。隋平陈，郡废，改州曰岳州。治巴陵县。炀帝初，改为罗州，旋复为巴陵郡。唐初，萧铣置巴州。武德四年，平萧铣，仍为巴州。六年，改为岳州。天宝初，又为巴陵郡。乾元初，复曰岳州。五代时，马殷有其地，后属于周行逢。宋仍为岳州。亦曰巴陵郡。宣和初，又赐军号岳阳军节度。绍兴二十五年，改曰纯州。秦桧以州名与岳飞姓同，奏改。又改军额曰华容。三十年，复旧。元置岳州路。明洪武初，改为岳州府。九年，降为州。十四年，复为府，领州一、县七。今仍旧。

　　府囊山带江，处百粤、巴蜀、荆襄之会，全楚之要膂也。三国初，曹公下荆州，以舟师追先主至巴丘，既而败还。先主与周瑜俱自巴丘追蹑之。后鲁肃戍守于此，以为重镇。《水经注》：巴陵，吴之巴丘邸阁也。《城冢记》：巴陵城，鲁肃所立。孙皓时，万彧屯兵于此，以拒晋师。杜预曰：巴丘，沔、湘之会，表里山川，实为险固。晋室不竞，东南多故，陶侃镇荆州，以江陵偏远，移治巴陵。及上游发难，兵锋东指，亦以巴陵为喉嗌。隆安初，殷仲堪举兵江陵，讨王国宝，遣南郡相杨佺期屯巴陵。宋、齐以后，巴陵绾荆、湘、郢三州之冲，谈形胜者，未尝不首及巴陵。梁侯景之乱，湘东王绎遣王僧辨进讨，至巴陵，闻郢州已陷，因留戍之。绎令僧辨曰：贼既乘胜，必将西上，但守巴丘，以逸待劳，无虑不克。又谓将佐曰：贼若水步两道直指江陵，此上策也。据夏首，积兵粮，中策也。悉力攻巴陵，下策也。巴陵城小而固，僧辨足可委任。景攻城不拔，野无所掠，暑疫时起，食尽兵疲，破之必矣。景悉力攻巴陵，果败遁。陈初，后梁引周人掠取巴陵、长沙诸郡，侯瑱等悉力争之，首得巴陵，诸郡相次降下。隋将取陈，崔仲方谓：水陆冲要必争之所，巴陵亦其一也。唐人以岳、鄂二州控扼江、沔，并称冲要。五代时，荆、襄多事，往往争胜于巴陵。盖湖南得之，足以规取荆、鄂；淮南得之，足以包举湖南，故争之急也。宋末，蒙古据岳州，而湖南、两粤次第倾陷。盖自江而东西，自湖而南北，巴陵皆居其要会，巴陵未下，不可以图进取也。吕氏祉曰：巴陵与武昌，盖辅车之势。《岳阳志》曰：四渎长江为长，五湖洞庭为宗，江湖之胜，巴陵兼有之，故其形势亦最重云。

〇巴陵县，附郭。本汉长沙郡下隽县地。孙吴初为巴丘邸阁。晋初，置巴陵县。仍属长沙。宋属巴陵郡。自是以后，州郡皆治此。明洪武九年，省入岳州。十四年，复置。编户五十七里。

巴丘城，今郡治。相传孙吴所筑故城也。明洪武中，因旧址增筑。周九里有奇，门五：东朝阳，西岳阳，西之左下水，南南薰，北拱极。其县治旧在府城外。弘治中，始筑城环之，周一里有奇。

下隽城，汉县，属长沙国。后汉属长沙郡。晋因之。太安二年，陶侃等屡破江沔贼张昌，昌逃于下隽山，盖县境山中也。宋、齐俱属巴陵郡。梁、陈间，省入巴陵县。《水经注》：江水东至长沙下隽县北，澧水、资水、沅水合东流注之。盖巴陵江左所设，本下隽地也。后汉建武二十五年，马援讨五溪蛮，军次下隽，时未设巴陵，则下隽为顿宿要地矣。太子贤曰：下隽城，在辰州沅陵县。误也。

麋城，府东三十里。相传古麋子国，有东西二城。《春秋》定五年，秦救楚，败吴师。吴师居麋。楚人焚之。又战，吴师败还。既而楚昭王使王孙由于城麋，即此。〇刘备城，在府西九十里。相传昭烈与吴争荆州时所筑。又陶侃城，在府东八里，侃镇巴陵时所筑也。又有竹城，亦在府东。《志》云：宋建炎绍兴之扰，州尝寄治仙明洲东岸，以竹为城，至今犹称竹城。

巴丘山，在府城西南。后汉建安十五年，吴周瑜卒于巴丘。既而孙权使鲁肃以万人屯巴丘。蜀汉建兴三年，吴主闻武侯卒，增巴丘守万人。汉人闻之，亦增永安之守。宗预使吴，所谓东益巴丘之戍，西增白帝之守者也。陈天嘉初，周将贺若敦等军湘川，侯瑱等屯巴丘以逼之。亦名天岳山，一名幕阜山。前有培塿，谓之巴蛇冢。相传羿屠巴蛇于洞庭，其骨若陵，因亦谓之巴陵山。后临大江。《水经注》：湘水至巴丘入江，山在右岸，有巴陵故城，是也。又有白鹤山，在城南二里，与巴丘相峙。又有九龟山，在城南五里，水际有九山相连。

君山，在府西南十五里洞庭湖中。一名湘山。《史记》：黄帝南至于江，登熊、湘。湘，即湘山也。秦始皇二十八年，南游，浮江至湘山祠，遇大风，因问湘君何神。博士对曰：尧女舜妃。始皇怒，命赭其山。唐天复二年，淮南将李神福败荆南帅成汭于君山。后唐天成三年，吴将苗璘攻楚岳州，至君山，及还，为楚将许德勋所擒。宋绍兴五年，岳飞伐君山木为巨筏，塞洞庭诸汊港，擒斩杨么，是也。《志》云：山方六十里，状如十二螺髻，亦名洞庭山。《山海经》：洞庭之山，帝之二女居之，盖尧女湘君尝居此。又名酒香山，山有仙酒。汉武使栾巴求得之，为东方朔所窃饮。今春时山中往往闻酒香也。道书以君山为第一福地。○艑山，在府南五里君山东，洞庭之涯，状如浮舟。《水经注》谓之编山。《括地志》以为即湘山。

城陵山，府西北十五里。蜀江西来，洞庭南注，合流于此，乃一郡水口。山下有城陵矶，长江奔流于矶下。东则有白石、翟家二湖汇焉。每舟行多阻风涛，陆行则寻山历涧，纡回三十余里。旧尝于二湖口构木为梁，颇利涉。明弘治中，筑永济堤于矶南，长四千丈。于旧置梁处为桥二，以便行者。岳州有事，城陵矶其必争之地也。《水经注》：江之右岸有城陵山，山有故城，东接微落山，亦曰晖落矶。○七里山，在府北七里。宋岳飞讨杨么，屯兵于此。

黄茅山，府东三十里。盘亘数里，壁立干霄。相近为集云峰，有叠嶂层峦之胜。又千聚山，在府东百里。盘亘数十里，众山拱揖其旁。其相近者曰雷分台山，秀丽高耸，一名仙人台。又福圣山，在府东百十里，多松柏。相传宋末蒙古兵过此，伐其树，斧斤不能入，时以为神。亦名福圣台。又相思山，在府东百三十里。高耸盘踞，岩石甚胜。○九峰山，在府东北百里。山高耸，有九峰并峙。其相接者曰黄龙山，亦峻拔。又大云山，在府东北五十里，连接七十余峰，高数百丈，与九峰山连麓。山之北属临湘。《志》云：府东北百五十里又有渭洞，广袤百里，周围如城。

石城山，府南六十里，上有杨么寨。又鹿角山，在府南五十里洞庭湖东，旧为戍守之所。又九马嶷山，在府西南四十里。岸有九嶷，舟过甚险。又西南十里有五龙山，以五山对峙而名。○火发岭，在府东北三十里，两山夹峙，形胜崇绝。

隐矶，在府东北。矶南对彭城矶。二矶之间，大江之中也。宋元嘉三年，到彦之等讨谢晦，为晦前锋所败，退保隐矶。梁大宝三年，侯景破江夏，引军西上，缘江戍逻，望风请服。景遂自隐矶济江，攻巴陵，为王僧辨所败。又彭城、隐矶之间，有巨石孤立大江中东江浦，世谓之白马口，亦谓之白马矶。

大江，在府城西北十五里。自荆州府石首县境东流，经城陵矶下，合洞庭诸水入临湘县，又东北入武昌府界。其流清者为洞庭，浊者为大江，其回合之处，曰荆江口，亦曰西江口，亦曰三江口。三江者，岷江为西江，澧江为中江，湘江为南江也。《志》曰：三江俱在府城下。宋吴表臣谓大江上流最急者，岳之北津，即三江口也。余见重险荆江口。

洞庭湖，在府西南。其南曰青草湖，其西曰赤沙湖，凡七八百里，亦谓之三湖。详见大川洞庭。○白石湖，在府北七里。其相接者曰翟家湖。又鱼苗洋湖，在府北十五里。又府东三里有枫桥湖，府东六十里有乾沙湖。又艑山湖，在府南五里。又南有鹿角湖，在鹿角山下。《志》云：

虾须池在府北二十里，大城池在府西北八十里，与鹿角、鯯山等湖皆有河泊所。

邕湖，在府东南五里。亦名瀚湖。相传古雍滋也。《左传》定四年：吴人败楚师于雍滋。《尔雅》：水返入为邕。唐张说云：邕湖者，沅、湘、澧、汩之余波，夏潦奔注，则洪为此湖。冬霜既降，则涸为平野。亦曰角子湖，以在洞庭之角也。后唐天成三年，吴将苗璘将水军攻楚岳州，至军山，楚将许德勋潜军角子湖，使别将绝吴归路，遂擒璘。或谓之阁子湖，以湖地卑，岁苦水患，民多重屋而居，故名也。今有阁子镇。

新墙河，府南六十里。发源相思山，自灌口注于洞庭湖。又府东南有隽水，或曰出大云山，流入武昌府通城县。○大江港，在府西门，下为荆、湘、常、澧之通道。又南津港，在府南五里；油港，在府东四十里；柏港，在府东北十五里；龙湾港，在府东南五十里；皆北出大江，西通湖渚。

杨林，浦在府北，或曰即杨叶洲也。姚思廉云：洲近西江口，以形似名。陈天嘉初，侯瑱等军于巴丘，袭破周将独孤盛于杨叶洲，盛收兵登岸，筑城自保。既而周将尉迟宪以巴陵降，盛将余众自杨叶洲遁还。后唐天成中，楚将许德勋击苗璘，使别将帅战舰二百屯杨林浦，绝吴归路，璘还至江口，为德勋所擒。王氏曰：浦盖在三江口北岸。

彭城洲，在府城东北。宋元嘉三年，谢晦自江陵举兵东下，至江口，到彦之已至彭城洲，晦前锋庾登之据巴陵，畏懦不进。久之，使孔延秀攻破将军萧欣于彭城洲，又攻破洲口栅，彦之退保隐矶。《水经注》：江水过长沙下隽县北，东径彭城口，水东有彭城矶，自彭城矶东径如山北，山北对隐矶。是也。又忌置洲，在府北。《水经注》：江水自西江口东径忌置山南，又东过彭城口。宋檀道济等讨谢晦至忌置洲尾，列船过江是也。

曹公洲，在府城南四十里。《括地志》巴丘湖中有曹公洲，即孟德为孙权所败烧船处。又金沙洲，亦在洞庭湖中，一名龙堆，延袤数里，亦名金沙堆。○堰虹堤，在府治西北，城下瞰洞庭，每至夏秋，风涛昼夜漱啮。宋郡守滕宗谅因筑此堤捍之。嘉靖三十九年，江湖俱溢，堤圮。隆庆初，郡守李时渐缮城筑堤，民赖其利。又李公堤，在府城东北，直接城陵矶，长十五里。旧本湖地，水涨病涉。弘治中，郡守李镜筑堤建桥，人以为便。又白荆堤，在府东南十里，与澹湖相近。

白田镇。在府北。五代梁开平四年，荆南帅高季昌败楚马殷兵于公安之油口，逐北至白田而还。唐天成三年，荆南高季兴复败楚兵于白田，执楚岳州刺史李廷规。《九域志》：巴陵县有白田镇。○鹿角镇，在府南五十里，以山为名。朱梁开平初，淮南将冷业引水军救雷彦恭于朗州，自平江进屯朗口。楚将许德勋败之，追至鹿角镇，擒之，是也。今为鹿角水驿，并置巡司于此。又岳阳马驿，在府北三里。府西九十里又有临江马驿。

○临湘县，府东北九十五里，东至武昌府蒲圻县百七十里，西北至承天府沔阳州二百五十里。本巴陵县地。五代唐清泰中，湖南置王朝场于此。宋淳化三年，升为王朝县，属岳州。至道初，改临湘县。今城周四里有奇，编户八里。

望城山，县南三十五里。下有泉，溉田千顷，山高峻，登之可望郡城。又鱼梁山，在县南一里，山下有湖，渔者取鱼于此。又方山，在县南百里，山势方正，接巴陵县界。○黄冈山，在县东三十里，峰峦耸拔，林木葱蒨。又金鸡山，在县东三十五里，盘礴峻丽，洞穴深邃。又凤凰山，在县东六十里，山峦高秀。其相接者曰楼阁山，群峰叠出，状如楼阁。又大云山，在县东南九十里，山之阳接巴陵县界。

龙窖山，县东百里，跨临湘、通城、崇阳、蒲圻四县界。上有龙湫，因名。又有龙洞,洞有石门,山猺所居。又寡姑山,在县东南八十里,高峻侵云。又东南十里为旋风山,一峰高峻,林木阴翳,风至此多旋转。○马鞍山,在县西南二里,滨江,以形名。又象骨山,在县西南四十里。《山海经》:巴蛇吞象,暴骨于此。下有港,亦以象骨名。又崖岭,在县西南五十里,崖石壁立,联络数峰。

道人矶,在县南十五里大江滨。有石高十余丈,如道人面北而立。矶中有二洲,南为黄金濑,北为黄金浦,上又有白石,高丈余,其光如镜,亦名鸡冠石。后唐天成三年,吴兵至荆江口,将会荆南兵攻岳州。进至道人矶,楚将许德勋以奇兵出其后,夹击之,擒其将。○鸭阑矶,在县东北十五里。相传吴建昌侯孙虑作斗鸭栏于此,陆逊谏止之。今有鸭阑水,并置巡司于此。又城陵矶,在县西南四十五里,亦有水驿及置巡司于此,盖与巴陵县相接也。《志》云:县东北七十五里,又有白马矶。

大江,县西北五里。自巴陵县流入界,经县北三里,又东北流入武昌府嘉鱼县境。

云溪水,县西南四十里。源出崖岭,流经县南三十五里,汇为松阳湖。又象骨港,亦自县西南东出,松阳湖流合焉,注于大江。昔有松阳河泊所,今革。○港头水,在县南十五里,源出巴陵县东北九十里之石佛岭,流入县南五里之白泥湖,又东北接县东五里之连家湖,引流为清江口,达于江。今有连家湖河泊所。《志》云:县西南十五里有枫桥湖。又西南五里有鲁家湖,通大江,产莲,一名莲湖。又县东五里有菀湖。春夏水涨,皆流入大江。

黄荆港,县南五十五里。源出县南百里之浆山,北流经县东聂家市,会清江口入大江。又县东六十里有爬儿港,出巴陵县东百里之石狮尖山,亦流经聂家市,会清江口。又南港,在县东四十里,源出县南三十里之金竹山,东北流,经楠木港,亦汇于清江口,注于大江。○双港,在县西南六十里，源出方山，二流并导，出桃林，逾西井，过罐子口，入洞庭湖。《志》云：县东三十五里又有青菱溇，东连荷叶溇，水涨则合为一，水消则隔为二，有鱼利，产野菱，因名。

南阳洲，在县西南五里江中，广饶可耕。又有潦浒洲，在县西南三十里，大江夹流，一洲中峙，地可耕。

断山泉，县南八十里。泉泻断崖之间，灌田百余顷。○赵公堤，在县治东。旧有堤，倾圮。元泰定间，县尹赵宪筑成之，水患遂平。

土门镇。在县东南，有巡司戍守。又长安马驿，在县东北十五里。又云溪马驿，在县东四十里。《志》云：县西北有杨林渡，路出嘉鱼县。又县西五里有沙锅渡，路通荆州府监利县。

○华容县，府西一百八十里。北至荆州府石首县八十里，南至常德府沅江县二百四十里。本汉武陵郡孱陵县地。晋初，分置安南县，属南平郡。刘昫曰：安南县，刘表所置也。宋、齐因之。梁封萧骏为安南侯。又置南安郡于此。郡寻废。隋初，县属岳州。开皇十八年，改曰华容县。唐初，因之。垂拱二年，改曰容城县。神龙初，复曰华容，仍属岳州。宋因之。旧治在县东南安港，寻以水患移今治。元仍旧。今城周四里，编户十八里。

赤亭城，县南五十里。三面临水，极为阻隘。梁大宝二年，湘东王绎遣胡僧祐援巴陵，与侯景将任约遇于芊口。僧祐潜引兵至赤沙亭，约至，僧祐击擒之。城近赤亭湖，因以为名。○刘备城，在县北七十里，俗传是先主中军寨，又谓之金门刘备城。又岳城，在县西南三十里。宋岳飞征杨么，筑此屯兵。

东山，在县东十里。峰峦秀丽，连亘百里，古松夹道，驿路经其中。其相接者曰龙峰山，四山回抱，洞庭在望，称为奇胜。○南山，在县南三十里，隔湖对峙，苍翠如屏。又南十里有禹山，相传禹浚川时尝登其巅,今有禹庙。

石门山,县东三十里,一名仙庐山。山有七峰,其相连者曰墨山。墨山北有玄石山。《楚辞》驰余车于玄石,是也。《志》曰:墨山,在县东四十里。又鼓楼山,在县东南五十里,上有石室,下瞰洞庭,中可容千人。

澧水,在县西南,九江之一也。自安乡县废作塘县,东流入县境,合赤沙湖而注于洞庭。《志》云:县治北有华容河,晋杜预所开,以通零、桂之漕。北接大江,南达洞庭,今湮。○县河,在县城南。《志》云:县东北一里曰北河,县东南一里曰南河,流经县南三十里,曰县港口。又东为紫港,流经青草湖,委曲百折,达于洞庭湖,俗亦谓之华容湖。又县东二十里有板桥港,又东五里有沙港,皆委曲入于洞庭。

赤沙湖,在县西南,亦谓之赤湖,接巴陵、安乡县及常德府龙阳、沅江二县界。《水经注》:澧水与赤沙湖会,湖水北通江,南达澧。《巴陵志》:洞庭湖西吞赤沙。是也。亦谓之赤亭湖。又青草湖,在县东南,亦曰青湖,与洞庭湖相连。○褚塘湖,在县西南二十五里;又苏池湖,在县西六十里;杜家潭湖,在县东南四十五里;延湖,在县东南三十里;皆掌于河泊所。又县东南七十里曰渐城湖,相接者曰须臾湖。又县西一里有城西湖,又西有斗子湖。县北二里有张家湖,又北二里有黄湖。《志》云:县境底洼,湖泽环绕,凡数十处。洞庭涨溢,辄有浸溺之患,故绕境为堤,亦以数十许。又金山台池,在县北九十里,亦掌于河泊所。旧志云:在县东,亦谓之三湘蒲。梁天监中僧宝誌为符书云起自汝蔡,迄于三湘,后侯景起于汝水之南而败,于三湘之蒲,故亦各侯景蒲。

杨子洲,在县东北三十里,相传荆伏飞刺蛟处。

安津堤,在县西北三十里。内有十台九堰,皆利灌溉。正德中,堤坏,复修筑之。《水利考》:县境陂堰堤塘之属凡九十有余,而安津尤为低洼,修防最切。

　　白塄亭,在县东南。梁大宝二年,侯景围巴陵,湘东王绎遣将胡僧祐自江陵帅水军赴援。至湘浦,景遣其将任约据白塄以待之。僧祐由他路西上,约追之,及于芊口,是也。○芊口镇,在县南。任约追胡僧祐及于芊口,僧祐潜引兵至赤沙亭,禽约,是也。

　　古楼寨。县南六十里。宋时防戍处,今为明山鼓楼巡司,并置水驿于此。成化初,洞庭贼出没为患,因增设官兵哨守,以明山、鼓楼二山名也。明山,在县南百里。又黄家穴镇,在县东北百二十里,亦有巡司,并置水驿于此。又城北一里,有北河渡巡司,今与明山鼓楼驿俱革。○华容马驿,在县东北二百五十里。《志》云:县北十五里有五田渡,东通巴陵,西通石首。又县西二十五里有碾溪渡。又西四十里有游仙渡,皆路出安乡。

　　○平江县,府南二百四十里,东至江西宁州二百五十里,西至长沙府湘阴县二百里。本春秋罗国地。秦为罗县。汉因之,属长沙国。后汉属长沙郡。建安十五年,孙吴析置汉昌县,并置汉昌郡,以鲁肃领汉昌太守。郡寻废,改县曰吴昌。晋属长沙郡。宋、齐因之。梁属岳阳郡。隋属岳州。开皇九年,省入罗县。唐又省罗县入湘阴。神龙三年,复分置昌江县,仍属岳州。五代唐讳昌,马氏因改曰平江。宋因之。元元贞初,升为平江州。明洪武二年,复为县。今仅有城址,未筑城。编户五十里。

　　罗城,县南三十里。古罗子国也。罗,本国于宜城之西山,楚迁之于枝江,后又徙之于此。又有故罗县,在今湘阴县境内。《志》云:县南境与长沙府之浏阳县接境。朱梁初,荆南高季兴、楚马殷共攻朗州帅雷彦恭,彦恭乞降于淮南,淮南遣水军屯平江、步骑屯浏阳救之,是也。

　　幕阜山,在县北九十里。一名天岳山。高一千八百丈,周回五百里,石崖壁立,上有篆文云:夏禹治水,尝至此。山顶有田数亩,东有温泉三穴，又有系舟峰、芙蓉池、列仙坛诸胜。道书以为第二十五洞天也。《志》曰：山亦名天柱，亦名雷台，亦名幕府，又即昌江之别名云。〇籁山，亦在县北九十里，石壁削立，四围悬绝，有小石径可通。多竹，故名。又黄蘗山，在县北二十里。又南五里曰梧桐山，峰峦秀拔，岩麓相接，各以所产名。

永宁山，县北六十里。四壁削成，履云梯飞栈而后可跻其端，沃野可耕，断戈朽镞，时出于土壤中。又五角山，在县北五十里，五峰耸峙，高二百丈。上有赵家寨，三面险绝，惟一径仅通，亦幕阜之支山也。〇道章山，在县东北三十里，四峰高耸，秀出群山，周围磊石如城，人多避盗于此。又九峰山，在县东北四十里，亦高险，可避兵，一名黄沙尖。又道岩山，在县东北七十里，上有天池，池前两峰，南曰席帽，北曰云盖。又有岩曰香炉岩。又县东北百里有土龙山，汨水经其下，其旁曰龙门山。

昌江山，县东南二里。一名鲁德山。山多奇胜，鲁肃尝屯兵于此。后人德之，因名。又连云山，在县南五十里，旧名纯山，峭拔千仞，云气尝覆其上。其相接者曰明山，周围三十余里，三面峭绝，惟一路可通，旧名奉国山。〇石牛山，在县东百里。山多岑石，其状类牛。又有大寨石，大者可容万人，小者容千人，井泉饶给，可以避寇。

姜源岭，县北三十里。驿道接通城县界。又北三十里有长岭，其北十里曰新开岭。又县东北六十里有桃花洞，上亦有新开岭，皆官道所经也。〇回谢岭，在县北七十五里。巉岩峻拔，路出巴陵，行者病其险隘。正德中开凿，遂为通道。又龙影洞，在县西北。《志》云：深三千余丈，周三十里，石壁莹然，上有龙影。

汨水，县东北百二十里。源出江西宁州境内之柏山，流经龙门山，又西南流至县东，合纯、卢二水，经县南复折而西北，会昌水，下流入湘阴县界。

昌水，县北八十里。出幕阜山，西南流。山涧中有巨石，水绕其旁，形类昌字，因名。又南合于汨水。〇卢水，出县东五十里之卢山，西北流合汨水。又纯水，出纯山，今连云山也。流经县东南五十里，又西北合于汨水。

长寿镇。在县东北，有巡司。又有密岩寨及黄阳寨，皆近石牛山旁。又大荆马驿，在县北百二十里。

附见：

岳州卫。在府治东南。洪武初置，领千户所五，属湖广都司，今亦设岳州卫。

〇澧州，府西二百七十里。南至常德府一百八十里，西至永顺卫四百里，北至荆州府三百里。

春秋时楚地。秦属黔中郡。汉属武陵郡。吴分置天门郡。治零阳。晋又析置南义阳郡。宋、齐至梁、陈皆因之。隋平陈，郡俱废，改置松州，寻又改为澧州。治澧阳县。炀帝大业初，复改州为澧阳郡。唐武德四年，复为澧州。天宝初，曰澧阳郡。乾元初，又为澧州。宋因之。亦曰澧阳郡。又建炎四年，徙治陶家市山砦，寻复旧。元为澧州路。明初，曰澧州府。洪武二十九年，降为州，属常德府，以州治澧阳县省入。编户三十一里。明年，改隶岳州府，领县三。今仍旧。

州北控长江，南带洞庭，屏蔽江陵，咽喉潭、朗，亦形胜处也。五代汉末，马希萼以朗州兵攻其弟希广于潭州，希广上言：荆南、岭南、江南连谋，欲分湖南地，乞发兵屯澧州，以扼江南、荆南援朗州之路。盖州据荆南、岳州、常德三郡间，道里适中，形援相及故也。

　　澧阳废县，今州治。汉零阳县地。晋太康四年，析置澧阳县，属天门郡。宋、齐因之。陈属石门郡。隋初郡废，以县置松州，寻改澧州。大业初，为澧阳郡治。唐亦为澧州治。宋因之。明初省。州城洪武初改筑，本土垒，永乐中，甃以砖。成化、正德间，屡经修治。今城周九里有奇，有门五。

　　临澧城，在州西南。汉充县地。晋太康四年，置临澧县，属天门郡。宋、齐以后因之。隋废。《志》云：州南六十里有申鸣城，楚大夫申鸣邑也。又宋玉城，亦在州南六十里之长乐乡。有铜昏堰，以铜冶为之，亩收三十钟。又马援城，在州东五十里，援征蛮时所筑。

　　关山，在州东十五里。山形盘据十余里，高八十余丈。兰江东奔，是山崛立水口，如关锁然，故名。相连为彰观山，道书谓之四十四福地。○彭山，在州西十里。唐高祖子元则封彭王，尝宰是州，有惠政，因名。旧《图经》云：彭阜耸其西，关山列其东。是也。与彭山相接者曰钦山，在州西二十里。

　　大浮山，在州西南百三十五里。亦名独浮山。跨石门、武陵、桃源三县界，中多石室、石坛及诸溪洞之胜。又铜山，在州西南四十里。相传山产铜，永乐间置冶于此。又将军山，在州南六十里。《志》云：高百余丈，周三十里。相传汉纪将军信曾寓于此。

　　澧水，州南三里。源出慈利县西之历山，东流会溇水，又东经石门县，会渫水，又东至州城下。州北七十里之涔水，州东二十五里之澹水，俱流合焉。下流入于洞庭。《楚辞》：濯余珮于醴浦。虞喜云：即澧水。亦曰兰江，以多兰蕙而名。亦曰绣水。《志》云：澧水经州东二里，水流旋折如绣云。

　　涔水，在州东北。《水经注》：涔水出作唐西北天门郡界，南流经涔坪屯,屯竭涔水,溉田数千顷。又东南流注于澧水。又茹溪,在州西北百六十里,源出龙茹山。昔楚庄辛说楚王饮茹溪之流,即此。○盐井,在州北八十里,水咸苦。明初,立场煎盐,不成而废。

三江口关。州西北二十里。又州西北七十五里为古城关,皆昔时置戍屯兵之所。今古城关旁有营门遗址。又州北七十里有粮仓哨,其地本名泗水口,东接安乡湖口,北连荆江,每值水溢,荻芦蔽岸,支港四通,为盗贼渊薮。隆庆三年,设哨于此,增置官兵,为防御之计。

新城镇。州东三十里。晋车胤尝寓此。唐李泌为州刺史,更筑新城。元因置新城镇。又有陶家市山砦,在州西。北宋尝徙州寓治此。○嘉山镇,在州东三十里,有巡司。又州东二里有兰江水马驿,州南六十里有清化马驿,北六十里有顺林马驿。又有水东递运所,在州东三十里。

○安乡县,州东南一百二十五里。东北至华容县九十里。汉孱陵县地,属武陵郡。后汉分置作唐县。东晋侨置南义阳郡。梁又置安乡县,为义阳郡治。隋平陈,郡废,县属澧州。唐、宋因之。县无城,今编户十里。

作唐城,在县东北。后汉建武二十六年,分孱陵县置作唐县,属武陵郡。晋属南平郡。永嘉末,杜弢作乱,荆州刺史王澄击之,军于作唐,是也。宋、齐因之。隋平陈,郡废,改县曰孱陵,属澧州。唐贞观初,省入安乡。《志》云:县南二十五里有杨城,宋绍兴中,贼杨幺所筑也。

黄山,县北六十里。土石皆黄,一名金峰。又北有小黄山,昔人保障其上,城址犹存。

澧江,在县城西。南流而东折,至华容县,入于洞庭湖。一名长河。《志》云:县西七十里澧江上有马波渡,相传马援征五溪蛮,渡兵于此。又涔水,在县北,流经澧州界,入于澧水。涔水之北曰涔阳,有涔阳镇,入公安县界。

大鲸湖，在县西北二十里。延袤数十里，下流入澧江，而达于洞庭。又大通湖，在县南二百里，接沅江县界。《志》云：县境湖池溪港之属，凡数十计，皆汇流注于洞庭。○景港，在县东北四十里，上通荆江，下达洞庭湖。一名景源港。又夹港，在县北六十里，与荆州府石门县接界。

石龟市。县西四十里澧水上。旧为商民环聚处。又县南三十里有顾市，元时置驿于此。今废。今有南平水驿，在县南。

○石门县，州西九十里。南至常德府桃源县百二十里，北至荆州府彝陵州长阳县三百七十里。汉置零阳县，属武陵郡。后汉因之。三国吴永安六年，分置天门郡治此。晋以后因之。陈改石门郡，仍为治。隋罢郡，改县曰石门，属澧州。今土城周四里有奇，编户二十五里。

石门山，县西二十五里。岩石壁立如门，县以此名。或以为即孙吴永安中山石自开处，误也。又县东一里有天门台山，顶方正如台，二小溪合流，台下为天门桥。又县西北一里有方顶山，山顶方平。○层步山，在县东北三里。《水经注》所谓澧水东历层步山者也。外望如一，内有三重，亦谓之层山。

夹山，县东南三十里。周回三十里，高二百余丈，两峰并峙，故名。○仙客山，在县北十五里，高岩陡峻，一径萦纡。又黄石山，在县西北二百十里，有溪出雄黄。

澧水，在县西。自慈利县流入，又东经澧州境。○渫水，在县西百七十里，流经水南山、鲤鱼山、合阳泉、南溪之水，至县西四十里入于澧水。《志》云：县西北四十里，又有道水，下流亦入于澧水。

台宜寨。在县西北。宋置。或云即今添平所也。又县西十五里有将军渡，渡口有石如将军状，因名。路通九溪、添平、麻寮诸处。洪武中，九谿卫拨军把守于此。

○慈利县，州西一百六十里。东至石门县八十里，南至常德府桃源县二百十里。本汉零阳、充二县地。隋开皇九年，置零陵县，属崇州。十八年，改曰慈利县。大业初州废，县属澧阳郡。唐属澧州。宋因之。元元贞初，升为慈利州。明初复为县。城周二里有奇，编户六十一里。

充城，县西二百四十里。汉充县，属武陵郡。后汉因之。永和二年，武陵蛮叛，围充城，是也。晋仍属天门郡，后废。宇文周时，后梁尝置衡州于此。隋开皇中，又于故城西南一里置崇义县。十八年，改衡州曰崇州。大业初，州废，县属澧州。唐初因之。麟德元年，以崇义并入慈利。○溇中城，在县西。后汉建初三年，武陵溇中蛮反。五年，荆、豫诸郡兵讨平之。三国吴置溇中县。晋因之，属天门郡。刘宋元嘉十八年，天门蛮田向求等反，破溇中，荆州刺史衡阳王义季遣军讨平之。齐、梁属天门郡。隋废。

白抵城，在县西北。高千仞，四面绝壁，上广十余里。宋建炎中，土寇廖辛据此为城，一名廖城。又有石柱城，山崖有石，壁立如柱。《志》云：县东五里有白公城，四面有门，相传楚白公胜所筑。又有蛮王城，在县东三十里茶林山顶。《郡志》：县南二百里有旧县治，洪武初废，迁县于今治。

崇山，县西三十里。相传即舜放讙兜处。《国语》：内史过曰：夏之兴也，融降于崇山。隋置崇州，盖以山名。又九度山，亦在县西三十里，上有石，形似楼，名仙人石。楼下有九度水，蛮居其侧，曰九度蛮。明初，九度蛮作乱，谓此。○骑龙山，在县南四十里，以形似名。有黑龙泉，下流溉田。又铜盘山，在县东四十里，铜盘水出焉，下注为滩。《元和志》：铜盘、连钱、石马，澧阳之险滩也。又琼云山，在县东五十里，高耸干云，根蟠四十里。

天门山，县西南百八十里。旧名松梁山。有十六峰环列，最高者为天门。沈约云: 松梁山顶有石开处数十丈, 其高以弩仰射不至, 谓之天门。孙吴因以名郡。又有赤松山, 在县西百六十五里, 与天门山对峙。《郡志》云: 山在县东百十里。

茅花岭, 县南三十里。高峻为群峰之冠。又百丈岩, 在县西北六十里, 一名百丈峡。东北至九溪卫七十里。石崖两面对峙, 高逾百丈, 中有小峡, 长三十里, 流泉峻急, 古木槎牙。峡畔有路, 通永定卫, 最险。

燕子洞, 县东南三里。岩洞深广, 可藏数千人。岩后有穴, 秉炬可入。又县西有马涡洞, 县南二十里有雷公洞, 县西北又有水沉洞, 皆深广。或曰:《汉志》酉水出充县酉源山, 即水沉洞也。○桃花洞, 在县西三百里。宋熙宁中, 蛮彭仕义反, 澧州守郭逵破之于桃花洞, 即此。又宾郎洞, 在县西北二百里茅冈寨南, 群蛮往来之径, 一窦而入, 后有大门, 过此即为猺界。昔猺人侵扰, 邀击而后屈伏, 与之盟, 画此为界。

澧水, 发源县西三百里之历山。始出甚微, 东过武口, 又东流径茹溪县境, 诸水俱注之。又东会于溇水, 东南流入石门县境, 水涨则溪洞合流, 每多湮溺之患。

溇水, 在县西二里。源出永顺宣慰司界, 东流至索溪, 通四十八洞水为一, 南至观嘉渚, 汇于澧水, 谓之后江。《志》曰: 县有双溪, 乃前后江合流之口。有芙蓉洲, 至菱花渡而合, 为一邑之胜。

温阳关, 在县西。明洪武三年, 蛮酋覃垕连构诸洞为乱, 命周德兴讨之, 至慈利, 覃守险以拒, 德兴出奇兵, 破其数栅, 直捣温阳关, 拔之, 贼遂溃。既而为伪夏所据。六年, 命汤和等伐蜀, 周德兴分兵取蜀之龙伏隘, 进夺覃垕温阳关, 和克归州, 遣赵雄等取桑植容美洞, 会德兴兵攻茅冈覃垕寨, 克之。容美, 见施州卫, 盖与桑植接界也。又安福寨, 在县西北。其在县境者, 又有索口、西牛、武口、澧川凡数寨, 俱宋置, 为戍守要地。今分见下九溪、永定诸卫所。

覃垕寨。在县西。明初，覃垕作乱，命杨璟讨之，进抵覃垕寨。贼下山迎敌，败之，乘胜追至半山。山势险峻，其寨三面岩险，下俯江水，一面仅有一路，才通一人，乃回驻山下，攻围久之，贼遁入溪洞。璟引还，既而大兵取蜀，周德兴克其覃垕寨，即此。○羌口镇，在县东九十里。成化初，洞贼出没于此，分设官兵戍守。《志》云：县西北七十里，有废宜冲驿，旧通辰沅云贵之路。明洪武中，以路险废之，迁驿于常德府。

附见：

澧州守御千户所。在州治西，洪武二十五年建。

永定卫，在慈利县西北百八十里。西南至永顺宣抚司百二十里。明初，置戍于彝徼羊峰地，隶永顺宣慰司。洪武三年，编栅为城，简沔阳、安陆、黄州、襄阳诸军充戍，曰羊山卫。后以屯饷艰阻，改置今卫，临庸水之阳，名曰大庸。建文初，更名曰永定，隶湖广都司，城周九里。今亦设永定卫。

龙伏关，卫西北百二十里，亦曰龙伏隘。明初伐蜀，别将周德兴取其龙伏隘，是也。又有后坪关，在卫东南四十里，皆永顺彝出没处，旧置兵戍守。又有黑崇关，在卫东南百三十里，亦有兵戍守，所谓永定三关也。今废。

茅冈寨，在卫东北。《志》云：东南去慈利县二百里，亦曰茅冈隘。明初伐蜀，周德兴引兵道此，克其隘。正统中，招抚蛮户，立其酋为峒长。其附近又有金藏、桑汉二隘，太平、百丈、新政三关，旧俱设兵戍守。

守御大庸千户所，卫西南三十里。东至县二百十五里。明建文初，改大庸卫曰永定，而别建大庸所于卫城西桑汉关。永乐初，始迁今所。城周二里有奇，今亦置大庸所。

那平关，在所境。《志》云：所有那平、边岩下、青鱼滩三关，旧皆为戍守处。又有罗城峒，在所西，本蛮峒。宋嘉祐二年，罗城峒蛮寇澧州，州兵击却之。

九溪卫，在慈利县北九十里。西南至永定卫二百八十里。本宋之索口寨，后废为市。有九溪会流，故名。洪武初，编栅为城，授土酋戍守。二十二年，叛，寻讨平之。始城其地，为九溪卫，隶湖广都司。城周八里有奇，属所三，安抚司一。今亦设九溪卫。

天马山，卫东五里。远望屹立，锁断江流，形如天马。卫东三十里又有尖山，山峰尖耸，绝顶有泉。又南山，在卫南，绵亘数十里，或起或伏，军民杂处，耕植其间。又麻山，在卫西南十五里，屹然屏立，峰峦起伏，平坦处可以种植。

马鬃岭，卫北三十里。壁立万仞，险不可测，岭路窄小，如马鬃然。《志》云：卫北有紫驼峰，西北有马颈峰，两峰对峙，夹索口溪，高险卓绝。草木之利，军民所资。又茅花岭，在卫西八十里，高耸接天。其西北又有余洞，洞下有石，壁立如门，中深远，溪水穿门南出，名鲁阳溪，经卫南合索口溪。又白马洞，在卫东三里，下有溪，自鲁阳溪分流，合溇水，亦曰白马溪。

溇水，在卫西。自永顺界流入卫境，环城西、南、东三面，其形如带。又东会于澧水。〇秀水，在卫西南，源出麻山，绕流至小渚，合于溇水。《志》云：卫东有守野潭，即溇水、秀水合流处也。又大庸水，在卫西南，出永定卫界，经卫南，又东至慈利县西，合于澧水。

索口溪，在卫治南。《志》云：卫东北有喝堡溪、斗溪、王富溪，卫东有龙馆溪、书院溪、大富溪、大河溪，卫南又有下阑溪，合索口溪为九溪。今索口已湮。

油罗关，在卫境。《志》云：慈利有油罗、大泉、于制、野鸡等关，俱永定卫军戍守。

守御添平千户所，在慈利县北百五十里。本宋台宜寨地。明初，土酋归附，洪武二年置今所。无城。初属常德府，后改今属。

马头山，在所东。所西有马鞭崖，与此对峙。又有颇河山，在所北。

南河，在所西，东流南注，下流亦入于溇水。

鹞儿隘，在所境。《志》云：添平所属十隘，曰鹞儿、龙溪、长梯、磨冈、遥望、渔洋、石磊、忠靖、走避、细沙是也。

守御麻寮千户所，在慈利县北三百里，本彝寨。洪武四年建所。无城。初隶常德卫，后改今属。

鼓城山，所南十五里。又所东有野九山，西有狮子崖，溪涧出焉，东南流入卫境，合于喝堡诸溪。

临羊寨，在所北。《志》云：麻寮所属十隘，曰黄家、九女、靖女、栏刁、青山、山羊、樱桃、曲溪、梅梓、宋所等隘是也。与添平十隘俱设官兵，以防御贼寇。

守御安福千户所，在慈利县西北二百九十里。所扼诸洞之口。洪武四年设于酉水北，隶大庸卫。二十三年，移建于酉水之西，地名瓦窑冈，改隶九溪卫。城周五里有奇。今亦置安福所。

前山，在所治南，登山可以瞭望。又有竹寨山，在所北。

八斗溪，在所北。绕城而西，合永定诸溪水入卫境，合喝堡诸溪，亦名西水。

桑植安抚司，在九溪卫西北四百里。元置，以羁十八洞蛮。洪武二十三年归附，永乐四年，复置安抚司，治上下二峒，属九溪卫。

雷打崖，在司西南。其崖崩裂，世传雷所击也。往来者缘梯而过，称为险绝。又司西有山曰军马战，以高险难越也。司南为杨公坡，亦险峻，登陟甚艰。

　　小涧，在城西南。有两涧合流，盘旋司南，不通舟楫。

　　桑植峒。在司境。《志》云：司自上、下峒以外，所辖凡十八洞：桑植、美坪、朝南、那步、人士、黄河、鱼龙、夹石、若南、捍坪、蚕辽、金藏、柘山、烂岩、黄家、板山、龙潭、书洛，是也。皆苗獠出没处。

读史方舆纪要卷七十八

湖广四　荆州府

　　〇荆州府，东北至承天府三百二十里，东至承天府沔阳州四百四十里，东南至岳州府四百七十里，南至岳州府澧州三百里，西至四川夔州府八百里，西北至郧阳府七百六十里，北至襄阳府四百七十里。自府治至布政司千二百一十里，至江南江宁府二千七百十五里，至京师六千一百二十里。

　　《禹贡》荆州地。春秋时为楚郢都。秦拔郢，置南郡。汉高元年，为临江国，项羽立共敖为临江王，国于此。五年，复曰南郡。景帝二年，复为临江国封子阏于此。中二年，复曰南郡。后汉因之。三国初，属蜀汉，寻属吴。晋平吴，亦曰南郡。东晋为荆州治，南郡如故。晋初，荆州或治襄阳，或治江陵。渡江以后，不常厥理。太元十四年，王忱始于江陵营城府，此后遂以江陵为州治。又晋武帝置南蛮校尉于襄阳，后亦移江陵。余详州域形势，下仿此。宋、齐因之。梁元帝都此，为西魏所陷，迁后梁居之，为藩国，又置江陵总管府监之。隋开皇初，府废。七年，并梁，又置江陵总管府。二十年，改为荆州。大业初，复曰南郡。及萧铣据此，亦称梁。唐武德四年，平铣，仍曰荆州，初置大总管府，寻曰大都督府。天宝初，改为江陵郡，至德二载，置荆州节度于此。详州域形势。乾元初，复故。上元初，置南都，升江陵府，刘昫曰：时增置万人军，以永平为名。寻复为荆州。五代时，高季昌据此，称南平。宋亦曰江陵府。荆湖北路治此，亦曰江陵郡、荆南军节度。建炎四年，改荆南府。淳熙中，复曰江陵府。元为江陵路，《志》作上路总管府。天历二年，改中兴路。以文宗潜邸也。明初，改为荆州府，吴元年改。领州二、县十一。今仍旧。

府控巴、夔之要路，接襄、汉之上游，襟带江、湖，指臂吴、粤，亦一都会也。太史公曰：江陵，故郢都，西通巫、巴，东有云梦之饶。又东汉初，荆邯说公孙述曰：令田戎据江陵，临江南之会，倚巫山之固，筑垒坚守，传檄吴、楚，长沙以南必望风而靡。盖楚、蜀实相唇齿矣。初平元年，刘表为荆州刺史，蒯越说表曰：南据江陵，北守襄阳，荆州八郡可传檄而定。八郡：长沙、零陵、桂阳、武陵、江夏、南阳、南郡、章陵也。自三国以来，常为东南重镇，称吴、蜀之门户。诸葛武侯曰：荆州北据汉、沔，利尽南海，东连吴会，西通巴蜀，此用武之国也。鲁肃谓孙权曰：荆楚与国邻接，水流顺下，外带江、汉，内阻山险，有金城之固，沃野万里，士民安富。若据而有之，此帝王之资矣。甘宁亦曰：荆州山陵形便，江川流通，盖江陵之得失，南北之分合判焉，东西之强弱系焉。此有识者所必争也。孙皓之季，虑不及远，彻南郡之备，专意下流。杜预一举取之，沅、湘以南，望风归命。东晋而后，以扬州为京师根本，荆州为上流重镇，比周之分陕，号为西陕云。何充曰：荆楚，国之西门，户口百万，北带强胡，西邻劲蜀，经略险阻，周

旋万里，得贤则中原可定，势弱则社稷同忧。宋武帝以荆州居上
流之重，资实兵用，居朝廷之半，故以诸子居之，不以属人。终六
朝之世，荆州轻重，系举国之安危。萧绎、萧琮有荆州，而存亡
之命悬于他氏；萧铣有荆州，而覆败之祸曾不旋踵。论者谓襄阳
不守，则江陵以北危；夔峡不固，则江陵之西病。此其明验矣。唐
以中原多事，建都置军，用以镇压南服，翼蔽雍、梁。五代时，高
氏窃之。唐天成三年，楚败荆南兵，议遂取其地。楚将王环曰：江
陵在中朝及吴蜀之间，四战之地也，宜存之以为捍蔽。环之言，
即高氏所以立国，亦湖南所以自保者也。宋初，遣军入荆南，湖
南遂不能支矣。及女真祸中原，宋之君臣，覆败奔亡，几无宁息。
而荆南无恙，犹得籍此以西图巴蜀，北顾襄、宛。李纲以六朝为
喻，谓：强兵巨镇，宜在荆、襄。赵鼎言荆、襄左顾川、陕，右控
湖、湘，下瞰京、洛，三国所必争，宜以公安为行阙，公安当沅、湘
之上游，故云。而屯重兵于襄阳，运江、浙之粟以资川、陕之兵，经
营中原，计无出此。王庶亦曰：荆州左吴右蜀，临江负汉，根本之
地也。孟珙之帅荆湖也，大兴屯田，首秭归，尾汉口，为屯二十，为
顷十八万八千二百八十，蒙古方张，不敢以荆南为意。迨襄、樊之
陷，守臣张梦发陈危急三策：曰锁汉江口岸，曰城荆门军当阳县界
玉泉山，曰峡州宜都而下，联置堡寨，以保聚流民，且守且耕。因
图上筑城形势，贾似道格其议。蒙古将阿里海涯收湖北州郡，乃
曰：荆州西眺梁、益，南控交、广，据江、淮上流，诚为要地。欲得
湖南，不可不先下荆州也。于是宋之湖南、两粤无全城矣。吕氏祉
有言：不守江陵，则无以复襄阳；不守江陵，则无以图巴蜀；不守

江陵，则无以保武昌；不守江陵，则无以固长沙。江陵于诸郡辅车
之势，谋国者所当察也。胡氏安国曰：荆渚，江右上流也，故楚子
自称归徙都，日以富强，近并榖、邓，次及汉东，下收江、黄，横行
淮、泗，遂兼吴、越，传六七百年而后止。此虽人谋，亦地势使然
也。后逮汉衰，刘表收之，坐谈西伯；先主假之，三分天下；关羽
用之，威震中华；孙氏有之，抗衡曹魏。晋、宋、齐、梁倚为重镇，
财赋兵甲，当南朝之半。其为江东屏蔽，犹虞虢之有下阳也。又
云：欲保江左，必都建康；欲守建康，必有荆、峡。湖北十有四州，
十四州，详宋州域形势。其要会全在荆、峡，故刘表时军资寓江陵，
先主时重兵屯油口，关羽、孙权则并力争南郡，陆抗父子则协规
守宜都，晋大司马温及其弟冲则保据渚宫与上明，皆荆、峡之封
境也。

　　○江陵县，附郭。本楚之郢都。汉曰江陵，为临江国治，寻为南郡
治。后汉因之。章帝元和初，幸江陵，是也。自晋以后，皆为州郡治。今编
户一百二十五里。

　　江陵城，今府治。春秋楚之渚宫地。文十年，子西沿汉溯江，将入
郢，王在渚宫下见之。郦道元曰：今江陵城，楚船官地，即春秋之渚宫。
秦时改郢，置江陵县于此，为南郡治。项羽封共敖为临江王，治江陵，
汉亦为南郡治。后汉因之。建安十三年，曹操取荆州，自当阳进军江陵。
既而败于赤壁，引军北还，留曹仁等守江陵。明年，仁等屡为周瑜所败，
委城走。权以瑜领南郡太守，屯江陵。明年，瑜卒。孙权始以荆州假刘
备。二十四年，关羽攻曹仁于樊，吴将吕蒙袭取江陵。晋咸宁五年，分道
伐吴，遣杜预出江陵。明年，预克江陵，沅、湘、交、广皆来降。《荆州
记》：江陵城中有金城，故牙城也。晋、宋时，凡城内牙城，皆谓之金城。

义熙八年，刘裕遣王镇恶袭刘毅入江陵，攻其金城，刘毅走死于牛牧佛寺。胡氏曰：寺在城北二十里。又江陵旧有三城，陈光大二年，遣吴明彻围江陵，后梁主岿出顿纪南，周将高琳等与梁将王操守江陵三城，击败陈军。《元和志》：江陵有东西二城，萧詧称藩于魏，居西城。魏置总管以附之，居东城。是也。梁元帝都江陵，外城设十二门，皆名以建康旧名。承圣三年，以魏军将至，大阅于津阳门外，津阳南面东来第二门也。魏军既至，裴畿等开枇杷门出战。枇杷门盖内城故东门。时任约军至马头，梁主出枇杷门督战，是也。其故城北门则曰万胜门。《南史》：魏人悉力攻江陵，反者开西门，纳魏师。梁主退保金城，既而出降。于谨使长孙俭入据金城，魏人杀梁主绎。梁王詧藁葬之于津阳门外，是也。《城邑考》：郡城相传汉末关羽所筑，晋桓温增修之。明初，因旧城改筑。嘉靖九年重修。周十八里有奇，门六：新东门旧名寅宾，公安门旧名楚望，南纪门在城南，西门旧名龙山，小北门旧名维城，大北门旧名柳城。外有城壕。

　　郢城，府治东北三里。楚平王时所城也。《传》曰：楚子囊将死，遗言谓子庚必城郢。及平王时，囊瓦为令尹，遂城之。定四年，吴入郢。五年，吴师败还。楚子复入郢。秦昭襄王二十九年，大良造白起攻楚，取郢。皆此郢也。汉亦为郢县，属南郡。后汉省。郦道元曰：江水自江陵又东径郢城南，子囊遗言所城也。《楚记》：楚郢都，南面旧有二门，一曰修门，一曰龙门。东面亦有二门。屈原《哀郢》曰：顾龙门而不见，孰两东门之可芜?《招魂》篇曰：归来兮修门。是也。

　　纪南城，府北十里，即故郢城。楚文王自丹阳迁都此。后平王更城郢，以此为纪城。《传》：楚子革曰：我先王辟处荆山，以共王事，遂迁纪、郢。盖郢与纪为二城矣。陈光大元年，吴明彻攻江陵，引水灌城。后梁主岿出顿纪南以避之。明彻退，乃还。即此。《括地志》：楚始都之郢，今纪南城也，在江陵县北五十里。平王所城之郢，则在江陵东北六里。是矣。又冶父城，在府东。城西有荒谷。《左传》桓十三年，楚屈瑕为罗所败，缢于荒谷，群帅囚于冶父，即此处也。《荆州记》：州东三里余有三湖，湖东有水名荒谷。又西北有小城，曰冶父。

沙市城，府东南十五里，商贾辏集之处，相传楚故城也。亦谓之沙头市。朱梁开平二年，楚马殷将许德勋将水军击荆南，至沙头，高季昌惧而请和。后唐天成三年，诏楚王马殷进讨荆南，殷遣军次沙头。《宋志》：沙市地本沙渚，每蜀江涨溢，辄至摧圮。熙宁中，郑獬作守，始筑长堤捍御，后复圮。庆元三年，复议修筑。德祐初，司马梦求监沙市。市地形险固，恃水为防，一旦湖水涸，蒙古来攻，乘南风纵火，梦求死之。蒙古屠沙市，江陵遂陷。胡氏曰：沙市南即江津戍，其南岸即马头岸。今有沙市驿，并置巡司于此。又郢城，《郡志》云：在城南二百里，楚昭王时郢公所筑。今松滋县有楚城，亦谓之郢城。

安兴城，在府西北。江左侨立新兴郡，领广牧、定襄、云中、九原、宕渠、新丰六县。宋省云中、九原、宕渠三县，余三县仍属于新兴郡，郡治广牧县。齐因之。梁改新丰为安兴县。隋开皇七年，郡废，省安兴入广牧，县属江陵府。仁寿初，改广牧曰安兴。大业初，又以定襄县省入。唐初，仍为安兴县。贞观十七年，省入江陵县。○长宁县，在今江陵城内。刘昫曰：上元元年，分江陵置长宁县，治郭下。二年，省枝江县入焉。大历六年，复置枝江县，省长宁入江陵。又紫陵城，亦在府南。《隋志》：西魏置华陵县，后周改名紫陵，其城南面，后梁置郢州及云泽县于此。隋开皇初因之。大业初，州县俱废入紫陵县，属南郡。唐初废。

方城，府西北六十里。或云孙吴所筑，取故方城之名。晋太康初，置南蛮校尉于襄阳。渡江后，移置于江陵之方城。《水经注》：南蛮校尉府在方城，是也。宋孝建三年，府罢，移其营于建康，而方城如故。《当阳县志》：县东南有方城，相传唐郭子仪筑。误也。《郡志》又云：府东三湖东岸有方城，与冶父城相近。亦误。宋末，荆南置制使赵方子葵守方城，避父讳改曰万城。又讹为万城，今万城堤因以名。

纪山，在城北四十里。江陵之主山也。西北与荆门、当阳诸山相接。纪南城以山而名。《荆州志》：近州无高山，所有皆陵阜，故名江陵。〇东山，在城东，临北海上。又西山，在城西，相连有八十八岭，沮、漳之水由此入江。

龙山，在城西北十五里。桓温九日登高，孟嘉落帽处也。《志》曰：龙山之西有马山。宋乾道六年，刘珙于荆南龙居山牧养五百匹，或即龙山矣。又掷甲山，在府城西龙山门西北隅。相传关壮缪还救南郡，闻麋芳已降，愤而掷甲于此。〇八岭山，在府西北三十五里，山上有八岭。

赤坂冈，在城西。《水经注》：纪南城西南有赤坂冈，下有渎水，东北流入城。相传子胥入郢时所开，亦谓之子胥渎，一名西京湖。又东北出城，复西南流注于龙陂。又诸倪冈，在府东三十里。《志》云：以五代时，高氏将倪可福子孙多居此而名。又有镇流砥，在府东南十五里。沙市东捍激江水，声如万雷，一名象鼻觜。

大江，府西南七里。自四川夔州府巫山县流入府界，经巴东、归州、夷陵、宜都、枝江县境，东南经府城南七里，又东经公安、石首而入岳州府界。后汉建安十三年，曹操进兵江陵，吴张昭曰：我所以拒操者，长江也，今操得荆州，水陆俱下，长江之险已与我共。盖以江陵居江南之上游也。《水利考》：大江流入郡境，自西而北，而东，而南，势多纡回。南北两岸俱平衍下湿，水易漫流，故决害不免。滨江诸县，各沿岸为堤，南岸自松滋至巴陵县之城陵矶，长亘六百余里。北岸自当阳至沔阳州茅埠堤，长亘七百余里。咫尺不坚，千里为壑，且决口四通湖泊，盗贼每窜伏为害，故堤防最切。然川壅而溃，堤防未可专恃也。元大德间，议者言：江陵路旧有九穴、十三口，今可开者，惟郝穴、赤剥、杨林、采穴、调弦、小岳六处，余皆堙塞。至明时，六穴复湮其五，惟郝穴仅存。嘉靖中，复以浮议筑塞，诸湖渚又多浅淤，故三十九年之溃决最甚。自是以后，修筑之工，殆无虚岁矣。

夏水，府东南二十五里。有夏水口，乃夏水之首，江之汜也。亦谓之豫章口。《水经注》：江水又东得豫章口，夏水所通也。西北有豫章冈，盖因冈而得名。晋义熙初，刘毅击破桓振党冯该于豫章口。八年，刘裕遣王镇恶袭刘毅于江陵，至豫章口，去城二十里，舍舟步上，是也。夏水又径监利县，至沔阳州，为长夏河。又东合汉水入江。《荆州记》：夏水分江东出，谓之夏首，其入江处，谓之夏汭，盖夏水之尾也。亦曰夏浦。《楚辞》：过夏首而西浮。又云：背夏浦而西思。盖指是水也。盛弘之曰：夏洲首尾长七百余里。

扬水，在府东南。《水经注》：扬水上承江陵县赤湖，东北经郢城南，又东北与三湖水会。三湖者，白湖、中湖、昏官湖也。三湖合为一水，东通荒谷，春夏水盛，则南通大江，否则南迄江堤。扬水下流经监利县，又北入景陵县界，注于沔。杜预开扬口，起夏水，达巴陵，即是水也。宋元嘉中，通三湖，注扬水，以广运漕，盖修杜预之故道，今堙。又漕河，在县北四里。《志》云：晋元帝时所凿，自罗堰口入大漕河，又由里社穴达沔水口，直通襄汉江，后废。宋端拱初，内使阎文逊等请开荆南城东漕河，至师子口入汉江，可通荆、峡漕路至襄州。从之。既成，可胜二百斛舟，行旅称便，盖即漕河故道矣。大漕河，即荆门州之建水。

赤湖，府西北十五里。《荆州记》：昭王十年，吴通漳水灌纪南，入赤湖，进灌郢城，遂破楚。即此赤湖也。一云桓玄挟安帝西幸，刘毅等追袭，败玄党，血流水赤，故名。又高沙湖，在城西北七里。《水经注》：郢里洲西有高沙湖，湖东北有小水通江，名曰曾口。〇东湖，在府东五里。广袤数十里，为一郡之胜。其相连者曰罗湖，今为罗湖台市。又五里为柘林湖。白沙湖，近沙市。湖多鱼，有河泊所掌之。又西湖在府西十里，为刍茭之利。

女观湖，在府东北。《水经注》：柞溪水出江陵县北，东注船官湖。湖水又东北入女观湖，湖水又东入于扬水。东晋初，荆州将赵诱等与贼杜曾战于女观湖，败没处也。今湮。又倚南湖，在府东九十四里；府东百十里又有倚北湖，皆掌于河泊所。又廖台湖，在府东百二十里。《志》云：府西南九十里有吴河湖，又府东九十里为崔家套，亦掌于河泊所。境内诸湖，皆大江汇流也。

柞溪，在府北二十里。诸水散流，汇而成川。东流经驿路，水上有大桥，又东注船官湖。晋隆安三年，桓玄袭殷仲堪于江陵，仲堪走，遣军追获之，至柞溪，逼令自杀。义熙初，南阳太守鲁宗之遣兵击走桓振党桓蔚于襄阳，又进破振将温楷于柞溪，进屯纪南，是也。旧有鲁宗之垒，在县东十里。溪水经其南，今堙。○灵溪，在府东二十里。《水经注》：江水径燕尾洲，北合灵溪水，水无泉源，上承散水，南流注江。江溪之会，有灵溪戍，背阿面江。西带灵溪，亦曰零水。其入江之口，谓之零口。晋隆安三年，江州刺史桓玄袭殷仲堪于荆州，自巴陵乘胜至零口，去江陵二十里。元兴三年，何无忌讨桓振于江陵，振逆战于灵溪，无忌大败处也。

龙洲，府西南十六里江中。一名龙川，一名龙陂，亦名龙阳洲，又名龙泉。广三十里。晋元兴三年，何无忌等攻江陵，破桓蔚于龙泉。宋升明二年，沈攸之东攻郢城，张敬儿自襄阳来袭，攸之子元琰弃江陵城奔宠洲。《水经注》：龙洲东有宠洲。又陈大建二年，章昭达攻后梁主于江陵，梁主与周将陆腾拒之，昭达决龙洲宁湖堤，引水灌江陵，腾出战于西堤，昭达战不利，引还宁湖堤。《后周书·陆腾传》作宁邦堤。

百里洲，在城西南大江中。周围百里，亦谓之中洲。三国魏黄初四年，遣曹真分道侵吴，围南郡。吴将孙盛据江陵中洲，为南郡外援。曹真使张郃击破之，遂夺江陵中洲。时江水浅狭，魏将夏侯尚欲乘船将步骑入渚中安屯，作浮桥南北往来。董昭曰：师虽深入，还道宜利，今屯渚中，至深也；浮桥而济，至危也；一道而行，至狭也，三者兵家所忌。加以江水向长，一旦暴增，何以防御？诏尚等促出，吴人两头并前，魏兵一道引去，仅而获济。时吴将潘璋已作荻筏，欲烧浮桥。后旬日，江水亦大涨，尚先退得免。《荆州记》：自枝江县西至上明东极江津，其中有九十九洲。谚曰：洲不满百，不出王者。桓玄有问鼎之意，增置一洲，未几，败灭。宋文帝在藩，忽生一洲，而入继大统。梁元帝立于江陵，将还建康。其下多荆州人，不乐东迁，诡云：枝江生洲，数已满百，为龙飞之应，当留江陵。元帝从之，而覆亡于西魏。唐武德四年，李孝恭等击萧铣，败之于百里洲，是也。今亦见枝江县。

枚回洲，在府西北高沙湖之西。晋元兴三年，桓玄自江陵西奔，将入蜀，益州都护冯迁等击斩之于此。《水经注》：江水自枚回洲，分为南北二江。北江有故乡洲，桓玄见杀于此。又云：江陵城南有马牧城，此洲始自枚回下迄于此，长七十余里，州上有奉城，故江津长所居，度贡赋以入洛阳，故名。燕尾洲，在府南江津戍之西。《通志》：江陵有三洲，首曰枚回，中曰景里，下曰燕尾。《三国志》：夏侯尚围南郡，作浮桥以渡景里洲。萧齐永明八年，荆州刺史巴东王子响拒命，敕卫尉胡谐之检捕。谐之至江津，筑城燕尾洲。子响怒，分兵由灵溪西渡，自帅百余人操万钧弩宿江堤上，战既合，于堤上发弩射之，台军大败。《志》云：府境诸洲，皆百里洲之别名。

三海，在城东北。江陵以水为险。孙吴时引诸湖及沮、漳水浸江陵以北地，以拒魏兵，号为北海。赤乌十三年，魏将王昶向江陵，引竹絙为桥，渡水来侵，朱绩因退入江陵。孙皓时，陆抗以江陵之北道路平易，敕江陵督张咸作大堰遏水，渐渍平土，以绝寇叛。凤凰元年，羊祜以西陵降附，自襄阳引兵向江陵，欲因所遏水以船运粮，扬声将破堰以通步军。抗闻之，使咸急破之。祐至当阳，闻堰败，乃改船以车运，大费功力。唐贞观八年，曹王皋为荆南节度。江陵东北七十里有废田，傍汉水，古堤决坏者二处，每夏则水浸溢，皋始塞之，广良田五千顷，亩收一钟，盖即北海故址。时又规江南废洲为庐舍，架二桥以跨江。五代周显德二年，高保融复自西山分江流五六里筑大堰，亦名北海。宋绍兴三十年，逆亮渝盟，李师夔柜上、下海以遏敌。乾道中，守臣吴猎尝修筑之。开禧三年，守臣刘甲以南北兵端既开，再筑上中下三海。淳祐中，孟琪兼知江陵，登城叹曰：江陵所恃三海，不知沮洳有变为桑田者。敌一鸣鞭，辄至城下，盖自城以东，古岭、先锋直至三汊，无有限隔故也。乃修复内隘十有一，别作十隘于外，有距城数十里者。沮、漳之水，旧自城西入江，因障而东之，俾绕城北入于汉，而三海遂通为一。又随其高下为八匮，以蓄泄水势，三百里间渺然巨浸，遂为江陵天险。金人尝犯荆门州，距江陵才百里而去，知有三海为之限故也。古岭等，或曰即三海之名。《郡志》：三海俗名海子，八柜俗名九隔，在今府东北十五里。

寸金堤，在府城龙山门外。五代时，高氏将倪可福筑，以捍蜀江激水，谓其坚厚，寸寸如金，因名。宋吴猎尝分高沙、东浆之流，由此堤外应南纪、楚望诸门，东汇沙市，为南海。○黄潭堤，在府东。宋绍兴二十八年，监察御史都民望言：江陵东三十里沿江北岸古堤一处，地名黄潭。建炎间，邑官开决，放入江水，设为险阻以御盗。既而夏潦涨溢，荆南复州千余里，皆被其害，宜及时修塞。从之。《志》云：今堤在府东南二十里，上当江流二百余里之冲，一决则江陵、潜江、监利民皆为鱼，至为要害。成化、正德已后，屡经修筑。又文村堤，在黄潭东三十里。弘治十四年，江水决此，因筑堤捍御。正德十一年，再决，复修筑之。

万城堤，府西六十里，介当阳、江陵之间。嘉靖十一年，江水决此，直冲郡西，城不浸者三版。明年，有司修筑。又有李家埠堤，在府西三十里。自万城以东为冲决要口。弘治十二年，堤决，湮溺甚众，自是修筑坚厚。嘉靖中，筑万城堤，更筑李家埠重堤护之。二十九年，复决万城堤，赖李家埠为障蔽，郡城免于昏垫，二堤盖唇齿之势也。又有新开堤，在府东二十里，成化、正德间修筑。《水利考》：郡竟陵阜自荆门西北来，至沙市二百余里，下临大江，正遏水冲。南有虎渡穴口，分流入洞庭，北有章卜、郝穴二口，杀流出汉口，而潭子湖、洪水渊、三湖等处，俱为湖渚蓄水地，故唐、宋时无大水患。元季沙市高陵半崩入江，章穴口复塞。至明嘉靖十一年，决万城堤，水绕城西，决沙市之上堤而南。二十一年，郝穴口复塞，诸湖渚又多浅淤，故三十九年之溃溢为最甚。自是修堤防，开穴口，劳费纷纭，至今未艾。

江津戍，府东南二十里。亦曰江津口戍。江水经百里洲而枝分，至此合流，势益大。《家语》云：江水至江津，非方舟避风不可涉。郭璞《江赋》云：济江津以起涨。言其深广矣。或谓之津乡。《荆州记》：江陵县东三里有津乡，盖沿江津得名也。汉时于此置戍，有江津长司之戍。南对马头岸，亦谓之江陵南岸。晋隆安三年，桓玄袭殷仲堪于江陵。仲堪急召雍州刺史杨佺期于襄阳。佺期至，即与其兄广进击玄。玄畏其锐，退军马头。元兴三年，桓玄余党桓谦等复据江陵，何无忌等攻之，破桓谦于马头。义熙元年，刘毅等复讨桓振，至马头，振挟帝出屯江津。六年，刘道规镇荆州，时卢循据寻阳，以姚秦将苟林为南蛮校尉，使寇江陵，屯于江津。谯纵复使桓谦来侵，道规败谦于枝江。谦单舸奔苟林，道规追斩之。又十一年，刘裕击司马休之于江陵，军于马头，帅诸军济江。休之兵临峭岸置陈，裕将胡藩领游兵在江津，以刀头穿岸劣容足指，腾之而上，直前奋击。休之兵却，遂克江陵。宋元嘉三年，到彦之等讨谢晦，至马头，江陵遂下。齐永元二年，巴西、梓潼二郡太守刘山阳将兵之官，欲就荆州兵袭萧衍于襄阳，寻自江安至江津，单车入江陵。荆州行事萧颖胄伏兵斩之。梁承圣初，西魏将于谨等袭江陵，济汉，遣宇文护等先据江津，断东路，既而筑长围，中外信命皆绝。梁将徐世谱等赴救，皆筑垒于马头，遥为声援。唐初李孝恭至江陵击萧铣，李靖谓：不若且泊南岸，俟其懈而击之。不听，果败走，趋南岸。铣众委舟收掠军资。靖见其众乱，纵兵奋击，大破之，直抵江陵，入其外郭。五代梁开平二年，淮南遣将李厚以水军趋荆南，高季昌逆战，败之于马头。胡氏曰：江津在沙市南。是也。

黄华戍，在府东北。魏于谨等侵梁，前锋至黄华，去江陵四十里，是也。《志》云：府东十里有司马休之垒。休之筑此以拒刘裕。其旁又有鲁宗之垒，见上柞溪下。○破冢戍，府东三十里大江东岸。晋义熙六年，贼徐道覆自溢口侵江陵，奄至破冢。刘道规拒却之于豫章口。十一年，刘裕击司马休之于江陵。前锋出江夏口，战于破冢，为鲁轨所败。宋元嘉三年，谢晦拒命，发兵江陵，列舟舰，自江津至于破冢，是也。

虎渡口，府西南二十里。《志》云：龙洲南有虎渡里。后汉时，郡守法雄有异政，猛虎渡江去，因名。大江经此分流，注于澧江，同入洞庭，所谓穴口也。宋乾道七年，湖北漕臣李焘修虎渡堤，今有虎渡口镇巡司。○郝穴口，在府东南九十里，大江经此分流注潜水，合于汉水。又东四十里旧有章卜穴口。俱为大江分泄之处。明初章卜穴塞。嘉靖初，复筑塞郝穴口，大江遂至涨溢为害。隆庆中，复议开浚诸口，以章卜等穴湮塞既久，无复故道，惟郝穴与虎渡为大江南北岸分泄要口，无容浅塞，因议并浚二穴中支河，为通利之计。今有郝穴口镇巡司。

沙桥，在府北。晋义熙初，桓振自郧城袭破江陵，刘怀肃自云杜引兵驰救，与振战于沙桥，振败死，复取江陵。又宋元嘉三年，雍州刺史刘粹袭谢晦于江陵，至沙桥，为晦将周超所败。昇明二年，沈攸之举兵东下，张敬儿为雍州刺史，乘虚袭江陵，至沙桥，城中自相惊溃。敬儿遂入江陵。云杜，见前沔阳州景陵县。○通会桥，在府城西，众水之所会也。

下有铁窗大渠。

章华台。在今沙市。《荆州志》：故楚离宫也。楚灵王筑，亦曰豫章台，今为章台寺。《左传》昭七年，楚子为章华之宫，又成章华之台。杜预曰：在今华容城内。《郡志》：台有二，一在沙市，一在监利县境内云。

○公安县，府东南七十里。西至松滋县一百五十里，南至澧州安乡县二百里。汉武陵郡孱陵县地。建安十四年，孙权表刘备领荆州牧，分南郡之南岸地以给备。备营油口，改名公安。《荆州记》：时备为左将军，人称为左公，故曰公安。二十四年，关羽使糜芳守江陵，傅士仁守公安，自率众攻曹仁于樊。既而吕蒙来袭，士仁遂降，吴徙南郡治焉，往往以重兵驻守。晋平吴，分孱陵置江安县，又置南平郡治此。宋、齐因之。梁改县曰公安。陈失江陵，与后梁分江为界，亦置荆州治此。隋开皇九年，入陈，公安、巴陵以东无复城守。寻废郡，又以州并入江陵县，仍属焉。唐因之。五代梁开平初，武贞帅雷彦恭会楚王马殷攻江陵。荆南帅高季昌引兵屯公安，绝其粮道。彦恭败，楚兵亦走。宋属江陵府。建炎中，升为公安军，寻复旧。今城周四里有奇，编户二十三里。

孱陵城，县西二十五里。汉县。吴大帝封吕蒙为侯邑。晋属南平郡。宋、齐因之。隋开皇九年，省入公安县，亦谓之孙夫人城。《元和志》：孙夫人城在孱陵城东五里。汉昭烈夫人，权妹也，与昭烈相疑，别筑此城居之。又孱陵城东有地名沓中，晋永嘉末，荆州刺史王澄自江陵徙治孱陵，又奔沓中，是也。

马头城，县西北五十里。吴陆抗所屯。江北岸即江津戍。郦道元以为抗与羊祜相拒处。陈亦为重镇。隋军来伐，遣将陈纪守此。余详见上江津戍。○吕蒙城，在县北二十五里，蒙尝屯孱陵，筑城于此。又县东北有仓城，今为江水所经。其城址名为仓堤。《志》曰：县西南有龙城，周五里有奇，建置未详。

　　大江，县北三里。自江陵县流入境，又东南流入石首县界。《水利考》：县地平旷，旧治在今治西南柴林街。因避三穴桥水患，移治江皋，势若原陇。宋端平三年，筑五堤以捍水。元大德七年，竹林港堤溃，自是决溢不时。明初修筑沿江一带堤岸，西北接江陵上灌洋，东南抵石首新开境，凡百二十余里。中间最切者凡十余处，而窑头铺、艾家堰、竹林寺、狭堤渊、沙堤铺诸堤，尤为要害。成化以后，溃决殆无虚岁矣。五堤：在县治东三里者，曰赵公堤，在县治南半里者，曰斗湖堤；在县西三里者，曰油河堤；在县东北二里者，曰仓堤；在县治北者，曰横堤。其起于县西北四十里，迄于县东南八十里者，则明时所筑之沙堤也。三穴桥，在县西三十里。

　　油河，县西北三里。源自施州，流经松滋县界，至县西南，又东北合于大江，为油口。孙权使周瑜败曹仁兵入江陵，因领南郡太守，而表刘备为荆州牧。瑜分备南岸地，立营油口，领零陵、桂阳、武陵、长沙四郡，是也。江左置南蛮校尉于江陵。《水经注》：府在方城，自油口以东，屯营相接，悉是南蛮府屯兵。宋孝建初，府始罢。五代梁开平四年，马殷遣将侵荆南，军于油口，为高季昌所败。今县城北有油口巡司。《水经注》：油水东有景口，即武陵郡界。景口东有沦口，沦水南与景水合，又南通澧水及诸陂湖，今多湮废。〇石浦河，在县东一里，浅不堪运。正统初，县令俞雍筑坝潴水，以便民漕。

　　夏水，在县东北。《水经》：江水过江安县北，又东左合于夏口。道元曰：江水左迤北出，通于夏水，故曰子夏，亦名江夏口。刘裕击司马休之于江陵，前锋出江夏口，是也。

　　东湖，在县东五里。广袤数里。县西南一里有斗堤湖，斗堤，邑之巨障也。以形似名。又县东四十里有重白湖，又东为神油湖。县东南十余里有洋港湖，湖有河泊所。又县西南三十五里有蒲家湖，西南七十里有军湖。又有贵纪湖，在县西八十里，其相近者曰大金湖，上流接江陵县之虎渡，皆水柜也。

涔阳镇，在县西南百里。丁度曰：郢中有涔阳渚，即此。宇文周天和初，巴峡诸蛮为乱，连结涔阳蛮为声援。又朱梁初，朗州帅雷彦恭攻江陵，为荆南高季昌所败，既而复引兵攻涔阳、公安，季昌复击败之。《志》曰：涔阳者，以在涔水之阳。涔水在澧州安乡县北，盖与县接界云。

孙黄驿。县西南六十里。《舆程考》：自两京至云、贵陆路，至此而合。又七十里为顺林驿，又六十里即岳州府之澧州也。又屖陵驿，在县北三里。又县东北六十里有民安驿。

○石首县，府东南百八十里。西至公安县百二十里，南至岳州府华容县八十里。汉南郡华容县地。晋置石首县，以山为名，仍属南郡。刘宋省。唐武德四年，复置，属荆州。宋因之。今城周四里有奇，编户三十一里。

石首旧城，刘昫曰：旧治在石首山下。唐显庆初，移治阳岐山下。《城邑志》云：县尝改为建宁，其址在调弦口，往东山路也。宋元祐中，迁于楚望山北大江畔。元初，迁绣林山下，仍名石首。至元中，再迁楚望山北，即今治也。

建宁城，在县东，本华容县地。宋乾德三年，析石首县地，置建宁县于故白白院，又以故万庾巡院置万庾县，既又省万庾入建宁。熙宁六年，省建宁入石首。元祐初复置，南渡后废。

石首山，县北三里。江滨有石，孤立在北山之首，县以此名。孙宗鉴曰：自竟陵南至大江，并无丘陵之阻。渡江至石首，始有浅山。石首者，石自此而首也。○龙盖山，在县东二里，县之主山也。与绣林、马鞍为三峰，俱错列江滨。《水经注》：大江右有龙穴水口。今龙盖山上有石湫，号龙穴水，下流入江。相传唐李卫公征萧铣取道江陵，屯兵于此。又马鞍山，在县南二里。《志》以为陆逊取荆州解鞍休兵处。

绣林山，县西南二里。一名阳岐山。昭烈娶孙夫人于此。绣幛如林，因改今名。又县西二里有楚望山，一名望夫山。相传昭烈泊舟江北沙浦，孙夫人于此望之。又八仙山，亦在县西二里，与绣林山相接，环县治后。

东山，县东七十里。《志》云：县东六十里有焦山，与东山连麓。其东南即华容县界也。山下有焦山港，通洞庭湖，岸北即调弦口。又猎货山，在县东三十里，下有彭田港。宋时商贾舟楫往来贸易于此，水涨亦通洞庭。

大江，县北三里。一名长河。自公安县流入境，又东入岳州府界。《水经注》：大江径石首山北，又东径赭要洲。赭要洲下即扬子洲，并在大江中。《水利考》：县治一面滨江，地复下湿。元大德七年，决县东三十五里之陈瓮港堤，始筑黄金、白杨二堤护之。未几，复决，始议开杨林等穴，水势以杀。明时穴口俱湮，堤防渐坏。嘉靖元年以后，冲决不时。隆庆初，修筑南岸，自公安沙堤至调弦口，凡四千一百余丈。北岸则自江陵洪水渊至监利县金果寺堤，凡千有余丈，其间杨林、尾子湾、藕池、袁家、长剀诸处，皆要害也。

便河，县西南二里。达洞庭，久塞。正统中，县令盛琦浚通，商民称便。○刘郎浦，在县西南二里，滨大江。相传先主纳吴女处。后唐天成三年，楚将袁诠、王环等击荆南，高季兴逆战于刘郎洑，为楚所败。洑，读同伏。洄流曰洑也。胡氏曰：石首县沙步有刘郎浦。《志》云：县西五里有万石湾，在万石堤下，与江北岸刘郎浦正相直，舟楫经过，遇北风辄坏，俗呼折船湾。

竹林港，县西六十里，地多竹。元大德中，江水决于此，为堤防要口。盖与公安接境处也。又有竹林湾，在县东九十里，接监利县境。○

瀺港，在县东北。五代梁开平二年，淮南兵攻石首，湘州兵败之于瀺港。《志》云：县西北二里又有潴水湾，通大江。又有潭子湾，在县东四十里大江南岸，水最深。又东二十里为李金湾，在大江北岸，今掌于河泊所。

田坪址湖，县南四十余里。又有冷水湖，在县东九十余里；上津湖，在县东南四十里，皆掌于河泊所。又万乘湖，在县东四十里，相传诸葛武侯屯兵处。又县东七十里，有披甲湖，县西四十里有曹屯湖，相传皆以曹操下荆州时驻军而名。又张屯湖，亦在县西四十里，相传张飞尝屯于此。又陈家湖，在县北四十里，多鱼虾之利。又县东南十里，有平湖，西南四十里有澧田湖，盖澧水下流旁汇处。又西南八里有熟田湖。《志》云：县境诸湖凡数十处，水涨则通大江，或通洞庭。

杨林口，县西南三十里，多杨。县西十五里又有小岳套口。皆在江北岸，江水旁泄入潜、沔处也。元大德中，县境堤岸屡决，开杨林、宋穴、调弦、小岳四穴，以杀水势。今县西六十里，有柳子口，旧与杨林、小岳相灌注。其调弦口则在县东六十里，宋家穴则在县西南三十五里，皆通塞不时。明隆庆中，议复诸穴，惟浚调弦一口，其余仍旧闭塞。〇断冈口，在县东三十里。《志》云：宋杨么作乱，凿断山冈以通舟楫。又有西湖口，在县西六十里，抵安乡县界，西通洞庭湖。又有藕池，在县西五里，滨大江。嘉靖四十五年，江水决入，潴溺最甚，堤防切焉。

万石堤，县西五里。宋县令谢麟筑，用米万石，故名。又有新兴堤，在县西南七十里。元大德中，筑以防竹林港水患。县南五里又有黄金堤，亦元大德中筑。又有杨林堤，在杨林口，明正德中筑。其在县南四十里者有风火堤，在县北四十里者有百家堤，亦皆正德中所筑。

调弦口镇。县东六十里，江北岸。江水溢则由此泄入监利县境，汇于潜、沔。隆庆中，复开浚深广，以防水害。有调弦驿，并置巡司于此。又柳子驿，在县西北六十里之柳子口。通化驿，则在县南二十里，道出华容县。城东南又有石首驿。○系马台，在县南八十里，相传岳武穆征杨么时系马于此。

○监利县，府东三百十里。东北至承天府沔阳州百五十里，东南至岳州府九十里。汉南郡华容县地。三国吴置监利县，寻省。晋太康四年，复置，属南郡。刘宋孝建初，改属巴陵郡。齐因之。梁置监利郡。后周郡废，县属复州。隋因之。唐仍属复州。五代梁改属江陵府。宋因之。咸淳中废。元复置。今城周六里有奇，编户三十二里。

监利旧城，县东六十里。土卑沃，广陂泽，县初置于此，因有监利之名。今县盖五代梁所徙。《志》云：宋端平初，孟珙帅荆湖，尝移县治于今县东南三十里之鲁洪江口。元还今治。

华容城，县东五里。应劭以为春秋时之容城，即楚迁许处，误也。汉置华容县，属南郡。后汉因之。曹操败于赤壁，引军从华容道步走。晋太康初，县省，寻复置，仍属南郡。永嘉初，蜀乱，割南郡之华容、州陵、监利、丰都四县，置成都王颖国，理华容，国寻废。宋齐仍属南郡。后周废。又丰都城，在县西南。晋永嘉初，割华容、州陵、监利三县地置，属成都国，寻废。

州陵城，县东三十里。杜预曰：华容县东南有州国，桓十一年，与郧、随、绞、蓼伐楚，后为楚所灭。《战国策》：楚庄辛谓顷襄王，左州侯，盖楚嬖人邑也。《史记》：楚考烈王元年，纳州于秦以平。汉为州陵县，属南郡。后汉因之。吴废。晋太康初，复置州陵县，仍属南郡。宋改属巴陵郡。齐因之。梁置州城郡。西魏废县。后周废郡。

白螺山，县东南百四十五里。山皆白土，其形似螺，下有矶，其旁有洲，皆以白螺名。《水经注》：江水东过彭城口，又东过如山北，又东过白螺山南，山下为白螺洲。刘宋末，沈攸之举兵江陵，趣夏口，至白螺洲，自以兵强，有骄色。又陈光大初，华皎以湘州叛降周，军于白螺，与陈将吴明彻相持，是也。《舆程记》：江行自岳州临湘县而东北，有白螺山，即此。又杨林山，在县东百三十里，地多杨，望之如云。

大江，县西四十里。自石首县流入境，南岸与华容、巴陵分界，又东南流，出白螺山下，入沔阳州境，其南岸即临湘县界也。《水利考》：县当江湖汇注之区，甚污下，乡民各筑垸御水，而县治临江，尝多水患。元大德中，议开尺八穴，以杀江流。至明时，穴已湮废，因修筑堤岸以御涨溢。嘉靖四十四年，县西四十里之黄师堤，县东三十里之朱家埠堤一带，大抵湮决，寻议修筑，西自江陵县界之龙窠岭，东至白螺矶，凡二百六十余里。隆、万以后，江水南啮，水患始少。

鲁洑江，县东南三十里。上流曰大马长川，自大江分流，经县南十里，东流为鲁洑江，相传以鲁肃尝屯兵于此而名。又东北入沔阳州境，谓之长夏河。《汉志》华容有夏水，首出受江，东入于沔，即此水也。《志》云：大马长川周环县境，凡二百余里，有河泊所。

涌水，在县东南，夏水支流也。《水经注》：涌水自夏水南通于江，谓之涌口。《左传》庄十八年，阎敖游涌而逸，楚子杀之。晋元兴三年，桓玄败，其党桓振匿于华容之涌中。又义熙六年，刘道规镇荆州，讨卢循将苟林于涌口，林走，追斩之于巴陵，是也。《志》云：涌水从乾溪中涌出，俗名乾港湖，在县西北四十里。似误。○扬水，在县东北。自江陵县流入境，又北入沔阳州景陵县界。

林长河，县东北三十里。周回县治三百余里，大江支流也。又有分盐河在县北七十里，又北十里曰盛洪堰河，又十里曰龙潭河，皆自荆江分流，互相灌注入沔阳州界。○三汊河，在县东六十里，亦流入沔阳州。又新冲河，在县西四十里，通江陵漕河，民居辐辏，赖以溉田。隆庆初，议者以新冲口南接大江，口内多重湖，直达汉阳之沌口，勿复筑塞，以为分泄之利。今有新冲堤滨江，极为要害。《邑志》：堤在县西南五十里。

南江湖，县西十里。又有东江湖，在县东南八十里，皆近大江，因名。又县西北六十里，有家锦湖。锦，一作绿。有河泊所。县北三十里，有小沙湖，皆有溉田之利。又烂泥湖，在县北百二十里，接潜江县界，为荆、襄众水之汇。又白滆湖，在县东六十里，波流浩衍，群川所钟。《志》云：县境诸湖凡数十处，大抵沱、潜之溢流也。〇云梦泽，班《志》华容县南有云梦泽，或曰当在今石首、华容二县境。《左传》定四年：吴入郢，楚子涉睢济江，入于云中。杜预曰：此所谓江南之梦也。今湮。详见安陆县。

柳港口，县东三十五里。其相近者曰上洪口。又有蓼湖口，在县东八十里，皆滨荆江，与柳家港相通。又尺八流水口，在县东南九十里，俗名赤剥口。元大德中，议开此以旁泄江流。明初塞。隆庆中，复议开浚，言者以为非便而止。又黄穴口，在县西北五十五里，其相接者曰白羊脑河，达于潜江。〇车木湾，在县东三十里，宋时江水尝涨决于此。明正德初，亦尝冲决，为堤防要害。又瓦子湾，在县东八十里，亦大江冲啮处也。又有龙渊，在县东三里，逼近江堤。又县东南八十里，有许家池，池广如湖，民渔其中。《志》云：县北有龙潭堤，与县西之黄师堤，皆正德中修筑。

窑圻镇，县西三十里，有巡司。又县东白螺山下有白螺矶巡司，瓦子湾口有瓦子湾巡司。又毛家口镇，在县北三十五里，亦有巡司戍守。《舆程记》：县西六十里有塔市水驿，江行者必经之处。又西六十里，至石首县之调弦驿。〇庞公渡，在县西北二里，以后汉末庞德公名，为一县往来之津要。

荆台。在县西三十里，土洲之南。《家语》楚王游荆台，是也。又县东北三十里，有章华台，一名三休台。《贾子》：翟王使使之楚，楚王湦之章华之台，三休乃至，因名。《史记》：楚灵王七年，就章华台。杜预曰：

台在华容城中。今亦见江陵县。〇仓库院,在县北八十里,相传曹植曾建城邑,立仓库于此。

〇松滋县,府西南百二十里。南至岳州府澧州一百七十七里。汉南郡之高成县地。东晋咸康中,以庐江郡松滋县流民避兵至此,乃侨置松滋县,属南河东郡。宋、齐因之。梁、陈时,为河东郡治。隋平陈,郡废,改属荆州。唐、宋因之。今编户二十一里。

上明城,县西一里。亦曰桓城,以居上明地,而桓冲所筑也。杜佑曰:上明即松滋西之废大明城。晋太元二年,冲为荆州刺史,以苻坚强盛,欲移阻江南,上疏曰:自中兴以来,荆州所镇,随宜回转,臣兄温经略中原,因江陵路便,即而镇之。今宜全重江南,轻戍江北,南平屏陵县界,地名上明,田土膏良,可以资业军人,在吴时乐乡城以上四十余里,北枕大江,西接三峡,请自江陵移镇上明。从之。遂为重镇。齐永元二年,萧颖胄奉南康王宝融称帝于江陵。巴西太守鲁休烈等不奉命,败荆州兵于峡口,进至上明。江陵大震,颖胄遣蔡道恭屯上明以拒之。《元和志》:明犹渠也。城在渠首,故曰上明。上明在城东三十步。晋末,朱龄石开三明,引江水以浸稻田,后堤坏遂废。

乐乡城,县东七十里。三国吴所筑。朱然尝镇此,其后陆抗又改筑焉,屯兵于此,与晋羊祜相拒。《水经注》:江水经上明城北,又东经乐乡城北,又东径公安县北。胡三省曰:乐乡城北江中有沙碛,对岸踏浅可渡,江津要害之地也。晋太康元年,杜预遣奇兵八百夜渡江,袭乐乡,多张旗帜,起火巴山,吴乐乡督孙歆与江陵督伍延书曰:北来诸军,乃飞渡江也。咸康八年,庾翼欲自武昌移治乐乡,广农蓄谷,以伺二寇之衅。王述曰:乐乡去武昌千有余里,江渚有虞,不相接救。遂不果移镇。又乐乡城西二十里有诸葛城,相传武侯所筑。《志》云:诸葛城在县西五十里高山上。

河东城，在县东五十里。《晋志》：渡江后，河东人南寓者，于汉武陵郡孱陵县界上明地侨立河东郡，统安邑等县。沈约曰：晋咸康三年，以司州侨户立南河东郡，隶荆州。初领八县。宋孝建二年，以安邑并入永安，弘农、临汾并入松滋，广戚并入闻喜，领闻喜、永安、松滋、谯四县。齐、梁仍曰河东郡。陈光大初，湘州刺史华皎以梁兵、周兵侵郢州，吴明彻败之于沌口，乘胜攻梁河东，拔之，遂进攻江陵，是也。隋废河东郡，又以三县并入松滋。○高成故城，在县东，汉所置县也。后汉废入孱陵县。《志》云：县东三十里有松滋故城，后移今治。又宋绍兴初，尝迁县于今县东南二里之瀼口，寻复故。又郧城，在县东南五十里。旧《志》云：楚昭王使郧公所筑，北去江陵二百里，亦谓之楚城，今为古墙铺。

巴山，县西南十五里，下有巴复村。《荆南志》：春秋之世，巴人伐楚，楚人拒之，巴人复遁而归，因以名村。山上有马鬃岭及射埓崖，相传汉昭烈入蜀时，走马射的于此。晋咸宁末，杜预遣奇兵袭乐乡，多张旗帜，起火巴山，是也。一名麻山。○高峰山，在县南百里，高耸出群山之上，顶有二池。其相接者为云台山，秀拔，常兴云雾。

竺园山，在县东四十里。下有鹿头陂，两崖陡削，傍有微径，仅通人行。《寰宇记》：县西六十里有石瓦山，山形麟次如瓦，因名。又十里为明月山，以山岭环抱如月也。又有九冈山，在县西九十五里，高峻为一邑之胜。○梅平峒，在县西八十里，石壁高耸，中可容数百人。又有仙女洞，在县南九十里，洞门七重，其西一窍，悬崖峭石，中甚深远。又新胜洞，在县南四十里，洞门屹立，泉色澄莹。

大江，县北一里，亦曰川江。岷江至此分为三派，下流三十里，复合为一，达于江陵。《水利考》：县地平衍，三峡之水并流入境，奔逸震荡，最难防御，且当公安、石首诸县之上流，尤为要害。县东五里有古堤，自堤首桥抵江陵接境之古墙铺，长亘八十余里，旧有采穴一口，藉以分泄江流。元季湮废。明洪武二十八年以后，溃决不时。至嘉靖中，尤甚。隆庆初，议者谓县东五十里采穴口当诸穴之首，在江南岸，原有故道，自堤口起，六十里至沙河，下洞庭，必当开浚，以宽下流之决溃。至鱼家潭之七里庙、何家洲之朝英口、古墙之曹珊口，皆堤防要害。其五通庙、胡思堰、清水坑、马黄冈等堤，凡十有九处，浸塌亦当预防者也。

丘家湖，在县东三十里。中有罗公洲。宋临川王义庆尝立观于洲上，曰一柱观。又有张白湖，在县南七十里。○清幽溪，在县东南四十里。自澧州慈利县之添坪、麻寮二所，流经此，分为二支，一至公安县西六十里之孙黄渡入江，一至江陵县之虎渡口入江。又有潘家溪，在县西五里滨江，潘家水驿置于此。又县西南十里有洪溪。

余家潭，县东二十里，堤防要口也。又上菜洲，在县北三里川江中，两洲相夹，水分为三。又裹河洲，在县东南九十里，四围皆河流环绕，因名。

红崖寨。县南百里。有巡司。又有西坪寨，在县南九十里，昔人屯兵处。旧有巡司戍守。

○枝江县，府西一百八十里。西北至宜都县六十里，北至荆门州当阳县百八十里。汉置县，属南郡，以蜀江至此分枝为诸洲而名。后汉因之。晋仍属南郡。义熙六年，谯纵以桓谦为荆州刺史，自蜀东下，屯于枝江，荆江刺史刘道规击破之。宋、齐俱属南郡。隋属荆州。唐因之。上元二年，省入长宁县。大历六年，复置。宋属江陵府。熙宁六年，省入松滋。元祐初，复故。建炎四年，江陵府寄治于此。绍兴六年，还旧治。嘉熙初，县徙治渐洋洲。咸淳六年，又徙白水镇下沱市。元还旧治。明洪武三年，以容美等洞蛮出没，置枝江千户所于县城内，以县并入松滋，寻复置。今编户八里。

丹阳城，在县西，亦曰丹阳聚。楚自秭归之丹阳迁此，仍曰丹阳是也。〇旌阳废县，在县南。三国吴置县，晋属南郡，宋初因之。元嘉十八年，省入枝江。

着紫山，在县南五里。下有饮马池。先主初入蜀，于此息马更衣，爱其林木秀丽，建景帝祠于山上。《志》云：山下有县治故址，宋迁县于下沱市，即其地也。

大江，在县北。《水经注》：枝江地平敞，北据大江，江沱枝分，东入大江，县治洲上，故名。《志》云：江水于县西别出为沱，而东复合于江，谓之枝江。今沱江在县南四里，有推乌滩，水涨湍急如雷。舟行艰险。《水利考》：县依高阜，向无堤防，惟洲渚环错，夹生大江之间，北自百里洲、杨林洲、赛砖滩、蒋斗湾、窑子口至流店驿，复转北，自董滩口、土台、古城脑而下，至罐觜滩、流店湖，又自罐觜滩而南转，至澌洋洲、观音寺，直抵松滋朱家埠，对岸皆有堤。其最要害者，莫过于古城脑、蒋斗湾二处，此诸洲之上流也。

沮水，在县东北。自当阳县南流入县界。又南入于江，谓之沮口。详见大川沮水。〇洋溪，在县城南，商贾聚集于此。又县南三里为三郎溪，西南十里为花溪，东十五里为沧茫溪，又东十五里为渚溪，深阔平注，可以避风，皆流通大江。

老雅湖，县西一里，今涸为田。又县东七十里有孙家湖，县北六十里有沧滩湖，皆江流所汇也。《元和志》：县治东南有稷湖。刘宋末，沈攸之为荆州刺史，堰湖开渎，今湮。〇罐觜滩，在县东五十里，沱江所经。《志》云：秋冬水涸，有倾罐声，因名。又县北百余里有沧浪滩。

百里洲，在县东北六十里。《荆州记》：县左右有数十洲盘布江中，百里洲为最大。江至百里洲而分流，洲北为北江，洲南为南江，至江陵之江津而复合。梁末，陆法和有异术，隐于江陵百里洲。唐初，李孝恭讨萧铣，破铣军于清江，追奔至百里洲，又败之。进入北江，至江陵，李靖谓宜泊南岸，即江津南岸也。清江，见夷陵州长阳县。余详江陵百里洲。

岑头洲，在县东，百里洲之首也。后汉岑彭讨公孙述时憩此，因名。今县依其上。又有迤洲，长十余里，晋义熙初，桓谦败死于此。《荆州记》：迤洲在枝江东北十余里，亦曰延洲。《水经注》：江水径荆门、虎牙之间，荆门之下为延洲是也。又县东南二十里有富城洲。○芦洲，在县东南七十里。其相接者为潬洲，又南为潲洲，潲洲之下为洋洲，皆广五十里。又汭洲，在县东二十里江中，其下为漭洲，皆广十余里，民耕其上。漭洲之下曰关洲，约广三十里，利种植，多民居。又县东六十里有灅洲、澳洲，县东南六十里有苦草洲、南渚洲。

津乡，县西三里，里名也。《左传》庄十九年，巴人伐楚，楚子御之，大败于津，即此。后汉建武四年，岑彭拔夷陵，谋伐蜀，分军屯江关、夷陵、夷道诸处，而自引兵还屯津乡，当荆州要会。十一年，岑彭自津乡攻田戎于荆门，克之，是也。郦道元曰：应劭以津乡为在江陵，今则无闻。

下沱市。在县东南沱江上。宋度宗初，贾似道阳辞位，使荆湖帅吕文德诈称蒙古攻下沱急，朝中大骇，诏似道复位，是也。○董塘口镇，在县东六十里，商贾贸易聚集于此。隆庆中，议开董塘口，以分泄江流，不果。又有流店水驿，在县东南。《志》云：县南三里三郎溪，上有天生桥，两崖陀束，中卧巨石，若天生然。

○**夷陵州**，府西三百四十里。西至归州一百五十里，西南至施州卫五百里，北至襄阳府五百七十里。

春秋战国时楚地。秦属南郡。两汉因之。魏武平荆州，置临江郡。蜀汉改为宜都郡，后属吴，称重镇焉。晋、宋、齐并为宜都郡。治夷道县。梁末，兼置宜州。大宝初，湘东王绎改置。西魏改置拓州治夷陵，后陈又曰拓州。《陈书》：光大元年，沈恪为荆州刺史，督

武、祐二州。祐即拓之讹也。后周又改峡州。隋初, 郡废, 炀帝改峡
州为夷陵郡。唐初, 复为峡州。天宝初, 改夷陵郡。乾元初, 复为
峡州。宋因之。亦曰夷陵郡。元改峡州路。明初, 为峡州府。洪武九
年, 改为夷陵州, 以州治夷陵县省入, 编户七里。领县三。今仍旧。

　　州距三峡之口, 介重湖之尾。战国时为楚重地。秦将白起攻
楚拔郢, 烧夷陵, 遂东至竟陵, 楚于是乎东徙。后汉初, 田戎据
夷陵, 岑彭攻拔之, 遂谋伐蜀, 以夹川谷少, 夹川, 犹言夹江。水险
难漕, 因留冯骏军江关, 即今四川重险瞿塘关。田鸿军夷陵, 李玄
军夷道, 自引军还屯津乡见上枝江县。当荆州要会。三国时为吴、
蜀之要害。吕蒙袭公安, 降南郡; 陆逊别取宜都, 守峡口以备蜀,
而荆州之援绝矣。先主之东讨也, 从巫峡、建平至夷陵, 列营数
十。陆逊固守夷陵以待之, 乃上疏于权曰: 夷陵要害, 国之关限,
若失之, 非徒损一郡, 荆州可忧也。及先主败却, 西陵益为重地。
初, 曹丕闻汉兵树栅连营七百余里, 乃曰: 苞原隰险阻而为军者,
为敌所擒, 此兵忌也。夷陵于九地, 所谓圮地, 非乎? 魏景元二
年, 议发兵深入, 诱致吴人内附者。荆州都督王基曰: 夷陵东西
皆险狭, 竹木丛蔚, 卒有要害, 弩马不陈。是也。吴凤凰元年, 步
阐以西陵降晋, 陆抗急引兵围之, 羊祜救阐军至江陵。诸将咸谓
抗不宜西上, 抗曰: 江陵城固兵足, 假令敌得之, 必不能守, 所损
者小。若据西陵, 则南山群夷皆动, 其患不可量也。遂克西陵, 诛
阐。抗尝曰: 西陵, 国之西门。及王濬克西陵, 西陵以东, 无与抗
矣。隋之亡陈, 亦自西陵。唐平萧铣, 先取峡州, 而铣之亡也忽
焉。宋吕氏祉云: 荆州要害, 实在夷陵。胡氏安国曰: 峡州大都险

要，皆在南岸。祝氏镒曰：晋之伐吴，王濬自梁、益以践荆门，杜预自襄阳以侵沅、湘；隋之取陈，秦王由山南以掠汉口，杨素由巴东以趋三峡。夷陵之安危，与荆州为存亡矣。

夷陵废县，今州治。故楚西陵邑也。《楚世家》：顷襄王二十年，秦白起拔我西陵。二十一年，白起拔郢，烧先王墓夷陵是也。秦置夷陵县，汉因之，为南郡都尉治。应劭曰：夷山在西北，故曰夷陵。更始二年，汝南田戎攻陷夷陵，自称扫地大将军。后汉仍为夷陵县。建安十四年，曹操置临江郡于此。及周瑜等追操至南郡，甘宁请径取夷陵，往即得其城。曹仁遣兵围宁，急，周瑜等驰救，大破仁兵于夷陵。吴黄武元年，改夷陵为西陵。晋太康初，复曰夷陵。西魏置拓州治此。周改峡州，自此尝为州郡治。唐贞观九年，徙治步阐垒，即今治也。宋建炎中，徙治州西石鼻山。绍兴五年，复旧。端平初，又徙治于江南岸。元还旧治。明初，省。《城邑考》：州城，洪武十二年，因故址修筑。成化中，甃以砖石。弘治、正德以后，相继修葺。周七里有奇，为门七。

下牢城，州西北二十八里。隋峡州治此。唐贞观九年，始移州治步阐垒。章怀太子贤曰：夷陵故城，在今治西北是也。刘昫曰：夷陵县，隋治石鼻城。唐武德四年，移治夷陵府。贞观九年，移治陆抗故垒。王氏曰：今治即步阐垒，其陆抗城则在州东五里。吴主皓凤凰元年，阐以西陵降晋，陆抗讨之，敕诸军筑垒严围，自赤溪至于故市，内以围阐，外御晋兵。《水经注》：江水出西陵峡，东南流，径故城洲，洲北附岸，洲头曰郭洲，长二里，广一里，上有步阐故城，方圆称洲，周回略满。故城洲上城周一里，阐父骘所筑也。江水又东径陆抗城北，城即山为墉，四面天险，北对夷陵故城。胡氏曰：故市即步骘故城，所居成市，而阐别筑城，故曰故市云。《荆州图记》：夷陵县南对岸有陆抗故城，周回十里三百四十步。

临江城，州南二十里。《郡志》云：汉建安中，曹操筑城置县，为临江郡治，旋废。梁于此置临江县。后周置临江郡。陈大建中，淳于陵克周临江郡及拓州城是也。寻复入于周，并置临州。隋州废，又并县入夷陵。

石鼻山，在州西北三十里，高五百余仞，下临江流，中有巨石，横六七十丈，如簸筏然，亦名石簸山。下有虾蟆碛，以形似名。有泉出石上，为登临之胜，俗名虾蟆背。《志》云：周、隋间，峡州皆治石鼻山，盖山与下牢相近也。宋南渡初，州亦治此。又马鞍山，亦在州西北三十里。先主为陆逊所败，升马鞍山，陈兵自绕处也。《夷陵志》：夷陵要害，南有石鼻、马鞍、猇亭。〇峡口山，在州西北二十里，两岸壁立，蜀江西来，漩涡最恶。梁末，武陵王纪伐江陵，湘东王绎遣陆法和屯兵于此拒之。盖即西陵峡口矣。又天柱山，在州西三十五里，三峰耸立如柱，故名。

西陵峡，州西二十五里，峡长二十里，石壁千仞，三峡之一也。三峡之称不一，或云：州境自有三峡，谓西陵、明月、黄牛也。蜀江之险，盖始于此。详重险西陵。

黄牛峡，州西九十里，亦曰黄牛山，下有黄牛滩。其峭壁间有石如人牵牛状，人黑而牛黄。山岩既高，加以江渚纡缅，虽途经信宿，犹望见之。行者谣曰：朝发黄牛，暮宿黄牛，三朝三暮，黄牛如故。言水路阻长也。《舆程记》：三峡中惟瞿塘、黄牛为最险之处。〇明月峡，在州西二十里，悬崖间白石状如月，亦名扇子峡。高七百余仞。《志》云：州北十五里，有白起洞，俗传秦白起烧夷陵时驻此。

大江，在州城南。自归州流入境，迫束于群峡间，纡回险急，出西陵峡口，流稍缓。今州西北二十五里有平喜坝，凡自蜀出峡，至此相庆，故名。又东入宜都县界。《水利考》：州东三里有二公堤，当上流之冲，旁有民田。成化二十三年筑堤于此，行旅便之。

赤谿，在州西北五里，即陆抗筑城围步阐处。东合大江，或谓之东坑。陆机《辨亡论》：陆公以偏师三万，北据东坑。李善曰：东坑，在西陵步阐城东北，长十余里，抗所筑城在东坑上。又浣沙河，在州西北二里，东合于赤溪。

下牢谿，在州西北二十五里，有关曰下牢关，亦曰下牢戍，旧峡州治也。陆游曰：下牢关夹江千峰万嶂，奇怪不可名状。初冬草木青苍不凋，西望重山如关，江出其间，其上有洞曰三游洞，泉石绝胜。

流头滩，州西百里。袁山松曰：自蜀至流头滩五千余里，下水五日，上水百日。《水经注》：江水过流头滩，其水峻急奔暴，鱼鳖所不能游，行者苦之。近《志》作虎头滩，误。《一统志》：虎头、鹿角、狼尾三滩，俱在三峡中，最险。又獭洞滩，在州西百二十里，亦险恶。使君滩，在州西百十里大江中，或曰益州牧刘璋使法正迎先主于此。一云杨亮为益州刺史，经此覆舟，故名。其相近者为恶蛇滩。数滩俱江路之艰阻者。又有青草滩，在州南十五里，中多芜草。又有三溜滩，在州西十里，洲有急溜凡三也。

狼尾滩，在流头滩下。《水经注》：江水经流头滩、狼尾滩、黄牛山之黄牛滩，而后径西陵峡，出峡东南流，而后至步阐垒。隋杨素伐陈，自永安引舟师下三峡，至流头滩，陈将戚昕以青龙百余艘守狼尾滩。地势险峭，素衔枚夜掩之。又分军引步卒，自南岸击其别栅。别将刘仁恩帅甲骑自北岸趣白沙，迟明俱进，昕败走。《宜都记》：江水东径狼尾滩而历人滩。袁山松曰：二滩相去二里，人滩水至峻峭，其石作人形，因名。

南津关，在州南门外一里。西津关，在州西大江右。又白虎关，在州东北六十里。○南津口，在州北二十里，当三峡之口。相传汉昭烈尝据守此津之南，故名。今州北十五里有南津口巡司。又金竹坪，在州东九十里，亦设险处。旧有金竹坪巡司，今革。

岐亭。在西陵峡口。隋杨素伐陈克狼尾滩，陈将吕忠肃屯岐亭，据江峡是也。详亦附见重险西陵。〇白沙驿，在州西百二十里。隋杨素击陈将戚昕于狼尾滩，别军帅甲骑自北岸趋白沙是也。今为白沙馆。又屈溪驿，在州西六十里。嘉靖二十五年改置白沙马驿。《志》云：今州城南有凤栖驿，州西九十里有黄牛驿。又州西北百二十里有辰溪水驿。

〇长阳县，州南九十里。东至宜都县五十里，南至澧州石门县三百七十里。汉武陵郡之佷山县地。后汉属南郡。三国吴属宜都郡。晋以后因之。隋开皇八年，改置长阳县，以长阳溪而名，并置睦州治此。十七年，州废。大业初，县属荆州。唐武德四年，复置睦州。八年，州废，县属东松州。贞观八年，改属峡州。宋因之。今无城，编户三里。

佷山城，在县西六十五里同昌市。汉县。佷，音银。蜀汉章武二年，先主伐吴，自佷山通道武陵，使马良结五溪诸蛮是也。晋太康元年，改曰兴山，后复为佷山县。隋废。《通典》：古直城在今县西北五十四里，四面险绝，有林木池水，或以此为佷山故城。

巴山城，县南七十里。《隋志》云：梁置宜昌县，又置宜都郡治此。后周置江州。隋开皇初，郡废。十八年，改江州为津州，又改县为巴山县。大业初，州废，县属清江郡。萧铣时，亦置江州。唐武德四年，州废，以县属睦州。八年，改属东松州。贞观八年，亦属峡州。天宝中，省入长阳县。

巴山，在废巴山县北。其山曲折如巴字，隋因以名县。又方山，在县南三十里，四面俱方，一名重山。〇武落钟山，《寰宇记》：在县西北七十八里，有石穴，即巴蛮之先廪君刺剑处。一名难留山。《荆州记》：难留山北有石室，可容数百人僻险，不可攻，因名难留城。又望州山，在县西八十里，山势高耸，望见夷陵。

将军山，在县南，隔江。山势雄峻，峡石如带铠甲状。又县南隔江有龙门洞，洞前两崖壁立，岩穴幽邃，泉瀑飞注。又白马崖，在县东南十五里清江之南，石状如马，其色纯白，因名。又咬草岩，在县西北四十里，径通州城。行者攀崖悬草而上。

清江，在县东南十三里。源出贵州思州界，经四川黔、彭间而入施州开蛮界。又流经建始县入县境。又东北经宜都县流入大江。本名夷水，相传廪君乘土船处。其水清彻，因目为清江。唐武德四年，李孝恭讨萧铣，败铣将文士弘于清江，追奔至百里洲。《唐实录》云：孝恭败士弘于清江合口。盖合大江之口矣。

马连溪，在县南。《志》云：县境诸溪汇流，自西而东，凡数十处，俱附清江而达大江。又有三节等滩，在县西南，其列于清江之滨者，自西而东，亦以数十计。

古捍关，县南七十里。《楚世家》：肃王四年，蜀伐楚，取兹方，楚为捍关以拒之。兹方，今松滋也。《括地志》：捍关，在峡州巴山县。张仪说楚曰：舫船载卒，下水而浮，一日行三百余里，不至十日而距捍关。《盐铁论》：楚自巫山起方城，属巫、黔中，设捍关以拒秦。《水经注》：江水经弱关、捍关，弱关亦在建平、秭归界。昔巴、楚数相攻伐，藉险置关，以相防捍。李熊说公孙述曰：东守巴郡，拒捍关之口。建武二年，述使任满从阆中下江州，东据捍关。亦谓之楚关。建安十三年，甘宁献策于孙权，据夏口，鼓行而西，据楚关以规巴蜀，是也。

渔洋，关县南二百里。又县西三百里有塞家园。俱有巡司戍守。《志》云：县境旧有梅子八关，四临江南，四临江北。元时置以备峒蛮，明改为二巡司。又招来堡，在县西南，与蛮接界。弘治中，分枝江所兵戍守。○红崖寨，在捍关南七里。又南十里为风火寨，三十里为小城寨，五十里为山寨，三百五十里为珍珠寨，皆峒蛮出没处。

米峒。在县西南。元泰定三年，米峒蛮田先什用等结十二峒蛮寇长阳县，湖广行省遣九姓长官彭忽都不花招降之，即此。○务河渡，在县西二里，路通椒山、玛瑙长官司诸夷。又有津阳渡，在县西十里，路通夷陵及施州卫。

○宜都县，州东南九十里。东北至荆门州当阳县二百十里，东南至枝江县六十里。汉夷道县，属南郡。后汉因之。永和二年，武陵蛮反，寇夷道。建安十五年，先主置宜都郡治此。章武二年，吴将孙桓别击汉前锋于夷道，为汉所围，即此。吴亦为宜都郡治。晋仍旧。太和中，桓温以父嫌名，改曰江道。寻复旧。宋、齐因之。梁末，置宜州。陈州废，改县曰宜昌。隋开皇九年，置松州。十一年，州废，县属荆州。唐武德二年，置江州于此，改县曰宜都。六年，改江州为东松州。贞观八年，州废，县属峡州。今城周三里有奇，编户四里。

夷道城，在县西北。后梁与陈画江为界，夷道属陈。梁因于江北岸别置夷道县，并立宜都郡治焉。隋开皇七年，郡废，县属峡州。大业末，萧铣置宜都镇于此。唐武德中，属江州，寻并入宜都县。《志》云：今县治西一里有夷道故城，此即汉县旧治也。又宜昌废县，在县东。晋末置，属宜都郡。宋、齐因之。梁改为宜都县。隋开皇十一年，省入宜昌。

荆门城，在县西北荆门山下。江山险厄，因置城于此，为控守处。隋开皇九年，杨素伐陈，克荆门。唐武德三年，萧铣戍荆门镇，峡州刺史许绍攻拔之。明年，李孝恭自夔州进攻铣，前锋拔其荆门、宜都二镇，孝恭进至夷陵是也。又安蜀城，在荆门城西南。陈大建二年，章昭达攻后梁，梁主岿与后周信州总管陆腾拒之。周人于峡口南岸筑安蜀城，横引大索于江上，编苇为桥，以渡军粮。昭达命军士为长戟施于楼船上，仰割其索，索断粮绝，因纵兵攻安蜀城，下之。寻置信州于此。明年，顾觉据守，隋杨素攻拔之。又唐武德二年，萧铣窥峡口，为峡州刺史许绍所败。时铣遣兵戍安蜀及荆门。明年，绍复攻拔之。今俱详见前重险荆门。○陆抗城，在县西三里，亦谓之大城。又有吴相台，以陆逊尝屯此也。

荆门山，县西北五十里。大江南岸，其北岸为虎牙山，与荆门相对，亦曰武牙。下有虎牙滩，其旁又有大梁山，亦高拔。《志》云：荆门山下有十三碚，江路与山势相背，因名也。详见重险荆门。

三台山，县西十五里，三峰并峙如台。又宋山，在县西二十里，高耸秀丽。又有架锅山，在县西五十里，三峰峙立，若架锅然。又有望州山，在县西北二十里，以登之可望州城也。又羊肠山，在县南。《荆州志》：登羊肠山，望见南平沮漳。○界岭，在县北六十里，与夷陵接界而名。又县北三里有马鬃碛，夏没冬见，行舟畏之。

大江，县北三里。自夷陵州东南流入境，经荆门山下，又东南流经此，清江流合焉，并流而东，入枝江县界。旧《志》云：荆门山东有延洲。陈将吕忠肃为杨素所败，自岐亭退保荆门之涎洲，素复击败之。或以为即枝江县之迤洲，恐误。又有云池，亦在县北五十里大江中，水涸乃见，中富鱼虾，民赖其利。

清江，在县城北。自长阳县流入界，绕县城而北出，合大江。今有清江口镇巡司。又汉洋河，在县西十里，源出蛮界，经长阳县之渔洋关入县境，会清江入大江。

苍茫溪，县东五十里，引水灌田千余顷。又县东三十里有雅石溪，与苍茫溪相接。又富金溪，在县西三十里，旁多竹木，其相接者曰白岩溪。两崖险峻，竹木丛生，其下流皆达于大江。

猇亭。在县西。其地险隘，古戍守处也。蜀汉章武二年，先主伐吴，帅诸将自江南缘山截岭，军于夷道猇亭。陆逊曰：备缘山行军，势不能展，自当罢于木石之间，徐制其敝，是也。○普通镇，在县东北五十里，道僻山险，多盗贼，向有巡司戍守。又白洋水驿，在县东北十里。

○远安县，州东北二百里。南至荆门州当阳县百五十里，东北至襄阳府南漳县百八十里。汉临沮县地，属南郡。晋末，置高安县。刘宋初，汶阳郡治此。齐、梁因之。后周改为远安县，属峡州。隋、唐仍旧。今城周四里有奇，编户二里。

汶阳城，在县西北五里。沈约《志》：汶阳郡，陆行去荆州四百里，水行去荆州七百里。宋初置郡，领汶阳、潼阳、沮阳、高安四县。后省汶阳，领三县，此汶阳郡城也。《水经注》：沮阳县，沮水出其西北，东南经汶阳郡北，即高安县界。郡治锡城。义熙初，分新城立。萧子显曰：桓温以临沮西界水陆纡险，道带蛮蜑，田土肥美，立为汶阳郡。齐建元二年，北上黄蛮文勉德寇汶阳，汶阳太守戴元宾弃城奔江陵。豫章王嶷遣将刘伾绪讨之，至当阳，勉德降。上黄、临沮，见南漳县。《隋志》：汶阳郡旧治高安县。

潼阳城，在县北。晋末置县，属汶阳郡。刘宋因之。齐建元二年，魏师入寇。南襄城蛮秦远乘虚寇潼阳，是也。后周县废。《志》云：南襄城在县北七十五里，相传关羽屯兵之所。南北朝时，尝于此置南襄城郡。萧齐时，南襄城郡属南蛮府。又《齐书》：汶阳郡东北接南襄城，今为预备仓。

凤鸣山，县西十里。峰峦秀丽，甲于群山。又百井山，在县西六十里，极高峻，上多井泉，登岭望见江陵县。西南六十里又有清溪山，极高秀，一名云梦山。○亭子山，在县北五里，上有旧县址，或以为即汶阳故郡治。《县志》：今县治本名东庄，明成化中，以贼刘千斤作乱，筑城于此，建远安守御千户所，寻移县治焉，盖即故县治矣。又西北十里有鹿溪山，以山之奇胜得名。

甘霖洞，县北二十五里。岩穴深邃，有泉南流为石洋河，东入沮水。《类要》云：县西南有三洞，一曰金龙，一曰钟乳，一曰仙居，皆鬼谷子游历处，通谓之鬼谷洞。○天坑，在县东十里，周围山耸，中阔十里，虽霖雨横流，须臾自消，如天造地设。

沮水，县东北五十里。自南漳县流经县界，合溪谷诸水，又南流入当阳县境。○清溪，在县西南六十里，流经县南，东合沮水。又有灵水溪在县东北六十里，亦流合沮水。又有油溪，出县北五十里洪岩洞中，可溉田。

香桥湖，县西六十里，百井山水所汇也。县西南六十里又有官湖，其下流皆入于清溪。○笕水口，在县西北八十里。其地有鸡头山，水出石孔中，居民以木竹为枧，引水灌田，南流入沮水。

高鸡砦。在县西南，与宜都县接境。地险僻，有巡司戍守。《志》云：州东金竹坪官兵移戍于此。又有南襄堡，即县北故南襄城。成化中，远安所兵戍守于此。

○归州，府西五百二十里。南至施州卫三百五十里，西至四川夔州府三百三十里，北至郧阳府五百里。

周夔子国地。《汉志》：秭归县有归乡，故归国。宋忠曰：归即夔也。春秋、战国属楚。秦、汉属南郡。后汉属宜都郡。孙吴永安二年，置建平郡。晋并入晋所置建平郡。晋先置建平郡，治今夔州府巫山县，后以吴所置郡并入焉。宋、齐皆属建平郡。后周曰秭归郡。隋郡废，属信州。唐武德二年，置归州。天宝初，改为巴东郡。乾元初，复为归州。宋因之。亦曰巴东郡。元至元中，升归州路，寻复降为州。明洪武九年，废州为秭归县，属夷陵州，寻复为归州，以秭归县省入，编户六里。领县二。今仍旧。

州左荆、湘而右巴、蜀，面施、黔而背金、房。战国时，为秦楚相攻之地。三国吴以为西偏重镇。晋王濬等谋自蜀沿流来伐，守将吾彦请增建平之戍，以扼其冲要。陆抗亦曰：西陵、建平，国之藩表，既处上流，受敌二境。是也。唐平萧铣，师自归峡而东。宋平孟蜀，刘光义军出归州。嘉熙中，蒙古将搭海入蜀，孟珙帅荆湖，知贼必道施、黔透湖湘，乃分兵屯归峡及松滋诸处，为夔声援。明初，平伪夏，亦分兵由峡路进克瞿塘。归州其楚、蜀之门户欤？

秭归废县，今州治。汉县，属南郡。后汉永元二年，秭归山崩，盖县境内山也。孙吴置建平郡，治秭归。晋初郡废，属建平郡。后周改县曰长宁，为秭归郡治。隋初，郡废，县复曰秭归，属信州。自唐以后，皆为归州治。《城邑考》：县城，旧在江北。《水经注》云：县城东北依山即坂，周回二里，高一丈五尺，南临大江，故老相传，谓之刘备城，盖征吴时所筑也。历代相仍。宋端平中，始移县于江南曲沱，寻徙新滩，又徙白沙南浦，即今治也。元末，尝徙治丹阳城。明复旧。今州城明初所筑，周六里有奇，门五。

丹阳城，州东南七里，南枕大江。周成王封熊绎于荆蛮，居丹阳，即此。一名屈沱楚王城。晋王濬伐吴，破丹阳，遂克西陵。元尝徙州治此。明洪武四年，康茂才与伪夏将龚兴战于东门，大破之，今尚呼为东门头。○夔子城，在州东二十里。古楚之嫡嗣有熊挚者，以废疾不立，而居于夔，为楚附庸，后王命为夔子。僖二十六年，楚以其不祀灭之。《水经注》：江水东南经夔城南，城跨据川阜，周回一里百十八步。又《州志》云：州西三里有夔子城，地名夔沱。宋端平间，徙州治此。

信陵城，州西四十五里。《水经注》：江水东径归州城，又东经信陵城南。吴孙休永安三年，分宜都立建平郡，领信陵等县。孙皓建衡二年，以陆抗督信陵、西陵、夷道、乐乡、公安诸军事，即此信陵也。晋仍属建平郡。宋初因之，寻并入归乡县。

建平城，在州东。故秭归地。孙吴置建平郡，以此城名。○吴城，在州东南八十五里。孙吴时筑城置戌于此，以备蜀，城因以名。隋以城当三峡要冲，置太清镇，以塞山蛮寇掠之路。

楚台山，在州城中。旧说楚襄王建台于此，今为长宁千户所治。又八学士山，在州北十里，山有八叠，皆朝州治。○万户谷，在州西。宋嘉熙三年，蒙古搭海入蜀，孟珙分兵屯据要害，为夔州声援，增兵守归州峡口万户谷，是也。

白狗峡，州东十五里，两崖如削，白石隐起如狗然。又马肝峡，在州东二十里，峭壁间悬石如马肝，因名。○空舲峡，在州东三十里，夏秋水泛，必空舲乃可上，一名空峡滩。又建阳峡，在州东北七十里，约长十余里，水经其间，曲折四十八渡。《志》云：自州至长阳四百里，峡水奔流，石碛险要，诚天设之险也。

大江，州西北二里。自巴东县流入境，又东入夷陵州界。《志》云：自宋以前，州治皆在江之右，宋、元以后，州治常在江之左，是也。

香溪，州东北十里。源出兴山县流入江。《州志》所云：大江经前，香溪绕后者也。或谓之乡溪，又名昭君溪。州东北四十里，盖有昭君村云。又下牢溪，在县南四十里，与香溪皆注于江。

叱滩，在州西三里。水石相激，如喷叱声。《志》曰：滩在雷鸣洞南，分为三叱，官漕口为上叱，雷鸣洞为中叱，黄牛口为下叱，舟行至此多覆。亦名人鲊瓮。○莲花滩，在州西北二里。又五里有滑石滩，其在州西北三十里者曰泄滩。《志》云：州西二里为石门滩，州东五里有王家滩。又有新滩，在州东二十里，宋时尝徙县治此。其相近者又有小新滩。

牛口镇，州西九十里，有巡司。又兴山镇，在州南九十里，亦置巡司戌守。○南逻口，在州东十五里。《志》云：明初设南逻关于古丹阳城，后移于新滩，置巡司，即此处也。

大垭砦。在州西。宋嘉熙三年，蒙古自蜀窥峡，峡州守孟璟迎拒于归州大垭砦，得捷于巴东，遂复夔州，是也。○建平水驿，在州东五里。《志》云：驿东有三闾峡，以屈原名。又东为花桥铺，与夷陵分界处。又万流水驿，在州西北百里。

○**兴山县**，州北八十里。东南至夷陵州百八十里，北至郧阳府房县三百里。本汉秭归县地。吴置兴山县，属建平郡。晋废。唐武德三年，复置属归州。宋熙宁五年，省。元祐初，复。明正统七年，废。成化七年，复置，寻又废。弘治二年，复置。今城周二里，编户二里。

高阳城，县西二里。楚旧城也。楚高阳氏之裔，故名。刘昫曰：兴山县旧治高阳城。贞观十七年，移治太清镇。天授二年，移治故夔子城。《宋志》云：开宝元年，县移治昭君村。端拱二年，徙香溪。即今治也。夔子城、太清镇、昭君村俱见归州。或曰，县北三十里又有太清镇。

练城山，县北三十里。环绕如城。又罗经山，在县北五里，山自西北来，绵亘百余里。《志》云：县城外有四通山，山形陡绝，傍有四径可上。又县东二十五里，有盘龙山，以山势回环而名。又县东三十里曰仙侣山，高数千丈，层峰叠嶂，其顶宽平。○烂柴山，在县西四十五里，四面皆崇山峻岭。县西北八十里又有九冲山。

建阳峡，县东南五十里，与州境接界。峡中之水会于香溪。又龙口峡，在县北百五十里。

香溪，县东南一里，即县前河也。有珍珠潭，相传为昭君洗妆处。又南阳溪，在县北三十五里，自郧阳府房县流经猫儿关，至深渡，又南会香溪，至归州入大江。《志》云：县南五十里有新奔滩，又南七十里有白马滩，皆溪流峻急处。

猫儿关。在县北百里。山路险峻，可达郧、襄。又县东北百二十里有簾叶坞，坞长四十里，崇林怪石，路径险狭，行者聚众乃入，亦出郧、襄间之间道也。篾，亦作箸。又八里荒，在县东百里，路出郧阳府保康县界，两邑间林木深暗，路径卑湿。《志》云：县西北二百七十里有葱坪，地多葱，相传诸葛武侯曾驻师于此。又有桑林坪，在县东九十里，旧有巡司。正德十一年革。又县有高鸡寨巡司，旧系金竹坪，隆庆四年改。

〇**巴东县**，州西九十里。西至四川巫山县百六十里。汉巫、秭归二县地，属南郡。晋渡江后，析置归乡县，属建平郡。宋、齐因之。梁置信陵郡于此。后周郡废，改县曰乐乡，属信州。隋初因之。开皇末，改为巴东县。唐属归州。宋因之。明洪武九年，改属夷陵州，寻还属归州。今县无城，编户九里有奇。

信陵城，县西十五里。梁置信陵郡于此，非孙吴故县也。又乐乡故城，《寰宇记》云：在县东三里，后周改归乡为乐乡，盖治此。

双城，县北六十里。两城相距十余里，相传三国时筑。后周天和初，群蛮作乱，有向宝胜者据双城，信州刺史陆腾讨平之，即此。详见四川奉节县。《通志》：县西十五里有旧县城，县盖治于此。宋南渡后，移今治。今有旧县溪。又有平城，在县东南二十里。县南又有新化城及土城，县西北六十里又有废罗平州城。或以为皆后周时诸蛮作乱保聚处也。

石门山，县东北三十五里。山有石径，深若重门。汉昭烈初为陆逊所破，走径此门，追者甚急，乃烧铙铠断道，然后得免。其下为石门滩。又县西四十九里有石门山，唐天宝间改名蜀口山，亘巫山县界。〇**巴山**，在县南一里。一峰矗起，下分三冈，形如金字，一名金字山，县治依此。又飞凤山，在县北五里，与县治相对。又县北二十里有青铜山，尝产青铜，今绝。

明月山，县西北四十里，上有窍如月。又西北十里曰向王山，山高大，无树木。相传古向王耕此，盖即向宝胜等诸蛮所屯也。与明月山冈麓相接。又小戒山，在县西北六十里，高峻，惟一道从崖间过，仅容仄足，过此平旷，可容百余家，昔人多避兵于此。又长丰山，在县西北百里，悬崖峭壁，高接云表。

安居山，县西南五十里。高千仞，广百里，四面悬崖峭壁，上有三路，一平坦，一极斗峻难上，昔人多避兵于此。其上突出一山，名天宝山，有泉。〇罗头山，在县东七里，滨大江，环锁江水，回顾县治。下有罗头洞，其旁又有无源洞，溪洞险邃，空洞无涯，水源莫测。又七宝山，在县东八十里，上可熔铁。又县南三百里有铁炉山。

东奔峡，县北二十里。两岸孤峰绝壁，蜀江经流，如马奔轶。又门扇峡，在县西三十里，夏秋水泛，涡漩极险。又有破石峡，在县东五里，两崖如刀劈状，总谓之巴东峡。

大江，在县城北。自四川巫山县流入境，又东入归州界。〇清江河，在县西南一里，亦名夷水，东合蜀江。又三坝河，在县西六十里，源出县西北九府坪，一流入房县，一流入四川大宁县，一流入西瀼溪合大江。

东瀼溪，县西北十余里。又有西瀼溪，在县西二十里，夹大江东西。其下为万户沱，《志》云：沱在县西五里。又有云沱，在县西十里，常有漩能覆舟。又州东十里有苟使沱，亦有巨漩，江行者畏之。〇横梁滩，在县东二十里，有石横亘水中，江行溯流，每患其险。又石门滩，在县东三十五里，中有巨漩，为行者患。又清水滩，在县西十里，江水迅急，触而为漩，舟行不戒，必至覆溺。县境诸滩，此其险者。

连天关，县西南五十里，有巡司戍守。又石柱关，在县南五百里。向设石柱关巡司。隆庆四年，改野三关巡司。《志》云：县东南二百五十里有石柱山，关盖因以名，为扼束群蛮之道。

火峰山寨。县西北三十里。其地有火峰，据险置寨，因名。明初，汤和伐蜀，克归州，取火烽山砦，即此。或作烽火，误也。又巴东水驿，在县东一里。

附见：

荆州卫。在府城内。明初吴元年建。洪武二十一年，改护卫。三十一年，复旧。又荆州右卫，亦在府城内。吴元年建。洪武二十一年，改右护卫。三十二年，仍曰荆州右卫。今亦置荆州卫，仍属左、右二卫。

长宁守御千户所。在归州治东。洪武初建。又夷陵守御千户所，在夷陵州治西北。洪武初，建峡州卫。九年，改为今所。又枝江、远安二县，亦各置守御千户所。

读史方舆纪要卷七十九

湖广五 襄阳府 郧阳府

○襄阳府，东至德安府随州三百五十里，东南至承天府三百十里，南至荆州府四百七十里，西南至荆州府夷陵州五百七十里，西至郧阳府四百十里，北至河南邓州一百八十里，东北至河南南阳府二百五十里。自府治至布政司六百八十里，至南京三千七百里，至京师六千七百六十里。

《禹贡》荆、豫二州之域。南漳县为荆州境，余皆豫州境。春秋以来为楚地。秦为南郡、南阳地。习凿齿曰：秦兼天下，自汉以北为南阳郡，自汉以南为南郡。汉因之。后汉末，为荆州治。刘表为荆州刺史，徙州治襄阳县。曹操得荆州，始置襄阳郡，治宜城县，以地在襄水之阳，故名。以为重镇。晋初，亦为荆州治。治襄阳。平吴后，治江陵。东晋太元中，侨置雍州。宋亦为雍州，治襄阳，郡皆如故。齐、梁因之，并为重镇。后梁萧詧初国于此，附庸西魏。西魏得之，改曰襄州。后周因之。隋初废郡，仍曰襄州。初，西魏置襄州总管府。周、隋因之。开皇六年，又尝置山南道行台于此。大业初，又改州为襄阳郡。唐武德四年，复曰襄州。亦置山南道行台于此。七年，改为都督府。天宝初，亦曰襄阳郡。乾元初，复故。山南道及山南东道节度

使皆治此。详见州域形势。下仿此。五代梁时，亦曰忠义军。寻以延州
为忠义军，襄州仍曰山南东道。宋仍曰襄州。亦曰襄阳郡、山南东道节
度，初属京西路。熙宁五年，分置京西南路，治于此。宣和初，升为襄
阳府。元曰襄阳路。明初，复为襄阳府，领州一、县六。今因之。

府跨连荆、豫，控扼南北，三国以来，尝为天下重地。曹操
赤壁之败，既失江陵，而襄阳置戍，屹为藩捍。关壮缪在荆州，尝
力争之，攻没于禁等七军，兵势甚盛。徐晃赴救，襄阳不下，曹操
劳晃曰：全襄阳，子之力也。盖襄阳失，则沔、汉以北危。当操之
失南郡而归也，周瑜说权曰：据襄阳以蹙操，北方可图。及壮缪
围襄、樊，操惮其锋，议迁都以避之矣。吴人惧蜀之逼，遽起而
议，其后。魏终得以固襄阳，而吴之势遂屈于魏。自后诸葛瑾、陆
逊之师屡向襄阳，而终无尺寸之利，盖势有所不得逞也。至于魏
人之保襄阳，亦如手足之救头目然。方吴人之攻曹仁也，司马懿
曰：襄阳，水陆之冲，御寇要地，不可失也。魏明帝亦言：地有所
必争矣。晋人因之，而襄阳遂为灭吴之本。羊祜镇襄阳，进据险
要，开建五城，收膏腴之利，夺吴人之资。石城以西，今承天府尽
为晋有。又广事屯田，预为储蓄。祜之始至也，军无百日之粮，及
至季年，有十年之积。杜预继祜之后，遵其成筹，遂安坐而弋吴
矣。东晋之保有东南也，强兵巨镇，尽在荆、襄。庾亮刺荆州，闻
石勒新死，议伐之。上言：襄阳北接宛、洛，南阻汉水，其险足固，
其土足食，臣宜移镇襄阳之石城，见上，时属襄阳。乘衅齐进，以
临河、洛。后庾翼亦表言：襄阳，荆、楚之旧，西接益、梁，与关、
陇咫尺，北去河、洛，不盈千里，土沃田良，方城险峻，水陆流通，

转运无滞。进可以扫荡秦、赵，退可以保据上流，辄量宜入沔，移镇襄阳。议者谓襄阳去江陵步道五百里，势同唇齿，无襄阳则江陵受敌。自庾翼镇襄阳，田土肥良，桑梓遍野，带以沔水，阻以重山，北接宛、洛，平涂直至，跨对樊、沔，为鄢、郢北门。部领蛮左，常为重镇。桓温北伐，发自江陵，道出襄阳，于是晋之号令复接于中原。太元三年，苻坚遣军争襄阳，既复以一军出鲁阳关见河南重险三鸦，一军出南乡见河南淅川县，一军出武当，会攻襄阳。襄阳遂陷。桓冲寻举荆州之甲，两争襄阳，而不能拔也。肥水之战，氐秦气丧，赵统得乘其敝，复收襄阳，而上游之藩垣始固。宋元嘉二十六年，议欲经略中原，以襄阳外接关、河，欲广其资力，乃罢江州军府，文武悉配雍州，湘州入台租税悉给襄阳，使随王诞镇焉。既而诞遣柳元景等北伐，前据潼关，使东军不至丧败，南国之威，未必不可以复振也。废帝子业末，袁顗谋以襄阳拒命，曰：襄、沔地胜兵强，去江陵咫尺，水陆流通，朝廷有事，可以立桓文之功。齐末，萧衍以襄阳资力，扫土东下，委两弱弟以空城，而魏将元英欲取沔阴而不敢。梁中大同初，以岳阳王詧镇雍州。詧以襄阳形胜之地，梁业所基，遇乱可成大功，遂有专据一方之志。及太清末，张缵代为雍州，詧不受命。其别驾甄玄成亦曰：樊、沔冲要，山川险固，王业之本也。及詧与湘东王绎为敌，求援西魏，宇文泰方欲经略江、汉，遂急应之。既藉襄阳以并江陵，即因江陵以易襄阳，而詧固在魏人之阄中矣。隋氏因之，遂以亡陈。唐初，平萧铣，分兵出襄州道。贞观中，置山南道于此。盖天下之要领，襄阳实握之。安、史构祸，汴、洛沸腾，而襄、邓无虞，故东南之资储，得以西给行在。梁崇义拒命于建中间，未几丧败，及淮西寇暴，实藉襄、邓之力，为之犄角焉。唐末，朱温并秦宗权，因以驱摄山南，兼有荆、郢。高氏据荆南，而襄阳属于中朝，不得不貌为恭顺。盖襄州，江陵之咽喉也。宋兵一出襄阳，而荆南不敢旅拒矣。宋之盛时，以襄阳为京西重地。建炎初，李纲言：巡幸之所，关中为上，襄阳次之。及襄阳为群盗所据，刘豫因以出没沔上，觊觎荆南。岳武穆上言：襄阳六郡，六郡，襄、郢、随、唐、邓、信阳军也。为恢复中原基本时朱胜非亦曰：襄阳，国之基本也，宜先取六郡，以除心膂之病。于是讨李成于襄阳，一战克之，遂复襄阳、随州、唐、邓、信阳军。又言：襄阳、随、郢，地皆膏腴，苟行营田，其利甚厚。赵鼎亦言：吴、越介在一隅，非进取中原之地，宜屯重兵于襄阳，为经营大业之计。孝宗初，陈亮言：襄、汉之地，控引京、洛，侧睨淮、蔡，包括荆楚，襟带吴、蜀，沃野千里，可耕可守；地形四通，可左可右。此今日所当有事者。理宗时，襄、樊为蒙古所陷，孟珙复之，奏言：襄、樊为朝廷根本，当加经理，如护元气，上兵伐谋，此不争之争也。于是留镇襄阳，招中原精锐，分屯汉北樊城、新野、唐、邓间，蒙古不敢与抗。及吕文德守襄阳，叛将刘整献计于蒙古曰：攻宋方略，宜先从事襄阳，若得襄阳，浮汉入江，宋可平也。蒙古从之，多方以误宋，而襄、樊遂入于蒙古。其将阿里海牙亦言：荆、襄自古用武地，汉水上流已为吾有，顺流长驱，宋必可平。而宋之亡，盖自襄、樊始矣。《荆州记》《荆州记》，相传乃盛弘之著。曰：襄阳者，旧楚之北津，从襄阳渡汉，经南阳出方关即方城，是周、郑、晋、卫之道；其东津经江夏，出平泽关，或曰即平靖关。是通陈、蔡、齐、宋之道。胡氏寅曰：襄阳，上流门户，北通汝、洛，西带秦、蜀，南遮湖广，东瞰吴越，欲退守江左，则襄阳不如建邺，欲进图中原，则建邺不如襄阳，欲御强寇，则建邺、襄阳乃左右臂也。林氏之奇曰：江陵，郢也。襄阳，鄢也宜城，即故鄢。自江陵而图北方，必经襄阳。襄阳，楚之北津也。

○襄阳县，附郭。汉县，属南郡。后汉因之。初平二年，刘表为荆州刺史，徙州治襄阳。建安十三年，刘琮以荆州降曹操，操轻兵济汉，到襄阳，既而北还，留乐进守此，始置襄阳郡治焉。吴嘉禾三年，陆逊等入沔口，攻襄阳，不克。晋仍为郡治。咸和五年，石赵将郭敬陷襄阳。七年，陶侃使桓宣等拔之。建元初，庾翼镇襄阳。明年，翼留子方之戍襄阳，还镇夏口。太元三年，秦苻丕等寇襄阳。明年，襄阳陷。七年，荆州刺史桓冲使朱绰攻襄阳，掠五百余户而还。八年，冲复攻襄阳，不克。九年，竟陵太守赵统攻取之，自是侨置雍州于此。宋元嘉二十六年，遂为实土。历齐、梁之世，雍州皆治襄阳。梁承圣末，西魏取之，改曰襄州，仍治此。周、隋以后，并为州郡治。今编户三十五里。

襄阳城，今府城。相传汉、晋时故址。背负汉水，东北一带皆缘城为堤，以防溃决，谓之大堤。汉乐府有《大堤曲》，谓此也。其西北隅谓之夫人城。晋太元三年，朱序镇襄阳，苻坚入寇，序母韩氏谓城西北角必先受敌，乃率百余婢及城中女丁，于其处筑城二十余丈。贼来攻，西北角果溃，众移守新城。襄阳人因呼曰夫人城。其旁又有垒城，筑垒附近大城，犹今堡寨也。齐永元二年，萧衍起兵发襄阳，留弟憺守垒城。唐神龙元年，汉水啮城，宰相张柬之罢政事，还襄州，因垒为堤，以遏湍怒。自是郡置防御守堤使。会昌元年，汉水害襄阳，山南东道节度使卢钧筑堤六十步障之。宋绍兴二十二年，襄阳大水，汉水冒城而入。乾道八年，荆南守臣叶衡请筑襄阳沿江大堤。明洪武初，邓愈因旧址筑城，有正城，又有新城附正城旧基大北瓮门，绕东北角接于正城，为门六，北临汉水，东西南皆凿城为池。弘治中，复修筑。正德十一年，汉水大溢，破新城三十余丈。副使聂贤督众取石于仙女洞，纵横甃砌，槎枒牙向背，悉如法，仍自北门起，至东长门，筑泊岸二百八十丈，又筑子堤以护之，增修城垣，一如旧制。襄阳人因呼为聂公城。嘉靖三十年，汉水复溃堤浸城。三十九年大水，相继修完。隆庆二年，堤复溃，新城崩塌，副使徐学谟请益甃老龙堤于东西南城门外，各去城二里筑护城堤。万历以后，屡经修筑。今城周十二里有奇。

樊城，府城北汉江上，与襄阳城隔江对峙。《志》以为即周仲山甫所封樊国也。后汉末，为戍守处。初平二年，袁术使孙坚击刘表。表遣将黄祖逆战于樊、邓间，坚击破之，遂围襄阳。建安十三年，刘琮以荆州降操，时刘备屯于樊城。操至宛，备始觉，将其众南走，樊城入于操。二十四年，关壮缪镇荆州，攻曹仁于樊，会沔水涨，羽乘水急攻之，城多崩溃，魏人恼惧。吴赤乌四年，朱然围樊，不克。晋太安二年，新野王歆讨江、沔乱贼张昌，至樊城，兵溃见杀。咸和五年，石勒将郭敬寇襄阳，军于樊城，守将周抚弃襄阳奔武昌，敬毁襄阳城，迁其民于沔北，城樊城以戍之。七年，陶侃遣桓宣等复取樊城。齐永明十一年，魏人大举入寇，诏江州刺史陈显达镇樊城。建武四年，后魏攻南阳，雍州刺史曹虎与南阳太守房伯玉不协，顿军樊城，既而魏屡破齐兵，至沔，军主刘山阳据樊城苦战，魏兵乃退。未几，魏主宏复将十万众围樊城，曹虎闭门自守，攻围数旬不拔，魏主临沔水望襄阳岸，乃去，如湖阳。永元三年，萧衍起兵发襄阳，使司马庄丘黑守樊城。梁太清三年，雍州刺史岳阳王詧、司马刘方贵据樊城拒命，詧攻拔之。承圣末，属于西魏，置樊城县，又置安养县及河南郡于此。后周省樊城县。隋初废郡，以安养县属襄州。唐武德二年，李大亮拔王世充樊城镇，即安养县也。天宝初，改为临汉县。贞元二十一年，移县于古邓城，改为邓城县，而樊城如故。宋嘉定十年，金兵犯樊城。咸淳九年，蒙古围樊城，久之未下。张弘范言于阿术曰：襄在江南，樊在江北，我陆攻樊，则襄阳出舟师来救，终不可取。若截江道，断救兵，水陆夹攻，则樊破而襄亦下矣。阿术从之。初，襄、樊两城，汉水出其间，吕文焕乃植大木江中，锁以铁澈，上造浮桥，以通援兵，樊亦恃此为固，至是为蒙古所断，以兵截江，出锐师薄樊城，襄兵不能援，樊城破，襄阳遂降。今有关城市集，与襄阳相对。城西昔铸铁棍，列树堤岸，以通水道，如窗棂然，名铁窗口。明嘉靖四十五年，汉水溢，樊城北旧有土堤，城南面江一带皆砖城，尽皆溃决。议者谓樊城溃，则襄城无恙，疏塞不密，樊城之富庶渐衰。今有樊城关巡司，在府治西北三里。嘉靖中，移巡司于县东北百二十里之柳树头。

邓城，府东北二十里。本春秋邓国地，楚文王灭之而有其地。秦昭襄王元年，大良造白起攻楚，取邓，置邓县，属南阳郡。汉因之。更始二年，封王常为邓王。建武三年，岑彭破秦丰兵于邓，进围黎丘。晋曰邓城县，属襄阳郡。太元七年，桓冲伐秦，攻襄阳，苻坚遣苻叡、慕容垂等救之。叡军新野，垂军邓城，桓冲退屯沔南。晋末侨置京北郡。刘宋大明末，割襄阳西界为实土，邓县属焉。齐因之。永泰初，魏人取沔北五郡，崔慧景等驰救，大败于邓城。既而魏主宏攻围邓城，齐将曹虎拒守，经月不下。梁承圣三年，西魏宇文泰遣于谨等攻江陵，军至樊、邓，梁王詧率众会之。后周时，邓城县废。唐武德三年，以王世充兄子弘烈据襄阳，遣李大亮安抚樊、邓，以图襄阳。大亮遂自邓城攻拔樊城。贞元末，移临汉县治古邓城，遂为邓城县，仍属襄州。乾宁五年，朱全忠侵忠义帅赵匡凝，败襄州兵于邓城。宋亦为邓城县。元省。今为邓城镇。《南北对境图》：自邓城南过新河至樊城。《一统志》：邓城旁近有牛首、安阳、古城、红崖、白河、沙河、渔浦、新城、淳河、滚河十城。蒙古围襄阳，分筑诸城于要津，以绝粮援。故址尚存。又《元和志》：邓塞故城，在临汉县东南二十二里，南临宛口，阻一小山，号曰邓塞。孙坚破黄祖于此山下，魏常于此治舟舰以伐吴。陆士衡《辨亡论》：魏氏浮邓塞之舟，下汉阴之众。谓此也。《水经注》：邓塞者，邓城东南小山，淯水经其东。王氏曰：此为古邓国。宋庆元二年，襄阳守臣程九万请筑邓城堰，以防金兵冲突，遂为农田灌溉之利。○鄾城，在府东北十二里，古鄾子国。《左传》桓九年，楚师围鄾，即此。《寰宇记》：鄾城，在邓城南八里。晋置鄾县，属襄阳郡。后废。

偃城，府北五里。《括地志》云：古郾子国也。关羽围樊城，魏将徐晃自宛赴救，至阳陵陂，时羽遣兵屯偃城。晃诡道欲绝其后，遂得偃城。即此。《地记》云：阳陵陂，在偃城西北十里。偃城，在安养县北三里。○废杜县，在府西。晋渡江后，侨立京兆郡及杜县，以处流民。宋因之。大明土断，割襄阳西界为实土。齐、梁因之。西魏末，废。

山都城，在府西北八十里。本南阳之赤乡。秦置山都县，汉属南阳郡，吕后封王恬启为侯邑。后汉仍属南阳郡。建安初，南阳韩暨避袁术之命，徙居山都山，盖县境之山也。晋改属襄阳郡。刘宋属新野郡。齐属义安郡，后入于魏，县废。杜佑曰：故城在义清县东南。似误。今其地与新野接界。又常平废县，在府西南。《隋志》：西魏置义安县，后又置长湖郡治焉。后周改县曰常平。大业初，郡废，县属襄州。唐因之。贞观八年，省入襄阳县。又义安废县，在府西北。《齐志》：宁蛮府所领有义安郡义安县，后没于魏。西魏义安县，盖即萧齐故地为名，后梁因之。寻废。府境又有华阴废县，刘宋置南天水郡，治华阴县。沈约曰：郡寄治襄阳之岩洲，盖汉水中之洲也。齐因之，后废。

新城，在府东南十里。蒙古围宋襄、樊时所筑。咸淳三年，宋将夏贵救襄、樊，不敢进，乘霖雨汉水溢，分遣舟师出没东岸林谷间。阿术谓诸将曰：此虚形，不可与战，宜整舟师以备新城。明日，贵果趣新城，至虎尾洲为阿术所败。

岘山，府南七里。亦曰南岘。《唐六典》：岘山，山南道之名山也。黄祖为孙坚所败，窜岘山中。羊祜镇襄阳，尝登此，亦曰岘首山。晋建元二年，梁州刺史桓宣击赵将李羆，败于丹水，移戍岘山。宋嘉定十年，金兵犯襄阳，复围枣阳，孟宗政午发岘首，迟明抵枣阳，驰突如神，金人骇遁。《水经注》：山上有桓宣所筑城。今凤林关在山上。○望楚山，在府西南八里，本名马鞍山。山麓与岘山接，所谓马鞍山道也。晋刘弘镇荆州时，改名望楚。郦道元曰：刘宋武陵王骏屡登陟，望见鄢城，故名。《南史》：孝建初，朱修之为雍州刺史，南郡王义宣叛，遣其党鲁秀自江陵来攻。修之断马鞍山道，据险自守，屡败秀兵处也。《胜览》：山高处有三磴，一名策山。

万山，在城西十里，下有曲隈。或讹为方山。刘弘牧荆州，制岘、方二山，泽中不听捕鱼。杜预在襄阳，刻两碑，一沉万山之下。《水经注》：汉水自隆中，又东经方山北，即杜预沉碑处。盖方山即万山矣。《宋·邓琬传》：孔道存在襄，破柳世隆于万山。即此。宋咸淳五年，蒙古围襄、樊，其将张弘范议曰：襄阳未下，以粮援未绝。而江陵、归峡，行旅休卒，道出襄阳南者相继也。若筑万山以断其西，立栅罐子滩以绝其东，则毙之之道矣。史天泽遂筑长围，起万山，包百丈山，令南北不相通。又筑岘山、虎头山为一字城，联亘诸堡，以为必取之势，于是襄、樊大困。其相近者曰九里山，起伏凡九，亦曰九里冈。○土门山，在府西四十里，其形如门。又十里为鹤子山，旁有鹤子川。《志》云：县西五里又有襄山。《荆楚记》：水驾山而上曰襄。

鹿门山，府东三十里。旧名苏岭，上有二石鹿，因改今名。宋景定四年，蒙古从降将刘整计，请置榷场于襄阳城外，且请筑土墙以护货物，吕文德奏许之。遂开榷场于樊城外，筑土墙于鹿门山，外通互市，内筑堡壁。又筑堡于白鹤，由是敌有所守，以遏南北之援。襄、樊城外，哨掠日至。咸淳五年，蒙古将张弘范军于鹿门，自是襄、樊道绝，粮援不继。白鹤或作白马，今府城东南十里有白马山，上有白马泉。《寰宇记》曰：鹿门山南有霸王山，又南为杨桥山。春秋楚为杨桥之役，即此地。误矣。《志》云：杨桥山，在今府东五十里。

隆中山，府西北二十五里。诸葛武侯隐此。《汉晋春秋》：亮家于南阳之邓县，在襄阳城西二十里，号曰隆中。《水经注》：沔水东径隆中，历孔明旧宅北。是也。苏轼诗：万山西北古隆中。亦谓此。今府南十里有卧龙山，又府西南三十里有伏龙山，皆以武侯名也。〇柳子山，在府西北七里，檀水出其下。梁简文为州日，泛舟穷柳子之源，即此。又有紫盖山，在府北五里。宋时改名中岘山。《襄沔记》：紫盖山、万山、岘山，谓之三岘。

虎头山，府南三里。一作阿头山。东汉初，岑彭破张扬于阿头山，后改为虎头。宋末，蒙古将阿术谋取襄阳，登虎头山望汉东白河口，是也。《志》云：府西南九里又有阿头山。〇百丈山，在府南三十里。蒙古逼襄阳，宋将来兴国赴救，以百艘泊百丈山下，即此。又团山，在府西北三十里。宋嘉定中，金兵犯襄阳，来自团山，势如风雨。赵方将扈再兴败却之。咸淳中，李庭芝援襄阳，舟师出青泥河，进至团山，是也。旁有仙女洞，即正德中聂贤采石为堤处。《志》云：仙女洞，在府北三十里。

汉江，在府城北。自郧阳府流入府境，经均州、光化、穀城县而东，由城北折而东南，经宜城县入承天府界。其在府境者，亦曰夏水。《左传》昭十三年：王沿夏，将欲入鄢，是也。亦曰汉水，亦曰沔水。后汉建安末，关羽围曹仁于樊城，仁使于禁等屯樊北。会霖雨，汉水溢，平地数丈，禁等七军皆没，樊城不没者数版。羽乘船临城立围数重，外内断绝。又船据沔水，襄阳隔绝不通，是也。晋咸康五年，蔡谟谓沔水以西，水急岸高，盖谓襄阳以西。太元三年，符秦寇襄阳，梁州刺史朱序以秦无舟楫，不以为虞。既而秦将石越帅骑五千浮渡汉水，序惶骇，固守中城，越陷外郭，获船百余艘，以济余军。七年，桓冲攻襄阳，苻坚使苻叡、慕容垂等赴救，垂为前锋，进临沔水，夜命军士持十炬系于树枝，光照数十里，冲惧引还。又自汉以南曰沔南，自汉以北为沔北。萧齐永明十一年，襄阳蛮酋雷婆思等附魏，求内徙，魏人处之沔北。时沔北犹为齐地。婆思本居沔南，今徙沔北，于魏境为近也。建武四年，魏主侵雍州，败齐兵于沔北，既而南临沔水，复还新野。梁承圣中，西魏屡遣兵逾汉水侵江陵，时襄阳附魏也。南北有事，争襄阳必争汉津。唐会昌初，汉水溢，坏襄州民居。五代晋天福六年，安从进以襄州叛，命荆南、湖南合兵讨之。荆南高从诲遣水军至南津，楚马希范亦遣将将战舰入汉江，与晋军并进。俗亦谓之襄江。宋绍兴四年，岳飞讨李成于襄阳。成迎战，左临襄江。飞笑曰：步兵利险阻，骑兵利平旷，成左列骑江岸，右列步平地，虽众十万，何能为？乃以步兵击其骑，以骑击其步卒，贼大败，遁去。《水利考》：古大堤西自万山，经檀溪、土门、龙池、东津渡，绕城北老龙堤，复至万山之麓，周四十余里。年久堤溃，而龙池、东津一带又多浮沙。明初，修截堤一道，自长门之土门，后渐颓废。嘉靖四十五年，决府西老龙堤，直冲城南而东，为害最甚。自是并力修筑，北自老龙堤至长门，皆沿城砌石；南自万山麓至土门，皆仍古大堤；东南自土门至长门，则仍旧截堤，而后溃决渐少。大概堤防至切者，全在襄、樊二城间。盖二城并峙，汉水中流如峡口。且唐、邓之水从白河南注，横截汉流，以故波涛激射，城堤为害最剧也。

　　白河，府东北十里。其上流即河南南阳府，湍、淯诸水所汇流也。自新野县流入界，经光化县东，至故邓城东南，入于沔水。三国时，于河口立围屯。魏青龙二年，吴陆逊引兵向襄阳，不克而还，行到白围是也。宋太平兴国三年，漕臣程能议开白河为襄、汉漕渠，直抵京师，以通湘潭之漕。渠成而水不行。端拱元年，治荆南漕河至汉江，行旅颇便，而白河

终不可开。又宝祐五年，蒙古董文蔚城光化、枣阳，进攻樊城。樊城南
据汉江，北阻湖水，卒不得渡。文蔚夜帅兵于湖水狭处，伐木拔根立于
水，实以薪草为桥，顷之即成，遂合围襄阳。守将高达力战于白河，却之。
又咸淳三年，蒙古将阿术等经略襄阳，阿术登虎头山顾汉东白河口曰：若
筑垒于此，以断宋饷道，襄阳可图也。遂筑白河城，以逼襄阳。或曰白河
入汉之处，亦名三洲口。吴将朱然攻樊，司马懿救樊，追吴军至三洲口，
大获而还。又王昶屯新野，习水军于三洲，谋伐吴。《水经注》：襄阳城
东有白沙，白沙北有三洲，三洲东北有宛口，即淯水所入也。○滚河，在
县东六十里，自枣阳县流入境；又唐河，在县东北百里，自河南唐县流入
境，皆合白河而注于汉江。

　　清泥河，府西北三十里。自均房间东出，达于汉江。后汉建安中，
乐进在青泥与关羽相距。陈大建二年，萧岿畜舟舰于章陵之青泥，章昭
达谋袭之，是也。宋咸淳中，荆湖帅李庭芝救襄樊，移屯郢州。时襄樊围
益急，庭芝闻知襄阳西北有水曰青泥河，源于均、房，即其地造轻舟百
艘，募死士。汉水方生，乘顺流发舟，稍进团山下。又进高头港口，结方
阵，起碇，出江，犯重围，至磨洪滩以上，元兵皆披靡。转战百二十里，
遂达襄阳。是也。○淳河，在府东三十里，南流入汉江。宋咸平中，知襄
州景望奏置营田务，襄阳县有淳河，溉田三千顷，宜城有蛮河，溉田七百
顷。又有屯田三百余顷，于是岁入甚广。又熙宁四年，前知襄州史炤言开
修古淳河一百六里，灌田六千六百余顷云。又泥河，在县东北九十里，西
流入白河。

　　檀溪，府西四里。源出柳子山，北流为檀溪，南流为襄水，亦曰涑
水，皆流合汉江。相传刘先主尝乘的卢过此。齐东昏侯时，萧衍为雍州刺
史，密修武备，多伐材竹，沉之檀溪，以为装舰之备。《水经注》：檀溪
去城里余，北流注沔。又襄水，在府西北三里，今皆涸。○石牌港，在府
西北三十里。又有竹筱港，在府北三十里。黄龙港，在府东六十里，皆流

入汉江。《志》云：府西南二十五里有金水港，府南四十五里有沙河港，府南五十里有土山港。又有田塍港在府东南三十里，隆盛港在府东南四十里，下流俱汇于汉江。

闹沟，在府北。自南阳府境流入界，经废邓城南而入于汉。萧齐建武末，崔慧景等与魏人战，败于邓城。慧景引军南走，魏人追败之于闹沟。萧子显《齐书》：闹沟与沙塪相近，盖沙塪之水南流入于闹沟云。沙塪，见南阳府南阳县。又潺沟，亦在府北。梁天监八年，魏荆州刺史元志将兵寇潺沟，驱迫群蛮，群蛮悉度汉水来降，雍州刺史萧炳开樊城纳之，遣将朱思远击败志于潺沟。沟盖在汉水北，其水南注于汉。○鱼浦滩，在府南。蒙古围襄阳，尝筑城于其旁，所谓渔浦城也。又有习家池，在府南百里，后汉习郁所穿。晋山简镇襄阳，每饮于此。亦曰高阳池。府东五里又有黑龙池。

龙尾洲，在府东南三十里汉江中。宋咸淳八年，张贵将援兵入襄阳，欲还郢，募二士伏水中达郢，求援于范文虎，刻日发兵，驻龙尾洲以助夹击。贵遂发舟，破围冒进，夜半至小新河，与元将阿术等力战。至勾林滩，渐近龙尾洲，援兵不至。蒙古先据洲，前后夹击，兵败被执处也。又虎尾洲，在府南三十里。宋末夏贵与蒙古战，败绩于此。或曰即龙尾洲之异名也。《志》云：县东五里有五娘子洲。

罐子滩，在鹿门山南，汉江西岸。宋咸淳三年，蒙古围襄樊，范文虎以舟师赴救，败于罐子滩。既而蒙古将张弘范议立栅罐子滩，以绝宋人粮援处也。又有会丹滩。范文虎救襄、樊，舟师至鹿门，时汉水涨溢，阿术夹江东西为阵，别令一军趣会丹滩，犯官军前锋，文虎败走。

吕堰，在府北七十里。宋绍定六年，金将武仙等次于顺阳，犯光化，孟珙败却之。又败金人于吕堰，进攻顺阳，武仙败走。今为吕堰驿。北至河南新野县七十里。顺阳，见邓州淅川县。

柳关，府西北七里，以柳子山名。又府北七里为七里店关，府西九里为老龙堤关。堤东临汉江，西抵万山，府城东北之捍蔽也。又府东十里有东津渡关，为汉江渡口。二关皆控汉江之险。〇凤林关，在府南七里。又府南九里有观音阁关。《志》云：府东旧有柜门关，蒙古围襄、樊，置关于此。宋将张贵被执，见阿术于柜门关，不屈，见杀处也。

下笮城，在沔北，直府城东北。齐东昏侯永元二年，魏东荆州刺史桓晖入寇，拔下笮戍是也。亦作下迮戍。梁中大通五年，魏荆州刺史贺拔胜寇雍州，拔下迮戍。于是扇动诸蛮，屡败州兵，汉南震动。〇阴谷口，在府西六十里。唐天祐二年，朱全忠取唐、邓诸州，军于汉北，命杨师厚作浮桥于阴谷口，遂引兵渡汉。忠义节度使赵匡凝逆战于汉滨，不胜，遂奔淮南。

双沟镇，府北七十里，道出唐、邓。设税课局于此，并置巡司戍守。又油坊滩镇，在府西三十里，向为盗贼出没之所，有巡司。嘉靖中，改置于府西北百里之太山庙。又牛首镇，在府西北四十里。又高头堡，在团山南。府南又有石门堡。〇潼口驿，在县南五十里。《舆程记》：府城西有汉江驿，府北七十里即吕堰驿也。

赤滩圃，在府东南汉江上。宋咸淳三年，蒙古围樊城，张世杰与蒙古战于赤滩圃，败绩。〇桃林，在府南六里。晋桓冲攻襄阳，屯军于此。时方食桃，埋其核，至春萌生，遂成茂林。

〇宜城县，府东南百二十里。东南至承天府百八十里。战国时楚鄢县。秦因之。汉惠帝三年，改为宜城县，属南郡。更始封王凤为宜城王。后汉仍属南郡。初平二年，刘表刺荆州时，寇贼梗塞，表单马入宜城。建安三年，曹操表先主为镇东将军，封宜城亭侯是也。晋初，为襄阳郡治，后仍属襄阳郡。刘宋初，废。大明初，侨置蓝田县，并置华山郡。齐因之。梁改曰率道县。西魏属宜城郡。隋属襄州。唐武德四年，属郢州。贞观八年，仍属襄州。天宝七载，改曰宜城县。宋仍属襄州。今城周五里有奇，编户十七里。

鄢城，县西南九里。古鄢子国。楚为鄢县。《左传》昭十二年：王沿夏，将欲入鄢。杜预曰：顺汉水入鄢也。鄢，楚之别都。《楚世家》：顷襄王十六年，与秦昭王好会于鄢。秦昭襄王二十八年，大良造白起攻楚，取鄢。高诱曰：秦兵出武关则临鄢，下黔中则临郢也。秦亦为鄢县。汉改县曰宜城，治此。刘宋筑宜城大堤，改置华山县，而故城遂废。《志》亦谓之宜城废县。○邔城，在县北五十里。汉县，属南郡。邔，音忌。高帝封黄极忠为侯邑。王莽地皇二年，邔人秦丰起兵是也。后汉亦为邔县。晋属襄阳郡。宋、齐因之。后废。《水经注》：沔水西南有骑城，周二里余，古楚邑，秦置邔县。又有黎丘城，在故邔城东。王莽末，秦丰起兵于黎丘，自称楚黎王。刘昭曰：邔有黎丘城。建武四年，帝幸黎丘，使朱祐等代岑彭围秦丰。既而祐自观城擒丰于黎丘。《水经注》：沔水径黎丘故城西，又南过邔县东北。观城，在黎丘东二里是也。杜佑曰：黎丘，在今宜城县北。

郡城，县东南九十里。春秋时郡国，自商密迁于此，为楚附庸，楚灭之而县其地。定六年，楚令尹子西迁郢于郡是也。秦置若县，属南郡。汉因之。后汉改为郡县。晋仍属南郡。宋元嘉六年，以三辅流民出襄阳，侨置冯翊郡。沈约《志》曰：郡初治襄阳，后治郡。是也。齐因之。梁中大通五年，魏荆州刺史贺拔胜寇雍州，分兵拔冯翊，即此。后周郡县俱废。《括地志》：郡城东五里有楚王城，西南去乐乡县三十三里，楚昭王迁郡时所居。又湫城，杜预曰：在郡县东南。《左传》庄十九年，楚文王伐黄还及湫，即此。乐乡，今见荆门州。○武山废县，在县南百里。《隋志》：梁置旌阳县，后改名惠怀，属武宁郡。西魏又改曰武山。隋初属郡州。大业初，废入乐乡县。又上洪废县，在县东南。刘宋侨置略阳县，属南天水郡。齐因之。梁置德广郡治焉。西魏改县曰上洪。隋初郡废，县属襄州。

唐武德四年，属郢州。贞观初省。

汉南城，县北三十里。地名东洋，有古堤，又有古城。宋初，筑宜城大堤。大明初，置华山郡及华山县治焉。沈约《志》：华山郡治大堤村，是也。齐因之。永元二年，萧衍起兵襄阳，华山太守康绚率郡兵赴衍。梁仍为华山郡，亦谓之大堤城。太清三年，张缵赴镇雍州，至大堤，岳阳王詧不受代。西魏改县曰汉南，改郡曰宜城。后周废郡。隋仍曰汉南县，属襄州。唐初，王世充侨置华州于此。武德四年，州废，县仍属襄州。贞观八年，省入率道县。曾巩曰：宋武帝筑宜城之大堤为城，即今县治。似误。○罗川城，在县西二十里，春秋时罗国地。杜预曰：罗在宜城县西山中。是也。《郡志》：在今县东北二十五里。似误。又鄀城，在县南二十里，《志》以为古鄀子城也。

石梁山，县西三十里。形如桥梁。又县东南五十里有赤山，土石皆赤，下有深潭，名钓鱼洞。《志》云：县西南二十里有牛心山，其南五里为鹞子山，有天坑。宋末，与蒙古战于牛心山，不利，士卒多坑于此。○分水岭，在县南六十里，与荆门州分界。又走马冈，在县东南六十里，俗传关羽练兵处。

汉江，县东四里。《水经注》：汉水自襄阳中庐，又东南流，径黎丘故城西，又南与疏水合，又南过邔县东北，又南经宜城东，夷水注之。后汉建武四年，田戎据夷陵，闻汉军围黎丘，乃将兵沿江溯沔上黎丘，谋降汉，不果。胡氏曰：自江下至沔口，又溯沔而上至黎丘也。《宋志》：淳熙八年，襄阳守臣郭杲修护城堤，以捍江流。又筑救生堤，为二闸，一通于江，一达于濠，当水涸时，导之入濠；水涨时，放之于江。自是水虽至堤，无湍悍泛滥之患。《郡志》：救生堤，在府西南五里。《水利考》：县一面据山，三面临沔，沔江故道绕县东四十里之天龙山、县东南四十里之凤凰山而下。去城二十余里有使风、龙潭二港，接江流灌城濠，未尝为患。明嘉靖四十五年,汉水溢,直冲迎水洲而下,改徙鹞潼河,新洪逼城五里许,又由使风、龙潭二港冲洗南北城楼,自此水涨径撼城堤。议者谓使风、龙潭二港口不塞,城堤终难保也。鹞潼河,《志》云:在县东五里。

蛮水,在县西南。源出郧阳府房县界,流经南漳县,至县南四十里,地名破河脑,入于汉江。本名鄢水,亦曰夷水。桓温以父嫌名,改曰蛮水。又疏水,在县北,出南漳县界废中庐县西南,东流至县东北,入于汉水。其处谓之疏口。唐建中二年,襄邓帅梁崇义拒命,淮宁帅李希烈击之,循汉而上,崇义遣将翟晖等逆战于蛮水。希烈大败之,又追败之于疏口,遂入襄阳。○潘家河,在县东七十里,流经石板滩,合县东三十里之阴港,流入汉江。

沶水,在县西。《水经注》:沶水上通梁州汎阳县,东径新城之沶乡县,谓之沶水。又东历轪乡,谓之轪水。又东历宜城西山,谓之沶溪,东流合于夷水,谓之沶口。沶,音怡。晋怀帝永嘉四年,刘聪逼洛阳,荆州刺史王澄自将欲援京师,至沶口,众散而还。即此。

木里沟,在县东。《水经》:沔水又南得木里水。是也。楚时于宜城东穿渠,上口去城三里。汉南郡太守王宠又凿之,引蛮水灌田,谓之木里沟。径宜城东而东北入沔,谓之木里水口。灌田七百顷。宋时,陈表臣复修之,起水门四十六,通旧陂四十有九。治平中,县令朱纮修复木渠,溉田至六千余顷。淳熙八年,襄阳守臣郭杲言:木渠在中庐县界,拥漹水东流四十五里,入宜城县,岁久湮塞,乞行修治。十年,诏疏襄阳木渠,以渠旁地为屯田,给民耕种。宋郑獬《木渠记》:木渠出中庐西山,拥漹水走东南四十五里,经宜城东北入沔。后汉王宠守南郡,复凿蛮水与之合,于是溉田六千余顷。至曹魏时,蛮王梅敷兄弟于其中聚民万余家,据而食之,谓之祖中。当时号祖中为天下膏腴,以此也。

长渠，县西四十里。亦曰罗川，亦曰鄢水，亦曰白起渠，即蛮水也。宋至和二年，宜城令孙永治长渠。绍兴三十二年，王彻言：襄阳古有二渠，长渠溉田七千顷，木渠溉田三千顷，今湮废，请以时修复。曾巩有《长渠记》，其略曰：荆及康狼，楚之西山也。水出二山之间，东南流，春秋之世曰鄢水。《左传》鲁桓公十有三年，楚屈瑕伐罗，及鄢，乱次以济，是也。其后曰夷水。《水经》：汉水南过宜城县东，夷水注之。是也。又其后曰蛮水，道元谓桓温避父名改夷水曰蛮水，是也。秦昭王二十八年，使白起攻楚，去鄢百里立堨，壅是水为渠以灌鄢，鄢入秦，而起所为渠不废，引鄢水以灌田。今长渠是也。道元谓溉田三千余顷。盖水出西山诸谷，其源广，而流于东南者，其势下也。

龙潭港，县西南里许，东通溪江。又拖枪港，在县东十里。《志》云：宋末范文虎军败于此，因名。又东二十里有朱家港，又二十里有王城港，俗呼黄鳝港。又清水港，在县东南十五里。又县东南四十里有练港，《志》云：源出县东五十里之卧牛山，至赤山而入汉。又有毛家港，在县北二十五里。俱流入汉水。〇羊祜汊，在县北三十里，又县南十里有康坡汊，县东南二十五里有楼子汊，皆汉水旁出者也。又金沙泉，在县东二里，县东七十里又有珍珠泉，又东二十里曰南泉，引流为阴港，俱流入汉江。

灌子滩，县北二十里卧虎崖下。《志》云：宋末范文虎援襄阳，与蒙古将阿术、刘整战，败绩，即此滩云。其南曰连四洪滩，中有一滩，旁连四洪，故名。又赤滩，在县东南五十里，亦宋末与蒙古战处。又东南曰湍滩，亦范文虎为蒙古所败处也。一名湍滩脑。〇交丫滩，在县南破河脑，蛮水与汉江二水交流，故名。又南七里曰倒上洪滩，又八里曰石羊滩，皆在汉江岸侧。

鄢城驿。在县城南。又南七里有苏家湖驿。《通志》云：县西三十里有废宜城驿，相传白起堰西山涧灌此城。疑此为旧鄢城也。

〇**南漳县**，府西南一百二十里。西北至郧阳府保康县二百十里，北至穀城县百三十里。汉南郡临沮县地。西魏置重阳县，又置南襄阳郡治焉。后周置沮州，州寻废，改县曰思安。隋初，郡废，县属襄州。十八年，改县曰南漳县。大业末，王世充复置沮州。唐武德四年，州废，县仍属襄州。贞观八年，省入义清县。开元十八年，移荆山县于南漳，故城复曰南漳县。今城周三里，编户十二里。

中庐城，县东北五十里。春秋时庐戎国，又楚之庐邑也。《左传》文十八年，楚伐庸，自庐以往，即此。汉置中庐县，属南郡。后汉因之，亦曰中卢。晋仍曰中庐，县属襄阳郡。宋、齐因之。梁改置穰县。西魏曰义清县，又置归义郡。后周废郡，又省左安、开南、归仁三县入焉。隋仍曰义清县，属襄州。唐因之。刘昫曰：县旧治柘林。永徽初，移治清良。是也。宋初仍旧。太平兴国元年，复曰中庐县。绍兴五年，省入南漳。颜师古曰：故中庐县，隋讳中，改曰次庐村，盖时以中庐并入义清也。今为中庐镇。

临沮城，县西南六十里。汉县，属南郡。后汉因之。晋属襄阳郡。刘宋仍属南郡。齐因之。后省。章怀太子贤曰：临沮故城在当阳县西北。盖境相近也。〇上黄城，在县东南五十里。郦道元云：晋平吴，割中庐之南乡、临沮之北乡，置上黄县，治轪乡，属襄阳郡。宋属长宁郡。孝建中，又以绥宁县并入。齐仍旧，后周废。宋白曰：上黄，在宜城县西。又罗国城，《寰宇记》云：在县东南八十里。楚使莫敖伐罗，谓此。其后迁于枝江。

新安城，在县西北。齐梁时侨置。《南齐志》宁蛮府有安定郡，领新安等县。盖齐置安定郡，治新安县。梁中大通五年，魏荆州刺史贺拔胜寇雍州，分军拔安定，即此。又安武城，亦在县西。梁置，属襄阳郡。《隋志》：西魏并新安、武昌、平武、安武等县，改置重阳县。后周主邕封李穆为安武公，即此城也。〇荆山城，在县西。《旧唐书》：武德二年，分南漳县置荆山县,在县西一百五里。又置重州,领荆山、重阳、平阳、渠阳、土门、归义六县。七年,省渠阳入荆山,省平阳入重阳,又省土门、归义二县入房州之永清县。贞观元年,废重州,以荆山县属襄州,复移重阳县于重州故城内,属迁州。八年,省重阳入荆山。开元十八年,徙治于南漳故城,是也。

荆山,县西北八十里。《禹贡》:荆、河惟豫州;荆及衡阳惟荆州。盖荆、豫二州之界,所谓南条荆山也。又《左传》昭四年:晋司马侯曰:荆山,九州之险也。《汉志》以为漳水所出。《唐六典》:山南道名山曰荆山。其山三面险绝,惟西南一隅通人径。顶有池,旁有石室,相传卞和宅,上有抱玉岩。《水经注》:荆山相邻有康狼山,夷水所出。又荆山以西,冈岭相接,皆谓之西山。梁太清三年,张缵镇雍州,岳阳王詧不受代,命助防杜岸绐缵往西山避祸,因追擒之。胡氏曰:万山以西中庐诸山,皆西山也。

老雅山,县南五十里,上接文阳洞,下接三泉山,周回四十余里,险峻幽深,人不可近,俗名老鸦山。《志》云:文阳洞,在县西百里。又四望山,在县南三十里。《志》云:以东望襄阳,西望房陵,南望荆州,北望穀城而名。一名大府山。○八叠山,在县东南六十里,司马懿凿山开道,屈曲八叠,因名。一名柤山。《郡县志》:南漳东北百八里有柤山。似误。自八叠而西北,山溪阻险,古所谓柤中也。《隋志》:义清县有柤山。

司空山,县西北一百三十里,山高峻,西山要口也。宋咸淳十年,蒙古伯颜南寇,由襄阳入汉,济江,分三道,一由枣阳哨司空山,一由老雅山徇荆南,自与阿术等水陆趋郢州,是也。又景炎二年,司空山寨民傅高举兵兴复,为蒙古将昂吉儿所袭破。明成化初,贼首刘千斤寇房县,督臣白圭由司空山进讨,平之。又鸡头山,在县西百八十里,北临漳水,一名临漳山。又清溪山,在县西南五十里,山高峻,东有泉下流,入于沮水。

又县西五十里为五盘山。

沮水，县西南百五十里。自郧阳府房县流入界，东南流入当阳县界，会于漳水。○漳水，在县南百三十里，源出荆山，绕流至鸡头山下，又东南流入当阳县界，会于沮水。详见大川沮水。

蛮水，县西南一里。自房县境流入，东径宜城县界。又清凉河，在县东十二里，源出县南百四十里之西溪洞，北流合于蛮河。又潮水，在县西百里，自保康县西南流入界，经县南，亦会于蛮河。

猫儿关。县西四十里。又鸡头关，在县西鸡头山下。又玛瑙关，在县西三十里。又西五十里为隘门关，皆山溪险僻处也。《志》云：县北四十里有百门堡。○七里滩镇，在县西七里，旧为盗贼出没之所，向有巡司。嘉靖中，移置于保康县之常平堡。又县西南百五十里有金厢坪巡司，县东五十里又有方家堰巡司。

○枣阳县，府东北百三十五里。东南至德安府随州百六十里。汉南阳郡蔡阳县地。后汉析置襄乡县，后废。晋亦为蔡阳县地。西魏置广昌县及广昌郡，并徙昌州治焉。隋初，废郡，而州如故。仁寿初，改县曰枣阳，以枣阳村为名。大业初，改州为春陵郡。唐武德三年，复置昌州。五年，州废，以县属显州。贞观九年，显州废，改属唐州。明年，改属随州。宋仍为枣阳县。绍兴中，升为枣阳军。元复为枣阳县，属南阳府。至元十九年，改属襄阳路。今城周三里有奇，编户四十五里。

春陵城，在县南三十里。汉县，属南阳郡。《汉记》：元朔五年，以零陵冷道春陵乡封长沙王子买为春陵侯。至戴侯仁请内徙。初元四年，徙蔡阳县之白水乡，仍以春陵为国名。望气者苏伯阿见春陵城，叹曰：气佳哉！郁郁葱葱。及光武即位，建武六年，改曰章陵。《古今注》：建武十八年，使中郎将耿遵筑章陵城，后尝为章陵郡。章帝元和初，幸章陵。和帝永和十五年，亦幸焉。桓帝延熹七年，南巡亦幸章陵。魏黄初二年，更章陵为安昌县。晋仍曰安昌县,属义阳郡。宋、齐因之。北魏延昌初,以蛮户桓叔兴为南荆州刺史,治安昌城。梁普通三年,叔兴以州来降,寻复入魏。大通二年,南荆州刺史李志举州来降,即此。魏尝置丰良县。西魏改置昌州,以安昌置安昌郡,并置舂陵县,为郡治。隋开皇初,郡废,县属昌州。大业初,以丰良县并入。唐初仍曰舂陵县,亦属昌州。贞观初,省入枣阳县。

蔡阳城,县西六十里。汉县,属南阳郡。王莽母功显君食邑于此。后汉仍曰蔡阳县。光武封刘本为侯邑。晋属义阳郡。宋初属新野郡。大明元年省。齐复置蔡阳郡,属宁蛮府。梁因之。后魏并置南雍州治焉。西魏改曰蔡州。隋郡废。大业初,州废,县属舂陵郡。唐初省。今有蔡阳店。○南阳城,在县东南三十二里。《隋志》:西魏析蔡阳置南阳县,后改曰双泉;又置千金郡,治澴源县。隋初郡废,与南阳县俱属蔡州。大业初,皆并入蔡阳县。

清潭城,县南六十里。西魏置。隋因之,属昌州。唐初,亦为清潭县。武德五年,废入枣阳县。《隋志》云:县有大洪山,盖与随州接界。○岑彭城,在县北三十里。相传彭征秦丰时筑城,牧马于此。

资山,县东南六十里。其上深邃阔远,可以耕种,修篁大木,环山之民皆资焉。今为市集。又澴源山,在县南七十里,澴水出焉,西流入汉江。西魏置澴源县,盖以此山名。○甘泉山,在县东北四十里。地肥而水甘,故名。杜佑曰:县东北界有黄山,溠水所出也。

武王山,在县东五十里。世传楚武王尝猎此,一名霸山。又赤眉山,在县东北八十里,相传赤眉尝军此山下,地名北寨。《志》云:县西南六十里有青山,有矿产银。其相近者为平顶山、黄土堰,亦产银。○九十九冈,在县东北二十五里,路出随州。宋邢居实诗:岐路剧羊肠,重冈九十九。是也。又十五里冈,在县西北,金人围枣阳,孟宗政等败之,追至十五里冈。

白水，县东南二里。源出县东北五十里之大阜山，西南流，经县南四十里，与滚河合流，西注汉江。旧《志》：县有光武旧宅，宅枕白水，张衡所谓龙飞白水也。宋嘉定十一年，孟宗政守枣阳，金完颜赛不等攻围之，许国自随州赴援，至白水，鼓声相闻，宗政帅兵出战，金人奔溃。《水经注》亦谓之洞水。大阜山，亦曰大父山。○㴐水，在县南三十里。《襄沔记》：源出随州之㴐山。《水经注》：出县东北之阳中山，西南流，合于白水。

滚河，县西南四十里。合白河入汉江。宋嘉定十二年，金人围孟宗政于枣阳，扈再兴自唐邓还兵驰救，败金人于滚河，又败之于城南。宗政亦自城中出击，金人大败。又县西南一里有沙河，又有中河源，出县南三十里之无量山，皆流入滚河。○华阳河，在县南四十里，源出武王山，西流入白河。又镇北河，在县北十八里，西流入襄阳县之唐河。

平堰，在县西。宋绍定五年，孟宗政守枣阳，创平堰，自城至军西十八里，由八叠河经渐水侧，水跨九阜，建通天槽八十有三丈，溉田万顷。立十庄三辖，使军民分屯，边储丰牣。

马磴寨。在县西北百余里。宋嘉定十二年，孟宗政败金人于枣阳，追至马磴砦，焚其城，入邓州而还。《志》云：县有鹿头店巡司，隆庆四年设。

○縠城县，府西百八十里。西北至均州二百五十里，北至光化县三十里。春秋时縠国地。汉为筑阳县地，属南阳郡。晋属顺阳郡。宁康中，置义成县，并置义成郡。齐、梁因之。后周废郡。隋开皇十八年，改县曰縠城，属襄州。唐武德四年，属鄀州。明年，州废，仍属襄州。今城周三里有奇，编户四十八里。

筑阳城，县东四里。汉县治此。萧何少子延封筑阳侯。后汉初，世祖封吴财为侯邑。晋属顺阳郡。刘宋大明中，改属扶风侨郡。齐因之。梁仍曰筑阳县。隋开皇初，废入酇城县。《通典》：筑阳距酇城三十余里。其东有万年城，东晋侨立万年县于此，属义成郡。太元六年，桓冲伐秦，攻襄阳，别将拔万岁、筑阳。万岁，即万年之讹也。齐、梁仍属义成郡，后周废。○扶风城，在县东北二十里，其地本名筑口。汉昭列尝屯兵于此。沈约《志》：扶风郡，晋太元中侨治襄阳，后治筑口，领筑阳、郿、汛阳三县是也。齐因之。西魏废。又涉都城，在县东北。《后汉志》筑阳有涉乡。汉武帝平南越，封南海守之子喜为侯邑。《水经注》均水自此入沔，谓之均口云。

酇城，县西北七里，即古酇国。晋置义成县于此。《晋书》：咸和中，陶侃使桓宣镇襄阳，以宣淮南部曲置义成郡，又侨置淮南之平阿、下蔡县属焉。是时皆寄治襄阳城内。沈约《志》：义成初治襄阳，后治均口。是也。宋省平阿、下蔡二县入义成县。梁时亦谓义成曰酇城。中大通五年，魏荆州刺史贺拔胜寇雍州，分军拔冯翊、安定、沔阳、酇城诸城，雍州刺史庐陵王续遣柳仲礼屯酇城，拒却之，即此。又洛阳城，《志》云：在县东十二里，盖南北朝时所侨置。《水经注》：洛阳城北抗洛溪，溪水东南注沔水，谓之洛溪口也。○延岑城，在县西北八里。东汉初，南阳人延岑起兵武当，筑城于此。又有张飞城，在县西南五里，有故城址，相传飞所筑。

酇山，县西北十里，上有古城。《志》以为即春秋时酇伯绥国都也。又有酇城山，在县西十里，上有石城。《水经注》云：古酇国城在酇城山上。又开林山，在县西北四里，《水经注》谓之阙林山。《志》云：汉萧何子延国于其下。○赤山，在县东南八十里，丹崖峭壁，临汉江上。又五垛山，在县东南九十里，天顺初，改名永安山。

界山，县西北百二十里。或以为即分碛山也。齐东昏侯初，陈显达北伐，魏拔马圈城，魏人断均口，邀其归路，显达战败，间道自分碛山出均口南还，即此。又倒驴山，在县西八十里，以高峻难登而名。

汉江，县东北二十五里。自光化县流入界，又东南入襄阳县界。《水经注》：沔水经涉都城东北，均水入焉。是也。唐宝应初，襄邓防御使裴茂屯榖城，袭山南东道节度来瑱，沿汉趣襄阳，陈于榖水北，为瑱所败。或曰：汉水在县境内，亦曰榖水。〇筑水，在县南百步，源出郧阳府竹山县，历房县南，而东入县境，又东汇于沔水，谓之筑口，即今古洋河也。《志》云：河在县西南一里，县西又有粉水流合焉。水亦出房县境，东流入县界，俗亦谓之粉渍水，盖水流常浊矣。至两河口，与古洋河合，下流入汉。

均水，在县东北。自河南淅川县流入府境，经均州界，东南流，历光化县界，至故涉都城东北而注于沔水，谓之均口，亦曰沟均口。晋永和十年，桓温代秦，水军自襄阳入均口。齐东昏侯初，陈显达攻魏，军入沟均口。冯道根曰：沟均水迅急，易进难退，魏若守隘，则首尾俱急，不如悉弃船舰于郿城，陆道并进，列营相次，鼓行而前，破之必矣。显达不从，进围马圈，魏人果断均口，邀齐兵归路，败还。事闻，诏以道根为沟均口戍副，即此处也。马圈，见河南邓州。

乾汉河，县西南三里。或以为即汛水也。《水经注》：汛水历新城上庸，又东径汛阳故城南，晋分筑阳所置县也。其水又东流注沔水。今故流渐堙，汉江水涨则乾汉河与古洋河相通，水落则干，因名。又黑水河，在县东南六十里，白石河，在县西南三十里，又西南五里曰黄土河，俱注于汉江。〇袁曹洲，在县东五里。相传曹操、袁术尝争渡于此，故名。今亦谓之袁曹渡。

格垒。县南十二里冈上。旧《志》：冈东临汉水。汉末，刘表将李氏甚富有，奴仆数百，立垒保此。〇石花街镇，在县西五十里，有巡司戍守。

又县东南三十里有柴店镇,下有柴店渡,临汉江。又县东南七十里有砖桥镇。又高山堡,在县南六十五里,接南漳县界,与石花街皆为盗贼出没处。

○**光化县**,府西北百八十里。西至均州百八十里,东北至河南邓州百六十里。春秋穀国地。秦汉为阴、酂二县。西魏置阴城县,并置酂城郡。后周郡废。隋属襄州。唐武德四年,置酂州。五年,州废,县仍属襄州。贞观八年,省入穀城县,为阴城镇。宋乾德二年,置乾德县,又置光化军治焉。熙宁五年,军废,改县为光化县。元祐初,复故。元废军,复改县曰光化,初属南阳府。至元十九年,改属襄阳路。今城周五里有奇,编户三十七里。

阴城,在县西。今汉水北岸,古县城是也。春秋时曰下阴。《左传》昭十九年,楚令尹赤迁阴于下阴,盖迁阴地之戎于此。汉置阴县,属南阳郡。后汉因之。建武三年,延岑将邓仲况拥兵据阴县,降于汉。晋属顺阳郡。刘宋属广平郡。齐、梁因之。西魏改曰阴城县,后又迁县于今治。阴地之戎,即所谓陆浑之戎也。见河南嵩县。

酂城,县东北四十里。秦置酂县。汉因之,属南阳郡。高祖封萧何于此。后汉亦曰酂县。光武初,尝封邓禹为酂侯,盖以比于萧何也。晋武帝改南乡为顺阳郡,治酂。《水经注》:城南临沔水,谓之酂头。晋元帝初,雍州刺史尝寄治酂城,寻罢。隆安三年,桓玄袭殷仲堪于江陵,仲堪出奔酂城。宋亦曰酂县,属广平郡。齐因之。梁置酂城郡治焉。中大通五年,魏荆州刺史贺拔胜寇雍州,分军攻拔酂城,即此。后周废郡,并废县入阴城。广平,见河南新野县。《志》云:县北十二里有空城,亦南北朝时戍守处。

马窟山,县东五里。中有石室。相传汉时有马数百匹从窟中出,形小如巴、滇马。吴陆逊攻襄阳,亦于此获马数十匹云。又固封山,在县西北十里，山之东旧有晋顺阳城，俗讹为顺阳王城。山本名崇山，唐改今名。又三尖山，在县西北六十里，盘折幽邃，接河南淅川县界。县北七十里又有杏儿山，接河南邓州界。

汉江，在县城西北。自均州流入界，东南流入穀城县界。《志》云：县滨汉为城。正德中，修石堤以障水，城不浸者四十年。嘉靖三十年，汉水泛溢，城坏，修完未几，四十四年复圮。万历初，于旧治东改营新城，去汉江里许。近《志》云：隆庆初，移县治阴城镇，在汉水北。

陡沟河，县南三十里，流入汉水。《志》云：县东南三十里有百顷河，东南三十五里有蒿堰河，四十里有黑水河。又县东五十五里有大梁河，六十里有枏桿子河。又县南二十五里有杨林汊。其下流皆入汉水。〇温水河，在县南五里。《志》云：县西南诸水皆会于温水河，流入汉。又有泥河，在县北三里，以多泥汙而名。西北诸水皆汇泥河，入于汉江。

茨湖，在县东南。宋绍兴三十一年，逆亮入寇，别将刘萼引兵入光化，荆南都统李道拒之于茨湖，萼毁光化屋，作船筏以渡江，道激厉将士鏖击，尽夺船筏，寇遁，遂复光化，是也。今湮废。

左旗营堡。县西北二十五里。有巡司。万历中，迁入县内。《志》云：县有酂阳驿。今革。又县城西北有临江渡，北出商、邓，南达均、房，此为津要。又西北二十里曰杜家河渡。〇党子口，在县西北八十里。《舆程记》：由县西北水行五十里，至均州小江口易小舟，又三十里至党子口，又三十里至陈中见埠口，又八十里至河南淅川县。旧《志》：自县陆行至淅川百二十里，盖水路迂回也。

附见：

襄阳卫。在府治西南。正统初建。又襄阳护卫，在府城内。天顺初，为襄府置。今亦设置襄阳卫。

〇均州，府西北三百九十里。东北至河南南阳府三百六十里，西北至郧阳府一百二十里，西至陕西兴安州七百里，北至河南淅川县百六十里。

《禹贡》荆、豫州境。春秋时麇国地。战国属楚。秦、汉皆属南阳郡。三国魏属南乡郡。晋属顺阳郡，渡江后侨置始平郡。《隋志》：初置武当郡，寻改始平郡，治武当县。宋为始平郡治。齐、梁因之。后周改置丰州。《隋志》：武当县尝改置齐兴郡，梁置兴州，周改丰州。按萧《齐志》：齐兴郡本治郧乡。宋白曰：周武成元年，始自郧乡移州治延岑城，即今治也。隋初，二郡俱废，改州为均州。大业初，州废，改属淅阳郡。治南乡县，今见河南南阳县。义宁二年，置武当郡。唐武德初，复为均州。贞观初，州废，属淅州。八年，复置均州。天宝初，亦曰武当郡。乾元初，复故。天祐二年，置戎昭军于此。三年废。五代因之。宋仍为均州。亦曰武当郡。宣和初，赐军额曰武当军节度。元属襄阳路。明初，仍曰均州，以州治武当县省入编户二十九里，属襄阳府。今因之。

州东连汉、沔，西彻梁、洋，肘腋宛、穰，顾盼荆、楚。苏代曰：残均陵，塞黾隘《通释》：均陵，均州也。盖道出襄、随，则塞黾隘之险；北首宛、洛，则入方城之郊。南北多事时，州实为毂辐之地，未可忽矣。

武当城，今州治。汉县，属南阳郡。后汉建武初，封邓晨子堂为侯邑。晋仍为武当县，属顺阳郡。建兴末，荆州贼杜曾为周访所败，走保武当，访击斩之。太元四年，苻坚寇襄阳，遣将苟池等分道出武当。七年，桓冲攻襄阳，遣将郭铨等败秦将张崇于武当。宋、齐为始平郡治。齐永元二年，萧衍起兵发襄阳，留其弟伟等居守。时魏兴太守裴师仁、齐兴太守颜僧都，并不受衍命，乘虚来袭，伟等遣兵邀击之于始平，大破之，雍州乃安。梁为兴州治。后周为丰州治。自隋以后，皆为均州治。明初省。杜佑曰：武当郡城，东汉初延岑所筑，世亦谓之延岑城。刘昫曰：旧治延岑城，显庆四年，移今治，北去旧城三里。明初因旧城修筑。永乐中，甃以砖石。今城周六里有奇。

安福城，州西七十里。梁析武当置广福县，又置广福郡。西魏因之。隋初，郡废，县属均州。仁寿初，改为安福县。大业初，改属析阳郡。唐武德初，县属南丰州。八年，改属均州。贞观初，废入武当县。又均阳城，在州西北，梁置均阳县，属始平郡。隋属均州。唐初，属析州。武德八年，省入武当县。又平陵废县，在州东北。隋义宁二年，析武当县置，属武当郡。唐武德初，属均州。七年，废。

武当山，州南一百二十里。山周八百余里，有天柱等峰七十二，玉虚等岩三十六，又有涧二十四，台五，井五，泉三，潭三，奇胜叠出，不可胜纪。本名仙室山，一名太岳山，一名太和山，又名参上山，亦名谢罗山。《水经注》：历阳谢允舍罗邑宰遁是山，因名。群峰最高者，天柱为之冠；岩最大者，紫霄为首。永乐中，赐名太岳太和山。建太和、南岩、紫霄、五龙、玉虚等官观。又于天柱峰顶建真武神殿，备极弘丽。嘉靖中，又赐名玄岳。山之旁有小山，环列数十，其得名者，为石阶、女思等山。又有鹤鸣山，在山之西。外朝山，在山后，以峰峦外向也。

牛头山，州北六十里。山势高险，昔人置关于上。旁有大石，形如瓶，俗名油瓶关。又方山，在州北十五里，形势方正，因名。○长山，在州西南。《唐书》：中和四年，均州西有长山，为襄、邓入蜀之道，群盗据之，抄掠贡赋。刺史冯行袭讨平之，蜀道以通。或曰：长山，即武当山矣。又州西南百里有白浪山，亦高大。

汉江，州北四十里，自郧阳府流入，又东南入光化县界。《志》云：汉水在州境亦名沧浪水。《禹贡》：又东为沧浪之水。正谓此矣。水中有沧浪洲，或讹为千龄洲。州东十五里有渔梁滩，东南十五里有乱石滩，又东南五里为石门滩，又东南十五里为大浪滩，又州境有礠门河口等滩，盖皆汉水所经矣。

均水，在州东。自河南析川县流入境，至穀城县入于汉江。今故道已湮。○曾河，在州南六里，源出太和山，东北流经城南，下流入汉，谓之曾口。又有浪河，在州东南七十里，亦出太和山，东流入汉江。《志》云：州北十里又有响河，源出方山，亦流合于汉。

白龙潭，在太和山北。五龙峰之顶，有水曰灵池，流为黑虎涧，汇为白龙潭，注于磨针涧。明末郧阳贼据险处也。又州西南百里有盐池，以水气袭草如盐也。嘉靖二年，乱贼徐学保聚于此，官军讨平之。

小江口关。州东南八十里，接光化县界，路出河南。又州北五里有槐树渡关，州东五十里有石鼓关。其在州西八十里者，曰黑虎庙，险僻多盗，有巡司戍守。○均阳水驿，在州城南。又有界山驿，在州南百二十里，路出郧阳。

附见：

均州守御千户所。在州治东南。洪武初置，原隶襄阳卫。弘治十四年，始改隶郧阳行都司。

○**郧阳府**，东至襄阳府四百十里，南至荆州府归州五百里，西南至四川夔州府六百里，西至陕西兴安州五百二十里，东北至河南邓州三百里。自府治至布政司一千二百里，至江南江宁府四千一百九十里，至京师七千二百五十里。

《禹贡》梁、荆二州之界。春秋时，为麇、庸二国地，后属于楚。战国时，为秦、楚二国之境。秦为汉中郡地。汉因之。后汉仍属汉中郡。建安末，置房陵郡。三国魏改置新城郡。建安二十四年，先主析汉中郡置房陵、上庸、西城三郡。《魏氏春秋》：建安二十五年，合房陵、上庸、西城三郡置新城郡。房陵，即今房县。晋为魏兴、上庸、新城三郡地。今郡治即古锡县，晋属魏兴。宋因之。齐置齐兴郡。治郧乡，即今郡治。梁置兴州。西魏改丰州。周废州。隋废郡，属均州。唐武德初，置南丰州。七年省，改属均州。贞观初，属淅州治今河南之内乡县。八年，还属均州。宋、元因之。明初，仍属均州。成化十二年，置郧阳府，领县七。今因之。

府西达梁、洋，东走襄、邓，北连宛、邓之郊，南有巴、峡之蔽。春秋时，楚人灭庸。识者谓楚灭庸而秦从师，自楚庄时始。异时秦拔武关，取上庸，即今日之故道也。顷襄王十九年，割上庸、汉北地与秦。割上庸之明年，秦拔西陵。又十一年，灭郢矣。《楚世家》：怀王二十五年，与秦盟黄棘，秦复与楚上庸。《括地志》：上庸，即今房州、金州地。黄棘，见河南新野县棘阳城。又秦并六国，灭赵，徙赵王迁于房陵，以其地四塞险固，飞越为难也。曹魏置新城郡于房陵。孟达据郡归蜀，诸葛武侯方发兵应援，而司马懿亟攻之，新城复入魏。夫得新城则可以震动宛、洛，通达汉、沔，故汉、魏以为必争之地。而上津者，密迩武关，蔽翼汉中，亦东西之喉嗌也。唐天宝之乱，江、淮贡献，悉取上津，以达扶风扶风，今陕西凤翔府。德宗时，李希烈叛，遣将据邓州，南路贡献遂绝，诏陕虢观察使姚明敭治上津山路，置馆驿以通南方贡献。《唐史》：建中四年，李希烈将封有麟据邓州，南路绝贡献，商旅不通，于是诏治上津山路，置邮驿。盖南北多故，从江、汉而达梁、洋，必取道上津也。明初，废房州入襄阳，既而以封疆旷邈，山川阻深，流逋四集，每恃为渊薮。且密迩荆、梁，上通雍、豫，一旦窃发，则祸流远近，因增置府县，设重臣以镇抚之，惕前车杜后患也。成化初，刘千斤倡乱，荆襄将王信以房陵险要，先据之，贼不能下。既而大军分道进讨，一从南漳，一从远安，一从房县，一从穀城。又断其入川入陕之路，乃克之。《郡志》：元末，均、房间流逋发难，杀襄州总管，时不能禁。洪武初，邓愈统兵扫其穴而空之，禁流民不得复入，既而啸聚如故。成化初，刘千斤作乱，命大臣白圭等讨平之。未几，李胡子等作乱，项忠讨平之。不数年，流民复煽结，都御史原杰请增设府、县、司、卫以便控驭，从之。寻复命大臣督兵抚治，兼督荆、襄、汝、邓、商、洛、汉中诸境，防维渐密。弘治十三年，竹山贼野王纲复倡乱；十三年，群盗何淮等作乱；正德八年，廖时贵等复寇叛，皆遣兵剿灭。嘉靖二年，徐学等啸聚于均州境内，既而赵政等相继寇叛。八年，杨时政等复作乱，寇掠上津、商南、南郑诸境。十八年，平、利、竹、房群盗复起，虽以次扑平，而蠢动之势至今未已。乃制防日坏，守卫空施。迩者贼入郧阳，恃为巢穴，且由郧阳分道俱出，一自均州窥南阳，一自淅川扰邓州，一趋商洛犯卢氏，而燎原之势，且岌岌矣。

　　○郧县，附郭。古郧子国。汉为郧关，属汉中郡长利县地。建安末，蜀先主封申耽为郧乡侯，即此。晋太康五年，立郧乡县，属魏兴郡。宋因之。齐为齐兴郡治。梁兴州、西魏丰州皆治此。隋属均州。大业初，属淅阳郡。唐武德初，为南丰州治，寻废州改属均州。贞观初，又改属析州，寻还属均州。宋因之。景定以后，县侨徙不一。元至元十四年，复置郧县。明初，亦属均州。成化中，始为府治。编户四十一里。

　　郧城，在府西南。宋末，尝迁治于此。元徙今治。《城邑考》：郡旧无城，天顺八年盗起，县令戴琰始筑土城。成化十二年，抚臣原杰又改筑今城，周六里有奇，门四：东宣和、南迎薰，旧名敷惠、西平理、北拱辰，旧名水门。

长利城，在府西北二百里。汉县，属汉中郡。后汉省。晋太康四年，复置。五年，省入郧乡。唐初，复置，属上州。贞观初，省入上津。今府本长利县地。沈约、刘昫皆以郧乡为故锡，误。○堵阳城，在府西四十里。唐初，置堵阳县，属南丰州。武德八年，改属均州。贞观初，省入郧乡。《水经注》：汉水自锡县，又东径长利谷南，入谷有长利故县城。又东堵阳县，又东经郧乡城南，即长利之郧乡。是也。

锡城，在府西界。古麇国地。春秋时曰锡穴。文十一年，楚潘崇伐麇，至于锡穴，是也。汉为锡县，属汉中郡。后汉因之。三国魏初，属新城郡。太和二年，分置锡郡。景初元年，省锡郡，以县属魏兴郡。晋、宋因之。齐属齐兴郡。西魏时废入上津。《水经注》：汉水自旬阳，又东经锡县北，县有锡义山，又东经长利县。是也。

齐兴城，在府东。萧齐分魏兴郡东界地置齐兴郡，兼置齐兴县。宋白曰：齐永平七年，置郡治郧乡，齐兴县属焉。是也。隋并入武当县。《志》云：县东北百二十里有汉王城，相传光武尝屯于此。

龙门山，府南七十里。有二崖对峙如门，水从中出，名龙门河，东北注于汉江。○天马山，在府南二里隔江，一名天马崖。又宝盖山，在城西南三里，一名西山。《志》云：汉水径宝盖山下，西崖扼束，为控守要津。又有红岩，在城东南四里龙滚滩侧，势高峻，色纯赤，一名赤壁。又鸦鹊山，在府西北二里，高峻，多鸦鹊巢，因名。

古塞山，府东南八十里。《通典》曰：均州北有古塞城，战国时楚筑以备秦，据山为城，高峻险峭，即此山也。俗讹为古寒山，一名大塞山。成化初，官军败贼于雁坪，追击之于大塞山，贼退保格兜，凭险旅拒，督臣白圭帅诸将四面合击，遂平之。○雷峰山，在府东北六十里，以险峻而名。其相接者曰风火山。又黎子山，在府北百七十里，昔人尝置关山上，曰黎子关，今废。

锡义山，府西北百八十里。一名天心山。方圆百里，形如城，四面有门，山高峪深，至为险僻。又三台山，在府西北八十里，山势三叠。《志》云：县西南百八十里有狼子山，下临汉水。○尖岩，在府南百四十里，悬崖峭削，屹立千尺。又摘星坡，在府东十五里，亦以高耸而名。

汉江，在城南。自陕西白河县流入境，至府城西，绕城南宝盖、天马诸山，皆错列汉滨。《水经注》：汉水经郧乡县南，谓之郧乡滩，又东径琵琶谷口，梁、益二州分界于此，世谓之琵琶界。《水利考》：郡境多层山叠岭，惟郡治孤立川原之间，正当水冲，汉江之患，独在郡治。旧皆以城为堤，无大溃决。嘉靖四十五年，尝决东南门外，城堤崩塌，民多漂没，寻复筑塞。今城东有堤，长三百余丈，本名捍江堤。成化十四年，御史吴道宏增筑，亦名吴公堤。

赵河，府北七十里。源出府东北百四十里之马喊泉。相传光武屯兵于此，马喊而地忽传声，掘之得泉也。引流为河，至府城东为盛水堰，溉田百亩。又将军河，在府南百五十里，北流与红石河合。又有神定河，在府东南二十里，自竹山县流入界。府东五十里又有远河，皆流入汉江。○堵水，在府西三十里。《水经注》：水出建平界，径上庸而东，又东北径堵阳县，南北流注汉，谓之堵口。今水道多堙，此其余流也。

武阳堰，府西五十五里。有武阳洞，悬崖深邃，水出其中，堰以溉田，为利甚博。

郧关，在府西。《史记》所云南阳西通郧关者也。《汉志》长利有郧关。又梅子关，在府东北七十里。又府东北百二十里有岖峪关，府西北七十里有青桐关。又有小关，在府西北百三十里。府西南又有石门关，又西南为九室关，府西南百八十里又有月竹关。皆险阻处也。○雷峰垭关，在府东北六十里，有巡司戍守。又碶石坪，在府境，明末官军败贼处。

马山口堡。府西五十里。其相近者曰安阳口店。又府西四十里有小岭镇, 府西北三十里有马昌关镇, 府南七十里有白桑关镇, 皆戍守处也。又有白家营, 在府东九十里。《志》云: 县东四十里又有云洲渡, 路出均、襄。又有时家湾渡, 在府东北百二十里, 为陆走唐、邓之道。又郧阳水驿, 在府东一里。

○**房县**, 府西南二百十里。东南至荆州府夷陵州三百七十里, 东北至襄阳府均州二百二十里, 东至穀城县二百七十里。秦为房陵县。汉因之, 属汉中郡。后汉亦为房陵县。先主置房陵郡于此。曹丕改置新城郡。晋、宋因之。齐为南新城郡治。梁仍曰新城郡, 兼置岐州。西魏改郡为光迁国, 县亦曰光迁县。后周国废, 改州曰迁州。隋因之。大业初, 改州曰房州, 寻曰房陵郡, 而光迁县不改。唐武德初, 仍曰迁州。贞观十年改置房州, 又改县为房陵县。天宝初, 亦曰房陵郡。乾元初, 复曰房州。五代因之。宋仍为房州, 亦曰房陵郡。雍熙三年, 升为保康军。元军废, 仍曰房州, 属襄阳路。至正二年, 省房陵县入州。明洪武八年, 改州为县, 属襄阳府。成化十二年, 改今属。城周四里有奇, 编户十五里。

房陵城, 今县治。春秋时属麇国地也。或以为即房子国。误。《左传》文十一年: 楚子代麇, 成大心败麇师于防渚。阚骃曰: 防, 即房陵也。《秦纪》: 始皇使王翦灭赵, 徙赵王迁于房陵, 后吕不韦之家亦徙焉, 盖秦名房陵也。汉时, 宗室大臣有罪者, 多徙房陵。建安二十四年, 先主遣宜都太守孟达从秭归北攻房陵, 杀房陵太守蒯祺。郡盖刘表所置也。明年, 孟达降魏, 魏改曰新城郡, 以达为新城太守。蜀汉建兴五年, 孟达复来降, 遗诸葛武侯书曰: 宛去洛八百里, 去我千二百里, 吾所在深险, 司马公必不来, 吾无患矣。司马懿急攻下之。唐武后迁中宗于此。今城仅周四里, 而濠堑严固, 如边方然。盖自古为儆备之地也。

永清城, 在县东一百十里。后魏分房陵置大洪县。后周改曰永清。隋属迁州。大业中, 属房陵郡。唐初亦属迁州, 寻属房州。宋开宝中废。

又汋乡城，在县南。晋太康中，分房陵立汋乡县，属新城郡。汋，音祁。宋亦曰祁乡县。齐、梁因之。后周废。〇绥阳城，在县西南百七十里。沈约曰：魏置绥阳县，寻改曰秭归。晋太康二年，复故，属新城郡。宋、齐因之。梁置绥州。隋初，与县俱废。又昌魏城，在县西南，三国魏置，属新城郡。晋因之。宋、齐仍属新城郡，后周废。《志》云：且南城外有庐陵王城，唐中宗废为庐陵王，迁房州时居此，因名。

房山，县西南三十里。四面有石室如房，县以此名。又南山，在县南三里，山高秀。又南四里为石门山，其相接者曰定山。〇阜山，在县南百五十里。《左传》文十六年，楚大饥，戎伐其西南，至于阜山。《志》以为即此山也。

景山，在县西南二百里。郦道元以为即《禹贡》荆山之首。一名雁山，又名雁塞山。《山海经》：荆山之首曰景山。《寰宇记》：房陵有三十五溪，三十四山，景山其发源处也。又建鼓山，在县东南二百里。袁山松《记》：登勾将山，见马鬐、建鼓，巍然天半。《元和志》：建鼓与马骕山相接，冬夏积雪不消。

白碛山，在县西北。宋建炎中，王彦败贼桑仲于白碛山，即此。《志》云：县北百二十里有马嘶山，最高险，马陟其巅则悲嘶。又有杨子山，在县北百里，亦峻险。其相接者曰黄竹山，山多竹，色皆黄。〇石盘山，在县东百四十五里，以山径盘绕而名。又有倒驴山，在县东二百九十里，山高险难陟，故名。

沮水，县南五里。源出景山，东流入襄阳府南漳县界。详大川沮水。〇粉水，在县东北五十里，源出房山，东流入穀城县境。又北河，在县北一里，流合粉水。

筑水，县西一里。一名南枧河。源出竹山，流入界，经废昌魏县北，又东流过县北，又东入穀城县境。亦谓之彭水。《左传》桓十二年，楚屈瑕伐绞,楚师分涉于彭。杜预以为昌魏县之彭水也。又有马栏河在县东五十里,县东二百里又有八渡河,皆附筑水以达于汉江。

汤池关,县东十里。相近有大小汤池,故名。又有马栏关,在县东三十五里。县东二百里又有牛心关,以在牛心山下也。又东五十里曰瑶峰关,其地有瑶峰岭。○房山关,在县西三十五里房山下。又有高枧关,在县北十五里。又县南六十里有云峰关。《志》云:县西境有平安关,宋咸平五年置。

马口良堡。县东南二百里。成化中建。又东南百里有望夫山堡,以山为名。又椒团坪,在县北百里。又县西北百八十里有窑坪市。又有寿阳坪,在县西南百八十里。○板桥山镇,在县西北百五十里,有巡司戍守。又县北有洞庭庙,成化初,官军讨房山贼,自縠城进兵洞庭庙。又县境有大石厂、海溪寺诸处,皆刘千斤等贼倡乱处也。

○**竹山县**,府西南三百八十里,东北至房县百七十里。本周之庸国。秦为上庸县地。汉因之,属汉中郡。后汉亦为上庸县。建安末,置上庸郡。魏、晋因之。宋、齐亦曰上庸郡,皆治上庸县。梁析置安城县。西魏改曰竹山,又置罗州于此。隋开皇十八年,改曰房州。大业初,州废,县属房陵郡。唐武德初,复置房州治此。贞观十年,州移治房陵,以竹山县属焉。宋、元因之。明洪武初省。十三年,复置竹山县,属襄阳府。成化十二年改,今属,城周五里,编户四十九里。

上庸城,县东四十里,本庸国。《书》所称庸、蜀、羌、髳,是也。《左传》文十六年:庸率群蛮叛楚,楚灭之。秦置上庸县,楚靳尚谓秦将以上庸六县易张仪。《史记》:秦昭襄王二年,与楚上庸。又三十四年,秦与韩魏上庸地,即此。秦及两汉皆为上庸县。建安中,曹操以申耽领上庸都尉。二十四年,先主遣孟达攻下房陵,又遣刘封自汉中乘沔水与达会攻上庸。上庸太守申耽降。盖是时已分汉水置上庸郡也。魏晋以后，皆为上庸郡治。梁改县曰新丰。西魏仍曰上庸，属罗州。后周改县曰孔阳。隋开皇十八年，复曰上庸县，属房州。唐因之。宋开宝中，废入竹山县。

武陵城，县西五十里。汉县，属汉中郡。后汉废。三国魏时复置武陵县，属上庸郡。晋、宋、齐、梁因之。后周废。唐初复置，属房州。贞观十年，废入竹山县。又微阳城，在县西北七十里。三国魏置建始县，属上庸郡。晋武帝改曰微阳。义熙六年，微阳令王天恩与桓石绥作乱，自称梁州刺史，袭据西城郡。宋仍曰微阳县，亦属上庸郡。齐、梁因之。后周废。唐初改置受阳县，属迁州。武德七年，废入光迁县。《续通考》：宋复置受阳县。建炎初，以胡骑蹂躏，移治竹山。绍兴中，又移治房陵之张罗平，后又移治竹山南境。元废入竹山县。今正史不载。《纪胜》：竹山南有受阳水，以受阳县名。明成化中，官军讨郧阳贼，迫房县西山，贼惧，欲走受阳出陕西，督臣白圭檄别将往受阳截其奔轶，即故受阳城矣。○秦城，《志》云在县南三十里，昔人筑塘掘地得石云。秦白起伐楚屯于此，或谓之秦王城。

庸城山，县西五里。庸人昔居此，于山上置鼓，又名悬鼓山。其相连者曰横鞍山。又竹山，亦在县西五里，筑水所出，县因以名。○龙祇山，在县南二里。又南里许曰鸡公山，前仰后俯，形如鸡公。又县东三里曰霍山，有莲花池在山上。

方城山，县东四十五里。上平坦，四面险固。山南有城，周十余里。春秋庸地，有四方城，此其一也。文十六年：楚使庐戢梨侵庸，及庸方城，即此。○白马山，在县西南三十里，旧传即新城山。《荆州记》：孟达为新城守，登白马山，叹曰：刘封、申耽，据金城千里而不能守，岂丈夫哉？今其山重岩叠嶂，称为胜观，亦名白马塞。《志》云：山在县西百里。又县西五里有马鞍山，亦甚高峻。

黄茅关山，县西十五里。山险峻。昔置关于此，并置巡司，今皆废。又县西二十五里有十转山，以山径盘曲也。又西五里曰观山，崔巍广远，泉出不穷。《志》云：县西三十里有燕子山，两山相连，势若双燕。又县西九十里有女娲山。〇上庸山，在县西南四十里，上庸水出于此。又县西北百五十里有中山，山有三峰，中峰最高，一名七宝山。又仓乐山，在县东北百五十里，昔邑人徐元周积粟于此，救饥贫者，乡人德之，故名。《元和志》：县北四十里有长萝山，以山势延蔓，如垂萝然也。其在县北十里者曰矾石山，旧产矾，色白如雪。县北七里又有九里冈，蜿蜒起伏，南拱县治。

上庸水，县西四十里。源出上庸山，东南流入孔阳水，一名上元水。《志》云：孔阳水，在县西九十里，源出西南百里之檀溪岭，东北流合上庸水，又东北达于汉江。《志》云：县北三里有北星河，出陕西白河县，合水坪、崀峪、观音沟诸水，南流合庸水，东注于汉。又有武陵水，源出县西武陵山，亦曰凤溪；又微江水，亦在县西，俱流合于上庸水。

筑水，县西五里。源出竹山，东入房县界，亦谓之筑江。又堵水，在县南五十里，源出陕西平利县界，入县境，经城南一里，亦谓之霍河。流合筑水，复东北出入郧县界，注于汉江。又鳌水，在县西十里鳌山下，一名龟水，流合堵水。〇两河口，在县西南四十里，官渡、柿河二水合流于此，亦注于上庸水，即竹溪县诸水之下流也。

吉阳关。县西北二百里，有巡司戍守。又洪坪堡，在县南二百里，路通陕西、四川诸境，有官兵巡戍。又县南百二十里有官渡堡，县南三百里为邓家坝堡，西百五十里有四庄坪堡，西北三百十里为三界堡，俱成化已后增置，为控驭之所。〇圣母砦，在县西百三十里圣母山下，一名取毒砦。俗传有圣母取恶蛇弃之，因名。又中砦，在县西北中山下。又县南五十里有峪口市，下有峪口渡。

○**竹谿县**，府西三百六十里。西至陕西平利县二百五十里。成化十二年，分竹山县之尹店社置。土城，周不及二里，编户七里。

吉阳城，县西五十里。东晋初，以益州流民置吉阳县，又置晋昌郡治焉。宋初因之。元嘉十年，仇池氏王杨难当袭梁州，破白马，获晋昌太守张范。时范盖以晋昌守戍白马城也。宋末，改郡曰新兴，仍治吉阳县。齐、梁因之。后周废。陆澄曰：桓温平蜀，集巴汉流民，立晋昌郡于上庸之西云。白马，见陕西宁羌州。《志》云：今县西五十里有上土城，即吉阳故址矣。○东关城，在县北五里，亦东晋初置，属晋昌郡。宋属新兴郡。齐、梁因之。西魏废。今有城址，土人谓之下土城。

五峰山，县东十五里。五峰并耸。山之东有白云岩，又县西五里有画屏山，绝崖峻岭，其状如画，一名画屏峰。又五星峰，在县治前，五峰相连，峦嶂层叠，县之主山也。

峒崎山，县东北六十里。上有寨，为设险处。又连钱山，在县西北六十里，回环相连，形若布钱。○鼓圆山，在县南六十里。两山对峙，南为南鼓山，北为北鼓山，山形甚圆，下各有洞。

竹谿河，县西五里。源发县西北三十里之鸡峰山，流合县治河。《志》云：县治河出县西白土山，流四十里，至县西十里，合廖家河。又东会竹谿河，经县西，又东会县东北五里之净峪河，至县东三十里为水坪河。又二十里为龙堰河，与安燕河合。又十里合南阳河，又五里与樊定河合，入竹山县界，为竹山江，入上庸水。○南江河，在县南七十里，源出陕西平利县，亦名南阳河。至县南三十里水坪河口，合于柿河。《志》云：柿河，在县东南百二十里，流入竹山县界。又县东六十里有县河，流合柿河，当即县治河矣。又樊定河，在县东百四十里。亦曰樊亭河。住峪河，在县东南六十里。又有浪河，在县南五十里。小葛河，在县南百七十里。又南三十里有顺河及蚕河，其下流皆汇为竹山江。

长望川，县西三里。川深土美，一溪中出，即竹谿河也。又两河口，在县东南七十里，县河与龙堰河合流处也。一名潭口。

白土关。县西六十里。又县西五十里有五陵关，西南五十五里有峒峪关，东四十里有磁瓦关，皆戍守处。○尹店砦，在县东九十里，有巡司。又县南五十里有得胜砦，六十里有杨楼砦，县南百里有将军砦，百二十里有红心砦，皆成化已后增设。又县东北六十里有中山镇，东七十里有城关镇。《志》云：县西境有小关子，陕西平利县、四川大宁县，接界处也。

○上津县，府西北四百八十里。南至陕西白河县百四十里，西至陕西洵阳县二百十里，北至陕西山阳县百五十里。汉商、锡二县地。刘宋置北上洛郡。齐因之。梁始置上津县，寻改置南洛州，兼置上津郡。西魏大统末，宇文泰遣将王雄分道出子午谷，拔上津，因改曰上州。隋初，州郡俱废，县属商州。义宁二年，复置上津郡。唐武德初，改为上州。贞观十年，州废，以县属商州。宋因之。宋末，废入均州。洪武八年，复置上津县。十年，省入郧县。三十年，仍置上津县，属襄阳府。成化十二年，改今属。土城，周二里有奇，编户八里。县今省。

开化废县，在县西南。西魏置，兼置漫川县，并属上津郡。后周并入上津县。

十八盘山，县西北百五十里。山高峻，盘折十有八曲，方至其巅。又五峪山，在县北五里，有五峰攒聚。○嵩山，在县南五十里。山高耸，与洵阳县诸山相接。又矿山，在县南百里，产铁。《志》云：县北二十里有顺岭，与陕西山阳县接界。

汉水，在县南。自汉中府洵阳县东入县境，又东入郧西县境。

吉水，在县西五里铁鹊岭下。《志》云：源出秦岭，两山相接，水经其中，俗谓之夹河。经丰阳关入县界，绕县西南顺流一百三十里，入于汉水。盖即山阳县之甲河也。丰阳关，即丰阳巡司，亦在山阳县界。○八里川，在县西南三十里，亦曰八里河，流入吉水。又罳峪河，在县西北五里，一名五峪河，南流入吉水。又县东南二十里有箭河，又东南六十里有泠水河。下流俱入于汉江。

鹘岭关。在县西北。又有草驮坪，宋南渡后与金人分界处也。今见陕西洵阳县。《志》云：今县南五十里有杨六郎关，又有绞上关，在县东北七十里，俗名绞肠关。又江口镇，在县南百二十里，汉江津渡口也。向设巡司于此。○庙川堡，在县西北百二十里，路达商洛，山深径僻，盗贼出没处也。嘉靖八年，置有官兵戍守。又北山砦，在县西北百五十里，姨娘子砦在县西南五十里，又八里门店在县西四十里，县南四十里又有军营店，皆成化以后控扼处。

○郧西县，府西北二百九十里。西至上津县百八十里，西北至陕西山阳县二百四十里。成化十二年，析郧县之武阳里、上津之津阳里置。土城，周不及二里，编户八里。

黄土城，在县东。后周尝改置黄土县，即今陕西洵阳县之淯阳城。或以此为黄土县，误也。《志》云：设县时掘地得断碑，曰登云县。亦未知所据。

黄山，在县治北。《史记》：秦昭襄二年，与楚会黄棘，与楚上庸。或曰即此地也。恐误。又北十里有槎牙山，以岩石参差而名。又牛头山，在县北七十里，接陕西山阳县界。○石门山，在县东南十五里，又东南十五里有火车山，山高险，一名火车岭，下有火车铺。

光照山，县西北六十里，接山阳县界。县西七十里又有马鞍山，山险峻。又县西北八十里有娘娘山，山多岩穴，出泉九处，缘山田畴，资其灌溉。

汉水，县南五十里。自上津县流入界，又东入郧县境。又天河在县西南一里，出县西北界虎鸣峪，驾山而下，经县南达汉水，如自天来，故名。又麦峪河，在县西北三十里。县西北七十里又有黄沙河，出上津县东五十里之黄龙山，流入境，会麦峪河而达于天河。又有水东河，在县西北八十里，亦流汇于麦峪河。

八道河，县东北八十里。南流合县东五里之五里河，至县前与天河合。又五里坪河在县东北十里，又激浪河，在县东二里，又有南门河，在县南五里南门山下，俱流合于天河。又七里沟河，在县南三十五里，县东南五十里又有归仙河，县南五十里有箭流河，与火梅沟河俱流入于汉江。

鸡岭关。县西五十里。又马鞍关，在县西七十里，皆因山以名。又李四关，在县东南，与郧县之青桐关相近，皆戍守处也。○金花砦，在县东南四十里。又东南十里为廖家砦。又南关堡，在县城西隅。《志》云：县南五里又有马鞍山口堡。又有黄连垭，在县南四十里，舟行自此入汉之埠口也。又废朱家砦，在县西南五里，高山绝顶，路径仅通，上设城墙，基址犹存。

○保康县，府东南二百里。西南至归州兴山县二百五十里，东至襄阳府谷城县百里。本房县地。弘治十一年，析县之宜阳等乡置。今县治潭头坪，以宋尝升房州为保康军，因以名县。土城，周三里，编户十里。

九斤城，县北五十里。相传昔人秤土筑城，以水土轻浮，将成复弃。今荒城犹存。

万连山，县北三里，高耸盘互，如万峰之连结。又蛇峪山，在县南一里，一名万朝山。○天马山，在县南十里，又南五十里曰马鞍山，皆高峻。又司空山，在县南八十里，与襄阳府南漳县接界。

五台山，县西北五十里。高耸层峙。又西北四十里为三尖山。《志》云：县西九十里有红岩山，峭壁千仞，其色多红。又有梭砦山，在县西百八十里。又有九龙鞍山，在县西南九十里，险可避兵。○三十六冈山，在县东南三十里，旁多冈阜，因名。又县东南九十里有悬壶岭，又八叠陂，在县北四十里。

粉水，县北三十五里。自房县流入境，又东入穀城县界。《志》作粉清河，盖粉渍之讹也。〇汤峡河，在县西三十里，水温可疗疾。一名汤洋河。又豆沙河，在县西北五十里，流合汤峡河。又有清溪河，在县东北十五里。掌口河，在县北四十五里，亦曰蒋口河。俱流合粉河，入穀城县界。《明史》：成化初，刘千斤等据豆沙河、浪口河诸处，分为七屯。官军讨之，自房县进屯浪口河。或曰浪口河，即掌口之讹也。又桑坪河在县西百里，大市河在县西百二十里，下流俱入于汤峡河。

板仓河，县南五十里。又南五十里有鲊鱼河、歇马河。《志》云：县东南百里有深溪河，又东南五十里有鸡冠河，皆入南漳县界，合于沮水。

马良坪堡，县南百里。旧为盗贼出没之所。成化初，官军讨房陵西山贼，别将林贵从安远进兵马良坪，是也。又县西南有大市坪。成化初，贼党苗龙走大市，欲出远安，其魁刘千斤走与龙合共保大市，即此。〇望夫山堡，在县西一百二十里，以在望夫山上而名。嘉靖中，抚臣叶照议置堡于此。疏略云：望夫山，林木绸密，人烟稀少，东抵马良坪，通远安界；西抵柏木寿阳，通房县界；南抵兴安，通四川地方；北抵武当，通穀城诸处。四通八达，截山小路，盗贼易于出没，请立堡分戍。从之。

常平堡。县东南九十里。东南去南漳县亦九十里。《会典》作长坪店，为控扼要地。成化中，拨荆州右卫官兵戍守。嘉靖十九年，移七里头巡司置于此。〇九龙砦，在县西南九十里，因高设险，可以避兵。又馆沟驿，在县东南二十里。其地两崖高峻，中有小溪，路出常平堡，旧尝置驿于此。

附见：

湖广行都司，成化十二年置，治郧阳府城内。

郧阳卫。府治东一里，亦成化十二年建。又房县守御千户所，在房县东，洪武初置。又竹山守御千户所，在竹山县东，成化八年置。俱属郧阳卫。

读史方舆纪要卷八十

湖广六 长沙府 常德府 衡州府

○长沙府，东至江西袁州府四百三里，南至衡州府四百五十里，西南至宝庆府四百五十里，西至辰州府七百里，西北至常德府四百里，北至岳州府三百八十五里，东北至江西南昌府一千一百里。自府治至布政司八百八十里，至江南江宁府二千四百二十五里，至京师五千八百七十里。

《禹贡》荆州之域。春秋、战国时属楚。秦为长沙郡。《通典》有万里沙祠，故名。或云：轸旁有小星，名长沙，应其地而名。《史记·越世家》：复、雠、庞、长沙，楚之粟也。长沙其古名欤？汉为长沙国高帝初，吴芮为长沙王，都临湘，传五世，国除。景帝封子发为长沙王，国于此。后汉复为长沙郡。汉末属蜀，后属吴，仍为长沙郡。晋因之。永嘉初，置湘州于此。咸和三年罢。义熙八年，复置。十二年，又省。宋永初三年，复置湘州。元嘉八年，还属荆州。十七年，复置。二十九年，又废。孝建初，复置。皆治长沙国。齐改国为郡。梁、陈仍旧。隋平陈，废郡，改州曰潭州。置总管府。大业初，复改为长沙郡。唐初，为萧铣所据。武德四年，复置潭州。初置总管府，后为都督府。天宝初，亦曰长沙郡。乾元初，复故。上元中，置湖南观察使于此。中和三年，升为钦化军节度。光启二年，又改武安节度。五代时，马氏有其地，称楚。唐庄宗时内附，改潭州为长沙府。周广顺初，入于南唐，既而周行逢复据其地。宋平湖南，仍曰潭州。亦曰长沙郡、武安军，荆湖南路治此。元曰潭州路。至元十二年，自鄂州移行省治此。十八年，还治鄂州。又自衡州迁湖南宣慰司治此。天历二年改，为天临路。以潜邸时所幸也。明初，改潭州府。龙凤十年改，元至正二十四年也。洪武五年，又改长沙府，领州一、县十一。今仍旧。

　　府南距五岭，北界重湖，内抚蛮、猺，外控黔、粤，古三苗之境也。吴起曰：三苗之国，左洞庭，右彭蠡。春秋时，楚得其地，以为南府，故能雄长于江、汉间。楚顷襄王时，秦兵数至。二十二年，时秦昭王三十八年。秦白起取巫、黔中。自是楚势益削，而沅、湘以南皆秦境矣。汉初，封吴芮于此，以拒塞南越。南越有事，长沙其兵冲也。唐蒙曰：今伐南粤，以豫章、长沙往，是也。后汉时，亦为荆州大郡。吴、蜀分荆州，长沙属吴，于是蜀之资粮，恒虞不给。晋室多事，因置湘州，以控压南服。元帝谓谯王丞曰：湘州据上流之势，时荆州治武昌，湘江自西而下，故曰上流，控三州之会。三州，谓荆、交、广。乃使丞出镇焉。时王敦拥兵荆州，使丞备之也。自宋以后，湘州尝为重镇。梁、陈之间，力争巴、湘。巴、湘属陈，而江南始可固。萧铣先得长沙，遂能南尽交趾。唐师克铣，兵入长沙，交、广诸州相率受命矣。杜佑曰：湘州之奥，人丰土辟，南通岭峤，唇齿荆、雍。是也。乾宁初，刘建锋以乌合之众，袭取潭州。马殷继起，遂霸有湖南，兼收岭外。王逵、周行逢之属，因其余绪，亦专据一隅，传十余祀。宋平湖南，置荆湖南路于此。刘敞云：长沙左纳夏沔，右抗荆门，控百粤而包九疑，形势与荆州相颉颃，故尝为湖南之都会。吕和叔亦云：湘中七郡，宋湖南路领七郡，详州域形势。弹压上游，左振牂蛮，右驰瓯越，控交、广之户牖，拟吴、蜀之咽喉，翼张四隅，襟束万里。皆实录也。宋李春言：长沙都会，控扼湖、岭，镇抚蛮、猺。而吕氏祉则云：守长沙不足以固江陵，守江陵则足以蔽长沙。盖南北异势也。宝祐中，蒙古突犯鄂州，其别将兀良合台自交、广引兵北出，进破辰、沅，遂围潭州，中外震动。德祐初，文天祥请建阃长沙，规复岳州，渐收湖北，不果。王应麟云：长沙，湖南襟要也。指顾伸缩，皆足有为，是故南出则连、韶之项背可拊，东顾则章、贡之肘腋可抉，西下则黔、夔之咽喉可塞也。争南服者，不得长沙，无以成席卷之势。若拮据于滇、黔、岭峤之间而不得长沙，虽欲执羁绁于中原，马首且安托哉？

○**长沙县**，附郭。苏林曰：古青阳也。秦始皇二十六年，荆王献青阳以西，是也。秦置临湘县，为长沙郡治。隋改今名。《城邑考》：县治旧在城东北。明洪武十三年，徙城南湘春门内。十八年，又迁北门外。今因之。无城，编户三十五里。

○**善化县**，附郭。本长沙、湘潭二县地。宋元和初，分长沙五乡、湘潭二乡地置今县。元因之。明洪武九年，省入长沙。十三年，复置。《城邑考》：县治旧在府城南，元末毁。洪武四年，徙治城内。十四年，复徙南门外。成化十六年，迁府治东。今编户二十里。

临湘城，即今府治。《志》云：府城西为碧湘门，城东为济川门，城南为临湘门。又有清泰门，城西北门也；长乐门，城北门也；醴陵门，城东门也；浏阳门，城东北门也。五代汉乾祐末，楚马希萼以朗州兵袭攻长沙，马希广将吴宏出清泰门，杨涤出长乐门，与朗兵战。希萼所招蛮兵，自城东纵火，潭州大将许可琼以军降，城遂陷。别将李彦温自驼口还救，攻清泰门，不克。乃奔降南唐。周广顺初，南唐将边镐取长沙，入城，舍于浏阳门楼。二年，王逵等自朗州引军攻潭州，唐武安帅边镐弃城走，吏民俱溃，醴陵门桥折，死者万余人。今城，盖明初因旧址修筑，有门九：曰浏阳，曰小吴，曰驿步，曰德润，曰朝宗，曰通货，曰正南，曰湘春，曰新门。城周十四里有奇。

　　大富山，府北七里。一名罗洋山。峰峦峭拔，流水萦带，为一郡之胜。又鹅羊山，在府北二十里，一名石宝山，又名东华山。道书以为七十二福地之一。又智度山，在府北五十里，山高数百丈，环二百余里，众山罗列，其最高者曰黑石峰。《志》云：唐将军刘度居此，因名。○尖山，在府西三十里，距湘江十五里，肖然一峰，秀出天表，亦曰圭峰。又西四十里曰谷山，灵谷深邃，上有梓木洞，下有龙潭。又昭山，《元和志》云：距长沙南七十里，临湘水，其下有潭曰昭潭。

　　岳麓山，在善化县西南。高耸灵秀，时有烟云旋绕，盖衡岳之北麓也。五代汉末，楚马希萼自朗州进攻岳州，不克，乃掠湘阴而西，至长沙，军于湘西，步兵及蛮兵军于岳麓。盛弘之《荆州记》：长沙西岸有麓山，盖衡山之足，又名灵麓峰，乃岳山七十二峰之数。自湘西古渡登岸，夹径乔松，泉涧盘绕，诸峰叠秀，下临湘江，称为绝胜。有岳麓书院，宋建，在山半抱黄洞南，山下有清风峡、苍筤洞诸胜。山之麓有道林寺。又玉屏山，在善化县西五里，乃岳麓支山也，环峙如屏。又金盘山，在善化县西北七十里，山高逼空，一峰突出，四围环绕如盘。《志》云：县南一里又有妙高峰，最高耸。又东十里为白石尖高峰，又有峨嵋岭，在县南十五里。

　　关山，善化县东四十五里。叠峰峭拔，有如城壁，中间道路，仅通一车，谓之龙回关。唐乾宁初，刘建锋、马殷收散卒，自洪州至醴陵。武安帅邓处讷遣邵州指挥使蒋勋守龙回关拒之，勋遁去。建锋等入关，袭取潭州。五代时湖南常遣军戍此。○云盖山，在善化县西六十里，峰峦秀丽，望之如盖，亦名灵盖山。又华林山，在县南六十里，亦高秀。《志》云：县南二十里有青旗山，高耸如旗。

湘江，在府西南朝宗门外。自衡州府流入境，经湘潭县而北，环府城而下，至湘阴县境，又东北入于洞庭。五代汉末，楚马希萼侵长沙，军于湘西，马希广遣水军屯城北津，属于南津。又遣将韩礼军于杨柳桥，以扼湘西之路。时希广将彭师暠请曰：愿假步卒三千，自巴溪渡江，出岳麓之后，至水西，令城南北战舰亦渡江，腹背合击，破其前军，则其大军不敢轻进矣。希广不从而败。巴溪，应在府城西北，或曰即麻溪。余详大川湘水。

浏阳水，府北五里。源出浏阳县之大围山，西流至此，入于湘江。亦曰浏江。旧有浏口戍，在府北十里，江左所置。《水经注》：湘水过汉临湘县西，浏水从县西北流注之，有浏口戍。是也。唐天祐四年，淮南将刘存等侵潭州，州将黄璠帅战舰屯浏阳口，会大雨，存等还至越堤，楚将秦彦晖追之。至浏阳，璠绝江合击，尽俘其众。是年，马殷与荆南帅高季兴击朗州雷彦恭，淮南将李饶救彦恭，帅步骑军于浏阳，为楚将许德勋所擒。胡氏曰：浏江之口有骆驼嘴，因亦谓之驼口。马希萼攻长沙，希广分兵屯驼口，以扼湘阴路，是也。越堤，亦在浏阳境内。或云在府北三里，误。

靳江，在善化县西南二十里。自宁乡县流入，至此，注于湘江。《志》云：水流经楚大夫靳尚墓，因名。又沩水，在府北六十里，源出安化县青羊山，流经大沩山，历宁乡县，合新康河，复分流合于湘水。○新康河，在府西五十里。自湘江分流，又西分为二河，一入宁乡县，一入益阳县。又捞塘河，在府北十五里，亦湘水支流也，商舟泊焉。又乔口河，在府北七十里,自益阳县流经乔口镇,流达于湘江。

板石湖,府西三十里。又西五里有石珠湖,又五里有月池湖,府西北鹅羊山下有鹅羊湖。《志》云:府境诸湖以数十计,其下流皆通于湘江。又靖港,在府西北五十里,亦流通湘江。《志》云:李靖平萧铣,安抚湖南时驻兵处也。

麻溪,在府城北。《水经注》:麻溪水口,在临湘县北、浏口戍南。梁太清末,湘东王绎世子方等自江陵引军攻湘州刺史河东王誉,至麻溪败死,即此处也。今湮。

橘洲,在善化县西四里。《水经注》:湘水过临湘县西,又北过南津城西,西对橘洲。晏殊《类要》:湘江中有四洲:一曰橘洲,一曰直洲,一曰誓洲,一曰白小洲。夏月水泛,惟橘洲不没。张舜民《郴行录》:橘洲东对潭州城。是也。旧时洲上多橘,故名。梁太清末,湘东王绎镇江陵,遣鲍泉攻萧誉于湘州,泉军于石椁寺,誉逆战而败。既又败于橘洲,遂退保长沙。石椁寺,即石廓口也。《水经注》:湘水又北,左得石廓口,右合麻溪水口。又仆射洲,在府西湘江中。五代汉乾祐元年,马希萼自朗州攻其弟希广于潭州,希广遣岳州刺史王斌拒之,大破希萼于仆射洲。希萼遁还。〇铜官渚,在府北六十里,旧传五代时楚铸钱处。有山,亦曰铜官山。

碧湘宫,旧《志》:碧湘门侧有碧湘宫,五代时马氏置。后汉初,马希范卒,弟希广篡位,其兄希萼自朗州奔丧,至跌石,希广馆之于碧湘宫。跌石,王氏曰:在潭州西北三十里。

北关,长沙县北十里。又县东五里有东关,西五里有西关,又县北鹅羊山有鹅羊砦。

乔口镇,府西北九十里,当益阳乔江之口。五代周广顺二年,王逵等自朗州袭潭州,克益阳,进克乔江及湘阴,至潭州,是也。今有乔口镇巡司。○南岳市，在岳麓山南。宋开庆元年，蒙古兀良合台围潭州，向士璧坚守，闻其后军且至，遣将王辅祐视之，遇于南岳市，大战，蒙古兵少却。又暮云市，在善化县南五十里，有巡司。《志》云：府北六十里有彤关驿，府南五里有临湘驿，又有榔梨税课局，在府南二十里。

杨柳桥。府城西。五代汉末，楚马希萼攻潭州，军湘西，希广遣其将韩礼军杨柳桥，以扼湘西之路，朗州将何敬真遣蛮兵逼杨柳桥，韩礼阵动，敬真因袭击之，礼大败还走。桥今圮。

○**湘阴县**，府东北百二十里。东北至岳州府二百七十里，东至岳州府平江县二百里。春秋时罗国地。秦置罗县。汉属长沙国。刘宋为湘阴县地。梁析置岳阳县，属岳阳郡。陈因之。隋平陈，废郡，并湘阴入岳阳县，又置玉州于此，寻改岳阳为湘阴。开皇十二年，州废，县属岳州。唐因之。五代汉末，马希萼引兵攻岳州，不克，自湘阴趣长沙，焚掠而过，即此。宋仍为湘阴县，改属潭州。元元贞初，升为州。明初，复为县。无城，编户四十二里。

湘阴旧县，县西北五十里。刘宋元徽二年，割益阳、湘西、罗及巴峡流民，置湘阴县，以在湘水南也，属湘东郡。齐改属长沙郡。梁置岳阳郡及罗州。陈废州。隋平陈，并废郡，又省县入岳阳县。又玉山城，在县北，梁置，属岳阳郡。陈因之。隋省入湘阴。又赤竹城，在县南十七里。宋绍兴中尝迁县治于此，谓之新县。今故址犹存。

罗县城，县东北六十里，与岳州府平江县接界。春秋时罗国地。秦置县。汉、晋皆属长沙郡。宋、齐因之。梁置罗州。陈罢为罗郡，属南荆州，郡寻罢。隋初，属玉州，寻属岳州。大业中，属巴陵郡。唐武德六年，废入湘阴县，亦谓之罗川。隋末，萧铣为罗川令，郡人董景珍奉铣起兵处也。又湘滨废县，在县东北，亦梁置，属岳阳郡，陈因之。隋开皇九年，省入罗县。

黄陵山，县北四十里。上有舜二妃墓。《括地志》谓之青草山。孔颖达以为湘山也。〇玉笥山，在县北七十里，汨水西流经其下，有屈潭，亦曰罗渊，屈原放逐自投于此。隋置玉州，盖以山名。其相连者曰汨罗山，以下临汨罗江也。又磊石山，在县西北百里，旁枕青草湖，北接巴陵，下临湘江，山石嵯峨相叠，因名。旧名万岁山，亦名五木山，以山顶尖如五木也。

女洲山，县南三十里。顶平而方，一名仲山。又青山，亦在县南三十里，一名仙台岭。上有霞峰台、胡鼻岩及龙潭诸胜。又南二十里为白霞山，上有百岁岩。又书山，在县东南三十里，广十余里。县东六十里又有玉池山，峰插天表，上有浴丹池，俗名为玉池。

湘江，在县西。自府北流经县界，又北达青草湖，谓之湘口。《志》云：县南三十五里有哀江，亦名哀江浒。旁有大哀、小哀二洲，以舜二妃哀思于此而名也。其水自湘江分流，过敖头，经板滩，至女洲，历县前会三十六湾水。又有文、武二洲，亦在县南三十里水中。二洲左右相对。县南十里曰三十六湾，湘水分派，东流为三十六折也。其水皆仍合于湘江。

汨罗江，县北七十里。源出江西宁州之栢山，流经岳州府平江县，至县境，分为二水，一西南流，曰汨水；一西经古罗城，曰罗水，复折而北出，至屈潭复合，故曰汨罗。《史记》屈原自投汨罗以死，谓此。又西流注于湘江，谓之汨罗口。

后江，县西六十里。亦湘水支流也。上下相距六十里，其上为汶，经江口，自县南二十里西流入此，分流下卢林潭，合湘江，注于洞庭。又魁楼江，在县南二十里，旁有悬藤港、杨子港，三水会于城南之笙竹岐，下流入于湘江。

青草湖，县北百里。北与洞庭湖相连，亦曰重湖。旁有磊石山，水落则见山脚。《水经注》：湘水自汨罗口西北径垒石山，西北对青草湖。梁太清三年，湘州刺史萧誉与湘东王绎等声言援台城，誉军于青草湖不进，即此。又新塘湖，在县北五十里。又有白塘湖，在县东北百四十里。漉湖，在县西北百二十六里，皆与青草湖相通。○东湖，在县南十里，其上流为拨水江，俗名北水江。《志》云：县东六十余里有白鹤、玉池、密岩诸山，其水皆会流于同含口，经县城东南，谓之秀水。宋绍圣中，改流经城南一里，因名拨水。萦纡凡三十里，入东湖，为邑之巨浸，下流入湘江。又羹脍湖，在县西北五十里。《志》曰：黄水出黄陵山下，西流三十五里，入湘江，即羹脍湖也。○西港，在县西三十里，流达于湘江。又县东五十里有东港，下流通汨水。

　　车轮洲，在县北，湘江之要隘也。梁元帝承圣二年，陆纳据湘州，诏王僧辨讨之。纳遣其将吴臧等下据车轮，僧辨自巴陵进军于车轮，纳夹岸为城以拒之，为僧辨所败，退保长沙，今洲圮于水。

　　白沙戍，县北五十七里。齐末萧颖胄以南康王宝融举兵江陵，遣将杨公则向湘州。湘州行事张宝积发兵拒守，公则克巴陵，进军白沙。宝积惧，以郡降。《括地志》：县北有黄陵庙，舜二妃庙也。庙北即白沙戍。

　　营田镇。县北六十里。路出巴陵，向有巡司戍守。又营田驿，亦置于此。又北六十里即磊石驿也。○锡江砦，在县西北，湘江西岸。宋置寨于此。江畔有岐，平起如冈，洲岛之民，聚而居之，以渔为业，亦曰锡浦。又笙竹岐，在县城南，世传舜采笙竹于此。今为笙竹驿。

　　○**湘潭县**，府西南百里。西南至衡州府衡山县百五十里。汉临湘县地。后汉醴陵县地。梁始置湘潭县，以昭潭为名也。隋属衡州。唐属潭州。宋因之。元元贞初，升为州。明初，复为县。城周三里，编户二十一里。

　　湘潭旧城，在县南二十里。梁县治此。刘昫曰：唐天宝八载，移县治洛口。乾宁二年，蒋兴据邵州拒刘建锋，发兵侵湘潭，即今县也。今故城俗谓之古戍城。又建宁城，在县北。三国分醴陵置，属长沙郡。自晋至陈皆因之。隋省入湘潭。唐武德四年，复置，属南云州。贞观初省。○湘南城，在县西百六十里。汉县，属长沙郡。吴太平二年，分长沙西部置衡阳郡治此。晋因之。宋改属衡阳郡。萧齐省。《汉志》：县在衡山西北。《水经注》曰：湘江东北径湘南县东。吴立衡阳郡，本治湘南县。宋时，太守何承天徙治湘西。是也。今俗名故城为花石城。或以此为建宁城，而以湘潭县治为即湘潭故县，误。

昭山，县东北四十里。与长沙县接界。旧《志》：昭王南征至此，不复，故名。下为昭潭，深不可测，梁取以名县。○五顶山，在县西七十里，顶有五峰。又昌山，在县西南百十里，左右峰峦叠起，宛如屏障，山半有燕子崖，至冬燕集其中。

琵琶峰，县南百里，与南岳祝融峰相望，七十二峰之一也。其相近者曰芙蓉峰。又南三十里曰玉几峰。《志》云：县北三十里有黄龙峰，峰峦层叠。又有石龙峰，在县西南十里。又有高奇、峡峙两峰，皆在县界，即衡岳诸峰也。

湘江，在县西。自衡山县北流入境，又北入长沙县界。○涓水，在县西南十里，一名易俗水。源自南岳山，北合数溪，流入县界，经龙口东流入湘江。《志》云：县西南七里有锦湾，大石屹立，色赤如锦，当上流之冲，即湘水所经矣。又两头沱，在县西南四十里，湘水分流所汇也。其水深广，溉田二千余亩。

云湖，县西六十里。有九十汊，四十八泉，惟乌石泉居中。湖多云气，荫田二千余亩。其相近者为石潭湖。《志》云：县西十五里有湘乡河，发源宝庆府邵阳县龙山下，流经湘乡县，入县境，合石潭、云湖二水，东入湘江。○松湖，在县东二十里，环绕数里。湖旁苍松郁然，西流合于湘水。

空灵滩，县西南百二十里，亦作空灵峡。梁承圣初，陆纳据湘州，营州刺史李洪雅等请讨之，为纳所败，退保空灵滩，寻降于纳。《通鉴》作空灵城，似误。《水经注》：长沙建宁县故城南有空灵峡，湘水所经，惊浪奔雷，迅同三峡。张舜民曰：自醴陵江口南行十余里，到空灵岸。谬矣。《郡志》云：县西百六十里有空灵岸。营州，今永州府道州。梁置营州于此。○三门滩，在县南百八十里。石峻水险，仅有洪路三处，可通舟楫，经者股栗，比于底柱三门之险，因名。

下湄镇。县南二十里，下临湘江。江中有巨石，形如铁牛，名铁牛埠。今置下湄镇巡司于此。又湘潭驿，在县城南。县南百里又有都石驿。又南二十五里即衡山县之黄花驿矣。《志》云：县东一里有中渡，西通宝庆，南出衡州，北接长沙，此为三郡之津要。

○浏阳县，府东北百五十里。东至江西袁州府二百五十里，北至岳州府平江县百六十里。汉临湘县地。三国吴析置浏阳县，属长沙郡，以浏阳水为名。晋以后因之。隋省入长沙县。唐景龙二年，复置属潭州。五代梁开平初，湖南、荆南共攻澧朗帅雷彦恭，淮南遣将救之，泠业以水军屯平江，李饶以步骑屯浏阳，为湖南将许德勋所败，破浏阳砦，擒饶。贞明五年，楚攻荆南，吴将刘信帅洪、吉等州兵，自浏阳趣潭州，以救荆南，楚人引还。宋仍属潭州。元元贞初，升为州。明洪武十年，复为县。城周三里有奇，编户七十一里。

道吾山，县北十五里。山列七十一峰，东连宝盖，西接洞阳，状若莲花，亦名莲花峰。崖溜高百余丈，径路二十四曲，内有龙湫。○宝盖山，在县东北七十里。群山壁立，状若张盖。又县西北六十里有洞阳山，有石崖石洞诸胜，道书以为第二十四洞天也。又太湖山，在县西三里，三峰鼎峙，中有巨湖，其深莫测。

大围山，县东北百五十里。旧名首禅山。山顶有白沙湖，广袤五十余里,流分四派,一入江西宁州,一入袁之万载,一入岳之平江,其一即浏水也。冈峦围绕,盘踞四县,因名大围。又大光山,在县东北九十里,北抵豫章,西接巴陵,峰峦叠翠,最为奇观。县东百七十里又有七宝山,其山产铅、铁矿、硼砂、青、胆二矾、土黄、吸针石,故名。〇霜华山,在县西南八十里,一名石霜山,南接醴陵,北抵洞阳。山峻水急,触石喷霜,因名。

古风岩,县东五十里,岩深数十里,溪水内出,灌田百余亩。其相连者又有毛公、白石等岩。〇九溪洞,在县北七十里,上合下开,路通往来,有九水绕流其前。

浏水,在县南。源出大围山,曰大溪,曰小溪,合流而西南,过县西曰渭水,至县南曰浏水。又南经县南三十五里,曰清风浦。折而西入长沙县界,曰浏阳水,入于湘江。〇龙津水,在县西三里,源出道吾山,经县西门外,入浏水。又金牌水,在县东五里,出道吾山东麓,流经此折而西,经县南一里,入于浏水。又有清渭水,在县西五十里,流入长沙县,从浦子口入湘江。其水澄澈,因名。

翟家砦。县东百五十里,与江西宜春县分界。有巡司戍守。《宋志》:县境有永兴及旧溪银场,今废。

〇醴陵县,府东百八十里。东至江西萍乡县百二十里,西南至湘潭县百七十里。汉临湘县地,高后封功臣越为侯邑。后汉析置醴陵县,属长沙郡。晋、宋以后因之。隋省入长沙。唐武德四年,复置县,属潭州。宋因之。元元贞初,升为州。明初,复为县。土城周三里,编户二十八里。

醴陵城,即今县治。旧无城,正德五年创建。范成大《行程记》:自袁州萍乡县至醴陵,两日程耳。此为宜春之嗓喉,湖南之腰膂。陈光大元年,华皎据湘州,遣吴明彻等讨之,分遣巴山太守黄法氍,从宜阳出醴陵袭皎。唐乾宁初,刘建锋自洪州至醴陵袭武安。五代周广顺元年,唐将边镐自袁州引兵入醴陵,楚王希崇迎降。盖自江右趣湖南,醴陵为必争之道也。由醴陵而西则为长沙,西南则衡州矣。醴陵不守,湖南岂能一日安哉? 巴山,见江西崇仁县。宜阳,即宜春。

小沩山,县东二十里。众山环绕,湍流中出,曰小沩泉。道书第十三洞天也。又章仙山,在县东北七十里,一名彰龙山,道书七十二福地之一。○西山,在县西五里。相传李靖驻兵于此,石壁遗像犹存。其相近者有凤凰、梧桐、丁仙诸山,稍南有石燕、水帘等洞。又县东一里有东山,上有凤凰台。

白云山,县东六十里。山势屹立,云气尝覆其巅。又五凤山,在县南六十里,高耸罗列,形类五凤,上有天花台。○建安山,在县北二十里,山高三百余丈,周十里。元末土人尝置寨于此以避兵,曰建安寨。《志》云:县东五里有佛子岩,上有石洞,泉流不竭,可以溉田。

渌江,在县城西南。本名漉水。出县东之漉山,西流经县南,又屈经县西,西北流,而注于湘水,曰渌口。梁元帝初,陆纳据湘州,袭击衡州刺史丁道贵于渌口,破之。《唐志》潭州有渌口戍,是也。《舆程考》:醴陵西南至渌口九十里,长沙、衡州、袁州三郡往来之要路。又县西百里有昭陵滩,怪石屹立,水势汹涌,舟行每惮其险,即渌水合湘江处也。

铁江,县南二十五里。源出攸县境,西北流入渌江,水滨石黑如铁,因名。又县东二十里有庄步江、双江,流合渌江。○醴泉,在县北五里,味甘美,可以愈疾,溉田千顷。又大官塘,在县西北五里,岁尝修治,以备旱潦。

石门关。县北十五里,五代时湖南戍守处也。又渌口镇,在县西九十五里,有渌口巡司,亦设驿于此。又县南九十里有泗洲驿。《舆程记》:驿北去渌口六十里,又西南七十五里至湘潭县之都石驿。

○宁乡县,府西百二十六里。西至安化县一百九十里。汉长沙郡益阳县地。三国吴析置新阳县。晋太康初，改曰新康，属衡阳郡。宋、齐以后因之。隋省入益阳县。唐初，萧铣复置新康县。武德七年省。宋太平兴国二年，改置宁乡县，属潭州。今城址周二里有奇，编户二十一里。

新康城，县西二十里。吴置新阳县治此。晋为新康县治。唐初亦因之。今县治本长沙县之玉潭镇也。五代汉乾祐三年，马希萼侵潭州。希广遣其将崔洪连屯玉潭，为希萼所败。宋初，改为县治。万历三年，始城之。

大沩山，县西百四十里。高六十里，周围百四十里，草木深茂，四面水流深阔，故曰大沩。有香泉及大小青龙诸泉，皆奇胜。嘉靖间，土贼屯据于此，抚臣翟瓒讨平之。是后尝为啸聚之所。又八面山，在县西百五十里，高耸秀拔，八面如一，下有龙潭、龙洞、龙田，号三龙池。其相接者曰云盖山，亦高秀。

大雾山，县南五十里。峻岩深谷，云雾萦回。宋建炎间，金兵至境，刘廷佐驻兵大雾山，即此。其相近者曰石鼓山，上有巨石如鼓，北有石岩瀑布，秀峰峭壁，为邑南巨镇。又有天马山，山势高耸，以形似名。○嵇山，在县东南二十里，一名嵇茹山，上有田数亩。有仰天湖，虽旱不涸。又东南十里，有灵峰山，峻耸数百仞，林谷清幽，江流环绕，绝顶望见湘江。

礲山，县西南九十里。石径十里，不通车马，人缘石扳树而行。成化间，始凿石成路。○狮顾山，在县东二里，蹲踞江滨，玉潭水绕其下。又有玉几山，在县治后，环抱如几。又楼台山，在县西北五里，秀丽层耸如楼台，俗讹为窑头山。

七星岭，县西南六十里。有七峰插天。又罗仙峰，在县南七十里，高峻险峭，雄踞宁、湘二县间。又县西七十里曰九龙峰，有九峰相拱如龙。又有十泉峰，十峰并峙，峰顶皆有清泉。其西十里为莲花峰，亦以丛秀高耸而名。又西四十里曰罘罳峰，顶有屹石如屏，望见湘水。又西三十里曰青云峰，以耸秀入云也。《志》云：县西四十里有响泉岩，地名泉溪，昔人尝避兵于此。

濆江，县东北百里。自安化县东北流经益阳县，又东南流入县界，复东北入常德府沅江县，注于洞庭湖。详见大川濆水。

玉潭江，在县城西南。有三源：一出大沩山，一出县西百五十里之芙蓉山，一出湘乡县北境之丰山，三水合流，绕县治东至新康口，注于湘江。《志》云：县南十里有乌江，即玉潭江南源经此，临江有石如乌，故名。又县西四十里有玉堂江，亦即玉潭上流也。又紫溪，出县南之方山，北流至城南，为狮子湾，逶迤横绕，会入玉潭溪，旁岸土多紫，因名。○乾江，在县西北八十里，濆水枝流也。江有三峰秀耸，山下二江，一流入县界，一流入湘乡县界。春秋水皆归宁而江溢，冬夏则水归湘而江干，故名。

化龙溪，在县治东飞凤山之阳。源出益阳县四方山，流至县东，萦回环抱，宛如束带，合于玉潭江。又凤凰溪，在县南四十里，南境诸山溪之水汇流于此。县东三十里又有云溪，皆流合玉潭江。《志》云：县城南江浒有玉潭，即江水所汇也。县东四十里又有黄土潭，亦名双江，或以为乾江，水溢与玉潭江合流处。○洋泉，在县西三里，有三派分流，溉田三百余亩。又县南六十里有灰汤泉，分三坎：其一沸可燖鸡鸭，一热可濯衣，一温可濯足。又有三泉在县西三十里，上中下三派相连，亦灌田三百余亩。《志》云：县东八十里有三停泉，泉中瀑流经八十里入湘。

唐市镇，县西百二十里。元置巡司于此，今废。○天王寺，在县西南。崇祯十一年，土贼刘高峰等屯聚于此，突犯安化县，官军击破之，又破其余党于大沩山，是也。

○**益阳县**，府西北二百里。东至湘阴县百二十里，北至常德府龙阳县百里。秦县。汉属长沙国。应劭曰：县在益水之阳也。后汉属长沙郡。三国吴属衡阳郡。晋以后因之。隋属潭州。唐仍旧。宋初，属鼎州，寻还属潭州。元元贞初，升为州。明初，复为县。城周四里有奇，编户二十二里。

益阳故城，刘昫曰：在今县东八十里。后汉永寿三年，长沙蛮反，寇益阳。延熹三年，长沙蛮复反，屯益阳。建安二十年，孙权争荆州，遣鲁肃将兵屯益阳以拒关羽，肃因筑此城。晋、宋以后，皆治此。唐移县于今治。五代汉乾祐三年，马希萼诱蛮兵攻益阳，败潭州兵。周广顺元年，湖南乱，朗州帅刘言遣兵趋潭州，军于益阳之西。二年，南唐取湖南，遣将李建期屯益阳以图朗州，既而言亦遣王逵等分道趋潭州，唐武安帅边镐复遣将郭载诚屯益阳，逵等克沅江，直趋益阳，拔其城，即今县也。

五溪山，县西北五十八里。一名军山。吴潘濬讨五溪蛮，尝营于此。又浮丘山，在县西百里，峰峦倚伏，亚于南岳。又西百里为九冈山，九峰如筒，立武潭津上。〇龟台山，在县东南二里，相传鲁肃曾驻兵于此。又县治西南二里有白鹿山，下有龙湫。《志》云：县东南六十里有四方山，周围平正，水流入宁乡县界，即化龙溪也。

濆江，县西南五里。自宝庆府入安化县境，又曲折五百余里，而至县南，又东历宁乡县界，至沅江，入洞庭。一名益水，县以此名。《志》云：濆水经县南六十里，谓之桃花江，以夹岸多桃也。至县东二里，谓之土陵江。其在县西南五里者又有关羽濑、青泥湾，三国时羽镇荆州，吴使吕蒙取桂阳、零陵、长沙三郡，羽争之，军于此。水南又有甘宁故垒云。

乔江，县东八十里。自濆江分流经长沙县乔口镇，而入于湘江。

白水溪，出县西北百三十里七尖山，二峰环合，一溪中出，峡口宛如匹练，下流为占溪，经县东北三十里，合于资江。五代汉乾祐三年，马希萼诱蛮兵攻益阳，楚王希广遣指挥使陈璠拒之，战于淹溪，璠败死，即占溪矣。又泥溪，在县南，自安化县北流入界，至溪口，亦入濒江。《志》云：县西南九十里有梓梁崖，石壁如削，上有龙湫，流为桃花水，合桃花江，亦曰桃花港。又西溪，出县西南百三十里之子良岩，流合桃花水，入于濒江。

凤凰湖，县东五里。又县西北五里有金华湖，东南十里有大星湖。又东湖，在县东南七十里，其相接者曰大汾湖，又东南五里曰茶湖，皆濒江支流及诸山溪水所汇也。○龙回滩，在县西南十五里，濒江所经。又县西二里有鸡子洲，西五里有青龙洲，六里有白槎洲，县东四里又有袁家洲，东八里有杨家、孟家等洲，皆近濒江滨。

竹头市。在县东南。五代汉末，楚马希萼争潭州，马希广遣将张晖屯益阳，希萼遣兵攻之，晖惧，自竹头市遁归长沙，益阳遂没于希萼。○平津亭，在县西北。五代周显德中，湖南版将张文表自衡州取潭州，将取朗陵，军于平津，周保权将杨师璠破之于平津，遂执之，是也。

○**湘乡县**，府西南二百二十里。南至衡州府二百十五里，西南至宝庆府新化县二百三十里。汉湘南、连道二县地。哀帝封长沙王子昌为湘乡侯，邑于此。后汉置湘乡县，属零陵郡。三国吴改属衡阳郡。晋以后因之。隋省入衡山县。唐初，萧铣复置。武德四年，平铣，县仍属潭州。宋因之。元元贞初，升为州。明初，复为县。城周二里有奇，编户七十一里。

连道城，县西百六十里。汉县，属长沙国。后汉属长沙郡，或曰故城亦谓之龙城。唐初，尝移湘乡县治龙城，即此。寻还旧治。

韶山，县南四十里。西有三峰，其山绵亘百余里。湘潭、湘乡、宁乡诸山皆其麓也。《方舆记》云：县北五十里有悬钟石，屹峙云表，与韶山相接。其北一峰曰黄竹岐，连亘数百里，下有鲤鱼峰。○龙山，在县西南百八十里，接宝庆府邵阳县界，涟水出其下。其并峙者曰珍琏山，涟水别源出于此，山接新化县界。《志》云：县南九十里有黄巢山，相传黄巢尝驻兵跃马于此。

　　东台山，县东十里。一名凤凰山。南连华盖，下瞰涟水，上有平石若台。其相近有安抚岭，有大坪，广数里。又梅龙山，在县东百里，西南有梅布水，又与县西龙山相望，因名。有梅龙崖，水如喷雪。○望岳峰，在县东九十里，登其巅，望见南岳祝融峰。又石柱峰，在县南十里，巨石耸峙，如擎天然。其南又有白石峰。《志》云：县东南十里有金紫峰，孤峰特出，众山环翠，日出金紫烂然，与白石峰相对。又范铎峰，在县南十五里，三峰耸秀，众山环列，相传五代时，范铎隐此，因名。又四角峰，在县西百二十里，以四隅高耸而名。《志》云：县东十五里有司徒岭。

　　涟水，县东南四十里。水有二源，一出龙山，一出珍涟山，合流九十里，有侧水流会焉，绕县南三十里破石冈下，转至县南，汇而为潭，又东过石潭百余里，入于湘江。

　　湄水，县西五十里。源出安化县东境龙安山，奔流数里，有石岩当路，水入岩中，伏流六七里，分为三派流出，东入涟水。又丰溪水，在县南二里，源出衡岳，流至县南二十五里之芭蕉岭，合众小溪水，西北流入涟水。又鸭桥水，在县南四十里，源出韶山，合沙头水至瀼田，与青陂水同流入涟。《志》云：青陂水，在县东十五里，源出县东南二十里之灵羊山，合云田水南流入涟。又尧唐水，亦出韶山东麓，众小涧合而为溪，南流，复东折入涟。○侧水，在县西南七十里，出邵阳县界，流经县西定胜市入涟。

　　武障市，县东五十七里，有巡司戍守。○迪田镇，在县北。五代汉乾祐三年，楚马希萼侵潭州，遣群蛮攻迪田，破之，杀镇将张延嗣，即此。

　　定胜镇。县西八十里。唐末，邵州将蒋勋据州拒刘建锋，起兵连飞山、梅山蛮寇湘潭，又遣兵屯定胜镇，以扼潭人。建锋使马殷击破之。飞山，见靖州。

○**攸县**，府南三百六十里。东至江西安福县三百一十里，东南至茶陵州九十里，西北至衡州府衡山县百五十里。汉县，属长沙国，以水为名。后汉属长沙郡。晋、宋因之。萧齐改属湘东郡。梁仍旧。陈改为攸水县。隋省入湘潭县。唐武德四年，复置攸县，兼置南云州。贞观元年，州废，县属衡州。五代梁时，马氏复属潭州。汉乾祐初，仍属衡州。宋还属潭州。元元贞初，升为州。明洪武二年，复改为县。编户四十五里。

阴山城，在县西北六十里。汉置县，属桂阳郡。三国吴时，改置于此，属湘东郡。晋宋以后因之。隋省入湘潭县。唐武德四年，复置阴山县，属南云州。贞观初，省入攸县。又安乐废县，在县南。《新唐书》：武德四年，析攸县置安乐及新兴县。贞观初，俱省入攸县。

司空山，县东四十里。南接茶陵州云阳山，连山峻拔，左右有三十六峰。旧名麒麟山，亦名温泉山。南齐司空张岊弃官隐此，因名。县东百二十里有鸾山，与司空山对峙。○罗浮山，县东百四十里，与凤岭连麓，下有石窦出泉。《志》曰：凤岭在县东百二十里，即鸾山矣。

大川山，县北百里。山高耸。其旁川原开广，因名。又县北九十里曰明月山，峰峦特出，月出则此山先见也。又严仙山，在县北八十里，亦高耸，下有七星岩。○牛首山，在县东二里，攸水经其下。又县北二里为朝天峰，有聚仙台及泉石诸胜。《志》云：县东南五十里有鸦尖岭，接茶陵州界，亦曰丫尖峰。宋《淳祐志》：攸为潭之门户，南接安仁，关隘如丫尖。盖谓此。

攸水，县东十五里。一名伯水。源出江西安福县封侯山，西流入县界，经凤岭至县东，与泈水合流，又西至衡州府衡山县茶陵江口，入于湘水。○泈水，在县东七里，源出衡州府酃县之泈泉，经茶陵州西北，至县东泈溪，与攸水合。

阳昇江，县东二十里。源出县东百里之大乌山。又银坑水亦出焉，经县东五十里，合于阳昇江，流入攸水。又县东九十里有灌田江，乡人引流灌田，因名。又罗浮山下有罗浮江，皆流合阳昇江。《志》云：县西北七十里有阴山江，源出岩石中，曰江头冲，经废阴山县，散为诸陂港，下流入于攸水。〇明月水，在县北九十里，出明月山。又严仙山，下有严仙水，流二十五里，合明月水。县东南八十里又有金水。皆流入于攸水。

新陂港，县西二十里。江头冲之水南流经此。洪武初，筑陂潴水，溉田甚广。又渔洲港，在县西十里，流通新陂港。又龙泉港，在县西南十里。县南九里又有橘子绿港，导源诸山溪，龙泉水流会焉，东北接李相坑港。相传乡人李相所导，故名。又文清港，在县南七里，下流合李相坑港，经县南，皆有灌溉之利。

凤岭镇。县南四十五里。有巡司戍守。又县东二十里有芙蓉寨，又东十里为铁钉寨，县西六十里有香炉寨，皆居民保聚处。《志》云：县南有大洲堡，嘉靖四十三年，县民刘庚甫户丁结党为乱，金事苟延庚抚定，为之立堡，岁佥茶陵卫官一人，督兵民守备。

〇**安化县**，府西三百六十里。西至辰州府四百二十五里，南至宝庆府二百七十里，北至常德府二百二十里。秦益阳县地。自汉以后，皆为梅山蛮地。宋初，立五寨。熙宁六年，始置安化县，属潭州。元因之。今编户十二里。

梅山，在县西南。山盘纡甚远，蛮恃为险。今县南八十里梅山岭上有泉，即其地也。宋白曰：潭州西有梅山洞，为蛮寇之窟穴。唐乾宁四年，邵州故将蒋勋起兵，连梅山蛮寇湘潭。五代梁贞明四年，梅山蛮寇邵州，楚将樊须击走之。唐天成四年，梅山蛮复寇邵州。宋太平兴国元年，梅山峒蛮苞汉阳寇潭境，州守翟守素发兵击平之。熙宁五年，章惇发兵开梅山道，东起宁乡司徒岭，西抵邵阳白沙塞，北界益阳四里河，南止湘乡佛子岭，皆籍户口土田归朝，是也。今山连宝庆府新化县界。详见新化县。

大峰山，县东北七十里。有七十一峰，与仙山相接。《志》云：仙山在县东北六十里，有两峰对峙，名大仙、小仙。又浮泥山，在县北七十里，崖壁峭绝，浮壤沃饶，土人攀援而上，开畲种谷。〇芙蓉山，在县东七十里，旧名青羊山，与大沩山相接，奇峰叠耸，状若芙蓉，中有芙蓉洞。又移风山，在县东南七十里，梅山猺人于此从化，因名。

辰山，县西北百二十里。其山盘旋起伏，接辰、沅界。又黄罗山，在县西北百二十里，四面悬崖壁立，仅有小径可缘而上。宋、元之季，民多避兵于此。〇司徒岭，在县东八十里，崇冈峭壁，鸟道崎岖。宋时尝置兵于此，以拒猺寇。又十房洞，在县北二十里，洞门广丈余，中若堂室，左右列十房。又有石田、石池之属。县南二十里，又有寒波洞，亦深邃。又燕子洞，在县西南三十里，中多石燕。明初，贼张广胜啸聚于此，官兵讨平之。

濬江，县西五十里。由宝庆府新化县流入县界，又北入益阳县境。一名邵河。〇温泉，在县东南四十里，有二温窟出水，一清一浊，俗名为东温、西温，流合为一，东南入湘乡县，合于湄水。《名胜记》：溪出县东南六十里雷鸣洞，流入濬江。恐误。

仙溪，县东北二十里。源出大仙山，县境诸山溪之水并流汇焉。至县东北敷溪口，入于濬江。《志》云：县西南五十里浮青山，沉香溪出焉。县南三十里丰乐崖，伊溪出焉。西南三十里橘子洞，梅子溪出焉。会流经城东南隅，入于仙溪。又善溪，在县北百二十五里，自常德府武陵县流入界，溪多沙石，经县境，流稍缓，可容桴，亦流入濬水。

梅子口。寨县西五里。宋太平兴国中置。又七星寨，在县东南七十里，亦宋置。熙宁六年，改为七星镇。县东北九十里为首溪寨，熙宁六年废。元祐三年，置博易场。又西北百二十里为白沙渡寨，西南九十里为游浮寨。所谓五寨也。《宋志》：五代时梅山蛮獠为边患，太宗讨平之，因立五寨以为防御。○龙塘寨，在县西南。《志》云：宋时茶法甚严，县境伊溪、濆江滨皆产茶，民趋利攘窃，遂啸聚为乱，因议于濆江、龙塘建寨，命将统兵戍守，民赖以安。

附见：

长沙卫。在府城内东北。洪武三十五年，自城北移建于此。今亦置长沙卫。

○茶陵州，府南四百八十里。东至江西吉安府四百三十里，东南至衡州府桂阳州三百里，西至衡州府三百一十五里。

春秋时楚地。汉属长沙国。后汉属长沙郡。三国吴属湘东郡。晋、宋以后因之。隋属衡州。唐初，属南云州。贞观元年，还属衡州。五代晋时，马氏改属潭州。宋复属衡州。绍兴七年，升为茶陵军，后为县。元至元十九年，升为州。明初，降为县，改属长沙府。成化十八年，复升为州编户五十里。今因之。

州右翼庐陵，左蔽衡岳，山川绵亘，民物阜繁，于衡、湘之间，称为奥区。陈光大初，以华皎据湘州，遣吴明彻等帅舟师进讨，分遣别将杨文通等，从安成步道出茶陵。安成，见江西安福县。既而华皎引军越巴陵，与明彻等相持，文通等遂由岭路袭湘州，尽获其所留军士家属，皎因丧败。盖茶陵者，湘州之后户也。

茶陵废县，即今州治。汉置县，以在茶山之阴而名。武帝封长沙定王子訢为侯邑。后汉仍曰茶陵县。三国吴属湘东郡。晋以后皆如故。隋省入湘潭县。唐武德四年，复置茶陵县，属南云州。贞观初，废入攸县。圣历元年，复析置茶陵县，属衡州。五代晋时，马希范改属潭州。宋仍属衡州，寻升县为军。元又改为州，皆不置县。《城邑考》：州城，宋绍定中筑，元末圮。明洪武中，因旧址增筑。正统中及万历初，皆尝修治。周八里，有门五。

古茶王城，《城冢记》：在州东五十里。汉元朔中，节侯所筑，盖即茶陵节侯䜣也。又故县城，在今州北八里。宋祥符中，县令邓宜筑。绍定中，县令刘子迈改筑今城，铸铁犀于江岸，杀水势而城之，即今州城也。

云阳山，州西十五里。有七十一峰，其大者，紫薇、偃霞、石柱、白莲、隐形、正阳、石耳，凡七峰，其余岩洞泉石皆奇胜。旧《志》云：茶山高千五百丈，周回百四十里，茶水发源山北，流陇下十里，合白鹿泉水，以入于洣。《史记》：炎帝葬于茶山之野。茶山，即云阳山。以陵谷间多生茶茗，故名也。州南百里有白鹿原，相传即炎帝葬处。又排山，在州西三十里，横亘若排，上多白垩。又西二十里有丫尖山，亦曰鸦尖岭，两峰并峙，上锐下方，接攸县界。

青台山，州南五十里。卓立于云，乔柯郁然，上有龙湫。又百丈山，在州东南五十里，山高百丈，有龙潭，深不可测。《志》云：州东六十里有太和山，高峻，顶有泉。又东二十里曰登阜山，拔出众山，日出则先射其顶。〇仙女岭，在州东南四十里，高险，有仙女泉。元末土人避兵于此。

洣江，在州西北。源出衡州府酃县洣泉，合云秋、沔渡二水，北流数十里，入州境，又西入攸县界，合于攸水。《汉志》茶陵有泥水，西入湘，行七百里，即此水也。又东江，在州西南一里，源出州东八十里皇雩诸山，会众水流经此，下流入洣江。嘉靖间，山水决溢，大有冲啮城垣之患。

颜江，出州南青台山，北流四十里，合洣水。又洮江，出酃县界沔渡水，北流八十里达洣。又沤江，出百丈山，西流四十里，亦达洣。又有沙江，出县南三蛟泉，西流三十里，达洣。又脂水，出县东南七十里之利山，西流十里，合背江。又背江，出县东太和山，西流二十里，合腰陂水，亦达于洣江。又茶水，出州西北云阳山，下流亦达洣江。○龙化湖，在州西南十里。三国吴时，有赤白龙见此，漂荡成湖。今溢涸不时。

视渡口镇。县东八十里。有巡司戍守。《志》云：州境有花石、虎背、严河、古城、老虎、白石、高水、仙女、会仙、磨石等十寨，俱元末州民避兵处。

附见：

茶陵卫。在州治西。洪武初置，今亦置茶陵卫。

○常德府，东至岳州府四百五十里，东南至长沙府四百里，西至辰州府四百六十里，北至岳州府澧州一百八十里。自府治至布政司一千五十里，至江南江宁府二千七百六十五里，至京师六千二百一十里。

《禹贡》荆州之域。春秋、战国时属楚。秦置黔中郡，汉为武陵郡。治索县。后汉因之。改治临沅县。建安中，属蜀，寻属吴。晋亦曰武陵郡。宋、齐仍旧。梁置武州。陈改沅州，而武陵郡如故。《陈本纪》：天嘉元年，分郢州之武陵、荆州之天门、义阳、南平四郡置武州，治武陵。太建七年，改武州为沅州。隋平陈，废郡，改为朗州。治武陵县。大业初，复改州为武陵郡。唐仍曰朗州。天宝初，曰武陵郡。乾元初，复为朗州。乾宁五年，置武贞军节度。光化三年，更曰武平。《志》云：光化初，置武正军。误也。详州域形势。五代梁初，属于马氏，曰永顺军。《五代史》亦作武顺军。后唐时，曰武平军因唐旧也。宋仍为朗州。大中祥符五年，改曰鼎州。沅江下流曰鼎江，州因以名，亦曰武陵郡。政和七年，升为常德军节度。绍兴元年，置荆湖北路安抚使治此，领鼎、澧、辰、沅、靖五州。三十二年罢。乾道初，升为常德府。以孝宗潜邸也。《通志》云：宋升鼎州为永安军，又改靖康军，后改常德军。今正史不载。元曰常德路。明初，复为常德府，领县四。今因之。

府左包洞庭之险，右控五溪之要，楚之黔中地也。秦惠王时，欲楚黔中地，以武关外易之。昭王八年，留楚怀王于咸阳，要以割巫、黔中之郡。三十五年，使司马错发陇西兵，因蜀攻楚黔中，破之。黔中拔而楚益衰。盖黔中者，密迩荆渚，得之则伺楚于肘腋间，故苏秦曰：秦一军出武关，一军出黔中，则鄢、郢动，而秦人于全楚时，早以黔中为意也。秦得黔中，则旁慑溪蛮，南通岭峤，从此利尽南海矣。汉置武陵郡，以填压巴黔。后汉阳嘉中，移荆州治此。盖荆州之治乱，视群蛮之顺逆，故统理急焉。三国初，先主伐吴，使马良自佷山通武陵，佷山，见夷陵州长阳县。结五溪诸蛮。陈光大初，华皎据湘州，以武州居其心腹，急攻之，不克。隋唐以来，皆为湖北襟要。雷彦恭据有朗州，侵轶邻境，兵锋四出。马氏并之，益为雄镇。马希萼阻兵于此，卒残潭州。及唐人入湖南，刘言等犹据州自固。唐主召言入都，其党王逵曰：武陵负江、湖之险，带甲数万，安能拱手受制于人？遂与周行逢等分道进攻潭州，克之，复收马氏故地。王氏曰：朗州北屏荆渚，南临长沙，实为要会。今自巴陵而西，江陵而南，取道辰、沅，指挥滇、黔者，郡其揽辔之初也。由江陵陆道而西南，则澧州为必出之道。由巴陵水道而西南，则洞庭为必涉之津。又公安县有孙黄驿，两京陆路由常德以达云、贵者，此又为会合之所。一从江陵而南，一从巴陵而西，皆自澧州达于常德云。然则常德不特荆、湖之唇齿，即滇、黔之喉嗌也欤？

○**武陵县**，附郭。本汉武陵郡之临沅县。后汉为武陵郡治。晋以后因之。梁为武州治。陈为沅州治。隋改置武陵县，朗州治焉。唐、宋以来，州郡皆治此。今编户四十五里。

　　临沅城，在府治东。一名张若城。《地记》：秦昭王三十年，使白起伐楚，起定黔中，留其将张若守之，若因筑此城，以拒楚。后汉建武中，梁松伐蛮，修张若城，自义陵移武陵郡治焉，即临沅县也。三国吴潘濬取武陵，以郡城大难固，又筑障城，移郡居之。《志》云：城西又有司马错城，与张若城相距二里，秦使错与张若伐楚黔中，相对各筑一垒，以扼五溪咽喉。后汉马援亦尝修筑。隋时尝改营朗州城，后废。《城邑考》：郡城，元时尝营土城。明初龙凤十年，因旧城修筑。洪武六年，甃以砖石。永乐十三年，复增修之。正统、正德及嘉靖中，复相继修葺。有门六，城周九里有奇。

　　汉寿城，府东四十里。本汉之索县，武陵郡治焉。后汉阳嘉三年，更名汉寿，荆州治此。三国吴改曰吴寿。晋复旧，仍属武陵郡。宋、齐因之。隋省入武陵县。今为汉寿乡。《志》云：汉寿乡，在县北八十里。又空笼城，在府东北八十里，俗传常德旧城也。

　　善德山，府东南十五里。本名德山。道书以为第五十三福地。枉水出焉，亦曰枉山。隋刺史樊子盖以善卷隐此，改曰善德山。上有乾明寺，寺中有白龙井，寺后有孤峰，冈峦下瞰，当江流之冲。宋宣抚使韩宣以常德城守不固，筑城于其上，谓之南城。今亦曰望城坡。〇梁山，在府北三十里，旧名阳山。后汉初，梁松讨五溪蛮尝经此，因名。山侧有石如门，出风，亦曰风门山。其相近有大龙山，以山势蜿蜒而名。又北六十里有龙岩山，洞壑皆奇胜。

　　武山，府西二十五里，一名河洑山，又名太和山。山畔有槃瓠石，水出其下，谓之武陵溪。又西五里曰高吾山，一名西山，武陵溪于山下流入沅江。其右有鹿山，极幽胜。〇霞山，在府南百里。《志》云：旧有淘金场，今废。

沅水，在城南。源出四川遵义府，流经辰州府界，入府境，自桃源县南东流至此，又东至龙阳县北，而注于洞庭湖。唐贞元十一年，朗州江溢，即沅水也。五代梁开平二年，雷彦恭据朗州，为楚将秦彦晖所攻，引沅江环城以自守，彦晖遣裨将自水窦入城攻之，彦恭溃走，遂取朗州。《水利考》：郡当沅江下流，古多水患。萧齐永明十六年，沅水暴涨，浸城五尺，自是溃溢无时。后唐同光初，马氏于城东南及西南二隅俱筑石柜，以障城垣。宋淳熙十六年，大水没城一丈五尺，漂民庐舍。元延祐六年，复于城南筑水柜一，以杀水势。明嘉靖初大水，堤防多坏。十二年，沅江涨，几破城垣。三十九年，诸堤尽决。自是岁尝修塞，民始有宁宇。今槐花堤在城西清平门外，花猫堤在城东朝阳门外，皆临沅江。又有柳堤，自城东门外通北门。城西十五里曰南湖堤，又西十里曰赵家堤，城东十五里有东田堤，又东五里曰长江堤，春夏水涨常与江通。城东三十里有屠家、皂角二堤，九十里有宿郎堰堤，周九十七里有奇，以捍湖障江。又有上下二水堰，以便蓄泄。皆境内堤防要害也。余详大川沅江。

朗水，府南八十里。自辰州府流入，东北流注于沅水，谓之朗口。五代梁初，荆南、湖南共攻澧朗帅雷彦恭，淮南将冷业帅水师来救，自平江进至朗口，为楚将许德勋所败。或曰今府东四十里有小江口，东南去龙阳县亦四十里当即朗江口。平江，即岳州府平江县也。

渐水，府东北十五里。源出九溪卫，经永顺宣慰司境，会盘塘、柳叶、牛渚、马头诸湖水，入于沅江。许慎以为九江之一也。盘塘诸湖，皆在府西北。《志》云：县西七里有白蟒湖，俗名白马湖。又有马颈湖，在县东北百二十里。〇枉水，在府南一里，源出善德山白龙井，西流至城南入沅水，一名苍溪，又谓之枉渚。《楚辞》：朝发枉渚。是也。《水经注》：沅水东历小湾，谓之枉渚。又便河，在县北一里，元人所开，南通沅江。又武陵溪，在府西三十里，一名德圣泉，源出武山，流入沅水。

永泰渠，在府北。唐光宅中，刺史胡处立所开，通漕。府西二十七里有北塔堰。开元二十七年，刺史李琎增修，接古砖陂，由黄土堰注白马湖，分入城隍，达永泰渠，溉田千余顷，郡民谓之润禾堰。又考功堰，在府东北八十九里，本汉时樊陂，唐长庆元年，考功员外郎李翱出刺郡，重开，溉田千一百顷。又右史堰，亦在府东北，本名后乡渠，又名石英渠。唐长庆二年，起居舍人温造刺郡，增修后乡渠，经九十七里，溉田二千顷。时美其功，各以官名堰。

津石陂，城北百九十里。唐圣历初，武陵令崔嗣业所开，后温造又增修之，溉田九百余顷。又崔陂，在府东北八十里，本名放鹤陂，后埋塞，崔嗣业复开之，因名。又槎陂，在府东北三十五里，亦嗣业所开，后废。大历五年，刺史韦夏卿复治槎陂，溉田六百顷，今皆埋塞。○九潭，在府东四十里。《志》云：龙阳县西三十里有崇神潭，即九潭也。其在武陵境内者，凡二潭。今有九潭河泊所，置于府东三里。

社木寨，府东三十里。宋为戍守处。绍兴四年，杨太寇鼎州，破社木寨，即此。又《宋志》郡有白砖、黄石二寨，元丰三年废。○冈市，在府西北二百里。《志》云：府西北有冈市、蔡家堰、盘塘、麻溪诸处，介于澧州之石门、慈利二县间，通永顺蛮，路小而僻，向无关隘，防守最切。

大龙驿。府北六十里。《志》云：府北二里旧有和丰驿，东南一里有府河驿，府西南三十一里又有新店递运所。○麻河渡，在府北百二十里，又北至安乡县四十余里。又有康家渡，在府东三十里，路达龙阳县。

○桃源县，府西八十里。西南至辰州府三百七十里，北至澧州慈利县二百十里。汉临沅县地。后汉为沅南县地，仍属武陵郡。晋以后因之。隋唐为武陵县地。宋乾德中，析置桃源县，以桃花源名，仍属朗州。元元贞初，升为州。明洪武三年，复为县。未有城，编户三十一里。

沅南城，县西南百二十里。后汉建武二十六年，置沅南县，属武陵郡。县在沅水之阴，因名。《志》云：其城即马援讨五溪蛮时所筑也。建武二十五年，援征五溪蛮，破蛮兵于临乡，因筑此城。明年，于临乡置沅南县，属武陵郡。自晋及陈皆曰沅南县。隋省入武陵县。《志》云：县东北二十五里有采菱城，相传楚平王曾采菱于此。

壶头山，在县西二百里。山高险，沅水经其下，湍石齿齿，一夫守之，千人莫过。后汉建武二十五年，马援讨武陵蛮，军次下隽。有两道可入，从壶头则路近而水险，从充则涂坦而运远。中郎将耿舒欲从充道，援以为弃日费粮，不如进壶头，扼其咽喉，充贼自破。遂进营壶头，贼乘高守险，水疾船不得上，会暑，士卒多疫，援亦中病，穿岸为室，以避炎气。援遂卒。今山有石窟，相传即援所穿者。《水经注》：壶头山高百里，广圆三百里，山下水际有新息侯停车处。山径曲多险，其中纡折千滩。刘氏曰：壶头为荆南之外藩，鼎、澧之要口，戍守所当先也。充，见澧州慈利县。〇穿石山，在县西百五十里，相传马援尝于此穿石窍以避暑。今可通水，春夏泛溢，则江水自中过。又安阳山，在县西百二十里，高万丈，云气开合，可占晴雨。

桃源山，县南二十里。高五里，周三十二里。西南有桃源洞，一名秦人洞，即白马洞也。道书以为第三十五洞天。沅江经此，曰白马江，亦谓之桃川江。又绿萝山，在县南十五里，道书以为第四十二福地。下有潭，沅江经此，曰绿萝江。《志》云：县南二百五十里，有牯牛山，与安化县接界，怡望溪出焉，北流经县南五十里，又北入沅江。〇灵岩山，在县北七十里，有五洞相连。又县北八十里有方山，山势嵯峨，顶有石洞，可容数百人。

沅江，县东南二十五里。自辰州府沅陵县合辰、溆诸水流入境，经壶头山下，又东流过桃源、绿萝诸山下，而入武陵县界。《志》云：县西百二十里有大敷溪，自辰州府流入界，注于沅水。又县南百里有小敷溪，源出县南百余里丫柱山，亦入于沅江。又延溪，在县东五里，亦流入沅江。

苏溪，县北百里。南流二十里谓之善溪，相传以善卷所游而名。流经花岩、白阳、吕真诸港，入沅江。又黄石溪，在县北百二十里，出香山村，下流合苏溪，入沅江。○邹溪，在县东四十里，源出县东北水田村，流入沅江，商贾辐辏处也。又沉香溪，在县西南五十里，源出安化县境，北流入沅江。

高都镇。县西南百二十里，有巡司戍守。又白马渡巡司，在县西南十里。《宋志》：县有桃源、阳口、白崖三寨。熙宁七年废。《志》云：县西北二十里有高都驿，县西二里有桃源驿，县西南七十里有郑家驿，又西南七十里有新店驿，县东二十五里又有渌罗驿。○麻溪镇，在县西北。又县北有苏溪镇，元俱置巡司于此。今废。

○龙阳县，府东南八十里。南至长沙府益阳县百里，东北至岳州府华容县二百四十里。本汉武陵郡索县地。后汉为汉寿县地。三国吴析置龙阳县，属武陵郡。晋、宋以后因之。隋属朗州。唐仍旧。宋大观中，改曰辰阳县。绍兴三年，复故。元元贞初，升为龙阳州。明洪武九年，复为县。土城周五里有奇，编户二十九里。

军山，县东八十里。三国吴将潘濬攻武陵都尉樊伷时屯兵于此，因名。又团山，在县东百六十里洞庭湖中。《志》云：县南六十里有金牛山，峰峦秀出，岩洞甚胜。○龙阳山，在县西南八十里，旧名横山。唐天宝中，改今名。又沧山，在县西九十里。其相接者又有浪山，下各有水相合，入沅江，谓之沧浪水。又良山，在县西南七十里，良水出焉，流合沅水。

沅江，在县城北。自武陵县流经此，下流入沅江县界，注于洞庭，亦名龙阳江。唐永贞初，武陵龙阳江涨，流万余家，即此。又名鼎江。

《志》云：县东北百二十里有鼎口水，昔时有神鼎出其间，因名。盖即澧水下流合沅处也。宋绍兴四年，王璷讨杨太，于鼎江，败没。太乘大水攻破鼎州之社木砦。《水利考》：县北滨沅江，恃堤为固。城北有大围堤，周三万五千八百余丈。上接辰、沅诸溪洞水，下滨洞庭、大湖，阖县秋粮一万有奇，此居其半。内有水堰五座，曰车轮、曰孔家、曰沽湖、曰伍家、曰姚家，以泄积聚之流。正统以后，屡加修筑。其洪沙湾诸处，当湖北委流，堤防尤切。又李八堤，在县北二十五里，有水二堰二座。南港障堤，在县北四十里，有水堰三座。保安障堤，在县北五十里，有水堰一座。其在县西一里者，又有河洪堤；又二里，曰褛门堤；又二里，曰新堤。其在县城东南半里者，曰南城堤；又五里，曰股堤。其在县东十五里者，曰肃公大堤，曰灰步堤，堤有范阳堰一座。县西二十五里，又有小泛洲堤，内有业塘，堰二座；西四十里又有大泛洲堤，内有江西、金钗等堰四座，皆堤防切要，随时修筑，以护民田。

洞庭湖，县东百六十里，跨沅江县界。《志》云：洞庭方九百里，龙阳、沅江，西南一隅耳。《防险说》：郡滨洞庭，盗贼出没。明初立洪沽、沅江、明山三哨，分军防守。大约自郡东德山潭，历龙阳天心、小河，抵沅江哨。又自沅江之邹家窖，南抵长沙，历洞庭夹而至洪沽哨。又自洪沽越南石潭而至明山哨，凡小江、武口、鼎港、古楼诸巡司胥隶焉。议者以县东北百二十里之洞庭夹为盗贼渊薮，隆庆初，复增设水军，戍守洪沽、明山诸处云。

赤沙湖，县东南三十里。接沅江县界，东通洞庭。五代汉乾祐元年，马希萼自朗州将水军攻其弟希广于潭州，军败，自赤沙湖遁还，即此。或谓之蠡湖，云范蠡尝游此。又谓之赤鼻湖。〇太白湖，在县东八十里，东北入洞庭，西南绕安乐湖，达接港口入沅江。《志》云：安乐湖，在县东南八十里，东北会沅江县之天心湖。

泛洲，县西五十里，长二十里。《志》云：吴丹阳太守李衡种橘其上，因名橘洲。今有民居数百家，而橘不存。《水经注》沅水经龙阳泛洲，亦谓之柑洲，亦谓之橘洲。○湄洲，在县西十里，亦曰眉洲，以突起中流，状若蛾眉也。五代汉末，楚王希广遣其将刘彦滔将水军攻朗州，朗兵逆战于湄洲，彦滔败还，即此。

黄城砦，在县东南。《宋志》：绍兴五年，移县治黄城砦，三十年，复旧。是也。又县境旧有堡十四：曰横山、曰黄港、曰龙渡、曰凤桥、曰罗平、曰黄公、曰梅溪、曰城陂、曰周湾、曰陶堤、曰武坪、曰纯阳、曰濠洲、曰美胜，又有碍溪、花岩等堡，俱宋置，今废。

小江镇。县西北四十里。澧江枝流为鼎水，此即鼎水入沅处，亦曰小港，有小港巡司。又县东北二十里有鼎口镇，亦设巡司戍守。或云鼎口即澧水分流合沅之口。又东五十里接洞庭湖，其地名洪沾洲，亦曰洪沾口，自巴陵至常德渡洞庭湖，此为必经之地，有洪沾哨兵巡戍。○河池驿，在县北一里。又武口驿，在县东北百二十里。

○**沅江县**，府东南二百三十里。东至长沙府湘阴县百十里，东北至岳州府二百二十里，北至岳州府华容县二百四十里。汉益阳及索县地。梁置乔江县，又改曰药山，并置药山郡。隋平陈，郡废，改县曰安乐。开皇十八年，又改曰沅江县，属岳州。唐因之。乾宁中，改曰桥江县。五代初，还属朗州，又改曰沅江县。宋因之。乾道中，改属岳州，寻复旧。元属常德路。明洪武十一年，并入龙阳县。十三年，复置。编户五里。

重华城，在县东南。《通典》：县有重华城，亦谓之虞舜古城。梁因置重华县，属药山郡。隋废。○刘公城，《志》云：在县西三里。汉昭烈尝徇武陵、长沙、零陵、桂阳四郡，立城于此。元置齐湖巡司。明初废。又县东南六十里有故关州，俗传关羽屯兵处。

赤山，县东北五十里洞庭湖边。唐天宝中，改名曰蠡山，以下有范蠡湖。亦曰赤山岭。

沅江，县西南里许。《志》云：沅水傍湖分派，逆行数十里，北会鼎水，入洞庭湖。鼎水，即澧江也，西北自澧州安乡县流入界。又南为濬水，自长沙府益阳县东北流入界。俱注于洞庭湖。又有赤江，在县东一里，即沅江诸水下流也。两旁岸赤，因名。《志》云：县城东有沅江湖河泊所。

洞庭湖，在县东北。《志》云：县南一里有石溪湖，县西三十里有龙池湖，西北四十里有天心湖，县东二十里又有鹤湖，皆流汇于洞庭。〇龙碤港，在县南三十里，与益阳县接界，亦流通洞庭湖。

白沙渡，县北三十里，道出华容县。又有明山、沅江二哨，在县境内。县滨湖设此，以防盗贼之侵轶，与龙阳县之洪沾口称为三哨云。

横龙桥。县西十八里。或以为横桥也。隋开皇九年平陈，故湘州刺史岳阳王叔慎复据州举兵，武州刺史邬居业将兵助之。隋将薛胄平叔慎，行军总管刘仁恩击居业于横桥，擒之。即此处。

附见：

常德卫府治西北。洪武初建，辖左、右、中千户所。今亦置常德卫。

〇衡州府，东至江西吉安府八百七十里，东北至江西袁州府七百五十里，南至广东连州六百五十里，西南至永州府三百五十里，西至宝庆府二百五十里，北至长沙府四百五十里。自府治至布政司千三百里，至江南江宁府三千二百十五里，至京师六千六百六十里。

《禹贡》荆州之域。春秋以来属楚。秦属长沙郡。汉初属长沙国，又分属桂阳郡。后汉因之。三国吴太平二年，分长沙为衡阳、湘东二郡。晋因之。刘宋为衡阳国及湘东郡。齐仍改衡阳为郡。晋衡阳郡治湘南，湘东郡治酃。宋衡阳郡治湘西，湘东郡治烝阳。齐因之。《水经注》曰：吴湘东郡本治湘水之东，后乃徙治酃也。梁、陈因之。隋平陈，改置衡州。《隋志》：梁置衡州于含洭，又置东衡州于始兴。隋平陈，始以衡阳置衡州，而改含洭为洭州，始兴为广州。盖梁时东西衡州皆不在今郡境也。大业初，复改州为衡山郡。唐仍曰衡州。天宝初，亦曰衡山郡。乾元初，复故。后尝置湖南观察使于此。五代时，属楚，后属湖南。宋仍曰衡州。亦曰衡阳郡。元为衡州路，置湖南宣慰司，寻罢。明洪武二年，改为衡州府，领州一、县八。今仍旧。

府襟带荆、湖，控引交、广，衡山蟠其后，潇、湘绕其前，湖右奥区也。且自岭而北，取道湖南者，必以衡州为冲要。由宜春而取道粤西，衡州又其要膂也。南服有事，绸缪可不蚤欤？

○衡阳县，附郭。汉承阳、酃二县地，属长沙国。三国吴析二县地，置临烝县，属衡阳郡。晋属湘东郡。宋、齐因之，为湘东郡治。隋废郡，改县曰衡阳，为衡州治。唐初，复曰临烝县。开元二十年，又改为衡阳县。今编户五十一里。

酃县城，府东十二里。汉酃县故城也。三国吴太平二年，分长沙东部都尉置湘东郡，治酃县。晋初因之。太元二十年，省入临烝。《城邑考》：郡旧无城，五代周显德中，尝编竹为栅。宋咸平绍兴间，版筑未就，毁于兵燹。元景定中，又尝营筑。明初，因旧址增修，三面以江为堑，西北一带则凿濠为固。宣德、正德以后，屡经修筑。为门七，周七里有奇。

承阳城，府西百七十里。汉县。后汉曰烝阳，属零陵郡。三国吴改属衡阳郡。晋因之。太元中省，其故城亦曰烝城。梁末，王琳自广州援江陵，由小桂至烝城，是也。小桂，见广东连州。○钟武城，在府西八十里。汉置县，属零陵郡。后汉永建三年，改为重安县。初平中，贼区星尝据此，孙坚为长沙太守，讨平之。三国吴属衡阳郡，晋、宋以后因之。隋省入衡阳县。唐初，萧铣复置重安县。武德四年，县属衡州。七年省。又新城废县，在府东百二十里，陈析临烝县置。隋省入衡阳县。唐初复置新城县，属衡州。武德七年废。《志》云：府西百四十里有黄杨废县。或以为萧梁时所置，未详。

清泉山，府东四十里。山有清泉，灌田数千顷。又界浦山，在府东二百里，以在耒阳县界，上接浦口，故名。○大云山，在府西八十里，跨衡阳、祁阳二县界，云雾尝蒙其上。又雨母山，在县西二十里，一名云阜山，鼓江水出焉，流会烝水。又石鼓山，在府东北三里，据烝湘之会，岩洞甚胜。旧《经》云：石鼓鸣则有兵革。

岣嵝峰，府北五十二里。衡山主峰也。故衡山亦兼岣嵝之名。《湘水记》：衡山南有岣嵝峰，东西七十里，南北三十里，高千五百丈，相传禹得金简玉书于此。道书所谓岣嵝洞天也。其北麓去衡山县亦五十里。○回雁峰，在府城南。相传雁至衡阳不过，遇春而回。或曰峰势如雁之回也。南岳诸峰，回雁为首。傍有华灵峰，俗传华陀尝隐此。《志》云：七十二峰，在衡阳境内者凡七，曰岣嵝、回雁、碧云、华灵、白石、仙上、九岭。是也。

分水冈，府北百十三里。与长沙府湘乡县分水处。又府东有黄巢岭。崇祯十一年，临武、蓝山群贼攻衡阳，自焦源河联舟蔽江，踞黄巢岭，官军击破之，又追败之于白腊桥。焦源，见常宁县。白腊桥，在府南三里。

湘水，在城东。自永州府祁阳县流入府境，经常宁县西北，又东流至府城南，折而东北，会于烝水，又北流经衡山县界，达于长沙府湘潭县境。详见大川湘水。

烝水，在城北。源出宝庆府东界耶姜山，东北流入境，会清扬水，又东流经府城北，会于湘水。《衡州志》：吴立临烝县，以俯临烝水，其气如烝而名。烝水东注于湘，谓之烝口。烝，亦作承，《志》云：府西南七十里有白塘河水，西北百十里有演陂桥水，俱流会烝水。又有柿江水、清扬水及潭邪水，俱出雨母山，东流入烝。又有梁江水，出宝庆府邵阳县界，北流三百里，会烝水。

耒水，在府城东北。源出郴州桂阳县之耒山，西北流经耒阳县流入界，注于湘水，谓之耒口。《志》云：县西三十里有梅浦水，南流会耒水入湘水。又上潢水，在府北，源出岣嵝峰，屈曲流六十里。又有下潢水，在府北。俱流入烝水。又有斜陂水，源出府东三十里石窟山，北流百二十里，会湘水。

酃湖，城东二十里。湖水周三里，深八尺，湛然绿色，取水酿酒，极甘美。晋武帝平吴，荐酃酒于太庙。《吴都赋》：飞轻觞而酌酃酒。是也。又宋文帝以酃酒饷魏太武于瓜步，盖皆此水所酿云。又东湖，在府西六十五里，亦东通烝水。○客寄塘，在府西百里。《湘中记》：塘周三十里，亦谓之略塘，烝水流合焉。

松柏市。府南百二十里，有巡司。又江东镇，在府南湘江东岸，亦设巡司戍守。○临烝驿，在府城北。又府北六十里有七里驿，府东南六十里有新塘驿。

○衡山县，府东北百五十里。东北至长沙府湘潭县百五十里，东南至长沙府攸县百五十里。汉湘南县地，属长沙国。三国吴析置衡阳县，属衡阳郡。晋惠帝改曰衡山，仍属衡阳郡。宋、齐因之。梁为衡阳郡治。陈为衡阳国治。隋改属潭州。唐初因之。神龙中，改属衡州。五代晋天福五年，复属潭州，寻还属衡州。宋淳化四年，又改隶潭州。元仍属衡州路。今城周二里有奇，编户二十一里。

衡山旧城，在县西。《志》云：隋大业六年，徙县治白马峰下。唐神龙中，还旧治。后又以水患徙治白茅镇。五代周广顺初，湖南乱，马希崇篡立，为武安留后，幽其兄希萼于衡山。既而衡山指挥使廖偃等共立希萼为衡山王，以县为行府，断湘江为栅，寻入于南唐，即今县也。〇湘西城，在县北。三国吴置县，属衡阳郡。晋因之。宋为衡阳郡治。齐以后因之。隋省入衡山县。

衡山，县西北三十里。山周八百里，有七十二峰，其祝融、芙蓉、紫盖、石囷、天柱等峰为最著，皆在县境，其余参差罗列，得名者以数十计。盖县去衡山最近也。详见名山衡岳。

杨山，县东南四十里。自衡岳分脉，临茶陵江，前有潭，极深，水上尝有云气。又灵山，在县南七十里，山多楠木，有茶溪、安仁二河，环绕其前。〇开云岭，在县城西北。道经衡岳者，路必出此。又弛马岭，在县西北十里，道出湘乡。山多苦竹，林深泥泞，马力多弛，故名。又朱陵洞，在县北四十余里，道书以为第三洞天也。有泉悬流，一名水帘洞。

湘江，县东三里。自衡阳县北流经此而入湘潭县界。又龙隐江，在县西二十五里，会衡山诸溪涧水，流合湘江。

茶陵江，县东四十五里，即洣水也。自郴县流入长沙府茶陵州界，又西北经攸县界而入攸水，又西至县境，流入湘江，谓之茶陵江口。《志》云：茶陵江东有赤石、枫树、杨林、狮子、横道等滩，凡数十处。又江口有支港，曰苦竹港。〇阴山港，在县东百里，与攸县接界。其下流入于攸水。旧《志》云：县东南有义塘江，亦西流注于湘江。又西溪，在县西二里，东入湘水，或谓之鳅溪。唐中和初，鳅溪人周岳聚众据衡州，即此。

岳津镇。在县城南。临湘江，有巡司戍守。《志》云：县境有雷家埠、草市诸处，皆险要，旧俱设巡司。〇黄华驿，在县东五十五里。又县西南四十五里有霞流驿。《湘州记》：县西北百二十里有铜柱，相传吴、蜀于此分界。又县西有黄斡银场，宋置，元废。

○耒阳县，府东南百三十五里。东南至郴州永兴县九十里。秦置耒阳县，属长沙郡。汉属桂阳郡，以县在耒水之阳也。后汉因之。先主以庞统守耒阳令，即此。晋仍属桂阳郡。宋、齐因之。梁改属湘东郡。隋属衡州，改县曰沫阴。唐复曰耒阳县，仍属衡州。宋因之。元至元十九年，升为耒阳州，属桂阳路。明洪武二年，复为耒阳县，改今属。城周三里有奇，编户三十八里。

耒阳废城，县东四十五里。《志》云：陈移县治鸷山口，隋因之，改曰沫阴。唐武德中，复还旧治。又县东有桂阳城，相传后汉建武中，曾移郡治此。一云城在今县治西。又县北八十里有金州城，南北朝时侨置城也。

马阜山，县北二里。高大盘踞，亘二十余里。又县东四十里有虎踞山，冈峦秀丽，如屏障然。《志》云：县东北四十里有相公山，相传诸葛武侯曾驻兵于此，因名。

侯计山，县东七十五里。相传诸葛武侯憩此计兵，一名侯憩山，盘亘深远，有七十二峰。又鸷山，在县东南四十三里，山形独秀，不与众山相接。俗传昔有白鸷翔此，因名。陈移县治于其下。又侯昙山，在府东南八十里。一名侯堂山，跨安仁县界。○城冈山，在县西南五十里，冈峦秀拔，上有二峰相峙，又有清溪水环其北麓。

耒水，在县东十里。自郴州府境流入，经县北，又西北入衡阳县界。又有肥水，出侯计山，亦名溪水，下流合于耒水。《志》云：县东四十里有浔江水，自安仁县界流入，亦流合于耒水。

罗渡镇。县西南五十里，有巡司戍守。又县境有朱紫堡，《会典》：旧有耒江驿，今革。

○**常宁县**，府西南百二十里。西至永州府祁阳县百二十里，南至桂阳州百五十里。汉耒阳县地。三国吴析置新宁县，属湘东郡。晋及宋、齐皆因之。梁改曰常宁。陈复旧。隋属衡州。唐初因之。天宝初，改曰常宁县，仍属衡州。宋仍旧。元至元十九年，升为州，属桂阳路。明初，复降为县，改今属。城周不及四里，编户七里。

常宁旧城，县西北三里。刘昫曰：唐初县治三洞。神龙二年，移治麻洲。开元九年，又移治宜江，疑即此城也。元末又移今治。○新平城，在县南。三国吴析耒阳县置新平县，属湘东郡。晋因之。刘宋省入新宁县。

英头山，县南十里。山峰尖锐，因名。又四州山，在县南六十里，叠峤连云，望见四州，因名。又塔山，在县东南，山腰有白石七级，高七十余丈，宜水出焉。○插花峰，在县东三十五里，有八峰列戟，如簪花之状。又古城峰，在县南八里，上有古寨。

湘水，在县西北。自祁阳县流入境，东北流入衡阳县界，县境诸水皆流会焉。○春陵水，在县东，源出道州之春陵山，东流经蓝山县界，又东北流经桂阳州北，又北至县界，流注于湘水。

焦源江，县东北六十里。源出蓝山县，北流入境，又东北会于湘水。又清溪江，在县东五十里，流合焦源江入湘。○宜水，在县东，源出塔山，亦曰宜溪，经县东三十里，亦曰宜江。又东有樟水流合焉，俱北注湘水。又有吴水，在县南，自永州府流入县境。又潭水，在县东，自桂阳州流入县界。俱会宜水入湘。《志》云：县北有硋石水，亦流会宜水。

东江，在县城东。源出县南六十里天窗岩，北流入湘。《志》云：县南六十里有白水江，五十五里有竹头江，三十里有大胜江、沙江，二十里有泉江。又县东十里有浯江，二十里有青蓝江，三十里有锁石江及土陂江。又东南有黄沙江。下流俱合湘水。○湄水湖，在县南五十里。又县东三十里有小湖、筵湖，四十里有琉璃、石头等湖，六十里有上蓬湖，俱引流入湘。

柏坊驿。县北三十里。下有柏坊渡。又河洲驿，在县西三十里。又《志》云：县境有黄茅、杉树二堡。

○安仁县，府东二百里。东至长沙府茶陵州七十里，南至郴州永兴县百八十里。唐衡山县之安仁镇，属潭州。五代唐清泰二年，马氏升为安仁场，属衡州。宋乾德二年，升为县。咸平五年，析衡阳、衡山二县地益之，移治永安镇，仍属衡州。今城周三里，编户二十八里。

熊耳山，县东南七十里。山高峻，状如熊耳。有远天湖，可容万家。稍西有李朝洞，延袤数十里。又有大湖山，亦在县南七十里。○杨梅峰，在县西北十里。壁立数仞，绝顶有井。五代时，马殷将欧阳頠于此立寨屯兵，以备南汉。宋沈通父子亦保郡于此。元末，乡人垒石为门，中为屋室，相率保此避寇。正德十二年，苗贼犯境，乡民亦多奔避于此得免。

小江水，在县南。源出郴州北境，流经县界，又北至衡山县，合涞水入湘江。又永乐水，亦自郴州流入境，经县城南，北流入衡山县界，合义塘江，亦合涞水入湘。又浦阳江，在县东南七十里，源出郴州兴宁县，北流至黄沙田，合永乐江。又排山江，在县南五里，源出茶陵州，西流合永乐江。又油陂江，在县西南三十里，其相近者又有宜阳江，俱流合于永乐江。

潭湖镇。县南七十里。又县北三十里有安平镇。俱有巡司戍守。○月岭寨，在县西三十里，岭上宽平。正德中以寇警立寨于此，以为保障。又西有相公山寨，相传诸葛武侯屯兵处。又县南五十里有曹婆山寨，山势险巇，径路深僻，旧有寨，今为山寇窟穴。

○酃县，府东三百九十里。西北至长沙府茶陵州七十里，东至江西永宁县九十里，南至郴州兴宁县百里。本唐茶陵县地。宋嘉定四年，析茶陵之霞阳、常平、安乐三乡置县洣水之阳,取古酃县为名,属茶陵军。元属衡州路。今城周四里有奇,编户十四里。

云秋山,县西四十五里。周八十里,高三千九百丈,云气惨淡,常若秋时。又万阳山,在县西南八十里,周三百里,上多古木怪石。又青台山,在县北十里,与茶陵州接界。○天河岩,在县西南三十里,高峻为一邑之镇。

洣水,在县东。旧有洣泉,洣水发源于此。宋时岸摧,泉遂罕见。今流合云秋诸水,北流入茶陵州界。○云秋水,在县西四十里,经县东折西北流,经茶陵州界,合于洣水。又泂渡江,在县西南,源出万阳山,流入茶陵州境,谓之洮江,亦合洣水。

桃源溪,县西四十里。源出茶陵州云阳山洞,流经此,北流合于云秋水,为桃源江口。

黄烟堡。在县境。有衡州卫官兵戍守。

附见:

衡州卫。府治西南。洪武五年置,辖千户等所。今亦置衡州卫。

常宁守御千户所。在常宁县治东。洪武二十八年置,隶属衡州卫。

○桂阳州,府东南三百里。东至郴州二百里,南至广东连州三百五十里,西至永州府四百里。

春秋时楚地。秦为长沙郡地。汉为桂阳郡地。后汉因之。晋、宋以后,皆属桂阳郡。隋属郴州。大业初,复属桂阳郡。唐仍属郴州,后又置桂阳监。掌铸钱。五代因之。宋初,亦曰桂阳监。绍兴三年,升为军。元曰桂阳路。明洪武初,改为府。九年,降为州,以州治平阳县省,入编户六十三里。领县二。今仍为桂阳州,添置嘉禾县, 领县三。

州翼带湘江, 连属越峤, 山川奇胜, 甲于湖南。经营楚、粤间, 州亦襟要之地矣。

平阳废县, 今州治。本汉郴县地。晋以后因之。刘昫曰: 晋分郴县置平阳县及郡, 陈废。今晋、宋诸史皆不载也。隋仍为郴县地。唐初, 萧铣析置平阳县。武德四年, 平铣, 仍属郴州。七年废, 八年复置。元和以后, 置桂阳监于此。五代晋时县省。宋天禧三年复置。绍兴中, 为桂阳军治。元桂阳路亦治此。明初省。《城邑考》: 古监城, 宋乾德四年筑。明洪武三年, 因旧址增修。天顺中, 为寇所毁。成化四年, 甃以砖石, 周三里有奇。

晋宁城, 州北三十里。《志》云晋宁县旧治此, 恐误。今详见郴州兴宁县。又官市城, 在州北九十里。《志》云: 东晋置县, 寻废。今正史不载。或曰五代时马氏所置。

龙渡山, 州南三十里。州之望山也。下有源泉, 溉田甚博。一名神渡山。又金山, 在州北一里, 蜿蜒环绕, 有如重城。州北七十里又有岩塘山, 峻石巉岩, 中深如塘。其相接者为宁冈山, 高峻, 周围为桂阳水口, 过此山即十八滩矣。○鹿头山, 在州东, 山石似鹿, 上有塔七层。

九鼎山, 州西北七十里。高三里, 周十里。宋时出银、铅, 今废。又大凑山, 在州西八十里, 旧出银坑, 淘者纷错, 商贾辐辏, 因名。近为土贼屯聚处。又毛寿山, 在州西二十里, 五代时亦出铅, 宋废。州西北百三十里有潭流山, 接常宁县界, 旧出铅、银、砂矿, 今废。又晋岭山, 在州南八十里, 相传晋时亦出银、铅、砂矿。《志》云: 桂阳州产银。宋天禧三年, 置有九坑, 曰天凑冈, 曰大板源、龙图、毛寿、九鼎、小白竹、水头、石笋、大富, 今皆废。

石门山, 州西六十里。有岩如门, 肖水自蓝山穿石门西注, 舟筏皆经其下。又白竹山，在州西南二十里，下有狮子岩，通九疑。《志》云：州西南有芙蓉山，峰峦奇峭，下有源泉。又蓝山，在州西百里，跨临武、蓝山二县界，荟蔚苍翠，浮空如蓝。

春陵水，州北三十里。自蓝山县东北流入界，一名衡塘，亦曰钟水，又名春水。经宁冈山下，曰黄田滩水，俗所谓十八滩也。有流渡水，自岩塘山下流入焉，北入常宁县界，注于湘。○峁水，在州西，自蓝山县流入界，一名舜水，经石门山下，又东至州西四十里为桐梁水，东北合春陵水。《志》云：州西北有潭流水，出潭流山。又有沙溪水，在州西北二十五里。俱流合于春陵水。

湖屯水，在州南。《志》云：源出龙渡山之南，流经州东南五十里之湖屯市，因名湖屯水，折而东北流，经鹿头山，又东南流入郴州境，合于郴水。

泗洲镇。州北八十里。又州南六十里有牛桥镇，俱有巡司。《志》云：州东百里有鱼黄洞，近江西大庾县界。正德中，群盗结聚于此，土兵破灭之。洞中田连阡陌，皆膏腴也。今居民耕种于此。又匹袍洞，亦在州东百里，接桂阳县界，亦与江西连境。洞本上犹县所辖。弘治中，贼党负固于此。正德十六年，官兵讨平之。

○临武县，州东南百二十里。东至郴州宜章县八十里。汉置临武县，属桂阳郡。后汉因之。晋以后皆仍旧。隋属郴州。唐因之。如意元年，改县曰隆武。神龙初，复故。五代晋时，马氏省入平阳县。宋绍兴十年，复置，属桂阳军。元属桂阳路。今城周三里有奇，编户三十三里。

临武城，县东五十里。《九域志》：汉县治此。武溪水经治南，因名。俗名姥婆城。后迁今治。自岭南达京洛，县为必经之道。

舜峰山，县西北二里。旧名千仞山。上平而北垂，邑民避难，尝据其顶，筑栅拒守。又西山，在县西二十里，为邑望山，水源多出于此，一名水头山。又县东三十里为东山，高与西山等，有八水出其下，一名八源岭。
○罗城山，在县南三十里，山势如城。又金城山，在县东四十里，山高广，
旧时土人于上垒石为城，以避寇。又华阴山，在县西南三十里，跨蓝山县
界，高秀如华岳，因名。

金粟岩，县西北二十里。石壁峭拔，下有溪流，合于武水。又龙岩，
在县北二十里，岩如覆钟，有石峰数重，最幽胜。一名龙洞。

武水，在县治南。源出西山下，地名鸬鹚石。经县治前，转而东南
流，有赤水江及石江自县北流合焉。水渐深可通舟，流经百里，入郴州宜
章县界，合于大小章水。一名武溪。

长江水，在县东北。源出东山，北流入桂阳州境，合于舂陵水。又
华阴水，在县南，源出华阴山，分为三岐：一西北流，为贝水，经县西南，
合于武水；一西流出蓝山县，合于舜水；一南流入广东连州，合乐昌水。
《志》云：县境诸水出西山者十之六，出东山者十之三，皆流合于武水。

石陂镇，县西北八十里，东接郴州界。一名两路口，向设巡司于
此。又水头营，在县西二十里水头山下，亦戍守处也。又县境有赤土巡
司，今革。太平营，在县北官山后。又西北有走马营，旧为极寮营。正德
中，议者以地非险要，迁于走马坪，因名。又有鸡头营在县南五里，又南
有黄茶坪，又韭菜营在县南三十里，皆有官兵戍守。

泗洲寨。县西南七十里。又有芹寨、猴寨、牛寨诸处，皆在深箐叠
岭间，与蓝山及郴州之宜章县接境。崇祯十一年，土贼啸聚于此。又县
南有上马墩，当郴州、宜章之通道，为扼要之地。

○蓝山县，州西南二百里。南至广东连州二百五十里，西至道州宁
远县百十里。汉置南平县，属桂阳郡。后汉以后因之。隋省入临武县。唐
咸亨二年，复置南平县，属郴州。天宝初，改为蓝山县，因山为名也。宋
属桂阳军。元属桂阳路。明洪武元年，改属郴州。二年，仍改今属。城周

三里，编户二十八里。

南平城，县东五里。汉县治此。晋以后皆因之。隋废。又有蓝山故城，在县北十五里。《志》云：唐置县于此，宋徙今治。

九疑山，县西南五十里，山接宁远县界，详见名山九疑。○黄蘖山，在县南九十里，山出黄蘖，因名。与广东连州接界。《水经注》云：五岭从东第三都庞岭，在南平县界。《一统志》云：即此山也。又华阴山，在县东南五十里，跨临武县界。宋庆历二年，桂阳蛮寇华阴峒，杀吏民。五年，官军复讨蛮于华阴峒口，败绩，即此。

石柱山，县北二十里。一名天柱山，岩洞甚胜。《志》云：县北六十里有蓝岭，即蓝山也，与桂阳州临武县相接。唐贞元中，郴州蓝山崩，即此。○百叠岭，在县东二十里，以山岭稠叠而名。又东楼峰，在县南五十里，岿水经其下。

岿水，在县南。一名舜水。源出九疑山，经东楼峰，东北流，合县境诸水，入桂阳州界，会春陵水。○蓝水，县北五十里，源出蓝岭。又乾溪水，在县北八十里，亦出蓝岭，流合岿水。又县东五十里有阴溪水，出华阴山。又华荆津水亦出焉。县西二十里有蒙溪水，出九疑山。又县北二十里有龙溪水，亦出九疑山。下流俱合于岿水。

大桥镇。县西四十里。又县西二十里有张家陂镇。俱有巡司。《志》云：县北四十里有乾溪巡司，又县西一里有小山堡巡司，县东二十五里有毛俊堡巡司。○高獠原寨，在县南百里，其相近者又有紫獠原寨，皆崇山峻崖。崇祯十一年，群贼结聚于此，官军讨破之。

附见：

桂阳守御千户所，在州治东。洪武二年建，隶属茶陵卫。

宁溪守御千户所。在蓝山县西二十里。洪武三十年建，亦属茶陵卫。今亦置宁溪所。

读史方舆纪要卷八十一

湖广七 永州府 宝庆府 辰州府

○永州府，东至衡州府桂阳州四百里，南至广西平乐府六百三十里，西南至广西全州二百五十里，西北至宝庆府三百里，东北至衡州府三百五十里。自府治至布政司一千八百二十里，至江南江宁府三千四百三十五里，至京师六千八百八十里。

《禹贡》荆州之域。春秋及战国时为楚南境。秦属长沙郡。汉武帝元鼎六年，析置零陵郡，治零陵。后汉因之。始治泉陵。晋仍曰零陵郡。刘宋为零陵国。齐复旧。梁、陈因之。隋改置永州，初置总管府，寻废。大业初，复曰零陵郡。唐复置永州，贞观十七年，并入道州。上元二年，复析置。天宝初，亦曰零陵郡。乾元初，复故。宋因之亦曰零陵郡。元曰永州路。明初，改为府，领州一、县六。今仍曰永州府。

府列嶂拥其后，重江绕其前，联粤西之形胜，壮荆土之屏藩，亦形要处也。黄巢乱岭南，高骈谓宜守永州之险。潘美之平南汉也，由道州进克富州。富州，今广西富川县。明初，杨璟克永州，乃南攻静江。今广西桂林府。魏氏曰：零陵雄郡，为粤西门户。允矣。

○零陵县，附郭。汉置泉陵县，属零陵郡。武帝元朔四年，封长沙定王子贤为侯邑。元始五年，泉陵侯刘庆上书，请安汉公行天子事，即贤后也。后汉为零陵郡治。晋以后因之。隋改县曰零陵，为永州治。唐、宋因之。今编户二十八里。

泉陵城，府北二里。汉县治此。隋改曰零陵县，移今治。《城邑考》：郡城，宋咸淳中创筑。明洪武六年，因旧城更拓之，东依列嶂，西临潇水，为门七，周九里有奇。

应阳城，府西北百里。晋惠帝分祁阳县地置应阳县。宋以后因之。隋省入零陵县。王隐曰：应阳本泉陵之北部，东五里有鼻墟，即舜封象处矣。《水经注》：应阳县即应水为名。应水东南经有鼻墟南，又东南注湘水。吕蒙城，在府北三里。后汉末，吕蒙收潇湘，零陵太守郝普为蜀城守，不下，蒙筑城攻之，即此。

福田山，府东北五十里。崖壁峭绝，中有孤峰耸峙。宋置福田寨于此。熙宁六年废。又石角山，在府东北五里，亦奇峭。《志》云：郡治西有高山，山特峻耸。又城西二里潇江浒有西山，其东北隅曰石城山。○嶷山，在府南二十里。以高秀逾众山而名。又阳和山，在府东南八十里，接道州界。又府东百里有杉木岭，亦接道州界，上多杉树，隐蔽天日，因名。

马鞍岭，府东三十里。岭路险峻，通宁远县界，猺洞联络，盗贼出没之所也。又石门岭，在府东八十里，上有双石门，崛起如城壁，复有石如楼阁，羚羊往来其间。或曰即白芒岭也。又鸦髻岭，在府东南五十里，双顶耸峙如鸦髻然，下临深谷，路通道州。又黄蘗岭，在府东南百二十里，连亘道州，有蘗洞。○鸣水岭，在府南百十里，瀑布飞泉，声闻数里，接全、道二州界。《志》云：府西二百里有分水岭，即湘、漓二水分流处。

澹山岩，府南二十五里。岩有二门，壁立万仞，东南角有石窍，仰望洞然。相去三里曰暗岩，秉炬而入，中广袤，可容万人。○龙洞，在府西北六十里，唐末，里人唐世旻居此，团聚乡兵，保固里闾处也。又西北百里有承平洞，林岭深邃，相传中有野人。

湘江，府西南十里。自广西兴安县流入府界，东北流至湘口，潇水会焉。内有古墙、巴州、冷水、七里等滩，亦谓之西江。明初，杨璟围永州，造浮桥于西江，是也。

潇水，在府西。源出宁远县九疑山，流至道州东北三江口，与江华县之泡水、宁远县之舜源水合，又西北流至府城外，又北流至湘口，会于湘江。○永水，在府南九十里，源出府西南百里之永山，东北流入湘江，州以此名。又贤水，在府南二十里，源出澹山岩，亦流入于湘水。

愚溪，府西一里。源出府南百五里之鸦山，北流经此，东入潇水。本名冉溪，唐柳宗元改今名。今有愚溪河泊所。又府东七十里有黄溪，府北九十里有高溪，柳宗元所谓永之胜也。

石马潭，府北十五里湘水中。又钴鉧潭，在西山西麓，冉溪所汇也。潭之西为小丘，小丘之西为小石潭，皆以宗元得名。○袁家渴，在潇江浒朝阳岩东南。宗元云：楚、越之间，方言谓水之反流者为渴。渴之西南为石渠，渠之西北曰石涧云。

垂幔滩，在府西南。绵亘百里，枕湘江之岸，峭壁倚空，遥望如帷幔之状。又石牌滩，在府北四十里，石皆片断，连缀如牌筏然。又烟塘，在府东北百余里，皆湘江所经也。《志》云：府东十里有蒲州，枕潇水旁。

湘口关，府北十里，潇、湘二水合流处也。今为湘口驿。《会典》有湘口水驿。又大桥关，在府北六十里。府西北又有黑石关，俱永州卫官兵戍守。○东乡垒，在府西南。明初，杨璟围永州，元广西兵来援，驻东乡，倚湘水列营，璟击败之，即此。

雷石镇，府南六十里，当道州之泷水口。唐置镇于此。或曰今府南有龙虎关，为戍守要地，即雷石镇矣。又顺化镇，在府东六十里，五代时置镇，宋改为顺化驿，今废。又杉木镇置于杉木岭，鸣水镇，置于鸣水岭，皆五代时置。〇高溪市，在府北七十里，向有巡司戍守。隆庆四年，改黄阳堡巡司。其相近者曰方激驿。皆滨湘江。

驰道。府东八十里。阔五丈余，类今之河道。《史记》秦始皇命天下修驰道，以备游幸。此其旧迹也。又府东八十里有朱砂坑，为历代采砂之处，今绝。

〇祁阳县，府北百里。东至衡州府常宁县百二十里。汉泉陵县地。三国吴置祁阳县，属零陵郡。晋因之。宋泰始初，改属湘东郡，五年复旧。齐、梁因之。隋并入零陵县。唐武德四年，复置。贞观初省。四年，仍置祁阳县，属永州。今城周六里有奇，编户十三里。

祁阳旧城，县东北九十里。刘昫曰：吴初置县于此。隋废。唐移于八台。又永昌废县，在县西八十里，三国吴析泉陵县置，属零陵郡。宋以后因之。隋省县入零陵县。

祁山，县北十五里。山高峻，远望如城壁，县因以名。其北五里为金华山，高数千仞，为祁山华盖。又北有东江石山，层岩叠嶂，称为奇胜。〇乌符山，在县北六十里，县之望山也。元成宗时，湖南盗詹一仔作乱，左丞刘国杰讨破之，降其余众，相要地为三屯，衡曰清化，永曰乌符，武冈曰白苍，选众耕屯，使贼不得为巢穴，境内宁息，即此乌符山也。

四望山，县西南百二十里，高可望衡、邵、永、道四郡。元成宗时，盗詹一仔啸聚四望山，久不能平，寻为刘国杰所破，即此。〇排成山，在县西北七里，岩壁如城。又半天罗山，在县西北二十里，下有罗口，路甚险要。县西北九十里有石燕山,刘昫云:石燕冈出石燕充贡,在祁阳县西北百二十里。即此山也。

白鹤山,县东北三十里。一名白鹤岭。旧《经》云:山南接九疑,北连衡岳,数峰卓峙,岩壑幽深,郡境名山也。又万罗山,在县东七里,以万山罗列而名。又长流山,在县南十里。其相接者为花山、白竹、双童诸山,皆高耸环峙。县东南三十里又有三台山,三山连属。

熊黑岭,县北三十里。岩壑深邃,相传熊黑所居,一名黄黑岭。又云头岭,在县东五十里,以上凌云汉而名。〇栖真岩,在县北三十里,上容千人,内一窍通明出泉,可灌田。又翠岩,在县东二里,宋岳武穆尝提兵经此。县西十五里又有铁板岩,前有铁门,深二三里,后有洞水,常不竭。

湘水,县东二十里。自零陵北流入界,经县南洛溪,合众流注之。又东北入衡州府常宁县境,江滨多滩碛,其最著者为县东二十二里之三门滩。〇祁水,在县治北。源出宝庆府邵阳县界,地名余溪。东北流九十里经此,又东入湘水,一名小东江。又白水,在县东六十里,出县东南二百里白水山下,流入湘水。

浯溪,县南五里。山溪诸水汇流于此,称为奇胜,流入湘江。唐元结自道州归,爱其山川,遂家于此。今浯溪摩崖碑,结所撰《中兴颂》也。又三江,在县东七十里,西入湘水。《志》云:县东北有白河江,又有清江,流合白河江,同注湘水。

白水市。县东六十里。又东四十里为归阳市,下临归阳渡,归阳驿亦置于此。又江湘市,在县北六十里。又北四十里为永隆太平市。已上俱有巡司戍守。〇三吾驿,在县东十五里。县东百里为归阳驿。《会典》:县有排山驿,嘉靖十七年,以道州之潇南驿移改于此。又大营废驿,在县北五十里,岳武穆尝驻兵于此。今为大营铺。《志》云:县北二十里有乐山镇，宋置寨于此。熙宁六年，废为镇。又雷坛，在县西七里，其地山岩高数十丈，可容百余人。洞南有石门，又南数十步，石岩通窍，泉涌其下，昔尝建道观于此，因名。

　　○东安县，府西九十里。西南至广西全州百三十里，西北至宝庆府新宁县百六十里。本零陵县之东安驿。五代时，马氏置东安场。宋雍熙初，升为县，属永州。今城周不及二里，编户八里。

　　高山，县西一里。上有幽岩深邃。又西四里为赤石山。○八十四度山，在县西百二十里。山势重复，流水萦纡，经此山者，凡八十四渡。

　　诸葛岭，县南五十里。《志》云：先主牧荆州，遣武侯督长沙、桂阳、零陵三郡赋，曾屯驻于此，因名。又石坑岭，在县东北八十里，驿路所经，坑坎崎岖。又狮子岭，在县东五十里，亦驿路所经也。○豹虎岩，在县北四十里，深险可避兵。又九龙岩，在县北百里，山形陡起，奇石错立。又县西十里有赤壁岩。

　　湘江，县东南五十里。自广西全州流入界，中多滩险，又东北入零陵县境。○卢洪江，在县东北一里。源出九龙岩西，东南流，出江口入湘。

　　清溪，在县南。源出县西二十里之舜岭，经县西北，又绕流至县南，东流四十里入湘水，即永湘口也。又县东北有祐水，亦流入清溪，俗谓之清溪江。《志》云：县北七十里有南江，百七十里有龙合江，东北八十里有西江，俱注卢洪江，入湘水。又县东二十里有白牙江，又东二十里有石期江，西北又有夏丰江，下流俱入湘水。○定田泉，在县西二十五里，源有五窍，溉田甚众，因名。

　　卢洪市。县东南百里。有巡司及结陂市巡司，今俱革。又有石期驿，在县东南四十里。

　　附见：

永州卫。在府治西。洪武初建，领千户等所。又守镇东安百户所，在东安县治西，洪武二十九年建，隶永州卫。今亦置永州卫。

○道州，府南一百五十里。东南至广东连州五百五十五里，西南至广西平乐府三百五十里，南至广西贺县二百五十里。

唐虞时有库国地，舜封象于此。春秋属楚。秦属长沙郡。汉初属长沙国，后属零陵郡。后汉因之。晋末，分零陵置营阳郡，《晋志》曰：吴置营阳郡，后省，穆帝时又置。宋、齐因之。梁曰永阳郡，兼置营州。隋废郡，并营州入永州。唐武德四年，仍置营州。五年，改为南营州。贞观八年，又改曰道州。天宝初，亦曰江华郡。乾元初，复故。宋仍曰道州。亦曰江华郡。元曰道州路。明初曰道州府。洪武九年，改为州，属永州府，以州治营道县省入，编户三十五里。领县三。今仍旧。

州接五岭之雄，挹九疑之秀，南控百越，北凑三湘，从道州而风驰于富川、临贺之郊，则两粤之藩篱尽决矣。

营浦废县，今州治。汉置营浦县，属零陵郡。晋末，为营阳郡治。宋、齐因之。梁改置永阳郡。隋废郡，并县入永阳，因移永阳县来治。唐初，复置营州，改县为营道。天宝初，又改为弘道县。宋复为营道县。明初废。《城邑考》：州城宋淳熙中筑，元废，明初改筑于潇江北，弘治五年增修。周五里有奇，门五。

营道山，州西北五十里。本名营阳山。唐初曰洪道，又改曰弘道。宋改为营道山。俗名龙山，以形若盘龙也。又营山，在州西四十五里，营水出焉。○宜山，在州北五十里，高峻盘纡。又北三十里曰上泷山，接永州界，山下水流洞泷，因名。又州西北二十五里有潇山，俯临大道，山下出泉，引流溉田。又垒山，在州西北五十里，亦接永州界，旧名永山。唐天宝初，改今名。州西北六十里又有白鸡山，山险阻，不可登。

蒋居山，州南四十里，地名四眼桥。山势险阻，一名大尖岭，联络九疑、苍梧，至为深僻，苗蛮据为险阻，居民岁被其害。正德中，设滴水、靖边、周堂、中营四营于山上，以守要害。《志》曰：州东北里许有斌山，石峰耸秀，巉崖奇特，为州之胜。〇华岩，在州西十里，有两岩对峙，一明一晦。又州西四十里，有穿岩，形如圆廪，中可容数万斛，东西两门通道，俨若城门。又有进贤岩，在州北三十里，石洞幽邃，泉自中出，沿磴而上，如楼阁然。

盘容洞，在州南。五代周广顺三年，湖南道州盘容洞蛮酋盘崇，聚众自称盘容州都统，屡寇郴、道州。或曰洞即蒋居山深阻处。

营水，在城西。源出营山，绕流六十里，与江华县之沱水合，经州城东北与宁远县之舜源水及潇水会，所谓三江口也。至零陵入湘水。〇潇水，旧在州城北，自宁远县北流至此，与沱水会。又有沱水，在县西南八十里，东北流五十里与沱水合。《志》云：州西北七十里有下泷水，出上泷山，西流十里合上泷水，下流亦入于沱水。

濂溪，在州西五十里营乐乡。有山曰安定，溪出山西石窦中。周茂叔先生所居也。溪水东流，亦合沱水，至州东北宜阳乡，宜水出焉。上源诸水并会于此，谓之泷滩。水流石中，湍急曰泷也。自泷滩至庳亭，谓之入泷。至零陵界之泷白滩，谓之出泷。雷石镇当其口，泷名凡二十余。昔时春夏水涨，漕运者多病之。宋嘉定中，太守林致祥命工沿泷凿山开道，洞水所限处，则为桥以济，自庳亭达永之雷石，遂为水陆通途云。又龙遥水，在州西北四十里，亦南流合于宜水。〇左溪，在城东下津门外。又右溪，在城西营川门外。俱入于营水。二溪皆以元结名。

鼻亭，州北七十里。旧有象祠。唐元和中，刺史薛伯高毁之。宋《类苑》云：道州、永州之间，有地名鼻亭，穷崖绝徼，非人迹可历，去两川各二百余里，舜封象于有庳。盖此地云。

镇南营，在州南蒋居山下。嘉靖初建。又州西北有白鸡营，在白鸡山下。州西又有营乐营，在营乐乡，俱有官军戍守。〇济川桥，在州南门外，南北跨绝，凡千五百余尺。宋嘉定中，为方舟三十有四，栉比连锁，横渡江面。后废。明初，复造浮梁，以济往来，亦谓之大浮桥。又州北六十里有麻滩驿。

〇宁远县，州东七十里。东至桂阳州蓝山县百十里。汉营道县地，属零陵郡。晋末属营阳郡。自宋以后皆因之。唐初移营道于营州郭下，乃于此置唐兴县，属营州，寻属道州。长寿二年，改曰武盛县。神龙初，复曰唐兴。天宝初，改曰延唐。五代梁初，马氏改为延昌县。唐同光初，复曰延唐。晋天福七年，改曰延喜县。宋仍属道州。乾德三年，改为宁远县。今城周四里，编户六十二里。

冷道城，县东南四十里。汉县。晋末改属营阳郡，宋、齐因之。隋废入营道县。萧铣改置梁兴县。唐初更名唐兴。刘昫曰：隋废冷道县，于故城内置营道县，唐移营道于州郭内，因置唐兴县于此。吴氏曰：唐改梁兴曰唐兴，移治冷道故城，寻还旧治，即今县也。又大历城，在县北六十五里，亦冷道县地。唐大历二年，析延唐县置。刘昫曰：时湖南观察使常贯之请于道州东南二百二十里舂陵故城北十五里置县，因以大历为名，仍属道州。今里道似不同也。五代因之。宋乾德三年，废入宁远县。

舂陵城，县北五十里。汉冷道县有舂陵乡。武帝封长沙定王子买为侯国，后迁于南阳。三国吴于此立舂陵县，属零陵郡。晋因之。宋、齐属营阳郡。隋省入营道县。

九疑山，县南六十里。山有九峰，参差相崭，又有九溪出其下。详见名山九疑。〇天门山，在县南四十里，平地直上百余丈，自下望之，迥若天门。

春陵山，县东北七十五里。五山相接，山势秀拔，春陵水出焉。又大富山，在县东北五里。有大富洞，俗呼为黄马山。○玉琯岩，在县南二十里古舜寺侧。汉哀帝时零陵郡文学奚景得玉琯十二于舜祠后石室，因名。又斜岩，在县城南，古木苍烟，石田棋布，有窦围二丈许，深不可测。

舜源水，县南六十里。出九疑山中舜源峰，流至县东，西折而北，至道州城外与泡水、潇水合流，至零陵入于湘。○潇水，在县北，源出九疑山，自县西引而北，合于舜源水。

春水在，县东北八十里。亦曰春陵水。源出春陵山，东流入桂阳州蓝山县界，下流至衡州府常宁县入于湘水。又县有都溪水，《水经注》：都溪水，出春陵县西，县有五山，山有一溪，五水皆会于其间，故云都溪。○冷水，在县西六十里。南出九疑山，北流经县西南，又北流入于营水，谓之冷口。

白面寨。县北八十里。有巡司戍守。《志》云：县北又有太平营及扼蛮、永安、桂里、大阳等营，皆正德中置，为控御蛮猺之所。又县南演口为演武营，其地滨江，山谷险邃。嘉靖中，置营于此，募兵戍守，以杜猺患。又有望墩、振胆、大富、铜铃、勇敢、三斗、平定等七营，俱嘉靖中建。又有隆坪营，隆庆三年增置；逍遥、新田二营，万历二年增置。○荡寇将军垒，在县东六十里，南齐以李道辨为南道开拓南蛮大使，筑垒于此。

○江华县，州南七十里。东至广东连州三百十五里，南至广西贺县一百六十里。汉苍梧郡之冯乘县地。三国吴属临贺郡。晋因之。宋属临庆郡。齐仍属临贺郡。梁、陈因之。隋属永州。唐武德四年，析置江华县，属营州。贞观十七年，改属永州。上元二年，还属道州。文明初，改为营溪县。神龙初，复曰江华。今城周二里，编户四里。

冯乘城，县西南三十里。汉县。孙吴以后因之。隋属永州。唐属贺州。宋省。今亦见广西富川县，盖境相接也。《志》云：县东北百二十里有施洞城。未知所据。

吴望山，县南五十里。或曰秦人尝于此避乱，旧名秦山。孙权未建号时，山忽开洞穴，石有文采，权以为瑞。唐天宝中，改名吴望。上有秦岩。又冬冷山，在县南百二十里，接广西贺县界，山高广，多寒。又南四十里有半逢山，水出山中，至半泷与泷水合。〇禾田山，在县东南一百七十五里，高险难升，旁多沃壤，岁尝丰。《志》云：县西三十五里有岑山，山小而峻。

白芒岭，县西一里。《通典》：江华郡有旺渚岭。今谓之白芒岭，五岭之一也。见前南连岭峤。〇阳华岩，在县北七里回山南面，下有大岩。

泷水，在县治东。源出九疑山石城峰，流至县别为二水，又十里复合为一水，北流入道州界。又砯水，在县东南，原出九疑山女英峰，流与泷水合。中多石，湍激有声，故名。〇秦水，在县南，源出吴望山，东南流与冬冷水合。又有折水，出广西贺县界，东流四十里，合冬冷水。俱有灌溉之利，下流合于贺江。

锦田寨。县东二百里。《宋志》：道州有杨梅、胜冈、锦田三寨。熙宁六年废。此即锦田故寨也。明初，置巡司于此。又县南六十里有锦冈镇巡司，百里有涛墟巡司，设兵戍守，以控扼蛮猓。隆庆四年，改涛墟巡司为九疑鲁观巡司，属道州。《志》云：县境有营二十四，曰高寨、神仙、山爻、白芒、金鸡、车下隘、大关、平赖、得胜、永昌、虎威、豹韬、镇远、折冲、克敌、静南、镇中、矮岭、见龙、牛磴、富累、望高、大源、五里，是也。《舆程记》：高寨在县西南，去贺县二百二十里。似误。

〇永明县，州西七十里。南至广西富川县百四十里，西至广西恭城县百五十里。汉零陵郡营浦县地。萧齐末，置营阳县。梁改曰永阳，属永阳郡。隋废郡，县属永州。唐初，属营州。贞观八年，省入营道县。天授二年，复置永阳县，属道州。天宝初，改为永明县。宋尝废县为镇，寻复旧。今城周二里，编户二十里。

营浦废县，在县西。萧齐末置。隋移治故永阳郡。刘昫曰：隋末置营道县于州郭内，乃移永阳之名于州西南百十里，即故治也。《志》云：今县南有废县城，或以为唐所置永阳故县也。

限山，县东五里。一名礨山。《志》云：自都庞岭分支三十里，过县治后，东南隔潇水，若城墉之限。往时路沿山下，寻圮于江。江溢时，舟济者多覆溺之患。宋绍兴中，复凿山通道，人以为便。

荆峡镇山，县南八十里。两山对峙，中通小江，泄桃川、扶灵之水，实邑之关险。宋时设官镇守。熙宁中省，仍置寨兵屯戍。又南十里为荆子崤山，群山连亘如城，其断处若关锁然。南中有警，守此可以遏冲突。○青山，在县西六十里，其最高者曰天门。竹木蓊郁，四时尝青。又有层山，在县西南五里，其阴有层岩洞穴，高广数丈，洞出其中，横纡如带。又有石梁、石崖诸胜。《志》云：山有洞岩，中宽广，可容千人。或以为即层岩矣。

都庞岭，县北五十里。杜佑曰：五岭之一也。东北连掩山，西南连荆峡镇。王象之曰：山之绝顶曰都逢，土人语讹曰庞也。一名永明岭。其南五里有回山，石壁峭绝。余见南连岭峤。

瀑带水，在县北。《志》云：源出县北二十五里之神光遇廖山，其下流自高注下者为瀑水，平川顺流者为带水，同流异名。东北至东安县界，入湘水。○遨水，在县南，源出广西富川县之木马山，流经县界，东流注于湘水。

掩水，在县城南。源出县西北三十里大掩山，有石掩穴口，因名。又有警水，出县西青山，本名青水。唐天宝中，改今名。东流合掩水，又东合江华县之斜水。《志》云：县北有瀑布水，源出县西北二十五里之三山岭。又有冻水，出县西北火焰岭，东流合古泽等水，下流皆会于潇水。又有桃川、扶灵二水，在县西南，流入富川县界，合于富江。

白象镇。在县南。本白象堡。宋开宝三年，潘美伐南汉，自道州而进，次于白象。或作白霞，误也。向置巡司于此，今革。又桃川市，在县西南。县西又有白石墟，今皆置巡司于此。一作白面。《志》云：县有营十三，曰鹅山、道家、斗罡、岩口、靖西、石螺、土寨、小水、苦子、茶柘、养牛山、罡杨柳、又山，是也。旧皆为备御蛮猓之所。《舆程志》：鹅山营，在县西北十里白鹅山下。小水营，在县南，又南去富川县七十里。又县西南有泊薮，去富川县百四十里，亦为戍守处。

附见：

宁远卫。在道州治西。洪武初，置道州守御千户所，寻改置今卫。又宁远县治西有守镇宁远左千户所。又江华县城南有守镇江华右千户所。亦有土城，周一里。俱洪武二十九年建。今亦置宁远卫。

琵琶守御千户所，在永明县东南四十里。洪武二十九年置。有石城，周五里。西南至广西富川县百里。今亦置琵琶所。

桃川守御千户所，在永明县西南四十里。洪武十四年置。土城周四里，有四门。亦曰桃川关。西南至广西恭城县七十里。今亦置桃川所。

守镇锦田千户所。在江华县东二百里。洪武二十九年置。土城，不及二里，门二。东去广东连州百二十里。以上三所，俱隶宁远卫。今亦置锦田所。

〇宝庆府，东至衡州府二百五十里，南至永州府三百里，西至靖州五百三十里，西北至辰州府六百里，东北至长沙府四百五十里。自府治至布政司一千五百五十里，至江南江宁府三千七十五里，至京师五千三百九十五里。

《禹贡》荆州之域。春秋、战国时属楚。秦属长沙郡。汉属长沙国。后汉属零陵郡。三国吴宝鼎初,分零陵北部都尉置邵陵郡。晋以后因之。梁为邵陵国。陈复为郡。隋废郡,属潭州。唐武德四年,置建州,寻改南梁州。贞观十年,又改邵州。天宝初,曰邵阳郡。乾元初,复故。五代晋天福中,马氏尝改曰敏州。宋仍曰邵州。大观九年,赐郡名曰邵阳郡。宝庆初,升为宝庆府。以理宗潜邸也。元曰宝庆路。明初,曰宝庆府,领州一、县四。今因之。

府东距洞庭,西连五岭,接九疑之形势,控三湘之上游,唇齿长沙,弹压蛮粤,亦湖南之冲要也。

○邵阳县,附郭。汉置昭陵县,属长沙国。武帝封长沙定王子重为洛阳侯。《括地志》云:即昭陵也。后汉属长沙郡。三国吴宝鼎元年,改昭陵曰邵陵,为郡治。晋以后因之。隋废郡,改县曰邵阳县,属潭州。唐复为邵州治。五代晋时曰敏政县,汉复旧。今编户四十六里。

昭阳城,在府东五十里。后汉析昭陵县置昭阳县,属零陵郡。晋武改曰邵阳县,属邵陵郡。刘宋以后因之。隋废入邵陵县,因改邵陵曰邵阳。唐武德四年,于此置邵陵县。七年,复并入邵阳。《城邑考》:今郡城,洪武六年创筑。天顺中,重修。有门五,周九里有奇。

新城,府东九十里。《志》云:三国吴置新城县,属邵陵郡。晋并入邵阳。又建兴废县,在府西。晋太康初置,属邵陵郡。宋、齐因之。隋废。《志》云:府北二里有建州城,郡旧治此。隋尝为建州治,唐移治水南,今府治是也。又境内有白公城,相传楚大夫白善所筑。未知所据。

龙山,府东八十里。秀峰四出,望之面面相类,顶有龙池,泉如涌潮,分为二派,一入湘乡为涟水,一入邵阳为邵水。湘乡,今长沙府属县也。○洛阳山，在府东北五里，濙、邵二水合流，其下有石室，深邃莫测，以汉洛阳侯重得名。《志》云：唐洛阳道士申泰芝居此，因名。似误。又府东有耶姜山，蒸水所出。

高霞山，府南一百八十里。根盘永州、东安、祁阳界。又四望山，与高霞山相接，周回四十里，山极高峻。○石门山，在府北六十里。横亘数十里，两山相夹如门，为郡水口。又顿家山，在府北二百余里，抵辰州府溆浦县界。《志》云：县南五里有棋盘岭，相传诸葛武侯尝驻此，与客对奕云。

濙水，在府城北。自靖州绥宁县流经武冈州界，又东北流经府城北，合于邵水。又北流经新化县东而入长沙府安化县境。《禹贡》九江之一也。详见大川。○邵水，在府东，源出龙山，流经城北，合于濙水。《志》云：昔时邵水自东而南，城居其北，故曰邵阳。唐时始移治水南。今城东邵水上有青龙桥，称雄胜。

茱萸滩，府北四十里。濙江水势险恶，昔人置铜柱于岸侧，以固牵挽，俗谓五十三滩、四十八滩，此其首也。亦名三百里滩。梁承圣末，西魏围江陵，邵陵太守刘荼将兵入援，至三百里滩，为部曲宋文彻所杀。明初，杨璟遣将取宝庆，败贼于茱萸滩，遂克其城。《志》云：府西四十里又有白羊滩、孔雀滩，皆濙江所经，水势峻急。

彩塘，在城东。溉田三千余亩。又城西三十里有野鸡塘，以石岸断处形似野鸡而名。

巨口关，府北十里。又府东北五十里有白马关。又龙回镇，在府北八十里，今有巡司。又境内有白水、沙坪、永靖三堡，俱设官兵戍守。

十五寨。《志》云：邵阳县有十五寨，宋初以蛮寇抄掠，命将讨平之，置寨戍守，曰武冈、真田、白沙、水竹、界冈、三堂、罗尾、盆溪、塘儿、古限、查木、新兴、安定、三门、砂口，环列县境，遗址犹存。

○**新化县**，府北百八十里。东北至长沙府安化县百四十里，西南至辰州府溆浦县二百里。汉长沙国益阳县地。自晋以后，皆为蛮地。宋太平兴国中，发兵平大徭洞，以其地置五寨。熙宁五年始置新化县，属邵州。今土城周二里有奇，编户二十四里。

新化旧城，《志》云：在县北八十里。宋熙宁中，置新化县于白沙白石坪，或谓之白溪，旧县即其地也。绍兴中，移今治。又高平废县，在县南百里，三国吴置县，属邵陵郡。晋以后因之。隋省入邵阳县，今石脚里是其地。○武阳城，在县东北。《宋志》：熙宁五年，筑武阳、开峡二城，置新化县，隶邵州。是也。

梅山，在县南五里。五代至宋初，梅山洞蛮屡为边患。蛮姓苏氏，不通中国，其地东接潭，南接邵，西接辰州，北接鼎、澧，最为强梗。熙宁五年，章惇制置湖南，遂开梅山，悉降其众。吴致远《记》，曰：荆、湖之间有两梅山，新化为上梅山，安化为下梅山，其山相通接云。余见长沙安化县。

牛栏山，县南百里，为控扼之处。其相连者曰梅山枫岭。又南三十里曰石槽山，崔嵬耸立，山半有瀑布飞泉。宋章惇开梅山时，道经山下。○熊胆山，在县北百里，多异兽，迤逦延袤，西接巴、黔之界。下有青云洞，瀑布飞流，深不可测。

文仙山，县西二十里。相传晋高平令文斤得仙于此，一名文斤山。上有三峰，层峦峭绝，山半有石桥、石室、龙洞、双泉诸胜。《邑志》：县东一里有崇阳山，高峻甲于诸山。又县南五里有月照岩，石壁临江，形如初月。下为月塘，溉田甚溥。又县东十里有青峰岩，县南十里有马蹄岩，皆临滨江。

滨江，县东南十里。自邵阳县流入境，又北入长沙府安化县界，经万山中，其间群溪环合，滩险鳞错，昔人所云三百里滩，县其中道也。今境内黄家诸滩以数十计,皆险急为患。

黄连溪,县北二十里。县北六十里曰游溪,七十里曰白溪,八十里有株林、邓家等溪,百里有李溪;县南三十里有珂溪,九十五里有龙溪;县东二里有鲤鱼溪,十里有青峰溪;县西十五里有鼎溪,三十里有杨溪、辇溪,六十里有薯溪,八十里有白水溪,皆有灌溉之利。下流悉入于濬水。

苏溪镇。县北百里。向设巡司,并置公馆于此,北达安化县。《志》云:县境有隘五:曰黄柔、樟木、石门、凿鼻、道田;有堡三:曰黎平、花桥、纸钱,皆有官兵戍守。又龙溪镇,在县南九十里,当往来孔道,亦置公馆于此。○五寨,在县境。《宋志》:新化有惜溪、柘溪、滕溪、深溪、云溪五寨,皆太平兴国中所置也。

○**城步县**,府西北百四十里。西至靖州绥宁县百三十里,北至辰州府溆浦县二百七十五里,南至广西全州二百六十里。宋武冈军及绥宁县地。熙宁六年,置城步砦于此。明初,为城步巡司。弘治十七年,始析置县,即故城步巡司为县治,属宝庆府。土城,周二里有奇,编户十三里有奇。

南城,《志》云:在县治南。相传诸葛武侯曾驻此,亦名诸葛城。一云城在县南二十里,误。

罗溪山,县东十三里。有十八山相连。又县东二十里有楠木山,多楠木。县东三十五里又有巫山,以巫水所出也。又青角山,在县东百里,峰峦耸秀。○生风洞,在县北四十里,石路九曲,而进中宽平,容数百人。《志》云:县北有三十六峰,洞壑皆相通。

巫水,在县东。源出巫山,分为三派,东经县东七十五里之威溪入于濬江,西经城南之南江,又西经城西三十里之乌龙江,入靖州会同县之洪江。○真良水,在县东三十五里,经县城南与巫水合。《志》云:城南门外有蒋家渡,即巫水、南江合流处。又石井水,在县东五十里石岭中，引流溉田，下流合于巫水。

连荷山隘。在县境。《志》云：县当蛮洞隘口，有苗路四：曰风界，曰塔溪冲口，曰大古山，曰连荷山。又有大水洞苗路三：曰旧宅界溪山，曰斜头山，曰洞头山。俱有兵民戍守。

附见：

宝庆卫。府治西。明初，置卫于长沙府益阳县。洪武六年，徙于此。城步守御千户所，在县治东，明初置。

〇武冈州，府西南二百八十里。东南至永州府二百里，南至广西桂林府四百里，西至靖州三百十里。

春秋时楚黔中地。秦属长沙郡。汉属零陵郡。后汉因之。三国吴属邵陵郡。晋以后因之。隋属潭州。唐属邵州。宋初因之。熙宁五年，始升为武冈军。元曰武冈路。明初升为武冈府，洪武九年降为州，以州治武冈县省入，编户四十里。领县一。今仍为武冈州。

州接畛粤峤，连壤蛮獠；溪山环卫，有括囊之固；形胜雄远，得控驭之权，亦西南要地矣。

武冈废县，今州治。汉都梁县地。晋太康初，祈置武冈县，属邵陵郡。宋、齐以后因之。隋省入邵阳县。唐初，置武攸县。唐武德四年，复曰武冈，属南梁州，寻属邵州。宋为武冈军治。元因之。明初，省。《城邑考》：州有旧垒，明初增筑。今城周四里有奇，门四。

都梁城，州东五里。汉县治此。武帝封长沙定王子遂为侯邑。后汉仍属零陵郡。三国吴属邵陵郡。晋以后因之。隋废入邵阳县。〇夫夷城，在州东北百四十里。汉县，属零陵郡。武帝封长沙定王子义为侯邑。后汉仍属零陵郡。三国吴属邵陵郡。晋以后因之。隋废入邵阳县。

武冈山，州北五里。《郡国志》：冈接武陵郡界，因名。郦道元曰：武冈县有左右二冈对峙，间可二里。后汉武陵蛮为汉所伐，来保此冈，因名武冈。一云东汉伐五溪蛮时，与民同保此山，故亦名同保山。唐元和中，黔、巫蛮獠寇乱武冈，潭帅柳公绰招降之，勒铭于冈上。《志》云：山有同保岩，容数千人，昔时避兵处。

云山，州南三十五里。山有七十一峰，道书以为第六十九福地。峰峦岩洞，奇胜不一，自麓至巅，盘回石磴几二十里。又金城山，在州东南五十里，道书以为第六十八福地。〇宝方山，在州南五里，旧名资胜山，岩洞泉石，皆极胜。又州东南十五里有南山，山半有泉，溉田千顷。又连山，在州南十二里，峰峦连接，其上高平，昔人避兵处。

风门山，州西四十里。极高峻，或以为即风阳山也。五代汉乾祐二年，楚将徐进败蛮于风阳山，斩首五千级，即此。其相近者曰太源山，冈原平衍，泉流深阔，溉田甚广。〇广福山，在州北三十里，山峰峻拔，石洞深邃。又望乡山，在州北百四十里，巉岩高峻，界于辰、沅。《志》云：州北百八十里有角尖山，山有二：曰大角尖、小角尖，其状如角，周围森耸，路通沅江。

都梁山，州西百里。山高耸，泉流环绕，汉以此山名县。《名胜志》云：山在州东百三十里，似误。又竹坪，在州西南百八十里，高峻环绕，为州之胜。〇唐纠山，在州西南百里。《汉志》注：都梁县有路山，潕水所出。《水经注》云：即唐纠山也。今山接绥宁县界。

潕水，在州北。自靖州绥宁县流入界，又东北入邵阳县界。〇都梁水，在州西南，源出都梁山，东北流，有夫夷水流合焉，经州北入邵阳县界，合于潕水。《志》云：州城西有黄塘坡，即都梁水所汇也。引流溉田，凡四千余顷。

石羊关，州东二十里。又州东百五十里有紫关，在紫阳山上，亦曰紫阳镇，有巡司戍守。〇石门镇，在州南六十里。又州西北有蓼溪镇，俱有巡司。

硖口镇。州北百四十里，亦曰四硖口，昔时戍守处也。《宋志》：武冈县有山塘等寨。熙宁六年废。元祐四年，置赤水砦。绍兴元年，置神仙砦。崇宁二年，置通硖砦。大观元年，置硖口砦。元以后渐废。明初，置四硖口巡司于此。《志》云：州境有堡六：曰桐木，曰九溪，曰白仓，曰歇岭，曰太平，曰安乐，皆有官军戍守。

〇**新宁县**，州南九十里。东南至永州府东安县百六十里，南至广西全州百五十里。汉都梁县地。唐邵阳县地。宋绍兴二十五年，析置新宁县，属武冈军。今土城周二里余，编户六里有奇。

新宁旧城，在县东四里金城村。宋绍兴中，于水头江北置新宁县，即此。明景泰初，迁县于今治。

樟木山，县西南四十里，绵亘八十余里。下多猺民，皆鸟语夷服，风化不通。或作樟水山，误。又八十里山，在县南三十里。《志》云：山南北延袤几八十里，山麓南抵全州四十里，北抵县治亦四十里。石磴峻峭，俨若蜀道。宋隆兴十年，全州言：州密迩猺峒，径途非一，如永州之东安，武冈军之新宁盆溪及八十里山，皆可径达，是也。盆溪，或以为即花溪山。

金峰山，县东五里。上有大小芙蓉岭，亦名大小金峰山。岭侧有飞瀑泉，四旁斗崄，绝顶正平，可容数百人；有石屋户牖，皆天成。又花溪山，在县东南七十里，猺、獠环居其下，新寨水出焉。〇九子岭，在县东七十里，上有九峰。又有啸岩，在县东百四十里，内宽广。寇乱时，居民避此，险不可攻，寇至望啸而去，因名。

夫夷水，县南里许。源出广西全州界，流入境，下流会于都梁水。又新寨水，在县东南，出花溪山，流经县南石门洞，合于夫夷水。《志》

云：县西十里有长湖，自都梁山发源汇流于此，东入夫夷水。

枫木岭关。县东百二十里。旧为戍守处。又靖位镇，在县东北九十里，旧属武冈州，有巡司戍守。《志》云：县境邻接蛮猺，时被劫掠。正德六年，调长沙、衡州二千户所于县城内，为哨守之备，后皆因之。○阳洞砦，在县西。《志》云武冈有阳洞蛮，与广西全州延洞蛮接，即其地也。

附见：

守御武冈千户所。在武冈州治东北，隶靖州卫。

○辰州府，东至常德府四百六十里，东南至宝庆府六百里，西至贵州镇远府六百六十里，北至永顺宣慰司三百十里。自府治至布政司一千七百里，至江南江宁府三千五百里，至京师七千一十里。

《禹贡》荆州之域。本南蛮地，春秋时属楚。秦属黔中郡。汉为武陵郡地。后汉因之。三国时，为吴、蜀之郊。晋以后，并属武陵郡。陈分置沅陵郡。治沅陵县。《陈本纪》：天嘉元年，以武陵都尉所部六县为沅州，别置通宁郡，以刺史领太守，治都尉城。大建七年，改武州为沅州。按《水经注》：沅水自辰阳又东经沅陵县北，又东经沅陵县故治北。都尉府盖即旧治。陈初，沅州、通宁郡皆治此。大建中，以武陵为沅州，以沅陵为沅陵郡也。隋废郡，置辰州。炀帝复为沅陵郡。唐又为辰州景云二年置都督府，开元二十七年罢。天宝初，曰卢溪郡。乾元初，复故。宋仍曰辰州亦曰卢溪郡。元为辰州路。明初，改曰辰州府，领州一，县六。今仍旧。

府控压群蛮，障蔽潭、朗，重冈复岭，带水萦纡，险要固塞之地也。《史记》：秦昭襄二十七年，使司马错、张若发陇西兵，因蜀攻楚黔中，拔之。三十年，蜀守若取江南为黔中郡，于是筑城置戍，控扼五溪。后汉初，五溪蛮为乱，刘尚讨之，不克。马援至临沅，击破诸蛮。建武二十五年，宋均受群蛮降，而后武陵无事。唐景云中，增置都督府于辰州，岂非以咽喉溪洞故耶？宋熙宁中，章惇经制荆湖，尽拓取群蛮地，而朗、澧之寇患息焉。明初，辰州境内群蛮及川、贵诸蛮相结煽乱，命胡海讨平之。数百年来，即有窃发者，亦疥癣矣。夫辰、沅之于荆、湖、川、贵，若犬牙然，绸缪未雨，固其所也。

〇**沅陵县**，附郭。汉县，属武陵郡。高后封长沙王芮子阳为侯邑。后汉仍为沅陵县。晋以后因之。陈为沅陵郡治。隋为辰州治。唐、宋因之。今编户五十八里。

黔中城，府西二十二里。《括地志》：秦黔中郡治此。汉改黔中为武陵郡，移理义陵，今辰州溆浦县也。后汉移理临沅，今朗州治也。自隋以涪陵蛮地为黔州，而黔中之名始乱。秦汉之黔中，实在郡境。《城邑考》：辰州故城，宋隆兴中水涨城圮。明初因旧址改筑。成化七年，霖雨水浸，城复溃，因复增筑之。弘治以后，相继修葺。为门六，城周八里有奇。

酉阳城，府西北百二十里。汉置酉阳县，属武陵郡，以在酉水之阳，因名。后汉因之。晋、宋以后，仍属武陵郡。隋废。又黔阳城，在府西北。孙吴置黔阳县，属武陵郡。晋、宋因之。萧梁时废。《水经注》：酉水北岸有黔阳县。〇刘尚城，在府西南百三十五里。相传后汉建武中，尚征武陵蛮时所筑。今城虽废，犹足以控扼诸蛮。《郡志》云今辰溪县东南五里有刘尚城，即此城也。

大酉山，府西北四十里。道书第二十六洞天也。上有龙湫。又小酉山，在府西北五十里，山下有石穴，相传中有书千卷，昔人避秦，隐学于此。梁湘东王绎赋云：访酉阳之逸典。谓此也。一名乌速山。〇茗山，在府北三百三十里，深险阻绝。其南为运茗山，奇峭高峻，山多松柏。

壶头山，府东百三十里。山连武陵、桃源界，沅水经其下。《志》
云：以山头与东海方壶相似，故名。《水经注》：山高百里，广圆三百里，
山下水际纡折千滩，马援征武陵蛮停军处也。今详见前桃源县。又溆流
山，在府东百四十里，以溪流湍激而名。又有明月山，在府东百五十里，
下有明月池，两岸素崖峭立，如披霜雪，松篁池洞，种种幽胜，二山即
壶头之支阜也。○三峿山，在府东二里。一名怀德山，三峰鼎峙，万木阴
森，辰水出焉。《一统志》：山在县东二百四十里。似误。

南山，府南三里，隔江。一名客山。周十余里，西枕鸦溪，北瞰大
江，萦纡峭拔，拱揖郡治。下有石矶，亦名南岩。岩前有箭潭，深不可
测，相传马援投矢其中。又怡容山，在府东南一里，峰峦奇秀。县西南七
里又有龙腾山，高耸突出。《志》云：县西十里有白田头山，乱峰嵯峨，每
雪霁后，山头积素，望若图画。又有洪山，在县西南三十里，有层峦叠嶂
之胜。

七盘岭，府东南四十里。犖律当道，行者仄足。又白雾洞，在县东
南五十里，崖壁峻险，洞深五里。又府东南九十里有柘溪洞，山势连空，
悬崖壁立，石穴深邃，池水澄滢。又楠木洞，在府西北二百里，元时叛蛮
尝据此寇掠府境。○燕子崖，在府西三里，有石穴如屋，土人贸易于此，
下为虎溪。又西二里曰龙爪崖。《志》云：县西五里有光明山，一名龙门，
有丹砂井，夜半光明烛天，山下即龙爪崖也。

沅江，府西南三里。自沅州东北流入境，经城下，大小群川皆流汇
焉。又东北入常德府桃源县境。《志》云：沅江经府西百四十里，有雷洄
滩，以江流触石，其声如雷也。又东流二十里曰清浪滩，滩口又有三门
滩、闪电洲。又流经县东十里曰百曳滩，相传后汉刘尚征蛮至此，江流
峻急，以百夫曳之，不能进。又东十里为高涌滩，又十里为九矶滩，矶凡

有九，环峙中流，长可二里。又经府东南四十里曰横石滩，水底有石梁横亘，亦名横石洞。至府东八十里曰北斗滩，怪石凡七，隐立若斗杓也。沅滨滩险鳞比，数滩其最著者。余详见大川沅水。

辰水，府城东一里。源出三峿山，西南流至辰溪县界，入沅江。一名辰溪，即《禹贡》九江之一也。按：《汉志》：辰水出辰阳县三山谷，南入沅，行七百五十里。又《水经注》：辰水出三山谷，东南流，经辰阳县北，县旧治在水之阳，故名。右合沅水。俱与今水不合，盖传讹久矣。○朗水，在府东南，源出溆浦县界，合诸山溪之水，流入境，又东北入常德府界。

西水，府西北十里。源出四川酉阳宣抚司界，东流入境，经府西三里入沅水。一名酉溪，亦《禹贡》九江之一也。《志》亦谓之北江。《汉志》注：酉水出充县酉原山。盖酉水别流，非即此水也。应劭曰：沅水出酉阳东入湘。《水经》：酉水导源巴郡临江县，东经迁陵县故城北，又东经酉阳故县南，又东经沅陵县北，南注沅水。宋泰豫初，酉溪蛮王田都等怨畔，武陵内史萧嶷遣将破平之，是也。充县，见前澧州慈利县。临江，今四川忠州也。迁陵，亦见四川酉阳宣抚司。

施黔水，府西北百二十里。《志》云：自施州黔阳江分流，至县西北百里，有会溪水流合焉，东入沅江。又施容溪，在府西北百十里。《志》云：又西北百三十里有罗油溪，有茗溪，皆汇于施黔水。

明溪，在府东北百里，其相近者曰麻伊溪。明，古作横。《水经注》：五溪，曰雄溪、横溪、酉溪、潕溪、辰溪。此即横溪也。五溪环流于沅陵、辰溪、卢溪三县之界，而注于沅水。又府东南百里有容溪，西南四十五里有荔溪。又陶金溪，在府西南五十里，杨溪，在西南六十里，与西南七十里之野溪俱汇于沅水。○蒸鱼洞，在府东七十里。《水经注》：沅水又东，与诸鱼溪水合，水北出诸鱼山，与澧阳分岭，南流入沅。即此水也。又河上洲，在府东五十里，一名金鱼洲。《志》云：州塞五溪水口，上有民居数十家。府西又有河阴洲，亦在沅江中。

南水关，府城南门外。又城西有西关，为近郊防御处。〇明溪砦，在府西北百二十里。《宋志》：辰州有明溪、丰溪、余溪、新兴、凤伊、铁炉、竹平、木栖、鸿速、骡子、酉溪等寨堡。熙宁九年，俱废，寻复置明溪砦，今为明溪巡司。又镇溪砦，在府西三百里。宋熙宁三年置寨，今为镇溪巡司。又池蓬砦，在府西百三十里。宋嘉祐三年置寨，今为池蓬巡司。其相近有麻伊洑寨，宋置，元亦置巡司于此。明初，废巡司，仍为守御处。又城北二十里有酉溪寨，宋废寨也。元置巡司于此。府西北四十里有新店寨，东八十里有楠木寨，元皆置巡司，明初俱废。

辰龙关，在府境要地也。吴三桂遣猓猓守之，年余，粮竭遁归。土人云：贼守关时，蔡毓荣知居民久苦贼，导大军从黄竹村入。守关者闻山后炮起，遂奔散，大兵遂克辰州。又有乱石关，山少林木，逾数里，高冈复岭，万木森罗。至马鞍关，陡峭千尺，过此皆万仞峻岩，松柏交荫，下临深涧，不止数丈。隔岸峰峦对峙，盘纡深曲，引人入胜。过芙蓉关，宿马辰驿。辰龙关以西，皆十里一亭。

会溪镇砦，府西北二百里。或曰五代时马氏徙溪州治此。宋熙宁八年置会溪城，为守御处。元因之。今有会溪巡司。又府西北三百里有高岩镇，西三百里有大剌镇，近保靖司境，地名虾里坪，皆有巡司戍守。《志》云：府东百八十里有浦寨，即宋初所置水浦寨也。百九十里又有黑栗寨，皆苗蛮出没处，向设官兵戍守。又有慢水寨，在府西，宋初置，熙宁七年废。《志》云：慢水，即酉溪别名也。〇清水堡，在府西二百五十里。永乐初建，有营垒房屋，设官兵戍守。又府西四十里有废麻溪堡，或云元置。

怡容驿，在府城东。又辰阳驿，在府城南隔江。又马底驿，在府东北六十里，元置堡，明初改为驿。○界亭驿，在府东北百三十里。又九溶驿，在府东六十里。清浪驿，在府东百二十里。《会典》：嘉靖四十五年，并清浪入北溶，移结滩地方。《志》云：府西南二百三十里有港口驿，又府西五十里有扬溪废驿，东二十里又有荔枝废驿。

猎狜犵獠不狼寨。在府西北大酉山口。其名皆犬属，盖盘瓠子孙。《志》云：府有废淘金场、废水银场七，废铁冶四，盖皆山溪所产，今否。又有铜柱，在会溪镇隔江。《五代史》：晋天福四年，黔南巡内溪州刺史彭士愁寇辰澧州，为楚将刘勍等所败，以溪、奖、锦三州降楚，楚王希范因徙溪州于便地，表彭士愁为溪州刺史，铸铜柱立之溪州。胡氏曰：会溪城西南一里有铜柱。是也。

○卢溪县，府西六十里。西南至麻阳县百五十里。汉沅陵县地。《志》云：梁天监中置卢州。今正史不载。唐武德四年，析沅陵置卢溪县，属辰州。今无城，编户十二里。

卢溪废县，在今县西。宋绍兴七年，前知辰州章才邵言：靖康中，卢溪诸蛮多故，因移县治于沅陵县之江口，故地遂为蛮所窃据。是也。又招谕废县，在县西南百二十里，本沅陵县地。唐垂拱三年，析麻阳县地置招谕县，属锦州，后没于蛮。宋太平兴国七年，复置招谕县，属辰州。熙宁七年，改属沅州。八年，县废，寻置招谕寨。元因之。今仍为戍守处。《志》云：招谕废县去麻阳县九十里。

连竭提山，县南四十里。峰峦秀拔，连接群山。又古城山，在县西五十里。又西三十里曰居住山，有石室，苗、獠所居。县西百二十里又有头悌山，巉岩耸秀，施溪水经其下。其相近者曰无时山，山多茶树，乡俗当吉庆时聚会歌舞于此。

思门山，县西百五十里。二峰对峙，峭壁如门，最为险峻。又县西百八十里有武山，俗传槃瓠所居，武溪水出焉。○辛女岩，在县西三十里，大江之左，奇峰绝壁，高峻插天，有石屹立如人，俗传高辛氏女化石于此。

沅水，在县南。自辰溪县流经县界，东入沅陵县境，滩险错列，至为峻急。

武溪，县西百三十里。亦曰卢江，县以此名。太子贤曰：武溪，五溪之一也。自武山发源，东流经此，下流入于沅水。后汉建武中，武陵蛮反，遣刘尚讨之，溯沅水入武溪，一军皆没。马援征蛮亦至此，有歌云：滔滔武溪一何深。谓此也。亦曰潕溪。熊氏以为即《汉志》无阳县之无水，误。土桥溪，在县南六十里。其相近者又有浦溪。又熊溪，在县西六十里。《志》亦以为雄溪也。《唐志》：永贞元年，熊、武五溪溢。又有潭溪、古迪溪，俱在县西五十里。县东三十里又有仲溪。《志》云：县境大小诸溪以数十计，俱参差流会于沅水。

河溪寨，县西九十里。有巡司戍守。又院场坪巡司，在县西南三十里。溪洞堡巡司，在县南六十里。《志》云：县北三里有虎头寨，元末筑此，以保障民居。又县西二十里有猛獠寨，西北百五十里有骡子砦，皆宋所置故址也，苗蛮恒出没于此。明仍置兵守御。

蛮溪堡。县南三十里。又南十里为新池堡。又浦口镇堡，在县南六十里。宋隆兴中，章才邵言：沅陵之浦口，地平衍膏腴，多水田，又当沅、靖二州水陆之冲，一有蛮隙，为害不细。是也。浦口亦曰浦市，巨镇也。今旁接溪洞堡巡司。《志》云：县境寨堡皆辰溪卫官兵防戍。○武溪驿，在县城东。又船溪驿，在县西三十里。

○**辰溪县**，府西南百二十里。西至麻阳县八十里，南至黔阳县二百十里。汉武陵郡辰阳县。晋、宋以后因之。隋改曰辰溪县，属辰州。今城周五里，编户八里。

辰阳城，在县西北。汉县治此。梁陈间，移今治。隋改曰辰溪。五代时，马氏尝析辰溪置辰阳县，盖因汉旧名，寻复废。宋白曰：后汉建武二十五年，置辰阳县，本汉之辰陵。考《汉志》，无辰陵，有辰阳，白误也。又云：县北有灵州城。未知所据。

建昌废县，在县西北。《隋志》：梁置建昌县，南阳郡治焉。陈因之。隋废郡，改置寿州。开皇十八年，又改充州。大业初，州废，并县入辰溪。又萧梁时，于辰阳县境置夜郎郡及县。隋废郡，改置静人县，寻并县入辰溪。

五城山，县北四十里。相传楚威王使庄蹻乔定黔中，因山筑城，故名。又县东三里有时住山，相传诸葛武侯曾驻此。又房连山，在县东四十五里，连峰接岫，廉隅峭厉，如房室然。

龟山，在县西隔江。山盘礴高耸，下有钟鼓洞，深里许。又五岘山，在县西南四十里，有五峰相峙。县南百二十里有仙灵山，巉崖峭壁，仙灵所居。《志》云：县西南三十里有九峰岭，以九峰层叠也。

沅江，在县西一里。自沅州流入境，又东北流入卢溪县界。《志》云：县东南十里有辰溪，盖自沅陵西南流入沅江也。县因以名。○桑溪，在县东二十里。《志》云：自辰溪分流合于沅江。又助溪，在县东五十里，嵩溪，在县南六十里，洞水溪，在县西南十五里，俱流合于沅江。

龙门砦。县西三十里。宋初置寨于此。熙宁七年废，寻复置。元废。《志》云：寨旁有龙门洞，接麻阳县界，岩石峭峻，洞水深阻，寨因以名。《闻见录》云：县南二十里有天保砦，山势危峻，昔居民避兵处。又普求镇，在天保砦南十里，诸货聚集，向设巡司。○渡口镇，在县东南一里，有巡司。《志》云：县西南一里有辰阳驿，东南三十里有山塘马驿。

○**溆浦县**，府南二百七十里。东北至宝庆府新化县二百里，南至宝庆府城步县二百七十五里。汉武陵郡义陵县地。隋为辰溪县地。唐武德五年，析置溆浦县，仍属辰州。土城，周九里有奇，今圮。编户三十四里。

义陵废县，在县北。汉置县，属武陵郡。高帝封长沙柱国吴郢为侯邑。后汉废。常林《义陵记》：项羽杀义帝，武陵人缟素哭于招屈亭。高祖闻而义之，故亦曰义陵。今郡东南亭舍是也。《晋书》：潘京曰：武陵郡，本名义陵，在辰阳县界，光武时始移东出。《括地志》：汉武陵郡初治义陵，后汉始移临沅。是也。《舆地纪胜》云：县南一里有车灵故城。灵，吴叛臣也，入溆溪以自保，吴将钟离牧讨杀之。城址尚存。《志》云今县东二里有废卢城，未详。

卢峰山，县西二十里。峭峰峭然，为众山表。有锁子、对马诸洞。又西二里有大丰山，峰峦秀异，林木鳞次，萦绕磅礴，如屏障然。又大溆山，在县西三十里，洞穴深阻。其西二十里又有叙溪山。又嵯峨山，在县西北十里，盘旋耸秀，一名磨槎山。《元和志》以为巍峨山也。〇桃花山，在县城北，山高险，可以守望。其北有桃谷，冈峦秀丽，溪流绕其下。

郎梁山，在县东。《汉志》义陵县有郎梁山，序水所出，西入沅，即此山也。又金井山，在县东南十二里，旧有淘金坑，今废。又顿家山，在县东五十里，接宝庆府界，货茶者多佃于此，故茶以溆浦名。〇波满山，在县南四十里，岩峦层叠，势如波浪。又穿云峰，在县北六十里，有巨石穴，状若城门，通往来。又崖门，在县东二十里，两崖夹峙，商旅经其中。

红旗洞，县东南二十里。五代马希范遣兵收武陵诸蛮至此，见洞中红旗隐见，遂屯兵于上。其山高耸而脊平，可屯数万人。〇墨岩洞，在县北十里，中深黑，有水下流，溉田甚广。又北十里有楠木洞，洞深五里，石壁峭立，梯竹以登，行未半，有涨水，谓之龙池，有楠木罗洞门，故名。下瞰流水，名无尽溪。

溆水，县西三十里。《汉志》作序水。一名溆溪，又名溆川。《楚辞》所谓溆浦也。源出郎梁山，西北流入沅。《志》云：今县南有双龙江，其水一自县南百二十里之龙潭发源，一自县东二十里龙湾发源，流经县南二里之龙堆合流，而西入于沅水。今县西二十里有大沉漉滩，又西有小沉漉、莎衣、油眉、半仓等滩，盖即潊水所经矣。

桃溪，县西南八里。源出卢峰山，流绕县治，入双龙江，灌溉民田凡千余亩。又黄沙溪，在县南百五十里。郑家溪，在县东二十五里。来溪，在县东三十里，俱流合于双龙江。○青江潭，在县西五十里。相近又有卢深潭，溉田甚溥。

龙潭堡。县南百二十里龙潭上。其水自黔阳县界东流至此，汇而为潭，深不可测。宋元丰二年，置堡于此。元因之。今为龙潭堡巡司。又镇宁堡，在县东六十里，或曰即宋元丰初所置悬鼓寨也。元改为镇宁堡，今亦置巡司于此。○据老寨，在县南四十里。又南十里有桶溪隘，又十里为顺溪隘，皆设险处。《志》云：县北二十里为长坡隘，又北六十里为白雾隘，亦曰白雾团。宋天禧初，辰州都巡检使李守元攻破蛮兵于白雾团，是也。亦尝置驿于此，后废。县东六十里为思溪隘，又东二十里为油良隘，又二十里为苦练、黄梅等隘，县东北六十里为瀼口隘，皆有官兵戍守。

附见：

辰州卫，在府治东南。明初龙凤十三年建，领千户等所。

镇溪军民千户所。在卢溪县西二百三十里。本宋镇溪寨地。明初，置巡司于此。洪武二十八年复置所，以镇崇山、沿场、高岩等处，分辖蛮长石、答冲等处百四十二寨，隶辰州卫。所无城，编户三里有奇。

崇山，所西六十里。蜿蜒高峻，山顶瀑布，声闻若雷。《志》以为即舜放驩兜处。元置崇山卫于山下。明初改置崇山守御千户所，寻废。《通志》山在卢罗溪县东南十里，误。又竹寨山，亦在所西，山高多竹，蛮獠尝结二寨于山上。○张家山，在所东南三十里。丑陀山，在所东五十里。山皆高峻，有蛮寨。

镇溪山，所东南二十五里。巍然为群山表，镇溪水出焉。《名胜志》：所东北有浮舟山，山形横亘如舟，下有岩洞，水流成溪。○思麻山，在所南六十里，两山夹立相向，水流为思麻溪。又岩碌山，在所南二百里，产石碌。又卢峰山，在所东二百三十里。三峰屹立，林壑掩映。又东二十里曰青竹山，茂林修竹，望之郁然。又蹉委伏山，在所东三百二十里，盘亘绵远，偃伏藏奇。所北二百里曰楠木山，山多楠木。《志》云：所境群山环绕，皆蛮獠据险立寨处也。

鸦溪，所西北十五里。又镇溪，在所东南三十里。思麻溪，在所东南七十里。《志》云：所西之水自崇山发源，流为鸦溪，下流与群山溪之水合于武溪，流注沅江。

阴隆江堡，所西南七里。又四十里为爆竹堡。《志》云：所西四十里为寨阳堡，西南五十里为洞口堡，六十里为都溶堡，七十里为牛隘堡，七十五里为南阳堡，八十五里为大凹堡，皆隶辰溪卫，有官兵戍守。

董朵寨。在所西北。《志》云：镇溪叛苗有董朵、董其、亚糯、啖敢冷、啖敢勒、亚苜、十八箭、红崖、小梢、小米、沙流、板凳、茅冈、下水、彪山、小铅场、盘朵、龙亭、闷洞、柬那等，凡二十寨。

○沅州，府西南二百七十里。东南至靖州三百里，西至贵州思州府一百九十里，北至保靖卫三百里。

春秋、战国时楚地。秦属黔中郡。两汉以后，属武陵郡。陈为沅陵郡地。隋属辰州。唐初因之。贞观八年，析置巫州治龙标。天授三年，改曰沅州。开元十二年，复为巫州。天宝初，曰潭阳郡。乾元初，复曰巫州。大历初，又改为溆州。宋初，没于蛮，蛮号懿州，即溆州之讹也。熙宁七年收复，仍置沅州。亦曰潭阳郡，治卢阳。元初，曰沅州，寻为沅州路。明初，曰沅州府。洪武八年，降为州，以州治卢阳县省入，编户二十七里。领县二。今仍曰沅州。

州连接溪峒，扼塞群蛮，西南一隅，仰此气息，诚藩篱之要害，而黔、楚之巨防也。

卢阳废县，今州治。旧县在州城东北。汉无阳县地。唐为潭阳县地。宋初，田氏据此，谓之懿州。熙宁中，章惇破平之，置卢阳县，为沅州治。元因之。明省。《宋史》云：北江蛮彭氏有州二十，南江蛮舒氏有州四，田氏有州五，向氏有州五，自太祖以来受朝命，隶辰州入贡。熙宁五年，章惇经制荆湖，蛮皆纳地，惟田氏有拒命者，惇进兵破懿州，南江州洞悉平，遂置沅州，以懿州新城为治所。《城邑考》：州城，明初创筑。弘治正德中，相继修葺。周六里有奇，门四。

潭阳废县，州西七十里。唐先天二年，分龙标县置潭阳县，属沅州。宋初没于蛮，县遂废。熙宁中改置卢阳县。〇龙标城，在州西南五十里，汉无阳县地。梁置龙标县，属南阳郡。隋初属辰州。唐初废。武德七年复置，仍属辰州。贞观八年置巫州于此，后州郡皆治焉。五代时为蛮所废。

峨山废县，州西百里。唐贞观五年，分龙标县地置夜郎县，属巫州。长安四年，置舞州治焉。开元十三年，改为鹤州。二十年，改为业州，又改夜郎为峨山县。天宝初，曰夜郎郡。乾元初，复为业州。大历五年，改为奖州，皆治此。五代以后，没于蛮，为奖州砦。宋熙宁中，亦曰奖州铺，属卢阳郡。〇渭溪废县，在州西南百八十里。唐天授二年，分夜郎置渭溪县，属沅州。长安四年，改属业州，后属奖州。五代以后，为蛮所废。《志》云：州西二百五十里有废峨溪城，宋初诸蛮所置也。

舞阳城，在州北。汉置无阳县，属武陵郡。县在无水之阳，因名。后汉省。三国吴复置，仍属武陵郡。晋曰舞阳县。刘、宋因之。萧齐曰舞阳，仍属武陵郡。隋废。《通典》：巫州，在巫水之阳而名，治龙标。汉无阳县，盖以巫为无也。

明山，州北二十里。周回二百里，冈峦层叠，环绕州城。又高明山，在州东百三十里，磅礴高峻，为诸山之冠。又保牢山，在州东百里，蛮獠据此，资其牢险。○双髻山，在州西南五十里，二峰并耸，状如双髻。其南有板门山，山岩对峙如门也。宋时为向蛮据守处。又叠石山，在州东南二里，山下有滩，名叠石滩。

沅江，州西南五里。自贵州番界流入州境，又东经黔阳县及靖州之会同县界而入辰溪县境。○潕水，在州南四里，一名潕溪，亦曰巫水。○自贵州思州府流入境，合于沅江。《汉志》注：无阳县有无水，首受故且兰南入沅，行八百九十里。许慎以为九江之一也。《志》云：潕溪一水五名，曰无、曰沅、曰舞、曰潕、曰巫，其实一水也。熊氏以为辰州之武溪为无水，误。

渭溪，州西南五十里。出双髻山下，东北流至州东南二里，入沅水。又峨溪在州西南二十里，乌溪在州西南八十里，杨溪在州南十里。《志》云：板门山下有板门溪，其相近者又有丰溪。又西溪，在州西百五十里。其下流俱入于沅水。○龙门溪，在州东六十里，又州东四十里有连溪流合焉，其下流入于辰水。

便溪砦，州西五十里。本奖州地。宋崇宁三年，置寨于此。今为便溪马驿，一作便水。又若溪砦，在州西二十里。宋至和中，溪州蛮彭仕义作乱，寇辰州界，据守若溪地，既而其兄师晏攻杀之，归若溪地，并以皮白洞来献，洞盖在若溪西也。崇宁三年，始置若溪寨，属卢阳县。今仍为戍守处。《志》云：州西南一里有西关渡，明初，置关于此，设渡口巡司。今革。

镇江砦，州西南五十里双髻山下。宋初，蛮置富州于此，谓之富州新城。熙宁中收复，改置镇江砦。元丰三年，并入黔阳县。今仍为戍守处。又安江砦，在州东南百九十里。宋初，蛮置峡州，谓之峡州新城，或讹为洽州。熙宁中，章惇取懿、洽，即此也。寻改为安江砦。今亦为安江驿。详见黔阳县安江堡。又铜安砦，在州东北三百四十里，本蛮寨，宋熙宁七年废，宣和元年复置铜安砦，今为铜安驿。○怀化砦，在州东百二十里，本蛮寨，宋置怀化铺，今为怀化马驿，并置递运所于此。又竹砦，在州东南百四十里，宋置，今为竹砦驿。

罗旧站堡，州东四十里。又州西四十里为白茅滩哨堡，五十里为冷水站堡，九十里为晃州站堡，堡故蛮州也，亦宋熙宁中收复。今有晃州马驿，并置巡司于此。《志》云：已上四堡，俱隶沅州卫。○鲇鱼站堡，在州西百二十里，又西十里为南宁哨堡，又西二十里为平溪站堡及太平哨堡。《志》云：已上四堡俱隶平溪卫。又岳州哨堡，在州西百九十里，又西十里为梅溪站堡，又十里为梅花哨堡。《志》云：已上三堡，俱隶清浪卫。又平蛮哨堡，在州西二百三十里，又西十里为得胜哨堡及永平哨堡，又西十里为武安哨堡，又十里为大胜哨堡，又二十里为相见站堡。《志》云：已上六堡，俱隶镇远卫。又柳塘站堡，在州西三百五十里。又西三十里为苍平哨堡。《志》云：已上二堡，俱隶偏桥卫。

栗子关，在州西，甚陡峻。又涉回龙坡，石立如峰，颇似关口。

鸡鸣关，平溪卫西。高峰奇削，势最崚嶒。五十里度焦溪。

沅水驿。州城南二里。又州东北八十里有盈口驿，东南八十里有卢黔水驿。又罗旧马驿，置于罗旧堡。余详见上。

○**黔阳县**，州东南八十里。东南至靖州会同县九十里，汉镡城县地，属武陵郡。梁为龙标县地。唐贞观八年，析置朗溪县，属巫州。五代时，县废。宋熙宁七年，置黔江城。元丰三年，升为黔阳县，属沅州。今城周不及三里，编户二十二里。

镡城废县，在县西。汉县治此。后汉因之，晋末省。唐改置今县。

《志》云：县有诸葛古城二，一在城南四十里，其地有卧龙岭，一即城东九十里之安江堡，俗亦谓之诸葛营。相传武侯抚绥溪洞诸蛮，尝驻于此。又县东南有马王城，相传五代时马氏征溪蛮，筑此城为控扼处。

　　罗公山，县东南百六十里。昔有罗姓者隐此而名。山周五百里，四面险绝，绝顶有池，广数十里，南有砂溪，与武阳江合，北流分为两溪，入沅。宋熙宁间，土豪舒光起寨于此，为猺人所破。山西北有地，平广数百亩，岁大旱，此处独稔，号曰熟平。○金龙山，在县南百里，山势峻拔，有风出空岩中。又赤竹山，在县东百四十里，冈陇盘纡，多赤竹。又白云山，在县东六十里，高二十里，白云尝绕其上。又龙标山，《志》云：在县治东城内，沅、黔二水会流经其下。

　　钩岩山，县北七十里。削壁悬崖，倒垂如钩，中有泉，世谓之钩崖水。又紫霄山，在县北十里，峰峦耸秀，其势凌霄，洞中尝有紫云出入。

　　双石崖，县南九十里。有二石对立，又名屏风崖。三面如一。相传石根随水高下，土人神之，舟楫莫敢犯。景泰中，苗寇弗靖，人皆避其上，因筑寨置戍，名为安江双崖城。○卧龙岩，在县南四十里，旁即诸葛古城，有洞深数里，石壁如垣，泉涌不竭，相传武侯驻兵处也。又牛角坡，在县西十里，坡连环如牛角，路通沅州。

　　沅江，在县城南。自沅州东流合县境诸水，又东流历会同县境，复东北折而入辰溪县界。○黔江，在县西南三里，亦曰黔水。《志》云：源出牂牁，经县南一里七宝山下，合于沅江。县南三里有狮子滩，水势深阔，湍流激滟。

　　大龙溪，县东南百里。源出罗公山。又有小龙溪，出县东南九十里之柘木隘。二溪水脉相通，皆流入于沅水。又稔禾溪，亦出罗公山，经县东南百里，西北流，亦入沅水。《志》云：县东南二百里有砂溪，源亦出罗公山。县东百六十里又有洪江溪，源出县东溪洞古城，下流皆入沅水。洪江溪，盖即会同县之洪江矣。

托口寨，县东南四十里，当九溪诸蛮之冲。宋置托口寨于此。今亦为戍守处。又洪江寨，在县东南五十里。宋元祐五年置，以洪江溪名。卢氏曰：托口、洪江，皆滨沅水，与会同县接境。又竹滩堡，在县南二十里。宋熙宁中置铺于此，元丰八年罢，元祐五年复置寨。今仍置堡，特为控御。《通志》云：托口，在县西南四十里。一云竹滩，在县西北二十里。似皆误。又有黔阳堡，在城北。

安江堡。县东南百里。即州境之安江驿也。一名安江镇。明初置巡司于此，属今县。《志》云：黔阳、竹滩、安江三堡，皆景泰初以溪洞蛮獠出没为患，增设戍防，俱沅州卫官军哨守。○菱托铺，在县东百六十里。《志》云：自安江至菱托铺，皆溪洞猛贼出没要道。宋置寨铺以为捍御。今多因旧址。又铜安铺，在县东北二百五十里，今见沅州铜安驿。

○麻阳县，州北百三十里。西至施溪长官司八十里。隋沅陵、辰溪二县地。唐武德三年，析置麻阳县，属辰州。宋因之。熙宁七年，改属沅州。今城周三里，编户七里。

龙门废县，在县东北。唐垂拱四年，析麻阳县地置龙门县，属辰州，寻废。或曰：陈天嘉中于麻溪口置戍，唐因置麻阳县，又于旧戍城置龙门县。卢氏曰：龙门，盖在辰溪境内，宋置龙门砦，熙宁七年尝改隶沅州，当即唐之龙门县。《通志》云：在县西三十里。误也。

卢阳城，县西三十里。刘昫曰：唐垂拱二年，分麻阳地，并开蛮洞，置锦州，理卢阳县。天宝初，曰卢阳郡。乾元初，复曰锦州，后废于蛮。宋为锦州寨。熙宁八年废为铺，属麻阳县。又渭阳废县，在县西五十里，亦唐垂拱二年置，属锦州，后废于蛮。《郡志》作黄陵城，误也。○常丰城，在县西南。唐垂拱二年，置万安县，属锦州。天宝初，改为常丰县，后废于蛮。

齐天山，县东南五十里。峰峦秀异，高出云表。宋置齐天铺于山下，一名霁天山。又西晃山，在县南二十里，峰峦秀拔，为邑之镇。○都督山，在县北九十里。相传唐置都督府于辰州，镇抚溪苗，尝提兵驻此，因名。又罗瓮山，在县西北八十里，山石纡回，层叠突起如瓮，旧产朱砂，今绝。

龙门山，县东北百里。连山参差，崩石对峙，势欲倾仆，最为险绝。唐置龙门县，盖以山名。东接辰溪县界。《志》云：县东北五十里有岩门山，石磴崖险，旧有巡司。又苞茅山，在县东九十里，产茅三脊，可以缩酒。相传楚贡包茅，盖出于此。○万山，在县西南七十里，峰峦峻拔，洞壑萦纡。又石梯山，在县西百十里，山峻耸，石磴如梯。

蜡尔山，在县西北百三十里。蜡，俗作蜡。山之东北属卢溪县镇溪千户所及保靖卫筸子坪长官司，山之西属贵州铜仁府铜仁、平头二长官司，山之西北与四川酉阳宣抚司邻，而无所属。地东西二百里，南北百二十里，诸苗蟠聚，凡七十四寨，而麻阳为戍守之冲。《防险说》：麻阳蜡尔、镇筸、铜平诸山，为苗蛮巢穴，周回千数百里，悬崖鸟道，丛箐栉比，岚瘴蒸郁，阴雨恒多，视诸溪峒，独称阻绝，往往乘晦冥据险为乱。嘉靖初，山酋龙求儿叛称苗王，南结贵州土獠，西诱酉阳诸蛮，连亘各寨，流毒三省。命台臣万镗等进讨，寻攻克之。镗上言：此蛮自宣德七年及正德七年，皆尝用大兵攻剿，臣博访各贼巢穴，如蜡尔等山洞，接连三省，当其险绝之处。晦冥之时，一夫拒守，百夫莫前，冒险侥功，非良策也。因以剿之威，行抚之恩。今虽平定，然苗蛮易动难静，不可不广施方略，以杜后患。镗又尝与朝士书曰：苗贼巢穴，如蜡尔、雷公等山，接连湖、贵、四川，周回千数百里，猩猱所居，人迹罕至。其悬崖鸟道，莫可跻攀，且竹箐丛生，弥望无际，幽岩曲洞，在在皆然。人非侧肩偻背，莫能入也。贼从内视外则明，每以伏弩得志。我从外视内则暗，虽有长技，皆无所施，此地利之难也。又苗巢所居，率皆险僻幽翳，虽天气晴明，亦惟亭午稍为开霁，一遇阴雾，则咫尺莫辨。又雨潦尝多，山岚瘴湿，秽气郁蒸，此天时之难也。先年驾驭得宜，牢笼尚易。自正德以来，边方多故，衅弊万端，土兵有难用之虞，调集增繁扰之害，此事势之难也。从来军临则散漫潜藏，军退则突出劫掠。贼云：不怕官府兵多，只怕官府粮多。盖兵虽多，而山箐深险，力未易施；粮多则围困久长，势将自毙耳。二十七年，苗复窃发，用大兵征剿，两省骚动。二十一年，始就平。

锦水，县西三里，亦名锦江。自贵州铜仁发源，东流入境，经锦州故寨，又东经县南，至龙门山下，入辰溪县界，合沅水。

龚溪，县南四十里。源出西晃山，东北流入辰溪县界。又犀迷溪在县西南七里，梁源溪在县西十二里，白旗溪在县东五十里，俱流入锦水。又龙门溪，在县东北三十里，源出龙门山。县东北四十里又有西溪，与龙门水合流，俱入辰溪县界，注于沅水。

鸦剌关，县西北四十里。与贵州叛苗接界，为控扼之所。万历中废。又湾溪堡，在县西南。宣德六年，镇筸砦苗叛，总兵萧绥讨之，夺其池河营，贼降，乃设湾溪、安江等十六堡。嘉靖二十七年，复讨平筸子坪、蜡尔山诸苗贼，罢湾溪等堡，改设乾州等十三堡，是也。又安溪堡，在县东南八十里，或曰即安江堡。《志》云：县境诸堡，俱万历中废。

岩门砦，在县东北五十里岩门山下。今有巡司戍守于此。又龚溪砦，在县南。宋熙宁六年置寨，寻废为铺。《志》云：麻阳自岩门砦以下，有民寨、苗寨凡五十四，错列县境。

小坡营，在县西。嘉靖二十六年，湖广及川、贵诸苗皆叛，掠晃州便水驿，破小坡营，遂掠铜仁、思南、石阡诸境。又眉亮营，在县北，亦戍守要地。其相近有爆木、大梢等营。二十七年，官军分扑诸苗，屯鸦剌、眉亮、爆木、大梢四营，剿回保崖崮、毛冈、板栗、昔朗、冷水、红岩、下水、坡榄、略变九寨。皆湖广诸苗寨也。

附见：

沅州卫，在州治东。洪武初建。

平溪卫。沅州西百五十里。洪武二十二年建。城周九里有奇。南至
贵州思州府三十里。今亦置平溪卫。详见贵州。